»Das Vergangene ist niemals tot. Es ist nicht einmal vergangen.«
William Faulkner *(Requiem for a Nun)*

»Warum glückt es dir nie, Musik mit Worten zu schildern?
Weil sie, ein rein Element, Bild und Gedanken verschmäht.
Selbst das Gefühl ist nur wie ein sanft durchscheinender Flußgrund,
Drauf ihr klingender Strom schwellend und sinkend entrollt.«
Emanuel Geibel (*Distichen, XXXVII;*
zitiert nach: Eduard Hanslick, *Vom Musikalisch-Schönen,*
3. Auflage, Leipzig 1865, S. ix)

Inhalt

Ein Wort zuvor ...

Menschen der heutigen Zeit würden sich in der Welt von Clara Schumann und Johannes Brahms nicht zurechtfinden. Die Organisation des Alltags, die Geschwindigkeit der Kommunikation und die Etikette der Epoche wären uns fremd. Und dennoch ist uns das 19. Jahrhundert näher, als viele glauben. Wenn ein Journalist noch im März 2019 die Geigerin Hilary Hahn in einer Schlagzeile als »Prophetin der Extreme«[1] tituliert, verwendet er eine der Benennungen, die denen jener Presseschreiber vergleichbar sind, die Clara Schumann einst die (von Liszt eher spöttisch gemeinte) Bezeichnung der hohen »Priesterin« ihrer Kunst verpassten. Manche Biographen wähnen noch im 21. Jahrhundert Brahms' erstes Klavierkonzert »von finsterer Dämonie erfüllt« oder den Komponisten »mit Dämonen ringend«. Obwohl sie in einer Zeit arbeiten, in der die Wissenschaft noch viel zügigere Fortschritte erzielt als im 19. Jahrhundert, wählen sie schablonenhafte Phrasen über »das Schicksal«, das man »gnädig« walten sehe, und »schicksalhafte« Themengestalten in der Musik.[2] Formulierungen dieser Art kamen zweihundert Jahre zuvor auf, als Zeitschriften und Bücher über Musik und Musiker erstmals populär wurden. Der Epoche entsprechend verwendete natürlich auch Clara Schumann derartige Begriffe, wenn sie in ihren Briefen vom »Schicksal der Kinder«[3] sprach oder Brahms von »jenen Tagen«, in denen »Großes, Erschütterndes – Erhebendes« geschah.[4] Allerdings sollten diese augurenhaft-esoterischen Phrasen heutzutage kein Maßstab mehr für die Betrachtung der Welt sein. Clara Josephine Schumann (1819–1896) und Johannes Brahms (1833–1897) haben im Laufe ihrer über vierzig Jahre währenden Freundschaft sowohl erschütternde als auch erfreuliche Erfahrungen gemacht, die keineswegs von metaphysischen Kräften beeinflusst wurden. Durch persönliche Erlebnisse und ihren Freundeskreis waren sie mit den Grenzen sowie dem Erkenntnisgewinn der modernen Medizin vertraut und sie erlebten die Weiterentwicklungen der künstlichen Lichtquellen von Kerzenschimmer und Gasbeleuchtung über die Petroleumlampe bis zur Glühbirne. Zudem nutzten sie immer fortschrittlichere Fortbewegungsmittel, die dazu beitrugen, lange Distanzen zunehmend schneller zu überwinden. Nicht zuletzt bereicherten sie das sich im Aufbau befindliche Editionswesen. Eine Zeitreise zu ihnen würde man sich dennoch besser nicht wünschen, denn zu fremd wären uns ein Dasein mit eingeschränkten Verkehrsverbindungen oder auch der Möglichkeit, öffentliche Hinrichtungen zu besuchen, ein Leben ohne elektrischen Strom, Telefon und Supermärkte; zu unvertraut die unterschiedlichen Währungen und Zeitzonen in den deutschsprachigen Ländern, die Ausdrucksweisen, Bekleidungsetiketten, Verhaltensregeln und Hierarchien sowie die Art, auf den einzelnen gesellschaftlichen Ebenen zu kommunizieren.

Clara Schumann und Johannes Brahms bewegten sich virtuos durch diese Welt, inmitten eines Mahlstroms von Ereignissen, die sie nur peripher mitgestalten konnten, aber auf die sie zu reagieren wussten, um den ihnen eigenen Platz zu finden. Ihre unterschiedlichen Persönlichkeiten bildeten sich heraus durch ihre Herkunft, Begegnungen mit prägenden Menschen und im Austausch mit ihren Freunden und Feinden. Im Zentrum ihres Wirkens stand für beide immer die Musik: ihre Kompositionen und das Repertoire, für das sie sich als ausübende Künstler engagierten.

Im Laufe ihres für die damalige Zeit überdurchschnittlich langen Lebens waren Clara Schumann und Johannes Brahms unmittelbar an der Entwicklung der Musikszene im 19. Jahrhundert beteiligt – einer Phase, in der sich die grundlegenden Mechanismen und Polarisierungen des modernen Kulturlebens herausbildeten. Beide repräsentieren in der Epoche der zunehmenden Spezialisierung die unterschiedlichen Pole des Konzertlebens: Sie als reproduzierende Künstlerin, er in erster Linie als produzierender Künstler. Die Pianistin Clara Schumann gab das Komponieren nach dem Tode ihres Mannes Robert auf; ohnehin war für sie das für professionelle Komponisten unabdingbare Lesen von Partituren »nicht leicht, dazu brauche ich Zeit«, wie sie an Brahms schrieb.[5] Über ihn hieß es in der Presse seinerzeit: »Herr Brahms ist ein besserer Komponist als Virtuos.«[6] Beide engagierten sich für von ihnen geachtete Künstler ihrer Zeit. Sie verstanden zudem, dass sie gemeinsam auf den Schultern von Riesen tanzten, deren musikalische Traditionen sie nicht vollends negieren konnten. Deswegen leisteten sie wesentliche Beiträge, um in ihren Konzerten und durch eine rege Herausgebertätigkeit den nächsten Generationen große Musik zu überliefern. Dadurch stellten sie sich bewusst gegen die Kreise der selbsternannten »Neudeutschen Schule« um Brendel, Liszt, Wagner und ihrem Alleinvertretungsanspruch sowie ihrer ideologisch aggressiven, antisemitischen und antiliberalen Ausgrenzungspolitik.

An ihren letzten Wohnorten erlebten Clara Schumann und Brahms noch mit, wie die Opern- und Konzertsäle der Zukunft Gestalt annahmen: Im Oktober 1880 wurde das – heute für Konzerte genutzte – Opernhaus in Frankfurt eröffnet und 1890 lagen in Wien bereits erste Pläne zu einem neuen Haus für Musikfeste vor, das als Mehrzweckbau breite Bevölkerungsschichten ansprechen sollte als Ergänzung zu dem nahe gelegenen traditionsreichen Wiener Musikverein: dem heute nicht minder geschichtsträchtigen Wiener Konzerthaus.

Durch ihre Freundschaft, die ab 1853 unterschiedliche Phasen der Intensität durchlief, standen Clara Schumann und Brahms in einem regen Austausch über private, politische und kulturelle Entwicklungen: Ihre Lebensspanne reicht von Beethoven und Robert Schumann bis zu den ersten Sinfonien von Gustav Mahler, von den Gemälden der Nazarener bis zu Böcklin und den frühen Werken von Klimt, von E. T. A. Hoffmann bis zu Theodor Fontane und Thomas Mann, der in Brahms' Todesjahr seine erste Novelle publizierte. In dieser Phase veränderte sich auch die Landkarte Europas dramatisch.

Spannender als die Spekulationen darüber, wie weit die Beziehung von Clara Schumann und Johannes Brahms ging, erscheint es mir, ihre Karrieren vor dem Hintergrund der familiären, gesellschaftlichen und kulturellen Verhältnisse zu betrachten. Sie spiegeln die Grundlagen, aus denen sich der heutige ›Kulturbetrieb‹ entwickelt hat. Zu dieser Entwicklung gehören unter anderem die Aufspaltung in ›ernste‹ Musik und Unterhaltungsmusik (zu der Brahms auch Beiträge lieferte), der konfliktreiche Wandel vom Adel zum Bürgertum als Kulturförderer (Clara und Johannes pflegten entsprechende Kontakte und wirkten in beiden Sphären) sowie die Verbesserung der Infrastruktur (die den Zugang zu Kulturveranstaltungen vereinfachte, aber auch bessere Reisemöglichkeiten bot und den beiden heimatlos gewordenen Protagonisten viele Ortswechsel ermöglichte). Hinzu kommen die Herausbildung eines ›Kanons‹ durch vermehrte Rückbezüge auf Künstler früherer Generationen

(z. B. Bach-Renaissance, Werkeditionen, Musikbücher unterschiedlichster Art) und die spannungsreichen, teilweise erbitterten Auseinandersetzungen über ästhetische Grundsätze (›Liszt- gegen Schumann-Schule‹, ›Neudeutsche‹ gegen ›Klassizisten‹ usw.). Nicht zuletzt gewinnt damals die Musikpublizistik zunehmend an Bedeutung (was bei der Cliquen- und Meinungsbildung wichtig wird), die Entwicklung von der Selbstorganisation hin zum professionellen Musikmanagement und die Etablierung neuer Orchester, Ensembles und Säle (was auch Folgen für die Gestaltung von Kompositionen hatte).

Für eine differenzierte Betrachtung darf nicht nur allein von Musik die Rede sein. In der Musikwissenschaft und -journalistik ist es leider zur Gewohnheit geworden, bis heute diffamierende Klischees der Kreise um Brendel, Liszt, Wagner & Co. zu übernehmen, das Wirken ihrer Zirkel als das allein seligmachende zu betrachten und andere Strömungen lächerlich zu machen. Erst die zusätzliche Berücksichtigung von parallelen kulturellen und gesellschaftspolitischen Geschehnissen ermöglicht es, Vorkommnisse besser einzuordnen. Es liegt am Leser einzuschätzen, inwiefern die Polarisierungen, denen Clara Schumann und Johannes Brahms ausgesetzt waren, die jeweilige Persönlichkeit prägten, und inwiefern sie Gestalter und nicht Getriebene der kulturellen Entwicklungen wurden. So komplex viele Tendenzen in der Musik, Kultur und Politik des 19. Jahrhunderts waren, ist es dennoch unumgänglich, maßgebliche Entwicklungsstränge zur Verdeutlichung pointiert darzustellen. Der Wink mit dem Zaunpfahl ist nicht nötig, um Parallelen zu den folgenden Jahrhunderten zu verdeutlichen, denn viele Assoziationen drängen sich einfach von selbst auf.

Eine markante Orientierung zur Darstellung der Ereignisse bietet eine Äußerung von Brahms in einem Brief an den Dirigenten Hermann Levi: »Wo man lebt, lebt man alle Verhältnisse mit, und es ist eine Einbildung, wenn man glaubt, sich aussuchen zu können was einem gefällt.«[7] Das intensive künstlerische und kulturpolitische Engagement von Clara Schumann und Johannes Brahms führte zu Konflikten: Bedeutsam ist die Diskrepanz zwischen dem Privatleben und dem Mitgestalten des Kulturlebens. Gerade das Familienleben und die enge Freundschaft mit Brahms – »den ich auf Reisen gar zu schwer vermisse« – waren für Clara Schumann »die beste Erholung und Stärkung zu neuen Kämpfen, denn solche sind es vor jedem Concert, wo ich vor das Publikum muß – es ist ein zu starker

Contrast mit meinem Inneren!«.[8] Clara Schumanns Aussage trifft durchaus auch auf ihren Freund Johannes Brahms zu, der keineswegs mit der Attitüde des genialischen Künstlers das Rampenlicht suchte, sondern vielfach lieber im Stillen wirkte.

Auch auf die Gefahr hin, einer unbotmäßigen Kumpanei bezichtigt zu werden, ist es zuweilen leserfreundlicher, im Text einfach nur die Vornamen der beiden Protagonisten zu verwenden. Bezüglich des weiblichen Vornamens erscheint es sinnvoll, anstelle der von Robert Schumann bevorzugten deutschen Schreibweise »Klara« durchgehend das von ihr selbst genutzte »Clara« mit »C« zu setzen (es sei denn, in den Quellen steht es anders: in einem Brief aus der Anfangszeit der Freundschaft, als Brahms noch unter dem Einfluss beider stand, schrieb selbst er an Joseph Joachim zunächst von »Frau Clara«, um dann wenige Zeiten später den Namen als »Frau Klara« zu notieren[9]).

Alle Zitate sind entsprechend der Schreibweise in der Quelle übernommen. Die Patina von Formen wie »demüthig« oder »werth« erinnert stets daran, dass Clara und Johannes keine Menschen von heute sind, sondern ein ferner Spiegel. Im Laufe der Jahre sind umfangreiche Brief- und Quelleneditionen erschienen. Zudem gibt es die Erinnerungen von Zeitgenossen sowie Publikationen von Autoren und Herausgebern wie Joseph Victor Widmann (1842–1911), Max Kalbeck (1850–1921), Richard Heuberger (1850–1914), Berthold Litzmann (1857–1926), Florence May (1845–1923) und Andreas Moser (1859–1925), die Clara, Johannes und ihren Freundeskreis noch persönlich gekannt haben. Selbst wenn ihnen mitunter vorgeworfen wurde, sie hätten manches »beschönigt«, »bearbeitet« oder aus der »bloßen Erinnerung an Gespräche ohne Zeugen« wiedergegeben – beispielsweise traf Litzmann für seine Bücher eine von den Töchtern abgesegnete Auswahl aus Claras Tagebüchern, bevor diese dann von ihnen vernichtet wurden –, so würde der bibelfeste, aber ungläubige Brahms sicherlich sagen: Alles, was in diesen Quellen zitiert wird, ist authentischer als das Alte und das Neue Testament. Und über Kalbeck äußerte Clara gegenüber Johannes, er sei jemand, dem man »vollkommen vertrauen könne«.[10] Um die Vergangenheit lebendig werden zu lassen, bleibt uns immer eine Verbindung von biografischer Wahrscheinlichkeit, Zeugenaussagen und historischen Quellen. Mit ihrer Hilfe kann man einen Blick in den fernen Spiegel werfen.

1 Freunde und Feinde fürs Leben (1850–1856)

Erste Annäherungsversuche · Gefangen in Zeit und Raum · In der Welt zu Hause · Ungarn an der Elbe · In der Fremde · Kultur an der Leine · Zwischen Effekt und Sinngebung · Positionsbestimmungen · In der Höhle der Löwen · Unschönes und Erbauliches · Geistige Anregungen · Eine politische Rheinwanderung · Meriten, Musik und Merkantiles · Liebe auf den ersten Ton · Die Bürde der Anerkennung · Der Kampf um die Thronfolge · Melancholie mit Wahn, schöne Schwermut

> *Ich kann es mir wohl denken, daß Leute, die mich nicht kennen, mich für exaltiert halten können.*[11]
> Clara Schumann

> *Das öffentliche Lob, das Sie mir spendeten, wird die Erwartung des Publikums auf meine Leistungen so außerordentlich gespannt haben, daß ich nicht weiß, wie ich denselben einigermaßen gerecht werden kann.*[12]
> Johannes Brahms

Erste Annäherungsversuche

Es ist nicht zuverlässig überliefert, ob der 16-jährige Johannes Brahms die Konzerte der 30-jährigen Clara Schumann besuchte, als sie im März 1850 in seiner Heimatstadt Hamburg gastierte. Für ihn war es nicht die erste Gelegenheit, die berühmteste Pianistin Europas – damals gleichbedeutend mit der ganzen Welt – zu erleben. Als sie 1835 und 1837 in der alten Hansestadt auftrat, war er noch zu jung; aber 1840 und 1842 hätte sich bei einer ihrer Tourneen in Norddeutschland durchaus die Gelegenheit geboten. Johannes war den Umgang mit Musikern von Jugend an gewohnt: Er selbst hatte bereits von seinem Vater den ersten Geigenunterricht erhalten, bevor er ab seinem siebten Lebensjahr Klavier spielte. Einer der Größten ihrer Zunft unmittelbar zu begegnen, war für viele angehende Künstler eine gewaltige Inspiration. Johannes stammte wie Clara aus einer Musikerfamilie, allerdings keiner wohlhabenden. Sein Vater war zwar mittlerweile vom Unterhaltungsmusiker an der Alster zum Kontrabassisten im Orchester aufgestiegen, dennoch wären Eintrittskarten wahrscheinlich zu kostspielig gewesen. Schon als Jugendlicher war Johannes zu stolz, seine Verbindungen in Musikerkreisen zu nutzen, um Freikarten zu ergattern – ein Grundsatz, dem er sein Leben lang treu blieb. Den Kompositionen Robert Schumanns, die Clara immer wieder in ihre Programme einschmuggelte, stand er damals äußerst skeptisch gegenüber. Seine sieben Jahre ältere Jugendfreundin Louise Japha, die er beim Klavierüben in der Pianofortefabrik Schröder in der Katharinenstraße kennengelernt hatte, schwärmte ihm von den fantasievollen, poetischen Klavierstücken des in Zwickau geborenen Sachsen vor. Doch der von dem Hamburger Komponisten und Pädagogen Eduard Marxsen geschulte Johannes fand keinen Zugang zu den in Klavierkapriolen flirrenden *Papillons* und *Carnaval*. »Bach und Beethoven waren seine obersten Götter«, erinnerte sich Louise Japha, »meine Schumann-Schwärmerei konnte er nicht teilen. Als ich ihm eines Tages entzückt *Paradies und Peri* und den schönen Anfang des ersten Peri-Gesanges ›Wie glücklich sie wandeln, die seligen Geister‹ zeigte, wies er das kurz ab mit der Bemerkung, es sei unrichtig, mit dem Septimenakkord anzufangen.«[13]

Als Lehrmeister war Eduard Marxsen für Johannes ebenso bedeutsam wie Friedrich Wieck für seine Tochter Clara. Marxsen bewunderte nicht nur die Klassiker, sondern schätzte zudem die Musik von Franz Schubert außerordentlich. Er besaß einen weiten Horizont und beschäftigte sich auch mit sinfonischen Arbeiten.[14] Als Johannes fünf Jahre nach Louise Japha dann 1843 erstmals selbst vor Publikum auftrat, bestand sein Repertoire aus dem Klavierpart in Beethovens Bläserquintett op. 16 und einem der beiden Mozartschen Klavierquartette; hinzu kam als einziges Stück eines zeitgenössischen Künstlers eine Etüde von Henry Herz, einem komponierenden Klaviervirtuosen, dessen Werke auch Clara bis in die 1840er-Jahre in ihrem Repertoire behielt. Für Robert Schumanns Geschmack war Musik dieser Art zu seicht, Clara hingegen sah als Interpretin auch in der leichteren Muse eine Herausforderung, zumal sie selbst gelegentlich Präludien und Fugen, Tänze, Variationen, Piècen und Romanzen komponierte.

Als angehende Pianistin wollte sich zumindest Louise Japha im Frühjahr 1850 das Hamburger Gastspiel Clara Schumanns nicht entgehen lassen. Möglicherweise nutzte sie eine der Soireen im Rahmen des Besuchs, um die namhafte Künstlerin persönlich darauf anzusprechen, ihrer Ausbildung den letzten Schliff zu verleihen. An dem Abend im Hause des Spiritus Rector des Hamburger Musiklebens, Theodor Avé-Lallemant, mag Johannes die Schumanns persönlich erlebt haben. Allerdings blieb in den spärlichen Berichten unerwähnt, ob er mit seinem Vater oder Marxsen dort war. »Er hatte damals keinen großen Kreis musikalischer Freunde«, versicherte Louise Japha, »war meist auf seinen Lehrer angewiesen und wollte mir nicht glauben, wenn ich ihm versicherte, er gehe einer großen Zukunft entgegen.«[15] An Brahms gibt es eine späte Erinnerung der damals siebenjährigen Tochter des Hausherrn, Charlotte Nölting, geborene Avé-Lallemant, die einen flüchtigen Moment schildert: »Er stand verlegen an unserem Flügel, jung wie ein Primaner aussehend, mit langem Haar. Mein Vater hatte ihn Schumann vorgestellt.«[16] Da die Beteiligten später nie mehr Bezug auf dieses Ereignis nahmen, muss die Begegnung zu flüchtig gewesen sein, um Eindruck zu hinterlassen. Was hätten die Schumanns auch mit einem fast 17-jährigen Eleven inmitten des gesellschaftlichen Trubels anfangen sollen? Zudem sah Johannes jünger aus und war von seinem Status her kaum mehr als ein höfliches Zunicken wert.

Am Samstag, dem 16. März 1850, fand der erste Auftritt der Gäste beim 78. Konzert der Hamburger Philharmonischen Gesellschaft im Apollo-Saal an der Großen Drehbahn statt. Dies war die regelmäßige Auftrittsstätte, bis 1853 der Conventgarten in der Fuhlentwiete gebaut wurde. Clara Schumann galt als Liebling der Hamburger: Sie hatte sich ihren Ruhm in einer mittlerweile 20-jährigen Pianistinnenlaufbahn erworben und auf den Plakaten seit zehn Jahren den Zusatz »geborene Wieck« einfügen lassen, damit jeder wusste, dass man einen gern gesehenen Gast erlebte. Auf den Namen Schumann war sie indes sehr stolz: »Clara Schumann – oh, welch ein Name wundersüß!«, hatte sie einst ihrem Robert geschrieben.[17] In dem wie seinerzeit üblich langen, gemischten Programm spielte sie Mendelssohns *Variations sérieuses* op. 54 und unterstützte ihren Mann als Interpretin seines Klavierkonzerts. Robert Schumann leitete das Orchester und stellte auch die Ouvertüre zu seiner Oper *Genoveva* vor, die drei Monate später in Claras Geburtsstadt Leipzig uraufgeführt werden sollte. Seine Musik wurde mehr mit Respekt als Zuneigung aufgenommen. Falls Johannes nicht selbst dabei war, wird ihm Louise von dem Abend vorgeschwärmt haben. Sie und seine Familie ermunterten ihn auch, den Schumanns eigene Kompositionen vorzulegen. Im Hotel der namhaften Gäste am Jungfernstieg gab er ein Bündel mit seinen Manuskripten ab, in der Hoffnung, einen Kommentar, eine Rückmeldung, zumindest eine Empfangsbestätigung zu erhalten. Immerhin weilten die Schumanns längere Zeit in Hamburg. Zwei Tage nach dem großen Konzert gab Clara eine Soiree zusammen mit dem Hafner-Quartett, bei der sie das Klavierquintett ihres Mannes sowie seine Variationen für zwei Klaviere vortrug. Ihr Partner war Otto Goldschmidt, der Gatte ihrer Freundin, der Sopranistin Jenny Lind. Der Opernstar erschloss sich erst ganz allmählich den Liedgesang, aber da die gefeierte Sängerin zumeist mehr Konzertbesucher anlockte als Soloauftritte von Clara – vor allem, wenn sie Roberts Werke ansetzte – traten die beiden Künstlerinnen am 21. und 23. März noch gemeinsam auf.

Von den anregenden Erlebnissen war Louise Japha so begeistert, dass für sie endgültig feststand: Sie musste bei Clara Schumann in Düsseldorf ihre pianistische Ausbildung vervollkommnen. Johannes hingegen war entmutigt: Das berühmte Künstlerpaar ließ das Päckchen mit den Jugendwerken eines Unbekannten ungelesen an den Absender zurückgehen.

Gefangen in Zeit und Raum

Die Umwege, die Clara und Johannes zunächst gingen, machten später das intensive Kennenlernen und die lebenslange Freundschaft erst möglich. Jeder hatte für sich ausreichend Erlebnisse gesammelt, um den anderen daran teilhaben zu lassen, und es hatten sich Grundhaltungen herausgebildet, die den gemeinsamen Weg durch das weitere Leben bestimmten. Dreieinhalb Jahre nach der flüchtigen Begegnung in Hamburg mag Johannes den Schumanns von dem jugendlichen Versuch der Kontaktaufnahme erzählt haben. Es ist sogar sehr wahrscheinlich, denn als Clara ihn zum ersten Mal im November 1854 in der alten Hansestadt besuchte, erinnerte er in einem Brief zur Reisevorbereitung daran, er kenne das Hotel von damals: »Sie wohnen im Viktoria-Hotel am Jungfernstieg, ich behauptete schon in Düsseldorf, Sie hätten daselbst früher gewohnt, sehen Sie ich habe recht!«[18]

Jedoch erschien anfangs illusorisch, dass man sich überhaupt jemals wieder so nahekommen sollte wie im Frühjahr 1850. In künstlerischer Hinsicht spielten die Schumanns in einer völlig anderen Liga als jeder andere, der in Hamburg ein Instrument beherrschte. Die wirklich hochbegabten Hanseaten hatten es andernorts zu etwas gebracht: Felix Mendelssohn Bartholdy in Berlin und Leipzig sowie Carl Reinecke im Rheinland und später in Leipzig. Die Schumanns kamen aus Sachsen, arbeiteten aber seit September 1850 in Düsseldorf. Dies war für einen namenlosen Musikanten aus dem Norden ohne Kontakte in der Musikszene eine nahezu unüberwindliche Distanz, zu der sich noch persönliche und praktische Hindernisse gesellten. Johannes selbst war nicht aufdringlich. Er wurde immer wieder auf die Schumanns verwiesen und letztlich eher zu ihnen hingeleitet, als dass er den Berühmtheiten nachstellte. Zudem war das Reisen nicht nur mit hohen Kosten verbunden, sondern auch mit verkehrstechnischen und politischen Hindernissen. Johannes Brahms wurde schon in die Ära einer neuen Infrastruktur hineingeboren; hingegen hatten Robert und Clara Schumann den bisher größten Teil ihres Lebens in einer Epoche zugebracht, in der man selbst auf langen Strecken beschwerliche Kutschfahrten auf sich nehmen musste. In den Genuss der neuen Dampfeisenbahn kam man vorerst nur auf vereinzelten, kurzen Nebenstrecken wie etwa ab 1835 zwischen Nürnberg und Fürth, 1838 zwischen Potsdam und Berlin sowie 1844 zwischen Altona und Kiel. Bis das Grundkonzept eines deutschen Eisenbahnsystems, wie es dem Nationalökonomen Friedrich List vorschwebte, auch nur halbwegs Gestalt annehmen konnte, sollte mindestens eine weitere Dekade vergehen. Clara Schumann war seit ihrer Jugend mit Lists Töchtern befreundet und erlebte die Schwierigkeiten sowie die Versuche, sie zu bewältigen, unmittelbar mit. Eindringlich schilderte beispielsweise der spätere Gewandhauskapellmeister Carl Reinecke, wie er auf dem Weg zur Leipziger Ikone Mendelssohn von Grasbrook in Hamburg zunächst mit einem Dampfboot auf der Elbe stromaufwärts bis Magdeburg fahren musste, was von 8 Uhr morgens bis zum übernächsten Tag um 3 Uhr nachmittags dauerte. Erst von dort konnte er die 1840 fertiggestellte Zugverbindung nach Leipzig nehmen. Bei Geschwindigkeiten von bis zu 65 Stundenkilometern bei Dampfwagen wie »Adler« und seiner Schwestermaschine »Pfeil« sowie mehreren

Haltestationen dauerte die Reise etliche Stunden; ab den 1890er-Jahren fuhren Lokomotiven im Personenverkehr in Deutschland und Österreich schneller als 100 Stundenkilometer. Reinecke erschien das Tempo, mit dem man auf den Schienen dahinrollte, »geradezu märchenhaft«.[19] Bei der Einrichtung dieser Verbindung gab es ein grundsätzliches Problem, das für Clara Schumann und Johannes Brahms weit über die Hälfte ihres Lebens hinweg Alltag war: die Kleinstaaterei der deutschsprachigen Länder. Die Magdeburg-Leipziger Eisenbahn-Gesellschaft entwarf eine Strecke, die mehrere Hoheitsgebiete berührte, denn neben den Königreichen Preußen (Magdeburg, Halle) und Sachsen (Leipzig) durchquerte sie auch das Herzogtum Anhalt-Köthen. Jeder Grenzübertritt bedeutete Passkontrollen, andere Währungen, andere Preise, andere Mentalitäten und andere Uhrzeiten. Bis kurz vor ihrem Lebensende kannten Clara und Johannes deutschsprachige Gebiete nur mit unterschiedlichen Zeitzonen, denn bis 1893 änderte sich die Ortszeit von West nach Ost pro Längengrad um eine Minute. Signalisierte die Turmuhr in Düsseldorf 12 Uhr mittags, war es in Baden-Baden bereits 12:07 Uhr, in Hamburg 12:12 Uhr und in Berlin 12:27 Uhr. Um Missverständnisse bei Empfängen und Konzertbesuchen sowie Verspätungen und Zusammenstöße der öffentlichen Verkehrsmittel zu vermeiden, erschien eine einheitliche Zeitregelung dringend erforderlich. Eine Einigung lag trotz des Ausbaus der Fernverbindungen allerdings in weiter Ferne – noch viele Jahrzehnte musste man in Kauf nehmen, dass durch das Ortszeitensystem die kostbare Taschenuhr mitunter schon beim Überqueren der Stadtgrenze zwei Minuten falsch ging. Gegenüber Clara meinte Johannes einmal, er sei »ein etwas altmodischer Mensch« und »kein Kosmopolit«, sondern eher jemand, der »wie an einer Mutter« an seiner »Vaterstadt hänge«.[20] Kein Wunder, dass es die Familie Brahms nicht in die Ferne zog.

In der Welt zu Hause

Johannes Brahms besaß während seines ganzen Lebens, also in fast 64 Jahren, mit Hamburg und Wien nur zwei dauerhafte feste Hauptwohnsitze. Selbst wenn der Kettenraucher und Schlemmer so alt geworden wäre wie Clara Schumann, hätte ihn nichts und niemand mehr aus Wien fortlocken können. Clara hingegen lebte im Laufe ihrer Lebenszeit von über 76 Jahren in sechs sehr unterschiedlichen

Städten: Leipzig, Dresden, Düsseldorf, Berlin, Baden-Baden und Frankfurt am Main. Das Ehepaar Schumann verbrachte nach der Eheschließung 1839 zunächst fünf Jahre zusammen in Claras Geburtsort Leipzig. Ihr Mann Robert versuchte nach einem Umzug in die sächsische Hauptstadt Dresden sechs Jahre lang vergeblich, dort bei einem Orchester oder Opernhaus eine feste Anstellung zu ergattern. Als Ende 1849 ein entsprechendes Angebot aus Düsseldorf kam und das Amt des Städtischen Musikdirektors winkte, zogen beide im September 1850 ins Rheinland.

Clara Schumanns Konzerttätigkeit war bis dahin die zuverlässigste Einkommensquelle der Familie. Von ihrem Ruhm, den sie sich ab dem zwölften Lebensjahr als Tochter des namhaften Klavierpädagogen Friedrich Wieck erspielt hatte, konnte sie noch neun Jahre nach der Namensänderung zehren. Bereits als junges Mädchen hatte sie einen Radius von Breslau bis Paris und von Hamburg bis Wien. In den Ehejahren beeindruckte sie bei Konzerten von Königsberg bis Köln und von Norderney bis Elberfeld sowie bei Auslandsauftritten in Kopenhagen, Mitau, Riga, Dorpat, Wien, Brünn, Prag, Sankt Petersburg und Moskau. Robert Schumann, der Komponist, stand meistens nur als ihr Anhängsel abseits, während seine Frau als begnadete Künstlerin gefeiert wurde. Seine eigene Hoffnung auf eine Pianistenlaufbahn hatte er schon zehn Jahre zuvor aufgeben müssen: Damals trainierte er wie besessen und traktierte seine Hände mit einem mechanischen Übungsgerät, das einzelne Finger zurückhalten sollte, um sie gezielt zu stärken. Allerdings waren – wie er notierte – taube Finger, »unendlichste Schmerzen im Arm« und eine »Erlahmung« der rechten Hand die Konsequenz.[21]

Auch wenn bei ihr zwanzig Jahre lang mit einer anderen Technik alles gut gegangen war, hätte dies Clara eine Mahnung sein können, wie verletzlich und empfindlich die Handmuskulatur ist. Aber sie stellte keinerlei Verbindungen zwischen der Methodik ihres Mannes und den oft lange anhaltenden Muskelkontraktionen her,[22] die auch die Folge einer neurologischen Erkrankung wie der fokalen Dystonie sein konnten.[23] Notgedrungen verlegte sich Robert vom Interpretieren auf das Entwerfen von Musik. Dadurch beeinträchtigte er Claras Konzertvorbereitungen, denn solange er in seinem Zimmer neue Sinfonien und Sonaten ersann, durfte sie im Haus nicht Klavier spielen. Ihre Reisemöglichkeiten beschnitt Robert, da kaum ein Jahr verstrich, in dem er sie nicht schwängerte. Sie als gläubige Protestantin betrachtete ihrerseits eine ansehnliche Kinderschar allerdings auch als ›Segen Gottes‹. Während der Komponist Arthur Sullivan in den Tagebüchern sich einer Beischlafbuchführung befleißigte, um mit seiner Partnerin die exakte Woche einer unbeabsichtigten Zeugung ermitteln zu können, pflegte Robert Schumann diese Methode wahrscheinlich, um zu kontrollieren, in welchem Rhythmus er Claras erfolgreichere Karriere aussetzen konnte. Aus zehn Gravitäten in nur 13 Jahren gingen acht Kinder hervor, von denen eines im Säuglingsalter verstarb. Jede Lebensstation war damit verknüpft: In Leipzig kamen Marie (1841) und Elise (1843) zur Welt; in Dresden Julie (1845), Ludwig (1848), Ferdinand (1849) und der mit nur 16 Monaten verstorbene Emil (1846); in Düsseldorf Eugenie (1851) und Felix (1854).

Clara war vorgewarnt. Kurz vor der Eheschließung bereitete der Zwanzigjährigen Sorgen, sie könne »als Künstlerin vergessen« werden.[24] Roberts schriftliche Antwort hätte sie eher beunruhigen sollen, als er schrieb: »Warte, wie ich Dir die Künstlerin vergessen machen will – denn das Weib steht doch höher als die Künstlerin.«[25] Doch mit ihrem Bekenntnis »Nun, mein Leben ist Dir, nur an Dich gekettet, Du bist meine Stütze, meine Hoffnung! Deine Clara« hatte sie seine Bedingungen akzeptiert.[26] Ihre Zuneigungsbekundungen entsprachen völlig dem Stil ihrer Zeit. Das Bürgertum überlieferte eine Korrespondenz voll aristokratischer Würde, denn gerade Blaublütige wie etwa die rheinische Prinzessin Elisabeth zu Wied, mit der Clara Kontakt pflegte, verwendete in ihrem Schriftwechsel Formulierungen wie »O Carl, Gott segne dich tausendmal für all' die Glückseligkeit die Du mir ins Herz gießest, für die starke Liebe mit der Du mich an Dich gekettet hast«.[27] Wie Clara hatte sie auch ihren Mann »furchtbar lieb«, war voll »demüthiger Dankbarkeit«, sagte sich »wieviel hundertmal am Tage« dann »Mein Gott, wie habe ich solches Glück verdient!« und gelobte: »O Carl, ich verspreche Dir heilig, ich will Deiner werth werden, ich will es verdienen, mit Dir Eins zu sein.«[28] Eine ähnlich starke Zuneigung band Clara an ihren Gemahl, die im Ton der Epoche schwärmte, »mein Herz war erfüllt von Liebe und Verehrung für Robert, und Dank dem Himmel für das hohe Glück, womit er mich überschüttet«.[29]

Für ihre pianistische Laufbahn erwiesen sich die Liebe und das aufwändige Familienleben allerdings als hinderlich. Es sollte noch viele Jahre dauern, bis Marie alt genug war, um ihre Mutter als Begleiterin und Organisatorin zu unterstützen. Wegen des Nachwuchses musste sich Clara zunehmend darauf beschränken, als

Klavierpädagogin zu wirken. Währenddessen agierte Robert als Düsseldorfer Musikdirektor wenig erfolgreich. Es kam immer wieder zu Konflikten mit dem Konzertkomitee, weil der respektierte Komponist sich nicht als begnadeter Dirigent erwies.

Als Brahms Ende 1853 Clara Schumann näher kennenlernte, war sie eine durch die äußeren Umstände beeinträchtigte Starpianistin, Mutter von vier Töchtern und zwei Söhnen und im ersten Monat schwanger mit ihrem letzten Sohn. Da für Brahms öffentliche Auftritte als Pianist eher Mittel zum Zweck als Erfüllung waren, lockte ihn wenig von Hamburg ins Rheinland. Aber um als Künstler aus einem kulturellen Randgebiet Verbindungen zu knüpfen, blieb ihm nichts anderes übrig, als auf die Walz zu gehen.

Ungarn an der Elbe

Für Johannes Brahms begann die Fremde bereits vor der Haustür. Das vor den Toren der alten Hansestadt gelegene Altona wurde zwar ab 1815 Teil des Deutschen Bundes, stand aber bis 1864 unter dänischer Verwaltung. An einem anderen Ende des Ortes begann man kurz nach Brahms' Geburt damit, die Hafenanlagen vor dem Hamburger Berg, dem heutigen St. Pauli, zu erweitern, denn durch die Industrialisierung wurden Elbe, Nordsee und Atlantik zu wesentlichen Transitlinien in alle Welt. In der damaligen Geschichtsschreibung sprach man über das »in seinen Handelsbeziehungen weltbürgerliche, in seinem innersten Wesen aber kerndeutsche Hamburg«.[30] Die expandierende Stadt zog viele Auswanderer auf dem Weg in die USA an. Hamburg entwickelte sich im 19. Jahrhundert zum Umschlagplatz für Waren und Kulturen: Die gescheiterten mitteleuropäischen Revolutionen von 1848/49 und etliche Missernten trieben zahllose Menschen dazu, auf einem anderen Kontinent, der ausreichend Platz bot, einen Neuanfang zu wagen. Nachdem im August 1849 der Aufstand der Ungarn gegen die Habsburger fehlgeschlagen war, strömten zudem etliche der insgesamt etwa 4000 Exilanten aus Ungarn in die Hansestadt, um von dort nach jenseits des Atlantiks auszusiedeln.

In Hamburg bildete sich eine kleine ungarische Gemeinschaft, zu der auch Eduard Reményi gehörte. Er stammte aus Nordungarn, hieß aber eigentlich Eduard Hoffmann – kaum ein Name, mit dem man feurige Rhythmen aus der Region um den Balaton verbindet.

Viel eher konnte er mit einem Pseudonym wie Ede Reményi den exotischen Geigenvirtuosen mimen. Er hatte eine traditionelle Ausbildung bei Joseph Böhm am Konservatorium der Gesellschaft der Musikfreunde in Wien durchlaufen, glänzte in seinen Konzerten aber auch mit den Werken verstorbener Klassiker. Zu seinen Glanznummern zählten vor allem Stücke des magyarischen Typus »nach der Art der Zigeuner«. Durch ihn erhielt Brahms, schon lange bevor er das Land je bereiste, eine frühe Prägung und ein Faible für ungarische Melodien.

Claras berühmtester Gegenpart in der Klavierkunst kam ebenfalls aus Ungarn: Liszt Ferenc, oder wie man ihn in deutschsprachigen Gefilden nannte: Franz Liszt. Er konnte ein wenig Ungarisch, war durch seine Mutter deutschsprachig aufgewachsen und beherrschte auch fließend Französisch. Als Reményi den 19-jährigen Johannes Brahms Anfang 1853 überredete, ihn als Pianist auf einer Konzerttour zu begleiten, ahnte dieser noch nicht, dass er innerhalb von nur fünf Monaten seine Feinde und Freunde fürs Leben kennenlernen sollte.

In der Fremde

Als Johannes Brahms und Eduard Reményi am 19. April 1853 aufbrachen, um »auf die Wanderschaft« zu gehen, wie es damals hieß,[31] war ihnen keineswegs klar, wo und vor wem sie musizieren könnten, ja, wohin sie der Weg letzten Endes überhaupt führen würde. Ein organisiertes Konzertwesen gab es Mitte des 19. Jahrhunderts noch nicht. Sofern es sich nicht um Starvirtuosen à la Paganini oder Liszt handelte, sahen sich die Interpreten selbst genötigt, Kontakte zu knüpfen, geeignete Räumlichkeiten zu organisieren, ihre Auftritte anzukündigen und mitunter sogar die Karten selbst zu verkaufen. Auch für die 20 Jahre junge Clara Wieck wurden diese Prozeduren ein wichtiger Teil ihres Abnabelungsprozesses von der väterlichen Fürsorge. »Alle Briefchen (was so zum Concert gehört) muß ich selbst schreiben, Freibillette herumschicken, Stimmer, Instrumententräger besorgen und dabei studiren? Das ist ja ein wenig viel«, klagte Clara ihrem Robert; zudem nervten sie die zur Kontaktpflege unerlässlichen »vielen uninteressanten Besuche«.[32] Doch auch wenn ihr Vater hoffte, sie würde mit der Selbstorganisation ihrer Auftritte scheitern und kleinlaut an die Pleiße zurückkehren, biss sich Clara durch und fand bei ihren Auftritten in Paris zuletzt Unterstützung bei ihrer Jugendfreundin Emilie List und der Sängerin Pauline Viardot-García, die sie von Gastspielen in Leipzig kannte. »Ich sehe jetzt, daß ich ohne meinen Vater auch in der Welt dastehen kann«, erkannte sie.[33]

Johannes ging im gleichen Alter mit dem Segen seiner Familie in die Fremde. Sein Ehrgeiz dürfte zunächst einmal darin bestanden haben, mit handfesten Ergebnissen in den Kreis der Seinen zurückzukehren. Er hatte mit Reményi vor dieser Konzerttournee nur in Hamburg und Winsen auf der Bühne gestanden. Durch gelegentliche Auftritte in der Region weckten die beiden Musiker die Aufmerksamkeit eines gut situierten Beamten namens Blume, der als Verwalter über Kontakte in einige Bezirke nördlich der damals preußischen Provinzhauptstadt Hannover verfügte. Auf seinen Rat hin steuerten sie zunächst Lüneburg, Hildesheim und Celle an. Durchaus realistisch erscheint eine Überlieferung, derzufolge Brahms es seinem Kollegen bei einer der Darbietungen ersparen wollte, seine Geige wegen des miserablen Klaviers um einen halben Ton hinabzustimmen. Stattdessen transponierte er im Konzert selbst Beethovens Violinsonate op. 30, Nr. 2 von c nach cis-Moll. Noch als reifer Künstler ließ Johannes in einem Brief an Clara die Bemerkung fallen, das »Transponieren-Lernen« halte er für eine »Übungs- und Gewohnheitssache«, denn »wer alle Tage Sänger zu begleiten hat, wird es bald lernen«.[34] Bereits sein Lehrmeister Marxsen hatte ihn stets ermutigt, bedeutende Musikstücke vom Blatt in alle möglichen Tonarten zu transponieren, um dadurch technische Flexibilität zu erlangen. Allerdings dürfte dieses Improvisationstalent den wenigsten aufgefallen sein. Was hingegen ins Auge stach, waren die unterschiedlichen Temperamente. Reményi besaß das, was dem introvertierten Brahms abging: Draufgängertum und ein Talent zur Selbstdarstellung. Der Hanseat begeisterte sich dennoch sein Leben lang für die sogenannte »Zigeunermusik« und schrieb später selbst »Ungarische Tänze« und »Zigeunerlieder«. Die für Norddeutsche exotisch anmutenden Rhythmen und der Elan dieser Musik besaßen den Hauch von Freiheit – sie schien die Musik der mutigen Außenseiter zu sein. Brahms' eigene Musik indes, die in jener Zeit entstand, erzählte von inneren Kämpfen, wie etwa die ersten Klaviersonaten oder die frühen vom Pianoforte begleiteten Gesänge für Tenor- bzw. Sopranstimme.

Für die Reiseorganisation blieb vorerst Reményi die treibende Kraft. Große Hoffnungen setzte der Magyar in ein Wiedersehen mit seinem früheren Schulfreund Joseph Joachim, der seit Jahresbeginn Konzertmeister beim Hoforchester in Hannover war. Er ahnte nicht, dass sein Begleiter Johannes Brahms ein viel interessanterer Gesprächspartner für Joachim werden würde.

Kultur an der Leine

In dem Briefwechsel, der sich bald nach der ersten Begegnung zwischen Johannes Brahms und Joseph Joachim entwickelte, spielte Reményi nur noch eine Nebenrolle. Joachim ließ lediglich Grüße ausrichten an den »lustigen Kumpan« bzw. den »Reményi barátom«, der ungarische Ausdruck für »Freund Reményi«.[35] Obwohl Joseph Joachim erst 22 Jahre alt war, nahm er bereits eine bedeutende Rolle in der obersten Liga im Kulturleben der deutschsprachigen Länder ein. Sein überragendes Talent ermöglichte ihm, als Konzertmeister der Hofkapelle in Hannover auf einen der verantwortungsvollsten Posten eines Spitzenorchesters vorzurücken. Der kunstverständige König von Hannover, Georg V. – ein Cousin ersten Grades der britischen Königin Victoria –, hatte von seinem prachtvollen Schloss aus alle Weichen gestellt, um sein Reich zu einem kulturellen Zentrum auszugestalten. Er musizierte, komponierte vor allem Lieder nebst Klavierwerken und besaß dadurch reichlich Sachverstand, um die Oper sowie das Konzertwesen zu hegen und zu pflegen. Als Johannes Brahms erstmals in die Hauptstadt an der Leine kam, war gerade das neue Hoftheater auf dem Windmühlenberg eingeweiht worden. Der Bau war nicht nur doppelt so groß, sondern auch akustisch erheblich besser als das frühere Schlosstheater an der Leinstraße.

Als Reményi und Brahms durch die Vermittlung von Joachim bei Hofe musizierten, dürften sie auch mitbekommen haben, was man in der Öffentlichkeit zu verbergen suchte: König Georg selbst, der Erleuchtung durch Bildung und Kultur in sein Land bringen wollte, war blind. Als Zehnjähriger hatte der 1819 geborene Monarch sein linkes Augenlicht durch eine Krankheit und sein rechtes vier Jahre später durch einen Unfall verloren, der zu einer Starkapsel führte. Sein Vater bildete ihn dennoch zu einem fähigen Nachfolger heran und fegte Bedenken beiseite, indem er 1842 verfügte, dass bei der Unterzeichnung von Regierungsakten einfach nur vereidigte Zeugen zugegen sein müssen. Als Georg V. nach dem Tod seines Vaters im November 1851 selbst über die weiteren Entwicklungen bestimmen konnte, sorgte Seine Majestät dafür, dass allein der ansehnliche Etat des Orchesters in den folgenden 15 Jahren mehr als verdoppelt wurde. Die Anzahl der Orchestermitglieder stieg zunehmend von 48 (1850), 67 (1858), 71 (1861) auf 75 (1866) und weitere fünf Akzessisten. Zudem hatte eine Frau die Position an der Harfe inne, was seinerzeit selbst bei diesem Instrument ungewöhnlich war. Clara Schumann zeigte sich begeistert von der hohen Qualität der Hofkapelle und schrieb Joachim, »ein solches Orchester, das finden Sie doch in ganz Deutschland nicht mehr«.[36] Sie kannte den zwölf Jahre jüngeren Joseph Joachim, seit er als Zwölfjähriger in einem von Pauline Viardot-García im Leipziger Gewandhaus organisierten Konzert aufgetreten war. Am Abend des 19. August 1843 begleitete Felix Mendelssohn Bartholdy den jungen Geiger, der an dem vom Gewandhauskapellmeister gegründeten Konservatorium ausgebildet wurde, am Klavier. Mendelssohn musizierte regelmäßig mit dem kleinen »Teufelsbraten«, wie er ihn scherzhaft bei besonders guten Leistungen nannte. Joseph Joachim besaß ein eher zurückhaltendes Temperament, denn obwohl er aus Kittsee bei Pressburg stammte – dem heutigen Köpcsény bei Bratislava – hatte er, so Brahms' Freund Max Kalbeck, eine Art, dass er »eher für einen Schwaben oder Sachsen als für einen Magyaren gelten konnte«.[37] Letztendlich wurde Joachim derjenige, mit dem Clara Schumann am meisten öffentlich und wahrscheinlich auch im privaten Kreis gemeinsam musizierte.[38] Auch ihr Mann Robert arbeitete gerne mit ihm zusammen und im November 1845 sprang Joachim bei einem von ihm geleiteten Dresdner Abonnementkonzert ein, weil Clara erkrankt war.

Kurz bevor Reményi und Brahms bei Joseph Joachim ihre Aufwartung machten, hatten die Schumanns im Mai 1853 beim 31. Niederrheinischen Musikfest mit ihm zusammengearbeitet. Es wurde in diesem Jahr in Düsseldorf ausgerichtet, wo Robert Schumann noch städtischer Musikdirektor war. Clara hatte mit dem Klavierkonzert ihres Gatten brilliert und Joseph Joachim glänzte mit Beethovens Violinkonzert, das bis dahin wenig Liebhaber gefunden hatte. Es handelte sich nicht nur um eines der umfangreichsten Werke dieser Gattung, sondern auch um eines, in dem die Virtuosität klassischer Konzepte allmählich der Ausdrucksvielfalt gefühlsreicher Empfindungstiefe wich, so als ob es sich um eine Sinfonie für Orchester und Geigen-Improvisationen handele. Die gemeinsame ästhetische Grundhaltung trug zu einer überzeugenden Interpretation bei. Hatte

Clara an dem jungenhaften Joachim noch gezweifelt, so gestand sie ihm nun zu, »er spielte aber auch mit einer Vollendung und einer so tiefen Poesie, so ganz Seele in jedem Tönchen, wirklich idealisch, daß ich nie solch Violinspiel gehört, und ich kann wohl sagen, nie von einem Virtuosen solch einen unvergeßlichen Eindruck empfangen habe«.[39]

Joseph Joachim hatte mittlerweile einen ganz anderen Anspruch an seine Kunst entwickelt als der einstige Kamerad Eduard Reményi. Von diesem Temperamentbündel, das gern und gekonnt mit virtuosen ungarischen Zigeunerweisen verblüffte, wurde zu seinem Interpretationsansatz bei Beethoven der Ausspruch überliefert: »Werd' ich spillen heut Nocht Kraitzer-Sonate, dass sich Horre flieg'n!«[40] Jahre später bezeichnete Joachim die auf Gastspielreise befindlichen Reményi und Brahms als »die ungleichen Kunstgenossen«.[41] Dass er ihnen eine Auftrittsmöglichkeit bei Hofe vermittelte, hing gewiss mehr mit den Fähigkeiten des Pianisten zusammen. »Nie in meinem Künstlerleben war ich von freudigerem Staunen übermannt worden, als da mir der fast schüchtern aussehende blonde Begleiter meines Landsmannes mit edlem, verklärtem Antlitz seine Sonatensätze von ganz ungeahnter Originalität und Kraft vorspielte«, erzählte Joachim über Brahms und dessen Klavierspiel, denn es war »so zart, so phantasievoll, so frei, so feurig, daß es mich ganz in seinem Banne hielt«.[42] Unmittelbar nachdem er Brahms gehört hatte, wie er seine frühen Kompositionen – etwa die fis-Moll-Sonate oder das Scherzo in es-Moll – vortrug, schwärmte Joachim in einem Empfehlungsschreiben an eine einflussreiche Hofdame, Gräfin Bernstorff, wie aufgewühlt er sei durch das »intensive Feuer, jene, ich möchte sagen fatalistische Energie und Präzision des Rhythmus, welche den Künstler prophezeien«. Nicht nur der Interpret beeindruckte ihn. Er war überzeugt, auch »seine Kompositionen zeigen jetzt schon so viel Bedeutendes, wie ich es bis jetzt noch bei keinem Kunstjünger seines Alters getroffen«. Für ein solches Talent legte Joachim gerne ein gutes Wort ein. Er ließ Brahms wissen, er habe »an Dr. Liszt geschrieben, gegen den Sie unbefangen sein können, wie man großen Naturen immer am besten begegnet«.[43]

In der damaligen Zeit waren Empfehlungsschreiben für Künstler der entscheidende Türöffner für das Vorankommen. Allerdings wiesen die Ratschläge von Joseph Joachim in eine andere Richtung als jene, die Brahms mit Reményi an seiner Seite einschlagen konnte. Natürlich wollte Reményi sich bei seinem Landsmann Liszt vorstellen, der als Weimarer Hofmusikdirektor in einem Haus auf der Altenburg residierte. Joachim unterstützte das Vorhaben, indem er beide mit einem Schreiben ankündigte. Brahms empfahl er indes, falls er und Reményi ihren Weg nicht gemeinsam fortsetzen sollten, dann könne er bei ihm in Göttingen vorbeischauen, wo Joachim die Sommer verbrachte.

Zwischen Effekt und Sinngebung

Erst schemenhaft deutete sich eine Entwicklung an, die sich im Laufe der folgenden Jahrzehnte durch die immer stärkere Bedeutung des Musikjournalismus und die vermehrte Professionalisierung des Konzertwesens zu aggressiv geführten Lagerkämpfen auswachsen sollte. Was zunächst vornehmlich Fragen der Interpretation betraf, berührte im weiteren Verlauf auch zunehmend Facetten des Komponierens. Der Liszt-Bewunderer Eduard Reményi gehörte zu einem Typus von Instrumentalisten, die nicht vor effektheischenden Übertreibungen zurückscheuten wie etwa der Uraufführungssolist des Beethovenschen Violinkonzerts, Franz Clement. Dieser hatte seinerzeit das Opus 61 lässig vom Blatt gespielt und bereits auf dem Anschlagzettel der Uraufführung im Theater an der Wien zusätzlich ankündigen lassen, er werde in diesem Konzert »auf der Violine phantasiren und auch eine Sonate auf einer einzigen Saite mit umgekehrter Violin spielen«. Was bei den einen die »Horre fliegen« ließ, ließ sie den anderen zu Berge stehen. Es muss nicht verwundern, wenn es in Berichten von der Premiere des Beethoven-Konzerts hieß, dass »der Zusammenhang oft ganz zerrissen scheine, und die unendlichen Wiederholungen einiger gemeinen Stellen leicht ermüden könnten«.[44] Erst Joseph Joachim verstand es, dem Rhapsodischen des Werks einen Sinn zu verleihen. Er hatte Beethovens Violinkonzert zunächst als Dreizehnjähriger unter Mendelssohns Leitung in London gespielt und konnte mit Hilfe des Stardirigenten und Komponisten sowie zunehmender Erfahrung sich das schwer in allen Facetten auszulotende Opus immer mehr zu eigen machen. Liszt hegte großen Respekt vor Joachim, während er Reményis Auftreten eher »possenhaft« fand. In seiner Publikation *Die Zigeuner und ihre Musik in Ungarn* charakterisierte er Reményi als einen »gegen alle Monotonie sich auflehnenden« Künstler. »Reményis Ideal ist das des Zigeuners mit seinem ganzen Stolz, seiner tiefen Bitterkeit, seiner vielfarbigen und vielgestaltigen Träumerei, seinem lebhaften, zierdereichen Schwung«, meinte Liszt,[45] wobei zwischen den Zeilen auch die Haltung mitschwang: Ganz anders als die steife und staubtrockene Clara Schumann mit ihren Traditionalistenfreunden.

Der junge Brahms musste zwischen den beiden Polen erst noch seinen Weg suchen. Sollte er als unabhängiges ›gottbegnadetes Genie‹ auftreten oder die Rolle des in der Tradition verwurzelten ›Meisters‹ geben? Konnte man als reisender Virtuose sein Auskommen finden, oder war es nicht doch sicherer, wie Joachim eine feste Anstellung anzustreben? Steht Unterhaltungsmusik im Widerspruch zu tragisch-dramatischen Kompositionen? Wo durfte man sich positionieren zwischen Äußerlichkeiten und unergründlicher Tiefe, zwischen Selbstdarstellung und einem von Herzen empfundenen expressiven Ausdruck? Johannes Brahms sollte bald herausfinden, wie er Joachim und Liszt einzuordnen hatte.

Positionsbestimmungen

Mitte Juni 1853 zog Reményi mit Brahms im Schlepptau vom Königreich Hannover weiter zum Herzogtum Sachsen-Weimar-Eisenach. Der Ungar versprach sich viel von einer Protektion durch seinen Landsmann Ferenc Liszt, ebenso wie der Weimarer Hof 1842 hohe Erwartungen mit dem Engagement eines der führenden Musiker Europas verband. Dass dieser sich überhaupt herabließ, sich an den spartanisch ausgestatteten Weimarer Hof zu begeben, hing zusammen mit der leidenschaftlichen Zuneigung zu einer Frau und der Passion für die Kultur. Im Februar 1847 hatte Liszt bei einem Gastspiel in Kiew die wohlhabende polnisch-russische Fürstin Carolyne zu Sayn-Wittgenstein kennengelernt. Beide fühlten sich miteinander geistesverwandt und Liszt betrachtete sich bald als »Seeleneigener« der Fürstin, wie er es in einer Analogiebildung zum ›Leibeigenen‹ in einem Brief formulierte.[46] Der Musiker und die Adelige konnten stundenlang über Philosophie, Religion und Kunst debattieren, was dann auch ihr praktisches Engagement beförderte. Ihr dreistöckiges Domizil in der Jenaer Straße in Weimar war die sogenannte ›Altenburg‹ (nach dem einstigen Flurnamen »Die Alte Burg«), in der man ab 1848 für dreizehn Jahre residierte. Sie wurde zum Treffpunkt für Künstler und Intellektuelle. Die Atmosphäre beschrieb der Dichter Friedrich Hebbel als »traumhaft-phantastisch«, insbesondere wenn bei großen Abendgesellschaften Liszt am Klavier »Zigeuner-Rhapsodien« anstimmte, mit denen er selbst den Poeten »elektrisierte«. »Am Klavier ist er ein Heros«, erinnerte sich Hebbel bewundernd, »hinter ihm, in polnisch-russischer Nationaltracht mit Halbdiadem und goldenen Troddeln die junge Fürstin, die ihm die Blätter umschlug und ihm dabei zuweilen durch die langen, in der Hitze des Spiels wild flatternden Haare fuhr.«[47] Die Welt, in die Brahms hier eintauchen sollte, bot einen beinahe surrealen Kontrast zum Umfeld der Schumanns, von dem er bei Joachim schon einen Vorgeschmack bekommen hatte. »Joachim ist einzig«, meinte der Leipziger Thomaskantor und Konservatoriumsmitbegründer Moritz Hauptmann einmal über den Geiger, denn »bei dem ist nicht die Technik und nicht der Ton und nichts von allem, was man sagen kann, sondern daß das alles zurücktritt, sich gar nicht bemerkbar macht, daß man eben nur die Musik hört.« Dabei machte sich Joseph Joachim die Kompositionen so zu eigen, dass er selbst komplexe Beethoven-Sonaten auswendig vortragen konnte, und zwar, wie Beobachter feststellten, »so geistreich in der Auffassung, mit einer Übereinstimmung und Vollendung der Auffassung, wie man sie nicht leicht finden wird«.[48] Damit bildete er ein Pendant zu Clara Schumann, die in Konzerten ebenfalls ohne Noten antrat. Doch nicht nur das: »Sie übte meist ohne Noten«, erzählte ihre Tochter Eugenie, »und ich erinnere mich einzelner Gelegenheiten, wo sie mir, als ich während des Übens in ihr Zimmer kam, zurief, ich möge ihr das Stück, welches sie gerade spielte, heraussuchen, sie müsse etwas nachsehen.«[49]

Wie Clara beeindruckte Joseph Joachim neben seinem musikalischen Können als »ein äußerst angenehmer Mensch von liebenswürdigem Wesen«.[50] Mochte diese »gedrungene, nachlässig gekleidete Gestalt mit ihren wirren, emporstehenden Haaren« auch wenig optische Reize bieten, so beeindruckten der »Adel und die Fülle des Tons, die vollendete Technik, die geistvolle Auffassung«, wie ein Presserezensent feststellte. »Da gab es nichts Müßiges, keinen eitlen Virtuosenschmuck, sondern alles, jedes sforzato, crescendo, staccato fand in dem Ganzen seine Rechtfertigung.«[51] Dieser Mann mit »der hohen Stirn, auf der die erhabensten Gedanken ihre leuchtenden Spuren hinterlassen«, wirkte wie ein unprätentiöser Künstler, aus dessen tiefliegenden Augen »der kühnste Geist und die wärmste Menschenliebe hervorschauten« und um dessen Lippen »der Schmerz seine schärfsten Linien und Falten gezogen« hatte.[52]

Bei Franz Liszt hingegen fielen nicht nur Robert Schumann Vokabeln wie »Flitterwesen« ein. Den Schumanns stand die künstlerische Haltung von Joachim erheblich näher. Der Musikpädagoge und Joachim-Vertraute Andreas Moser meinte, der »durch seine unerhörten Triumphe als Virtuose so verwöhnte Liszt« sei stets geneigt gewesen, »den äußerlichen Erfolg und Glanz über das eigentliche Wesen der Kunst zu stellen«. Wenn ihm nach dem Vortrag einer Beethovenschen Sonate der Applaus nicht die gewohnte Stärke zu haben schien, ließ er »unmittelbar darauf ein nichtssagendes Tonstück folgen«, um seine »pianistischen Hexenkünste« zur Schau zu stellen, mit dem Ergebnis: »der Erfolg war da, die Virtuosenehre gerettet!«[53]

Was Brahms im Sommer 1853 drei Wochen lang in Weimar erleben sollte, hatten die Schumanns schon hinter sich: Die Begegnung und Auseinandersetzung mit Liszt. Robert Schumann pflegte einige Jahre lang ein von respektvoller Anerkennung getragenes Verhältnis zu Liszt, zumal beide in Zeitungsbeiträgen Wohlwollendes übereinander schrieben. Doch die Kollegialität wich zunehmender Distanz. »Aber Klärchen, *diese* Welt ist meine nicht mehr, ich meine *seine*«, schrieb Robert Schumann an seine Braut. »Die Kunst, wie Du sie übst, wie ich auch oft am Clavier beim Componieren, diese schöne Gemütlichkeit geb' ich doch nicht hin für all seine Pracht.«[54] Der hier verwendete bürgerliche Begriff des »Gemütlichen« wurde zu diesem Zeitpunkt noch als ausgesprochen positiv empfunden: Im 18. Jahrhundert verband man ihn mit Herzenswärme, später mit Menschlichkeit, Besinnung, Innigkeit, Konzentration, Hingabe, Privatheit. Verglichen mit Clara Schumanns subtilen Interpretationen waren Liszts Darbietungen selbst in den kleinsten Kammern öffentliche Spektakel. Dass »Liszts Vorbild und Unterweisung auf dem Gebiet der rein technischen Seite des Klavierspiels außerordentlich fördernd sein musste, versteht sich von selbst«, konstatierte der Komponist Ernst Rudorff. »Um die Bildung des Anschlags scheint er sich weniger bemüht zu haben.« Das »Rüstzeug«, um »aufzufallen und geistreich zu erscheinen«, bestand laut Rudorff »in unmotivierten Temporückungen, in Übertreibungen der Stärkegrade nach oben und unten hin, Übertreibungen der Kontraste sowohl in dynamischer wie in rhythmischer Beziehung, ungebührlicher Anwendung der Verschiebung und ähnlichen Dingen«. Nach seiner Auffassung hat Liszt »eine Schule der Willkür, der Affektation, der effektvollen Pose hinterlassen, der es leider gelungen ist, Boden im Überfluss zu gewinnen«.[55] Clara und Johannes konnten überaus aggressiv reagieren auf Entwicklungen im Konzertleben, die ihrer Meinung nach den Ereignischarakter überbetonten und den Gehalt von Kunst vernachlässigten. Einmal meinte Brahms zu Clara Schumann, »das ganze Wien wird einem immer gemütlicher«, aber »die Menschen und gar die Künstler immer widerlicher, die Art, wie sie sich zum Publikum und zur Kritik stellen, vor ihm spielen und von ihm abhängen, nimmt einem alle Luft, als Kollege den Schwindel mitzumachen«.[56] Auch Clara zeigte ihm viel »Unerquickliches« an: »So wie Du neulich auch von Wien schriebst, ist es überall. Die Unverschämtheit mancher Künstler geht ins Unglaubliche, so z. B. hier die eines Herrn Dr. Satter – solche Reklame war in Deutschland noch nie da, und – gelitten!!! Gehört habe ich den Zeitungshelden nicht, ich mag solche Klavierspieler gar nicht hören!«[57]

Künstler wie Johannes Brahms, Clara und Robert Schumann sowie Joseph Joachim bildeten dazu einen Gegenpol. Franz Liszt hätte sie nur allzu gerne für seine Anliegen gewonnen: Wir sind die Speerspitze der Moderne, suggerierte er, wir haben die künstlerischen und intellektuellen Fähigkeiten, die Geisteszwerge und die Gegenwart zu dominieren. Zum Teufel mit dem Gestrigen – wir sind das Jetzt und die Zukunft! Schließt Euch uns an!! Seine Einflüsterungen boten verlockende Aussichten: Ist Musik wie Schumanns poetische Klavierwerke und Joachims literarisch geprägte Konzertouvertüren nicht die unsrige? Und war Roberts d-Moll-Sinfonie nicht verkannt worden? Welcher Zukunftsmusiker wäre nicht verkannt gewesen …

Es gab durchaus Überschneidungspunkte. Clara und Johannes engagierten sich für das Werk Robert Schumanns, das zumindest teilweise zeitgenössische Musik im Sinne von Liszts damaliger Haltung darstellte. Zudem lagen ihnen Kunst und Kultur aus deutschsprachigen Ländern am Herzen. Und Liszt stürzte sich in den 1850er-Jahren voller Verve in ein Projekt, bei dem genau diese im Mittelpunkt standen. Dafür erschien ihm Weimar als der geeignete Ort, denn die im thüringischen Becken gelegene Stadt galt dem Musiker und seiner Fürstin als das geistige Zentrum Mitteleuropas. Im nur achtzig Kilometer westlich gelegenen Eisenach hatte auf der Wartburg nicht nur Luther die Bibel übersetzt, dort spielt auch Wagners Oper *Tannhäuser* (die Liszt in seiner Eröffnungsspielzeit in Weimar ins Programm nahm). Zudem hatte Moritz von Schwind 1854/55 eine Reihe neuer Fresken im Palas der Wartburg geschaffen, die Momente aus der thüringischen Geschichte zeigen, insbesondere ikonische Szenen aus dem Leben der Heiligen Elisabeth sowie den »Sängerkrieg«. Auf Initiative des Deutschritterordens war Elisabeth von Thüringen kanonisiert worden und schon bald sollte Liszt beginnen, mit seiner *Legende von der Heiligen Elisabeth* eine verklärende Kantate über sie zu schreiben. Der Ungar streckte – wie der Orden und die katholische Kirche – seine Fühler überallhin aus. Kurz vor seinem Amtsantritt versicherte er, »bescheiden meine Bestrebungen an Weymars ruhmreiche Überlieferung anzuknüpfen«.[58] Damit reihte er sich – ein willkommener Nebeneffekt – in eine glorreiche Tradition ein: Zwei Jahrzehnte nach Goethes Ableben sah man es als dringend erforderlich an, sein Wirken sowie jenes von Schiller, Herder und Wieland weiterzuführen. Eine geplante Nationalstiftung der Künste sollte die finanziellen und konzeptionellen Grundlagen liefern. Dass ein ungarischer Komponist, eine in der Ukraine geborene Fürstin und die russische Zarentochter Maria Pawlowna Romanowa als Großherzogin von Sachsen-Weimar-Eisenach sich für die deutsche Kultur einsetzten, erklärt sich durch die gewaltige Wertschätzung, die diese genoss. Deutschland »liegt in der Mitte Europas«, hieß es in einer 1851 in der ostthüringischen Residenzstadt Altenburg erschienenen Enzyklopädie. »Macht man für Europa als Charakter die Mäßigung, Vermittlung u. Vielseitigkeit geltend, so erscheint D. in allen Verhältnissen als der eigentliche Repräsentant Europas.«[59] Der Mitherausgeber Heinrich August Pierer war 1813 an der Völkerschlacht bei Leipzig und 1815 an der Schlacht bei Waterloo beteiligt, um Europa von dem napoleonischen Terror zu befreien. Seine Generation beschwor die Idee eines geeinten Deutschlands, lange bevor es ein solches Staatsgebilde wurde. Dies waren Ideale, die auch die Schumanns und Brahms teilten.

An sich wären sie zusammen mit Joachim für Liszt die geeigneten Gesinnungsgenossen gewesen. Doch ästhetisch trennten diese so unterschiedlichen Künstlertemperamente letzten Endes Welten. Ermuntert von Carolyne zu Sayn-Wittgenstein begann Franz Liszt in Weimar damit, vage Ideen zu großen sinfonischen und geistlichen Werken auszuarbeiten. Dabei erschien ihm die »sinfonische Dichtung« am ehesten geeignet. Seine caesarische Sinfonik, die sich mit monolithischen Werkungetümen in Themenkompositionen wie einer *Faust-* und einer *Dante-Sinfonie* sowie *Prometheus*, *Mazeppa* und *Orpheus* manifestierte, inspirierte einen Komponisten wie Felix Draeseke 1860 sogar zu einer gewaltigen Tondichtung mit dem Titel *Julius Cäsar*. Brahms stellte Werken dieser Art im Laufe seines

Lebens eine von der Philosophie und Literatur der Antike inspirierte »panta rhei«-Dramaturgie gegenüber: Alles fließt, oder wie Platon es in dem Dialog *Kratylos* (402a) umriss, »alles fließt und nichts bleibt; es gibt nur ein ewiges Werden und Wandeln«. Im achten Lied seines Opus 57 vertonte Brahms die für ihn programmatischen Zeilen »in den Adern quillt / Leben und verlangt nach Leben« – auch in seiner Musik pulsiert alles und wird mit unablässigen Bewegungsimpulsen lebendig erhalten. Nach diesen Prinzipien gestaltete er die Themenwahl und -verarbeitung in allen seinen Werken, in denen es nur die Dinge an sich gibt – Variationen aller Art, Ouvertüren zu den Themen Fest und Tragik, Vokalwerke über Liebe, Schicksal, Triumph und Tod –, dazu viel Humor und Drama, aber nie hohles Pathos. Brahms bevorzugte eine Kunst, die Clara Schumann einmal als »hübsche, fließende Musik« charakterisierte.[60] In einem Brief an Joachim beschrieb er in seiner Stellungnahme zu dessen neuer Konzertouvertüre einmal seine Vorstellungen damit, dass Musik nicht »schwerfällig« sein dürfe, sondern man »so Schlankes, schön Gegliedertes« schreiben solle, denn: »Muß man nicht dahin kommen, auch das Tiefsinnigste schön und dem künstlerischen Ohr angenehm auszusprechen?«[61]

Auch Joseph Joachim, am Beginn seiner Laufbahn noch Konzertmeister in Liszts Weimarer Orchester und mit dem Maestro per Du, spürte eine zunehmende Entfremdung und überwarf sich mit dem selbstverliebten Virtuosen. Joachim vermochte zwar der Musik von Berlioz und Wagner noch etwas abzugewinnen, allerdings brachte er den »sinfonischen Dichtungen« von Liszt eher Skepsis entgegen. Aufgrund seiner führenden Rolle im Orchester hatte Liszt Joachim aktuelle Kompositionen gezeigt und vorgespielt, um seine Meinung zu hören. »Trotz oftmaligen Hörens konnte er ihnen nicht nur keine Sympathien abgewinnen, sondern die Abneigung vor denselben steigerte sich im Laufe der Zeit bis zum Widerwillen«, schilderte der Joachim-Vertraute Andreas Moser die Einstellung seines Lehrmeisters. »Über Liszts musikalische Impotenz, die Armut seiner Erfindung und den gänzlichen Mangel an schöpferischer Kraft würde er schliesslich noch weggesehen haben, denn Gedankenreichtum, musikalische Erfindung und schöpferische Gestaltungskraft müssen angeboren sein; sie können durch Studium, Erziehung und Ausbildung nur weiter entwickelt, zu künstlerischer Reife gebracht werden. Dass aber das Nichtvorhandensein dieser notwendigen Eigenschaften durch den raffiniertesten Aufwand von blendenden

Orchestereffekten verdeckt werden, eine unerhört prätenziöse *mise en scene* den Hörer anweisen sollte, innere Hohlheit und Gedankenlehre für höhere künstlerische Offenbarungen zu nehmen, das war es, was Joachim so heftig von den Lisztschen Kompositionen zurückstiess.«[62] Man darf davon ausgehen, dass diese drastischen Ausdrücke auch bei den persönlichen Gesprächen über andere Musiker verwendet wurden. Joseph Joachim, Clara Schumann und Johannes Brahms waren im privaten Kreis in ihrer Wortwahl nie zimperlich. Die drei hatten es mit Musikerkreisen zu tun, die ihre Sache mit einem beinahe sektenhaften Eiferertum vorantrieben. Brahms' Bezeichnung von Liszt »mit all seinen Aposteln (auch Reményi)«[63] brachte die Sache auf den Punkt. Nach außen wahrte man zumeist eine Fassade des gesitteten Betragens, doch wie es im Inneren aussah, das offenbarte sich erst, wenn die angestauten Emotionen sich wie in den Klaviertrios von Johannes Brahms und Clara Schumann oder Joseph Joachims Konzertouvertüre zu *Hamlet* entluden. Als Brahms Joachim kennenlernte, feilte dieser gerade an der Fertigstellung dieses Werks, das die Schumanns durch ihren »tiefen Kompositionsernst« beeindruckte.[64] Den Freunden dürfte in den kommenden Jahren sicherlich aufgefallen sein, dass Liszt mit zunehmender Entfremdung kompositorisch aufrüstete: Bei der Themenwahl konterte er fünf Jahre nach Robert Schumanns Uraufführung von Joachims Opus 4 in Düsseldorf mit seiner eigenen »Sinfonischen Dichtung« *Hamlet* und auch Brahms' Œuvre sollte der Katholik Liszt nicht unwidersprochen hinnehmen. In einem Bericht über ein Konzerterlebnis in Berlin, den Joseph Joachim an Gisela von Arnim schickte, fand er deutliche Worte: »Noch neulich empfand ich in ganzer Stärke, was das heisst, als mir der Schmerz ward (ich besuchte das Liszt-Concert), einen Menschen, den ich oft Freund genannt hatte, dem ich kolossale Irrthümer gerne in Ehrfurcht vor seiner Kraft, vor seinem Genie verziehen hätte, in niedrigster Kriecherei vor dem Publikum, in ekler Heuchelei vor sich selbst zu erkennen. Pfui über den, der sich bessern will und's nicht lassen kann, sein Stöhnen, sein kriechend Weh vor der Gottheit im Bewusstsein missbrauchter Gewalt wieder eitel zum Effekt auszufeilschen.«[65] Liszt blieb stets gelassen und süffisant. »Na, lieber Freund, ich sehe schon, dass Ihnen meine Sachen keine Freude machen«, soll er bei einer Besprechung geäußert haben.[66] Sein späterer Schwiegersohn Richard Wagner nahm es ihm ab, den Höflichen zu mimen und lästerte in der *Neuen Zeitschrift für Musik* über Joachim, »das Komponieren scheint ihn mehr verbittert, als Andere erfreut zu haben«.[67]

Der Verlauf der Fronten zwischen Progressiven und Klassizisten, Modernisten und Stilbewussten, Revolutionären und Traditionalisten, Zerstörern und Bewahrern, jenen, für die Musik ein Mittel zum Zweck war und jenen, die ihre Schönheit wertschätzten, war in den kommenden Jahrzehnten nie eindeutig. Jedoch blieb die Hochachtung oder Ablehnung im Hinblick auf Mendelssohn ein – oft unausgesprochener – Gradmesser. Der Leiter des Leipziger Konservatoriums, Conrad Schleinitz, dem ein wesentlicher Anteil an der Entstehung des Instituts zukam und der dem Direktorium bis zu seinem Tod 1881 insgesamt 47 Jahre lang angehörte, hielt die Werke seines Freundes in Ehren. »Brahms, Berlioz und nun gar erst Wagner und Liszt verabscheute er und unterließ es nie«, so ein Lehrer des Instituts, »bei der alljährlichen Prämienverteilung die prämiierten Schüler, die halbwegs im Verdacht fortschrittlicher Gesinnung standen, zu ermahnen, sich nicht vom Verführer umgarnen zu lassen, sondern immer nur der ›reinen‹, das heißt der in seinem Sinne reinen Sache zu dienen«.[68] Clara Schumann hätte ihm entgegengehalten, dass Johannes Brahms sich ganz gewiss der großen Traditionslinie bewusst sei. Aber das Lager von Clara und Johannes war weniger geschlossen und raffiniert als die Gruppierung der Wölfe in Schafspelzen. Liszt tobte sich bei seinen Darbietungen aus, mimte stets den Höflichen und erachtete es letztlich nicht für nötig, selbst in die musik-literarische Schlammschlacht zu ziehen. Er hatte – wie später Wagner – seine ›Bulldoggen‹, die er zum geeigneten Zeitpunkt von der Leine lassen konnte.

In der Höhle der Löwen

Man darf vermuten, dass bei den vielen Gesprächen im kleinen Kreis Brahms von Joachim schon vorab Hinweise erhalten hatte, auf was er bei der Begegnung mit dem Weimarer Zirkel achten solle, könne und müsse. Als hanseatischer Künstler aus bescheidenen Verhältnissen war er eher den Umgang mit gut situierten bürgerlichen Gönnern gewohnt, kaum den mit echten Blaublütern. Und so eindrucksvoll sich das Bürgertum im Laufe des 19. Jahrhunderts auch entwickeln sollte, die Führungsrolle der Aristokratie blieb nachhaltiger. Künstler wie Clara Schumann und Johannes Brahms fanden in Aristokratenkreisen und im Geldadel ihre größten Anhänger und

Förderer. Ihr Selbstbewusstsein gegenüber dem Erbadel speiste sich aus künstlerischen Höchstleistungen und scharfem Verstand.

Anfang Juni 1853 wurden Brahms und Reményi bei der Fürstin zu Sayn-Wittgenstein und Liszt auf der Altenburg in Weimar vorstellig. Nur Eduard Reményi war den Anwesenden dem Namen nach bekannt, zu denen die Komponisten Karl Klindworth und Joachim Raff sowie Liszts Klavierschüler Dionys Pruckner und William Mason gehörten. Es sei dahingestellt, ob ein souveräner Pianist wie Brahms durch die Vielzahl der zumeist kaum älteren Anwesenden eingeschüchtert oder ob er durch die langen Reisen ermüdet war, und ob ihm Joachim, der Liszts Usancen kannte, vielleicht sogar geraten hatte, den Tastenlöwen aus der Reserve zu locken. Was geschah, wurde durch Augenzeugen überliefert: »Endlich kam Liszt herunter, und nach einer allgemeinen Unterhaltung wandte er sich an Brahms und sagte: ›Uns interessiert, etwas von Ihren Kompositionen zu hören, wann auch immer Sie bereit und geneigt sind, sie uns vorzuspielen‹«, berichtete Mason. »Brahms, der ganz offensichtlich nervös war, erklärte, es sei ihm ganz unmöglich, in seiner momentanen Verfassung zu spielen, und ungeachtet des dringlichsten Ersuchens von Liszt und Reményi ließ er sich nicht dazu bewegen, sich ans Klavier zu setzen. Als Liszt erkannte, dass man nicht weiterkam, ging er hinüber zum Tisch, nahm das erste Stück von Brahms, ein unleserliches Scherzo, zur Hand und sagte: ›Nun, dann werde ich wohl spielen müssen‹, und legte das Manuskript aufs Klavier.« Der Ungar konnte souverän vom Blatt spielen, was »unter Begleitung einer fortlaufenden hörbaren Kritik über die Musik« geschah, sodass »Brahms verblüfft und erfreut« war. Raff wandte ein, er entdecke in dem Werk Reminiszenzen an Chopins b-Moll-Scherzo, worauf Brahms entgegnete, er habe »bislang Kompositionen von Chopin weder gesehen noch gehört«.[69] Clara Schumann hatte über vierzig Stücke von Chopin im Repertoire und sie besaß pädagogisches Talent, sodass Johannes Brahms von jemandem wie ihr gerne einen Rat annahm. Von Liszts Eleven wollte er sich gewiss nicht belehren lassen. Letztendlich ging es bei der Begegnung auf der Altenburg auch nicht um Brahms – Liszt ließ alles um sich als Zentralgestirn kreisen und lauerte wahrscheinlich nur darauf, dass ihn endlich jemand bat, den alten und potenziell neuen Jüngern seine eigene Sonate zu Gehör zu bringen, deren Tinte auf dem Manuskript kaum getrocknet war. Der Virtuose spielte noch einen Auszug aus Johannes' Sonate in C-Dur und nachdem die Brahmsschen ›Ergüsse‹ überstanden waren, brachte jemand das Gespräch auf Liszts neuestes

Werk. »Ohne zu zögern setzte er sich und begann, es vorzutragen«, fuhr Mason fort. »Im Laufe des Stückes kam er zu einer sehr ausdrucksvollen Stelle der Sonate, die bei ihm immer von extremem Pathos durchdrungen war, wobei er ein besonderes Aufmerken und Anteilnehmen seitens der Zuhörer erwartete. Als er einen Blick zu Brahms warf, stellte er fest, dass Letzterer in seinem Sessel schlummerte. Liszt spielte die Sonate zu Ende, dann erhob er sich und verließ den Raum. Von meinem Platze aus konnte ich Brahms nicht sehen, aber mir war bewusst, dass sich etwas Ungewöhnliches ereignet hatte, und ich denke, Reményi war es, der mir nachher sagte, was geschehen sei.«[70] Auch wenn sich die Anwesenden nicht ganz einig schienen, ob Brahms tatsächlich eingeschlafen war – zuzutrauen wäre es ihm! Es war eine für ihn bezeichnende Reaktion: Der Maler Ludwig Michalek berichtete, dass der angesehene Komponist später so höflich war, sich ihm und einem Bildhauerkollegen für Porträts zur Verfügung zu stellen, aber ihm »war die Modellsitzerei höchst langweilig – einmal schlief er uns komplett ein«.[71]

Was auch immer seinerzeit passiert sein mag, Brahms beobachtete das Gebaren der Weimarer Kreise mit Zurückhaltung und trieb seine sozialen Studien. Hingegen war Reményi in erster Linie daran gelegen, Kontakte zu knüpfen und sich einzuschmeicheln. Da Liszt das Französische geläufiger war, ersann Reményi in dieser Sprache – unter Anspielung auf das mühselige Schreiben mit der Feder – Wendungen wie: »Dieses Gekratze erlaubt sich, sich an den großen Mann zu wenden, nachdem er die Sonate, das Scherzo, die Rhapsodien, die Fantasie nach Dante etc. etc. gehört hat. Man muss Mut besitzen, um es zu wagen, an einen solchen Mann zu schreiben – also, versuchen wir es trotzdem. Wir werden sehen, ob ich das Talent zum Fortführen habe.« Bei der Anrede erging er sich in ungarischen Ehrenbezeugungen wie »Tisztelt Liszt!« [Geehrter Liszt] »Úr! [Herr] Bewundernswerter Landsmann!« Liszt mag bedauert haben, dass Brahms und die Schumanns nicht so unterwürfig waren. Die Spur, die der Schleimer Reményi hinterließ, war lang: »Ich bin ein glücklicher Sterblicher, ich besitze die Schrift – nein, einen persönlichen Brief von Liszt. Sie können versichert sein, dass das für mich alles ist – das wird mein Talisman sein.«[72]

Mendelssohn, die Schumanns, Joachim und Brahms waren nie solche Speichellecker. Sie wollten um ihres Könnens willen gemocht werden. Ausgehend von seinen Weimarer Erfahrungen entwickelte Brahms einen Widerwillen gegen Liszt und seinen Hofstaat. Einmal meinte er, die Kompositionen des Ungarn würden mit der Zeit »immer schrecklicher« und so »juckt's oft in den Fingern, Streit anzufangen, Anti-Liszts zu schreiben«.[73] Clara teilte seine Haltung. Sie gestand Franz Liszt zwar zu, er habe sich ihr und ihrem Mann gegenüber »immer aufs Freundlichste gezeigt«, und auch, dass »er hinreißend spielte«, allerdings seien seine Kompositionen »ein Caos [*sic*] von Dissonanzen, die grellsten, ein immerwährendes Gemurmel im tiefsten Baß und höchsten Diskant zusammen«.[74] Doch weder Clara noch Johannes, der schon ungern Briefe zu Papier brachte, waren gewiefte Verfasser von Artikeln, Abhandlungen oder gar Büchern. Immerhin schrieb er den Namen von Liszt richtig. Als Liszt Brahms beim Besuch in Weimar ein Zigarrenetui schenkte, hieß es in seiner eigenhändigen Widmung irrtümlicherweise, sie sei für »Brams«. Es ist unklar, ob Liszt einfach nur nachlässig war oder ob er einem unreifen Burschen demonstrieren wollte, es sei nicht nötig, sich seinen Namen zu merken.

Das ›System Liszt‹ hatte eher für unterwürfige Anbiederer Verwendung, kritische Geister konnte es kaum gebrauchen. Reményis letzte Bemerkung, »PS. Brahms ist nach Göttingen abgereist«, legt unausgesprochen nahe: Er ist nun bei dem Abtrünnigen Joseph Joachim und wir sind endlich unter uns.

Unschönes und Erbauliches

Während Johannes Brahms das Klima in verschiedenen Sphären des Kulturbetriebs testete, heimste Clara Schumann mit Konzertauftritten Erfolge ein. Sie feilte an ihrem Repertoire, plante Tourneen durch das Rheinland, die Niederlande sowie England und bastelte an kleineren Kompositionen, die sie verschenken wollte. Die Arbeit an einem ihrer wenigen größeren Werke – dem Trio für Pianoforte, Violine und Violoncello – lag schon sieben Jahre zurück. Im Sommer 1853 entstanden die Romanze in a-Moll – gewidmet der Düsseldorfer Freundin Rosalie Leser, die wie der König in Hannover ebenfalls blind war – und ferner einige kleinere Klavierstücke nebst der Vertonung des Goethe-Gedichts »Das Veilchen«, das sie der Sängerin Livia Frege zueignete, einer Mitbegründerin des Leipziger Bachvereins.

Ihren Robert plagten derweil mal wieder gereizte Nerven – sie kannte ihn kaum anders – und ein Hexenschuss. Auf eine unerwartete »sonderbare Sprachorganschwäche« eines Abends folgten wieder Tage voller Freude und Heiterkeit, wie sie ihrem Tagebuch anvertraute.[75] Und so oblag es Clara, ihren Mann nach Kräften zu unterstützen und auch noch den Haushalt und die Familie zu versorgen. Sie führte eher ein moderates bürgerliches Leben, »kleidete sich gut: einfach, doch mit Geschmack«, wie es hieß.[76] Bei Johannes war es ähnlich, nur im Urlaub nahm er die Etiketteregeln lockerer. »Da werden sie wieder alle über meine defekte Kleidung schimpfen!«, meinte er einmal, als man ihn in Ischl zusammen mit Johann Strauß fotografierte. »Strauß ist trotz seines Alters ein ›Gigerl‹ geblieben. Und was für einer! Ich bin nie nachlässig gekleidet. Und daß ich im Sommer Jägerwäsche trage –, nun, das darf ich mir erlauben.«[77] Auch Clara zeigte sich frei von Extravaganzen nebst den Allüren einer Starpianistin. Dabei war sie, wie ihre Schülerin Marfa Sabinina in ihren Erinnerungen festhielt, »in jener Zeit unbestritten die erste Klavierspielerin Europas«.[78] Clara war eine Respektsperson. Sie sei »nicht ohne Zittern und Beben« zu ihr gegangen, berichtete Marfa, die später eine Anstellung am Zarenhof fand. »Sie beschloß, mir zwei Stunden wöchentlich zu geben. Ihr Name als Klavierspielerin und Lehrerin war sehr bekannt, pro Stunde nahm sie aber 2 Taler (etwas mehr als 2 Rubel). Für die erste Stunde gab sie mir folgendes auf: Prelude und Fuge Nr. 2 von Bach, Etüden Nr. 1, 3 und 5 von Cramer, drei Seiten aus der Sonate von Beethoven op. […] und das zweite Notturno von Chopin (op. 3). In solchem Umfang stellte sie mir Aufgaben von einer Stunde zur anderen.«[79] Clara vermittelte ihre Ansprüche an gehaltvolle Musik bis hinein in die Wortwahl bei Beschreibungen. Als Marfa einmal ein Klavierstück von Robert lediglich als »hübsch« bezeichnete, wurde sie gleich eines Besseren belehrt: »Mein Fräulein, Sie sagen ›hübsch‹. Wie kann man so ein Wort gebrauchen für so eine Komposition? Sagen Sie ›schön, wunderschön‹. Ich bitte mir in dieser Hinsicht eine andere Denkweise aus.« Dabei echauffierte sich Clara so sehr, dass sie »beim Sprechen lispelte«, was »sich bei der leisesten Aufregung verstärkte«.[80] Johannes pries Musik, die ihm zusagte – wie etwa die von Antonín Dvořák – begeistert mit Ausrufen wie »Ah, das ist so musikalisch«.[81]

Im Hause Schumann hielt die auch praktisch veranlagte Clara nicht nur symbolisch die Fäden in der Hand. »Sie war sehr tätig und beschäftigte sich tagsüber mit ihrem Mann, ihren Kindern, ihrer Musik oder Korrespondenz und schließlich mit dem Haushalt«, überlieferte Marfa Sabinina. »Alles, was nur möglich war, tat sie zu Hause eigenhändig – bis hin zum Notenpapier, das sie für ihren

Mann selbst linierte; sie nähte auch und kleidete die Puppen ihrer Kinder usw.« Doch die Anspannungen wirkten sich auch auf ihre Karriere aus. »Solche rege Tätigkeit erschöpfte sie, was sich öfters an ihrem blassen Gesicht, müdem Aussehen, ihrer Magerkeit und ihrem nervösen Spiel bemerkbar machte«, meinte Marfa. »Auf alle Ermahnungen, sich zu schonen, erwiderte sie immer: ›Kann ich denn anders leben?‹ Sie litt sehr unter den düsteren Seelenstimmungen ihres Mannes, doch liebte sie ihn trotzdem unbegrenzt, und sie lebten sehr glücklich zusammen.«

Während ihre Schülerinnen auf dem Weg zu einer Pianistenlaufbahn gut sechs Stunden am Tag übten, musste Clara oft mit weniger auskommen. »Eines Tages, vor einem Konzert, das um 6 Uhr anfangen sollte, wollte sie um 5, noch im Hauskleid, den Kindern Milch und Semmeln geben«, berichtete Marfa über ihre Zähigkeit. »Sie nimmt das Messer, fängt an zu schneiden und schneidet sich die Kuppe des linken Zeigefingers ab. In aller Eile den Finger verbunden und mit englischem Pflaster beklebt, hat sie sich umgezogen und ist noch rechtzeitig zum Konzert gekommen.«[82]

Das Vermitteln großartiger Musik war Claras Lebensinhalt. Als sie gegen Ende September 1853 ahnte, dass sie wieder schwanger sein könnte, zerbarsten alle Aussichten auf eine ersehnte Englandtournee. »Meine letzten guten Jahre gehen hin, meine Kräfte auch – gewiß Grund genug, mich zu betrüben«, seufzte sie ins Tagebuch.[83]

»Sie war mit Gefühl, ja Feingefühl begabt: Es ist das Schicksal fast aller in Kunst oder Literatur hervorragenden Frauen«, meinte Marfa Sabinina. »Es gibt keinen Extrabegriff für dieses Gefühl; es ist angeboren und entfaltet sich nur bei allgemeiner Entwicklung der Persönlichkeit. Es jemandem mittels Erziehung beizubringen, ist unmöglich. Es wird denen gegeben, deren Herz und Geist bereits entwickelt sind. Clara Schumann nannte es: das richtige Leben in eigenen Empfindungen zu leben.«[84] In Johannes sollte Clara einen Seelenverwandten finden.

Geistige Anregungen

Die verzweigten Wege, die Johannes Brahms letztendlich zu den Schumanns führten, waren genauso wichtig wie das Zusammentreffen selbst. Mit jeder neuen Person, die er auf seinem Weg kennenlernte, mit jedem neu geknüpften Kontakt, lernte er das Umfeld kennen, das auch Clara Schumann vertraut war und am Herzen lag. Die Stationen seiner Reise boten dem jungen Musiker die Gelegenheit, intensiv in jene Welt einzutauchen, in der sich die längst anerkannten Künstler bewegten: Hier atmete er die Luft der musikalischen Sphären auf höchstem Niveau, aber auch den Dunst von Egozentrik und Misstrauen, erlebte den erlesenen Geschmack und die Kultiviertheit blaublütiger Kreise, die argwöhnisch das Treiben der unteren Schichten beobachteten, und genoss den Wohlstand gut betuchter Bürger, deren ›rotes Blut‹ durch gehaltvolle Kunst in freudige Wallung geriet.

Entscheidender Vermittler wurde Joseph Joachim. Seine Einladung, ihm in Göttingen einen Besuch abzustatten, kam Brahms sehr gelegen. Der Geiger besaß einen weiten Horizont. Er nutzte Göttingen nicht nur zum Entspannen, sondern auch um sich umfassend zu bilden. In dem zwei Jahre älteren Joachim fand Brahms einen Freund, der nicht allein nur Partituren las, sondern Bücher aus unterschiedlichsten Wissensgebieten verschlang und Vorlesungen über Geschichte und Philosophie lauschte. Zwar konnte sich Brahms wenig für Hörsäle begeistern, aber er entwickelte sich zu einem vielseitig interessierten Leser.

In Göttingen, das seinerzeit zum Königreich Hannover gehörte, verliefen die Revolutionsjahre 1848/49 bis auf kleinere Gerangel zwischen Korpsstudenten und der Polizei verhältnismäßig glimpflich. Als Brahms die Stadt erstmals kennenlernte, fieberte die Bevölkerung der Eröffnung der Eisenbahnstrecke von Alfeld nach Göttingen im kommenden Jahr entgegen. Neben dem allmählichen Aufschwung des Bildungswesens – zu dem die Einführung einer Schulpflicht wie auch das Errichten von Monumenten zur historischen Bewusstseinsbildung gehörten – lebten Johannes Brahms und Clara Schumann noch in einem Mitteleuropa, in dem es bis zur Reichsgründung weiterhin mitunter effektheischende öffentliche Hinrichtungen von Mördern gab. Sie wurden danach diskreter und unmittelbar in den Gefängnissen durchgeführt. Das 19. Jahrhundert war nicht zimperlich: Als Clara neun Jahre alt war, vollzog man zum letzten Mal die Exekution durch das Zerstoßen der Glieder mit eisernen Keulen im Raum Hannover, und die letzte publikumswirksame Hinrichtung mit dem Schwert unter der Gerichtslinde auf dem Göttinger Leineberg fand am 20. Januar 1859 statt.

Obwohl Göttingen Anfang der 1850er-Jahre nur wenig mehr als 10 000 Einwohner hatte, genoss der Ort als Universitätsstadt höchstes Ansehen: Die Brüder Grimm hatten hier gewirkt sowie Gelehrte wie der Physiker Wilhelm Weber und der Historiker Friedrich Christoph Dahlmann. Literarisch hatte Puschkin den Ort verewigt, indem er in der Verserzählung *Eugen Onegin* dem Dichter Wladimir Lenskij eine »Göttinger Seele« bescheinigte.[85] Brahms begann in Göttingen, sich umfassender Lektüre zu widmen. Darüber tauschte er sich dann in Briefen und Gesprächen aus – dies sollte eine der wichtigsten Gemeinsamkeiten von Johannes und Clara werden.

Joachim konnte sich nach den Wochen mit Brahms sicher sein, dass der sich für den Freundeszirkel mit den Schumanns eignete. Doch noch blieb Johannes Brahms gegenüber den Schumanns skeptisch. War nicht zu befürchten, dass Düsseldorf letztlich genauso enttäuschende Erlebnisse bescheren würde wie Weimar? Er machte sich nicht direkt auf den Weg, sondern plante, dabei auch eine der sagenumwobenen Regionen der deutschsprachigen Lande kennenzulernen.

Eine politische Rheinwanderung

Um sich über das, was Joseph Joachim ihm alles erzählt haben mag, noch weiter in die Welt und das Denken der Schumanns zu vertiefen, begab sich Brahms auf eine Wanderung, die ihn von Ende August bis Ende September 1853 von Mainz aus rheinabwärts bis Düsseldorf führte. Noch wusste er nicht, dass Clara dem längsten deutschen Strom ein Denkmal gesetzt hatte, indem sie für eine ihrer vier Heine-Vertonungen im Juni 1843 das Gedicht »Die Lorelei« gewählt hatte. Mit diesem Geschenk, das sie mit der Widmung »An meinen lieben Mann / zum 8. Juni 1843« versah, setzte sie der zwei Jahre zuvor entstandenen Liszt-Vertonung ihre Interpretation entgegen.

Bekannter war seinerzeit Robert Schumanns Umsetzung des sogenannten »Rheinlieds« des Bonners Nikolaus Becker, das er als »patriotisches Lied« schon wenige Monate nach Erscheinen des Textes als Beitrag für einen Wettbewerb einreichte. Ferner konnte Brahms nicht entgangen sein, dass im März 1851 mit Erfolg Robert Schumanns *Rheinische Sinfonie* in Düsseldorf uraufgeführt worden war. Das im November 1850 im Rheinland entstandene Werk war schon bald zu seinem Beinamen gekommen, weil es bereits in einer Besprechung in der *Rheinischen Musik-Zeitung* hieß, es »entrolle ein

Stück rheinisches Leben«. Ein Tagebucheintrag von Clara zeigt, dass sie die Es-Dur-Sinfonie »auch für den Laien« als »sehr leicht zugänglich« erachtete, wobei ihr nur der vorletzte, der vierte Satz, der die Eindrücke eines Besuchs des Kölner Doms schildert, »am wenigsten klar« vorkam, da er zwar »äußerst kunstvoll« geraten war, man ihm indes »nicht so recht folgen« konnte.[86] Es ist durchaus wahrscheinlich, dass Joachim seinerzeit Brahms mit dieser aktuellen Sinfonie vertraut machte: Sie war 1851 vom Berliner Verleger Simrock veröffentlicht worden und überraschte mit bewusst verwendeten deutschen Tempobezeichnungen: »Lebhaft« (I), »Scherzo: Sehr mäßig« (II), »Nicht schnell« (III), »Feierlich« (IV) und »Lebhaft« (V) standen dort für die einzelnen Sätze statt der traditionell noch auf dem Programmzettel der ersten Aufführung verwendeten italienischen Angaben. Der ›Held‹ der Sinfonie war immerhin der bedeutendste deutsche Fluss. Tausende von Mitarbeitern waren gerade dabei, ihn um letztendlich fast 90 Kilometer zu verkürzen. Man nahm eine Begradigung vor, um eine gewisse Hochwassersicherheit zu erreichen sowie ihn schneller und auf eine längere Distanz schiffbar zu machen. Als das Orchesterwerk entstand, befand man sich gerade mitten in den Baumaßnahmen, die von 1817 bis 1876 dauerten. Parallel zu diesen Ereignissen gestaltete Robert Schumann eine Musik, die die Bürger bei ihren damaligen Projekten inspirieren konnte. Clara bewunderte, dass Robert schon immer viel Sinn für Symbolik besaß: So unterstützte er schon 1836 als Gründer und Herausgeber seiner in Leipzig erscheinenden *Neuen Zeitschrift für Musik* den Spendenaufruf für das Beethoven-Denkmal auf dem Bonner Münsterplatz; nicht zuletzt knüpfte die *Rheinische Sinfonie* mit fünf Sätzen auch an die *Pastoral-Sinfonie* des Rheinländers Beethoven an. Dieser Fluss war wesentlich für eine gemeinsame deutsche Identität: Schon seit dem 17. Jahrhundert gab es neuzeitliche Rhenus-Darstellungen und Skulpturen des ›Vater Rhein‹, der nicht zuletzt eine der wichtigsten Lebens- und Wirtschaftsadern im Lande wurde. Jede künstlerische Auseinandersetzung mit ihm stellte ein wichtiges Symbol für die Utopie eines vereinten Deutschlands dar, auf das zur Entstehungszeit der Sinfonie viele Menschen in den König- und Herzogtümern hofften. Johannes und Clara sollten 1871 die Staatsgründung noch erleben; Robert Schumann starb zuvor in der Fremde. Von wenigen kurzen Ausnahmen abgesehen, hatten die Schumanns ausschließlich in Sachsen gelebt, bevor sie ins Rheinland zogen. Dieses war nach dem Wiener Kongress in den größten Teilen des vormals französisch annektierten linken Rheinufers preußisch geworden. Viele Künstler hatten den Rheinmythos und damit oft indirekt die deutsche Einheit beschworen: Allen voran Clemens Brentano mit seinen von 1810 bis 1812 entstandenen vier Erzählungen *Die Mährchen vom Rhein*, die erst posthum 1846 veröffentlicht wurden, und Heinrich Heine mit seinem Versepos *Deutschland – Ein Wintermärchen*, das zwei Jahre zuvor herausgekommen war. »Franzosen und Russen gehört das Land, / Das Meer gehört den Britten, / Wir aber besitzen im Luftreich' des Traums / Die Herrschaft unbestritten«, dichtete Heine und legte nahe, was die Menschen deutscher Zunge bisher nur in der Fantasie zuwege gebracht hatten: »Hier üben wir die Hegemonie, / Hier sind wir unzerstückelt; / Die andern Völker haben sich / Auf platter Erde entwickelt.«[87]

Heines Text wurde bald danach in Preußen verboten. Das Buch schildert nicht nur eine Wanderung von Paris nach Hamburg, es wurde auch in Brahms' Geburtsort vom Verlag Hoffmann und Campe herausgegeben. Einem Mann wie Johannes Brahms, der von sich behauptete: »Ich lege all mein Geld in Büchern an, Bücher sind meine höchste Lust, ich habe von Kindesbeinen an soviel gelesen, wie ich nur konnte…«,[88] wird so etwas selbst als Schuljunge nicht entgangen sein.

Mit seiner Tour präsentierte sich der junge Brahms bewusst anti-bürgerlich, denn für eine Wanderung entlang des imposanten, mythenumwobenen deutschen Flusses hatte kein Städter Zeit. Privat erwanderte niemand den Rhein damals zum Zeitvertreib – es sei denn, es war eine kulturpolitisch motivierte Erkundungstour! Die gut 240 Kilometer zwischen Mainz und Bonn größtenteils zu Fuß zurückzulegen, war seinerzeit nichts Besonderes, sofern man Arbeiter war. Brahms ließ es mit etlichen Abstechern und Besuchen ausgesprochen gemächlich angehen und benötigte etwa vier Wochen. Die Handwerksgesellen, die sich in Mitteleuropa zu Tausenden regelmäßig auf Wanderschaft begaben, legten täglich etwa 35 Kilometer zurück. In gewisser Weise näherte sich der passionierte Spaziergänger Brahms seinen Zielen mit den Gesellenstücken im Gepäck wie ein solcher Handwerker auf der Walz. Wie noch im 18. Jahrhundert war für den Verehrer von Mozart und Haydn die Musik ein Handwerk, bei dem es nur den Besten gelingen kann, unter mühevoller Arbeit hochwertige Kunstwerke herzustellen. Neben Beethoven gehörten diese beiden Komponisten auch zu den Idolen des fiktiven Kapellmeisters Johannes Kreisler, den E. T. A.

Hoffmann Anfang des 19. Jahrhunderts in Werken auftreten ließ wie den zwölf »Kreisleriana« in *Fantasiestücke in Callot's Manier* und einem Roman mit dem monumentalen Titel *Lebens-Ansichten des Katers Murr nebst fragmentarischer Biographie des Kapellmeisters Johannes Kreisler in zufälligen Makulaturblättern.* Den hingebungsvollen Leser Brahms mag an der Figur der gleiche Vorname angesprochen haben und dass ihr der Meister einen »Lehrbrief in den Sack« schob, den er »sämmtlichen musikalischen Gilden und Innungen als Passeport vorzeigen« konnte. Johannes Brahms und Hoffmanns fiktiver Johannes Kreisler wussten, wie es sich anfühlte, wenn man »diejenige Meisterschaft erlangt hat, welche nöthig ist, um ein schickliches gehöriges Lernen zu beginnen«: Man hatte das »Hörorgan so geschärft«, dass »bisweilen die Stimme des in Deinem Innern versteckten Poeten (um mit Schubert zu reden)« hervortrat. Diese Bemerkung bezog sich auf die 1814 in Hoffmanns Bamberger Verlag erstmals verlegte Schrift *Die Symbolik des Traumes* des Arztes und Pädagogen Gotthilf Heinrich von Schubert. Sie kam 1862 zwei Jahre nach dem Tod des Verfassers noch einmal heraus und gehörte zu den einflussreichsten Büchern des 19. Jahrhunderts. Noch Freud und Jung diente sie als Vorbild, insbesondere weil sie den Traum als eine Hieroglyphensprache darlegte, die es zu entschlüsseln galt. »Der Ton wohnt überall«, wird Kreisler bei Hoffmann eingeschärft, »die Töne, das heißt die Melodien, welche die höhere Sprache des Geisterreichs reden, ruhen nur in der Brust des Menschen. – Aber geht denn nicht, so wie der Geist des Tons, auch der Geist der Musik durch die ganze Natur? Der mechanisch affizirte tönende Körper spricht ins Leben geweckt sein Daseyn aus, oder vielmehr sein innerer Organismus tritt im Bewußtseyn hervor.«[89] Das Geisterhafte faszinierte Robert Schumann, der nur wenige Monate darauf seinen Klavierzyklus *Geistervariationen* zu Papier bringen sollte. Brahms hielt sich vornehmlich an die Wahrnehmung seines Innersten und an die Natur. Erst 1861 verarbeitete er das Hauptthema Schumanns in seinen Variationen Opus 23 für Klavier zu vier Händen. In den 1850er-Jahren spukte er lieber selber irrlichternd durch seinen Bekannten- und Freundeskreis. Alle spielten noch mit, sofern es sich um literarische Scharaden handelte, beispielsweise wenn Brahms sich in Anspielung auf die etwa vierzig Jahre zuvor erschienenen Texte E. T. A. Hoffmanns in Notizen, Skizzen und Briefen nach dem skurrilen Kapellmeister Kreisler scherzhaft »der junge Kreisler«, »Johannes Kreisler junior« oder »Johannes Kreisler II.« nannte. Jeder wusste in jenen Jahren, wer gemeint war, wenn er einen Brief gelegentlich mit »Jean de Krösel le jeune« unterschrieb oder wenn Julius Otto Grimm Freunden mitteilte, »Br – Kr« sei gekommen oder »Kreisler und ich« hätten »viele herrliche Stunden mit ihr«, Clara Schumann, verbracht. Wollte Johannes mit den Anspielungen Clara imponieren und seine Belesenheit demonstrieren? Immerhin ahmte er damit eine Pose ihres Mannes Robert nach, der es sich als Gründer der *Neuen Zeitschrift für Musik* erlaubt hatte, widerstreitende Gedanken durch die Pseudonyme Florestan und Eusebius darzulegen. Nur wenige Monate später komponierte Johannes *Variationen* über ein musikalisches Thema von Schumann, von denen einige mit Namenskürzeln am Ende gekennzeichnet sind: So unterzeichnete er die Variationen 4, 7, 8, 14 und 16 mit »B« für Brahms sowie die Variationen 5, 6, 9, 12 und 13 mit »Kr« für Kreisler – die einen innig, die anderen kapriziös-kess. Johannes meinte gegenüber seinem Verleger, dass er »die *Variationen* für das Beste halte, was ich bis jetzt geschrieben«[90] habe und ahnte gewiss, dass er Clara damit die Dialektik seines Wesens offenlegte. Sie wusste nur zu gut: Der Künstler als öffentliche Person und der Künstler als Mensch war nicht ein- und dieselbe Person. Das Verbergen der Identität hinter literarischen Namen oder Phantasiebezeichnungen war eine im 19. Jahrhundert keineswegs ungewöhnliche Praxis – Wagner publizierte als Karl Freigedank, Mary Anne Evans als George Eliot und Prosper Mérimée als Clara Gazul. Die Kreisler-Attitüde von Brahms war die verspielte Variante eines antibürgerlichen Aktionismus, der sich im 19. Jahrhundert mit der zunehmenden Politisierung der Gesellschaft zu einem immer größer werdenden Problem auswuchs. Die vielfach überschätzte »révolution française« von 1789 war ein lokal begrenztes, von Gewalt dominiertes Ereignis, das nur allzu rasch in Revolutionsverbrechen und Diktatur mündete. Dennoch wurde sie von vielen Intellektuellen genauso naiv glorifiziert wie über hundert Jahre später die brutale Revolution in Russland. Büchner übernahm 1835 in seinem Drama *Dantons Tod* zu Recht ein Zitat, das ein Anwalt bereits 1793 formuliert hatte: »Die Revolution ist wie Saturn, sie frißt ihre eigenen Kinder.«[91] Dennoch kultivierten etliche kluge Köpfe später lediglich die Positives verheißenden Schlagworte und unterschlugen den Terror. Ihre bis zur Parodie überstrapazierten Parolen gingen im Kern zurück auf die dreizehn Jahre zuvor viel subtiler formulierte Unabhängigkeitserklärung der USA: Jenem einem Kontinent gleichen Land, in dem Clara Schumanns Freundinnen Emilie und Elise List einige Jahre gelebt hatten. Ihre Tochter Elise würde später dorthin ziehen; sie selbst erhielt Einladungen für Tourneen; Brahms' Opus 16 erklang dort früher als in Wien oder London und sein Opus 8 wurde in New York sowie das Opus 36 in Boston uraufgeführt.

Clara wuchs in einem Zeitalter der Restauration traditioneller Werte auf, Johannes kam hingegen kurz nach der viel folgenreicheren Julirevolution von 1830 zur Welt, »Les Trois Glorieuses« genannt. Sie führte am 27., 28. und 29. Juli 1830 zur Beseitigung der Bourbonenherrschaft in Frankreich und zu einer viel stärkeren Geltung des Bürgertums. Auch die deutschsprachigen Länder zeigten sich davon nicht unbeeindruckt: Ereignisse wie das Hambacher Fest im Sommer 1832 sowie die Unruhen 1847/48 bildeten unter etlichen Widerstandsaktionen nur die Gipfelpunkte der Opposition. Die Machtverhältnisse verschoben sich. Während das Bürgertum sich immer wichtiger und vornehmer gab, wies man dem Adel zunehmend eine Repräsentationsrolle zu. Allerdings blieben seine Lebensweise und seine Kultiviertheit stilprägend. »Keine Gesellschaft kann ohne eine Aristokratie bestehen«, erklärte 1836 ein französischer Parlamentsabgeordneter. »Wollen Sie wissen, wer die Aristokraten des Julikönigtums sind? Die Großindustriellen; sie sind das Fundament der neuen Dynastie.«[92] Diese Entwicklungen strahlten auch auf andere Länder aus. Was Künstler zunehmend in Gewissenskonflikte brachte, war die Diskrepanz, nach Autonomie zu streben und zugleich vom Besitzbürgertum abhängig zu sein.

Anstatt für die Blaublütigen wurde die Kunst nun für den Geldadel zunehmend zum schmückenden Beiwerk, bei dem alles vom staatstragenden Auftrumpfen bis hin zur Hofnarrenfunktion und charmanten Enfant-terrible-Provokationen goutiert wurde. Hoffmanns Kreisler-Figur mutierte zum Modell des wie besessen Schaffenden: »Zuweilen komponirte er zur Nachtzeit in der aufgeregtesten Stimmung; – er weckte den Freund, der neben ihm wohnte, um ihm alles in der höchsten Begeisterung vorzuspielen, was er in unglaublicher Schnelle aufgeschrieben – er vergoß Thränen der Freude über das gelungene Werk – er pries sich selbst als den glücklichsten Menschen, aber den andern Tag – lag die herrliche Komposition im Feuer.«[93] Das Kunstwerk sollte perfekt werden, nicht der Erfolg, den man damit errang. Die Schumanns und Johannes Brahms schätzten auch die Malerei und kannten einige Künstler persönlich. Dabei konnten sie beobachten, dass es in anderen Kunstbereichen ähnliche Konflikte gab: Viele Literaten, Maler und Musiker setzten Bürger mit Philistern gleich und erklärten ›Bourgeoisie‹ zum Schimpfwort. »Drei Dinge entehren den Schriftsteller«, soll Guy de Maupassant gesagt haben: »*La Revue des deux mondes*, die Légion d'honneur und die Académie française.«[94] Selbst ein Mustermusikus wie Kreisler war abhängig von einem ihm wohlgesonnenen Publikum – ebenso wie eine Clara Schumann und ein Johannes Brahms. Clara katapultierte sich nach einem ausgeklügelten Reiseplan mit den schnellstmöglichen Verkehrsverbindungen nicht nur durch deutschsprachige Lande und gab allein 1853 – in dem Jahr, als sie Johannes kennenlernte – Konzerte in Barmen, Köln, Bonn, Düsseldorf, Utrecht, Den Haag, Rotterdam und Amsterdam. All dies tat sie in dem ständigen Bewusstsein, nicht verstanden zu werden. »Ich spielte nicht frisch«, urteilte sie einmal nach Auftritten, »die Leute fanden es aber herrlich; wie wenig verstehen die Menschen einen feineren Unterschied.«[95] Das Präsentieren großartiger Musik machte Clara »doch Freude«, wenn sie auch – nach eigenem Bekunden – »sonst ziemlich gleichgültig gegen Publikum« war.[96]

Das aufstrebende Bürgertum war indes besser als sein Ruf, selbst wenn das Bild bis zur Karikatur verzerrt wurde von seinen stets wechselnde Posen einnehmenden Verächtern, von den cholerisch Bourgeoisophoben wie Émile Zola bis hin zu seinen publizistisch einflussreichen Hassern wie Karl Marx. Die Länder Mitteleuropas hätten nie die medizinischen, juristischen, technischen und gesellschaftlichen Fortschritte gemacht, die das 19. Jahrhundert auszeichnen, ohne die Empathie, die Wissbegierde, den Einfallsreichtum und die Strebsamkeit des Bürgertums, die alle inspiriert wurden durch das Verständnis für kulturelle Werte. Das Publikum für die Kunst von Clara und Johannes rekrutierte sich vor allem aus der großen Gesellschaftsschicht des Bürgertums und der kleineren des Adels. Mit der Zeit wurde beiden klar, dass ihre moderate Haltung im kulturaffinen Bürgertum verbreitet war. So umschrieb der Historiker Jacob Burckhardt in einem Brief an die Salonnière und Komponistin Johanna Kinkel treffend die Einstellung vieler Gipfelstürmer: »… alles will *Neu* sein, aber auch nichts weiter.«[97] Für eine nachhaltige Vermittlung von Kunst muss man nicht die Brechstange ansetzen, sondern situationsgerecht mit feinerem Besteck zu Werke gehen. Die Aufmerksamkeit des Publikums ist allemal gegeben: Wenn Beobachter den Eindruck hatten, man lausche der Musik »wie die Gemeinde in einer Kirche«,[98] so hing dies nicht mit dem kunstreligiösen Anspruch von Liszt und Wagner zusammen, sondern mit einem von der Philosophie inspirierten bürgerlichen Ethos. Senecas Leitlinie »Res severa est verum gaudium« (Eine mit Ernst betriebene Sache gewährt wahre Freude) war seit 1780 der Wahlspruch des Gewandhauses in Leipzig. Man konnte ihn am früheren Gebäude schon von außen unter dem Giebel lesen. In dem Gewandhaus, das Clara und Johannes erlebten, war er im Saal in den höchsten Fries der gerundeten Schmalseite über dem Orchester eingebracht.

Thomas Mann, zwanzig Jahre lang ein Zeitgenosse von Clara und Johannes, brachte die Situation des Künstlers in der Sphäre der aufstrebenden Bürgerschichten auf den Punkt. Das Dilemma des Verhältnisses von Künstler und Bürgertum bündelte er in seinem Roman *Tonio Kröger* in die Klage: »Ich stehe zwischen zwei Welten, bin in keiner daheim.«[99] Diese Diskrepanz dürften beide gespürt haben. Sie erlebten, wie die einen das Bürgertum bloßstellen wollten und der Kreis um Robert Schumann es vor allem im Lied und in der Kammermusik mit seiner psychischen Befindlichkeit konfrontierte. Die Poesie, die man dafür auswählte, dürfte nicht nur Clara tief berührt haben. Für Thomas Mann gehörten Lieder wie Brahms' »Die Mainacht« sowie Schumanns »Mondnacht« und »Zwielicht« als »Seelenwunder und Kleinod« sowie »Perle der Perlen« zum Schönsten überhaupt.[100]

Die vierwöchige Tour entlang des Rheins bot Johannes viel Zeit zum Nachdenken. Dabei kam er auch durch Orte, in denen Clara bereits Konzerte gegeben hatte. In 10- bis 20-Kilometer-Etappen durchstreifte er von Mainz aus Naturschönheiten und Stätten der Historie. Der kommende Arrangeur von Volksliedern und Kenner der Dichtkunst erlebte bei seinen Wanderungen die deutschsprachigen Landstriche wie kaum ein anderer Komponist seiner Zeit. Tagesetappen führten ihn über Biebrich, Schierstein, Eltville, Erbach, Oestrich, Mittelheim, Winkel und Johannisberg nach Geisenheim, wo er übernachtete. Dieser kleine Ort wurde 772 erstmals urkundlich erwähnt und steht mit Karl dem Großen und Hartmann von Aues mittelalterlicher Dichtung *Der arme Heinrich* in Verbindung, die im 19. Jahrhundert neue Aufmerksamkeit fand. Jahre später zog Johannes Brahms das erst 1883 eingeweihte Niederwalddenkmal erneut in die Region. Vorerst setzte er in Rüdesheim mit der Fähre über nach Bingen, mit dem der Name der Äbtissin Hildegard von Bingen verknüpft ist, und bewunderte die Burg Rheinstein, bevor er sich in Trechtingshausen ein Quartier suchte. Historisches, Mythologie, Literarisches, Flusstäler mit Burgen, Auen, Felder, Wälder, Ruinen, Schlösser, Vergangenes und Gegenwärtiges fand Johannes allenthalben auf seiner Wegstrecke. Die Themen seiner zahlreichen Chorstücke, 20 Duette, 60 Quartette und 195 Sololieder, die in 32 Liedersammlungen erschienen, bieten ein Abbild der Erfahrungen und Gedanken seiner zahllosen Wanderungen durch einige der schönsten Regionen Europas. Dass er in Karl Simrocks Gedicht »Auf dem See«, dem zweiten Lied seines Opus 59, die Zeilen »Also spiegle du in Liedern / Was die Erde Schönstes hat« vertonte, erscheint geradezu programmatisch. Hermann Allmers' »Feldeinsamkeit« (op. 86, Nr. 2) mit der »wundersam umwobenen« Himmelsbläue wird zu einer Reflexion über die Ewigkeit und Clemens Brentanos »O kühler Wald« (op. 72, Nr. 3) zum Nachsinnen über seelische Schmerzen.

Die Wanderung zu den Schumanns führte den Hanseaten durch Gebiete, die Clara und ihr Mann schon lange vor ihm erkundet hatten. Sie brachte ihn nicht nur in Verbindung mit seinem eigenen Selbst, sondern auch mit Regionen und deren Geschichte, die für eine in viele Kleinstaaten zersplitterte Sprachengemeinschaft identitätsstiftend waren. Am 7. September 1853 erreichte Johannes in der Mehlemer Aue die Sommervilla der Bankiersfamilie Deichmann. Von hier aus unternahm er Ausflüge mit dem Rheindampfer und nutzte die Ratschläge von Joseph Joachim, um sich bei einflussreichen Persönlichkeiten vorzustellen.

Meriten, Musik und Merkantiles

Empfehlungsschreiben führten Brahms in Kreise, die auch die Schumanns für ihre Arbeit benötigten: Ausübende Musiker, um sich über die Kunst auszutauschen; wohlhabende Kulturfreunde, die Projekte förderten, und Institutionen, die Aufführungen realisieren konnten.

Der Mendelssohn-Schüler und spätere Schumann-Biograf Wilhelm Joseph von Wasielewski, mittlerweile Chorleiter in Bonn, freute sich im September 1853 über »den Besuch eines schmucken, blondhaarigen Jünglings« und erinnerte sich, dass er ihm »eine Visitenkarte Joachims überbrachte, auf deren Rückseite sich das humoristisch abgefaßte Signalement des jungen Ankömmlings befand«. Er nahm Johannes für einige Tage bei sich auf, dessen »frisches, natürlich ungezwungenes Wesen« ihm gefiel. Als aufgeschlossener Künstler nahm er keinen Anstoß daran, dass der hochtalentierte Musiker »den Wanderstab in der Hand, ein Ränzel auf dem Rücken tragend« bei ihm aufkreuzte.[101]

Allerdings hätte Johannes so verschwitzt und abgerissen kaum den Schumanns unter die Augen treten können. Den nötigen Schliff bekam er in Mehlem im kultur- und gastfreundlichen Hause des Kommerzienrates Wilhelm Ludwig Deichmann. Dieser war in Köln Leiter und Teilhaber des Handels- und Bankhauses A. Schaaffhausen'scher Bankverein und gründete vier Jahre später analog zu der Amsterdamer Bank seines Bruders in Köln das Bankhaus Deichmann & Co. Er habe Beziehungen bis in die höchsten Zirkel, hieß es, ja, bis hinauf zum preußischen Thron. Sein Landgut auf der Mehlemer Au am linken Rheinufer gegenüber von Königswinter strahlte etwas Aristokratisches aus. Innerhalb der Mauern seines Sommersitzes musizierten die angesehensten Künstler der Region, in deren Kreis Brahms rasch akzeptiert wurde. Der Pianist und Dirigent Franz Wüllner beschrieb Brahms als jemanden, dem »Energie und Geist aus den Augen blitzten«. Von dessen Kompositionen – darunter die frühen Klaviersonaten und Lieder – waren Wüllner und andere junge Musiker »sofort entzückt und begeistert«.[102]

Johannes entflammte für die Bibliothek der Deichmanns, die prall gefüllt war mit literarischen und wissenschaftlichen Publikationen. Zudem lernte er auch etliche Werke von Robert Schumann kennen, wobei er sich eingestehen musste, dass die Vorbehalte seines Lehrers Marxsen unbegründet waren und Louise Japha mit ihrer Schwärmerei für diese Musik doch recht hatte. Sie studierte mittlerweile bei Clara Schumann. Wenn sie akzeptiert worden war, warum sollte er diesmal abgewiesen werden? Immerhin hatte er mittlerweile viel an Erfahrung hinzugewonnen.

Johannes sah sich gezwungen, allen Mut zusammenzunehmen und es direkt bei den Schumanns zu versuchen. Er ahnte nicht, wie schwer die Prüfung war, die ihm bevorstand. Selbst als sie Joseph Joachim schon einige Jahre kannte, hegte die überaus kritische Clara Schumann noch immer Zweifel, denn »so entzückt aber alle von ihm sind, so will er uns doch gar nicht erwärmen«. Wie seinerzeit üblich, hatte man im privaten Kreis eines Abends in Leipzig gemeinsam musiziert: Clara spielte eine Sonate von Bach und Joachim trug Mendelssohns Violinkonzert vor, wobei am Klavier der Orchesterpart simuliert wurde. »Sein Spiel ist vollendet, alles schön, das feinste Pianissimo, die höchste Bravour, völlige Beherrschung des Instrumentes, doch das, was einen packt, wo es einem kalt und heiß wird, das fehlt«, notierte sie im Tagebuch über den 19-jährigen Geiger, denn »es ist weder Gemüt noch Feuer in ihm, und das ist schlimm, denn ihm steht keine schöne künstlerische Zukunft bevor, technisch ist er vollkommen fertig, das andre, wer weiß, ob das noch kommt?! – Er ist übrigens ein lieber, bescheidener Mensch, und eben deshalb tut mir's doppelt leid, daß ich von ihm als Künstler nicht mehr entzückt sein kann.«[103] Johannes ahnte gar nicht, wie hoch die Messlatte erst für unbekannte Klavierspieler lag.

Liebe auf den ersten Ton

Brahms brauchte Hartnäckigkeit. Zunächst klopfte er im falschen Augenblick bei der Wohnung der Schumanns an. Eine der Töchter ließ ihn wissen, die Eltern seien gerade ausgegangen und er würde am nächsten Tag gegen Mittag mehr Glück haben. Robert Schumann verzeichnete in seinen Tagebüchern statistisch nüchtern das Aufsuchen und das Kennenlernen mit einem kurzen Erinnerungsvermerk:

»30. Sept. Hr. Brahms a. Hamburg.«

»1. Oct. Das Concert für Violine beendigt. Brahms zum Besuch (ein Genius).«[104]

Clara Schumanns private Eintragungen fielen erheblich enthusiastischer aus. »Dieser Monat brachte uns eine wunderbare Erscheinung in dem 20jährigen Komponisten Brahms aus Hamburg«, schrieb sie. »Das ist wieder einmal einer der kommt wie eigens von Gott gesandt!«[105] Wieder einer? Clara begeisterte sich für jeden, der den Ideen ihres Mannes offen gegenüberstand. Und Robert Schumann war als Gründer und ehemaliger Herausgeber einer Musikzeitschrift sowie als leitender Dirigent der Ansprechpartner für viele junge Talente. Die meisten der von ihm protegierten Künstler konnten die in sie gesetzten Erwartungen auf Dauer nicht erfüllen. Doch bei Johannes Brahms lag eine ganz andere Chemie in der Luft. »Er spielte uns Sonaten, Scherzos etc. von sich, alles voll überschwänglicher Phantasie, Innigkeit der Empfindung und meisterhaft in der Form«, erinnerte sich Clara. Ihr war, als hätte ihn »der liebe Gott gleich so fertig auf die Welt gesetzt«. Selbst »Robert meint, er wüßte ihm nichts zu sagen, das er hinweg- oder hinzutun solle«. Für Clara war es »wirklich rührend, wenn man diesen Menschen am

Klavier sieht mit seinem interessant jugendlichen Gesichte, das sich beim Spielen ganz verklärt, seine schöne Hand, die mit der größten Leichtigkeit die größten Schwierigkeiten besiegt (seine Sachen sind sehr schwer), und dazu nun diese merkwürdigen Kompositionen«. Die Musik, die Johannes im Gepäck und im Kopf mit sich führte, hatte sich größtenteils schon in Hannover, Weimar und im Rheinland bewährt: Klaviersonaten in C-Dur und fis-Moll sowie Lieder auf Texte von Hoffmann von Fallersleben und Eichendorff. Claras Einschätzung: »Eine schöne Zukunft steht Dem bevor, denn wenn er erst für Orchester schreiben wird, dann wird er erst das rechte Feld für seine Phantasie gefunden haben!«[106] deckte sich mit Roberts Eindruck, dass Brahms' Sonaten »mehr verschleierte Symphonien« seien.[107]

In den folgenden Tagen traf man sich spätestens ab »Nachmittags um 5« regelmäßig zum Gedankenaustausch und zum Musizieren. Gemeinsam wurden einander Märchen und Gedichte vorgelesen, darunter zeitgenössische Poeten wie Christian Friedrich Scherenberg und Titus Ullrich. Johannes lernte Werke der Schumanns kennen, aber wenn »Musik bei uns« auf dem Programm stand, spielte man gemeinsam Bach, lauschte aber auch gerne, wenn der Gast, so Clara, »sehr eigentümliche ungarische Volkslieder« sowie seine eigenen Ideen zum Besten gab: Darunter neben den Sonaten und einem Scherzo auch eine Fantasie für Klavier, Violine und Violoncello – für Clara »ein merkwürdiges jugendlich wildes Stück« –, Lieder, ein Quartett sowie eine Sonate für Violine und Pianoforte. Zwar sei der Klang der Instrumente »hier und da nicht immer ganz ihrem Charakter angemessen«, meinte Clara, »doch das sind eben Kleinigkeiten im Vergleich zu seiner reichen Phantasie und Gemüt«.[108]

Robert Schumann bedankte sich bei Joachim, dass er Johannes ermutigt hatte, zu ihm zu kommen. Dieser Brahms sei jemand, der »die größeste Bewegung in der musikalischen Welt hervorrufen wird«, schrieb er ihm.[109] Souverän entgegnete der Dirigent und Stargeiger, er »liebe Brahms zu sehr, um ihn zu beneiden«.[110] Wenige Tage später nutzte er eine Gelegenheit, um selbst in Düsseldorf vorbeizuschauen, zumal Robert Schumann gerade ein für Clara lediglich »höchst interessantes« Violinkonzert fertiggestellt hatte, das er unverzüglich kennenlernen wollte.

Johannes musste nicht nur die Erwachsenen von sich überzeugen. Clara und Robert hatten sechs Kinder zwischen zwei und zwölf Jahren. Den Älteren konnte er mit seinen intellektuellen Scharaden und den Anspielungen auf »Kreisler« Respekt abnötigen. Die Jugend beeindruckte er mit seinem Schabernack und seiner Akrobatik. Claras Tochter Eugenie berichtete, dass man im Flur der Düsseldorfer Wohnung staunend beobachtete, wie Johannes alle mit »halsbrecherischsten Turnübungen« verblüffte: Er »schwingt sich von rechts nach links, hinauf, hinab; schließlich stemmt er beide Arme fest auf, streckt die Beine hoch in die Luft und springt mit einem Satze hinunter, mitten hinein in die bewundernde Kinderschar«.[111] Er neckte, stichelte, spöttelte, reizte. Doch sobald seine Eulenspiegeleien, und sei es beim Herumalbern, persönlich wurden, ließen viele, mitunter auch Clara, den erforderlichen Humor vermissen. Von einem charakteristischen spontanen Brahms-Kommentar berichtete sein späterer Freund Richard Heuberger, selbst Komponist einer von Hans Richter uraufgeführten Sinfonie und mehrerer Opern: Als er erfuhr, dass die Gattinnen des Autors Kalbeck und des Pianisten Epstein am Vortag in einen heftigen Streit geraten waren, fragte Brahms Amélie Epstein: »Ich höre, Sie haben gestern Bruderschaft mit Frau Kalbeck getrunken.«[112] Bei den Erwachsenen stießen seine Tollereien mitunter auf Missbilligung. Allerdings war alles vergeben und vergessen, sobald sich Johannes ans Klavier setzte. »Brahms spielt besonders schön«, notierte Robert Schumann und Clara präzisierte, er »ergriff uns alle (ich hatte es einigen Schülerinnen und Frl. Leser gesagt) aufs Tiefste«.[113]

Die Bürde der Anerkennung

Nur zwei Wochen nach dem Kennenlernen begann Robert Schumann mit einem Zeitungsbeitrag, um Johannes Brahms zu Bekanntheit zu verhelfen. Robert hatte seine Tätigkeit als Herausgeber der im April 1834 in Leipzig von ihm mitbegründeten *Neuen Zeitschrift für Musik* lange aufgegeben. Im Oktober 1853 besaß er aber immer noch genügend Autorität, um jederzeit einen Leitartikel lancieren zu können.

In einer der ersten Ausgaben hatte er postuliert, es gelte »die alte Zeit und ihre Werke anzuerkennen« und »eine junge, dichterische Zukunft vorzubereiten, beschleunigen zu helfen«.[114] Als er zehn Jahre nach der Gründung nach Dresden übersiedelte, übergab er die Leitung an seinen Mitarbeiter Oswald Lorenz, einen unverheirateten Musiklehrer, dem er seinen Liederzyklus *Frauenliebe und -leben* gewidmet hatte. Als Lorenz Ende 1844 als Gesangslehrer und Organist nach Winterthur zog, kaufte der Musikgelehrte Franz Brendel die Zeitung kurzerhand. Der Sohn eines bedeutenden sächsischen Bergbautechnikers und Maschinendirektors schwang sich damit ab dem 1. Januar 1845 für nahezu ein Vierteljahrhundert zum verantwortlichen Chefredakteur auf.

Claras Vater Friedrich Wieck hatte bei der Anbahnung des Geschäfts die Hände im Spiel, weil es ihm wahrscheinlich durchaus recht war, dass Brendel das Magazin keineswegs im Schumannschen Sinn weiterführen wollte. Sobald der ungeliebte Schwiegersohn nicht mehr das Sagen hatte, veröffentlichte Wieck in der *Neuen Zeitschrift für Musik* ab 1846 etliche Beiträge zur Musikpädagogik. Brendel ließ er wissen, er »arbeite gleich aus dem ganzen, äußerst feurig u. hitzig«.[115] Clara Schumann bewies einen sicheren Instinkt, als sie sich 1843 nicht dafür einspannen ließ, zu Vorträgen Brendels die Musikbeispiele zu präsentieren und meinte, »ein musikalischer Philosoph der Art sey ein Häufchen Unglück«.[116] Welch unliebsame Entwicklung dieses Publikationsorgan nehmen sollte, erkannten die Schumanns spätestens im September 1850: Unter dem Titel »Das Judenthum in der Musik« – so die originale Schreibweise – erschien ein unter dem Pseudonym »K. Freigedank« anonym verfasster Artikel, in dem gegen den drei Jahre zuvor verstorbenen Freund Felix Mendelssohn Bartholdy gehetzt wurde.[117] Dieser Tendenz, die »Zukunft vorzubereiten«, wollte Robert Schumann etwas entgegensetzen.

Am 28. Oktober 1853 erschien sein Beitrag über Johannes Brahms als *den* kommenden Mann der deutschen Musik unter dem ambitionierten Titel »Neue Bahnen« auf der Titelseite der *Neuen Zeitschrift für Musik*.[118] Bereits in der Einleitung erinnerte Robert Schumann daran, dass er als jemand, der sich jahrelang »der früheren Redaktion dieser Blätter widmete«, eine qualifizierte Instanz für diesbezügliche Prophezeiungen sei. Er formulierte sein Anliegen in einer für das 19. Jahrhundert durchaus üblichen rhetorischen Weitschweifigkeit, die mit mythologischen Anspielungen durchsetzt wurde. Man warte auf einen »Auserwählten«, hieß es, der »uns die Meisterschaft nicht in stufenweiser Entfaltung brächte, sondern, wie Minerva, gleich vollkommen gepanzert aus dem Haupte des Kronion entspränge«. Er kündigte an, dass nun »ein junges Blut« gekommen sei, »an dessen Wiege Grazien und Helden Wache« hielten: »Er heißt Johannes Brahms, kam von Hamburg, dort in dunkler Stille schaffend, aber von einem trefflichen und begeistert zutragenden Lehrer gebildet in den schwierigsten Satzungen der Kunst, mir kurz vorher von einem verehrten bekannten Meister empfohlen. Er trug, auch im Aeußeren, alle Anzeichen an sich, die uns ankündigen: das ist ein Berufener. Am Clavier sitzend, fing er an wunderbare Regionen zu enthüllen. Wir wurden in immer zauberischere Kreise hineingezogen. Dazu kam ein ganz geniales Spiel, das aus dem Clavier ein Orchester von wehklagenden und lautjubelnden Stimmen machte. Es waren Sonaten, mehr verschleierte Symphonien, – Lieder, deren Poesie man, ohne die Worte zu kennen, verstehen würde, obwohl eine tiefe Gesangsmelodie sich durch alle hindurchzieht, – einzelne Clavierstücke, theilweise dämonischer Natur von der anmuthigsten Form, – dann Sonaten für Violine und Clavier, – Quartette für Saiteninstrumente, – und jedes so abweichend vom andern, daß sie jedes verschiedenen Quellen zu entströmen schienen. Und dann schien es, als vereinigte er, als Strom dahinbrausend, alle wie zu einem Wasserfall, über die hinunterstürzenden Wogen den friedlichen Regenbogen tragend und am Ufer von Schmetterlingen umspielt und von Nachtigallenstimmen begleitet.« Schumann krönte seinen Artikel mit einer Aussage, die für Johannes Brahms mehr Gefahren barg, als ihm nützten konnte: »Wenn er seinen Zauberstab dahin senken wird, wo ihm die Mächte der Massen, im Chor und Orchester, ihre Kräfte leihen, so stehen uns noch wunderbarere Blicke in die Geheimnisse der Geisterwelt bevor. Möchte ihn der höchste Genius dazu stärken, wozu die Voraussicht da ist, da ihm auch ein anderer Genius, der der Bescheidenheit, innewohnt. Seine Mitgenossen begrüßen ihn bei seinem ersten Gang durch die Welt, wo seiner vielleicht Wunden warten werden, aber auch Lorbeeren und Palmen; wir heißen ihn willkommen als starken Streiter.« Die »Lorbeeren« waren durchaus wörtlich zu nehmen, denn es war eine im 19. Jahrhundert übliche Praxis, bei Jubiläen oder als Dankesbezeugung bei herausragenden Leistungen auf dem Konzertpodium, öffentlich individuell dekorierte Teller, Pokale oder Lorbeerkränze zu überreichen.

Wie Fußnoten zu seinem Artikel belegen, war sich Robert Schumann darüber im Klaren, dass vorerst die Brahmsschen »Productionen mehr einem engeren Kreise bekannt sind«. Hierzu zählte er Musiker wie Joseph Joachim, Ernst Naumann, Ludvig Norman, Woldemar Bargiel – Claras Stiefbruder –, Theodor Kirchner, Julius Schäffer, C. [*sic*, D.] F. Wilsing und Albert Dietrich; meinte aber, es seien »als rüstig schreitende Vorboten« zudem Niels W. Gade, C. A. Mangold, Robert Franz und St. Heller zu nennen. »Es waltet in jeder Zeit ein geheimes Bündnis verwandter Geister«, schrieb Schumann und wünschte sich: »Schließt, die Ihr zusammengehört, den Kreis fester, daß die Wahrheit der Kunst immer klarer leuchte, überall Freude und Segen verbreitend.«

Nur wenige Seiten später verabreichte Franz Brendel das Gegenmittel zu dem Beitrag, den er sicherlich mehr aus Respekt gegenüber dem Gründer als aus Neigung aufgenommen hatte. In einem Konzertbericht aus Karlsruhe würdigte man, wie (der konvertierte jüdische Musiker) Joseph Joachim für seinen »Vortrag der Bach'schen Chaconne für Violine solo« einen »wahren Beifallssturm« erntete, und vermerkte wohlwollend, dass er sie »ohne die Mendelsohn'sche Clavierbegleitung« vortrug, »was auch wir für das Bessere und Richtigere halten«. Im gleichen Konzert präsentierte der Wagner-Apologet Hans von Bülow als Pianist Liszts *Fantasie für Klavier und Orchester über Beethovens »Ruinen von Athen«*. Dieses Werk wurde gepriesen als »ein Product der neuen Kunstrichtung«, denn es war »ganz geeignet, die Claviertechnik und Compositionsart unserer Zeit in ihrer charakteristischen Eigenthümlichkeit zu zeichnen«.[119] In Brendel fand Liszt einen Gesinnungsgenossen in der Publizistik: Mögen die anderen auch »hin und her Recensionen spucken«, so »schreiten wir unserentheils rüstig und besonnen voran«, schrieb er »in aufrichtiger Freundschaft und Ergebenheit« nach Leipzig.[120] Die Fronten waren abgesteckt.

Der Kampf um die Thronfolge

Das aus Oscar Wildes Gesellschaftskomödie *Lady Windermeres Fächer* überlieferte Bonmot, es gebe auf dieser Welt nur zwei Tragödien, nämlich wenn Wünsche enttäuscht und wenn sie erfüllt werden, aber Letzteres sei viel schlimmer, beruhte auf Lebenserfahrungen, die auch Clara Schumann und Johannes Brahms machen sollten. Die Pianistin und ihr Mann Robert erleichterten Brahms die Integration in die Familie und den Freundeskreis, so gut es ihnen möglich war. Clara pflegte ihr Leben lang Kontakt zu Mitgliedern der Bankiersfamilien Deichmann und Mendelssohn, den etablierten Kreisen der bürgerlichen Gesellschaft, Verlagen, Orchestern und Musikern. Anfangs vermittelte Robert noch die ersten Verbindungen zum Leipziger Verlag Breitkopf & Härtel. Von dem Zwischenstopp bei Joachim in Hannover aus begab sich Johannes im November 1853 in die Stadt an der Pleiße, um Vorbesprechungen für die Publikation seiner Werke zu führen. »Ich hatte ein langes Gespräch mit Brahms, was mich sehr interessierte und belehrte«, erinnerte sich Clara. »Er meinte, es gäbe viele Talente, die, wenn es ihnen gesagt worden, daß sie Empfindung und Originalität haben, an dem Bewußtsein, daß sie es [*sic*] haben, scheitern, weil sie dann danach trachten, immer mehr in der Weise wirken zu wollen und die eigentliche ursprüngliche Kraft und Natur (das unbewußte Schaffen) verlieren. Ich fand das sehr wahr, doch glaube ich dies nur anwendbar auf Talente, nicht auf das Genie, denn letzteres geht unbekümmert um alles, seinen Weg, folgt nur seinem Gotte! – Solch ein Genie ist auch gewiß Brahms; ein bewunderungswürdiger Mensch überhaupt!«[121] Auch die Leipziger Herausgeber waren beeindruckt und im Dezember 1853 erschienen bereits die ersten Lieder sowie die erste und im Februar 1854 die zweite Klaviersonate im Druck. Die Erwartungen, die er mit seinen Kompositionen als Jugendlicher und junger Mann weckte, wuchsen sich zu einer Belastung aus. Später rühmte sich Brahms' Hamburger Klavier- und Kompositionslehrer Eduard Marxsen, er habe 1847 bei der Nachricht von Mendelssohns Tode »unter trauten Freunden« bereits »nach innigster Überzeugung« geäußert: »Ein Meister der Kunst ist heimgegangen, ein größerer erblüht in Brahms.«[122] Diese in kleinem Kreis verbreitete Erwartung stand am Beginn bedeutsamer Ereignisse. In den Jahren zwischen 1847 und 1854 bahnten sich in den deutschen Herzog-, Fürsten- und Königtümern nicht nur umwälzende politische Entwicklungen an, auch im Musikleben kam es zu einschneidenden Veränderungen. Einst waren deutschsprachige Musiker, trotz vieler Unstimmigkeiten in Einzelheiten, auf einen Konsens aus: Robert Schumann hatte mit Gleichgesinnten »im reinen Sinn und im Interesse der Kunst« 1834 sein Fachmagazin *Neue Zeitschrift für Musik* herausgebracht, das den eigenen Grundsätzen zufolge ein vielschichtiges Bild des Kulturlebens bieten sollte. Vor allem wollte man Musikern ermöglichen, zusätzlich »durch Wort und Schrift zu wirken« und eigene Ansichten darzulegen, »so weit sich das mit Gerechtigkeit und Unparteilichkeit überhaupt verträgt«.[123] Er und Clara Wieck freundeten sich mit Felix Mendelssohn Bartholdy an, den sie im August 1835 persönlich kennenlernten, als er in Leipzig Gewandhauskapellmeister wurde. Man stand sich näher als dem in den 1840er-Jahren erstmals erfolgreichen Richard Wagner. Schumann pries Mendelssohn als »den ersten Musiker der Gegenwart«.[124] Der jugendliche Brahms, wie Mendelssohn gebürtiger Hamburger, dürfte die Werke seines Landsmanns gewiss aufgeführt haben. Schon als Jugendlicher bot sich ihm die Gelegenheit: Im Mai 1847 hatte ihn der Männerchor in Winsen aufgrund seines Talents bereits im Alter von 14 Jahren die Leitung anvertraut. Noch viele Jahre später äußerte er in einem Brief, er gäbe alle seine Werke »drum, wenn ich eine Ouvertüre wie die *Hebriden* von Mendelssohn hätte schreiben können«.[125] Dass Brahms noch als reifer Künstler Mendelssohns achtstimmige Motette auf den Luther-Choral »Mitten im Leben sind wir vom Tod umfangen« als Schatz in seiner Autografensammlung hütete und 1864 aufführte, erscheint wie die mahnende Erinnerung an eine der folgenreichsten Katastrophen der deutschen Musikgeschichte: Ende Oktober 1847 war Felix Mendelssohn Bartholdy bei einem Spaziergang mit seiner Frau Cäcilie völlig unerwartet mit einem »Nervenschlag«, wie man es damals nannte, zusammengebrochen. Es deutete sich an, dass die Musikausrichtung, die Clara, Robert und Johannes viel bedeutete, ihren herausragendsten, international hoch angesehenen Komponisten verlieren würde. Das Ende kam rasch: Am 4. November 1847 starb Mendelssohn im Alter von nur 38 Jahren wahrscheinlich an den Folgen einer Subarachnoidalblutung, bei der in der ›spinnenartigen Hirnhaut‹ ein zumeist genetisch bedingtes intrakranielles Aneurysma riss.[126] Die Schumanns waren schockiert. Über den Weggefährten äußerten sie sich öffentlich nur in Superlativen, nannten ihn den »besten Musiker«, den »verehrungswürdigsten Künstler«, gar den »eminentesten Menschen«.[127] Diejenigen, mit denen Robert Schumann bei der Beerdigung den Sarg Mendelssohns trug – Ignaz Moscheles, Niels Gade, Ferdinand David und Julius Rietz – eiferten Mendelssohn beim Komponieren zwar nach, konnten ihn aber qualitativ nicht ersetzen. Die Schumanns sahen sich auf sich allein gestellt. Insofern kam es ihnen nur zupass, dass auch Brahms Mendelssohns Werke überaus schätzte. Aus der Sicht von Liszt hingegen konnten sich nur Abtrünnige mit so etwas befassen. Einem Zeitzeugen zufolge sprachen Liszt und die Seinen »in geringschätziger Weise« über die von ihnen verachteten »Leipziger Philistern, Pedanten und ›Absolute Musik-Machern‹«, die für sie »zum überwundenen Standpunkt gehörten«.[128] Ihnen müsse man eine Kultur entgegensetzen, die Traditionen zerschmettern und Zukunftsikonen erschaffen sollte. Dabei ignorierte er mit seinen Kampfgenossen völlig, dass es durchaus verschiedene Pfade und Schneisen im Dschungel des kulturellen Lebens gibt.

Allmählich beschlich Brahms, die Schumanns und Joachim Unbehagen. Schumann bemerkte einmal, dass mit flinker Feder mitunter rücksichtslos ein ganzes Lebenswerk beiseitegefegt werde. Dies konnten seine Kollegen nur bestätigen. Der Komponist Carl Reinecke stellte beispielsweise später fest, es sei »nicht in Abrede zu stellen, daß Ferdinand Hiller schon jetzt, noch nicht 20 Jahre nach seinem Tode, ziemlich vergessen ist, – der so viele Talente besaß, daß man hätte glauben sollen, der Besitz eines einzigen derselben würde genügen, ihm auf längere Zeit hinaus den Nachruhm zu sichern«.[129] Um dem Vergessen entgegenzuwirken, begannen die Kreise um Brahms und Clara Schumann etliche Werke von Komponisten vergangener Generationen noch einmal daraufhin zu untersuchen, ob nicht doch manche Trouvaille für kommende Generationen erhaltenswert sei.

Während die einen glaubten, die ›Tradition‹ einfach ignorieren und sich ein eigenes Publikum erschaffen zu können, sahen Clara, Johannes und die Ihren einen besonderen Wert der Kunst gerade darin, dass sie möglichst viele Menschen ansprechen sollte. Der befreundete, aus Mainz stammende Komponist, Dirigent und Musikpädagoge Bernhard Scholz hatte es geschafft, dass »Chöre von Arbeitern und Arbeiterinnen« in dem von ihm in Frankfurt gegründeten »Volkschor« hingebungsvoll und »mit Begeisterung die Oratorien von Haydn studiert und gesungen haben«. Er fand diese Musik ebenso für jedermann zugänglich wie die von Mozart oder Beethoven. »Mozarts Melodik spricht zum Herzen jedes Kindes, und volksmäßigere Weisen als Beethovens ›Hymne an die Freude‹ oder der ›Lindenbaum‹ von Schubert gibt es nicht. Dieses Zusammenwirken des höchsten Kunstverstandes, der höchsten technischen Ausbildung mit der Einfalt naiven Empfindens sehe ich als den Gipfel der Kunst an.«[130] In diese Tradition stellten sich auch Mendelssohn, Schumann und Brahms, der mit seinen *Ungarischen Tänzen* und der Weise »Guten Abend, gut' Nacht« einerseits Populäres schuf und zugleich andererseits für viele der damaligen Orchester kaum spielbare Instrumentalmusik ersann. Der Clara und Johannes wohlgesonnene Scholz zeigte sich nicht von allen Entwicklungen überzeugt. »Seit Beethoven machen sich wieder Strömungen geltend, die den Einklang zwischen Kunst und Volksempfinden stören«, meinte er. »Die Späteren, auch Schumann und Brahms, so sehr ich sie schätze und liebe, wenden sich vorwiegend wieder an ein exklusives, vorbereitetes, ›gebildetes‹ Publikum; der Riß zwischen unserer Kunst und dem ›ungebildeten‹ Volk, welches Feinheiten und Absonderlichkeiten nicht würdigt, wird immer größer.«[131]

Brahms betrachtete sich hingegen als einen eher unverbildeten Musiker und betonte, dass es die unterschiedlichsten Ausrichtungen in der zeitgenössischen Musik gibt. »Weder Schumann, noch Wagner, noch ich haben was Ordentliches gelernt«, denn »keiner hat eine ordentliche Schule durchgemacht«, kommentierte Brahms, der wenig auf eine akademische Ausbildung gab. Dafür habe man mit Fleiß »nachgelernt«. Die verschiedenen individuellen Wege waren unausweichlich: »Da war auch das Talent entscheidend. Schumann ging den einen, Wagner den anderen, ich den dritten Weg.«[132]

Was man den ›Schulen‹ entgegensetzen konnte, waren gute, überragende und noch bessere Kompositionen. Doch während sich die Reihen der Gegner zusammenschlossen, lichteten sich die eigenen. Der unerwartet frühe und schlagartige Verlust von Mendelssohn war eine einschneidende Zäsur in der deutschen Kulturgeschichte. Man hatte nicht nur einen der bedeutendsten Komponisten und Interpreten verloren; mit ihm riss ein bedeutsamer Strang der musikalischen Entwicklung ab. Dies machte es Liszt, Wagner und ihren Kreisen einfacher, fortan gegen ihn Stellung zu beziehen. Zu Lebzeiten war es Liszt und Mendelssohn noch gelungen, die Fassade der Höflichkeit zu wahren, wobei laut Andreas Moser »der unbeteiligte Beobachter annehmen konnte, sie beruhten auf gegenseitiger Hochachtung und Wertschätzung«. Mendelssohn bestaunte den Tastenzauberer und inspirierten Plauderer Liszt wie eine Zirkusattraktion, während dieser »wenigstens eine Zeit lang äusserlich einen gewissen Respekt vor dem ›specifischen‹ Musikergenie und den Dirigentenfähigkeiten Mendelssohns zur Schau« trug. Eine Künstlerfreundschaft zwischen ihnen war jedoch ebenso wenig denkbar wie zwischen Liszt und den Schumanns, Brahms nebst Joachim. Es handelte sich um »viel zu heterogene Naturen, als dass sie sich zu einander so hätten hingezogen fühlen können«.[133] Scharfe Auseinandersetzungen waren vorgezeichnet. Als das Ehepaar Schumann wieder einmal Freunde zu einem Kammermusikabend in sein damaliges Domizil in Dresden geladen hatten, kam es zum Eklat. Dass Liszt mit zwei Stunden Verspätung auftauchte, war im Hinblick auf die anderen beteiligten Künstler schon ärgerlich genug. Die angespannte Atmosphäre konnte er noch durch wohlwollende Worte zu Robert Schumanns

Klaviertrio abmildern. Über das sich anschließende Klavierquintett Schumanns rümpfte er aber nur die Nase und meinte, es sei »zu leipzigerisch«.[134] »Allein Schumann war nicht der Mann, Sottisen, die ihm oder dem von ihm so hoch verehrten Mendelssohn galten, schweigend einzustecken«, schilderte Andreas Moser die Situation. Als Liszt in »wegwerfendem Ton« über Mendelssohn sprach, fuhr Schumann, »an allen Gliedern vor heftiger Erregung zitternd«, ihn in Gegenwart Richard Wagners und anderer namhafter Künstler an: »Wie können Sie sich erlauben, über einen Künstler wie Mendelssohn, der so hoch über Ihnen steht, in so abfälliger Weise zu reden?!«[135]

Was die Schumanns erlebt hatten, dürfte reichlich Gesprächsstoff für die Abende mit Brahms geliefert haben. Die Positionierung zu Mendelssohn Bartholdy wurde zum Gradmesser in der Entwicklung der deutschen Musik. Clara hatte schon ab 1841, ein Jahr nach ihrer Eheschließung, Werke von Liszt aus ihrem Repertoire eliminiert. Er wurde ihr nicht nur als Mensch zunehmend unangenehm, denn wo »Liszt hin kommt«, wusste sie, »da ist gleich alle häusliche Ordnung umgestoßen, man wird durch ihn in eine fortwährende Aufregung versetzt«.[136] Eigentlich war Clara alles andere als abweisend. »Ihr Umgang mit anderen war freundlich und zuvorkommend, nur gegenüber ihr unsympathischen Personen benahm sie sich reserviert«, meinte eine Beobachterin.[137] Während Johannes das Lisztsche Gebaren im Laufe der Jahre eher mit distanziertem Spott beobachtete, echauffierte sich Clara immer wieder von Neuem. »Er spielte, wie immer, mit einer wahrhaft dämonischen Bravour, er beherrscht das Klavier wahrhaft wie ein Teufel (ich kann mich nicht anders ausdrücken)«, notierte sie im Tagebuch, »aber ach, die Kompositionen, das war doch zu schreckliches Zeug!« Clara Schumann besaß ein äußerst differenziertes Urteilsvermögen und erwartete von einem Künstler, dass er reift und mit zunehmender Erfahrung tiefgründigere Werke konzipiert. »Schreibt einer jung solch Zeug, so entschuldigt man es mit seiner Jugend, aber was soll man sagen, wenn ein Mann noch so verblendet ist«, befand sie über Liszt. Durch dessen neueste Konzertstücke war sie »bis ins Innerste indigniert«.[138] Ein Musiker, der sein Publikum mit *Prometheus*-Getöse und *Études d'exécution transcendante*-Geklimper traktiert, war für sie gestorben.

Hingegen lebte der Freund Mendelssohn in dem Namen weiter, den sie für ihr zuletzt geborenes Kind gewählt hatten: Felix. Den neuen Freund Johannes hatte das Paar kennengelernt, kurz nachdem

Clara schwanger geworden war: »Klara's Gewißheit«, notierte Robert am 3. Oktober 1853 in das Haushaltbuch.[139] Der Taufpate Johannes Brahms war im Grunde genommen zwei Mal zum musikalischen Hoffnungsträger ausgerufen worden: Von Schumann und im kleinen Kreis zuvor von Marxsen. Trotz der einst großen Worte des Lehrers ist es unwahrscheinlich, dass in den Manuskripten des Jugendlichen Meisterwerke zu finden waren. In späteren Jahren verbrannte Johannes bewusst alle Skizzen und frühe Kompositionen, die er für unreif hielt. Bei vielen namhaften Komponisten lassen sich die Gedankengänge und Arbeitsmethoden anhand der spontan aufs Papier geschleuderten Notizen sowie der oftmals noch unausgereiften Entwürfe nachvollziehen. Aber bei dem Hamburger sind die Spuren der Annäherung an die Endfassung, die Entwicklung seiner Ideen, verwischt. Nachdem Marxsen im November 1887 verstorben war, machte sich Brahms die Mühe, dessen Nachlass zu sichten und alles zu vernichten, was ihn und seinen Lehrer persönlich betraf.

Brahms gewöhnte sich an, mit seinen musikalischen Ideen »spazieren zu gehen«, wie er es ausdrückte. Bis er sich mit Tinte und Feder gewappnet über das Notenpapier beugte, war ein Werk weitgehend konzipiert. »Was er zu Hause aufzeichnete, war bloße Schreibarbeit«, erinnerte sich sein Vertrauter Max Kalbeck.[140] An das Licht der Öffentlichkeit sollten nur solche Werke gelangen, die den kritischen Blicken der Schumanns und ihrer Freunde standgehalten hatten und von denen er selbst restlos überzeugt war. In Clara *und* Robert Schumann glaubte Johannes starke Mitstreiter an seiner Seite zu haben. Aber nur wenige Monate später saß Robert geistig umnachtet in einer privaten psychiatrischen Klinik in Endenich.

Melancholie mit Wahn, schöne Schwermut

Knapp fünf Monate nachdem Brahms ihn kennengelernt hatte, begann Robert Schumanns endgültiger Verfall. Es ist unklar, inwiefern Clara Schumann die Freunde darauf vorbereitet hatte. Keines der zurückliegenden 15 Jahre war vergangen, ohne dass er Schwindelanfälle, Gehörstörungen, heftige Stimmungsschwankungen sowie leichtere und schwere Krankheitszustände erdulden musste. Selbst in den Wochen, in denen Robert Schumann eilends versuchte, Brahms Anerkennung zu verschaffen, quälten ihn immer wieder Beeinträchtigungen des Befindens – und Clara litt mit ihm.

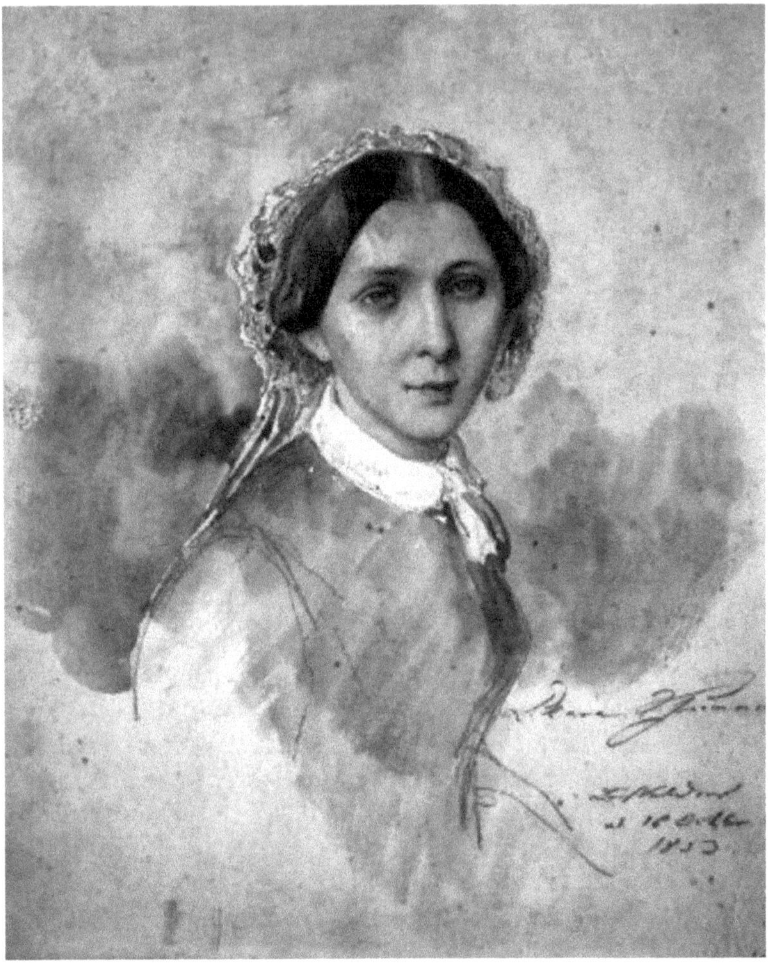

Im Oktober 1853 kam der französische Maler Jean-Joseph Bonaventure Laurens, der alle Beteiligten gezeichnet hat, nach Düsseldorf und sprach sie auf die geweiteten Pupillen ihres Gemahls an. Sie musste zugestehen, dass er schwer krank sei.[141] Falls Clara Schumann sich Sorgen um einen bevorstehenden Zusammenbruch gemacht haben sollte, kann sie nur persönlich mit ihren engsten Vertrauten – Brahms, Joachim, Rosalie Leser, Livia Frege – darüber gesprochen haben. Ihnen widmete sie einige ihrer letzten Kompositionen, mit denen sie ihr Œuvre in diesem Jahr so gut wie abschloss: Drei Romanzen für Pianoforte op. 21 (Brahms), Drei Romanzen für

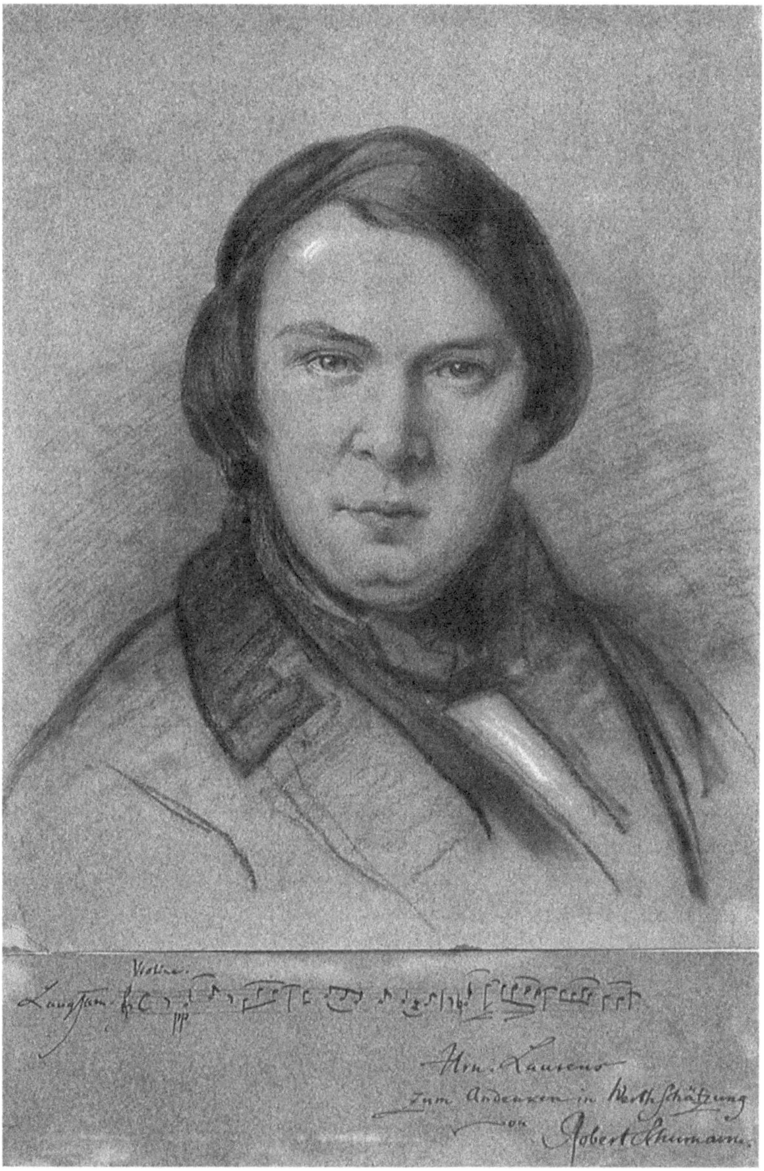

Bei seinem Besuch in Düsseldorf im September 1853 zeichnete Jean-Joseph Bonaventure Laurens Clara Schumann, Robert Schumann und Johannes Brahms. Die Originale haben eine Größe von nur etwa 10 x 14 cm.

Violine und Pianoforte op. 22 (Joachim), Sechs Lieder aus *Jucunde* von Hermann Rollet op. 23 (Frege) und eine Romanze in a-Moll (Leser). Absprachen, wie im Falle der Katastrophe zu reagieren sei, sind nicht überliefert. Die Maßnahmen zur Unterstützung der schwangeren Clara liefen aber schließlich so reibungslos an, als ob schon Vereinbarungen für Krisenfälle getroffen worden wären.

Das instabile körperliche und psychische Befinden Robert Schumanns führte am 27. Februar 1854 zur Eskalation. Nachdem Clara, wie sie berichtete, ihren kranken Mann »schon seit 10 Tagen keinen Augenblick allein gelassen hatte«, musste sie »nur auf wenige Augenblicke das Zimmer verlassen und Mariechen zu ihm sitzen lassen, um mit Dr. Hasenclever etwas im andern Zimmer zu sprechen«. Diesen kurzen Augenblick nutzte Robert: Er trat aus seinem Zimmer und »ging seufzend« ins Schlafgemach. »Marie glaubte, er werde gleich wiederkehren«, erzählte Clara, »doch er kam nicht, sondern lief, nur im Rock, im schrecklichsten Regenwetter, ohne Stiefel, ohne Weste fort. Bertha stürzte plötzlich herein und sagte es mir, daß er fort sei was ich empfand, ist nicht zu beschreiben, nur so viel weiß ich, daß es mir war, als höre das Herz auf zu schlagen. Dietrich, Hasenclever, kurz alle, die nur da waren, liefen fort, ihn zu suchen, fanden ihn aber nicht, bis zwei Fremde ihn nach etwa einer Stunde nach Haus geführt brachten; wo sie ihn gefunden und wie, ich konnte es nicht erfahren.«[142]

Der Konzertmeister des Düsseldorfer Orchesters, Ruppert Becker, dokumentierte die Geschehnisse in seinen Tagebuchnotizen. Er stand den Schumanns nahe. Sein Vater hatte sich einst in den 1830er-Jahren auf die Seite des befreundeten jungen Liebespaares Clara und Robert gestellt und als Jurist geholfen, Claras Vater Friedrich Wieck gerichtlich zu verpflichten, die Eheschließung zuzulassen. Ruppert Becker selbst sollte später ein Kollege von Clara Schumann am Frankfurter Konservatorium werden – ein Wegbegleiter, der aufzeichnete, was sich Ende Februar 1854 zutrug: »Schumann hatte sich mittags 2 Uhr aus seiner Schlafstube geschlichen (in Filzschuhen) und war direkt nach dem Rheine zugegangen, von wo aus er sich, in der Mitte der Brücke, in den Fluss stürzte! Glücklicherweise war er schon am Eingang der Brücke aufgefallen, und zwar dadurch, dass er, da er kein Geld bei sich hatte, sein Taschentuch als Pfand abgab! Mehrere Fischer, die ihn deshalb mit den Augen verfolgten, nahmen, sogleich nach dem Sprung, einen Kahn und retteten denselben glücklich. Vom Kahn aus soll er noch einmal versucht haben, ins Wasser zu springen, woran ihn die Fischer hinderten. Fürchterlich muss sein Heimweg gewesen sein; transportiert von 8 Männern und einer Masse Volks (es war Carnaval), das sich nach seiner Weise belustigte.«[143]

Darüber, was an jenem Tag tatsächlich geschah, wurde Clara Schumann bis nach dem Tod ihres Mannes im Unklaren gelassen. Erst spät erfuhr sie, dass er mit dem Sprung von der damaligen Oberkasseler Pontonbrücke einen Selbstmordversuch verübt hatte. »Ich ahnte es damals nur«, erinnerte sie sich.[144] »Als man ihn zu Haus ins Bett gebracht, wollte man ihn nicht aufregen durch das Wiedersehen mit mir, und so entschloß ich mich, für diesen Tag zu Frl. Leser mitzugehen, denn im Haus bleiben und ihn nicht sehen, das wäre mir zuviel gewesen!«[145]

Dass Clara Schumann ihren Mann in dessen letzten beiden Lebensjahren nur noch wenige Male zu Gesicht bekommen sollte, entsprach nicht ihrem eigenen Wunsch, sondern war Teil der Behandlungsmaßnahmen. Johannes Brahms wurde einer der wichtigsten Vermittler zwischen ihr und dem Menschen, der nicht mehr die Persönlichkeit war, in die sie sich verliebt hatte. Brahms erfuhr in Hannover von den Vorkommnissen und traf am 3. März in Düsseldorf ein, wo er sich zunächst am Schadowplatz Nr. 16 einquartierte. Am 4. März 1854 wurde Robert Schumann auf seinen eigenen Wunsch hin in die Nervenheilanstalt in Endenich (heute ein Stadtteil von Bonn) eingeliefert. Die Familie von Johannes nahm lebhaften Anteil an Claras Situation und Roberts Misere. »Ein Mann in seinen besten Jahren soll zeitlebens in Gefangenschaft sitzen«, schrieb Christiane Brahms, Johannes' Mutter. »Das ist sehr traurig.«[146]

Man wählte eine Klinik aus, die nach den neuesten Erkenntnissen der Wissenschaft therapierte. Ihr Leiter, der Psychiater Dr. Franz Richarz, der 1834 bereits mit einer Arbeit über das Erkennen von Geistesstörungen und deren Heilung promoviert hatte *(De vesaniae cognitione et cura quaedam)*, trat zehn Jahre später mit seiner Reformschrift *Ueber öffentliche Irrenpflege und die Nothwendigkeit ihrer Verbesserung mit besonderer Rücksicht auf die Rheinprovinz* hervor. Er stand den Theorien des Engländers John Conolly nahe, die sich im konventionellen Klinikalltag allerdings nicht angemessen umsetzen ließen. Deswegen gründete Richarz 1844 in Endenich seine Privatklinik. Dass er mit seinen Initiativen zunehmend Anerkennung gewann, belegt die Steigerung der Patientenplätze von anfangs 14 auf 60. Auch Clara und Johannes schenkten ihm Vertrauen, denn Brahms berichtete Joachim in einem Brief, er lerne ihn bei den Begegnungen »jedesmal mehr lieben«, sodass er sich »lange und gründliche Gespräche gönnte«.[147] Die Grundhaltung des Therapieansatzes schloss jegliches gewalttätige Vorgehen gegen die Patienten aus. Nur in extremen Ausnahmefällen wurde – wie auch einmal bei Schumann – die Zwangsjacke angewendet. Zur Maxime »no restraint« (keine Zwangsmaßnahmen) gehörte auch, dass engste Angehörige keinen Kontakt mit dem in Pflege befindlichen Menschen haben sollten, zumal unberechenbar war, wie er sich gegenüber engen Bezugspersonen verhalten würde. Aus Rücksichtnahme auf die Befindlichkeit des Patienten wollte man ihn im Sinne der Genesung aus dem alltäglichen Umfeld herauslösen. Dementsprechend verhielt sich Clara ganz im Sinne der Behandlung, in die sie große Hoffnungen setzte. »Recht inständig bitte ich Sie«, hieß es in einem ihrer Briefe an den behandelnden Arzt Dr. Peters, »sobald es zulässig, daß ich ihm einmal schreibe, es mich wissen zu lassen, und so bald ein Besuch ohne Nachteil für ihn stattfinden kann.«[148]

Clara Schumann erhielt von der Klinik regelmäßig Nachrichten über die aktuellen Entwicklungen, zunächst wöchentlich, später alle zwei Wochen. Als Brahms und Joachim endlich Robert Schumann in Endenich aufsuchen durften, konnten sie ihn zunächst nur als wirr vor sich hinfaselnden Kranken beobachten. Auch der Berliner Freundin Mathilde Hartmann wurde gestattet, Robert »hinter einer Gardine« zu betrachten. Ihren Mann wie ein Tier im Käfig zu beobachten war Claras Sache nicht. Verständlich, dass sie in ihrem Tagebuch notierte, sie »ertrüge es ja nicht, ihn so zu sehen«.[149] Später durften die Freunde auch mit dem Patienten sprechen. Nach einem halben Jahr wurde Clara im September 1854 gestattet, Briefkontakt mit ihrem Mann aufzunehmen. Sie nutzte diese Möglichkeit unverzüglich, allerdings kam der Schriftverkehr im Mai 1855 zum Erliegen, weil sich der Gesundheitszustand erheblich verschlechterte. Was der Freundeskreis wahrscheinlich nicht erkannte oder sich nicht eingestehen wollte: Roberts fortschreitender Zerfall war unaufhaltbar. Schon lange bevor er verstarb, existierte die Persönlichkeit nicht mehr, die Robert Schumann einmal gewesen war – der Liebende, der Vater, der Künstler, der Intellektuelle. Um nicht selbst vollends zu verzweifeln, tat Clara gut daran, für sich und ihre Kinder Robert so in Erinnerung zu behalten, wie er vor dem völligen Zusammenbruch war. Für Robert Schumann gab es keine Aussicht

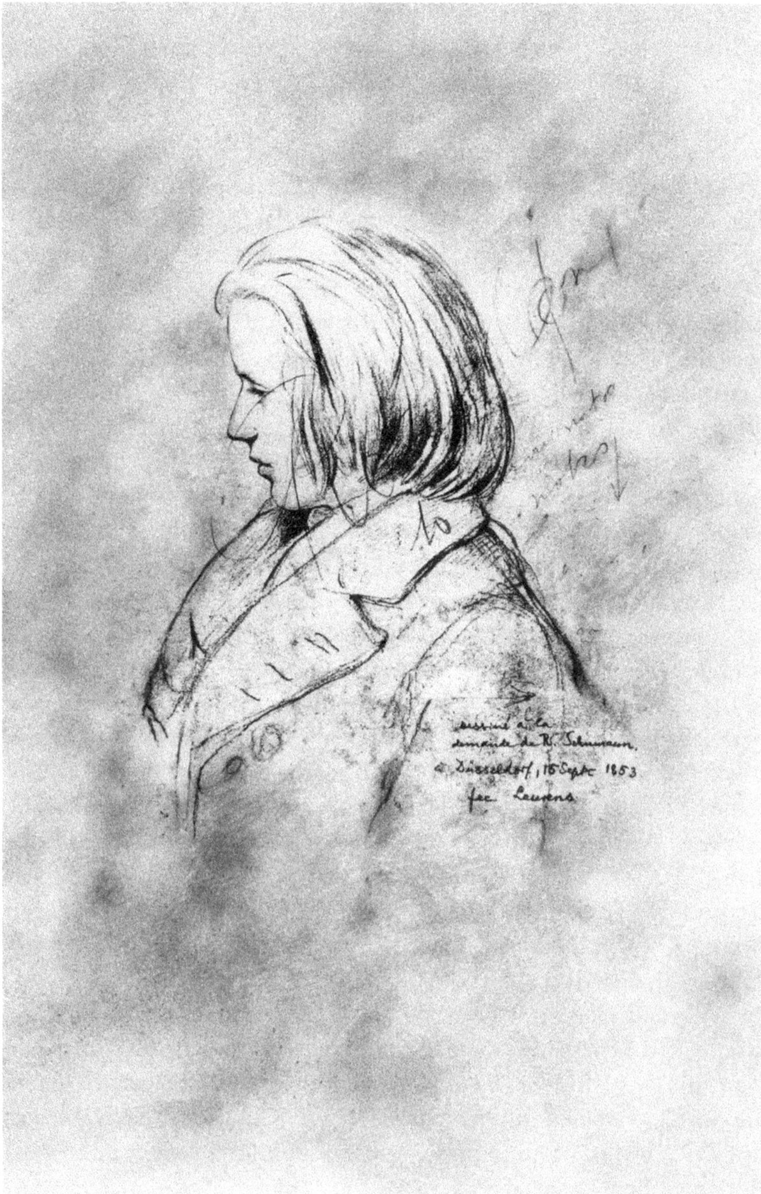
dessiné à la
demande de R. Schumann.
à Düsseldorf, 15 Sept. 1853
fec. Laurens

auf Heilung. »Melancholie mit Wahn«, lautete die Diagnose im Aufnahmebuch der Klinik am 4. März 1854, die dann nach seinem Tod am 29. Juli 1856 mit dem Bleistiftzusatz »Paralyse« versehen wurde.[150] Wie die Krankenakten, Arztberichte und Analysen der Obduktion nahelegen, litt Schumann an hirnorganischen Abbauprozessen, die charakteristisch sind für eine syphilitisch bedingte progressive Paralyse.[151] Die Fakten belegen, dass weder Clara und Johannes noch die behandelnden Ärzte die Entwicklungen hätten beeinflussen können: Schumann hatte sich wohl schon 1831 wahrscheinlich bei seiner Leipziger Geliebten Christiane Apitzsch infiziert, die er in seinen Tagebüchern »Christel« oder auch »Charitas« nannte. Im Laufe der Jahre plagten ihn immer wieder Kopfschmerzen, Depressionen und Aggressionen, die allerdings seine höchst produktive künstlerische Aktivität noch nicht beeinträchtigten. Aber es gab kaum zusammenhängende Monate, in denen sich das Leiden nicht bemerkbar machte. Ohne Claras teilnahmsvolle Pflege wäre das Aus wahrscheinlich schon früher gekommen. Verhindern konnte sie es letztlich nicht. »Was muß die arme Frau leiden!«, schrieb Brahms an Joachim.[152] Johannes besuchte Robert Schumann mehrfach und hielt Clara und enge Freunde wie Joseph Joachim auf dem aktuellen Stand. Claras Mann schwankte zwischen apathischem Vor-sich-Hintranen, homöopathischen Dosen von lichten Augenblicken und konfusem Gebrabbel »mit einer schauerlichen Eile und Angst von dem, was ihm die Stimmen zuflüsterten oder auch die Ärzte, er verwirrte beides«, wie Johannes es formulierte.[153] Letztendlich indes »sieht es schlimm, ja trostlos aus«.[154] Die Hoffnung der Freunde, wie Johannes schrieb, dass eines Tages »Fr. Sch. ihn pflegen könnte«,[155] zerschlug sich bald. Robert Schumann dämmerte zwei Jahre lang dem Tod entgegen.

Während Clara auf Tournee ging, um für sich und den Nachwuchs den Lebensunterhalt zu verdienen, verbrachte Johannes viel Zeit mit den Kindern. Er kümmerte sich um den Haushalt, leitete sie im Klavierspiel an und wurde für die Kleinen zum Ersatzvater auf Zeit. Brahms konnte immer gut mit Kindern umgehen. Es wird berichtet, dass er selbst als reiferer Herr auf der Straße stets freundliche Worte für junge Menschen fand. Dies dürfte letztlich an seiner Grundüberzeugung gelegen haben: »Außer an Frau Schumann hänge ich an Niemandem mit ganzer Seele«, meinte er einmal. »An die Unsterblichkeit jenseits glauben wir ja doch nicht recht. Die einzig wahre Unsterblichkeit liegt in den Kindern.«[156]

Erst als das baldige Ende absehbar war, durfte Clara nach über zwei Jahren ihren Mann in der Nervenheilanstalt besuchen. Gemeinsam mit Johannes erreichte sie Endenich am 23. Juli 1856. Auf sein Anraten und das der Ärzte, verzichtete sie darauf, unmittelbar zu Robert zu eilen. Dieser hatte die Nahrungsaufnahme bereits völlig verweigert. Bei der letzten Begegnung vier Tage später war Clara sich sicher, er habe sie erkannt. In dem Moment, als er am 29. Juli starb, war keiner der ihm Nahestehenden zugegen.[157]

Zwei Tage nach seinem Tod wurde Robert Schumann auf dem Alten Friedhof in Bonn abends um 19 Uhr beigesetzt. »Ich war in der kleinen Kapelle auf dem Kirchhof«, notierte Clara in ihrem Tagebuch, »ich hörte die Trauermusik, jetzt wurde er hinabgelassen in die Erde, doch hatte ich ein klares Gefühl, daß nicht er es war, sondern nur sein Körper – sein Geist war über mir, – wohl nie inniger war mein Gebet als in dieser Stunde.«[158] Noch zwanzig Jahre später erinnerte sich der Dichter Klaus Groth, dass ihm »die ganze Bevölkerung Bonns vollzählig versammelt zu sein« schien, ja, »der schön gelegene Kirchhof war schwarz bedeckt von Menschen« durch die Schaulustigen.[159] Hingegen registrierte Clara nur als wesentlich, dass »Johannes und Joachim« dem Sarg vorangingen, der als »Ehrenbezeugung« von Vertretern der Düsseldorfer Konkordia getragen wurde, und sie »unbemerkt« hinterher. »Die Bürgermeister gingen mit, Hiller war auch von Köln gekommen, sonst aber keine Freunde«, erinnerte sich Clara. »Ich hatte es nicht bekannt gemacht, weil ich nicht wünschte, daß viele Fremde kämen.«[160]

Innerhalb weniger Jahre hatte die Musikwelt mit Mendelssohn und Schumann zwei der bedeutendsten deutschsprachigen Komponisten verloren. »Ein neues Leben begann jetzt für mich«, notierte Clara.[161] Das galt ebenso für Johannes. Noch war keineswegs abzusehen, wohin ihn und Clara die von Robert prognostizierten »neuen Bahnen« führen sollten.

2 Lange Schatten (1856–1859)

Ein Chaos von Gedanken · Mündliches nebst Schriftlichem · Schmerzen und Todessehnsucht · Ausweg mit Sinn · Selbstbesinnung und neue Ziele · Eine verschleierte Sinfonie · Kunst mit Etikette · Musikalische Erlustigung und Divertierung · Eine liebenswürdige Freundin

... – doch alles Weitere also bald mündlich.[162]
Clara Schumann

Du aber, Beste der Frauen und Künstlerinnen, freue Dich alles Schönen und Guten, das Du morgen erlebst, und denke selig an alles Schöne und Gute, das Dir und Deinem Mann soviel Liebe verschafft hat.[163]
Johannes Brahms

Ein Chaos von Gedanken

Am Tag nach der Beisetzung kehrten Clara Schumann und Johannes Brahms nach Düsseldorf zurück. »Ich kann meine Gefühle nicht beschreiben, als ich die Kinder vaterlos wiedersah und doch so unbefangen heiter«, notierte Clara in ihrem Tagebuch.[164] Daheim traf sie nur auf ihre Jüngsten, die sie selbst versorgte: Ludwig war 8, Ferdinand erst 7, Eugenie 5 und Felix 2 Jahre alt. Marie, mit 15 Jahren die Älteste, und die 13-jährige Elise befanden sich in Leipzig in Pension, während sich die 11-jährige Julie bei ihrer Großmutter Mariane Bargiel, ehemals Frau Wieck, in Berlin aufhielt.

Clara war noch ein kleines Kind, als sich ihre Eltern im Mai 1824 trennten und im Januar 1825 scheiden ließen. Sie musste bei ihrem Vater Friedrich Wieck bleiben, der im September 1824 mit der für

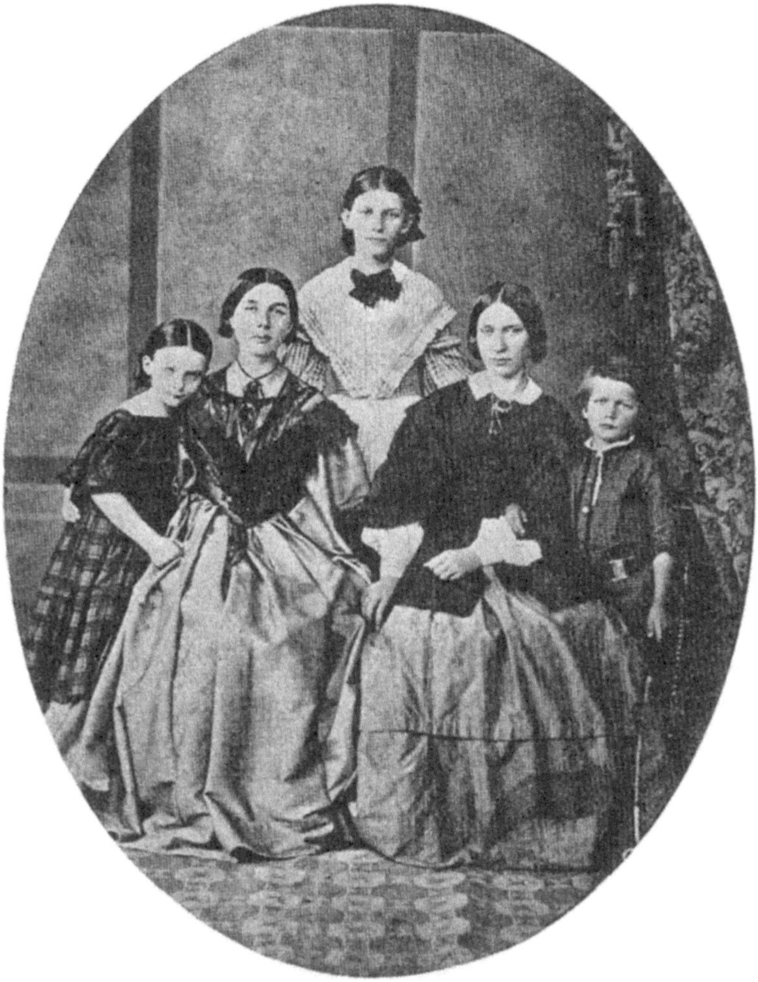

Ein Besuch beim Fotografen für das Familienalbum 1860: Felix, Elise, Julie, Marie und Eugenie Schumann.

sie vorgesehenen Ausbildung zur Klaviervirtuosin begann. Sie wurde am 13. des Monats gerade erst fünf Jahre alt, war aber dazu bestimmt, ihrem Namen Clara, ›die Strahlende‹, gerecht zu werden. Mittlerweile hatte ihre Mutter Mariane den Gesangs- und Klavierpädagogen Adolph Bargiel geheiratet. Als ihr Vater 1828, in dem Jahr, als in Berlin Claras Halbbruder Woldemar zur Welt kam, in

Leipzig erneut heiratete, lehnte sie ihre Stiefmutter ab. Clara fühlte sich zu ihrer leiblichen Mutter immer mehr hingezogen. Für die Großmutter ihrer Kinder, Mariane Bargiel, wurde nicht Sachsen, sondern die preußische Hauptstadt Berlin zu ihrem neuen Lebensmittelpunkt. Dies bot der Tochter aus erster Ehe langfristig eine nützliche Anlaufstelle. Einer der wenigen Pluspunkte der für Clara nicht sonderlich attraktiven Stadt war, dass ihre Mutter auch nach dem Tod des zweiten Mannes 1841 dort blieb und ihre vier erheblich jüngeren Halbgeschwister aufzog: die Klavierpädagoginnen Clementine und Cäcilie Bargiel sowie die Halbbrüder Eugen, der sich als Kaufmann in Bukarest niederließ, und Woldemar, der als Musikpädagoge, Dirigent und Komponist bekannt wurde.[165]

Im 19. Jahrhundert war es gang und gäbe, dass in gut situierten Familien die Kinder nicht allein von den Eltern erzogen wurden, sondern verschiedene Ansprechpartner hatten. Clara nahm ihre Aufgaben sehr ernst: »Eine Mutter soll den Kindern nicht nur Mutter, sondern auch die liebste Freundin sein«, schrieb sie Marie.[166] Doch wer seine Kinder nicht zum Geldverdienen einspannen musste oder es sich leisten konnte, vertraute sie einer Gouvernante an, die als Angestellte mit Erziehungsbefugnis im Haushalt arbeitete, oder gab sie in Pensionen oder Internate. Dort wurden sie vor allem in der Unter- und Mittelstufe von Frauen unterrichtet, für die eine Lehrtätigkeit als angesehener, ›standesgemäßer‹ Beruf für ›höhere Töchter‹ aus Bürgerfamilien galt. Es waren jene Damen, die später oft Einfluss auf die Frauenbewegung im späten 19. Jahrhundert nahmen.[167] Ohne diese Entlastung wäre es den Eltern kaum möglich gewesen, der Arbeit nachzugehen und sich am bürgerlichen Gesellschaftsleben zu beteiligen, worauf die Kinder erst vorbereitet werden mussten. »Wie aber sehnte ich mich jetzt nach Marie namentlich, sie, die Aelteste immer sein Liebling, unser erstgeborenes Kind!«, vertraute Clara ihren Aufzeichnungen an. »Eine Mutter findet gar zu gern eine Freundin an ihrer ältesten Tochter. Wäre sie doch einige Jahre älter!«[168] Die Zeit, in der sich Marie zur Assistentin ihrer Mutter mauserte, sollte noch kommen.

Zunächst galt es, das Leben neu zu gestalten und zu strukturieren: Johannes musste sich eine Einkommensquelle sichern und Clara eine Organisationsstruktur entwickeln, um als alleinerziehende Mutter zurechtzukommen. Dafür galt es, geeignete Wohnorte zu finden. Clara standen die unterschiedlichsten Möglichkeiten offen, die Freunde und Förderer ihr anboten. Die Sängerin Jenny Lind schlug ihr vor, dass sie »ein halbes Jahr immer in England leben solle, da [*sic*, dort] am besten für meine Kinder sorgen könne«, notiert Clara im Tagebuch. »Viel Nachdenken darüber – sie hat wohl Recht.«[169] Großbritannien sollte für Clara die wichtigste und einträglichste Anlaufstelle für Auslandstourneen werden; dauerhaft in dem Land leben wollte sie nie, obwohl sie dort zuverlässige Freunde fand und ihre jüngste Halbschwester Clementine Bargiel sowie ihre Tochter Eugenie sich später in England niederließen. Johannes verfügte nicht über so weitreichende Kontakte – seine Eltern sowie seine zwei Jahre ältere Schwester Elise kamen kaum über Hamburg hinaus. Auch sein zwei Jahre jüngerer Bruder Friedrich, den er scherzhaft den »langen Fritz« nannte, versuchte nur kurzfristig sein Glück in Venezuela, bevor er sich in Hamburg als Klavierlehrer niederließ. Clara verfügte über ganz andere Möglichkeiten: Weitere Offerten kamen von Freundinnen, die »gar gern« Clara »beredeten ganz nach München zu kommen, da das Leben hier bedeutend billiger als in Berlin« sei. Allerdings erschien ihr München »in musikalischer Hinsicht noch sehr in der Kindheit« und ungeeignet für einen Künstler zu sein, wie sie Woldemar schrieb.[170] Johannes kannte sie gut genug, um ihr zu sagen: »Gegen München würdest Du denn doch auch den Grund haben, daß Deine Familie und Deine Freunde in immer größerem Umkreis wohnen.«[171] In Stuttgart bot man ihr an, als Lehrerin am Konservatorium zu wirken, sodass die Fülle der offenen Türen und reizvollen Möglichkeiten zu einem, wie Clara es formulierte, »Chaos von Gedanken« führte.[172] Letztendlich entschied sie sich dafür, im Herbst 1857 nach Berlin zu ziehen, weil dort ihre Mutter Mariane und ihr Halbbruder Woldemar lebten.

Johannes Brahms war fünf Jahre jünger als der Komponist Woldemar Bargiel, mit dem er sich bestens verstand. Beide wurden für das Wiecksche Scheidungskind Clara zu Surrogatgeschwistern und Familie. Auch wenn Joseph Joachim ein ausgezeichneter Freund und regelmäßiger Konzertpartner von Clara blieb, wahrten beide in ihrer Korrespondenz mit dem förmlichen »Sie« stets Distanz und Clara sprach von ihm nur, indem sie seinen Nachnamen »Joachim« benutzte. Bloß gelegentlichen Kontakt hatte sie zu ihren wenige Jahre jüngeren leiblichen Geschwistern aus Leipzig, Alwin und Gustav, die vom Vater nicht die gleiche intensive Förderung wie Clara bekamen und auch lange Zeit als Musiker im Ausland wirkten.

Sehr gut verstand sich Clara mit der ältesten Tochter aus der zweiten Ehe ihres Vaters: Marie Wieck reifte zu einer hochtalentierten

Konzertpianistin heran, die 1857 zur Hohenzollernschen Hof- und Kammervirtuosin ernannt wurde. Hingegen verbrachte Maries Schwester Cäcilie ab 1850, als sie 16 wurde, die letzten 43 Jahre ihres Lebens in geistiger Umnachtung. Mit Marie Wieck traten Clara Schumann und Joseph Joachim mehrfach auf. Allerdings distanzierte sich Clara von Friedrich Wieck – dem Mann, der ihr und Robert die Liebe und das Leben durch seine Ablehnung zur Hölle gemacht hatte. Da Clara bei Liszt in Ungnade gefallen war, witterte Friedrich Wieck eine Chance für seine andere Tochter: »Sagt man in Weimar, Marie ist doch keine Clara: so werden Sie gewiß nicht so sagen und jeder Individualität Gerechtigkeit widerfahren lassen«, schrieb er Liszt.[173] Marie und ihr Bruder Alwin Wieck brachten verschiedene Schriften heraus, um der Nachwelt die Lehrmethoden ihres Vaters Friedrich Wieck zu überliefern. Leipzig als Musikmetropole wurde für Clara zu einem nicht zu umgehenden Bezugspunkt, um Kompositionen vorzustellen, die ihr wertvoll erschienen. Berlin war ihr unsympathisch, da es ihr schon immer als »zu enorm teuer und ungemüthlich« erschien.[174] Doch Clara konnte langfristig nicht ignorieren, was ihr der Freund Hermann Levi in den 1860er-Jahren über Preußens aufstrebende Metropole schrieb: »Berlin wird in der Zukunft auch der Mittelpunct des Kunstlebens werden.«[175]

Sie benötigte eine Stätte, in der sie ein Netzwerk aufbauen konnte, um Konzerttourneen und die Versorgung der Kinder zu organisieren. Berlin garantierte zumindest auch den Ausbau einer geeigneten Infrastruktur, um zügiger Auftrittstermine wahrnehmen zu können. Clara und Johannes waren Stadtmenschen, die zwar mitunter wochenlang leidenschaftlich das Meer und die Berge genießen konnten, aber irgendwann hatten sie die Nase voll von den Idyllen und meinten – wie Clara in St. Moritz –, die Luft sei »so mild«, dass sie es »oft erschlaffend empfinde«.[176] Allerdings bevorzugten sie Städte mit einem gewissen Flair. »Ist Mannheim nicht abscheulich, eine Straße wie die andere, alles schnurgrade«, klagte Johannes in einem Brief an Clara. »Ohne daß ich es wußte, frug ich Herrn Allgeyer einmal, die Straßen werden wohl bloß mit Buchstaben bezeichnet? Es war so, und ich wunderte mich gar nicht über mein Talent zum Raten.«[177] Johannes schätzte Orte wie die italienischen Kulturmetropolen sowie Hamburg und Wien; Clara Städte mittlerer Größe mit einem gehaltvollen Kulturangebot. Über die Jahre hinweg erwogen Clara und Johannes immer wieder, sich am selben Fleck niederzulassen. Johannes hätte am liebsten seine eigene und Claras Familie um sich geschart. »Könnte ich doch mit Dir und meinen Eltern in einer Stadt leben!«, schrieb er ihr einmal. »Wie oft wünschte ich mir das.«[178] Bedingt durch die Umstände wählten sie unterschiedliche Wohnorte als Lebensmittelpunkte, blieben aber emotional stets im Orbit des anderen.

Mündliches nebst Schriftlichem

Um nie den Kontakt zueinander zu verlieren, nutzten Clara und Johannes ausgiebig einen im Bürgertum neuen Trend ihres Jahrhunderts, indem sie sich mitunter seitenlange Briefe schrieben. Natürlich hatte es schon zuvor Korrespondenzen gegeben, auch Briefromane machten Furore, wobei sich die Absender – wie Jane Austen es an ihre Schwester formulierte – bewusst waren, »auf dem Papier genau das zu äußern, was man der angesprochenen Person mündlich sagen würde«.[179]

Manche Korrespondenz ist im affektreichen, hohen Ton der damaligen Zeit gehalten. Viele waren sich des edlen Geistes von Novalis bewusst, der meinte, »der wahre Brief« sei »seiner Natur nach poetisch«. Eine Prise Emotion – zuweilen mehr scharfer Pfeffer als Salz in der Suppe – gab dem Ganzen Würze im Sinne von Byron, der von sich behauptete, er sei »kein behutsamer Briefschreiber und sage gewöhnlich, was sich mir im Augenblick gerade aufdrängt«.[180] Der Briefwechsel von Clara und Johannes war eine Mischung aus beidem. Als er begann, war das moderne Postwesen gerade kaum mehr als ein Jahrzehnt alt. Erst gegen Ende der 1830er-Jahre waren in Großbritannien und den deutschsprachigen Landen der Regierung Konzepte vorgelegt worden, ein Briefporto und Postwertzeichen einzuführen, damit der Zustellbetrag nicht mehr vom Empfänger, sondern vom Absender entrichtet werden musste. Für die Vorauszahlung wurde die Beförderungssumme gesenkt, sodass nicht nur Wohlhabende das neue Kommunikationsmedium nutzen konnten. Dennoch zeigte sich wieder die Krux der Zeit: Zwar versuchten sich die einzelnen deutschen Regionen in einem Deutsch-Österreichischen Postverein zu organisieren, aber jedes einzelne Herzog- und Königtum musste sich eigene Post- und Beförderungsgesetze geben – ein lästiger Regelungswirrwarr, den Clara und Johannes erlebten, weil sie oft genug auf Reisen waren. Aus Sorge, dass Korrespondenz verlorengehen könnte, ließ Clara anscheinend ihre Briefe bei der Post registrieren, um die korrekte Zustellung zu überprüfen, denn Johannes schrieb ihr eines Tages: »Ich möchte Dich bitten, doch nicht immer Deine Briefe rekommandieren [*sic*, als Einschreiben zu senden]«, denn »es macht dem Briefträger oft viele Lauferei, und wieviel nutzt es denn?«[181]

Das Verfassen von Briefen wurde nicht selten zu einem Ventil. Die Jahre des Kennenlernens waren durch Robert Schumanns Erkrankung geprägt von existenziellen Krisen, bei denen gewiss mehr als einmal die Nerven blank lagen. Die in viel stärkerem Maße zu emotionalen Zusammenbrüchen neigende Clara bedurfte eines hohen Grades der Anteilnahme und der Zusicherung von Verlässlichkeit. Ob diese Bedürfnisse jemals durch zärtliche Berührungen oder sexuelle Handlungen erfüllt wurden, ist nicht überliefert. Die Korrespondenz deutet darauf hin, dass es sich eher um eine freundschaftliche bzw. geschwisterliche Zuneigung gehandelt hat, die vielfach an den gängigen schwärmerischen Tonfall aus Briefen und Poemen des 19. Jahrhunderts erinnert. Ebenso charakteristisch für diese Zeit ist der verbreitete Wunsch von Privatleuten, dass das Schreiben niemand anderes zu Gesicht bekommen, ja sogar, dass es am besten den Flammen übergeben werden solle. Johannes äußerte sich skeptisch gegenüber der »in den fünfziger Jahren entstandenen Editions- und Sammelwut« und meinte, nicht jedes Nebenprodukt eines Künstlers müsse – wie in der Schubert-Ausgabe – überliefert werden. »Schumann hat da allerlei hinterlassen, was keineswegs herausgebenswert war«, äußerte er gegenüber Heuberger. »Frau Schumann hat erst vor ein paar Wochen ein Heft Cellostücke von Schumann verbrannt, da sie fürchtete, sie würden nach ihrem Tode herausgegeben werden. Mir hat das sehr imponiert. Auch mit unserem Briefwechsel (Brahms – Clara Schumann), dem einzigen intimen Briefwechsel, den ich führte, machten wir's ähnlich. Vor ein paar Jahren haben wir unsere Briefe ausgewechselt, ganze Stöße! Sie verbrannte die ihrigen, während ich die meinigen von der Rheinbrücke in Köln aus in den Fluß warf. Von Zeit zu Zeit wechseln wir wieder die Briefe aus.«[182] Unter einem »intimen Briefwechsel« verstand man im 19. Jahrhundert eine äußerst vertraute, gesprächsartige Korrespondenz, die keineswegs mit einer körperlichen Beziehung einhergehen musste (Brahms' Tempobezeichnung »Andante con grazia ed intimissimo sentimento« im Opus 116, Nr. 5, könnte auf ein gemütliches Beisammensein Bezug nehmen). Dass sowohl Clara als auch Johannes später viele ihrer Briefe vernichteten, dürfte nicht an einer »War's schön letzte Nacht?«-Korrespondenz gelegen haben, sondern an zahlreichen unverblümten Äußerungen über andere Personen. In einem überlieferten Brief, in dem es um Konflikte an verschiedenen Fronten ging, kam Clara bereits Ende 1864 darauf zu sprechen, dass sie »so manches noch zu sagen und zu plaudern« hätte, »doch mündlich tut sich das so viel gemütlicher«; schließlich fügte sie in dem in Düsseldorf verfassten Schreiben noch ein P.S. an mit dem Hinweis: »Ich habe die Briefe mit hierher genommen, und willst Du es nun, so bringe ich Dir alles mit? Oder glaubst Du die Sachen sicherer bei mir in Baden, so nehme ich sie im Frühjahr mit dorthin?«[183] Da allein schon die später nur bruchstückhaft veröffentlichte Korrespondenz viele brisante Kommentare über einige Mitbürger enthielt, erscheint es verständlich, dass man den größten Teil dieser Dokumente später vernichtete.

Immerhin befanden die Angehörigen einen vor Zuneigung überfließenden Brief von Johannes des Überlieferns wert, der Ende Mai 1856 geschrieben wurde, also zwei Monate vor Roberts Tod: »Meine geliebte Clara, ich möchte, ich könnte Dir so zärtlich schreiben wie ich Dich liebe und so viel Liebes und Gutes tun, wie ich Dir's wünsche. Du bist mir so unendlich lieb, dass ich es gar nicht sagen kann. In einem fort möchte ich Dich Liebling und alles mögliche nennen ohne satt zu werden, Dir zu schmeicheln.« Dass diese »Liebe« ein Ausdruck hoher Wertschätzung ist und keine erotische Konnotation hat, zeigt der humorvoll-schäkernde nächste Satz: »Wenn das so fort geht, muß ich Dich später unter Glas setzen oder sparen und in Gold fassen lassen.«[184]

Ihr Leben lang verwendete Clara Schumann in Briefen an Brahms Wendungen wie »Liebster Johannes«,[185] »mein geliebter, verständiger Freund«,[186] »in alter Liebe«,[187] »in treuer Liebe«,[188] »mein Herzens-Freund«[189] oder dass sie ihn »liebe und verehre«.[190] Und Brahms hoffte: »Möge ich Dir immer Freude machen und Deiner Freundschaft werth werden.«[191]

Das gelang allerdings nicht immer, denn auch Johannes hatte dunkle Stunden und melancholische Phasen, womit Clara weniger gut umgehen konnte. Trotz gelegentlicher Meinungsverschiedenheiten wussten beide jedoch, dass sie sich im Ernstfall aufeinander verlassen konnten. »In Allem was mich angeht, warst Du und wirst Du sein als wenn ich Dir ganz angehöre«, schrieb Johannes.[192] »Vielleicht fügt sich später einmal Alles glücklicher«, glaubte Clara, »vielleicht leben wir doch noch einmal in einer Stadt, und dann wird mir ein ruhigeres Leben Bedürfniß sein – im Zusammenleben mit einem geliebten Freunde könnte ich, glaube ich, noch wieder Ruhe und Heiterkeit finden.«[193] Insbesondere über Wien meinte Clara, sie »finde es so übel nicht, möchte schon auch dort leben, fände ich dort, was ich brauchte.«[194] Schwierig war letztendlich, einen Ort zu finden, der jedem der beiden das bot, was er benötigte. Claras Stoßseufzer »Was mit uns später wird, der Himmel weiß es! – ich sinne und sinne, in welche Stadt ich mich wenden soll!« sollte sie bis gegen Ende der 1870er-Jahre hinein umtreiben.[195]

Schmerzen und Todessehnsucht

Sechs Wochen bevor sie 37 Jahre alt wurde, glaubte Robert Schumanns Witwe, ihre Aufgabe erfüllt und ihr Dasein verwirkt zu haben. Sie versank in schwere Depressionen und hätte sich nie vorstellen können, dass die spannendsten vierzig Jahre ihres Lebens erst noch vor ihr lagen. »Wie oft muß ich an den leeren Platz, der noch in seinem Grabe ist, denken, den ich einstens ausfüllen werde, und doch so gern schon jetzt da läge!«, teilte sie einer Freundin mit.[196] Und Joseph Joachim ließ sie wissen, wie ihr »der Schmerz im Innersten wühlt« und es immer wieder Stunden gebe, in denen ihr »aller Lebensmuth schwindet«, denn »meine Nerven sind in hohem Grade angegriffen«.[197] »Freilich gebe ich Concerte, aber unter welch inneren Qualen?«, schrieb sie noch zwei Jahre nach Roberts Tod. »Meine Gesundheit geht dabei zu Grunde.«[198] Monatelang fand sie, es sei ihr »bei meinem Gemüthszustand ganz unmöglich erheiternd anzuregen«.[199] Selbst als sie das Rheinland mit den damit verbundenen Erinnerungen hinter sich lassen wollte und im Herbst 1857 endlich nach Berlin zog, durchlebte sie in Gedanken »die ganzen drei Leidensjahre« wieder von Neuem und begann »erschüttert an Leib und Seele« eine neue Lebensphase.[200] »Hätte ich meine Kinder erst Alle erwachsen und versorgt, dann dürfte ich mir doch ohne Unrecht den Tod wünschen«, sinnierte sie.[201]

Erst Johannes Brahms holte sie wieder in die Wirklichkeit zurück. Er erlebte ihre Verzweiflungszustände unmittelbar und reagierte auf Schreiben, von denen nicht mehr alle überliefert sind. »Ich möchte Dir Interessantes von mir mittheilen können, doch kennst Du ja mein Leben«, schilderte sie in einem erhaltenen Brief ihre Lage, »von außen mag es wohl Manchem ein glückliches erscheinen, innen aber ist's unsäglich traurig oft.«[202] Mit Reiseideen und eindringlichen Briefen versuchte Johannes immer wieder, ihr Mut zu machen. »Ich wünsche mir nichts sehnlicher, als Dich trösten zu können«, schrieb er und versicherte ihr, dass sie in ihm jemanden gefunden habe, dem sie absolut vertrauen könne: »Könntest Du nur fühlen, mit welcher Liebe ich so oft an Dich denke, Du wärest manchmal doch getröstet. Ich liebe Dich unsäglich, meine Clara, wie es mir nur möglich ist.«[203]

Wer liebt, sorgt sich um den anderen. Und wenn Clara ihm anvertraute, dass ihr jeglicher Lebensmut abhandengekommen sei, musste Johannes reagieren. Als sie dem gemeinsamen Freund Albert Dietrich einen Lorbeerkranz zukommen ließ und ihn bat, ihn zum zweiten Jahrestag von Roberts Tod auf das Grab in Bonn zu legen, meinte sie in einem Begleitschreiben: »Man sagt immer, die Zeit heile Wunden; ich finde das nicht wahr, denn ich fühle den Verlust täglich schmerzlicher und weiß von einer Lebensfreude nichts mehr.«[204]

Johannes schockierten ihre depressiven Zusammenbrüche. »Liebe Clara, Du mußt ernstlich danach trachten und dafür sorgen, daß Deine trübe Stimmung nicht alles Maß überschreite und nicht ohne Aufhören sei«, mahnte er sie. »Das Leben ist kostbar; gewaltig zerstört solche Geistesstimmung den Körper. Rede Dir nicht ein, daß Dir das Leben wenig wert sei. Das ist nicht wahr, das ist bei ganz wenigen Menschen wahr. Gibst Du Dich ganz solcher Stimmung hin, so genießest Du auch frohere Zeiten nicht, wie Du könntest.«[205]

Der Ton, den Johannes anschlug, war jener, den nur engste, liebende Vertraute wagen dürfen. »Nimm dies nicht leicht, es ist sehr ernst«, mahnte er sie bei schweren depressiven Anfällen. »Der Körper und die Seele wird verdorben durch solches Nachhängen einer trüben Stimmung, die man durchaus mehr bewältigen oder nicht aufkommen zu lassen braucht. Es ist, als ob man seinem Leib die ungesundesten Speisen zumuten wollte und sich damit trösten wollte, daß man im Sommer die Milchkur gebraucht. Der Körper mag sich für kurze Zeit etwas erholen, aber ist verdorben und geht rasch zugrunde. Solche ungesunde Seelenspeise, wie der immerwährende Trübsinn, verdirbt den Körper und die Seele wie die ärgste Pest. Du mußt Dich ernstlich ändern, meine liebe Clara.« Der Freund mahnte »gleichmütiger (gleichmäßiger)« zu werden, denn »Leidenschaften« seien nichts Natürliches, sondern »immer Ausnahme«: »Bei wem sie das Maß überschreiten, der muß sich als Kranken betrachten und durch Arznei für sein Leben und das seiner Gesundheit sorgen«. Clara muss Johannes stark vertraut haben. Sie ließ zu, dass er ihre absoluten Tiefpunkte miterlebte. Kaum jemand hätte sich sonst getraut, sie zu mahnen: »Betrachte Dich als Kranke, liebe Clara, als ernstlich Kranke, und sorge für Dich, nicht ängstlich, sondern ruhig und immerwährend.« Wenn Leidenschaften nicht bald vergehen, bestand Johannes' eigenes Rezept darin, sie zu »vertreiben«, wie er auch ihr riet, denn: »Ruhig in der Freude und ruhig im Schmerz und Kummer ist der schöne, wahrhafte Mensch.«[206]

Clara dürfte verstanden haben, dass sie in Johannes jemanden gefunden hatte, auf den sie sich in der Not absolut verlassen konnte. In jenen Jahren entstand wahrscheinlich auch die in den Liederzyklus Opus 43 eingegangene Vertonung eines Textes von Josef Wenzig, »Von ewiger Liebe«. Thema ist die Liebe in schweren Zeiten. »Dunkel, wie dunkel in Wald und in Feld! / Abend schon ist es, nun schweiget die Welt. / Nirgend noch Licht und nirgend noch Rauch, / Ja, und die Lerche sie schweiget nun auch«, lautet der bildreiche, düstere Beginn. Doch auch die Finsternis kann man gemeinsam durchstehen, wenn die Liebe nur so stark ist wie die härtesten Metalle, ja, »Eisen und Stahl, sie können zergehn, / Unsere Liebe muß ewig bestehn!«. Für Clara und Johannes bedeutete Liebe anderes als sinnliche Erfüllung. »Wozu«, schrieb Johannes an sie, »hat denn der Mensch das himmlische Geschenk, die Hoffnung, empfangen?«[207]

Ausweg mit Sinn

Clara Schumann erkor es zu einer ihrer wesentlichen Aufgaben, sich für das Werk ihres verstorbenen Mannes zu engagieren. »Ich finde nur Muth in dem Gedanken, nach seinem Sinne zu leben!«, teilte sie Emilie List mit.[208] Und eine andere Freundin ließ sie wissen: »Mein Unglück ist so schwer und groß, aber ich fühle auch mit ganzem Herzen das Glück, das Gott mir in der Kunst, den Kindern und meinen Freunden verliehen.« [209] Johannes fiel dabei eine Sonderrolle zu. »Brahms«, schrieb sie Emilie List, »ist mein liebster treuester Beistand, er hat mich seit dem Beginn von Roberts Krankheit nicht verlassen, Alles mit mir durchlebt und gelitten und steht mir auch jetzt auf einer Reise tröstend zur Seite. Er, seine Schwester und meine beiden ältesten Knaben sind mit mir. Wir wollen auf vier Wochen irgendwohin in die Schweiz, denn mir thut eine Erholung für meine Nerven gar zu Noth.«[210]

Im Laufe der Jahre zeichnete sich ein neuer Lebensrhythmus ab, der Clara zuträglich war: Im Sommer wollte sie so viel Zeit wie möglich mit ihrer Familie und einen Erholungsurlaub in erfrischender Bergluft verbringen. Die Konzertsaison war Gastspielen vorbehalten, die sie regelmäßig vor allem durch Deutschland, Holland und Großbritannien führten. Da Clara im Laufe der Jahre auch auf die Unterstützung wohlhabender Mäzene vertrauen konnte, ging es ihr insbesondere darum, sowohl mit aussagestarken Interpretationen der Klassiker als auch durch Erstaufführungen der Kompositionen von Robert und Johannes Musik zu verbreiten, die zu erhalten sich lohnt. Ein Hauptziel wurde England, »wo es mir sehr gut ergangen«, und wo sich zudem führende Komponisten für das Werk ihres Mannes begeisterten. »Schätze sind dort ein erstes Mal nicht zu erobern, jedoch sagt man mir allgemein, daß ich der erste Instrumentalist sei, der das erste Mal in England etwas verdient hat – gewöhnlich setzen sie zu. Nun und die Aufnahme war ja so auszeichnend wie möglich.«[211]

Erfolgsmomente musste sie auskosten. Clara selbst konnte anderen bei Stimmungsschwankungen kaum Unterstützung bieten. Johannes erschien ihr einfach nur launisch, wenn sich sein Niedergedrücktsein in Schroffheiten Bahn brach. »Sie verstand größeres Insichgekehrtsein, Schweigsamkeit, Gereiztheit, nicht aber verstand sie, weil es ihrem eigenen Wesen so fremd war, wenn solche Stimmungen sich in persönlich kränkender Weise äußerten«, meinte Claras Tochter Eugenie. »Sicher ist, daß unsre Mutter und die Freunde schon in der allerersten Zeit in Düsseldorf sie gelegentlich empfanden, auch schimmert sie hie und da in den frühesten Briefen an meine Mutter durch. Aber anderseits zeugen letztere von so viel Herzenswärme und zarter Empfindung, daß man geneigt ist, die oft so verletzende Herbheit seines Wesens als ein Ergebnis äußerer Einwirkungen anzusehen.«[212] Brahms' Persönlichkeit prägte auch den Duktus seiner Kompositionen. Eugenie wies darauf hin, dass Clara natürlich in »den früheren Werken oft Herbheiten« auffielen, was sie allerdings nicht störte, nur wenn »der Mensch in schroffer Art« ihr entgegentrat, dann »kränkte es sie tief«.

»Du weißt nicht, wie er früher war, so zart und liebevoll, ein idealer Mensch«, zitierte Eugenie ihre Mutter. Die jüngste Tochter nahm Brahms oft in Schutz und argumentierte: »Ein Mensch von fünfunddreißig Jahren wird immer ein andrer sein, als er mit fünfundzwanzig war; das Leben ist ein Erhärtungsvorgang, es erhärten sich mit den guten auch die weniger guten Eigenschaften, je nachdem Erfahrungen und Bestrebungen darauf einwirken.«[213]

Was die Verbindung letzten Endes unerschütterlich machte, war nach Eugenies Einschätzung, dass Clara Johannes »wahrhaftig und innig mit der ganzen Wärme ihres Herzens« liebte. »Man hätte – wie es auch geschehen ist – ihre Gefühle mit der Liebe einer Mutter zu ihrem Sohne vergleichen können, wäre nicht das Element der Verehrung so stark darin zum Ausdruck gekommen«, schrieb sie. »Die Verehrung, die sie für den Künstler empfand, übertrug sie auch auf den Menschen.« Und was Brahms laut Eugenie an ihrer Mutter »über alles liebte, was ihm mehr wert war als ihr künstlerisches Verständnis, das war ihr großes Herz, von dem er wußte, daß es ihn immer lieb haben, ihm immer verzeihen werde, und wenn er auch eine Legion Teufel dagegen losließe«.[214] Dies war auch nötig, denn für seine Späße brachte die eher ernsthaft veranlagte Clara nicht immer das nötige Verständnis auf. Der Schweizer Freund Joseph Victor Widmann berichtete, Brahms »hatte eine tief wurzelnde Abneigung, sich irgendwie feierlich zu geben, ja, man darf sogar sagen, eine Art Schamhaftigkeit, sein tieferes Fühlen zu verraten, was dann allerdings gelegentlich – und so auch in diesem Falle – bewirkte, daß er im Suchen nach einem leichten, scherzhaft sein sollenden Ton den rechten Ausdruck verfehlte und mit etwas herausplatzte, das unartig klang, während es keineswegs böse gemeint war«.[215] Die Diskrepanz unter den Künstlernaturen veranschaulicht ein Erlebnis während eines Besuchs von Brahms bei Hermann Goetz. Als Brahms auf einem Stehpult frisch beschriebene Notenblätter sah – ein Kammermusikstück, das Goetz gerade beschäftigte –, warf er einen Blick darauf und bemerkte: »Ah! Amüsieren Sie sich auch manchmal mit dergleichen!« Sofort breitete der Angesprochene beide Hände über die Noten und sagte mit jugendlich-feierlichem Ausdruck: »Es ist das Heiligste, was ich habe!« Brahms, so Widmann, wandte sich verärgert ab, sprach von etwas anderem und verabschiedete sich bald.[216] Musik, Kunst, Kultur waren für Johannes ein Quell der Freude, kein Altar oder Monument.

Clara dachte ähnlich, drückte es aber anders aus. Selbst als sich ihr die Möglichkeit bot, ihrem verstorbenen Gatten die höchsten Weihen zu verleihen mit Konzerten in der Hauptstadt des Habsburgerreichs, die ausschließlich seinen Werken gewidmet sein sollten, winkte sie ab. »Du glaubst nicht wieviel Robert hier gespielt und gesungen wird«, schrieb sie Johannes von Auftritten in Wien. »Man suchte mich zu bewegen die drei Soireen nur aus seinen Sachen bestehen zu lassen, doch dazu hätte mich Niemand gebracht, ich fände es auch ganz unklug.«[217] Clara war so geerdet, dass sie unabhängig von der Kunst große Freude daran hatte, mit der Mutter von Johannes einige Tage in Kiel zu verbringen. »Frau Brahms hatte vor 43 Jahren in Düsternbroock 3 Jahre gelebt und seitdem es nicht wieder gesehen; es gehörte seit langer Zeit zu ihren größten Wünschen noch einmal (sie ist 70 Jahr) dorthin zu kommen und sie nun zu begleiten, das hatte ich seit einem Jahre versprochen«, schrieb sie einer Freundin. »Sie fand ihr altes Haus noch wieder und ihre Freude und Glückseligkeit darüber war wonniglich anzusehen. Es war ein herrlicher Tag, wir machten eine Seefahrt, schöner als ich sie je erlebt. Ich lebte den ganzen Tag nur im Genusse dieser Frau, die ihr ganzes Leben in Entbehrungen zugebracht, und wohl mehr Glück empfand, als wir, die wir so manches doch genossen, uns wohl vorstellen mögen.«[218]

Gelegentlich schimmerte ihr Humor durch, wenn sie den Freund beispielsweise in einem Brief neckte: »Lieber Johannes, heute komme ich wieder einmal mit einem Anliegen als Quälgeist …«,[219] eine Wendung wie »Dein ganz ergebener J. B.« mit »Deiner altergebenen Clara« beantwortete[220] oder wenn sie gemeinsam mit Freunden für ihre Gastgeber in England, den Kaufmann Arthur Burnand und seine Familie, im Salon die »Kindersymphonie von Haydn« aufführte, wobei sich insbesondere »Miß Burnand« vor Vergnügen fast »halb tot lachen« wollte, »besonders über die Physiognomien der verschiedenen Betheiligten«.[221] Sie amüsierte sich, wenn sie Johannes bei mangelnder Logik ertappen konnte und verstrickte sich dabei in einen Erklärungswirrwarr, der sicher auch Brahms zum Schmunzeln brachte. »Lachen mußte ich aber über Deine Äußerung von ›Unlogischem‹ und ›Unnötigem‹, das ich zuweilen schriebe«, triumphierte sie. »Wie Ihr Männer Euch doch dreht und windet, und lieber selbst aller Logik den Rücken kehrt, ehe Ihr eine Wahrheit erkennen mögt. Was ich Dir schrieb, war nur in Bezug auf mich, mit Joachim und in schöner Natur lebtest Du ja zwei Monate; konnte ich da nicht mindestens einen von den Zweien wünschen und beanspruchen? Daß ich Dich nur einige Tage sah ist Tatsache, die sich nicht hinwegleugnen läßt. Daß Du aber nach so langem Bummeln nach Hamburg gingst fand ich ganz recht, wenngleich sich wieder nicht hinwegleugnen läßt, daß, hättest Du mich gern noch mal gesehen, Du über hier leicht hättest zurückgehen können, wodurch Du mir noch eine Freude bereitet hättest. Ich erwähne dies aber nur von wegen der Logik.«[222]

Johannes leistete Entscheidendes dabei, Clara zu helfen, einen eigenen Weg zu finden und dem, was sie als »mein einsames Leben« beklagte,[223] in eine neue Richtung zu lenken. Zusammen mit ihm und Joachim war sie willens, dafür zu sorgen, dass das Werk und die Überzeugungen ihres Mannes nicht in Vergessenheit geraten. Die Gefahr drohte allemal, denn es gab immer einflussreicher werdende Zirkel, in denen man bereits über Mendelssohn und sein Leipziger Vermächtnis nur noch die Nase rümpfte. Robert Schumann soll es nicht so ergehen, nahm sich Clara vor.

Wie die Ehe mit Robert, war auch die Freundschaft mit Johannes für Clara eine intellektuelle Herausforderung. Eine Pianistin und ein Pianist, beide von Weltrang, beide belesen und offen für Neues, schickten sich an, das Konzertleben und die Musik ihrer Zeit mit neuen Konzepten für den Spielbetrieb und eigenwilligen Kompositionen zu bereichern. Literarisch war Clara durch Robert geschult worden, Johannes entwickelte sich als Autodidakt zum Kenner. Gemeinsam pflegten Clara und Johannes einen intensiven Austausch über Literatur, wozu auch der persönliche Kontakt mit Schriftstellern gehörte bis hin zu einem potenziellen Nobelpreiskandidaten wie Joseph Victor Widmann.[224]

Obwohl sie über das gesamte Hintergrundmaterial verfügte, machte Clara nie Anstalten, eine Biografie ihres Mannes zu verfassen. Stattdessen verlegte sie sich auf die Herausgabe seiner Werke. Für die praktische Darbietung und Verbreitung seiner Kompositionen verfeinerte sie zunehmend die Dramaturgie ihrer Konzerte. Johannes nutzte seine literarischen Kenntnisse und Ansprüche für seine umfangreichen Vokalkompositionen. Kulturästhetische Traktate verfasste er nie. Ferdinand Hiller umriss treffend die Haltung ihrer Kreise, als er meinte, »bürgerliche Erziehung, friedliche Beschäftigung (wenn man das von der des Musikers behaupten kann), tolerante Gesinnung machen einen zu Duellen, auch nur mit der Federspitze, wenig geeignet«.[225] Das kulturelle Vermächtnis von Clara und Johannes wurde in Tausenden von Briefen und Noten überliefert.

Selbstbesinnung und neue Ziele

Zur Neuorientierung von Clara und Johannes gehörte es, gemeinsam getrennte Wege zu gehen. Nie riss der Kontakt ab, kaum ein Jahr verging, in dem man sich nicht mindestens einmal traf. Doch um sich in der eigenen Kunstausübung vollends entfalten zu können, benötigten beide Bewegungsfreiheit und Abstand. Gelegentliche gemeinsame Reisen und zahlreiche Treffen ermöglichten den unmittelbaren Austausch. Sie schrieben sich stapelweise Briefe, gaben Ratschläge, tauschten sich über Stimmungsbilder sowie Pläne aus, vermittelten dem jeweils anderen Anregungen und hielten sich stets auf dem aktuellen Stand.

Clara musste sich aber eingestehen: Sie war keine Komponistin. Es drängte sie nicht zum Komponieren. Sie hätte während ihrer ausgedehnten Tourneen Skizzen und Ideen für Kammermusik und Orchesterwerke entwickeln können, denn zumindest während der Sommermonate blieb genug Zeit, neue Liederzyklen, Sonaten und Klavierkonzerte für eigene Auftritte auszuarbeiten. Andere Künstler haben es auch so gehalten: Der gemeinsame Freund Julius Otto Grimm hinterließ zwar nur ein schmales Œuvre, weil er als Dirigent und Lektor in Münster beruflich stark eingespannt war, aber er komponierte sein Leben lang. Dies galt zudem für ihre ehemalige Schülerin und Brahms' Jugendfreundin Louise Japha, die als Pianistin den Ruf einer geist- und temperamentvollen Schumann-Interpretin genoss. Gerade so wie der Dirigent Hermann Levi, der nach der Begegnung mit Brahms erkannte, dass er als reproduzierender Künstler unendlich mehr zu leisten vermochte denn als produzierender, sah auch Clara deutlich, dass sie vor allem ihrem »innigstengeliebten Robert« zum Gefallen komponiert hatte, dem sie Werke »in tiefster Bescheidenheit« widmete.[226] Aber sie verspürte keine innere Notwendigkeit dazu, sondern sah, dass sie sich als Interpretin inmitten ihrer »größten und erfolgreichsten Thätigkeit« befand.[227] Zwar hätte sie auch allein vom Unterrichten zu Höchstpreisen leben und es sich dank der finanziellen Unterstützung wohlhabender Freunde sogar leisten können, vorübergehend auf manche anstrengende Konzertreise zu verzichten. Sie betrachtete es aufgrund ihrer Begabung aber geradezu als Verpflichtung, die für sie besonders kostbare Musik auch international zu fördern. In ihrer Jugend hatte sie genügend amateurhafte Darbietungen erdulden müssen – jetzt war Claras Zeit gekommen, sich mit versierten Profis an die gewaltige Aufgabe zu wagen, denn sie wusste: Ein Verstand braucht große Musik wie das Schwert den Schleifstein. »Das Liebhaberthum, die ›organisirte Dilettantenschaft‹, war die herrschende Macht in dem vormärzlichen Concertwesen; sie ging als solche zu Grunde an ihrem Unvermögen, den gesteigerten künstlerischen Anforderungen zu genügen«, beschrieb Eduard Hanslick die Entwicklung, die sich in allen deutschsprachigen Regionen ähnlich abspielte. »Im Gegensatz zu der früheren ›Association der Dilettanten‹ ist die ›Association der Künstler‹ das charakteristische Moment in den großen Concertinstituten des nachmärzlichen Wien. Unsere stabilen Concertinstitute, die ›Philharmonie‹ und die ›Gesellschaft der Musikfreunde‹, sind in strengem Sinne Künstler-Concerte, Association der Fachmusiker. Die Thronentsagung des Dilettantismus war eine kunsthistorische Nothwendigkeit – und sie vollzog sich fast kampflos.«[228]

Einst hatte noch Franz Schubert seine frühen Sinfonien mit Liebhaberorchestern uraufführen müssen; mittlerweile setzten in dem sich zunehmend ausweitenden professionellen Konzertwesen Clara und Johannes mit Soloabenden am Klavier, Kammerkonzerten und ihren Beiträgen in Sinfoniekonzerten Maßstäbe: Wenn Johannes Brahms oder Clara Schumann am Klavier saßen, wollten sich fast alle Orchester von ihrer besten Seite zeigen. Die Erwartungen des Publikums, die Reisen, Proben und Auftritte zehrten an den Kräften. Sobald die Pflicht erfüllt war, verlangte es Johannes danach, sich anschließend wieder in die Bücherburg seiner eigenen vier Wände zurückzuziehen; hingegen betrachtete Clara Tourneeauftritte als Kür, genoss im Sommer gerne die Natur, sehnte sich aber im Anschluss an eine mehrmonatige Regenerationsphase immer wieder nach Bühnenauftritten. Nicht zuletzt waren die Bedenken aus jungen Jahren, »als Künstlerin vergessen« zu werden, eine der Triebfedern in ihrer langen Laufbahn.[229] Der Kulturphilosoph Wladimir Stassow schrieb einem Freund während ihrer Russlandtournee im Frühjahr 1864, Frau Schumann »erklärte selbst, daß sie den Abend über spielen will (daß sie ohne das keinen Tag überleben kann)«.[230]

Komponierend wollte sie indes nicht zu ihrem Nachruhm beitragen. »Du weißt, das Partiturlesen wird mir nicht leicht, dazu brauche ich Zeit«, schrieb sie Johannes Ende 1858 in einem Brief[231] und gestand noch über dreißig Jahre später ohne Bedauern ein, dass sie allein bei einem Stück wie einem Streichquintett von Brahms »zu wenig Übung im Lesen solcher Werke habe, um mir einen klaren Begriff von ihrer Wirkung machen zu können«.[232] Dementsprechend wären ihr komplexe Instrumental- und Orchesterkompositionen schwergefallen. Als Johannes ihr anlässlich seines eigenen Geburtstags das h-Moll-Intermezzo aus den *Vier Stücken für Klavier* op. 119, Nr. 1 schenkte, gestand sie ein: »Es ist recht verkehrte Welt, anstatt daß ich Dich zu Deinem Geburtstag, wie so gern, beschenkt hätte, beschenkst Du mich! Aber *so* hätte ich es ja nicht gekonnt.«[233] Zwanzig Jahre bevor sie Johannes kennenlernte, hatte sie zwar als 14-jährige Clara Wieck Ideen für ein Klavierkonzert zu Papier gebracht. Ohne ihren jungen Klavierlehrer Robert Schumann wäre es der Jugendlichen aber kaum gelungen, den Skizzenwust zu ordnen und zu orchestrieren: Zuerst den längsten Satz, das Finale; dann den mit »Romanze« überschriebenen »Andante non troppo con grazia«-Mittelsatz und schließlich den Kopfsatz im »Allegro maestoso«. Gute Beziehungen und ihr Ruhm als mädchenhafte Meisterin am Pianoforte ermöglichten 1835 die Uraufführung mit dem Leipziger Gewandhausorchester unter Mendelssohns Leitung. Gedruckt wurde das Stück zu ihren Lebzeiten nicht. Die Instrumentierung war einfach zu dürftig, die melodischen Einfälle zu blass und die Gesamtanlage wirkte eher wie mit Orchesterbegleitung aufgeplusterte Kammermusik – nicht zuletzt ist der langsame Satz vornehmlich ein Duo für Klavier- und Cello-Solo. Die Klavierkonzerte von Ignaz Moscheles, Bernhard Scholz, Ferdinand Hiller und Luise Adolpha Le Beau sowie die Kammermusik von Fanny Hensel sind hörenswerter und selbst ein guter Freund wie Joseph Joachim brachte für sein Hauptinstrument mehr Konzerte mit Orchester zustande. Wenn Liszt seinen Verstand nicht gerade daran vergeudete, virtuose Opernparaphrasen zu zaubern, schrieb er gehaltvollere Klaviermusik und Brahms war auf dem Weg, der bedeutendste deutschsprachige Kammermusik- und Liedkomponist in der zweiten Hälfte des 19. Jahrhunderts zu werden. Selbst unter den komponierenden Frauen besaß Clara nicht die überbordende Fantasie ihrer deutschen Zeitgenossin Emilie Mayer, die acht Sinfonien schrieb, der Französin Louise Farrenc, der Engländerin Alice Mary Smith oder ihrer Freundin Pauline Viardot-García. An deren privat in Baden-Baden gespielten Opern auf Texte von Turgenjew bewunderte Clara »mit welchem Geschick, feinsinnig, anmuthig, abgerundet das Alles gemacht ist, dabei oft amüsantester Humor«.[234] Umgeben von wahren Kompositionstalenten musste sie einfach die Segel streichen. Dabei fand Musik von Frauen durchaus Aufmerksamkeit im 19. Jahrhundert. Gelegentlich wurde Clara bei ihren Konzerten ermuntert, auch Werke aus der eigenen Feder zum Besten zu geben. »Mein 2. Concert ist am 8.«, schrieb sie aus Wien an Joachim. »Mein Trio!!! Was sagen Sie zu dieser Courage? Es geschieht zum ersten Male, daß ich's öffentlich spiele, und wahrhaftig nur auf dringendes Zureden von vielen Seiten.«[235] Dort und auch etliche Jahre später in

London freute sie sich, dass das Publikum das Stück »höchst freundlich aufnahm«, und sie das Scherzo sogar wiederholen musste.[236]

Clara Schumanns stärkste kompositorische Arbeiten bilden einige Stücke für Soloklavier und Lieder, die sie vor allem für oder mit Robert schrieb. Ohne ihn gab sie das Komponieren auf. Selbst als sie ein Vierteljahrhundert später noch einmal darauf zurückkam, geschah dies nur anlässlich einer goldenen Hochzeit, denn laut Tagebuch war »guter Rath teuer, was ich ihnen schenken sollte«. Die rettende Idee kam nicht von ihr selbst, sondern von einer Tochter: »Da fiel Marien ein, ich könnte ihnen einen Marsch componiren und darin ›Großvater und Großmutter‹ Duett von Robert, anbringen. [*sic*] Ich gab mich daran und nach ein paar Tagen gelang es.«[237]

Einige der Hauptgründe, warum aus jener Zeit eher Schriftstellerinnen im Vordergrund stehen, sind zum einen, dass das Komponieren handwerkliche Fachkenntnisse erfordert, und zum anderen die literarische Publikationsmöglichkeit unter – gelegentlich auch männlichem – Pseudonym. Da zum Komponieren im 19. Jahrhundert immer auch das Interpretieren gehörte – dirigierend, singend oder ein Instrument spielend –, standen musizierende Künstler viel mehr im Rampenlicht als schreibende. Im 18. und 19. Jahrhundert gehörte es für Frauen zwar zum guten Ton, ein Instrument zu spielen, aber aus der Musik letztendlich als Komponistin einen Beruf zu machen, wäre unter ihrer Würde gewesen. Komponisten galten seinerzeit als Bedienstete. Dementsprechend trug beispielsweise Haydn im Rang eines Hausoffiziers am Hofe der Esterházys noch eine Livree. Wer mit dem zunehmenden Einfluss eines bürgerlichen Kulturlebens glaubte, als unabhängiger und freier Künstler sein Auskommen zu finden, jagte einer Fata Morgana nach. »Künstler und gar Componisten sind nun einmal in Deutschland nie so gestellt, daß sie solche Aufführung aus eignen Mitteln bestreiten könnten!«, erkannte Clara.[238] Ihr Enkel Ferdinand überlieferte Überlegungen, die sie noch im fortgeschrittenen Alter anstellte: »Über das Componieren stellte Großmutter heute so ihre Betrachtungen an. Das Componieren sei nie einträglich gewesen. Der Großvater hätte nie ein Jahr gehabt, in dem er so viel durch seine Compositionen verdiente, seine Familie anständig zu erhalten. Erst Brahms und Simrock hätten die Honorare in die Höhe getrieben.«[239]

Fast alle, die antraten, um vom Komponieren leben zu können, mussten als Presserezensenten, Chorleiter, Dirigenten, Dozenten oder Musiklehrer für den Lebensunterhalt sorgen. Zudem erforderte eine

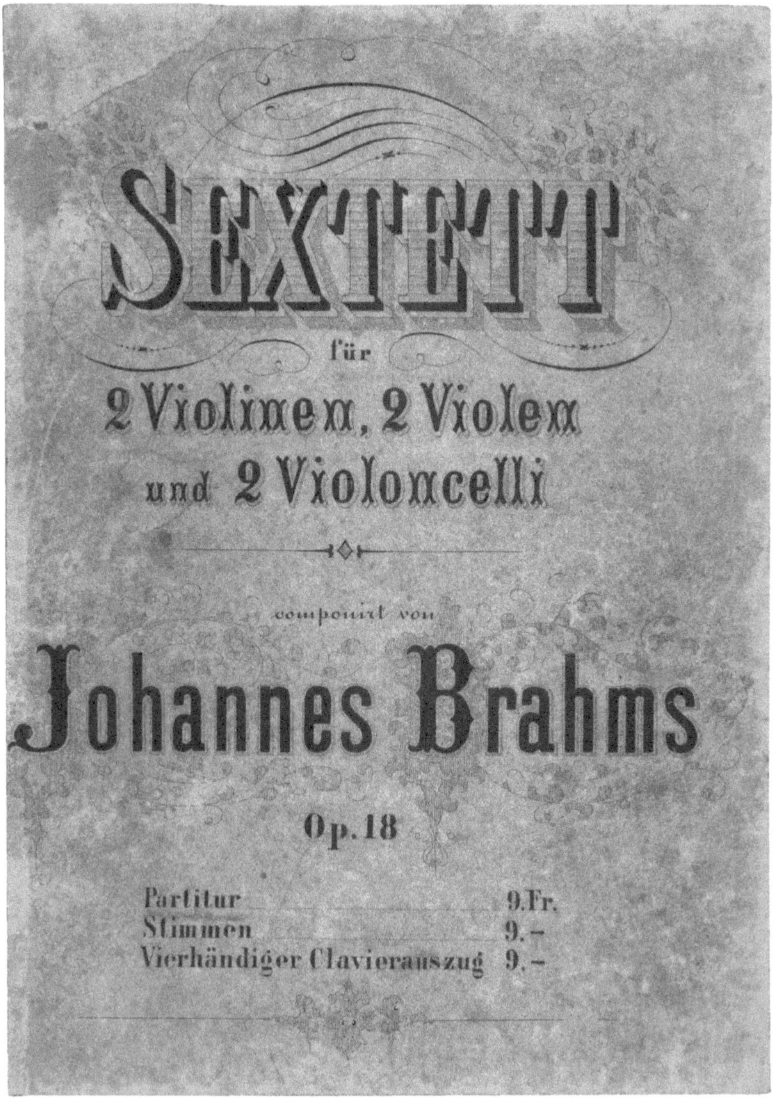

Einer der frühen Verkaufserfolge von Johannes Brahms: Erstausgabe der Partitur des Streichsextetts op. 18, erschienen bei Simrock im Dezember 1861.

Musikerlaufbahn eine sorgfältige Ausbildung und fachliches Können, war komplexer als Malen oder Texte entwerfen und brachte weniger unmittelbare Anerkennung als die Schauspielerei. Keine Frau war so gedankenlos, im 19. Jahrhundert hauptberuflich Komponistin werden zu wollen, schließlich war die Luft zu dünn in den Gipfelregionen dieser Zunft, in denen man ausschließlich davon leben konnte.

Clara Schumann hatte andere Ambitionen, die von manchen missverstanden wurden. »Sie tat sehr wichtig mit einer ›musikalischen Arbeit‹«, schilderte ihre Klavierschülerin Luise Adolpha Le Beau die Begegnungen, und zitierte Claras Worte: »›Ich schreibe den ganzen Tag Noten!‹ – Da glaubte ich, sie komponiere mindestens ein Oratorium oder dergleichen. Als sich nun aber später herausstellte, daß sie ganz einfach Lieder ihres Gatten für Klavier übertragen mußte, also eine mechanische Arbeit ohne eigene Erfindung – da kam mir dies Getue doch recht lächerlich vor.«[240]

Das Engagement als Herausgeberin wurde zu einem weiteren wesentlichen Schwerpunkt von Claras Tätigkeiten. Sie sah sich als Kulturbotschafterin herausragender Musik und freute sich stets, wenn es ihr wie beispielsweise in Paris gelang, dass sie »den Musikern, d. h. den Besten hier, Respect für Johannes eingeflößt« hatte.[241]

Johannes Brahms schrieb fortan Musik, die Clara Schumann als eine der Ersten zu sehen bekam. Sie sei »empfänglicher wie nur irgendjemand!«, frohlockte er gegenüber einem Freund. »Ich sende ihr immer meine Arbeiten im Manuskript ein, sie lernt alles zuerst kennen, und da sehe ich dann wie sie alles enthusiastisch aufnimmt, bis auf's letzte Nötchen. Wie sie dann schwärmt und sich derlei dutzendmal auswendig vorspielt!«[242] Aber sie sparte auch nicht mit Kritik, wenn ihr etwas zu simpel vorkam oder als noch zu wenig durchdacht erschien. Dann gab sie wichtige Anregungen für Details. Sie gehörte auch zu den ersten, die Brahms' Kompositionen in der Öffentlichkeit interpretierten.

Beide legten eigene Schwerpunkte bei Editionen. Clara gab überwiegend Briefe und Kompositionen von Robert heraus. Der Verlag Breitkopf & Härtel warb ausdrücklich mit ihrem Namen als Gütesiegel: Wie die »vielen begeisterten Verehrer des großen Meisters« werde »gewiss mit uns das musikalische Publikum begrüssen, dass Frau Dr. *Clara Schumann* sich auf unseren Wunsch entschlossen hat, die kritische Ausgabe der Werke zu übernehmen«, hieß es 1879 in einer Anzeige.[243] Als sie sich zunehmend der Ausbildung des Nachwuchses widmete, publizierte sie auch *Fingerübungen und Studien aus Czerny.* Johannes edierte mit einem umfassenden historischen Bewusstsein auch Musik des 18. Jahrhunderts wie Mozarts *Requiem* sowie Violinsonaten des mit seiner Heimatstadt Hamburg verbundenen und einst in ganz Europa geachteten Carl Philipp Emanuel Bach. Hinzu kamen Werke von Chopin, Couperin, Händel, Schubert und die Unterstützung Claras bei der Schumann-Ausgabe. Die jeweiligen Editionen und Konzerttourneen von Clara und Johannes bildeten eine Einheit in der Vermittlungstätigkeit, bei der sie von Freunden unterstützt wurden. Der unterschiedliche Zugang führte gelegentlich zu Unstimmigkeiten, da bei Johannes der Blickwinkel des Schöpfers überwog, bei Clara der der Interpretin. Das bezeichnendste Beispiel wurde die d-Moll-Sinfonie von Robert Schumann: Sie war 1841 in Leipzig entstanden und uraufgeführt worden. Nach zwei weiteren Sinfonien hatte er sie in Düsseldorf wieder aus der Schublade geholt, um sie für das dortige Orchester anzupassen. Diese zweite, 1853 erstaufgeführte Fassung wurde im gleichen Jahr vom Leipziger Verlag Breitkopf & Härtel veröffentlicht. 1882 legte Clara in ihrer Edition »Robert Schumanns Werke, Serie I: Symphonien« auf den Seiten 310 bis 405 eine korrigierte Ausgabe vor. Robert hatte jedoch fast dreißig Jahre zuvor Johannes das Autograph der nie wieder aufgeführten Originalfassung geschenkt. Dieser fand Gefallen an der transparenteren Instrumentierung der Urversion und ließ es zu, dass sie mit Unterstützung des Dirigenten Franz Wüllner 1891 ebenfalls bei Breitkopf & Härtel als Alternative erschien. Die für das Leipziger Gewandhausorchester gedachte Fassung zeigt Robert Schumanns ursprüngliche Ideen und belegt sein souveränes Orchestrieren stärker als die spätere Version, in der er die Mängel des Düsseldorfer Orchesters durch Verdoppelung mancher Instrumentalstimmen und Vereinfachungen kaschieren wollte. Clara war über die konkurrierende Edition sehr erbost, weil ihr als ausübender Musikerin die Ausgabe letzter Hand maßgeblich erschien; Johannes hingegen hatte als Komponist den Schaffensprozess im Blick. Er berücksichtigte, dass andere Voraussetzungen vor Ort zwar zu Anpassungen führen konnten, dass aber schließlich den ursprünglichen Einfällen der Vorzug zu geben sei, zumal die Unterschiede der Editionen weitgehend in Details zu finden sind.

In späteren Jahren gelang es Clara durch ihre hervorragende Selbstorganisation und Disziplin, ihre künstlerischen Intentionen sowie ihre Vorstellungen von Interpretation an ihre Schüler und Schülerinnen weiterzugeben. Für sie blieb es eine wertvolle Erfahrung, dass sie als jugendliche Pianistin gelegentlich auch komponiert hatte. Dies half ihr, die Werke und die Absichten von Komponisten mit der Zeit tiefer und besser zu verstehen und ihr Ideal – »eine Uebereinstimmung der geistigen wie technischen Ausführung«[244] – zu erreichen. Aber: Sie war in erster Linie eine Vermittlerin und faszinierte die Menschen von Großbritannien bis Russland in ganz Europa als eine Art Botschafterin der deutschen Kultur. Während manche bei ihrer zweiten Konzertreise nach Russland irritiert waren, dass sie ein sehr fokussiertes Repertoire und nicht mehr effektvolle Paradestücke à la Thalberg und Liszt präsentierte, schwärmte der Komponist Mili Balakirew, sie sei »die erste wirkliche Klavierspielerin, die ich höre«.[245]

Bei biografischen Publikationen blieb sie wie Brahms zögerlich. Von dem mittlerweile in Bonn wirkenden Musiker und Musikwissenschaftler Wilhelm Joseph von Wasielewski erwartete sie, dass bei einem geplanten Buch über Robert die Darstellung der Ereignisse und der Persönlichkeit ein »Freundschaftsbeweis« sein sollte. Allerdings zweifelte sie grundsätzlich an dem Projekt, weil zu viele Briefe, Schriften und Zeitschriftenbeiträge noch zu ordnen waren. Obgleich es sich bei Wasielewski um Robert Schumanns ehemaligen Konzertmeister beim Städtischen Musikverein Düsseldorf handelte, zeigte sich Clara nicht bereit, ihn bei seinen Recherchen zu unterstützen. Sie könne auf gar keinen Fall »mit unvollkommenem Material beistehen«, argumentierte sie, denn sie »habe in Absicht, in späteren Jahren selbst eine Biographie vorzunehmen«.[246] Doch Clara ist nie als Autorin in Erscheinung getreten, ausschließlich als Herausgeberin. Obwohl der Witwe »eine vollständige Biographie« ihres verstorbenen Mannes »jetzt unmöglich« und »viel zu früh dünkt«, brachte Wasielewski sein Buch 1858 in Dresden heraus. Es erschien bis 1906 in vier Auflagen und blieb bis zu Hermann Aberts Schumann-Buch von 1903 die einzige Informationsquelle für interessierte Leser. Clara empfand Wasielewskis Publikation als ein »Malheur« voller »Unrichtigkeiten« und »Lieblosigkeiten«. Johannes Brahms pflichtete ihr bei. »Die Wasielewskische Biographie habe ich wieder weggebracht«, teilte er der Freundin mit. »Ich will sie mir doch nicht kaufen, wie ich erst vorhatte. Man hat keine Spur von Genuß darin und ich glaube, das wird sogar ganz unbeteiligten Lesern auch so gehen. Eine Biographie kann nach meinem Gefühl doch nur ein schöner (?) Freund und ein Bewunderer schreiben. Unparteilichkeit ist gut (freilich auch schwer), aber sie darf nicht Kälte sein.«[247]

Immerhin zeigte ihnen diese als unzulänglich empfundene Lebensbeschreibung, dass noch ein harter Kampf bevorstand, um dem Künstler Robert Schumann, der nicht mehr für sich selbst eintreten konnte, Anerkennung zu verschaffen.

Eine verschleierte Sinfonie

Als sich Johannes letztendlich dazu durchrang, ein Klavierkonzert aus den Manuskriptseiten einer unvollendeten Partitur und einem Skizzenberg zu formen, konnten ihm alle traditionellen Werke dieser Gattung kaum Anhaltspunkte liefern, um die aktuellen Gestaltungsprobleme in den Griff zu bekommen. »Denken Sie, was ich die Nacht träumte: Ich hätte meine verunglückte Symphonie zu meinem Klavierkonzert benutzt und spielte dieses«, schrieb er an Clara bereits im Februar 1855 aus Düsseldorf. »Vom ersten Satz und Scherzo und einem Finale, furchtbar schwer und groß. Ich war ganz begeistert. Viel habe ich auch von Ihnen geträumt und schönes.«[248] Die detaillierte Ausarbeitung beanspruchte viel Zeit, sodass Clara erst Anfang Oktober in ihrem Tagebuch notierte, Johannes habe »einen prächtigen ersten Concertsatz componiert, der mich ganz entzückt durch seine Großartigkeit und Innigkeit der Melodien«.[249] Clara mutierte zur heimlichen Muse der neu zu gestaltenden Sätze. »Ich schreibe dieser Tage den ersten Satz des Konzerts ins Reine, erwarte den letzten Satz begierig von J. [Joachim]«, teilte er ihr Ende 1856 mit. »Auch male ich an einem sanften Porträt von Dir, das dann Adagio werden soll.«[250] Auf der ersten Seite im Autograph des »Adagios« trug Brahms eine Zeile ein, die dem Messetext der katholischen Liturgie entnommen ist: »Benedictus, qui venit, in nomine Domini!« – Gesegnet, wer im Namen des Herrn kommt. Es war eine private Botschaft an die Freundin: Einst hatte Clara über die bedeutungsvolle Begegnung mit Johannes in Düsseldorf in ihrem Tagebuch notiert, dieser geniale Musiker käme »wie eigens von Gott gesandt«. Johannes unterlegte also das Adagio in seinem Klavierwerk, das durchaus für ihre Fähigkeiten und ihr Repertoire geeignet war, mit ihren eigenen Worten.

Zusammen mit Clara probierte Johannes das Werk mehrfach an zwei Klavieren aus. Daraufhin »vereinfacht und erleichtert« er den ersten Satz, wie er Joachim bei der Übersendung der Neufassung mitteilte. Nachdem sich eine von Joachim angeregte persönliche

Besprechung mit Johannes nicht ergab, schickte er Brahms das Manuskript mit seinen Anmerkungen zurück. Manches erschien ihm noch »zu fragmentarisch, nicht fortströmend genug – mehr unruhig als leidenschaftsvoll«. Zudem bedauerte er, dass »nach dem bedeutenden Anfang und wunderbar schönen ersten Moll-Gesang ein entsprechend großartiges 2tes Motiv abgeht«.[251]

Johannes war sich der Mängel durchaus bewusst. Den Ankündigungen eines Robert Schumann wollte er mit einem an Gehalt, Form und Dimensionen ausgereiften Werk gerecht werden. Nachdem er die Anregungen von Clara und Joseph Joachim auf sich hatte wirken lassen, begannen erneut die Mühen der Überarbeitung. Johannes hatte das Gefühl, er »habe kein Urteil und auch keine Gewalt mehr über das Stück«,[252] besonders den ersten Satz hielt er für »durch und durch verpfuscht«, doch »ich reiße ihn jetzt ordentlich herum und was nicht will das lasse ich«.[253] Die sich über Jahre hinziehende Entstehung seines Sonaten-Sinfonie-Klavier-Konzerts spiegelt auch eine gewisse Orientierungs- und Heimatlosigkeit wider. Bereits in den Liedersammlungen der 1850er-Jahre wurden Empfindungen »in der Fremde« (op. 3, Nr. 5 und 6) beschrieben: »Aus der Heimat hinter den Blitzen rot / Da kommen die Wolken her«, ja, »Vöglein, die ihr fernab fliegt, / Sagt, wo meine Heimat liegt?«, hieß es in den von ihm gewählten Eichendorff-Texten. Bei Hoffmann von Fallersleben musste das poetische Ich »schmachten, bangen, spähn und trachten« (op. 6, Nr. 5) und auch in einigen volksliedhaften Romanzen wurden die »Sehnsucht« und das »Scheiden«, das dem »jungen Herzen weh« tut, besungen (op. 14, Nr. 8 und 1).

Eine Lebensabschnittsheimat bot Joseph Joachim dem Freund in Hannover, nachdem eine für den März 1858 beim Hamburger Musikverein angestrebte Aufführung nicht zustande kam, da Brahms »der einzige brauchbare Flügel hier« schlussendlich »verweigert« wurde, wie er wütend an Joachim schrieb. Besonders verdross ihn »der Grund, weil – er so echt Hamburgisch ist«.[254] Joseph Joachim verfügte über den entsprechenden Einfluss und die Kontakte, um zu helfen. Er ermöglichte Ende des Monats eine Feuertaufe für das vorerst abgeschlossene, aber dennoch unfertige Klavierkonzert mit der inoffiziellen Aufführung der Urfassung bei einer Probe der Hannoverschen Hofkapelle. Höchstpersönlich leitete Joachim das Orchester, während Brahms den Klavierpart übernahm. An ihren Halbbruder Woldemar Bargiel schrieb Clara kurz danach, dass »die Probe heute prächtig abgelaufen; zwar blieb nicht mehr Zeit als das

Concert einmal durchzuspielen, es ging aber fast ohne Anstoß, und zündete sogar unter den Musikern«.[255]

Dennoch zeigte sich Johannes mit einigen Details unzufrieden und verbesserte später sein Werk weit über die ersten Aufführungen hinaus. Er feilte an Kleinigkeiten, nachdem ihm Clara noch knapp acht Monate nach der Uraufführung darauf hinwies, ihr wolle im ersten Satz »im dritten Solo der plötzliche Übergang nach D-dur nach dem langen Fis-moll nicht behagen«.[256] Am Ende geriet Johannes – wie so manches – auch das erste Klavierkonzert als Ergebnis vielfältiger Metamorphosen zur »verschleierten Sinfonie«. Die Musiker, die in Hannover am 22. Januar 1859 an der Uraufführung beteiligt waren, wussten, welche Anforderungen bei dem Werk auf sie zukamen. Fast vier Minuten lang musste das Orchester auftrumpfen, als gelte es, eine neue Sinfonie aus der Taufe zu heben. Erst dann schlich sich zurückhaltend das Pianoforte in die Instrumentierung. Selbst im weiteren Verlauf agierte die Klavierstimme, als sei sie ein besonderer Farbtupfer unter den Orchesterstimmen und nicht – wie früher üblich – Partner und Widerpart des gesamten Klangkörpers. Vor dem hohen Hannoverschen Adel und einem anspruchsvollen bürgerlichen Publikum meisterten alle ihre Rolle mit Bravour. »Es wurde das Concert sogar durch Hervorruf des Spielers und Componisten geehrt, dessen Bücklinge so aussahen, als wollte er nach Untertauchen im Wasser die Feuchtigkeit aus den Haaren schütteln«, berichtete Joachim Clara Schumann. »Er hat sich aber sonst sehr gut aufgeführt, namentlich sehr erträglich und im Tacte gespielt, und ist wirklich ein ganzer Kerl!«[257] Manche würdigten jedoch weniger die Individualität der neuen musikalischen Stimme, vielmehr wurde auch in Hannover, so Joachim an Brahms, »von ›Zukunftsmusik‹ in *optima forma* gefaselt«.[258]

Von diesen Kreisen mochte Johannes sich lieber fernhalten. Fünf Tage später vermisste er im Leipziger Gewandhaus die moralische Unterstützung der anderweitig beschäftigten Clara. Selbst wenn er das Orchester »ausgezeichnet« fand und nach den Anspannungen der Uraufführung sein eigenes Spiel aus dem Manuskript »bedeutend besser als in Hannover« ausfiel, stand der Auftritt bereits seit Beginn der Einstudierung unter unvorteilhaften Vorzeichen. »Die erste Probe erregte keinerlei Gefühle bei den Musikern oder Zuhörern«, berichtete er Joachim. »Zur 2ten kam aber kein Zuhörer und bei keinem Musiker bewegte sich eine [*sic*] Gesichtsmuskel.«[259] Den Konzertabend mit dem wie seinerzeit noch üblichen gemischten

Programm eröffneten eine Ouvertüre und ein »Ave Maria« von Cherubini unter der Leitung von Julius Rietz. Brahms' fünfzigminütiger Koloss war das gewichtigste Werk des Abends, bevor dem erschöpften Publikum Auszüge aus Webers *Freischütz*, Beethovens Musik zu Kotzebues *Die Ruinen von Athen* sowie Haydns Sinfonie D-Dur Nr. 7 als leichtere Kost geboten wurde. Probleme kamen schließlich von für Clara unerwarteter Seite, denn Kritik hagelte es nicht von den progressiven Kreisen, sondern von den Traditionalisten. »Du weißt wohl schon, daß es vollständig durchgefallen ist«, berichtete Johannes seiner Freundin über die Leipziger Aufführung seines d-Moll-Klavierkonzerts. »In den Proben durch tiefstes Schweigen, in der Aufführung (wo sich nicht 3 Leute zum Klatschen bemühten) durch ordentliches Zischen.«[260] Eine solche Reaktion war katastrophal in Zeiten, in denen – bei Gefallen – noch Beifallsbekundungen nach jedem einzelnen Satz üblich waren.

In den *Signalen für die musikalische Welt* ließ man kein gutes Haar an dem Stück. Das »Concert des Herrn Johannes Brahms« sei »gar nicht danach angethan, daß es irgend eine Befriedigung und einen Genuß gewähren könnte«, denn letztendlich bleiben nur »eine Oede und Dürre, die wahrhaft trostlos ist«. Für den Rezensenten, der die Klassiker präferierte, fand sich in dem Klavierkonzert »an keiner einzigen Stelle etwas Fesselndes und Wohlthuendes; die Gedanken schleichen entweder matt und siechhaft dahin, oder sie bäumen sich in fieberkranker Aufgeregtheit in die Höhe, um desto erschöpfter zusammenzubrechen; ungesund mit einem Worte ist das ganze Empfinden und Erfinden in dem Stücke«. Im Grunde genommen grenze sich der junge Musikus zu deutlich von den Standardwerken der Gattung ab: »Mit vollstem Bewußtsein hat überdies auch Herr Brahms die Prinzipalstimme in seinem Concert so uninteressant wie möglich gemacht; da ist nichts von einer effectvollen Behandlung des Pianoforte, von Neuheit und Feinheit in Passagen, und wo irgend einmal etwas auftaucht, was den Anlauf zu Brillanz und Flottheit nimmt, da wird es gleich wieder von einer dichten orchestralen Begleitungskruste niedergehalten und zusammengequetscht.« Nicht zuletzt saß zum Verdruss des Rezensenten kein Tastenvirtuose am Klavier, sondern ein Mann, der nach den Ansprüchen an den Unterhaltungswert von Klavierdarbietungen technisch »nicht auf der Höhe derjenigen Anforderungen steht, die man heutzutage an einen Concertspieler zu machen berechtigt ist«.[261] In dem Konkurrenzblatt, der *Neuen Zeitschrift für Musik*, vertrat man die Ansicht, dass »wegen der Seltenheit der späteren Kundgebungen des in ziemlicher Abgeschlossenheit lebenden Künstlers« sein Auftreten »an diesem Abend unsere Aufmerksamkeit erregen« musste. »Trotz der zugestandenen Mängel der äußeren Erscheinung halten wir dieses Werk seinem inneren dichterischen Gehalte nach für ein unverkennbares Zeugnis einer bedeutenden Schöpfungskraft von echt poetischer Ursprünglichkeit und Originalität«, wertete das Blatt. »Dem abfälligen Urteile einer gewissen Seite des Publikums und der Kritik gegenüber betrachten wir es für unsere Pflicht, für diese achtungswerten Seiten des genannten Werkes einzustehen und gegen die wenig achtbare Art und Weise seiner Beurteilung zu protestieren.«[262]

Clara grollte empört darüber, dass »der böse Wille zu überwiegend war«. In einem Brief von einer Tournee teilte sie Johannes aus Wien mit, dass sie von der Sängerin Livia Frege erfahren habe »von dem entschieden bösen Willen aller, namentlich Rietz', und ich fürchte, daß Dir dieser schon in den Proben so die Lust benommen, daß Du es auch nicht so gut gespielt hast als wie Du es gekonnt, denn sonst könnte ich mir die Bemerkung, daß Du technisch dem Werke nicht gewachsen seiest, nicht erklären, denn an so etwas denkt man doch gar nicht, wenn ein Komponist selbst seine Werke spielt.« Sie sollte auch in Leipzig auftreten, hat »aber immer so ein Gefühl, als müßte ich es nicht tun, weil sie Dich so schlecht aufgenommen!«[263]

Trotzig behauptete Johannes gegenüber Clara: »Mir hat das keinen Eindruck gemacht.«[264] Und Joachim ließ er wissen: »Trotz alledem wird das Konzert noch einmal gefallen, wenn ich seinen Körperbau gebessert habe, und ein zweites soll schon anders lauten.« Allein die langwierige Entstehungsphase des Konzerts hatte ihm gezeigt, dass noch umfangreiche Studien vor ihm lagen. »Ich glaube, es ist das beste, was einem passieren kann; das zwingt die Gedanken, sich ordentlich zusammen zu nehmen und steigert den Mut«, lautet sein Resümee der Leipziger Erfahrung. »Ich versuche ja erst und tappe noch. Aber das Zischen war doch zu viel?«[265]

Völlig entsetzt ließ Joseph Joachim den Musikpädagogen und -schriftsteller Avé-Lallemant in Hamburg wissen, dass seiner Meinung nach die Leipziger »in ihrer Blasiertheit ein Testimonium der Ärmlichkeit und Herzlosigkeit gegeben« haben.[266] Aber »bei den meisten Intelligenten, die ich aus dem Publikum und Orchester gesprochen, hat sich eine hohe Meinung über Brahms als Musiker kund gegeben; über sein eminentes Spiel sind selbst Gegner seines

Konzerts einig.« Und Joachim war bereit, sich weiterhin für das Werk einzusetzen: »Nun mögt Ihr in Hamburg tun, was Ihr wollt; aber wenn Sie, lieber Freund, das Konzert im Philharmonic [*sic*] bringen, so komme ich und dirigiere, das ist ja längst ausgemacht.«[267]

Die Aufführung in Johannes' Geburtsstadt beim Philharmonischen Konzert sieben Wochen später bestätigte die Anerkennung in Hannover und relativierte die Reaktionen in Leipzig. »Der Donnerstag abend lief gut und schön ab«, schilderte er die Ereignisse für Clara. »Daß Joachim und Stockhausen gerufen wurden, versteht sich, aber auch mir geschah das, und heute lesen wir schon die höchst anerkennende Rezension meines Werks von Heller. Das Konzert war enorm besucht. Hunderte konnten keine Karte mehr bekommen. Joachim studierte mein Konzert prächtig ein und spielte wundervoll.« Das Publikum und »die Herren vom Komitee« zeigten sich »sehr entzückt« und so konnte Johannes beruhigt resümieren: »Kurz, die Leipziger Kritiken haben nichts geschadet.«[268] Dass er von der Presse seiner Heimatstadt, wie etwa dem Feuilletonredakteur der *Hamburger Nachrichten*, Robert Heller, wohlwollend beurteilt wurde, mochte nicht sonderlich große Auswirkungen haben. Als wesentlich folgenreicher erwies sich aber bald darauf das Engagement des norddeutschen Komponisten Carl Grädener, der schon Clara bei Konzertreisen in Kiel beherbergt hatte. Er setzte sich in seiner ausführlichen, in bissiger Prosa verfassten Besprechung für die *Neue Berliner Musikzeitung* mit den von »Gereiztheit dictirten Schmähungen« der negativen Rezension aus den »Leipziger *Signalen*« auseinander. »Schlüge dem Schreiber obigen Aufsatzes nur eine Spur musikalischer Ader: er hätte nicht sich mit der grossen Menge von dem bescheidenen Namen ›Clavier-Concert‹ täuschen lassen«, schrieb der Rezensent, »sondern – wohl wissend, daß seit Beethoven jedes ächte Concert eine Symphonie mit obligatem Piano, ein Symphonie-Concert – hätte er auch in diesem Werke ein solches und eben nur ein solches, also mehr als blosses Virtuosen-Concert erkannt. Er hätte nicht von schreienden (! was schreit und wem schreit's?) Dissonanzen geredet, wie sie uns Beethoven (und wie schön!) als nothwendige und aus der Natur der Sache hervorgehende Ingredienzen aller Orten im reichlichsten Maasse bringt. (Der Himmel bewahre uns vor all' dem saft- und kraftlosen – *exempla sunt odiosa!* – Virtuosen- oder Salon-Gesäusel!).« Der Komponistenkollege lobte die seiner Meinung nach »der neunten Beethovens würdigen Motive« und den Aufbau des Ganzen als etwas »Neues,

Unerhörtes, noch nicht Dagewesenes«. Die behutsam geführten Kantilenen, die einfühlsamen Seitenmelodien, die Keckheit, die Erregtheit, die thematischen Vor- und Rückverweise, die dramatischen Steigerungen, die »mannigfaltig und stets mit fester Hand« entworfene Instrumentierung – »Und das Alles hörten Sie nicht, Mann mit der fertigen Zunge und der hinkenden kritischen Feder?«, ätzte er gegen den Kritiker aus Leipzig. Nicht minder absurd wie die Vorwürfe gegen die Komposition selbst erschienen Grädener die Herabsetzung des Pianisten Brahms. Letztendlich erfordere diese Art von Klavierkonzert einen neuen Typus von Pianisten, lautet sein Resümee, denn »schon ein Clavier-Concert *der* Schwierigkeit, wie das seine, mit Ruhe, Sicherheit und makellos spielen, heisst: spielen können«.[269]

Grädeners Rezension in einer Fachzeitschrift in Berlin – jenem Ort, der Leipzig in den folgenden Jahren den Rang als Musikmetropole streitig machen sollte – war kaum weniger bedeutend als Robert Schumanns sechs Jahre zuvor erschienener Artikel. Erstmals lag von dem jungen Komponisten ein großes Werk vor, von dem es hieß, dass es »mehr, als so manches andere der Gegenwart entsprossene Aller Aufmerksamkeit auf sich zu ziehen verdient«. Der Verfasser reihte Brahms' Klavierkonzert in d-Moll in eine »historische Entwicklung der Geister« ein, die von Beethoven und Mozart ausging, die einst auch missverstanden wurden.[270]

Sein erstes Klavierkonzert sollte den Pianisten Brahms fast sein ganzes Leben lang begleiten. Für den Komponisten wurde es zum Schlüsselwerk für die Bewältigung komplexer orchestraler Strukturen und die instrumentale Anverwandlung emotionaler Befindlichkeit. Damit bereicherte er die Gattung des Instrumentalkonzerts um neue Facetten: Die Virtuosität wurde zur Nebensache und die Ausdrucksfähigkeit des Interpreten zum neuen Maßstab. Clara war von dem Stück begeistert und bedankte sich, sie habe »genußreiche Stunden« mit dem Werk gehabt, ja, »ich kann sagen *glückliche*«.[271] Claras Anspruch an sich selbst, eine aufrichtige, einfühlsame und zugleich intellektuelle Interpretin zu sein, erleichterte ihr das Verständnis von Johannes' Absichten. Sie »beherrscht mit unbeschränkter Macht alle Gebiete musikalisch darstellbarer Empfindungen und ihre Ausdrucksformen«, hieß es in Rezensionen. »Es ist der neuschöpferische Genius in der Reproduction der Meisterwerke verschiedenster Art und Styles, es ist die Tiefe des psychologischen Durchdringens, das Eingehen auch auf das geringste und geheimste

Detail des musikalischen Ausdrucks, das wahrhaft pathologische Versenken bis in die feinsten Nuancen der seelischen Stimmung in sämmtlichen von ihr ausgeführten Tonstücken, welche uns dieser Frau den Vorzug vor vielen lebenden Meistern des Clavierspiels zuerkennen läßt.« Bei ihr gingen »Geist, Phantasie und Empfindung« ganz »unmittelbar und mit regster Lebhaftigkeit in ihr Spiel über, in Bewegung, beredten Ausdruck, musikalische Gestaltung, feinste Schattirung des Vortrags: so daß wir ein individuell und poetisch beseeltes Tonbild empfangen«.[272] Clara beeindruckte auf dem Podium und wirkte im Verborgenen, indem sie sich bei Verlegern, Musikfreunden, Kollegen und Konzertveranstaltern für das Erbe ihres Mannes und das Œuvre von Brahms einsetzte – ganz gleich, wie verletzend und außermusikalisch motiviert die Kritik auch sein mochte. Zudem tauschten sich Clara und Johannes regelmäßig über Honorare aus und gelegentlich mahnte sie bei dem Freund auch an, er müsse »endlich einmal wieder etwas herausgeben«, denn »zu lange Pausen sind nicht gut«.[273] Clara verstand etwas davon, wie man im Gespräch bleibt.

Ihr Engagement für die Kunst von Robert und Johannes war durchaus riskant. In anderen Städten und Ländern, darunter auch aufstrebenden Musiknationen wie den USA und England, wusste man sie mehr zu würdigen. In den deutschsprachigen Landen blieben sie als Musiker umstritten. Wäre Brahms gescheitert, weil er keine gehaltvollen Werke mehr zustande gebracht hätte, könnte man Schumanns Prophezeiungen als Verirrung eines allmählich gestörten Verstandes abtun. Nun aber hatte man sich mit der verschleierten Sinfonie eines Pianisten auseinanderzusetzen, der äußerst lernfähig war. Die Rezension von Grädener erhöhte den Druck: Im Rheinland hatte sich Johannes einen zuverlässigen Freundeskreis aufgebaut, in Sachsen war er zum neuen Hoffnungsträger der jungen Komponistengeneration ausgerufen worden und in der Hauptstadt Preußens nannte man seinen Namen in einem Atemzug mit Mozart und Beethoven. Clara unterstützte ihn dabei, den Anforderungen gerecht zu werden. Sie spielte sein d-Moll-Klavierkonzert erstmals 1861. Auch für sie stellte es eine Herausforderung dar, aber sie schaffte es, auch andere für diesen neuartigen Tonfall zu begeistern. »Es ist gar zu schön, und ist mir in Leipzig sehr gelungen«, berichtete sie Johannes über einen ihrer Auftritte. »Das Orchester war gut, aber nicht frei, das konnte auch nicht sein bei einem ihnen so fremden und schweren Stücke. Reinecke hat sich *große Mühe* gegeben – ich hatte in nichts über ihn zu klagen – das Publicum verhielt sich respectvoll, sie riefen mich, die Musiker aber und Musikfreunde, deren eine Masse waren, kamen Alle und dankten mir, daß ich ihnen dies herrliche Werk vorgeführt, und das machte mir denn doch große Freude.«[274]

Es sollte das einzige seiner Konzerte in ihrem Repertoire bleiben, denn ab den 1880er-Jahren war Clara wegen rheumatischer Beschwerden nicht mehr in der Lage, derart strapaziöse Werke aufzuführen. Johannes sorgte zunächst einmal dafür, dass sein erstes Konzert Anerkennung fand, bevor er ein zweites folgen ließ. Bis zu einer Aufführung mit dem fast 53-jährigen Brahms am 9. Februar 1886 in Köln trug er sein erstes Klavierkonzert öffentlich in 35 Konzerten vor. Claras Geburtsstadt spielte nach Johannes' Debakel von 1859 eher eine Nebenrolle für beide und wurde zumeist zu einer Durchgangsstation auf Konzerttourneen. Erst 1878 präsentierte Johannes selbst in Leipzig wieder sein erstes Klavierkonzert einer neuen Generation von Musikliebhabern.

Kunst mit Etikette

Brahms musste in der zweiten Hälfte der 1850er-Jahre lernen, sein Leben selbst zu bestimmen. »Ich habe viel nöthig, aber nur ich kann mir's geben«, drückte er es gegenüber Clara aus.[275] Aus der Sicht mancher wäre es möglich und durchaus naheliegend gewesen, sich einfach den Kreisen der zeitgenössischen Musik um Liszt anzuschließen, für die auch der Herausgeber der *Neuen Zeitschrift für Musik*, Franz Brendel, einstand. Allerdings ahnten Johannes, Clara und ihre Freunde bereits, dass Weimar und Leipzig zu gefährlichen Pflastern zu werden drohten. Brahms wollte als Komponist einen individuellen Weg einschlagen. Clara ließ er in einem Brief wissen, dass er in seinem 1854 als Opus 8 veröffentlichten Trio für Violine, Violoncello und Klavier zwar »in gewisser Weise manchen Fortschritt« sah, ihn bei der Arbeit aber immer wieder »eine wahre Angst vor allem, was nach Liszt riecht«, überkam.[276] Das Trio gehörte zu den wenigen veröffentlichten Werken, die Brahms später noch einmal überarbeitete: Während Claras Pendant, das 1846 auf Norderney entstandene Trio op. 17, eine Reverenz an Mendelssohn war, strebte Johannes mit dem kurz nach der Begegnung mit den Schumanns entstandenen Trio danach, den Weimarer Stallgeruch zu vermeiden und so individuell wie möglich zu klingen. Noch 1889 drängte es ihn dann, wie er seinen Verleger wissen ließ, mit einem »verneuerten Trio« an die Öffentlichkeit zu treten, aber »nicht des vielen Häßlichen wegen, sondern der vielen unnützen Schwierigkeiten drin«.[277]

Im Gegensatz zu Clara war er ein ausgesprochen guter, aber kein hochklassiger Pianist. Seine Talente lagen vielmehr im Dirigieren und Komponieren. Da man in der Epoche vor der Etablierung musikalischer Verwertungsgesellschaften durch das Erfinden von Musik kaum sein Auskommen bestreiten konnte, sehr wohl aber als Interpret, musste er zunächst einen Weg finden, seine Talente miteinander zu verbinden. Im 19. Jahrhundert komponierte jeder Instrumentalist und Kapellmeister. Selbst vornehmlich als Dirigent berühmt gewordene Künstler wie Hans von Bülow hinterließen ein reiches kompositorisches Schaffen. Das Heer derer, denen die Nachwelt keine Kränze flocht, war riesig: Sie schrieben vielfach Opern, Sinfonien, Kantaten, Oratorien, Chorstücke, Lieder und Kammermusikwerke, die in die Hunderttausende gehen, aber längst nicht alle veröffentlicht wurden. Brahms stand mit seinen kompositorischen Bemühungen keineswegs allein, und es war noch nicht abzusehen, ob er jemals Eduard Marxsens, Robert Schumanns und Carl Grädeners hochgesteckte Erwartungen erfüllen konnte.

Um über die Runden zu kommen, nahm er eine Offerte des Hofs in Detmold an, wohin er sich »mit bestimmter Aussicht auf Verdienst« locken ließ.[278] Die Möglichkeit, Eingang in höhere Kreise zu finden, war indirekt durch Clara zustande gekommen, weil sie einige ihrer Klavierschüler an Johannes abgegeben hatte. Durch die Familie Meysenbug ließen sich Verbindungen in die ostwestfälische Residenzstadt knüpfen, die seinerzeit nur etwas über 6000 Einwohner hatte, aber ein ansehnliches kleines Schloss und Theaterchen besaß. In relativer Abgeschiedenheit hatte Johannes in den letzten drei Monaten des Jahres der Prinzessin Friederike zur Lippe, Laura von Meysenbug und anderen Damen der feinen Gesellschaft Klavierunterricht zu erteilen, bei privaten und öffentlichen Konzerten mitzuwirken und einen Singverein zu leiten. Auch wenn der Ort verglichen mit Hamburg anmutig und beschaulich wirkte, achtete man auf Stand und Etikette. Von dem im Umgang mit der Aristokratie ungeübten Brahms wird durchaus glaubhaft berichtet, dass er bei seiner Ankunft beim Anblick der fürstlichen Galakutsche mit den Prinzessinnen den Fauxpas beging, die adeligen Damen, die ihn abholten, zu fragen: »Wohnt denn das alles so bürgerlich nah hier beisammen?«[279] Sein »das alles« für die durchlauchtigsten blaublütigen Grazien wurde ihm verziehen; sich an den höfischen Verhaltenskodex zu gewöhnen, fiel ihm allerdings schwer. Gewiss erträumte er für sich keine Zukunft als fürstlicher Lippe-Detmoldscher Kammermusikus und Hofkapellmeister. Wahrscheinlich riet ihm auch Clara, wählerisch zu sein: Als Johannes einmal für eine Kapellmeisterstelle in Barmen im Gespräch war, schrieb sie: »Das fehlte noch! – Da wärst Du doch keinesfalls hingegangen.«[280]

Diese Phase wurde zu einer wichtigen Lehrzeit. Als Brahms den Herbst und die Winter von 1857 bis 1859 in Detmold verbrachte, nutzte er seine Möglichkeiten als Chorleiter, Dirigent und Pianist, Neues auszuprobieren. Das intellektuelle Umfeld inspirierte ihn, für den Chor eigene, den örtlichen Aufführungsmöglichkeiten angepasste Einrichtungen von Bach-Kantaten zu erstellen, darunter »Christ lag in Todesbanden« (BWV 4) und »Ich hatte viel Bekümmernis« (BWV 21). An der Bach-Renaissance im 19. Jahrhundert hatten sowohl Mendelssohn als auch Robert Schumann maßgeblichen Anteil und Brahms wurde zu einem Abonnenten der ab 1851 erscheinenden Bach-Gesamtausgabe. In Detmold entstand neben Liedern und Kammermusik der später als Opus 13 veröffentlichte *Begräbnisgesang* für gemischten Chor und Blasinstrumente. Johannes nutzte hierfür die besonders guten Erfahrungen, die er mit den Bläsern des Detmolder Orchesters gemacht hatte, und schickte Clara das Manuskript. »Der Grabgesang hat mich tief erschüttert«, vertraute sie ihm an, »herrlich ist's, daß erst die Alte allein, dann erst bei ›Gottes Posaune wird angehn‹ die Soprane eintreten. Wie muß vorher die Pauke ergreifend wirken. Wie wundervoll ist die Zwischenmusik Seite 4 und 5, dann die Steigerung in der Begleitung des Unisonos in den Fagotten und Klarinetten. Das Herrlichste aber ist der Satz von da an ›die Seel', die lebt‹, die musste ich mir immer mehrmals spielen, weil ich mich gar nicht trennen konnte. Eines nur, der 2. Takt A dur gefällt mir nicht recht, da steht es etwas still, während es vorher und nachher so schön fortschreitet.«[281] Die zahllosen anregenden Gespräche, die Clara und Johannes unter vier Augen über Musik geführt haben, fanden in den Briefen eine Fortsetzung. Sehr zutreffend hatte der Verfasser der ersten russischen Literaturgeschichte, Nikolai Gretsch, im 19. Jahrhundert festgestellt, »Briefe, im strengen Sinne des Wortes, sind Unterhaltungen oder Gespräche mit Abwesenden«.[282]

In den *Signalen für die musikalische Welt* erschien im Oktober 1858 der Hinweis, »aus Detmold meldet man uns, daß dort seit einigen Wochen durch die Anwesenheit von Johannes Brahms sich ein reges musikalisches Leben entwickelt, dessen Mittelpunkt der junge Künstler ist«.[283] Florence May meinte, für den kleinen Bericht sei »die Begeisterung der Frau Schumann indirekt verantwortlich gewesen«.[284] Johannes versuchte jahrelang, Clara zu einem gemeinsamen Konzert in Detmold zu bewegen. Aus Zeitgründen konnte sie erst kommen, als er sein Wirken dort schon längst beendet hatte. Letztendlich gab er die Tätigkeit auf, weil sie keinerlei Entwicklungsmöglichkeiten bot. Beim Konzertmeister des Hoforchesters, Carl Bargheer – einem Schüler von Spohr und Joachim –, hatte er einen guten Stand, allerdings beäugte der Kapellmeister Kiel sein Treiben voller Missgunst. Hier war nicht daran zu denken, sein d-Moll-Konzert auszuprobieren. Bei seinen Klavierschülerinnen konnte er große Fortschritte feststellen, jedoch gestaltete sich die Arbeit mit dem Chor mitunter zäh und die penible Hofetikette ging ihm zunehmend auf die Nerven. Im August 1860 ließ Brahms in einem Schreiben aus Hamburg den Hofmarschall wissen, dass er zu sehr mit der Herausgabe, Revision und Vorbereitung eigener Werke beschäftigt sei, und sich »deshalb entschließen muß, den Winter hier zu bleiben«.[285] In seiner »Austern- u. Hum̄er-Republik Hamburg«, wie Johannes sie scherzhaft nannte,[286] bot sich die Möglichkeit, der Musik ungezwungener zu frönen.

Musikalische Erlustigung und Divertierung

Durch den Hamburger Freundeskreis um Carl Grädener und einige seiner eigenen Klavierschülerinnen ergab sich die Möglichkeit, mit einer Schar von gut zwanzig sangesfreudigen jungen Damen eines der in Detmold entstandenen Stücke für Frauenchor auszuprobieren. »Mir gefällt der helle silberne Klang außerordentlich, und namentlich in der Kirche mit Orgel klingen die Frauenstimmen ganz reizend«, schrieb Brahms im Sommer 1859 an das Fräulein von Meysenbug in Detmold. Der Spaß an der Freude verschaffte der Gruppe flugs Zuwachs, sodass sich die Anzahl der Mitwirkenden fast verdoppelte. Johannes' Hamburger Frauenchor mauserte sich rasch zum bürgerlichen Pendant seiner Detmolder Aktivitäten. Clara teilte er mit, dass seine »liebste Schülerin, Frl. Wagner von hier« die »Hauptbegründerin meines Vereins hier« sei. »Sie ist ein äußerst liebenswürdiges, bescheidenes und musikalisches Mädchen und muß Dir jedenfalls sehr gefallen.«[287] In der Tat begeisterte sich Clara für die Idee eines Frauenchors. Johannes war aufgeweckte, wissbegierige und engagierte Damen gewohnt, denn schließlich war 1850 in Hamburg mit der »Hochschule für das weibliche Geschlecht« die erste ausschließlich für Frauen bestimmte höhere Bildungseinrichtung gegründet worden. Zwar musste schon 1852 unter politischem Druck und wegen mangelnder Unterstützung der Lehrbetrieb wieder eingestellt werden, aber ein Anfang war gemacht, der andeutete, dass die Emanzipation der Frauen in der zweiten Hälfte des 19. Jahrhunderts weiterhin erhebliche Fortschritte machen würde. Letztlich signalisierte die Gründung von Brahms' Frauenchor nicht, dass es einen Tirilier- und Tratschverein mehr in der Stadt gab, wie geargwöhnt wurde, sondern er stellte eine kulturpolitische Entwicklung dar, die wie zu Mendelssohns Zeiten den Männern nun den Damen Versammlungsmöglichkeit und geistige Anregung bot. Als Mendelssohn in den 1830er- und 1840er-Jahren ein gewaltiges Repertoire für Männerchöre schuf, ermöglichte dies in einer restriktiven Phase großen Gruppen, sich zu versammeln und neben Ansichten über die Musik auch politische Anschauungen zu debattieren. Clara und Johannes unterstützten das sich ab Mitte des 19. Jahrhunderts immer stärker abzeichnende Engagement junger Frauen für Gleichberechtigung. Da einige von Johannes Brahms' Werken für Frauenchor seinerzeit veröffentlicht wurden, sahen Verleger darin eine ausreichende Möglichkeit, bei entsprechenden Ensembles Abnehmer zu finden. Der Hamburger Frauenchor von Johannes trällerte keineswegs bloß fröhliche Liedchen und besang Wald, Wiesen und Blumen. Die Damen boten eine Vertonung des 13. Psalms »Herr, wie lange willst du mein so gar vergessen« und gestalteten die Uraufführung seines Opus 17: Vier Lieder in einer für die damalige Zeit avantgardistisch anmutenden Besetzung von Frauenstimmen mit zwei Hörnern und Harfe. Darin geht es um Lebensfreude – »Es tönt ein voller Harfenklang« von seinem Zeitgenossen Friedrich Ruperti – und das Bewusstsein, inmitten des prallen Lebens vom Tod umgeben zu sein. »Ich schein' wohl froher Dinge / Und schaffe auf und ab, / Und, ob das Herz zerspringe, / Ich grabe fort und singe / Und grab' mir bald mein Grab«, heißt es in der Allegretto-Vertonung von Eichendorffs »Der Gärtner«. Diese Thematik war im 19. Jahrhundert allgegenwärtig, da es aufgrund mangelnder Hygiene und unausgereifter Medikamente eine hohe Kindersterblichkeit gab sowie die ständige Bedrohung durch Epidemien – allein in der Heimatstadt von Johannes kam es zu seinen Lebzeiten zu fünf und in Claras Leipzig zwei Choleraepidemien. Da offenbar gerade hervorragende Könner auf Horn und Harfe mitwirkten, handelt es sich um zufällig entstandene Meisterwerke. Die Wirkung auf das Publikum muss skurril gewesen sein, wenn blutjunge Frauen mit großem Ernst Zeilen wie »Komm herbei, Tod« aus Schlegels Übersetzung von Shakespeares *Twelfth Night: or, What You Will* sangen. Hinter all dem Ernst bei der Kunstausübung und dem Vermitteln von anspruchsvollen Inhalten stand als oberste Maxime aber immer das Vergnügen am Musizieren. »Unter Blumen reizend versteckt, fand ich ein silbernes Schreibzeug ›zum Andenken an den Sommer 59 vom Frauenchor!‹«, teilte Johannes mit Clara seine Freude an der Anerkennung. »Was werden nächsten Sommer da für Lieder kommen und für Freudenpsalmen! Eigentlich wird wohl schon etwas Cultus in Hamburg mit mir getrieben; das kann aber gar nicht schaden, denke ich. Ich schreibe wenigstens immer lustiger und es tönt in mir als müßte mit der Zeit Himmlisches herauskommen. Nächstes Jahr mußt Du die lustige Wirtschaft mitmachen! Es wird Dir wohl gefallen, und Du wirst, denke ich, förmlich in den häßlichen Winter hineinspringen.«[288]

Die Qualität des Ensembles war so hoch, dass es verschiedentlich sogar zu Gastspielen kam, unter anderem auch beim Niederrheinischen Musikfest. Auch Clara Schumann sang mit ihrer Tochter Marie bei Besuchen gelegentlich zur Verstärkung mit. Ungeachtet der Ernsthaftigkeit dieser Kunst waren Brahms und sein Frauenchor ein albern-frohgemuter Haufen, bei dem es erheblich weniger steif zuging als bei Hofe in Ostwestfalen. Spaßeshalber entwickelte man Regularien für die Mitglieder, die alle unterzeichnen mussten. Das in scherzhafter Wichtigkeit verfasste »Avertimento« des Hamburger Frauenchors verlangte beispielsweise, wolle man »Mitglieder des sehr nutz- und lieblichen Frauenchors wünschen zu werden und zu bleiben«, so müsse man »partoute die Clausuln und Puncti hiefolgenden Geschreibsels unter zu zeichnen haben, ehe sie sich obgenannten Tituls erfreuen und an der musikalischen Erlustigung und Divertierung parte nehmen« könne. Die Statuten verlangten: »Pro primo wäre zu remarquiren daß die Mitglieder des Frauenchors da sein müssen.« Wer dagegen verstößt, »soll gestraft werden mit einer Buße von 8 Schillingen H. C. [Hamburger Courant]«. Dann wurde

»pro secundo« festgelegt, dieses »da sein« bedeutet: »Als ist zu nehmen, sie sollen praecise zur anberaumeten Zeit da sein.« Wer »hiewieder also sündiget«, werde ebenfalls mit einer Geldstrafe belegt. Ferner: »Pro tertio. Das einkommende Geld mag denen Bettelleuten gegeben werden, und wird gewünscht, daß Niemand davon gesättiget werden möge.« Und: »Pro quarto ist zu merken, daß die Musikalien großentheils der Discretion der Dames anvertrauet sind«, auf dass sie »in keinerlei Weise außerhalb der Societät benützet werden«. Damit stellte Brahms gewissermaßen seinen Urheberanspruch der für seinen Chor komponierten Werke sicher. Unter anderem folgte noch: »Pro quinto: Was nicht mit singen kann, das sehen wir als ein Neutrum an. Will heißen: Zuhörer werden geduldet, indessen aber pro ordinario nicht beachtet.« Die Schlussfloskel unterstrich diese Parodie aristokratischer Erlasse: »An dem beschiehet Unsere Meinung und erwarte dero gewünschte und wohlgewogene Approbation. / Der ich verharre in tiefster Devotion / und Veneration des Frauenchors allzeit dienstbeflissener / schreibfertiger und taktfester / Johannes Kreisler jun. / alias: Brahms.«[289]

Zu den Unterzeichnenden gehörten auch Clara und ihre älteste Tochter Marie, die im Frühjahr einige Wochen in Hamburg verbrachten und die Proben am Montag besuchten. Für dieses Ensemble schrieb Brahms einige der besten Werke der Chorliteratur. Dabei stand immer die Haltung im Vordergrund, die er mit Clara teilte: Freude an der Musik zu empfinden. Man sang nicht nur in Konzerten, sondern bei einem gemeinsamen Ausflug in die Umgebung auch im Wald und beim abendlichen Nachhausegehen zuweilen spontan auch vor dem Haus von Bekannten. »Wir musicirten oft, Serenaden, welche Beide mir gleich lieb sind, die Harfenlieder noch öfter; Marienlieder, Volkslieder im Frauenverein kamen oft daran, immer zu meiner Freude«, erinnerte sich Clara. »Sonntag, den 20. wurde eine schöne Parthie mit einem Theil des Frauenchors nach Blankenese auf dem Dampfschiff gemacht, dort dann in den Gärten die schönsten Bäume herausgesucht und unter diesen gesungen: Johannes saß dann als Dirigent auf einem Baumast.«[290]

Die Erfahrungen in Detmold und Hamburg bescherten Johannes künstlerisch und gesellschaftlich unterschiedliche, aber wertvolle, anregende Erfahrungen für seine weitere Laufbahn. Clara sah die Entwicklung mit Wohlwollen.

Eine liebenswürdige Freundin

Bei den vielen jungen Frauen, die Johannes durch seine Arbeit kennenlernte, geriet er für die eine oder andere immer wieder ins Schwärmen. Mitunter neckte ihn Clara damit. »Passen Sie auf«, mahnte er selbst einen Freund, der von Detmold nach Göttingen reiste. »Sie werden sich wundern, wenn Sie, der Sie hier schon für die steifen Hofdamen schwärmen, erst dort die schönen, frisch-fröhlichen Professorentöchter kennen lernen!«[291]

Zwischen dem Juli 1858 und dem Frühjahr 1859 entwickelte sich eine Beziehung, die Johannes mit Mitte zwanzig einer Eheschließung so nahe brachte wie nie wieder in seinem Leben. Der befreundete Komponist und Leiter des Cäcilienvereins Julius Otto Grimm in Göttingen pflegte Kontakte zum Hause der von Siebolds, in dem mehr als einmal auch Künstlergrößen wie Clara Schumann, Jenny Lind, Hans von Bülow und Joseph Joachim zu Gast waren. Durch Grimm lernte Johannes die zwei Jahre jüngere Agathe von Siebold kennen. Sie wies einen eindrucksvollen Stammbaum intellektueller Vorfahren auf: Ihr Vater Eduard war Chefarzt der Göttinger Universitätsklinik für Gynäkologie und Geburtshilfe sowie Mitglied der »Gesellschaft der Wissenschaften zu Göttingen«, der heutigen Göttinger Akademie der Wissenschaften; ihr Großonkel Philipp Franz von Siebold machte sich als Japanologe und Naturforscher einen Namen, der bereits verblichene Großvater Adam Elias von Siebold hatte als Hochschulgelehrter in Berlin 1817 an der Charité die neue Universitätsfrauenklinik mitbegründet.

Agathe von Siebold verfügte über eine angenehme Gesangsstimme, um deren Ausbildung sich Julius Otto Grimm kümmerte, der ihr bereits einen Liederzyklus zugeeignet hatte. Auf der Widmung seiner Fotografie bezeichnete der Chemiker Justus von Liebig seine »liebenswürdige Freundin« Agathe als »Nachtigall«,[292] eine Anspielung auf die als »schwedische Nachtigall« vermarktete Starsopranistin Jenny Lind.

Kurz bevor Johannes im Juli 1858 Agathe in Göttingen kennenlernte, muss er wegen seiner nur mühsam voranschreitenden Arbeit in seinen nicht mehr überlieferten Briefen aus Hamburg so unkonzentriert und grantig gewirkt haben, dass Clara ihm schrieb: »Ich will doch lieber den Schmerz der Trennung ertragen, als Dich in Göttingen mißvergnügt zu sehen über ein thatloses Leben.«[293] Als Johannes dann doch zu einem vereinbarten Treffen des Freundeskreises kam, wollte er ihr anscheinend mit aller Gewalt beweisen, wie heiter er sein konnte. Clara bezog mit fünf ihrer Kinder bei dem Ehepaar Grimm Quartier, Johannes wohnte in der Nähe und auch Woldemar Bargiel aus Berlin und Carl Bargheer aus Detmold stießen hinzu.

Anfangs schien Clara eine spaßige Zeit in Göttingen zu verbringen. Sie zeigte sich so ausgelassen, dass sie sich mal wieder mit ihrer arglosen Tollpatschigkeit Blessuren zuzog. Eugenie erinnerte sich, dass ihre Mutter »in weißem, schwarz geblümtem Musselinkleid und breiter, schwarzer Schärpe, in Gesellschaft der älteren Schwestern und der Freunde Brahms, Grimm und Agathe Siebold Anschlagversteckens spielen. Sie hatte sich in dem hohen Grün eines Spargelfeldes verborgen. Dort aufgescheucht lief sie, so schnell sie konnte, auf den zum Ziel erwählten Baum zu, und unvergeßlich blieb mir der Schrecken, als sie, beinahe angelangt, über eine Wurzel stolperte und hinfiel.«[294] Manchmal schien es, als ob sie das Pech gepachtet hätte, wenn sie Treppen hinabstürzte, sich in der Küche an der Hand verletzte, mit Kutschen verunglückte oder bei einer Englandtournee ausgeraubt wurde. Clara war hart im Nehmen.

Johannes hingegen grantelte zumeist vor sich hin. Zwar entwickelte sich zu Agathe eine überaus herzliche Beziehung, doch anscheinend wirkte sich die traute Zweisamkeit mit ihr – im Gegensatz zu Clara – nicht allzu inspirierend auf seine kreative Arbeit aus. Fräulein von Siebold sang hingebungsvoll seine neuen Lieder op. 19 sowie Duette op. 20 mit Texten von Herder über Liebe, die siegen wird, und Versprechen wie »Wärst, Liebchen, ein' Schwalbe / Und schlüpftest am Bach, / Ich, Liebchen, wär' Schwalbe / Und schlüpfte dir nach.« Clara schien ein ungutes Gefühl bei Johannes' Turtelei zu haben. Anstatt sich als ›große Schwester‹ aufzuspielen und Ratschläge zu erteilen, reiste sie lieber ab. So konnte sie nicht zwischen die Fronten geraten, die sich schon bald verhärteten.

Brahms soll sich mit Agathe von Siebold sogar verlobt haben, dennoch schrieb er ihr Mitte Januar 1859 einen unverbindlichen Brief. »Ich liebe Dich!«, stellte er darin fest, um ihr dann zu eröffnen: »Ich muß Dich wiedersehen! aber Fesseln tragen kann ich nicht! Schreibe mir, ob ich wiederkommen soll, Dich in meine Arme zu schließen, Dich zu küssen, Dir zu sagen, daß ich Dich liebe!«[295]

Johannes wirkte verunsichert. Agathe war musikalisch und gebildet, wäre aber als Ratgeberin bei kompositorischen Details überfordert gewesen, ebenso wie er den Ansprüchen an gesellschaftlichen Status nicht genügte. Vernunftüberlegungen spielten im 19. Jahrhundert in weiten Teilen der Bevölkerung eine entscheidende Rolle, denn die Haltung »Ideale bringen nicht viel« war durchaus verbreitet.[296] Auch wenn Agathe sich zeitweilig Hoffnung auf den schmucken Hamburger gemacht haben mag, war letztendlich absehbar, dass langfristig jeder seinen eigenen Weg gehen musste. Im Frühjahr 1859 trennte sich Brahms schließlich von Agathe von Siebold. Seine Einkünfte aus Detmold, Gelder für Kompositionen und Honorare für Auftritte reichten gerade, um selbst über die Runden zu kommen. Es war nicht abzusehen, dass er jemals in der Lage sein würde, einer Frau mit Adelstitel und hochgeachteter Verwandtschaft einen angemessenen Lebensstandard zu bieten. Seine Freunde nahmen ihm übel, Agathe überhaupt Hoffnung auf einen blendend aussehenden Gatten an ihrer Seite gemacht zu haben, sie hinzuhalten und sich dann zurückzuziehen.

Clara schlug auf ihrer Europaroute einen großen Bogen um das ihr unangenehme Geschehen und äußerte sich brieflich mal aus Ungarn, mal aus den Niederlanden. »Rechne mir das Schweigen nicht an«, bat sie im November 1859 aus Pest ihre Freundin Emilie List, »ich konnte wirklich nicht, denn ich verbrachte einen schlimmen Sommer und war noch im September, wo ich zum Besuch zu Fräulein Leser nach Düsseldorf ging, dort vier Wochen so elend nervös, daß ich nichts thun konnte. Erst seit Anfang des Novembers fühle ich mich etwas kräftiger, und so siehst Du mich auch schon wieder auf der Wanderung.«[297] Allerdings verfügte sie nie über Johannes' Ausdauer beim Spazierengehen und absolvierte ihren Tourneemarathon nebst kleineren Exkursionen per Kutsche und Eisenbahn. Noch im nächsten Frühjahr bereiteten die Ereignisse in Göttingen Clara Kopfzerbrechen. »In Cassel hab ich schlimme Tage verbracht; die arme Agathe und Vieles noch ging mir nicht aus dem Sinn!«, schrieb sie Johannes im Februar 1860 aus Amsterdam über ihre Erlebnisse in Kassel. »Immer sah ich das arme verlassene Mädchen und lebte alles Leid mit ihr durch. Ach, lieber Johannes, hättest Du es doch so weit nicht kommen lassen! Ich sah sie aber auch in Person, d. h. von weitem beim Herausgehen aus dem Theater, wohin sie mit Frau Grimm, Frl. Wagner, Bargheer etc. zum Concert gekommen war. Ich bewunderte ihre Kraft, dass sie es konnte.«[298]

Agathe lebte zeitweilig als Hauslehrerin in Irland, um die Kinder von wohlhabenden Briten auf dem Lande zu unterrichten, denn – so schrieb Julius Otto Grimm an Johannes – »in Göttingen war's ihr zuletzt zu unerfreulich, sie wollte eine selbstständige Tätigkeit«. Im

Übrigen sei sie »eine starke Natur geblieben, hat auch ihren Humor nicht verloren«.[299] Erst acht Jahre später heiratete Agathe von Siebold standesgemäß im April 1868 den Königlich-Preußischen Sanitätsrat und Arzt Carl Schütte. Johannes Brahms ließ es nie mehr so weit kommen, dass die Eheschließung der nächste Schritt für eine Beziehung gewesen wäre. »Ich hab's versäumt,« äußerte er Jahre später gegenüber dem Schriftsteller Joseph Victor Widmann. Als er »wohl Lust dazu gehabt hätte«, konnte er »es einer Frau nicht so bieten, wie es recht gewesen wäre«, womit er ein Problem zahlreicher junger Männer im 19. Jahrhundert ansprach. Und »in der Zeit, in der ich am liebsten geheiratet hätte, wurden meine Sachen in den Konzertsälen ausgepfiffen oder wenigstens mit eisiger Kälte aufgenommen«, bedauerte er. »Das konnte ich nun sehr gut ertragen, denn ich wußte genau, was sie wert waren, und wie sich das Blatt schon noch wenden würde. Und wenn ich nach solchen Mißerfolgen in meine einsame Kammer trat, war mir nicht schlimm zu Mute. Im Gegenteil! Aber wenn ich in solchen Momenten vor die Frau hätte hintreten, ihre fragenden Augen ängstlich auf die meinen gerichtet sehen und ihr hätte sagen müssen: Es war wieder nichts! – das hätte ich nicht ertragen!«[300]

Clara Schumann dürfte nicht entgangen sein, dass die Brahms-Lieder aus jener Zeit das Thema der Liebe mal begeistert, mal distanziert behandeln. In dem einen strebt er »hin zu der Herzallerliebsten mein, / ganz heimelig!« (op. 14, Nr. 6), in einem anderen hält er sie auf Distanz, denn »der Mond schaut dich im Schlummer da, / doch ich muß ziehn allein!« (op. 15, Nr. 7). Brahms bekam mitunter Angst vor der eigenen Courage. »Zuckend fliegt nun der Kuß, wie ein versengend Feu'r, / Mir durch Mark und Gebein«, hieß es im ersten Gesang von Opus 19. »Du, die Unsterblichkeit / Durch die Lippen mir sprühte, / Wehe, wehe mir Kühlung zu!« Diese Verse von Ludwig Heinrich Christoph Hölty, vom ›Verlobten‹ vertont, hätten jede potenzielle Braut misstrauisch machen müssen. Wie sehr Brahms die gescheiterte Verbindung zu Agathe erregt haben mag, verdeutlicht eine Bezugnahme in dem einige Jahre später entstandenen Streichsextett op. 36. Jeder Satz steckt voller Erinnerungen: An Fräulein von Siebold, an Clara Schumann und seinen bisherigen musikalischen Weg. Nach gut 160 Takten, etwa zweieinhalb Minuten in der Musik, taucht im Kopfsatz, »Allegro non troppo«, in der ersten Geige und Bratsche ein fünftöniges Thema auf, das mit den Noten »A-G-A-[t]H-E« gebildet wird, wobei auf das H zeitgleich in der zweiten Geige und Bratsche der Ton D fällt, der das in der Tonleiter nicht vorhandene ›t‹ ersetzt (wodurch sich zusätzlich in den letzten drei Tönen auch die Kombination »A-D-E« herauslesen lässt). Die dynamische Anweisung für die Passage lautet: »forte«. Den Freunden war die Bezugnahme natürlich klar: Noch Ende September 1894 zitierte Joseph Joachim die Noten der Namenswendung in einem Brief und erzählte Brahms, der ihm gerade seine neue Edition *Deutscher Volkslieder* geschickt hatte, von seinen erholsamen Ferien in Göttingen: »Nirgends hätte ich empfänglicher für Deine herrliche Volksliedergabe, mit der Du uns beschenkt, sein können, als an dem Ort, der so viele schöne Erinnerungen für mich birgt. Oft habe ich in den Liedern gelesen, sie auch mit Agathe durchgenommen, der ich ein Exemplar kommen ließ.« Den Namen ›Agathe‹ illustrierte Joachim mit den entsprechenden Noten.[301] Das Scherzo des zweiten Satzes geht zurück auf eine Gavotte für Klavier (WoO post. 3, Nr. 1), die Brahms wahrscheinlich schon 1854 entworfen hatte, und die Clara auch in ihren Konzerten unterbrachte. Sie war natürlich die Erste, der Johannes die ersten drei Sätze des im September 1864 entstandenen Sextetts zu Weihnachten schickte. Die einfach gehaltene, zweitönige Ausgangsidee fiel ihr auf – die »könnte Dir wohl gestohlen werden«, scherzte sie. Aber bis hin zu dem bemerkenswert schlichten Beginn der 4. Sinfonie zwanzig Jahre später war Brahms nicht die Originalität eines kurztönigen Motivs oder eines mehrtaktigen Themas wichtig, sondern wie man im weiteren Verlauf einer Komposition damit umgeht. »Was finge einer wohl damit an, der es nicht versteht wie Du, es so aufs reizendste und geistvollste mit Motiven zu umkleiden, die immer darum herum spielen und sich ineinander schlingen wie eine Kette lieblicher Gedanken«, erkannte Clara.[302] Sie bildete den ruhenden Pol in seinem Leben, im Gegensatz zu den Liebesirrungen und -wirrungen des ersten Satzes und der Scherzo-Hektik des Musikbetriebs. Wie auch im ersten Klavierkonzert würdigt der langsame Satz Clara: Den Beginn hatte Johannes schon in einem Notizbuch skizziert, das sie ihm 1854 zu Weihnachten geschenkt hatte; und in einem Brief vom darauffolgenden Februar 1855 notierte er für sie die Melodie und meinte zu dem Notenbild: »Es sagt immer mehr als meine Worte.«[303]

Indem sie auf Wunsch von Joseph Joachim auf einen eigenen Auftritt mit dem geplanten Klavierquartett A-Dur op. 26 verzichtete, wirkte Clara im Hintergrund daran mit, dass das Sextett op. 36 auch in England bald nach dem Erscheinen »glücklich vom Stapel gelaufen« war. »Ich hatte eine große Freude dabei, hätte nur gar zu gern mit die erste Geige gespielt«, teilte sie Johannes erfreut mit.[304]

Ihre Begeisterung teilten indes nicht alle. Die Publikationsgeschichte des Sextetts bietet ein charakteristisches Beispiel für den Intrigantenstadel der Musikszene. Brahms ärgerte sich, dass sein bisheriger Verleger Breitkopf & Härtel ihn wissen ließ, man nehme auf Empfehlung eines externen Beraters davon Abstand, das Werk herauszubringen. Clara nutzte daraufhin alte Kontakte in ihre Geburtsstadt und verkündete bald darauf in einem Schreiben: »Wären nur nicht in Leipzig die Kritiker dümmer als das Publikum und *boshaft* dazu! – Jetzt kenne ich auch den Esel, der Härtels über Dein 2. Sextett gesagt: ›das sei ihm doch zu toll!‹ Darauf schickten sie es Dir zurück.«[305] Erst im nächsten Brief rückte sie dann mit dem Namen heraus: »Der Esel ist Bagge –! Ich habe natürlich mit Härtels nicht darüber gesprochen, da bin ich viel zu stolz für dich.«[306] Selmar Bagge war zeitweilig Herausgeber der *Allgemeinen musikalischen Zeitung*, bevor er sich in Basel niederließ und dort die Leitung der Musikschule übernahm. Er schätzte Robert Schumann, produzierte selbst vier Sinfonien, brachte aber für Brahms nur begrenzt Verständnis auf. Johannes fand in Fritz Simrock in Bonn einen zuverlässigeren Verleger, ließ aber in gewohnter Manier in seinem Schreiben an Breitkopf & Härtel noch einmal seinen Ingrimm über das Leipziger Traditionshaus aus, dem er jede weitere Zusammenarbeit versagte.

Den einst so schüchternen und jungenhaft unbefangenen Johannes machten die Lebenserfahrungen misstrauisch und zuweilen verbiestert. Schon als junger Mensch erlebte er die Belastungen, Enttäuschungen und emotionalen Katastrophen einer zu engen Vertrautheit: Sein Vater Johann Jakob war 17 Jahre jünger als seine Mutter Christiane – er hatte mit 24 eine 41-Jährige geheiratet –, was mit zunehmendem Alter immer mehr zu Eifersüchteleien und Spannungen führte. Seine Eltern hatten sich 1864 endgültig getrennt. Auch wenn sich Johannes gut mit der Mutter und seiner nur neun Jahre jüngeren Stiefmutter Karoline gut verstand, erachtete er alle Unbill, die Beziehungen mit sich brachten, als nichts Erstrebenswertes. Er scheute emotionale Abhängigkeit. Die Vorstellung vom »Mitleid der eigenen Frau bei Mißerfolgen des Mannes« erzeugten bei ihm ein »huh! ich mag nicht daran denken, was das, sowie ich wenigstens fühle, für eine Hölle gewesen wäre«.[307] In späteren Jahren dürfte er seinen Entschluss, auf eine Heirat zu verzichten, nie bereut haben, denn er geriet bei dem Ehestreit der Joachims in eine Zwickmühle, und erlebte die abstrusen religiös-gesellschaftlich motivierten Merkwürdigkeiten anlässlich einer wiederholten Heirat von Johann Strauß mit: Nach den Etiketteregeln in Österreich lebte dieser in wilder Ehe. Bei seiner dritten Heirat war er zum Protestantismus übergetreten; nach katholischem Kirchenrecht konnte er aber nicht von seiner zweiten Frau geschieden werden, wodurch jeder weitere Ehebund von ihm als nicht geschlossen galt. Brahms vermutete, dass Strauß gerade deswegen zu seinem fünfzigjährigen Künstlerjubiläum keinen Orden erhielt und lediglich das gewöhnliche Bürgerrecht der Gemeinde Wien, nicht das Ehrenbürgerrecht. »Nun da hat er wenigstens Anspruch aufs Pfründnerhaus [eine Versorgungsanstalt für arme Bürger in Wien, auf die ein ›Ehrenbürger‹ keine Rechte hat]! Auch was wert!«, lautete Brahms' sarkastischer Kommentar.[308]

Seine tiefsten Empfindungen nachvollziehen konnten höchstens engste Vertraute wie Clara Schumann. So kam ihr die *Alt-Rhapsodie* vor wie »die Aussprache seines eigenen Seelenschmerzes« und mit einem Stoßseufzer brachte Clara das Dilemma auf den Punkt: »Spräche er doch ein Mal nur so innig in Worten!«[309]

3 Kultur-Kriege (1859–1862)

Künstlerwürde und Disziplin · Schlachtfelder der Intellektuellen · Das Faustsche Dilemma · Wohin soll man sich wenden? · Konkurrierende Avantgarden · Im Auge des Hurrikans · Kunst und Ideologie · Die Affäre Grün und andere Kalamitäten · Wirklich beste Feinde – Gegenschlag mit Vorgeschichte · Paukenschläge und facettenreiche Zwischentöne · Die Ursünde der Moderne · Die Versöhnungs-Falle · Schönes und Gutes

> *Ich hatte ein langes Gespräch mit Brahms, was mich sehr interessierte und belehrte. Er meinte, es gäbe viele Talente, die, wenn es ihnen gesagt worden, daß sie Empfindung und Originalität haben, an dem Bewußtsein, daß sie es [!] haben, scheitern, weil sie dann danach trachten, immer mehr in der Weise wirken zu wollen und die eigentliche ursprüngliche Kraft und Natur (das unbewußte Schaffen) verlieren. Ich fand das sehr wahr, doch glaube ich dies nur anwendbar auf Talente, nicht auf das Genie, denn letzteres geht, unbekümmert um alles, seinen Weg, folgt nur seinem Gotte! – Solch ein Genie ist auch gewiß Brahms; ein bewunderungswürdiger Mensch überhaupt!*[310]
> Clara Schumann

> *Aber man kann und soll auch nicht den Künstler vom Menschen trennen.*[311]
> Johannes Brahms

Künstlerwürde und Disziplin

Mochte es auch gelegentlich Dissonanzen im Freundschaftsduett geben, im Grunde genommen verfolgten Clara und Johannes ähnliche Ziele. Auch wenn ihre Düsseldorfer Freundin Rosalie Leser sie mahnte, dass sie »zu wenig ihre Künstlerwürde behaupte«, notierte

Clara in ihren Aufzeichnungen, sie möge wohl recht haben, »doch ist es mir unmöglich, es zu verbergen, wenn ich von seinen Kompositionen erfüllt bin, und ebenso kann ich einem solchen Künstler gegenüber nicht verhehlen, wie viel höher ich Produktivität (wahre, geniale) als Virtuosität schätze«. Die Pianistin zeigte sich überzeugt davon, »daß Brahms so oder so immer weiß, wie viel von mir zu halten« sei. Claras Grundüberzeugung lautete: »Dann aber scheint mir beim Künstler nicht das Alter sondern, wie überhaupt bei allen Menschen, der Geist maßgebend, und so denke ich im Zusammensein mit Brahms nie an seine Jugend, sondern fühle mich durch seinen Geist immer in schönster Weise angeregt und oft belehrt.«[312] Die Inspiration, die seine Musik vermittelte, wollte Clara in ihren Konzerten weitergeben. Und so wurden die Werke von Johannes fester Bestandteil ihres Repertoires.

Clara entwickelte in jenen Jahren einen Tourneerhythmus, den sie über zwei Dekaden mit eiserner Disziplin durchhielt. Vor allem ihre Tochter Marie unterstützte und begleitete sie ab 1861 dabei. Weite Konzertreisen nach Russland bei frostigen Temperaturen – wie 1864 mit Auftritten in Königsberg, Riga, Moskau und der Hauptstadt Sankt Petersburg – blieben die Ausnahme. Einladungen zu Gastspielen in den USA lagen vor, allerdings waren sie aus finanziellen Erwägungen unattraktiv: Die Starpianistin hätte ein fürstliches Honorar erhalten, aber sie kalkulierte ganz nüchtern den Kosten-Nutzen-Faktor durch und kam zu dem Ergebnis, dass ihr nach Abzug der Auslagen für Reise, Verpflegung und Unterkunft weniger Ertrag blieb als bei Auftritten in Europa. Dort nahm sie auch Engagements von weniger renommierten Ensembles an, wenn sie gerade passend auf der Reiseroute lagen. Im niederländischen Arnheim erlebte sie »das schauerlichste Concert«, da ihr »eine große bretterne Bude« als Konzertsaal zugemutet wurde. Die Veranstaltung fand statt, obwohl ein »Sturm brüllte«, bei dem man den Eindruck bekam, als ob »das Dach immer abgehoben würde und wieder herunter fiele«, sodass man »Minuten lang nichts von der Musik hörte«. Vor ihr »saßen die Leute eingehüllt in Pelze, die Damen mit einem Stöfchen unter den Füßen und blieben ruhig sitzen, als seien sie das gewöhnt«. Kein Wunder, dass die in leichter Konzertkleidung auftretende Clara in ihrem Tagebuch klagte, dass ihr die Kälte »förmlich in den Halswirbelknochen schnitt« und die Arme beim Spielen steif wurden – »dazu ein jämmerliches Orchester«.[313] Glücklicherweise blieben solche Extreme die Ausnahme für eine Künstlerin, die zumeist die elegantesten Säle in Leipzig, Dresden, Köln, London, Paris und Wien gewohnt war. Mit jedem Auftritt stiegen die Erwartungen an sie. In den Jahren nach Roberts Tod peinigten sie zuweilen Panikattacken. »Denken Sie, daß ich kein Concert gebe, wo ich nicht unter Todesangst ein Stück nach dem Andern spiele, weil mich das Gedächtnis immer zu verlassen droht, und die Angst davor quält mich schon Tage lang vorher«, schrieb sie bereits im Dezember 1858 an Joachim. »Nach dem ersten Stücke bekam ich solch einen Weinkrampf, daß es lange Zeit brauchte, bis ich wieder zu einiger Fassung kam.«[314] Aber Clara arbeitete zäh und professionell. Sie legte ihre eigenen neuen Bahnen an, auf denen natürlich die wichtigsten deutschsprachigen Kulturstädte lagen sowie als regelmäßige Konzertfixpunkte Brüssel (1861–73), Köln (1850–80), Utrecht (1853–82), Basel (1857–87) und London (1856–88). Nur neun Mal führte sie zwischen 1837 und 1872 der Weg nach Wien, aber insgesamt neunzehn Mal reiste sie nach Großbritannien, wo sie einer der beliebtesten Gäste wurde und auch Freunde fand. Gelegentlich trat sie dort zusammen mit Joseph Joachim auf und gerne hätte sie Johannes einmal nach England gelockt. Aber dem behagte eher das Klima in Italien, das er zwischen 1878 und 1893 auf neun ausgedehnten Reisen erkundete. »Wie oft denke ich an Dich und wünsche Deinem Auge und Deinem Herzen die Wollust, die hier Auge und Herz empfinden«, schrieb er Clara aus Rom. »Wenn Du nur eine Stunde vor der Façade des Siener Doms ständest, Du wärest selig und meintest, das wäre für die ganze Reise genug.« Und er schwärmte ihr vor, »jedes jegliche Einzelne lohnt durchaus die Reise, desto langsamer und behaglicher desto genußvoller« und empfahl »Venedig, Florenz, Rom, Neapel und so viel wie möglich oder was Ihr wollt dazwischen«.[315] Nachdem er sich schon mit der lateinischen Sprache befasst hatte, versuchte er auch, ein wenig Französisch und Italienisch zu lernen. Ansonsten war er auch des Plattdeutschen mächtig und vertonte unter anderem Texte wie »Da geit en Bek de Wisch entlang« (op. 44, Nr. 9) von seinem Freund Klaus Groth aus Kiel. Dieser war vor allem über »die himmlische Musik zu meinen Texten« begeistert, als Brahms seine Dichtung für die Hälfte der acht Lieder seines Opus 59 wählte.[316] Clara konnte neben Sächsisch, Französisch und Englisch ebenfalls Platt und schrieb Johannes begeistert von ihrer Lektüre. »Eine große Freude habe ich aber gehabt an Reuters *Ut mine Stromtid*«, schrieb sie Johannes über den bedeutenden Literaten des Nordens. »Diese Frische, Innigkeit, Humor und Natur hat mich ganz begeistert, ich möchte immerfort darin lesen.«[317] Solche Eigenschaften bewunderte sie sicher auch an Johannes und für beide besaß die Wertschätzung von Fritz Reuter zudem eine kulturpolitische Dimension: Die Kunst, wie er und Klaus Groth das Plattdeutsche als Literatursprache nutzten, belegte Mitte des 19. Jahrhunderts, dass Holstein eindeutig zum deutschen Sprachgebiet gehörte. Politisch allerdings waren die Herzogtümer Holstein und Lauenburg damals einem verwaltenden Ministerium in Kopenhagen unterstellt.

Clara zog es eher in den Norden; nur einmal konnte der Freund sie dazu bringen, die Alpen in südlichere, heißere Gefilde zu überqueren. »Lieber Johannes, endlich kann ich Dir sagen, daß wir nun wirklich in Italien sind«, schrieb sie ihm im April 1889 bereits aus Nizza, dem Geburtsort von Giuseppe Garibaldi, dem Vorkämpfer der italienischen Einigungsbewegung. Als er zur Welt gekommen war, gehörte die Stadt noch zum Herzogtum Savoyen-Piemont, aber mit der Gründung des Königreichs Italien 1861 musste die Grafschaft Nizza an Frankreich abgetreten werden. In Begleitung von Künstlerfreunden reiste Clara über Genua nach Florenz, schwärmte wie »bezaubernd in seiner herrlichen Farbe« das Meer und die Vegetation seien, beklagte aber auch ihren begrenzten Radius. »Wir können eben nicht so schnell reisen wie Ihr Herren«, erzählte Clara, »die Fahrten bis hierher hatten meinen Rücken so angegriffen, daß ich zwei Tage ruhen mußte«.[318] Aus dem angedachten Treffen in Florenz wurde nichts, weil Johannes einen Urlaub in Ischl im Sinn hatte. »So sehr mich Deine Anwesenheit hier erfreut hätte, so hätte ich mich doch auch etwas gesorgt, weil Du in Deiner Jugendkraft nicht begreifen würdest, wie so vieles ich nicht mitmachen kann«, schrieb die zu diesem Zeitpunkt 70-Jährige dem 56-Jährigen, »ich muß mir vieles versagen, kann nur das wenigste genießen, weil ich weder länger gehen noch stehen kann«. Doch man hoffte, »alles weitere also bald mündlich« zu besprechen.[319] Johannes freute sich »jetzt besonders Deiner guten Gewohnheit, das Erlebte des Tages zu notieren«, sodass sie ihm ausführlich berichten konnte, was sie bewundert hatte.[320] Möglicherweise strebte Clara nicht öfter nach Italien, weil sie auch Johannes' Reisebegleitung von Wissenschaftlern, Gelehrten und Literaten einschüchterte. Selbst schriftlich traute sie sich mitunter kaum, mit ihnen in Kontakt zu treten. So war sie zwar begeistert von einem neuen Buch mit Erzählungen von Johannes' gutem Freund Joseph Victor Widmann, drängte ihn aber, sich für dessen »geistreiche Schilderungen« zu bedanken: »Ich hätte es ihm gern selbst geschrieben, aber ich fühle mich geistreichen Leuten gegenüber immer schüchtern.«[321] Auch wenn Eduard Hanslick, ein Wiener Musikästhetiker und Freund von Brahms, ihr seine Rezensionen schickte, bat sie Johannes, ihm dafür in ihrem Namen Dank zu sagen.

Dabei war sie selbst eine geachtete Persönlichkeit, die zunehmend von den neuen Entwicklungen im Konzertwesen profitierte, bei denen man ihr das Reisen so angenehm wie möglich machen wollte. Parallel zur Karriere von Clara Schumann entwickelten sich neue Gepflogenheiten, die später im 20. Jahrhundert als vollkommen normal galten. Schon als Clara 1862 nach dreizehnjähriger Abwesenheit wieder in Paris gastierte, stellte sie fest, dass man ihr die mühsame Selbstorganisation der sechs Konzerte abgenommen, alles sorgfältig beworben und vorbereitet hatte. Das hochprofessionalisierte Konzertwesen in England begeisterte sie. Zunehmend stieg man auch in Mitteleuropa um zu einer langfristigen Planung von Veranstaltungen, organisierte professionell den Kartenverkauf, etablierte Abonnements für regelmäßige Konzertreihen und half den Künstlern, sich ausschließlich auf die Aufführung zu konzentrieren. Nichts sollte mehr dem Zufall mit *ad hoc* auf die Beine gestellten Veranstaltungen durchreisender Musiker überlassen bleiben. Das Publikum musste die Möglichkeit erhalten, seine Terminplanung an regelmäßigen Orchesterveranstaltungen und Gastspielen von Solisten ausrichten zu können. Clara trug ihren Teil dazu bei, indem sie eine der zuverlässigsten Künstlerinnen war: Sie unterdrückte schwere Erkältungen und Schmerzen im Arm, um auftreten zu können, und wenn sie – was höchst selten vorkam – letztendlich einmal ein Konzert absagen musste, konnte man sicher sein, dass es nicht an den Allüren einer Diva lag, sondern sie sich tatsächlich mehr tot als lebendig fühlte.

Bereits bei ihrer ersten Russlandreise 1844 hatte sie entdeckt, dass sie durchaus auch bei einem ›Frau allein am Klavier‹-Abend überzeugen konnte, anstatt sich umständlich um die Mitwirkung eines Orchesters oder anderer Solisten für die gängigen stundenlangen Potpourri-Konzerte mit Sinfonie, Lied, Klavierdarbietungen inklusive virtuoser Kabinettstückchen zu bemühen. Und so ließ sie ihren Vater wissen, sie gebe »alle Concerte allein ohne alle Unterstützung, was ich nun immer thun werde, es ist das beste«.[322] Ihre Programme wurden im Laufe der Zeit kürzer und fokussierter. Mit den Jahren erweiterte sie ihr Repertoire, setzte zunehmend anspruchsvollere

Stücke aufs Programm und engagierte sich immer wieder für die Kompositionen von Robert und Johannes. Dabei erkannte sie jedoch, dass sie diese nur für einen kleinen Kreis von Enthusiasten spielen konnte. Hätte sie ausschließlich darauf vertraut, dass ihre Soloauftritte oder das Allerneueste von Johannes ausreichend Menschen angezogen hätte, um die Säle zu füllen, wäre sie auf Dauer enttäuscht worden. Und so zog sie dann doch wieder andere Solisten hinzu, aber nur die allerbesten, die sie wie ihre Freundin Jenny Lind gelegentlich auch einmal kostenlos unterstützten. Bei den Briten wurde Clara als »the great attraction« gefeiert,[323] in ihrer Heimatstadt Leipzig und im nahe gelegenen Weimar galt sie vielen als eine, die mit den Feinden paktierte.

Schlachtfelder der Intellektuellen

Künstler im Kulturleben des 19. Jahrhunderts waren weit davon entfernt, ungestört in aller Ruhe an ihren Werken zu feilen. Salons, Museen und Konzertsäle wurden zu Schlachtfeldern intellektueller und ideologischer Auseinandersetzungen. Auch für Clara und Johannes zeichnete sich Widerstand ab. Mochten sie es vor lauter Begeisterung für ihre Musik anfangs auch noch nicht wahrhaben, aber eine Bewegung gewann an Zulauf, der es nicht allein um bedeutungsvolle Musik ging, sondern um eine Veränderung der Gesellschaft. Die Sinfonik interessierte den Kern der sich als fortschrittlich gebenden Künstler nur peripher und auch Liszt wandte sich ihr nur zu, wenn er sie mit gewichtigen Themen wie »Dante« oder »Faust« verbinden konnte. Wer in die Zukunft blickte, der vergeudete für »fremdes Erbe« keine Zeit mehr. Insbesondere, wenn dieses von Juden repräsentiert wurde. Mit seiner Geringschätzung von Mendelssohn Bartholdy hatte Liszt bereits die Schumanns gegen sich aufgebracht. Nachdem sich bei einer Kutschfahrt in Berlin im November 1863 seine mit Bülow verheiratete Tochter Cosima und Richard Wagner ihre Liebe gestanden hatten, wurde der Verfasser von »Das Judentum in der Musik« sieben Jahre später sein Schwiegersohn. Seit Anfang der 1860er-Jahre pflegte Liszt zudem Kontakt mit Papst Pius IX. und sympathisierte mit einer Kurie, die mit allen der Obrigkeit zur Verfügung stehenden Mitteln einer vermeintlichen ›Verjudung‹ der Gesellschaft in wirtschaftlichen, kulturellen und religiösen Bereichen entgegentreten wollte. In seinem Buch

Die Zigeuner und ihre Musik in Ungarn beschrieb Liszt – in der Übersetzung der Erstausgabe durch Peter Cornelius von 1861 – die Juden als »heimliche, listige Feinde der Gesellschaft, deren Laster sie hätscheln, während sie ihre Schwäche verachten«. Sie kennzeichne eine »unversöhnliche Feindseligkeit gegen die Anbeter des Gekreuzigten« und Liszt verdächtigte jene, die »dem Nazaräer den Glauben versagt« hatten, der Verschwörung, da sie »während etwa zwanzig Jahrhunderten ihre Gefühle in den tiefen Falten der Seele verborgen gehalten hatten und strenge ihr eigenes Gebot befolgten, keines derselben über die Oberfläche auftauchen zu lassen um ihren Scharfsinn für List und Trug zugleich besser zu verbergen, war es ihnen wohl möglich Kunst zu lernen und auszuüben, weniger aber Kunst zu *schaffen*«. Liszts Haltung war von einem tiefen Misstrauen geprägt, das sich zu Verachtung und Feindseligkeit steigerte. »Im Herzen Europa's scheinen alle Symptome dieses unauslöschlichen Charakters zu schwinden«, sagte er, aber Vorsicht sei geboten, denn: »Immer wieder finden wir die Juden verschlossen aber dienstfertig, ränkevoll aber unterwürfig, trotz allem Schelten und trotz verstellter Annäherung ihren feindlichen und doch basiliskenhaft anziehenden Charakter bewahrend«. Obwohl sie »heute an allem Zauber unserer Civilisation teilnehmen«, sei es jederzeit möglich, »wenn eine unvorhergesehene Catastrophe sie zurückwerfen sollte in die alte Not, sie genug hebräischen Blutes in sich fühlen würden, um noch einmal, wie bei jenem Auszug aus Egypten, zu heiligem Feste versammelt sich am Blute der Erstgeborenen ihrer Tyrannen zu weiden«. In künstlerischer Hinsicht stünden die Juden – und damit viele Freunde von Clara und Johannes – im scharfen Gegensatz zu denen, die so unabhängig sein wollen wie die ›zingaresk‹-souverän selbstständigen Vertreter der Fortschrittspartei: »Im Gegensatz zu der, absoluten Geboten blind gehorchenden, judäischen Nation verwirft der Zigeuner den Despotismus jedweden Gesetzes«, meinte Liszt. Die einen blieben Sklaven der Form, die anderen kühne Eroberer neuer Kunstgefilde. »Künstlerisches Hervorbringen und selbst ein gelungenes Hervorbringen ist keineswegs gleichbedeutend mit der höchsten Gabe künstlerischen Schaffens; es besteht hierin der Unterschied zwischen Talent und Genie«, beschrieb Liszt die vermeintliche Unfähigkeit jüdischer Intellektueller zu bahnbrechenden kulturellen Leistungen. »Ersteres bewegt sich in bereits bekanntem Inhalt und Form; letzteres erfindet spontan niemals gehörte Weisen. Die Israeliten konnten keine neuen Weisen erfinden; denn sie sangen niemals ihre eigenen Gefühle. Ihr langes Verschlossenhalten des Edelsten, was in ihnen lag, ihre Religion des Schweigens gestattete ihnen nicht, den Aufschwung ihrer Seele, das Weh ihres Herzens, das Beben ihrer Leidenschaften dieser idealen Sprache anzuvertrauen.«[324]

Kein Wunder, dass Künstler aus dem Umfeld von Clara und Johannes einen Mann wie Liszt »speiwidrig« fanden.[325]

Clara und Johannes konnte nicht entgangen sein, dass allmählich scharfe Kontrapunkte zu den Werken Robert Schumanns gesetzt wurden. Ein besonderer Fall betraf die Auseinandersetzung um die Heinrich-Faust-Thematik, die zahlreiche Literaten, Maler und Komponisten seit dem 19. Jahrhundert beschäftigte. Die Freunde vertonten jeweils auch andere Goethe-Vorlagen, aber beide begeisterten sich für eines der bislang nicht vollständig aufgeführten Hauptwerke Robert Schumanns: die dreiteiligen *Szenen aus Goethes ›Faust‹* für Solisten, Chor und Orchester. Liszt wusste von dem Werk, das Schumann bereits konzipiert hatte, als sein Freund Mendelssohn noch lebte. Den zuerst komponierten dritten Teil konnte Schumann vor geladenen Gästen im Juni 1848 in Dresden erstmals zu Gehör bringen, gut vier Wochen nach Niederschlagung der Mai-Aufstände, in deren Folge Michail Bakunin und Richard Wagner die Stadt verlassen hatten. Schumann war jedoch mit dem Finale dieses Werkabschnitts unzufrieden und überarbeitete vor allem den Chor, um diese *Faust-Szene* rechtzeitig einen Tag nach dem 100. Geburtstag Goethes am 29. August 1849 in drei parallel veranstalteten Konzerten erneut zur Aufführung zu bringen. In Dresden stand er wieder selbst am Pult, während in Leipzig Julius Rietz und in Weimar Franz Liszt dirigierten. Das vollständige Opus in drei »Abteilungen«, inklusive einer von Liszt angeregten Ouvertüre, präsentierte Robert seiner Frau am 13. September zu ihrem letzten gemeinsam verbrachten Geburtstag. Kaum war Robert Schumann als Komponisten-Konkurrenz durch seine Erkrankung und Unterbringung in Endenich ausgeschaltet, schickte sich Liszt im Sommer 1854 in Weimar an, selbst eine groß dimensionierte *Faust-Symphonie in drei Charakterbildern* zu entwerfen. Er ließ sich Zeit, um den gut 70-minütigen Orchestergiganten mit Solisten und Chor der Öffentlichkeit zu präsentieren. Ein Jahr nachdem Schumann unter der Erde lag, fand zur Einweihung der Denkmäler für Goethe, Schiller, und Wieland sowie zur Grundsteinlegung des Carl-August-Denkmals am 5. September 1857 ein Festkonzert im Weimarer Hoftheater statt, bei dem symbolisch

Mendelssohn, Schumann und ›Konsorten‹ für irrelevant erklärt wurden: Auf dem Programm standen ausschließlich Werke von Liszt. Unter dem Titel »An die Künstler« hatte er ein Stück für Chor und Orchester vertont mit einem Schiller-Text, den bereits elf Jahre zuvor Mendelssohn in seinem Opus 68 zur Eröffnung des ersten deutsch-flämischen Sängerfestes in Köln verwendete. Schumanns *Faust-Szenen* stellte er seine eigene monumentale *Faust-Sinfonie* entgegen und mit der knapp halbstündigen sinfonischen Dichtung *Die Ideale*, der Schillers gleichnamige Verse aus dem *Musenalmanach 1796* zugrunde liegen, gab er den Ton für die Zukunft vor. Liszt war klar, dass »zu dem Bau der Ewigkeiten / zwar Sandkorn nur für Sandkorn reicht«, doch man musste »der feindlichen Vernunft« etwas entgegensetzen, damit »das Seelenlose« – wie etwa die Kunst von Clara und Johannes – nicht die Überhand gewinnt. Das vorgegebene Ziel in der finalen Apotheose wurde inspiriert durch Ambitionen wie sie Schillers Worte umschreiben: »Es dehnte mit allmächtgem Streben / die enge Brust ein kreisend All, / heraus zu treten in das Leben / in That und Wort, in Bild und Schall.«

Clara und Johannes konnten erst 1858 die Edition eines Klavierauszugs von Robert Schumanns vollständigen *Szenen aus Goethes ›Faust‹* realisieren, die posthum als Werk ohne Opuszahl in das Verzeichnis seiner Schöpfungen eingingen. Neun Jahre nachdem ihr Robert das fertiggestellte Stück zum Geburtstag geschenkt hatte, gelang es Clara, im Januar 1862 in Köln endlich die von Ferdinand Hiller geleitete Gesamtaufführung zu realisieren. Julius Stockhausen, einer der bedeutendsten Baritone des 19. Jahrhunderts, unterstützte sie dabei. Im Vorfeld der Uraufführung präsentierte man in Köln passenderweise die Kantate *Die erste Walpurgisnacht* von Mendelssohn, der Goethe noch persönlich gekannt hatte. Während man in den *Signalen für die musikalische Welt* erfreut über die Aufführung von Mendelssohns »unverwüstlich frischer« Komposition berichtete,[326] gehörte für die *Neue Zeitschrift für Musik* ein »seit zwanzig Jahren in allen bessern Concertsälen und Singakademien längst eingebürgertes« Opus wie dieses eher in die Mottenkiste. Der Versuch, es wenige Monate nach Köln in Leipzig in einer szenischen Aufführung auf die Bühne zu bringen, erntete scharfe Kritik der Kreise um Franz Brendel. »Wer steht uns aber dafür, daß nicht auch Andere an die Reihe kommen?«, argwöhnte der Rezensent. »Daß nicht Schumann's *Paradies und Peri*, *Page und Königstochter*, *Sängers Fluch* oder *Faustmusik* gelegentlich nachfolgen, und daß wir, auf diese Weise gemessen rückwärts schreitend, eines Tages auch die Händel'schen Oratorien auf der Bühne zu hören bekommen?«[327]

Was für die einen Rückschritt bedeutete, war für die anderen die Begegnung mit einem der Hauptwerke Schumanns. Die *Szenen aus Goethes ›Faust‹* hatten »ein Publikum von vielleicht 1600 Personen herbeigezogen«, berichteten die *Signale für die musikalische Welt*, und sie errangen, »wenn man bedenkt, daß das zum ersten Male und vor einem im Allgemeinen der Schumann'schen Muse nicht allzu günstigem Auditorium aufgeführt wurde, einen durchschlagenden Erfolg«.[328] Hingegen war die Sache der *Neuen Zeitschrift für Musik*, die keinen Korrespondenten in Köln hatte und auch nicht dorthin bemühte, zu unwichtig, und nur eine Randnotiz in der Rubrik »Correspondenz« wert, in der man verkündete: »Also gelangt auch noch im Gürzenich die ›gemeine Sinnlichkeit‹, welche ein Kritiker am Rhein in Schumann's Werken entdeckt, zu Ehren.«[329]

Stockhausen setzte sich auch weiterhin an vielen Orten für Schumanns *Faust-Szenen* ein. In der *Neuen Zeitschrift für Musik* ignorierte man das Werk so gut es ging. Im Dezember wurde anlässlich einer weitgehend gelungenen Leipziger Aufführung Robert Schumanns *Faust*-Deutung im Grunde genommen abgekanzelt: Der »bedenkliche Mißgriff« hinsichtlich der Dramaturgie sei auffällig und neben gelungenen Einzelheiten gebe es auch so manche Stelle, die »vom specifisch musikalischen Standpuncte aus betrachtet nichts Hervorragendes bietet«.[330] Allmählich schwand der Respekt des Magazins vor früheren Mitarbeitern und der Tonfall wurde aggressiver. Die *Neue Zeitschrift für Musik* hatte deutlich demonstriert, wie bedeutungslos ihr einstiger Gründer für sie geworden war: Anstatt Anfang 1862 die brisant-aktuelle Uraufführung von Schumanns *Faust-Szenen* zu würdigen, veröffentlichte man lieber eine zweiteilige Leitartikelserie über den Klavier-Fingersatz des 16., 17. und 18. Jahrhunderts. Wenige Monate später widmete man Liszts Gegengift, der eigenen *Faust-Sinfonie*, eine siebenteilige Analyse. Im November und Dezember 1862 legte man nach und huldigte Wagner und Berlioz: Ausführliche Berichte galten »Berlioz's *Beatrice und Benedict* in Baden-Baden« und ein Leitartikel bot eine »Einführung in Wagners *Ring des Nibelungen*« – von dem der erste Teil, *Das Rheingold*, erst sieben Jahre später isoliert in München uraufgeführt wurde. Wagner meinte, er »nenne mit Stolz mich hier zu Liszt und den Seinigen gehörig«.[331]

Das Faustsche Dilemma

Ob sie wollten oder nicht – Clara und Johannes mussten sich mit dem Dilemma des Doktor Faustus auseinandersetzen: Sollten sie Mefistofeles alias Liszt ihre Seelen überschreiben und sich den Fortschrittsjüngern anschließen oder andere Pfade ausbauen? Alles wäre so einfach gewesen, wenn das geborene Fräulein Wieck im Namen ihres Gatten als Repräsentantin eines Repertoires von Robert Schumann über Johannes Brahms bis hin zu Wagners »Wesendonck-Liedern« (als Begleiterin) und Liszts Konzertparaphrasen (als Klon seiner Interpretationsschule) von Russland über Mitteleuropa bis in die USA durch die Welt gezogen wäre. An Auftrittsmöglichkeiten hätte es nicht gemangelt und sie besaß die Fingerfertigkeit, um auch Liszts vier *Mephisto-Walzer* auf dem Klavier herunterzudonnern. Kein Streit, kein Ärger, nur Musizieren mit über die Jahre immer länger werdenden Erholungspausen dazwischen. Doch die renitente Clara machte keinerlei Anstalten, sich von den Kreisen umgarnen zu lassen, die sich auf einer Mission im Auftrag der Zukunft wähnten. An Versuchen mangelte es nicht. Clara hatte unangenehme Erinnerungen an die Begegnungen mit Liszt und den Wagners, deren unaufrichtige Höflichkeit ihr zuwider war. Unter Brendels Ägide spielte sie dementsprechend keine Rolle mehr in der *Neuen Zeitschrift für Musik*, die einst ihr Mann gegründet hatte.

Clara und Johannes äußerten sich nie in eigenen Presseartikeln oder Büchern. Bei Liszt und seinen Streitgenossen hingegen schimmerte die Ideologie immer zwischen den Zeilen durch. In einer Buchrezension stellte Franz Liszt klar, dass ein Künstler in der Form »nur die Stimme zu suchen habe, welche die Eindrücke seines inneren Wesens kundgibt«. Er betonte, dass »die Musik nur dann eine Zukunft haben kann, wenn die Künstler die großen Wahrheiten« sich zu Herzen nähmen. »Die Vergangenheit und ihre Meister zu studieren« dürfe nie dazu führen, die »unaufhörlich sich wandelnden und schwindenden Formen knechtisch nachzuahmen«. Eine »spezifische Ausbildung, eine einseitige Fertigkeit und Wissenschaft für den Musiker« ist »nicht mehr ausreichend«, denn es muss »der ganze Mensch sich mit dem Musiker erheben und bilden«. Für Liszt war »die Idee des Ganzen« nur erfassbar, wenn man sich »das Wesen der Dinge« vorstellt sowie die »Ideale der Dinge«.[332]

Dass durch diese Haltung »die Vergangenheit und ihre Meister« drohten, in Vergessenheit zu geraten, erkannten Clara und Johannes deutlich. Zwar ließ Liszt es zu, dass in Weimar posthum Schuberts »große heroisch-romantische« Oper *Alfonso und Estrella* im Juni 1854 uraufgeführt wurde, aber er meinte, dies könne man »nur als einen Akt der Pietät ansehen«, da dies lediglich »die Erledigung einer Ehrenschuld an fremde Erben« darstellte.[333] Für Mendelssohn, die Schumanns und Brahms bildeten die Werke Franz Schuberts neben denen seines Zeitgenossen Beethoven einen der entscheidenden Entwicklungsstränge in der Musik aus dem ersten Drittel des 19. Jahrhunderts. Die posthume Erstaufführung der Großen Sinfonie in C-Dur im März 1839 mit dem Leipziger Gewandhausorchester unter der Leitung von Felix Mendelssohn Bartholdy setzte einen Meilenstein in der Geschichte der Sinfonik. Nach und nach wurden immer wieder andere Schätze aus Schuberts Nachlass entdeckt, sodass ab 1884 der Verlag Breitkopf & Härtel begann, eine »Kritisch durchgesehene Gesammtausgabe« zu publizieren. Brahms gehörte zu den ersten Subskribenten. »Meine Schubertliebe«, schrieb er einem Bekannten, »ist eine sehr ernsthafte, wohl gerade, weil sie nicht flüchtige Hitze ist.«[334]

Das Engagement für die einen und die Ablehnung anderer Werke und Komponisten bestimmte fortan die Auseinandersetzungen. Während Clara und Johannes immer noch nach Möglichkeiten suchten, Roberts nachgelassene Werke zur Aufführung zu bringen, blieben Liszts *Faust-Charakterbilder* im Laufe der folgenden Jahrzehnte nicht das einzige Werk, mit dem er dem Œuvre von Schumann und Mendelssohn etwas Gewichtiges entgegenstellte. Immerhin war Liszt der erste Schritt gelungen, damit spätere Generationen nicht nur bezüglich der »über alles herrlichen *Faustsinfonie*« zu dem Urteil gelangen sollten: »Bei dem ins Leben der Töne tretenden Lisztschen Werke ist mir so recht anschaulich wieder zum Bewußtsein gekommen, daß Liszt der einzige Sinfoniker ist, der auf Beethoven kommen mußte und auf ihn einen riesigen Fortschritt bedeutet. Alles übrige ist purer Dreck.«[335] Also sprach Richard Strauss. Und das noch zu Lebzeiten von Clara Schumann und Johannes Brahms. Für Hugo Wolf waren Brahms' Kompositionen »auf der Folterbank gezeugte Produkte«.[336] Liszt mimte dabei stets den leutseligen Monsignore, doch seine Hetzhunde, die sich auf die Jagd begaben, wurden von Generation zu Generation angriffslustiger. Er verabscheue diese »verdammte Bande, von der das ›Musikalisch-sein‹ stammt«, geiferte der Pianist und Komponist Ferruccio Busoni, »diese Clara Schumann, der Joachim und der Brahms. Welches Unheil haben sie in Deutschland angerichtet. Was für eine Stickluft haben sie verbreitet. Mit ihrer Duckmäuserei, Mesquinerie, Gehässigkeit, und ihren jesuitischen Heucheleien. Ich hasse dieses Pack.«[337] Kein Wunder, dass Clara Unbehagen beschlich und sie Johannes schrieb, dass bei einem Konzert in Frankfurt sein *Gesang der Parzen* erklang, »hinter dem drein sie gleich *Don Juan* von Strauß machten«.[338] Beide hatten andere Vorstellungen von einer stimmigen Konzertdramaturgie.

Dass Brahms einst in der *Neuen Zeitschrift für Musik* gelobt worden war, bedeutete gar nichts. Mit dem seinerzeit von Robert Schumann konzipierten, wöchentlich erscheinenden Magazin hatte das Blatt unter Brendels Leitung kaum noch etwas gemein. Schumann büßte, schon bald nachdem er nach Dresden gezogen war, seinen Einfluss auf das Fachorgan ein – dass er nach langen Jahren noch seinen Artikel »Neue Bahnen« veröffentlichen durfte, war eher ein Zeichen des Respekts gegenüber dem Gründer als eine Anerkennung seiner Ansichten. Im Umfeld der Zukunftsapostel wurde später gerne eine zunächst nur im privaten Kreis von Felix Draeseke geäußerte Sentenz zitiert, Schumann habe sich »vom Genie zum Talent heruntergearbeitet«.[339] Es war sogar die Rede davon, dass der »durch Einmischung jüdischen Wesens bis zu geheimnisvoller Seichtigkeit verflachte Robert Schumann der zweiten Periode«[340] nichts Brauchbares mehr zuwege gebracht hätte. Wagner publizierte sogar Beurteilungen, dass alles auf »kühnere Conception Angelegte« bei Schumann nur »die Beschränktheit seiner Begabung aufdeckte«.[341]

Vorwürfe dieser Art konnten Clara und Johannes nicht unwidersprochen stehen lassen. Sie brauchten nur die Musikzeitungen zu durchstöbern, um zu merken, dass sie sich stärker dafür einsetzen mussten, das Andenken Mendelssohns und Schumanns zu wahren. Noch war es unüblich, sich für bereits verstorbene Komponisten intensiv zu engagieren. Umso ungewöhnlicher schien es, mit welch aggressivem Vokabular die Vertreter der unterschiedlichsten Interessen gegeneinander vorgingen. Während die einen von »Rückständigkeit« und »Konservatismus« sprachen, regten sich die anderen über die »Zukunftsmusik« der Bilderstürmer auf. Im Grunde genommen hatte Robert Schumann den Begriff selbst in die Welt gesetzt. In seinen Artikeln findet sich unter den Kommentaren des Pseudonyms ›Florestan‹ im Jahre 1833 die Bemerkung: »Eine Zeitschrift für ›zukünftige Musik‹ fehlt noch«.[342] Als in den 1840er-Jahren Künstler wie Chopin, Liszt und Berlioz als Vertreter dieser als fortschrittlich angesehenen Kunst galten, schrieb der Redakteur der *Berliner musikalischen Zeitung*, Carl Gaillard: »Schafft sich Herr Berlioz ein eigenes Orchester an, so mag er dirigieren, soviel es ihm beliebt, und seinen musikalischen Hokuspokus, genannt ›die neue Musik‹ oder ›die Musik der Zukunft‹, treiben.«[343]

In den 1850er-Jahren verschärften sich die Auseinandersetzungen. Richard Wagner trat 1850 mit der Schrift *Das Kunstwerk der Zukunft* hervor, die beim Verlag Otto Wigand in Leipzig erschien, der auch das Gesamtwerk von Ludwig Feuerbach, Schriften von Friedrich Engels und Arnold Ruge herausgab sowie den ersten Band von Karl Marx' *Kapital* druckte. Damit sah man sich in bester Gesellschaft mit anderen in weiteren Lebensbereichen auf Veränderung, Umsturz und Fortschritt insistierenden Kreisen. Doch kann es in der Kunst, insbesondere der Musik, überhaupt einen »Fortschritt« geben? Übertrug man nicht einen mechanistischen Begriff des Maschinenzeitalters unbedacht auf etwas, das eher allmählichen Veränderungen, Metamorphosen gleichkam? Auch die Formulierung von der »Evolution« der Musik entwickelte sich in Anlehnung an Darwin, vor allem in dem von Clara Schumann heiß geliebten England. Es ist naheliegender, technische, wissenschaftliche und medizinische Entwicklungen als Fortschritt zu betrachten. Im 19. Jahrhundert revolutionierte die Eisenbahn das Verkehrswesen sowie die Erfindung von Phonograph und Grammophon die Verbreitungsmöglichkeiten von Musik, wovon langfristig sowohl Clara als auch Johannes profitierten. Zudem wurden immer effektivere und schmerzreduziertere Nerven- und Augenbehandlungen ersonnen. An deren Grundlagenforschung war auch der befreundete Physiologe und Biologe Theodor Wilhelm Engelmann beteiligt. Als wichtig erwiesen sich auch die neuen Methoden der Chirurgie: Brahms erfuhr davon aus erster Hand durch seinen Freund, den Arzt Theodor Billroth, der wegweisende Beiträge für die Bauch- und Kehlkopfchirurgie sowie die Bakteriologie leistete. Clara und Johannes verstanden es, zu differenzieren. Sie interessierten sich für die neuesten technologischen, medizinischen und naturwissenschaftlichen Entwicklungen – im September 1857, als Clara Schumann gerade nach Berlin zog, reiste Brahms nach Bonn zum Beethoven-Fest der Naturforscher.

Was man hingegen in manchen Musikerkreisen als ›Fortschritt‹ bezeichnete, war eher ein ›Fortstapfen‹. Man tat so, als habe sich die Flut der Genialität unmittelbar in die starken Strombetten eines Liszt und Wagner ergossen, ohne auch in andere kraftvoll rauschende Flüsse zu mäandern. Unter den skeptischen Komponisten setzte sich Joachim Raff in seinem 1854 publizierten Buch *Die Wagnerfrage* kritisch mit den in Wagners Schrift vom *Kunstwerk der Zukunft* dargelegten »Umrissen eines Theorems« auseinander;[344] Louis Spohr verwendete in einem Brief vom 26. November 1854 kaum wohlmeinend das Wort »Zukunftsmusik«. In *Signale für die musikalische Welt* zitierte man im Januar 1856 die Österreichische Zeitung über ein Berliner Konzert von Franz Liszt, der, wie es hieß, »sich seit einigen Jahren zugleich zum Protector, Vermittler und Agenten der sogenannten Zukunftsmusik gemacht« habe.[345] Auch Clara und Johannes merkten bei ihren Konzertreisen und anhand der Musikpublizistik, dass sich das kulturelle Klima unangenehm veränderte.

Wohin soll man sich wenden?

Eigentlich wäre es aus Anlass des 25-jährigen Bestehens der von Robert Schumann in Leipzig mitgegründeten *Neuen Zeitschrift für Musik* angemessen gewesen, wenn Clara Schumann und Johannes Brahms Beiträge zu den dortigen Festveranstaltungen geleistet hätten. Doch nachdem Johannes sie im April 1859 in Berlin besucht hatte, ging Clara lieber auf eine Tournee nach England und Johannes widmete sich hingebungsvoll seinem Frauenchor in Hamburg, für den er neue Werke komponierte und Konzerte leitete. Die Darbietungen in Sachsen waren fest in den Händen von Brendel und Liszt, die den Segen des Fürsten Konstantin von Hohenzollern-Hechingen für eine sogenannte »Tonkünstlerversammlung« gewinnen konnten, die vom 1. bis zum 4. Juni 1859 anlässlich des Jubiläums des einflussreichen Musikmagazins in Leipzig stattfinden sollte. Damit plante man einen Gegenpol zu den als rückständig empfundenen Niederrheinischen Musikfesten, die es seit 1818 gab, und dem sich ab 1852 entwickelnden Mittelrheinischen Musikfest zu etablieren. Während sich die Gemeinde der Progressivisten zu Organisationskadern formierte, vertrauten Clara und Johannes auf Netzwerke sowie die bestehenden Konzertstrukturen von Orchestern und Musikfestspielen.

Franz Brendel hätte sie nur zu gern für seine Zwecke eingespannt. Ausdruck seiner Bemühungen war im Juni 1859 die Publikation seines Vortrags zur Eröffnung der Tonkünstlerversammlung unter dem leutseligen Titel »Zur Anbahnung einer Verständigung«. Bisher, so Brendel, seien sich die Musiker »nur in dem Technischen der Kunst« einig gewesen, doch »in der ästhetischen Erfassung waltete die äußerste Willkür und das Reich der Ansichten war ein Chaos des Widersprechendsten«. In seinen bisherigen Publikationen habe er »zum Theil schon dieselben Principien aufgestellt« und er erachtete es als »die Erfüllung des von mir Erstrebten, als die Meister der jüngsten Zeit auftraten, und durch ihr Kunstschaffen den praktischen Beleg gaben«.[346] Brendel nannte bewusst keine Namen – Clara und Johannes hätten, unmittelbar nachdem sie seinen Beitrag gelesen, sich noch immer dem Triumvirat Brendel-Liszt-Wagner anschließen, ihren Stil imitieren und ihr Werk verbreiten können. Bei den von Brendel konzipierten »Tonkünstlerversammlungen« ließ er eine Vielfalt von Stilen und Epochen erklingen; zudem gestatte er Richard Pohl, in der *Neuen Zeitschrift für Musik* eine wohlmeinende, aber kritische Artikelserie über Brahms zu veröffentlichen.[347] Johannes wäre ein willkommener Gesinnungsgenosse gewesen. Neun Jahre nach Robert Schumanns »Neue Bahnen«-Artikel erschien im achten Teil einer mit »Schumanniana« betitelten Abhandlung von März bis April 1862 in der *Neuen Zeitschrift für Musik* eine vierteilige Reihe von Leitartikeln, die Brahms gewidmet war. Zu Beginn zitierte der Verfasser ausführlich aus Schumanns belastendem Beitrag und verwies auf den Anspruch, den »das neue Johannes-Evangelium« stelle. Er sei dankbar, dass ihm, der ja auch »zur Schumann'schen Fahne geschworen«, dennoch »Freund Brendel in seiner Zeitung« nun »ein willkommenes Plätzchen eingeräumt« habe, damit (nach langer Vorrede) »ohne weitere Umschweife die flüchtige Besprechung der Brahms'schen Werke begonnen« werden könne.[348] Zur Sprache kamen mit Opus 1 bis 18 vor allem Klavier-, Chor- und Kammermusik. »Mag Brahms auch noch eine Weile sich darin gefallen, mit der idyllischen Schalmeie das Echo der Thäler zu wecken«, hieß es dann resümierend, »bald, verlaßt Euch darauf, wird der junge Adler, wenn er erst seine Schwingen für ausgewachsen hält, sich bis zu den höchsten Bergeskuppen erheben, die den winzigen Myrmidonen nur von fern anzustaunen vergönnt ist.«[349] Der gelehrte Verweis auf den achaischen Volksstamm aus der griechischen Antike, der sich durch bedingungslosen Gehorsam und Tapferkeit auszeichnete, suggerierte ein erhofftes Hinwenden zur kampfbereiten Ausrichtung der Freidenker, Gipfelstürmer und Fortschrittspropheten, mit denen Brahms gemeinsam auf die Geisteszwerge aus dem Rheinland und

Süddeutschland hätte herabblicken können. Johannes Brahms stand indes nicht der Sinn danach, sich vereinnahmen zu lassen. Er konnte den Autor Pohl, den er als »arme elende Kreatur« bezeichnete, nicht ausstehen.[350] Über Franz Brendel sind keine Aussprüche von Brahms oder Clara Schumann überliefert, allerdings dürften sie – wie über Liszt – bei privaten Gesprächen zu ähnlichen Kraftausdrücken wie »Scheißzeug« gegriffen haben. Wenn sie überhaupt einen Gedanken an Brendel verschwendeten, hätten sie ihn bestimmt verabscheut. Als Sprecher der selbsternannten Speerspitze der Moderne gab sich der Usurpator auf dem Redaktionssitz ganz arglos. »Aengstliche Gemüther haben gefragt, ob solche Parteiungen nothwendig zum Heile der Kunst seien, und dieselben von Anfang an beklagt«, sagte er. »Ich beantworte die Frage unbedenklich im entgegengesetzten, im bejahenden Sinne und sehe in solchem Kampf einen Fortschritt.« Er publizierte die vermeintliche »Anbahnung zu einer Verständigung« lediglich, um sich letzten Endes zu der von ihm als »altdeutsche Schule klassifizierten« Musik von Bach und Händel abzugrenzen und als künftigen Namen für die von ihm geförderte Kultur »neudeutsche Schule oder neue deutsche Schule« vorzuschlagen.[351] Clara und Johannes waren alarmiert.

Konkurrierende Avantgarden

Einst hatte Robert Schumann den Artikel, der Brahms ins Licht der Öffentlichkeit stellte, bewusst mit der Mehrzahl überschrieben: »Neue Bahnen«, und nicht »Die neue Bahn« oder »Der neue Weg« als allein selig machende Möglichkeit. Schumann war tolerant genug, um verschiedene neuartige Ausrichtungen der Musik anzuerkennen. Im Gegensatz zu einem einheitlicheren Klangideal wie im 18. Jahrhundert entwickelten Komponisten zunehmend einen individuellen Tonfall, was sich bis ins 20. Jahrhundert hinein immer mehr ausdifferenzierte. Der Begriff der ›Avantgarde‹ stammt aus der französischen Militärsprache. Bis zum Deutsch-Französischen Krieg 1870/71 bezeichnete er auch bei den Deutschen jenen Truppenteil, der als Erster ins Feindesland vorrückt. Dementsprechend wurde er zunehmend zur Beschreibung einer künstlerischen Vorhut übernommen, die bisher noch nie Dagewesenes wagt. Rückblickend kann man die Gruppierungen, die unter Verwendung eines mitunter martialischen Vokabulars erbittert aufeinander losgingen, zur

Verdeutlichung charakterisieren als die ästhetisch-ethische Avantgarde (die Kreise um Brahms und Clara Schumann) und die dogmatische Avantgarde (Brendel, Liszt, Wagner, Bruckner). Innerhalb dieser Gruppen und dazwischen gab es Dutzende von unterschiedlichen Schattierungen und auch Künstler, die in einer bestimmten Entwicklungsphase die Lager wechselten, wie etwa Joachim, Raff, Bülow oder Levi. Obwohl zahlreiche Publikationen und Berichte belegen, dass Brendel, Liszt, Wagner und ihre neudeutschen Kreise antisemitisch und antiliberal waren, fühlten sich jüdische Musiker von der Kunst Liszts und Wagners angezogen. Den Lackmustest bildete im Grunde genommen die Haltung zu Schumann und insbesondere dessen Freund Mendelssohn.

Für Clara und Johannes war kein Abstandnehmen oder differenziertes Betrachten möglich – sie befanden sich inmitten des tosenden Sturms. Clara schätzte, abgesehen von ihrem Robert, keinen zeitgenössischen Komponisten so wie Johannes. Der Ernst und die Intensität seiner Musik nahmen sie gefangen. Er war ein Pianist, der am Klavier durch einen leidenschaftlichen Vortrag derart beeindruckte, dass Robert Schumann einst beim ersten Kennenlernen Johannes' Spiel an dem exquisiten Flügel des berühmten Klavierbauers Conrad Graf unterbrach, weil er unbedingt seine Frau hinzuholen müsse, damit sie Musik hören könne, wie sie »sie noch nicht gehört« hätte.[352] Diese Musik war melodiös wie ihre eigenen Kompositionen, besaß jedoch eindeutig noch näher zu erkundende Schichten. Clara spürte deren Bedeutung, selbst wenn sie sich ihr erst ganz allmählich erschloss. Eugenie berichtete, dass ihr ihre Mutter »einmal das Intermezzo in E-dur aus den vor kurzem erschienenen Fantasien Opus 116 und das Intermezzo in Cis-moll aus Opus 117 von Brahms vorspielte – wunderschön, so schön, daß ich die Stücke gar nicht aus dem Sinn kriegen konnte«. Clara Schumann aber war eine zu gebildete und intellektuell anspruchsvolle Musikerin, als dass ihr eine »wunderschöne« Darbietung allein genügte. Nachdem Eugenie von einem dreimonatigen Englandaufenthalt zurückgekehrt war, bat sie ihre Mutter, einmal wieder die Musik des Freundes vorzutragen. »Und da spielte sie sie mir, aber wie!«, staunte die Tochter. »Ich wußte nicht, wie mir geschah!«

»Mama«, rief sie, »was für Fortschritte hast du gemacht! Wie ist das möglich!«[353]

Claras intensive Auseinandersetzung mit den Tiefenstrukturen der Musik erwies sich für das Verständnis und die Interpretation als äußerst förderlich. Sie durfte nicht wie eine selbstverliebte Virtuosin an die Sache herangehen, sondern musste die dicht gesetzten schwarzen Punkte auf den Notenlinien mit den Augen eines Komponisten betrachten. Die Freundschaft mit Johannes half ihr dabei. Eine bezeichnende Episode schilderte Richard Heuberger, der sich mit der späteren Brahms-Biographin Florence May über jene Zeit unterhielt, als sie ab 1871 für zwei Jahre in Deutschland lebte. Die Engländerin hatte sich auf den weiten Weg nach Lichtental bei Baden-Baden gemacht, um dort Klavierunterricht bei Clara Schumann zu nehmen. Sie missverstand die Gewichtung von Technischem und Geistigem: Als Clara im Juli 1871 für den Rest des Jahres auf Konzertreisen ging, übernahm Johannes Brahms die Ausbildung. »Florence May fand den Unterricht bei Brahms interessanter als den bei Frau Schumann«, berichtete Heuberger. »Sie bat Brahms, er möge sie weiter unterrichten, was er rundweg ablehnte. Darauf ging sie zu Frau Schumann und schlug dieser vor, daß sie bei ihr das ›Technische‹, bei Brahms das ›Geistige‹ lernen wolle. Da jagte sie die Schumann fort und Brahms auch.«[354]

Um als Interpretin zu reifen, musste Clara sich auf das besinnen, was sie bei Johannes beobachten konnte und was sie von Robert Schumann gelernt hatte: Dass sie an der Seite von Robert selbst viele Jahre lang komponiert hatte, zahlte sich nun aus, als sie die Absichten hinter neuen Werken besser verstehen wollte, die sie dauerhaft in ihr Repertoire aufzunehmen gedachte. »Früher waren es herrliche Musikstücke gewesen, jetzt Geist, Seele, Verklärung!«, resümierte Eugenie. »Man hörte nicht mehr einzelne Schönheiten; wie plastische Gebilde standen sie da, in Marmor gehauen, von Leben und Innigkeit durchglüht.«[355] Dies war es, was sie allen weiterzugeben suchte, die bei ihr studierten. Es blieb im Gedächtnis haften, wenn sie »einen Verzweiflungsschrei ausstieß, sobald jemand versuchte, lebhafte Figurationen mit nichtssagender Virtuosität herunterzurasseln«, erinnerte sich Adelina de Lara. »›Warum soll man über Schönes hinweghuschen?‹, pflegte sie zu sagen. ›Warum nicht verweilen und es genießen?‹«[356] Laut de Lara behandelte Clara Schumann – ganz im Sinne von Brahms – »das Klavier wie ein Orchester und erwartete von ihren Schülern, dass sie jede Phrase überdenken und ihr einen Ausdruck verleihen sollen, als ob sie verschiedenen Instrumenten anvertraut« seien. »Ein wahrer Künstler *muss* eine Vision haben«, zitierte sie de Lara in ihren Erinnerungen und fasste Frau Schumanns Überzeugung zusammen: »Wenn die Musik den

Hörern irgendetwas bedeuten soll, so muss sie für die Interpreten eine umso größere Bedeutung haben.«[357] Für Clara kam die akustisch akzeptable Tonaufzeichnung zu spät, ihren Schülern diente sie zur Dokumentation.

Jeder Pianist und jede Pianistin kann alles vortragen, aber er bzw. sie kann nicht jede Komposition gleich gut gestalten. Liszt wäre als Brahms-Interpret wahrscheinlich wenig geeignet gewesen. Er spielte auf heimischen Soireen gerne Stücke junger durchreisender Komponisten vom Blatt, wobei ihm weniger gelungene Werke besonders entgegenkamen, weil er dann mit improvisierten Ausschmückungen seine eigene Grandiosität und Fingerfertigkeit unter Beweis stellen konnte. Clara und Johannes hatten ihn unabhängig voneinander erlebt und teilten den Eindruck, dass er, so Clara, »Schrecken und Staunen« erregte.[358] Liszt hingegen nutzte die Publikationsquellen, zu denen er Kontakt pflegte, um sich süffisant über seine Konkurrentin zu mokieren. Er veröffentlichte einen Artikel über Clara Schumanns Interpretationsweise, die er 1854 bei einem Gastspiel in Weimar erneut erlebt hatte. »Aus der lieblichen Spielgenossin der Musen ist eine weihevolle, pflichtgetreue und strenge Priesterin geworden«, notierte Liszt[359] und ließ damit das Schlagwort von der »Priesterin der Kunst« zu einem vielfach nachgebeteten Klischee werden. Auch die Frömmeren ihrer Anhänger griffen es zuweilen auf,[360] allerdings wählte einer der engsten Verbündeten eine andere Terminologie. Der Dirigent Julius Otto Grimm, der ab 1860 für gut vier Jahrzehnte in Münster wirkte, wo auch Clara und Johannes mit und für ihn auftraten, erinnerte sich an so manche »verplauderten Stündchen«, in denen »Schumann, Joachim, Brahms und ich ›zu Bier‹« beieinandersaßen, und betonte stets, »der Verkehr mit diesen drei Großen, dazu mit Frau Klara Schumann, der edlen Frau und hohen Künstlerin«, habe ihn »nicht nur damals beglückt«, sondern zudem seiner »ferneren Entwicklung Richtung und Gepräge gegeben«.[361] Für Clara, die »hohe Künstlerin«, und Johannes zählte allein ein Können, das sich für Musik einsetzte, die ihnen wertvoll war, und die nicht wie Liszt, Brendel und Wagner ihre Kunst in einen sektiererischen, religiösen Dunst hüllte. Letztendlich charakterisierte und kritisierte Liszt durch seine Wortwahl Clara Schumanns Ansatz als das Gegenteil seiner eigenen Kunstauffassung. Dass der Begriff seinerzeit abwertend gemeint war, belegt eine Äußerung Clara Schumanns, der bei einem Gespräch mit Anton Rubinstein unangenehm auffiel, wie er »Joachim und Johannes« als »Tugendpriester« bezeichnete – »ich glaub es wohl, daß die nicht zusammenpassen«, kommentierte sie im Hinblick auf die deutschen Freunde, die Distanz gegenüber der Musik des russischen Virtuosen wahrten.[362] Die »Kunstpriesterin« ist ebenfalls keine Schmeichelei, sondern umreißt Liszts Bild von Clara als einer verkniffenen, pedantischen, den Notentext buchstabierenden Exerzitienmeisterin. In einem Wust schwülstig-weihevoller Formulierungen treten Aspekte markant hervor, mit denen er betonte, durch dieses Auftreten »bezwingt sie ihr eigenes Gefühl«. Indem Clara Schumann, so Liszt, »die Orakel als unbestechliche Vermittlerin und treue Auslegerin« verkündet, »entsagt sie den eigenen Eingebungen«. Die sich selbst auferlegten Zwänge einer äußerst korrekten Wiedergabe des Notentextes »erlaubten ihr nicht, ihrer von der Gunst des Augenblickes und zufälliger Stimmung abhängigen persönlichen Begeisterung zu vertrauen«, und leider »fanden wir die ehemals meist melancholische, aber doch oft heitere und immer reizvolle Fee zur gewissenhaften Dienerin eines Altars geworden, die mehr von Gottesfurcht als Gottestrunkenheit beseelt erscheint«.[363] Mit dem majestätischen »wir« markierte Liszt die hohe Warte, von der aus er Urteile fällte. Letzten Endes diffamierte er die Pianistin, indem er sie einer der Welt abhandengekommenen Sphäre zuwies, in der sie und deren Bewohner als entrückte Eingeweihte walteten, während er selbst für jedermann dem Leben zugewandt musizierte. Wer einen langatmigen Gottesdienst suchte, sollte zu Clara gehen – aber die richtig gute Show gab es nur bei ihm!

Beiden war klar, dass sie nicht für die professionellen Musikkritiker spielten, die ohnehin vielfach nur wichtigtuerisch ihre Gelehrsamkeit zur Schau stellen wollten – sie spielten für die Menschen. Leider gibt es nur wenige Überlieferungen, wie kulturliebende Menschen – vom Kommerzienrat bis zur Hausangestellten – ihre Erfahrungen in Museen, Theatern und Konzerten verarbeiteten. Das ästhetische Empfinden, die Wahrnehmung von »unendlich schön« bis »nicht ansprechend« und die Erwartungshaltung waren im 19. Jahrhundert geprägt von einem viel stärkeren Eingebundensein in hierarchische Strukturen, Religiosität in unterschiedlichster Intensität, Hörerfahrung und Bildung. Aufschlussreiche Vergleichsbeispiele bieten die Aufzeichnungen eines Wiener Hofbeamten anlässlich eines Virtuosenkonzerts und der Besuch eines Lübecker Weinhändlers mit seiner Frau in der Dresdner Gemäldegalerie. »Es hat mich viel Geld gekostet«, notierte der Beamte anlässlich eines Auftritts des Stargeigers Paganini, »ich habe mich in Schweiß gebadet, aber ich habe ihn gehört«. Die »Wirkung« der Darbietung »läßt sich nicht beschreiben«[364] – das Dabeisein war eben alles. Die Kaufmannsfamilie hingegen beeindruckte an der eher stillen Kunst der Ausdruck: Wenn es im Tagebuch hieß, »bald fesselte uns diess [*sic*], bald jenes Bild«, so wird es bei den unterschiedlichen musikalischen Bildern, die Clara Schumann mit der Musik ihres verstorbenen Mannes malte, kaum anders gewesen sein. Wesentlich war das Gesamtempfinden, dass das Erlebte »herrlich und erhaben, so wunderschön« war, ja, dass man »von bleibenden Eindrücken erfüllt«[365] sein alltägliches Leben wieder aufnahm und weiterführte. Dies war, wie Clara es einmal in einem Brief an Johannes formulierte, eine Kunst, von der man sagen konnte, »der Genuß, den ich gehabt, lebt in mir – dafür bin ich dankbar«.[366]

Die Reaktionen auf Besuche der Konzerte von Franz Liszt und Clara Schumann dürften ähnlich ausgefallen sein. Liszt und seinesgleichen fackelten Feuerwerke ab, Clara und ihr nahestehende Künstler drangen durch zu tieferen Schichten der Wahrnehmung. In Liszts Darstellung hingegen mutierte die acht Jahre jüngere Clara Schumann zur Eisprinzessin, während er sich mit wehenden Haaren als jugendlicher Held gab. Er residierte hochherrschaftlich in Weimar; sie zog während ihrer Tourneen und Erholungsreisen eher von den Wohnsitzen der einen Freunde zu den anderen, wie sich einst Könige und Kaiser von Pfalz zu Pfalz begaben. Dabei reiste Clara nur mit äußerst kleiner Entourage: Ihre älteste Tochter Marie begleitete sie und wurde zu einer wertvollen Mitarbeiterin bei den Vorbereitungen der Aufenthalte und der Planung der Konzerttermine.

Johannes teilte den pianistischen Ansatz von Clara. Zwar hatte er sich in jungen Jahren in ein kleines Büchlein, in dem er Aphorismen sammelte, als Zitat seines Freundes Joseph Joachim eingetragen: »Künstler sollen nicht Diener, sondern Priester des Publikums sein«,[367] allerdings bezog sich Joachim dabei auf einen Albumspruch Jean Pauls für »Fräulein Marie v. Welden« vom Juni 1816: »Die Tonkunst ist die Heilige, die Madonna unter den Künsten; sie kann nichts gebären als das Sittliche. Selig ist eine Priesterin dieser Madonna, und ihr Gesang ist nur ein anderes Gebet.«[368] In dem 1909 als *Des jungen Kreislers Schatzkästlein* herausgegebenen Sammelsurium taugt der verkürzte Spruch ebenso wenig wie das ganze Buch, um das Weltbild von Johannes Brahms in Bezug auf die Kunst, die Frauen und das Leben zu erklären. Johannes trug darin nur Sinnsprüche und Eindrücke seiner jungen Jahre zusammen; dass sich der Horizont und die Haltungen wie bei den meisten Menschen in den späteren Jahren weiteten, dürfte offensichtlich sein. Johannes hatte bei Liszt erlebt, wer dem Publikum dient, befriedigt nur dessen Sensationsgelüste und stellt die »eigenen Eingebungen« in den Vordergrund. Über Liszts Vorwurf, Clara gebärde sich als Priesterin, amüsierte sich Johannes nur. »Liebe Clara, ich war in Versuchung, mir wieder einmal den Zug Deiner Schülerinnen zu Weihnacht anzusehen«, neckte er sie, »oder vielmehr den lustigen, denn nur Du saßest feierlich und ernst am Klavier, wie eine Priesterin im Tempel bei ihrem heiligen Feuer. Das aber macht die Geschichte eben so lustig, und schließlich haben wir uns alle königlich gefreut und amüsiert.«[369] Und wenn Clara beim heimischen Musizieren mit hochkonzentrierter Miene am Klavier zuweilen wieder gar zu grimmig wirkte, rief Johannes ihr mitunter zu: »Warum bist du so ernsthaft, Clärchen?«[370]

Worüber die Freunde scherzten, war Liszt ernst: Er war es, der von Jüngern angehimmelt werden wollte und dem das Talent zum Predigen gegeben war. Er verstand nicht, dass es Clara keineswegs interessierte, Erwartungshaltungen zu befriedigen. Sie wollte kein Publikum, das die Asche anbetet, sondern eines, das sich für das Feuer begeistert, welches große Kunst zu entfachen vermag. Für Liszt war die Persönlichkeit des Künstlers die Botschaft, für Clara das Werk des Komponisten. Clara Schumanns Markenzeichen wurden Konzerte mit einer ausgefeilten Dramaturgie. Als sie ein gemischtes Programm für ein Gastspiel in Wien plante, disponierte sie für gut zwei Stunden eine abwechslungsreiche Mischung anspruchsvoller und leichterer Kost, inklusive einiger *Zigeunerlieder* von Brahms, und schrieb an Johannes: »Bist Du so gut, mit einem der Herren zu bereden, was ich Dir schon schrieb? Anfangen kann man nicht gut mit der Sonate, und das Emoll-Quintett paßt nicht gut ins Programm. Am liebsten schiene mir ein schönes Streich-Quartett oder -Quintett zu Anfang, dann ein Gesangssolo oder Quartett, dann Sonate, schließlich die Zigeuner.«[371] Clara war eine Vermittlerin im besten Sinne, die mit ihrer interpretatorischen Ausdruckskraft den Hörern hochwertige neue Musik nahebringen wollte. Als sie 1854 wieder eine rege Konzerttätigkeit aufnahm, standen außer Bach, Scarlatti, Mozart und Beethoven überwiegend Stücke von lebenden Komponisten auf dem Programm, die sie teilweise in Ur- bzw. Erstaufführungen bot. Dabei wählte sie ausschließlich Werke, die in ihrem Sinne ästhetisch erbaulich und dadurch der Verbreitung wert waren. Anders als Liszt strebte sie nicht an, die von ihm gepriesenen »eigenen Eingebungen« in den Vordergrund zu stellen. Während er meinte, ihre besondere Beachtung einer getreuen Darbietung der Noten sei ein Korsett, durch das sie nicht die »Gunst des Augenblickes und zufälliger Stimmung« nutzen könne, beschrieb Clara Schumann ihren Zugang zur Musik häufig mit dem Begriff »empfinden«. Allerdings ging es ihr ganz im Sinne von Jean Paul und Joachim *nicht* darum, ihre *eigenen* Empfindungen auf die Werke zu übertragen, sondern durch den Gehalt der Musik *Gefühle im Publikum* anzusprechen. Dadurch wollte sie die Menschen mit ihrer Begeisterung für das Wertvolle an den Musikstücken, die sie interpretierte, anstecken, ohne dass das Publikum es direkt merkte.

Im Laufe der Jahre hatte Clara Schumann ihr Repertoire umgestellt und allen Firlefanz verbannt, mit dem sie als Wunderkind beeindrucken sollte. Sie war nicht applausheischend und berechnend. Ihr ging es darum, das innerste Wesen der Musik zu ergründen. Schon beim Einstudieren konzentrierte sie sich darauf. »Niemals habe ich meine Mutter langsam, Takt für Takt, etwas üben hören«, berichtete Eugenie. »Sie hatte schon als Kind alle technischen Schwierigkeiten überwunden, sie war mit den Schöpfungen Chopins und Schumanns, mit denen von Thalberg, Henselt und Liszt aufgewachsen, und jedes Werk wurde sofort bei seinem Erscheinen von ihr studiert. Neu für sie waren nur die Sachen von Brahms, und auch bei diesen konnte sie immer gleich an die Gestaltung gehen, ohne sich mit Vorübungen aufhalten zu müssen. Und so tief drang sie in den Geist eines jeden Werkes ein, daß sie ihr sozusagen in Fleisch und Blut übergingen; sie lagen wie Spiegelungen auf dem Grunde ihrer Seele, und zog sie sie hervor, so erschienen sie stets wie neu geschaffen.«[372]

Zu einem tieferen Verständnis der Musik kann man nicht vordringen, wenn die Darbietung rein äußerlich bleibt. Folglich kritisierte sie einmal eine namhafte Sängerin, weil deren Gesang nach ihrem Eindruck »das reine Instrument ohne jede seelische Belebung« war, und von ihm »kein poetischer Hauch« ausgehe.[373] Deswegen bevorzugte sie auch eine stärkere Konzentration auf wenige Werke in den Konzerten und beanstandete die im 19. Jahrhundert üblichen Mammutprogramme: Dabei »zwingt man sich auch zu manchen Genüssen, die dann eben keine mehr sind«. Über Veranstaltungen in München berichtete sie Johannes: »Der größte Fehler des Festes war das ›Zuviel‹! Welcher Musiker hört wohl ein dreistündiges Konzert (am 3. Tag war es sogar ein vierstündiges) von Anfang bis Ende mit gleicher Frische?«[374]

Im Auge des Hurrikans

Wie auch Johannes bereitete Clara ein bestimmter Vertreter der neudeutschen Ausrichtung besonderes Unbehagen: Richard Wagner. Sie war ihm bei einem Gastspiel in Zürich Ende 1857 sogar persönlich begegnet. »Ich kann nicht viel über ihn sagen«, notierte sie im Tagebuch. »Er ist überaus freundlich gegen mich und mir thut es deshalb um so weher, ihm kein Fünkchen Sympathie entgegen bringen zu können.«[375] Sie war nicht die Einzige, die diesen Eindruck von dem Sachsen hatte. »Hatte auch Wagners Benehmen, das ich ja gewärtigen und begreifen mußte, mich in keiner Weise verletzt, so kann ich doch nicht leugnen, daß mir seine ganze Persönlichkeit recht unsympathisch war«, lautete Eduard Hanslicks Eindruck. »Ein Fremder hätte aus Wagners Gesicht weniger auf einen genialen Künstler als auf einen trockenen Leipziger Professor oder Advokaten geraten. Er sprach unglaublich viel und schnell, in monoton singendem sächsischen Dialekt; er sprach in einem fort und immer von sich selbst, von seinen Werken, seinen Reformen, seinen Plänen. Nannte er einmal den Namen eines anderen Komponisten, so geschah es gewiß in wegwerfendem Tone.« Weitere Eigenheiten Wagners, die auch Clara sicher nicht entgangen sein konnten, waren jene, die Hanslick mit dem »Ausruf von Hebbels Holofernes: ›O, es ist öde, nichts ehren zu können als sich selbst!‹« kommentierte: »Anmaßung und Größenwahn«, dazu noch gepaart »mit Ungerechtigkeit und Mißgunst« – »Im Schimpfen über das Publikum, über Theaterdirektoren und Sänger kannte Wagner kein Maß; selbst die besten, ihm ergebensten (wie Niemann) wurden nicht geschont. Daß die Deutschen eine ›niederträchtige Nation‹ seien, konnte man jeden Augenblick hören. Und zu all diesem hervorgesprudelten Geifer, welcher eisige Blick seiner kalten, grauen Augen!«[376]

Für Clara färbte Wagners Charakter auch auf die Musik ab. Wenn ihr einmal »in der Art der Instrumentation« eine Parallele von Johannes zu Wagner auffiel, etwa »die eigenthümliche Klangfarbe«, wie sie im Tagebuch festhielt, dann sah sie darin den »Unterschied, daß sie hier Schönem und Noblem dort Häßlichem und Trivialem dient«.[377] Clara konnte nichts mit Wagners Kompositionen anfangen, die ihrer Meinung nach die Sinne vernebelten. »Unsere Mutter bekämpfte die Wagnersche Musik«, beschrieb Eugenie ihr Engagement, »bekämpfte sie leidenschaftlich und mit bewußtem Vorsatz – nicht weil sie durch ihre persönlichen Beziehungen zu anderen

Tonsetzern beeinflußt war, sondern weil sie in ihr einen Fortschritt in der über alles geliebten Kunst nicht zu erblicken vermochte.«[378] Eine Oper wie *Tristan und Isolde*, die auch Johannes nicht mochte, war für Clara »das Widerwärtigste was ich noch in meinem Leben gesehen und gehört«. Clara war nicht prüde; noch in späteren Jahren zeigte sie keine Vorbehalte gegen homoerotische Beziehungen. Nicht die Erotik störte sie an Wagners Stücken, sondern dass die Liebe nur gekünstelt und ihrem Empfinden nach unglaubwürdig dargestellt wird. Nach ihren Erfahrungen und ihrem Ideal war ein Gleichklang der Herzen wesentlich für eine Liebesbeziehung. Die Liebe von Genoveva zu ihrem Gatten Siegfried in Roberts Oper *Genoveva* war nach dem Eindruck von Clara glaubhaft, ebenso dass sich in Johannes' Kantate *Rinaldo* der Ritter aus der Verführungsmagie der Zauberin Armida befreien will. Problematisch an *Tristan und Isolde* erschien ihr nicht die schlüpfrige Thematik des Treuebruchs; sie ärgerte sich über den artifiziellen »Liebeswahnsinn«, bei dem »sich Einem jedes Sittlichkeitsgefühl empört«, notierte sie im Tagebuch. Clara verstimmten etliche dramaturgische Schwächen der Musiktragödie. »Den ganzen zweiten Act hindurch schlafen und singen die beiden, den ganzen letzten Act stirbt der Tristan, volle 40 Minuten, und das nennen sie dramatisch!!!«, mokierte sie sich. »Levi sagt, Wagner sei ein viel besserer Musiker als Gluck! Und Joachim? hat nicht den Muth gegen die Andern aufzutreten. Sind sie denn nur alle Narren oder bin ich es?« Clara listet etliche Fehler auf, beispielsweise dass der »Liebeswahnsinn durch einen Trank herbeigeführt« wird. Wie könne »man sich da noch im Geringsten für die Liebenden interessiren?«, fragte sie, denn »das sind ja nicht mehr Gefühle, das ist Krankheit«.[379] In persönlichen Unterredungen mit Johannes sprachen sie dann vielleicht auch noch darüber, dass es wenig überzeugend sei, etwas zum Archetyp der Liebe zu erklären, wenn durch einen magischen Trank eine Frau gefügig gemacht wird, um sich in den Mörder eines ihr nahestehenden Menschen zu verlieben – die von Isolde eingeforderte »Rache für Morold!«, jenem »hehre Irenheld«, der ihr »angelobt« war, wird nie vollzogen, weil ihre Dienerin einen vergifteten Trank gegen einen Liebestrank austauscht. Claras Tochter Eugenie fasste die Haltung ihrer Mutter zusammen, indem sie festhielt, dass für sie Wagner kein Musiker sei »in ihrem Sinne des Wortes, dem die Musik Selbstzweck sein müsse«, denn er »betrachte sie als Mittel zum Zweck, zur Erreichung besonderer, oft rein äußerlicher Wirkungen und gebe ihr dadurch eine untergeordnete Stellung, die schließlich ihren Verfall herbeiführen müsse«.[380] Johannes indes missfielen vor allem »Lisztsche Sudeleien« und wenn er besonders übel gelaunt war, grollte er, man brauche sich »durchaus solchem Scheißzeug gegenüber auf keine wissenschaftlichen Erörterungen einzulassen«.[381] Die Wertschätzung, die Clara und Johannes der Musik von Bach und Mendelssohn entgegenbrachten, teilten Liszt und Wagner nicht. Clara erzählte in einem Brief Woldemar Bargiel von einem Aufeinandertreffen in Dresden, bei dem auch Joseph Joachim anwesend war: »Einmal, als uns Schneider herrliche Sachen auf der Orgel vorspielte, lauter der schönsten Bach'schen Sachen, und Joachim ausrief, ›welch göttliche Musik‹, erwiderte Liszt ›Hm, Knochen!‹ Joachim darauf ›Hör mal, das ist mir lieber als Gallerte.‹ Liszt verschwand schnell darauf.«[382]

Trotz mancher unter Freunden üblichen Meinungsverschiedenheiten waren sich Clara Schumann, Johannes Brahms und Joseph Joachim in Grundsatzfragen einig: Unsere Kunstauffassung ist anders als die von Liszt, Wagner und ihren Kreisen; ja, unsere Freunde, unsere Vorlieben und unsere Neigungen unterscheiden sich sogar ganz erheblich von ihnen. Zudem war man sich darüber im Klaren, dass es nicht nur zwei einander gegenüberstehende und sich befehdende Lager gab, sondern auch die unterschiedlichsten Haltungen. Selbst unter den klassisch orientierten Musikern fand man die vielseitigsten Ausprägungen: beispielsweise Ignaz Moscheles, der noch Beethoven gekannt und dem fünfzehnjährigen Mendelssohn Harmonielehre beigebracht hatte, oder Joachim Raff, der Berlioz und Schubert achtete. Doch gerade diese Idealisten und ähnlich Gesinnte beäugten Brahms misstrauisch, weil seine Musik hinsichtlich Form und Ausdruck nicht ihren Erwartungen entsprach. Dass die Neudeutschen der unterschiedlichsten Couleur mitunter jahrelang versuchten, ihn auf ihre Seite zu ziehen, machte ihn vielen suspekt. Dann wiederum gab es noch Musikkenner wie den norddeutschen Komponisten Carl Grädener: Er schätzte das Wirken der Schumanns; zudem erkannte er das Potenzial und die Möglichkeiten von Brahms' Musik und engagierte sich publizistisch für ihn. Eine Spaltung der Musikkreise blieb unausweichlich. Die Hauptströmungen der unterschiedlichen ästhetischen Konzepte bildeten die Vertreter der im Geiste Mendelssohns wirkenden neoklassischen bzw. romantischen Ausrichtung der deutschen Musik – zu denen im weitesten Sinne Moscheles, Joachim, Hiller und Rietz zählten –, Joachim Raff, der nach einer Aussage »die terra firma eines neutralen

Terrains« gewinnen wollte,[383] sowie die verschiedenen Repräsentanten der Moderne um Brendel, Liszt und Wagner. Brahms beobachtete das Geschehen lange amüsiert bis verärgert. Doch was er zu sagen hatte, fixierte er vorerst lieber auf Papier mit Notenlinien und verfasste keine Pamphlete.

Der offen ausgetragene Konflikt blieb dennoch unvermeidlich. Als Erstes überwarfen sich Joachim und Liszt. »Ich bin Deiner Musik gänzlich unzugänglich«, schrieb Joseph Joachim nach Weimar, »sie widerspricht allem, was mein Fassungsvermögen aus dem Geist unserer Großen seit früher Kindheit sog.«[384] Einst hatte Robert Schumann mit seiner *Neuen Zeitschrift für Musik* junge, aufstrebende Komponisten zusammenschweißen und ihnen eine musikliterarische Stimme geben wollen, doch allmählich bröckelte das Verständnis füreinander. Es waltete »ein geheimes Bündnis verwandter Geister«, hatte er noch im Oktober 1853 mit der ihm eigenen blumigen Sprache in seinem Brahms-Artikel geschrieben. Dieses »Bündnis« sah Robert Schumann als einen Zirkel, in dem man den jungen Norddeutschen als »starken Streiter« willkommen heißen solle. Ziel sei es, dass »die Wahrheit der Kunst immer klarer leuchte, überall Freude und Segen verbreitend«.[385] Je mehr neue Drucktechniken die sich ausweitende Verbreitung journalistischer Publikationen begünstigten, umso unterschiedlichere Gruppierungen konnten im 19. Jahrhundert ihre Ansichten unters Volk bringen. Dabei wurde in den führenden Musikzeitschriften teilweise rigoros Stellung bezogen: Während das von Bartholf Senff edierte Wochenblatt *Signale für die musikalische Welt* eher der neoklassischen bzw. romantischen Schule zugetan war, stand die von Franz Brendel herausgegebene *Neue Zeitschrift für Musik* der neudeutschen Schule nahe. Brahms geriet mit den ersten öffentlichen Darbietungen seines Klavierkonzerts in d-Moll Anfang 1859 nicht nur zwischen die Fronten der Parteigänger, sondern bei der Leipziger Erstaufführung mitten in die Vorbereitungen zu der von Brendel mitorganisierten Tonkünstlerversammlung.

Es ging nicht mehr allein um Musik. Von einer Gruppe dieser Erneuerer – indes einer äußerst erfolgreichen – wurde die Auseinandersetzung in erster Linie ideologisch geführt. Die Meinungsverschiedenheiten der unterschiedlichen Lager mündeten schließlich sogar in offen ausgetragene Konflikte in den Konzertsälen. »Denke Dir, was neulich hier passiert ist«, schrieb Clara aus Wien, noch ganz aufgewühlt von den Ereignissen, in einem ihrer (so Brahms)

»erzählenden Briefe« am 3. März 1860. »Es wurde in einem Gesellschaftskonzert im großen Redoutensaale *Prometheus* von Liszt und danach Gmoll-Sinfonie [*sic*] von Mozart gegeben. Wie überall hatte auch hier Liszt seine Claqueurs, die jedoch augenblicklich durch allgemeines Zischen zur Ruhe gebracht wurden; als aber darauf die Sinfonie begann, brach nach den ersten vier Takten ein endloser Jubel in einer dreimaligen Salve los – um eine beabsichtigte Demonstration zu sein, war die Wirkung zu allgemein, jeder, auch der Unwissendste, erzählt, er habe die ersten Mozart-Töne förmlich wie laue Frühlingsluft empfunden, die, wie Hanslick sagt, plötzlich in einen mit Qualm erfüllten Raum eindringt. Wäre ich doch nur dabei gewesen, ich hätte auch mitjubeln wollen. Das freut einen doch unbändig, wenn das Publikum einmal das Herz auf dem rechten Fleck hat. Es hieß, Liszt und Bülow hätten wollen hierher kommen, doch plötzlich schweigt die Fama davon.«[386]

Die engsten Kreise um Clara und Johannes waren sich einig: Das Vorgehen der »Neudeutschen« durfte nicht länger ohne Widerspruch bleiben. Sie diffamierten nicht nur das Lebenswerk sowohl Mendelssohns als auch Robert Schumanns und schufen von Clara das Bild einer dem Leben entfremdeten Künstlerin, sondern untermauerten ihre Vorurteile mit politisch-weltanschaulichen anstatt musikalischen Argumenten. Der Hauptpropagandist und Strippenzieher Franz Brendel legte eine unverhohlene Judenfeindlichkeit an den Tag. Bald nach Mendelssohns Tod förderte er in der *Neuen Zeitschrift für Musik* antisemitische Tendenzen durch seine eigenen Äußerungen und indem er gleichgesinnten Wortführern der neudeutschen Schule wie beispielsweise Theodor Uhlig und Richard Wagner die Möglichkeit bot, sich in umfangreichen Leitartikeln zu produzieren.[387] Franz Liszt distanzierte sich nicht davon. In seinem Buch *Die Zigeuner und ihre Musik in Ungarn* finden sich Zeilen wie: »Die Juden durchschauten schnell, daß, um die Lebenskräfte einer autonomen Gesellschaft zu absorbieren, es genüge, sich mit den tausend Fasern der Parasitengewächse an sie zu hängen.«[388] Dabei gehörte er keineswegs zu denen, die wie Uhlig oder Wagner das Gefühl hatten, zu kurz zu kommen. Nachdem Uhlig es in seinem Beitrag »Zeitgemäße Betrachtungen« für geboten hielt, Erörterungen über die »Schlangenklugkeit« und das »Gemauschele« der »Judenmusik« anzustellen,[389] legte Wagner im September 1850 mit seinem Artikel »Das Judentum in der Musik« nach, dem Franz Brendel unbeanstandet in der *Neuen Zeitschrift für Musik* ein exponiertes Podium einräumte. Darin konstatierte

Wagner, »unsre ganze europäische Civilisation und Kunst ist aber für den Juden eine fremde Sprache geblieben« und »in dieser Sprache, dieser Kunst kann der Jude nur nachsprechen, nachkünsteln, nicht wirklich redend dichten oder Kunstwerke schaffen«. Selbst der »gebildete Jude« stehe »inmitten einer Gesellschaft, die er nicht versteht, mit deren Neigungen und Bestrebungen er nicht sympathisirt«. Neben »wahrhaften Musikheroen« wie Beethoven produziere ein getaufter jüdischer Musiker wie Felix Mendelssohn Bartholdy lediglich etwas, was einem »zerfließenden, phantastischen Schattenbilde« gleiche, und er bemühe sich, »einen unklaren fast nichtigen Inhalt so interessant und geistblendend wie möglich auszusprechen«. Jemand wie der erfolgreiche Opernkomponist Giacomo Meyerbeer heische sich nur noch an, die von Juden verschuldete »Verwirrung alles musikalischen Geschmackes« letztlich »weniger erst zu veranstalten, als nur noch auszubeuten«. Aus einem »peinlichen Conflicte zwischen Wollen und Können« beschränke er sich auf die »modern pikante Aussprache aller der Trivialitäten« unter »Benutzung der Wirkung von eingewobenen Gefühlskatastrophen«. Juden waren für Wagner künstlerisch impotent, denn sie »reden, ohne etwas Wirkliches zu sagen«.[390] Brahms wusste, wie hinterhältig dieses Vorgehen war. Heuberger berichtete, dass ihm Brahms »erzählte, daß in Berlin das Original eines Schriftstückes von Wagner (aus dem Jahre 1842) existiere, das er kennt, worin Wagner über die *Hugenotten* [von Meyerbeer] einen begeisterten Bericht niederlegt; er sagt: ›man müsse dem Manne endlich seinen Platz neben Mozart, Weber u. dgl. anweisen.‹«[391] Nun hieße es aber, Meyerbeer und seinesgleichen sowie ihre Sympathisanten vornehmlich im Rheinland und in Süddeutschland zu verdammen. Zu Beginn der zweiten Jahrhunderthälfte hatte Carl Reinecke gegenüber Ferdinand Hiller noch arglos geäußert, im großen Ganzen könne »es auch nur nützen, wenn man von der *Neuen Zeitsch. f. Musik* beschimpft wird«.[392] Aber diese Hunde bellten nicht nur, sie konnten auch schmerzhaft zubeißen.

Kunst und Ideologie

Die zunehmende antisemitische Ausrichtung der *Neuen Zeitschrift für Musik* dürfte Clara Schumann und Johannes Brahms ein besonderer Dorn im Auge gewesen sein, da viele Menschen aus ihrem Freundeskreis, wie etwa Joseph Joachim oder Julius Epstein, Juden waren. Brahms' tolerante Grundhaltung entwickelte sich in seiner Jugend, als er eine Schule besuchte, an der der Religionsunterricht soweit es ging konfessionsunabhängig erteilt wurde, sodass auch jüdische Kinder daran teilnahmen und sogar gerne die Choräle mitsangen. Johannes war siebzehn Jahre alt, als Wagners Artikel in Leipzig erschien und auch in anderen deutschen Königreichen, Fürsten- und Herzogtümern Aufmerksamkeit fand.

Geschichtsschreiber versuchten Liszt aus den Disputen herauszuhalten, indem sie behaupteten, die Passagen über »die Israeliten« in *Die Zigeuner und ihre Musik in Ungarn* habe seine Lebensgefährtin, die Fürstin Carolyne zu Sayn-Wittgenstein, ohne das Wissen des »Meisters« in die Publikation geschmuggelt. Man muss schon arg verzweifelt nach Rechtfertigungen suchen, um anzunehmen, dass sich eine Autorität wie Liszt so etwas hätte gefallen lassen. Es ist eine Beleidigung für die Intelligenz von Liszt, zu behaupten, er habe nicht gewusst, dass er sich mit Brendel, Wagner, den Vatikanzirkeln und der Fürstin in radikal judenfeindlichen, volksverhetzenden Kreisen bewegte. Mit diesen konnte man sich nur verbünden, wenn man ihre antiliberalen und antisemitischen Haltungen teilte. Spätestens jetzt war klar: Der Antisemitismus gehörte zur DNS der neudeutschen Schule.

Liszt war ein Pragmatiker. Dass auch jüdische Mitbürger, die ihm nützlich sein konnten, zu den Trabanten seines Universums gehörten, war Teil seines zweckorientierten Handelns. Antisemiten waren willkommen: Seine Klavierschülerin Marfa Sabinina hielt sogar Clara Schumann, bei der sie zuvor gelernt hatte, für eine Jüdin. »An ihrem Äußeren spürte man wenig von ihrer jüdischen Herkunft, bis auf einige Bewegungen, die etwas Jüdisches an sich hatten«, hielt sie in ihren Erinnerungen fest. »Für eine Deutsche war Clara Schumann schlank und graziös. Schön war sie nicht, doch attraktiv, dabei hochgewachsen und sehr mager; ihr Schädel war etwas schmal und eckig; sie hatte eine krumme Nase, schmale Lippen, tiefliegende Augen; schwarze Haare säumten das blasse Antlitz, dessen Ausdruck ruhig und wehmütig wirkte.«[393] Vermeintliche ›jüdische‹ Äußerlichkeiten fand Liszt so abstoßend, dass er sie nicht auf der Konzertbühne sehen wollte. Die talentierte Nanette Falk, mit der Marfa Sabinina zuvor noch bei Clara Schumann musiziert hatte, verirrte sich eines Tages nach Weimar und stellte sich dem Virtuosen vor. »Eine sehr häßliche Jüdin, doch ein begabtes und fleißiges Mädchen«, meinte die Sabinina. »Sie war aber nicht so genial begabt, um das Publikum ihr unschönes, typisch jüdisches Äußeres vergessen zu machen«. Liszt wollte aufgrund ihrer Physiognomie »eine so unschöne, winzige und magere Jüdin« nicht unterweisen und riet ihr ab, »am öffentlichen Wettstreit der Klavierspielerinnen weiter teilzunehmen«.[394]

Zudem war anscheinend in den Augen von Liszt und seinen Verehrerinnen und Verehrern jeder Feind ein Jude – auch Brahms wurde später als zu ihnen gehörend betrachtet. Hans Richter – Vertrauter aus dem Liszt-Umfeld, Trauzeuge Richard Wagners und Orchesterleiter der ersten Gesamtaufführung des *Ring*-Zyklus – achtete Brahms als Dirigent, zählte ihn aber zu jenen, welche das eigentümliche »Juden-Talent« haben, sich hinzustellen und eine Komposition, die sie fast gar nicht kennen, famos und doch äußerlich anständig zu dirigieren.[395] Allein Brahms' häufige Aufenthalte in dem von vielen jüdischen Bürgern besuchten »herrlichen Ischl«, wie Clara es in einem Brief an ihn nannte,[396] ließen für viele nur eine mögliche Schlussfolgerung zu.

Clara und Johannes verkehrten regelmäßig mit jüdischen Intellektuellen wie etwa Levi, Joachim, Rubinstein oder Fanny Lewald. Man verstand sich bestens; Clara beschrieb beispielsweise in einem Brief an Johannes den Dirigenten Hermann Levi als »einen recht liebenswürdigen und talentvollen Menschen«[397] oder sprach davon, »Rubinstein benimmt sich sehr prächtig gegen mich«.[398] Ihre Tochter Eugenie schilderte in ihren Memoiren die Freundschaft mit der Familie Rosenhain in Baden-Baden. Sie erinnerte sich gerne des »liebenswürdigen und herzensguten Ehepaares mit den freundlichen Gesichtern und den lockigen Härchen«. Im Ort nannte man sie »die Ebräer vom Falkensteg«, doch im Hause Schumann brachte Julie nur die scherzhafte Bezeichnung »die Liliputs« auf, da sie »von so unglaublich kleinem Wuchse waren«.[399]

In einem handschriftlichen Dokument versah Clara das zweite ihrer *Sechs Lieder* op. 23 mit einem Zusatz »an Herrn Rosenhain« – einen deutsch-jüdischen Pianisten und Komponisten – »zu freundlichem Erinnern«. Kritisierte man Kompositionen von jüdischen Musikern, wie etwa im Falle Anton Rubinsteins oder Meyerbeers, so hatte es künstlerische und keine ideologischen Gründe. Persönlich störte Clara an Meyerbeer nur, dass er ein sich der Obrigkeit andienender, »unangenehmer, schmeichlerischer und kriechender Hofmann« war.[400]

Es blieb seinerzeit allgemeiner Konsens unter Philosemiten und Antisemiten, dass auch jene, die wie etwa Joachim zum Christentum übergetreten oder aus der jüdischen Gemeinde ausgetreten waren, letzten Endes doch Juden geblieben waren.[401] Ihnen sei eine »schmarotzerpflanzenähnliche« Existenz eigen, hieß es in einer Schrift aus den 1840er-Jahren, eine »gefällige Aufmerksamkeit«, der »penetrante Verstand« beeindrucke, kaschiere aber nur das wahre Wesen; letztlich gelinge es »nicht Mohren weiß zu waschen, auch durch die christliche Taufe nicht, wie man etwa im Mittelalter den ›foetor judaicus‹ zu tilgen glaubte«.[402]

Wenn Liszt Variationen über Musik Meyerbeers schrieb, gerieten sie nur zu einem Vehikel für glamouröse Virtuosität auf Kosten eines Erfolgskomponisten. Bei Clara Schumann und Johannes Brahms blieben Variationen stets ein Ausdruck der Wertschätzung, wodurch sie zu einem Nachsinnen über die Bedeutung des Künstlers für die Gegenwart wurden. Liszt hatte kein Problem mit Wagners Rufmord an Meyerbeer. Dennoch war er dreist genug, noch gut 31 Jahre nach der Erstveröffentlichung von »Das Judentum in der Musik« und 17 Jahre nach Meyerbeers Ableben sich auf ihn zu berufen, als er sich mit schweren Vorwürfen zu seinem Verhalten kritisiert sah. Nach einer Neuauflage von *Des Bohémiens et de leur musique en Hongrie* eskalierte die Lage Anfang der 1880er-Jahre. Sogar in Budapest erhob vor allem eine Verbindung jüdischer Jurastudenten so schwere Vorwürfe gegen ihn, dass eine geplante Aufführung der *Faust-Sinfonie* abgesagt wurde. Liszt mimte das Unschuldslamm. Er wahrte die Fassade eines kultivierten, gottesfürchtigen Zeitgenossen. Letzten Endes blieb er stets die graue Eminenz, die ihre Fäden zog, aber sich weder von dem Treiben distanzierte noch ihm Einhalt gebot.

Die Affäre Grün und andere Kalamitäten

Unter den Freunden war Anfang der 1860er-Jahre sicher die »Affäre Grün« ein Gesprächsthema, als Joseph Joachim sich an oberster Stelle dafür einsetzte, dass der nicht konvertierte jüdische Hofmusikus Grün wegen herausragender Leistungen im Orchester zum Kammermusiker ernannt werde sollte, womit er ein ordentliches und pensionsberechtigtes Mitglied der Hofkapelle in Hannover geworden wäre. Joachim wurde auf die Regelung verwiesen, Juden dürften keine königlichen Beamten werden. Als er seine eigene Festanstellung ins Spiel brachte, hieß es, er habe ja offiziell den Glauben gewechselt. Empört über die Unterstellung, dieser Schritt sei nicht wegen seiner Braut, sondern um der materiellen Vorteile willen unternommen worden, drohte Joachim mit seinem Rücktritt. Als der König die Angelegenheit aus der Welt schaffen wollte und Grün zum Kammervirtuosen ohne Pensionsanspruch ernannte, zog Joachim aus Solidarität die Konsequenzen und legte seine Ämter bei Hofe nieder. Clara, Johannes und auch die gemeinsame Freundin Jenny Lind unterstützten Joseph Joachim bei seiner Solistenlaufbahn mit gemeinsamen Auftritten. Soweit es ihnen möglich war, setzten sich Clara und Johannes immer wieder für den Freund ein. »Debrois aus Wien hat mir einen Aufsatz von sich geschickt, der Manches Wahre enthält, aber von seiner großen Arroganz zeugt, denn sonst würde er sich nicht herausnehmen, Joachim nach *einem* Werke (hebräische Gesänge) zu beurtheilen«, notierte Clara in ihrem Tagebuch, »ich konnte mich nicht enthalten, ihm offen meine Meinung darüber zu sagen«.[403] Manchmal schien es ein Kampf gegen Windmühlen zu sein. »Über Joachim ist ja bloß Quatsch da«, kommentierte Johannes bitter.[404]

Er versuchte es zu vermeiden, sich vom Lagerdenken vereinnahmen zu lassen. »Sie wissen, ich liebe es durchaus nicht, Musiker und ihre ›Tendenzen‹ zu besprechen, ›zu analysieren‹«, schrieb er von einem Hamburg-Besuch an Clara. »Herr Avé lud mich für den Abend ein (mit Herrn Grädener), sagte aber nicht, wie Sie: wir wollen hübsch musizieren, sondern: ›da wollen wir uns denn mal recht über Musik aussprechen‹.«[405]

Ein Mann wie Franz Brendel hatte noch nicht einmal Interesse daran, sich »recht über Musik auszusprechen«. Unter seiner Führung entwickelte sich die *Neue Zeitschrift für Musik* zur musikliterarischen Speerspitze der Neudeutschen. In seinen Büchern und in der von ihm übernommenen Musikzeitschrift propagierte er besonders die Werke seiner Heroen der Moderne: Liszt und Wagner. Während er bei den »romantischen« Künstlern das seiner Auffassung nach »in sich zurückgezogene Gemüthsleben, die subjective Innerlichkeit« verachtete, pries er jene Tonschöpfer der Gegenwart, bei denen »eine Wendung nach Aussen hin« eintrete: »Alles drängt nach Wirklichkeit, nach Gestaltung der äusseren Welt«, meinte Brendel. »Dafür nun ist Wagner's Kunstwerk der Zukunft der entsprechende Ausdruck; die Wirklichkeit, die Wagner für das Kunstwerk fordert, ist die jenem Drange nach Aussen entsprechende Erscheinung auf künstlerischem Gebiet.«[406] Hinsichtlich der Musik jüdischer Komponisten war er mit Wagner einer Meinung. Dabei ließ Brendel »den

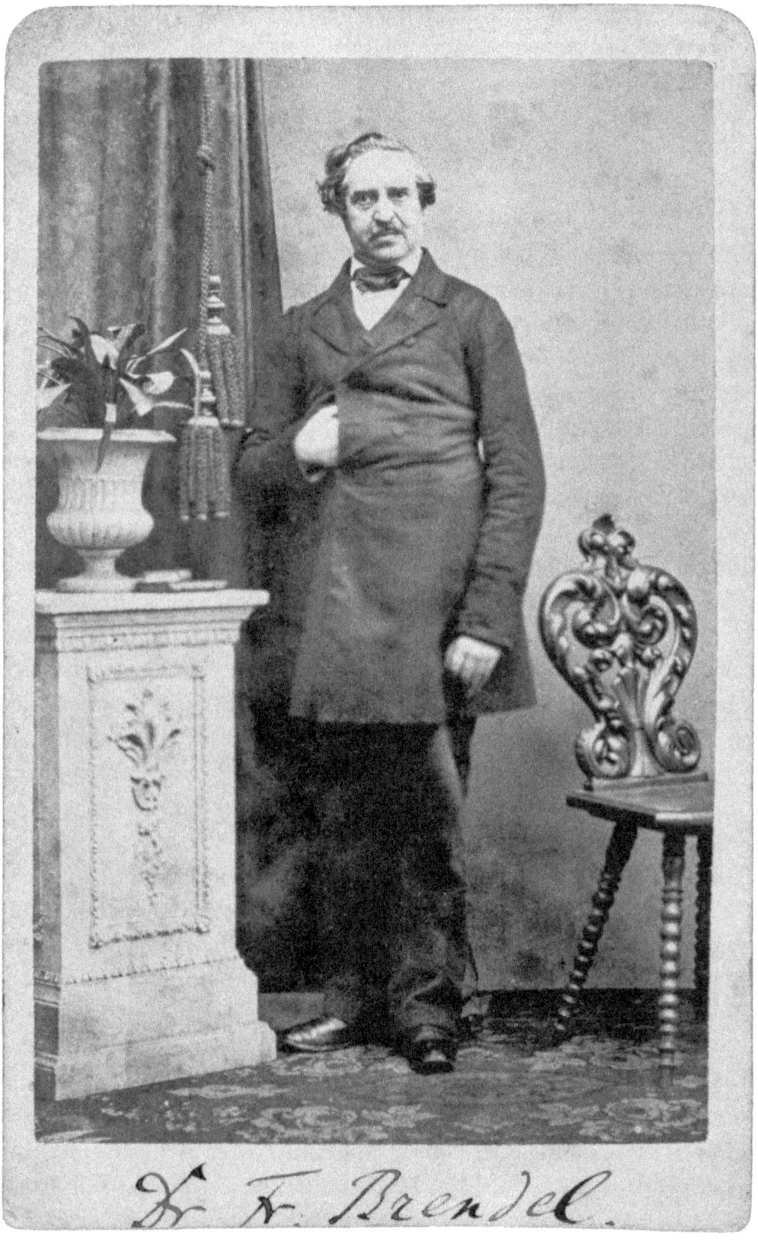

Franz Brendel prägte die ideologische Strategie der »neudeutschen Schule«, die weit über seinen Tod 1868 hinaus wirksam war.

gebildeten Juden« gelten, denn dieser habe »in eben dem Grade, als er sich unsere Bildung, unsere Sitte angeeignet hat, jenes unschöne jüdische Wesen verloren, er hat, soweit ihm jene Aufgabe gelungen ist, aufgehört, Jude zu sein«. In diese Kategorie gehörten gewiss Künstler wie Joseph Joachim, aber kaum ›Musizi‹ wie Grün und ›Konsorten‹. Die Juden, so der Lehrstuhlinhaber für Musikgeschichte und -ästhetik am Leipziger Konservatorium, »haben sich unsere Bildung oftmals in hohem Grade angeeignet, und sind produktiv aufgetreten. Sie haben sich mit uns vermischt, daß sie innerlich und äußerlich kaum noch zu erkennen sind«. Doch dabei seien die meisten »in einen unlösbaren Widerspruch verfallen«, nämlich »in den Widerspruch, unsere Bildung [zu] besitzen und dabei Juden bleiben« zu wollen. Die deutsche, »unsere Kunst« sei durch sie, äußerte Brendel, »innerlich hohl, organisch lebensunfähig geworden«, denn »die Art, wie unsere Kunst gegenwärtig von den Christen betrieben wird, und die Art, wie sie die Juden ausbeuten«, sei »gleich verwerflich«. Hierbei sollte nicht vergessen werden, dass viele der erwähnten »Christen« konvertierte Juden waren. »Daß die gebildeten Juden in ein wahrhaft innerliches Verhältniß zu unserem Geistesleben, zu unserer Sitte nicht getreten sind, ist Thatsache«, mahnte Brendel. »Sie täuschen sich in dem Beginnen, Unvereinbares vereinen zu wollen. Man wird dies bemerken, sobald man mit ihnen auf tiefere, z. B. religiöse Fragen zu sprechen kommt. Sie erstreben unsere Bildung und sind doch nicht gemeint, ihr Wesen aufzugeben.«[407]

Durch diese aggressiv geäußerten Ansichten über viele Menschen in ihrem Freundes- und Kollegenkreis mussten sich Clara und Johannes provoziert fühlen. Mochte Brendel auch mit gelehrter Spitzfindigkeit zwischen »den gebildeten Juden« und dem »unschönen jüdischen Wesen« differenzieren, er hatte gewiss seinen Spaß daran, wie sich Wagner kühn für ein neudeutsches, judenfreies Land einsetzte. »Man sagte mir, Herr Joachim, dessen Freund J. Brahms alles Gute für sich aus einer Rückkehr zur Schubert'schen Liedermelodie verhoffe, seinerseits einen *neuen Messias* für die Musik überhaupt erwartete«, spottete Wagner, als Joachim später Gründungsrektor der Königlich Akademischen Hochschule für ausübende Tonkunst in Berlin wurde, der späteren Musikhochschule. »Diese Erwartung sollte er füglich doch Denjenigen überlassen, welche ihn zum Hochschulmeister machten? Ich dagegen rufe ihm zu: Frisch daran! Sollte es ihm selbst begegnen, der Messias zu sein, wenigstens dürfte er dann hoffen, von den Juden nicht gekreuzigt zu werden!«[408]

Franz Brendel adelte in einer der einflussreichsten Musikzeitschriften den Antisemitismus seines Gesinnungsgenossen Wagner, indem er ihm nur beste Absichten zusprach. »Die Juden sind willkommen, wenn sie wahrhaft, aufrichtig, innerlich uns angehören wollen«, betonte Brendel. »Sie hören dann auf, Juden zu sein. Unsere Bildung aber auszubeuten, ohne dieselbe innerlich errungen zu haben, stets zwischen zwei Stühlen sich niedersetzen zu wollen, ist das Verderbliche; diesen Widerspruch geistvoll nachgewiesen zu haben, dies Verdienst gebührt Freigedank.«[409] Brendels Beschwichtigungen und Lippenbekenntnisse – wie »etwas schroff und hart finde ich« und »hier sind Einschränkungen nothwendig« – geschahen aller Wahrscheinlichkeit nach nur auf Druck von außen, um seine gefährdete Position am Konservatorium zu retten. Sein krampfhaftes Schönreden der »Grundgedanken« von »Hrn. Freigedank«, bei dem laut Brendel »Gehässigkeit der Gesinnung [...] nicht gefunden werden [kann]«, ist letzten Endes nur Teil einer Änderung der Strategie, nicht der Grundeinstellung. Brendel ließ es sich nicht nehmen, in den folgenden Jahren in weiteren »Zeitgemäßen Betrachtungen« gegen das zu Felde zu ziehen, was er »Gehässigkeiten und lügenhafte Entstellungen« oder »die Anmaßung eines fanatisierten Gegners« (d. h. eines Rezensenten, der es wagte, einem Werk von Liszt eines von Schubert entgegenzustellen) nannte.[410]

Nicht nur in regelmäßigen Presseartikeln, auch in seinen gewichtigen Buchveröffentlichungen ließ Franz Brendel seiner Abneigung gegen alles Jüdische freien Lauf. Im Jahr 1852 publizierte er eine umfangreiche *Geschichte der Musik in Italien, Deutschland und Frankreich – von den ersten christlichen Zeiten bis auf die Gegenwart* und zwei Jahre darauf das Buch *Die Musik der Gegenwart und die Gesammtkunst der Zukunft*. In diesem unterschied er »zwei Classen« von Musikern: »Einerseits eine Classe, welche ich nicht anders als mit der Benennung: schöne Seelen, zu bezeichnen weiss, idealbestimmte Naturen in sich befassend, die von der Welt sich abwenden, in sich verglimmend; andererseits die entschiedenen Speculanten, vertreten durch die Componisten des Tages, sowie durch alle die Virtuosen, Sänger und Sängerinnen, denen die Kunst zur Geschäftssache ist.« Eine Synthese war für Brendel nicht vorstellbar. »Jene schöne Seelen sind ächte deutsche Naturen, hochbegabt zum Theil, vor Begeisterung für die ächte Kunst, aber ohne praktisches Geschick«, denn »die Welt sorgt nicht für sie«, lamentierte er und schlug in die gleiche Kerbe wie sein Komponistenidol: »Die Classe der Spekulanten dagegen zeigt uns Weltleute in glänzender Stellung«, die eindeutig zu identifizieren sind, denn »diese Classe hat, wie der Verfasser des Artikels ›Das Judenthum in der Musik‹ (*Neue Zeitschrift für Musik*, Bd. XXXIII, Nr. 19 und 20) nachgewiesen hat, ihre kenntliche Physiognomie durch die Juden erhalten«.[411]

Brendels Strategie hatte System. In seiner *Geschichte der Musik* qualifizierte er Meyerbeer mit dem charakteristischen antisemitischen Vokabular ab, indem er ihm vorwarf, sein »Streben nach Charakteristik einerseits« und »rein Sinnliches andrerseits, die italienische Coloratur und an andern Orten wieder eine überwiegend declamatorisch-dramatische Behandlung der Singstimme erscheinen principlos, rein äusserlich durcheinander gemengt«, ja, die »überall durchblickende Gesinnungslosigkeit freilich paralysirt« denkbare Vorzüge.[412] Wenn Brendel trotz manchen Lobs feststellte, dem »Mendelssohn'schen Wesen« ermangele es weitgehend der »inneren Durcharbeitung, wie sie nur die Anstrengung und der Kampf, die Schule der Leiden zu gewähren vermag«,[413] so spielte er damit an auf die seinerzeit übliche Gegenüberstellung des nachahmenden, bequemen Juden und des noch in der Not tätigen wahren deutschen Geistes. Richard Wagner lobte Brendel als »Freund« und »ernstlich gesinnten, nur die Sache in das Auge fassenden«, »redlichen« Menschen, der sich in der »Judenmusikweltstadt« Leipzig engagiere.[414]

Begriffe wie »Sinaimuse«, »Judenclaque« und »moderne Musikjuden« wurden in der Publizistik salonfähig.[415] Die Urheber waren bekannt. Selbst der ansonsten eher maßvolle Thomaskantor Moritz Hauptmann in Leipzig ließ sich im Hinblick auf Brendel und seine Gefolgsleute zu harschen Äußerungen hinreißen, wenn er an einen Freund schrieb, es sei »viel Gesindel darunter, daß [*sic*] nichts als Schwatzen, Schreien und Schimpfen kann«.[416] Der Gelehrte Johann Christian Lobe dürfte Clara und Johannes aus dem Herzen gesprochen haben, als er die Floskeln des zeitgenössischen Musikjournalismus wie »Eklektizismus«, »Gesinnungslos. Gesinnungstüchtig« bzw. »Kampf des Alten und Neuen« kritisierte und in den Beiträgen »Eklekticismus in der Musik« und »Revue der Zeitphrasen auf dem Gebiete der Musik« in seinem Buch *Consonanzen und Dissonanzen* zusammenfasste.[417] Letzten Endes erachtete er »die Bestrebungen *der* Fortschrittspartei« als »lächerlich, wenn sie alte Wahrheiten für neue ausgeben«.[418]

Der musikalische Konflikt zwischen den unterschiedlichen Gruppierungen bestand im Kern darin, ob man sich als Teil eines

Kontinuums betrachtete oder ob man mit einer Absage an den Wert von traditionellen Überlieferungen einen radikalen Bruch mit dem Vergangenen vollzog und ein neuartiges Anderssein zum Selbstzweck erhob. Die einen schrieben wie Brahms Variationen über Werke ihrer Vorgänger, die anderen warfen wie Liszt die toten Knochen von Bach auf den Müll und begannen in Tönen zu malen und zu dichten. Der Chefideologe Franz Brendel erklärte »die Frage, ob Programmmusik statthaft sei oder nicht« zur »Lebensfrage der gegenwärtigen Tonkunst«.[419] Allerdings ging es nicht um Musik allein. Parallel zur *Neuen Zeitschrift für Musik* hatte Brendel 1856 das Magazin *Anregungen für Kunst, Leben und Wissenschaft* gegründet, um alles darzulegen, »das nothwendig zur Sprache gebracht werden muß, und doch nicht in eine musikalische Zeitung gehört«.[420] Schon in der zweiten Ausgabe lancierte er einen Bericht über »Programmmusik«. Der Geist des Neudeutschen sollte alle Schichten der Gesellschaft durchdringen und im Idealfall die Führungseliten des Landes umgarnen. War die Gattung der »Sinfonischen Dichtung« mit bildhaften Titeln oder Heroengestalten schon etwas, worunter sich jedermann etwas vorstellen konnte, so galt die Oper vielen als höchste dramatische Form, ja allein der Wortbedeutung nach als ein ›Werk‹ *par excellence*, denn sie stellte eine Synthese aller Kunstgattungen dar. Richard Wagner rückte in seinen Schriften die »Genossenschaft aller Künstler« in den Vordergrund und plante, gesellschaftliche Umbrüche mit den Mitteln der Ästhetik herbeizuführen. Für ihn war »das große Gesammtkunstwerk, das alle Gattungen der Kunst zu umfassen hat« etwas, das »das nothwendig denkbare gemeinsame Werk der Menschen der Zukunft« bildete.[421]

Clara Schumann und Johannes Brahms fehlte dieser missionarische Eifer. Sie waren es gewohnt, eher im Stillen zu wirken und kleine Kreise anzusprechen, wodurch sich der Wert ihrer Kunst durch einen Schneeballeffekt verbreitete. Brendel, Liszt und Wagner hingegen hauten am liebsten möglichst wirkungsmächtig auf die Pauke. Üblicherweise publizierten sie wechselseitig positive Artikel über sich oder vergaben ›Rezensionen‹ an ihnen wohlgesinnte Autoren. Wagner versuchte anlässlich eines Konzerts in Paris mit Ausschnitten aus seinen Opern den Zeitungskritiker und Komponistenkollegen Hector Berlioz zu bestechen, indem er ihm das erste Druckexemplar der Partitur von *Tristan und Isolde* überreichte. »Au cher et grand auteur de *Roméo et Juliette*, de l'auteur reconnaissant de *Tristan und Isolde*«, hieß es angemessen in der handschriftlichen

Zueignung, zumal das ›Tristan-Motiv‹ auf einer musikalischen Wendung von Berlioz' »symphonie dramatique« aus der Festszene beruht, mit der in den Violinen Romeos Niedergeschlagenheit und Liebessehnsucht charakterisiert wird. Der Franzose ließ indes kein gutes Haar an Wagners Musik und kommentierte zum Orchestervorspiel von *Tristan und Isolde*, dass er trotz intensiven Bemühens »nicht den geringsten Begriff davon habe, was der Komponist damit gewollt hat«.[422] Noch schlimmer war für die Ideologen der Weimarer und Leipziger Zirkel, dass Berlioz die Konzertbesprechung mit einer Grundsatzerklärung verband: »Man hat in Bezug auf die Schule der Zukunftsmusik mir in Deutschland und anderswo Ansichten zugeschrieben, die nicht die meinigen sind.«[423] Der Artikel wurde in verschiedenen deutschen Zeitungen übersetzt und zitiert – mit Berlioz' ablehnender Haltung sah sich Clara Schumann unerwarteterweise in guter Gesellschaft. Wagner focht das nicht an. Er veröffentlichte eine Replik und erklärte gegenüber Liszt, »dass in dieser Gegenwart doch nur wir drei Kerle eigentlich zu uns gehören, weil nur wir uns gleich sind; und das sind – Du – Er – und Ich!«.[424]

Die Vertreter der neudeutschen Schule waren es gewohnt, ihre Kontrahenten bis aufs Blut zu reizen. Beim Theoretisieren und Polemisieren wurden vielfach Stücke zu Meisterwerken erhoben, die vorerst nur als schwarze Kleckse auf Papier existierten. Wenn dann tatsächlich einmal eine Klangorgie wie *Les Préludes* in voller Kampfstärke aufgeführt wurde, enttäuschte es etwas, wie dieses »Liszt'sche Wunderwerk«. Manche Rezensenten fanden, es sei durchaus nicht von »so tiefsinniger Conception, so unergründlicher Natur«, ja, das Ganze »erschien uns als ein Erguß einer kranken Phantasie, die sich gewaltig anstrengt, aber in ohnmächtigen Kämpfen und Ringen nur eine Mißgeburt zu Wege bringt«. Im Gegenzug geiferte man zurück und zieh die Gegner des »musikalischen Kretinismus«.[425] Selbst wenn man Kritik provoziert – man bleibt zumindest das Gesprächsthema des Tages und harrt man lange genug aus, klingt selbst für die Feinde alles nach C-Dur. »Aber woher kommt es, daß jenen Werken oft ein so erbitterter Widerstand entgegentritt?«, räsonierte man in der *Deutschen Musik-Zeitung*. »Die Antwort ist nicht schwer zu finden. Es ist die Anmaßung der Partei, ihre zähe Aufdringlichkeit, ihr dreistes, lärmendes Auftreten, ihre geringschätzende Weise der Besprechung oder auch der geflissentlichen Todtschweigung von Leistungen Anderer, die ihrem eiteln Glorienschein gefährlich werden könnten.«[426]

Wirklich beste Feinde – Gegenschlag mit Vorgeschichte

Zwischen diesen Fronten unversöhnlicher Parteien befanden sich der Mittzwanziger Johannes Brahms und die fast vierzigjährige Clara Schumann. »Ich fand es in Leipzig so ennujant wie sonst«, schrieb er an Clara im Februar 1859, »wüßte auch nichts und Niemand, das oder der mir besondere Freude gemacht hätte.«[427] Aufgrund der Nähe zu den Kreisen um Brendel und Liszt lernten beide, nach Möglichkeit einen Bogen um die Region von Leipzig und Weimar zu machen, obwohl Leipzig vielen – wie etwa dem Komponisten Karl Goldmark – als »die musikalische Metropole Deutschlands« galt.[428] »Wenn ich aber Du wäre«, ließ Clara Johannes wissen, »*nie* streckte ich auch nur einen Finger aus, die Leipziger einen Ton von mir hören zu lassen.«[429]

Dabei strebte gerade Franz Brendel weiterhin danach, die beiden für seine Absichten zu gewinnen. Selbst einem Robert Schumann konnten die Neudeutschen noch nicht vollends den Rücken kehren, und so tauchte auch sein Name auf, als Brendel 1859 einen Preis für eine musiktheoretische Erörterung auslobte, in der »die Berechtigung der Fortschritte, welche auf dem Gebiet der Harmonik durch die Werke von Schumann, Berlioz, Wagner und Liszt und all derer, welche sich der neuen Richtung angeschlossen haben«, gewürdigt werden sollte.[430] Seltsamerweise wurde der Preis dem Berliner Musikwissenschaftler Carl Friedrich Weitzmann zuerkannt, der nicht nur dieser »neuen Richtung« nahestand, sondern zugleich auch Mitglied der Jury war. Kein Wunder, dass Clara und Johannes Zweifel daran hegten, dass die Prinzipien der neudeutschen Schule, wie Brendel öffentlich behauptete, stets »umfassend [und] objektiv gehalten« seien.[431]

Nach der ersten Tonkünstlerversammlung im Sommer 1859 in Leipzig konzipierte Brendel eine Wiederauflage, die zwei Jahre später in Weimar stattfand und in der Gründung eines Allgemeinen Deutschen Musikvereins mündete, der »aus der Vereinigung aller Parteien« bestand, »zum Zwecke, das Wohl der Musikverhältnisse und Musiker thatkräftig zu befördern«.[432] Letzten Endes leistete er Lobbyarbeit für die Interessen der neudeutschen Schule. Als Präsidenten schlug Liszt natürlich Franz Brendel vor, der die *Neue Zeitschrift für Musik* ohnehin schon zum ideologischen Kampfblatt entfremdet hatte.

»Die Weimaraner machen ihren Lärm fort«, schrieb Johannes Brahms im August 1859 an Joseph Joachim. »Weitzmann beweist jetzt, daß vom ersten Jahrhundert nach Christus an alle Genies verkannt wären, vergißt aber, daß von Hucbald bis Bach und weiter alle Herrn Reformatoren als gute und die besten Musiker und Komponisten anerkannt wurden und man nur ihre ›Absonderlichkeiten‹ oder was sonst angriff. Da man nun Liszt nie den Titel eines ziemlich guten Komponisten gegeben hat, so müßte wieder einiges Weitere erklärt werden. Die Kompositionen werden immer schrecklicher, z. B. *Dante*! Ich möchte, es stände nicht Einiges entschieden im Wege, um mit den Leuten umgehen zu können, aber geht doch nicht, oder bin ich wirklich ein Philister? Mich juckt's oft in den Fingern, Streit anzufangen, Anti-Liszts zu schreiben.«[433]

Clara, Johannes und Joseph Joachim beschlossen, zusammen mit Gleichgesinnten offiziell aktiv zu werden und eine öffentliche Darlegung ihrer Position zu verfassen. Die von ihnen geplante Stellungnahme gegen den zunehmenden Einfluss der neudeutschen Schule, in der sich lange angestaute Wut entlud, hatte in Anbetracht der Hintergründe insgesamt einen sich allmählich steigernden Vorlauf von gut zehn Jahren.

Die in Leipzig aufgewachsene Clara Schumann muss der Tatsache gewahr geworden sein, dass es für diesen Protest gegen Brendel und seine Machenschaften einen Präzedenzfall gab. Obgleich Brendel am Konservatorium in Leipzig lehrte, war sein Verhältnis zu diesem Musikinstitut seit Jahren angespannt. »Persönlich hat Brendel dem Konservatorium eigentlich immer fern gestanden«, konstatierte der Dirigent und Musikpädagoge Alfred Richter. »Nie habe ich ihn in den Abendunterhaltungen des Instituts gesehen [d. h. den wöchentlichen öffentlichen Konzertdarbietungen mit Studierenden des Konservatoriums]. Auch habe ich nie bemerkt, daß er mit anderen Lehrern Umgang gehabt hätte.«[434] Schon zehn Jahre zuvor hatte Franz Brendel mit der Veröffentlichung von Richard Wagners seinerzeit noch unter dem Pseudonym »K. Freigedank« erschienenen zweiteiligen Beitrag über »täuschende Componist[en]« aus dem Stamme »Ahasver's«[435] das Fass erstmals zum Überlaufen gebracht. Der Komponist Julius Rietz und andere jüdische Kollegen forderten 1850 dementsprechend, dass Brendel von seinen Diensten am Konservatorium suspendiert werden solle. Rietz setzte einen Brief auf, in dem verlangt wurde, Brendel aus der akademischen Gemeinschaft zu verstoßen, da »diese widersprechenden Ansichten von unheilvollem Einflusse auf die unserer Leitung anvertrauten Zöglinge sind«. Man mache »das geehrte Directorium auf dieses Missverhältniss aufmerksam« und bestehe darauf, dass man »seine Missbilligung an jenem Treiben energisch, und zwar durch die sofortige Entlassung des Herrn Dr. Brendel von dem Conservatorium an den Tag legen werde«.[436] In beiden Protestnoten wurde sowohl 1850 als auch 1860 mit dem Wort »Treiben« der gleiche Hintergrund kritisiert. Doch schon zehn Jahre zuvor gab es kaum Konsequenzen. Der Direktor des Leipziger Konservatoriums, Heinrich Conrad Schleinitz, ging aus nicht mehr genau nachzuvollziehenden Gründen nicht auf die Aufforderung des Kollegiums ein. An das Votum der Mitglieder war das Direktorium letzten Endes nicht gebunden. Einflussreich dürfte hierbei die Fürsprache von Claras Vater Friedrich Wieck gewesen sein, einem der bedeutendsten Klavierpädagogen seiner Zeit. Er lobte den Artikel »Das Judentum in der Musik« von Freigedank, dessen Identität in den entsprechenden Kreisen bekannt war. Als Clara noch unter seinem Einfluss stand, gab es in einem ihrer Briefe auch einmal die Äußerung, ein Musikerkollege sei »ein Jude, dem man nicht viel trauen muß«.[437] Clara war 19 Jahre alt, als sie dies schrieb, aber Jugendliche lösten sich im 19. Jahrhundert erst spät aus dem Einfluss ihrer Familie. Durch ihre positiven Erfahrungen mit jüdischen Intellektuellen – unter anderem die lebenslange Freundschaft mit Joseph Joachim sowie der Familie Mendelssohn – distanzierte sie sich zunehmend von der Haltung ihres Vaters. Sie bildete sich als selbstständig denkendes Individuum ihre eigene Meinung. 1850 scheiterte der Protest der Hochschullehrer und Brendel durfte weiterhin sein Unwesen treiben. »Alle sind wüthend, ich bin es auch, blieb aber äusserlich ruhig«, meinte Moscheles.[438]

Franz Brendel sah sich lediglich genötigt, bei seinem Einsatz für die neudeutsche Schule weniger plump vorzugehen. In einem Artikel in der *Neuen Zeitschrift für Musik* vom Juli 1851, der eingebettet wurde zwischen dem Text »Aus Richard Wagner's ›Ein Theater in Zürich‹« und einem Beitrag zur christlichen Kirchenmusik, behauptete er, es sei nicht seine »Absicht, die Sache auf sich beruhen zu lassen«, aber er wünsche »ruhige Erörterungen, nicht Stimmen der Leidenschaft«. Im Übrigen sei »die Ansicht des Hrn. Freigedank völlig mißverstanden« worden.[439] Unter dem Deckmantel der Sachlichkeit – mit Floskeln à la: Ob die Behauptungen des verkannten Herrn Freigedank »wahr oder nicht, gehört nicht hierher« – zeigte sich dennoch Brendels Haltung. In den folgenden Jahren kritisierte er zunehmend das von Mendelssohn gegründete Konservatorium. In seinem Buch *Die Musik der Gegenwart und die Gesammtkunst der Zukunft* lobte er zwar »die Conservatorien und die Idee derselben«, bemängelte aber: »Das Princip dieser Anstalten ist die Förderung dessen, was *bisher* als das Höchste galt, die Aufrechterhaltung der älteren, classischen Kunst.« Franz Brendel forderte hingegen (mit Kursivsetzung!) »als das einzig wahre Ziel *eine Organisation vom Standpunkt der Kunst der Zukunft*«.[440] Der Lehrstuhlinhaber engagierte sich für »die Vertretung der Neuzeit, die Vertretung des Fortschritts« und kämpfte »gegen das Alte und Abgelebte, gegen das Schlechte und Gesinnungslose«.[441] Am Leipziger Konservatorium galten seine Veranstaltungen zur Musikgeschichte und -ästhetik bei den jungen Musikerinnen und Musikern als nicht sonderlich beliebt. »Den Schülern stand er fern«, erinnerte sich Alfred Richter. »Nur wenige besuchten seine Vorlesungen, was wohl darin seinen Grund hatte, daß er immer nur aus seinem Werk vorlas, und die Schüler das ebensogut zu Hause vornehmen konnten. Denn gelesen wurde sein Werk auch von ihnen sehr viel. Hatte er die Vorlesung beendet, so machte er es wie Reinecke bei den Chorübungen: Er klappte das Buch zu und empfahl sich so rasch wie möglich, immer dabei lächelnd.«[442] Er konnte vielfach als Wolf im Schafspelz auftreten, wenn er merkte, dass seine Lebensgrundlage gefährdet war, wie etwa die Professur am Konservatorium in Leipzig, oder mit kreideweicher Schmeichelstimme um Clara und Johannes werben.

Johannes indes ärgerte sich, dass in Hamburg »in einem anständigen (anständig sein sollenden) Konzert Liszt« gespielt wurde – »So erwarte ich denn nächstens eine sinfonische Dichtung bei ihm und ärgre mich, daß die Pest immer weiter frißt und die Eselsohren des Publikums noch verlängert.«[443]

Joseph Joachim begann im Frühjahr 1860 zusammen mit dem Dirigenten Bernhard Scholz einen Text zu entwerfen, den man sich innerhalb eines Kreises von Seelenverwandten zuschickte. Man wollte noch daran feilen und letztendlich gemeinsam unterzeichnen, um ihn mit weiteren gesammelten Unterschriften zu publizieren. »Dürfte ich nur auf Gade und Bargiel rechnen, dann meine ich, wäre es gut«, schrieb Brahms im März 1860 an Joachim. »Jul. Schäffer und [Robert] Franz wünschte ich noch. Als Quartett geht's doch kaum? Grädeners Raisonnement ist unnütz, unpraktisch. Wir können uns nicht auf Beweisführungen einlassen, denn wir können nicht *in corpore* antworten, müssen uns also vor jedem Satz hüten, der eine fragende Antwort erhalten kann. Überdem, wollten wir einige Grundregeln der Musik als von ihnen nicht geachtet anführen, so könnten sie jedenfalls beweisen, jede dieser Regeln stände in ihrem Gesetzbuch. Es ginge das auch nicht, ohne ins Detail zu gehen. Beispiele wären nötig, also könnte ein ganzer Band Noten mitgegeben werden. Nun gar soll jeder aufgefordert werden, sein Teil zu sagen! Das soll gesichtet [werden] usw. usw.«[444] In weiteren Schreiben schlug Brahms noch vor, die Komponisten Bagge, Debrois, Müller und die Brüder Lachner mit ins Boot zu holen. Zudem plante man auch die Komponisten Volkmann, Hiller und Reinecke sowie den Thomaskantor Moritz Hauptmann mit einzubeziehen. Brahms berichtete, er habe »ein Ja empfangen« von Dietrich, Bargiel, Wüllner, Bruch, Kirchner und Grädener; darüber hinaus zeige Rietz Interesse an einer Beteiligung. Er schlug vor, nur Bischoff, den Redakteur der *Niederrheinischen Musikzeitung* in Köln, »damit zu beehren«, denn »die Berliner Zeitungen sind meines Wissens so farblos, daß es nicht nötig ist, und so können wir auch die *Signale* mit gutem [Gewissen] übergehen«.[445] Brahms hätte gerne auch die Namen der Gegner genannt. »Ich wünschte hauptsächlich, wir könnten den Namen Liszt [im Manifest] anbringen, damit man uns nicht Verstocktheit gegen Wagner vorwerfen kann«, teilte er Joachim mit.[446] Nicht alle wagten es, sich daran zu beteiligen. »Wäre ich L. nicht zu viel schuldig«, schrieb der ängstliche Robert Franz an Joachim, »mit aller Wonne würde ich meine jahrelange Liebe: ›den großen Franz Brendel‹ in den Misthaufen zurückschleudern helfen, aus welchem er frech gekrochen ist.«[447]

In der Endphase feilten kurz vor der im Mai oder Juni 1860 geplanten Veröffentlichung Brahms, Scholz, Grimm und Joachim intensiv an der Reihenfolge der Argumentation und Formulierungsdetails. Auch Clara Schumann dürfte als Vertraute über das Vorhaben bestens orientiert gewesen sein, bei dem sich über die ganzen deutschsprachigen Regionen verteilte Intellektuelle und Künstler beteiligen wollten. Jeden, dem die jeweils überarbeitete, aktuelle Variante zur »Mitunterzeichnung vorgelegt« wurde, bat man zu bedenken, er möge – da man »zu wissen glaube, daß ein jeder von Ihnen wenigstens mit dem Sinn des Vorigen vollständig übereinstimmt« – dazu beitragen, »den Protest nicht aufzuschieben« und man ersuche »deshalb zur Vereinfachung um Unterzeichnung des von uns Vorgeschlagenen«.[448] Als Kontaktadresse wurde die Hohe Fuhlentwiete 74 in Hamburg genannt, wo Brahms lebte. In der entscheidenden Phase besuchte ihn Clara Schumann dort ab dem 7. Mai. Einen Tag vor ihrer Ankunft ereignete sich die Katastrophe.

Die Vertreter der neudeutschen Schule hatten Wind von der geplanten Aktion bekommen und am 6. Mai 1860 eine verstümmelte Version des Beitrags vorab im Berliner *Echo* veröffentlicht. Aufgrund der eingeschränkten Kommunikationsmöglichkeiten Mitte des 19. Jahrhunderts wurden die Freunde zunächst gar nicht gewahr, wie übel ihnen mitspielt wurde. Am selben Tag schrieb Brahms noch an Grimm: »Unsere Erklärung kontra Liszt wird wohl stranden an den Bedenken usw. der sehr ehrenwerten Komponisten. Nicht 20 Namen sind zusammenzubringen. Kannst Du nicht im Sommer einmal herkommen?«[449] Man war entschlossen, mehr Namen unter den Text zu setzen, sich lieber Zeit zu lassen als überhastet zu handeln und sinnierte weiter über die treffendste Ausdrucksweise, als dem Vorhaben schon längst der Wind aus den Segeln genommen war. Am 8. Mai hatte Joachim die erste vollständige, noch mit »Abwehr« betitelte Fassung an Brahms geschickt und eine druckreife, mit »Erklärung« überschriebene Version lag am 15. Mai vor. Erst am 22. Mai 1860 wies der entsetzte Joachim in einem Schreiben an Brahms auf das Malheur hin: »Lies den Brief von Rietz. Weißt Du was über eine vorzeitige Veröffentlichung unserer Erklärung in dem *Echo*? Es wäre so bübisch, daß ich's bis jetzt gar nicht glauben kann.«[450] Er verabredete sich mit Clara und Johannes zu dem in wenigen Tagen beginnenden Niederrheinischen Musikfest in Düsseldorf. Doch was hätte man noch unternehmen können? Am Ende ließ sich noch nicht einmal eindeutig klären, wer den Verrat begangen hatte. Als Hauptverdächtige dürften rückblickend Weitzmann und Bülow gelten, denen eines der Rundschreiben in die Hände gefallen sein muss. Wie der Dirigent dem Komponisten Felix Draeseke schrieb, habe Weitzmann die »Erklärung« zuvor »nach Weimar geschickt, und von dort aus ist die mit einigen Abschwächungen nach Leipzig expedirt worden«. »Dies alles unter uns«, fuhr er verschwörerisch fort und bat: »Hättest Du Zeit, die Kerle ›en bloc‹ in einer Broschüre abzuthun, so wäre das noch famoser. Ich ließe selbige hier in Berlin drucken – Du hättest Dich um nichts zu kümmern«, denn »Weitzmann wird mit mir vereint bohren.«[451]

Dass es sich um eine böswillige Indiskretion handelte, mit der man »die Kerle ›en bloc‹« in die Pfanne hauen wollte, belegt, dass eine von nur wenigen Personen unterzeichnete unausgereifte Version der geplanten Erklärung im Berliner *Echo* erschien, in die zudem noch – möglicherweise absichtlich – ein Druckfehler eingebaut wurde: Anstatt – wie die Entwürfe deutlich machen – die Wendung

»ernste strebende Musiker« zu verwenden, entstellte man sie zu »erste strebende Musiker«, wodurch der Text völlig verworren wirkte.

Und so erschien am 6. Mai 1860 in der Berliner Musikzeitschrift *Echo* ohne Wissen der Urheber nicht eine ausgefeilte, von etwa zehn bis zwanzig Mitstreitern – allen voran Johannes, Clara und die Freunde – verfasste Stellungnahme, sondern eine dürftige Meldung mit gerade einmal vier Unterschriften:

»Unter den hiesigen Tonkünstlern circulirt eine Adresse der Hrn. Brahms, Joachim und Grimm, worin sie der Parthei der Zukunftsmusiker einen Absagebrief schreiben und ihre Kunstgenossen zur Unterschrift auffordern. Die Erklärung lautet:

›Die Unterzeichneten haben längst mit Bedauern das Treiben einer gewissen Partei verfolgt, deren Organ die Brendel'sche *Zeitschrift für Musik* ist. Die genannte Zeitschrift verbreitet fortwährend die Meinung, es stimmten im Grunde die ersten strebenden Musiker mit der von ihr vertretenen Richtung überein, erkennten in den Compositionen der Führer eben dieser Richtung Werke von künstlerischem Werth, und es wäre überhaupt namentlich in Norddeutschland der Streit für und wider die sogenannte Zukunftsmusik und zwar zu Gunsten derselben ausgefochten. Gegen eine solche Entstellung der Thatsachen zu protestiren halten die Unterzeichneten für ihre Pflicht und erklären wenigstens ihrerseits, daß sie die Grundsätze, welche die Brendel'sche Zeitschrift ausspricht, nicht anerkennen, und daß sie die Produkte der Führer und Schüler der sogenannten ›*Neudeutschen*‹ Schule, welche theils jene Grundsätze praktisch zur Anwendung bringen und theils zur Aufstellung immer neuer unerhörter Theorien zwingen, als dem innersten Wesen der Musik zuwider, nur beklagen oder verdammen können.

Johannes Brahms. Joseph Joachim.
Jul. Otto Grimm. Bernhard Scholz.‹«[452]

Zwischen den Zeilen wird in dem noch nicht in seiner Endfassung ausformulierten Text die Verknüpfung von Antisemitismus und Musik kritisiert. Zu den »Grundsätze[n], welche die Brendelsche Zeitschrift ausspricht« gehörte nun einmal eine antisemitisch motivierte Kulturpolitik und zu dem »Treiben einer gewissen Partei« die Verunglimpfung von Mendelssohn und anderen jüdischen Musikern.

Unglücklicherweise verhallte der Aufruf wirkungslos. Das einzige Echo war die Häme der neudeutschen Kreise, die auf wundersame

Weise schon am 4. Mai 1860 in der *Neuen Zeitschrift für Musik* eine Schmähschrift aus dem Hut zauberten. Nach der zur Unzeit verkürzt veröffentlichten Erklärung ergoss sich über die düpierten Künstler nur Spott: Der Musikwissenschaftler Carl F. Weitzmann – jener, der als Jurymitglied sich selbst eine Auszeichnung zugeschustert hatte – versuchte sich als Satiriker und witzelte als Pendant zu Wagners »Freigedank«-Pseudonym bei seiner Judenhetze nun als »Fegweg« in Brendels ideologischem Kampfblatt (das im Original mehrfach hervorgehobene *aus* bezog sich auf die ›*Aus*kunftsmusik‹ im Gegensatz zur ›Zukunftsmusik‹):

»Gefürchteter Herr Redacteur! Alles ist *aus*! – – –

Es soll ein Staatsstreich *aus*geführt, die ganze neue Musik mit Stumpf und Stiel *aus*gerottet, und namentlich Weimar und Leipzig *aus* der musikalischen Weltkarte gestrichen werden. Zu diesem Zweck wurde ein weit *aus*holender Schreibebrief *aus*gearbeitet, und an *aus*gewählte Gutgesinnte aller Länder *aus*geschickt, worin man *aus*führlich und stark *aus*fallend gegen die mehr und mehr um sich greifende Epidemie der Zukunftsmusik protestirt. Der *Aus*schuß dieses *Aus*bundes zählt mehrere *Außer*sichseiende, deren Namen die neueste Kunstgeschichte aber noch nicht *aus*findig machen konnte. Falls jedoch die Lawine der Unterschriften sich groß genug *aus*dehnen könnte, soll der Sturm sodann urplötzlich *aus*brechen. Obgleich von Seiten der *Aus*hecker dieses musikalisch-tragischen Gar*aus* den *Aus*erwählten das strengste Geheimnis anbefohlen wurde, ist es mir dennoch gelungen, Einsicht in das Original zu nehmen, und ich freue mich, Ihnen, gefürchteter Herr Redacteur, im Nachfolgenden dieses zeitgemäße Actenstück mittheilen zu können, indem ich verbleibe

Ihr

ganz ergebener

Fegweg.

›*Öffentlicher Protest.*

Die Unterzeichneten wünschen auch einmal erste Violine zu spielen, und protestiren deßhalb gegen Alles, was ihrem dazu nöthigen Emporkommen im Wege liegt – mithin namentlich gegen den zunehmenden Einfluß der, von Dr. *Brendel* als neudeutsche Schule bezeichneten musikalischen Richtung, wie überhaupt gegen jeden Geist in der neuen Musik. Nach Vernichtung dieser ihnen sehr unangenehmen Dinge stellen sie dagegen allen gleichartigen Wohlgesinnten einen Bruderbund für ›unaufregende und langweilige Kunst‹ in sofortige Aussicht.

Mitleidende Seelen werden dringend zum Beitritt ermahnt.
Die Redaction der Auskunftsmusik.
(Unterzeichnet:)
J. Geiger. Hans Neubahn. Pantoffelmann. Packe. Krethi und Plethi.‹«[453]

Die Verballhornungen der Namen sprachen für sich: Mit »J. Geiger« war natürlich der Violinist Joseph Joachim gemeint und »Hans Neubahn« stand für Johannes Brahms, den Robert Schumann 1853 mit dem emphatischen Artikel »Neue Bahnen« als kommenden bedeutenden Mann der deutschen Musik angepriesen hatte. Bei »*Pantoffel*mann« dürften Clara oder Robert *Schu*mann gemeint sein, die aus Sicht der Neudeutschen zum feindlichen Lager gehörten. »Packe« müsste im Sinne von »dieses Pack« zu verstehen sein, so wie bereits Bülow von »diesen Kerlen ›en bloc‹« gesprochen hatte. Die aus dem Hebräischen entlehnte Wendung »Krethi und Plethi« meinte »Kreter und Philister«, bezeichnete jedoch eigentlich einen aus Ausländern bestehenden Teil der Streitmacht des Königs David, die im 2. Buch Samuel genannt werden – in der Schmähschrift stand sie für die volkstümlich geringschätzige Bedeutung »allerlei Gesindel«. Das Verächtlichmachen des Gegners war die gleiche Strategie, die auch Wagner seit 1850 in seinen Schriften gegen die Juden anwandte, ebenso wie das Verwandeln von Identitäten, beispielsweise wenn aus dem Brahms wohlgesonnenen Musikkritiker Eduard Hanslick in den *Meistersingern von Nürnberg* Sixtus Beckmesser wurde, Kundry in *Parsifal* zu einer Art »Ewigen bzw. Wandernden Juden« und der vermeintlich »reiche Jude« in *Das Rheingold* zu Alberich mutierte in einer Verschmelzung der althochdeutschen Namensbestandteile »alb« (Naturgeist) und »rihhi« (mächtig, reich bzw. Herrscher).

Clara und Johannes setzten sich fortan im kleinen Kreis und durch ihre künstlerische Arbeit mit den neudeutschen Zirkeln auseinander. Während Clara das Wirken Wagners in Bausch und Bogen verurteilte, nahm Johannes gegenüber seiner Musik eine kritische, aber differenzierte Haltung ein. Dies wusste Clara und bat ihn neugierig, er solle ihr seine Eindrücke von einer *Meistersinger*-Produktion in Wien schildern, »aber nicht als Anti-Wagnerianerin …«[454] Johannes beschrieb ihr seine Zugangsweise zu Dingen, die der Freundin fremd waren. »Ich schwärme nicht – weder für dies Werk, noch sonst für Wagner«, meinte er. »Doch höre ich mir's so aufmerksam wie möglich an, d. h. so oft – ich's aushalten kann.«[455]

Ihm war klar, dass er Clara gegenüber aufrichtig sein konnte. »Acht Takte *Meistersinger* sind mir mehr wert, als die ganze Oper von Massenet«, meinte er in Bezug auf dessen *Werther*, fand nur ein »Theatergenie« wie Wagner hätte so etwas »furchtbar Originelles« komponieren können, aber sie seien ein »zu intensiver, anstrengender Genuß«. Die »Idee des Anreißens der leeren Guitarresaiten durch Beckmesser« erschien ihm »sehr lustig«, obwohl dieser Einfall »ursprünglich von Cornelius herrühre«. Ein Werk wie *Parsifal* war seiner Auffassung nach keinesfalls »eine Oper für den gewöhnlichen Bedarf«, sie brauche das ihr ursprünglich zugedachte Umfeld und solle »ein Fest sein und bleiben«. Insgesamt fand er bei Wagners Musik, »dieses Fortspinnen zu den kräftiger zusammengenommenen Stücken« sei ihm »oft zuwider und ich habe dann das Gefühl, als ob ich nicht mehr zuhören mag, es ist sekant!« (Mit der Zeit eignete sich Brahms auch einige wenige österreichische Wendungen an, wie diese für ›lästig, zudringlich‹.) Als ihm Heuberger gestand, er sei bei der *Walküre* eingeschlafen, berichtete Brahms: »Ja, wissen Sie, wir sind alle keine Vollblutwagnerianer; und auch diese schlafen. Frau Richter (Hofkapellmeistersgattin) schlief einmal neben mir im 2. Akt der *Meistersinger* ein. Endlich fiel das Opernglas hinab; da hob sie's auf, als wäre gar nichts geschehen.«[456]

Bei Plaudereien verkündete Brahms gerne seine Meinung. Allerdings drängte es ihn nicht, zur Feder zu greifen und die von ihm beschworenen »Anti-Liszts« zu schreiben. »Aber ich!«, stöhnte er in einem Brief an Joachim. »Der nicht einmal seinem liebsten Freund einen Gruß schreiben kann.«[457] Dennoch umfasst die Korrespondenz von Clara und Johannes insgesamt viele tausend Briefe – welch eine Erleichterung muss es gewesen sein, als die *Signale für die musikalische Welt* im Oktober 1858 ankündigten: »Keine Tintenfässer mehr!«, da »durch die Erfindung eines österreichischen ›Stahlfeder-Erzeugers‹« ein altes Problem »der schreibenden Menschheit« gelöst sei, denn »derselbe hat nämlich eine Feder construirt, mit der man fünf bis sechs volle Stunden schreiben kann, ohne sie einzutunken. – ›Keine Federn mehr!‹ würde freilich für manchen Gerupften eine erfreulichere Überraschung sein.«[458] Leider besaßen weder Clara oder Johannes noch ihre Freunde – abgesehen von Hanslick – das musikliterarische Talent von Robert. Und Johannes wusste, was nötig war, um angemessen auszuteilen: »Wer aber gegen diese Liszt-Clique schreiben will, *der muß klatschen*.«[459]

Paukenschläge und facettenreiche Zwischentöne

Die Zwischenbilanz fiel für Clara Schumann und Johannes Brahms ernüchternd aus. Man konnte der Musik nicht mehr einfach, wie noch zu Haydns Zeiten, ein interesseloses Wohlgefallen entgegenbringen. Sie wurde in verstärktem Maße ein Identifikationsfaktor, der dazu diente, andere zu erheben oder abzuqualifizieren, sich politisch oder intellektuell zu positionieren und Urteile zu fällen. Sage mir, wen du hörst und ich sage dir, was du bist! Der Öffentlichkeit wurde vorgegaukelt, es gebe in der Debatte nur Schwarz oder Weiß, die Moderne oder »das Alte und Abgelebte«, wie es Brendel genannt hatte. Um die Grautöne, gar um die vielfältigen Schattierungen anderer Farben ging es nicht. Clara und Johannes waren keine Menschen vieler Worte, die sich öffentlich in Debatten exponierten. Ihnen blieb letztlich nur die Möglichkeit, in Kompositionen, Interpretationen und Lehre zu beweisen, dass die Musik der Gegenwart in vielfältiger Gestalt auftreten kann.

In einer Epoche, in der die Verbesserungen der Drucktechniken und ein zunehmend professioneller werdendes Verlagswesen in der zweiten Hälfte des 19. Jahrhunderts zu einer sich ausweitenden Verbreitung des Musikjournalismus sowie zu einer Flut beliebter Biografien und Erinnerungsbücher führten, mag es verwundern, dass Clara und Johannes nicht diese Möglichkeiten nutzten, um programmatische Stellungnahmen oder Memoiren zu hinterlassen. Sie dachten an die Zukunft, indem sie die ihnen wertvollen Kunstwerke durch Aufführungen vorstellten und ihr Überleben sicherten, indem sie der Nachwelt diese Kompositionen durch Noteneditionen überlieferten, die sie selbst herausgaben oder anregten. Allerdings unterschätzten sie die Macht der Worte und ergingen sich nicht in Absichtserklärungen, wie jene, die beispielweise Wagners Kompositionen, oft schon Jahre bevor überhaupt ein Ton davon erklungen war, zu den grandiosesten Meisterleistungen der Musikgeschichte stilisierten. Immer deutlicher machte sich bemerkbar, dass Künstler mit dem Charisma von Mendelssohn und der Eloquenz von Robert Schumann verstummt waren und nicht noch weitere drei Dekaden bis in die 1880er-Jahre hinein wirken konnten. Hingegen ermöglichten es die neuen technischen Entwicklungen den unterschiedlichsten Gruppierungen, ihre Ansichten unters Volk zu bringen. Doch den »Bündnissen verwandter Geister«, wie Robert Schumann einst die kleinen Häuflein Gleichgesinnter genannt hatte, war mittlerweile nicht nur daran gelegen, »Freude und Segen« zu verbreiten – immer mehr ging es um kulturpolitische Positionsbestimmungen. Zu den sich zunehmend ausdifferenzierenden Tendenzen gehörten die Vertreter der im Geiste Mendelssohns wirkenden Ausrichtung der deutschen Musik um Moscheles, Joachim, Hiller und Rietz sowie die Mendelssohn und Schumann nahestehenden Kreise um Clara und Johannes; hinzu kamen die zwischen ihnen und den Neudeutschen pendelnden Künstler wie Klughardt, Jadassohn und Raff, ferner natürlich die selbstausgerufenen Repräsentanten der Moderne um Brendel, Liszt und Wagner. Diese vielfältigen Varianten zeitgenössischer Musik verengten die nachfolgenden Generationen zu einer Scheuklappenwahrnehmung, mit der man die Vielfalt der europäischen Musik aus dem Blick verlor.

Der Klang der Musik des 18. Jahrhunderts, in dem Joseph Haydn – einer von Brahms' Lieblingsmusikern – die wesentlichen Merkmale des Streichquartetts und der Sinfonik formte, war noch weitgehend einheitlich und einer bestimmten Epoche zuzuordnen. Nur die Verwendung der neu entwickelten Klarinetten ließ eindeutig darauf schließen, dass es sich um ein Werk ab den späten 1770er-Jahren handeln musste. Brahms nutzte sie auch für das Orchester in seinen ›klassisch‹ besetzten *Haydn-Variationen* op. 56, von denen Clara die Fassung für zwei Klaviere op. 56b sowie Sonaten und Trios von Haydn im Repertoire hatte. Haydn, der einst von sich behauptete, dass er »die Kraft und die Wirkung aller« Instrumente kannte und sie zum Sprechen brachte,[460] blieb stets ein Praktiker, der keine musiktheoretischen Abhandlungen hinterließ. Zwar publizierte sein Schüler John Wall Callcott 1806 eine *Grammar of Music*, aber der erste Komponist von Rang, der eine individuelle Instrumentationslehre verfasste, war Hector Berlioz. Sein zwischen 1844 und 1855 mehrfach aufgelegter und übersetzter *Grand Traité d'instrumentation et d'orchestration modernes* beeinflusste zahllose Musiker. Allerdings zog jeder andere Schlussfolgerungen. Die mit Haydn und Beethoven zunehmende Individualisierung des künstlerischen Ausdrucks, die mit einer politischen Sehnsucht nach mehr Rechten und Freiheit einherging, führte zu sehr persönlichen Klangmischungen. Bereits die Werke von Schumann und Brahms ließen sich nicht einfach der einen oder anderen Ausrichtung zuordnen – warum auch? Im Gegensatz zum Grundklang früherer Epochen prägten die unterschiedlichsten Eindrücke und Erfahrungen die aktuellen Kompositionen. Schon Haydn war überzeugt, Musik könne »einen

Baum, einen Vogel, eine Wolke copieren«[461] – und seine Nachfolger begaben sich in der Sinfonik schließlich in die exponiertesten Regionen. Joachim Raff, der später eng mit Clara zusammenarbeitete, betitelte seine 3. und 7. Sinfonie mit »Im Walde« und »In den Alpen«. Er hatte sich wie Joachim von den Weimarer Kreisen gelöst und als Fortsetzung zu Haydns großer Kantate *Die Jahreszeiten* und Schumanns *Frühlingsinfonie* selbst einen Zyklus mit den jeweils viersätzigen Sinfonien 8 bis 11 entworfen, die Überschriften erhielten wie »Frühlingsklänge«, »Im Sommer«, »Zur Herbstzeit« und »Der Winter«. Obwohl Mendelssohn eines seiner großen Idole geworden war, hielten ihn die klassisch ausgerichteten Kreise stets für einen Neutöner. Andere schätzten Liszt oder Wagner und schrieben Sinfonien, in denen sie nur Versatzstücke von deren Kompositionstechniken verwendeten, ansonsten aber höchst individuellen Ausdruck boten. Der anhaltinische Komponist August Klughardt leistete in Dessau Bedeutendes und seine vierte Sinfonie wurde sogar in New York gefeiert. Menschen, die ihn kannten, gestanden seinen Werken zu, dass sie ein »moralischer Wert« auszeichne,[462] was ganz im Sinne von Clara und Johannes war. Bereits Haydn verfolgte die Absicht, in seinen Sinfonien »moralische Charaktere« zu schildern.[463] Andere eiferten Schubert und Schumann nach in dem Bestreben, eine poetische Idee in Musik umzusetzen. Die Sinfonie »Frithjof«, das Opus 22 des Berliner Komponisten Heinrich Hofmann, wurde zu der im 19. Jahrhundert am meisten gespielten Sinfonie. Weniger Anerkennung fand der in Leipzig wirkende Salomon Jadassohn mit seiner Sinfonik. Er war ein jüdischer Musiker, der nie konvertierte, aber ein Bewunderer der Werke Wagners blieb.

Clara und Johannes verfolgten aufmerksam, wie sich die unterschiedlichsten Künstler entwickelten. Dabei waren sie nicht immer einer Meinung, deswegen überdachten und verfeinerten sie ihre Haltung regelmäßig. So ließ Johannes Clara unter anderem wissen, von Raff würde er »einstweilen nicht das Schlimmste denken«.[464] In der Haltung gegen die Extreme war man sich einig. »Diese Tage habe ich viel Neuigkeiten in der Musikliteratur durchgesehen und bin ganz niedergedrückt künstlerisch«, notierte Clara in ihren privaten Aufzeichnungen. »Die Tragweite der Wagner-Richtung ist doch eine entsetzlich große und verderbliche. Außer etwa Jensen, Ricodé, Hoffmann [*sic*] hat keiner mehr Ohr für Wohlklang.« Ihr erschien es »entsetzlich, wie die Leute mit den Harmonien herumspringen, Auflösungen sind ganz überflüssig« und »wie wenig Natur« heutzutage

»die jungen Componisten« haben. »Alles soll originell sein«, meinte Clara, wobei manche »recht anspruchsvoll« auftreten, als wollten sie »womöglich Schumann in den *Symphonischen Etuden* und Brahms in den *Händel-Variationen* überflügeln!« Allerdings »drinnen in dem Stück ist Nichts, bejammernswerthe Armuth«. Manche hielt Clara für »recht begabt«, leider ist die »Erfindung doch arm«.[465] Johannes gab nicht viel auf Geniestatus und Abkürzungen auf dem Weg zum Erfolg. »Ich kann das ›Wunderkindspielen‹ nicht leiden«, kommentierte er Busonis Gebaren[466] und erklärte dem jugendlichen Hugo Wolf: »Sie müssen erst was lernen, und dann wird es sich zeigen, ob Sie Begabung haben.«[467] Viele wollten sich diesen Umweg lieber ersparen.

Die Ursünde der Moderne

Ganz allmählich mussten sich Clara und Johannes ab den späten 1850er-Jahren daran gewöhnen, dass sie zunehmend ablehnende Konzertbesprechungen erhielten von Rezensenten, denen das Auftreten der Liszt-Schule mehr zusagte. Hinter den schwelenden Konflikten standen nicht allein unterschiedliche ästhetische Auffassungen – es ging im weitesten Sinne zunehmend um Weltanschauungs- und Grundsatzfragen. Und die Haltung entschied darüber, ob man zu seinen Freunden stand oder nicht, wo man zukünftig leben wollte und ob man sich zur Wehr setzte oder zurückzog. Clara und Johannes konnten sich auf Tourneen und beim Komponieren keineswegs allein der Kunst widmen. Sie berichtete ihm von einer Konzertreise nach Prag, »die Zukunftsmusik fängt leider an Wurzel dort zu schlagen, und Liszt hat dort, wie überall, eine Schar, die schürt und schürt«.[468] Beide sahen sich in den kommenden Jahren in heftige Auseinandersetzungen verstrickt. Kein Wunder, dass die Formulierungen immer martialischer wurden. Der Musikwissenschaftler Oscar Paul äußerte gegenüber Ferdinand Hiller, die Presse für Musik sei »in keiner Stadt schlechter vertreten« als »gerade in Leipzig, wo die unheilvollen Funken des neudeutschen Zukunftsbrandes einen Brendel als Strohmann mit an die Flammen gesetzt haben«.[469] Bei Joachim Raff finden sich Formulierungen wie »Kampfgeschrei«, ferner sprach er von »dem Kampfschauplatze«;[470] Joseph Joachims Biograf Andreas Moser bezeichnete Brahms als Joachims »ehemaligen ›Kriegskameraden‹«.[471] Und während ein Kritikaster wie Richard Pohl für die *Neue Zeitschrift für Musik* das Pseudonym »Hoplit« wählte in Anlehnung an die schwerbewaffneten Kämpfer antiker griechischer Heere, sprach Eduard Reményi in einem Brief an den von ihm heroisierten ungarischen Klaviervirtuosen vom »Liszt-Krieg«. Dieser wiederum bezeichnete den Konzertagenten Hermann Wolff als »glücklichen Feldmarschall der berühmten Conzertcampagnen allerorte«.[472]

Die Moderne hatte viele Gesichter. Im Verlauf des 19. Jahrhunderts reichten sie in dem von Mendelssohn und Clara Schumann geliebten Großbritannien von Turner und den Präraffaeliten als viktorianische Avantgarde – die in deutschen Landen ein Pendant in der Künstlergruppe der Nazarener hatte – bis hin zu Brahms' Freund Anselm Feuerbach, Manet, Munch, Böcklin und den frühen Werken von Klimt auf dem europäischen Festland; in der Literatur von E. T. A. Hoffmann und Jean Paul bis Flaubert, Fontane, Zola und Mann; in der Musik von Haydn und Beethoven bis Debussy, Rachmaninoff, Skrjabin und Mahler. In einer Epoche, in der sich in den Künsten erstmals ein historisches Bewusstsein entwickelte, gaben nicht alle ihre Bewunderung der alten Meister offen zu wie Verdi, der Palestrina pries, oder Brahms, der Schütz schätzte. In einer Phase, in der sich die grundlegenden Mechanismen des heutigen Kulturbetriebs entwickelten, standen die Zeichen auf Sturm. In den Künsten kämpfte man mit der gleichen Aggression wie in der Politik. Während Wagner fast immer auf Krawall gebürstet war, verstanden es Brendel und Liszt raffiniert, sich und die Ihren als Unschuldslämmer zu präsentieren. Es gehe ihnen ja nur um die Sache, man habe immer versöhnliche Angebote gemacht, und überhaupt – es bedürfte ja nur ein wenig der Toleranz. Seltsamerweise fordern Toleranz in erster Linie diejenigen ein, die sich zu ihren eigenen Gunsten über Logik, Gesetze und Rücksichtnahme hinwegsetzen. Das im September 1850 in der von Franz Brendel verantworteten *Neue Zeitschrift für Musik* anonym veröffentlichte Pamphlet »Das Judentum in der Musik« war der Dammbruch und wurde zur Ursünde der Moderne – das Verächtlichmachen anderer entwickelte sich zu einer der Hauptstrategien jener, die sich als Wegbreiter von etwas Neuem verstanden. Diese Kriegserklärung erfolgte drei Jahre nach Mendelssohns Tod. Nachdem 1856 der Mendelssohn-Sympathisant Robert Schumann, 1861 Louis Spohr nebst Heinrich Marschner und 1864 der den Neudeutschen verhasste jüdische Komponist Giacomo Meyerbeer verstorben waren, legte die Bewegung nach, indem

1868/69 parallel zur Oper *Die Meistersinger von Nürnberg* nun *Das Judentum in der Musik* als eigenständiges Buch unter dem Namen des Verfassers, Richard Wagner, erschien. Der Kampfgenosse Franz Brendel konnte die Folgen nicht mehr auskosten, denn er verstarb bald darauf am 25. November 1868 in Leipzig. Zuvor setzte er aber noch einmal alles daran, die Schumanns endgültig für die eigene Sache zu vereinnahmen.

Die Versöhnungs-Falle

Welcher Zorn sich zuweilen bei Clara und Johannes angestaut hatte, belegen etliche harsche Formulierungen in ihren Briefen. In vertrauten Gesprächen dürften sicher auch ›Gewaltfantasien‹ ausgekostet worden sein, wie sie ein Schreiben von Johannes an den gemeinsamen Freund Joseph Joachim zeigt, in dem er äußerte, »es wäre herrlich, wenn Du im Sommer in Deutschland säßest, wunderschön komponiertest und nebenbei mit einigen fliegenden Bögen diese Leute totschlügest, und ich säße dabei, freute mich und hülfe Noten schreiben«.[473]

In der ersten Hälfte des Jahres 1860 sahen sich Clara und Johannes mit dem Dilemma konfrontiert, dass in Robert Schumanns Heimatstadt Zwickau eine Ehrung zu seinem 50. Geburtstag am 8. Juni angesetzt wurde. Neben Aufführungen der Musik sollte die Enthüllung eines Bronze-Medaillons an seinem Geburtshaus einer der Höhepunkte der für den Donnerstag und Freitag in der ersten Juniwoche anberaumten Veranstaltungen sein. Veranstalter in Zwickau war der Musikverein mit seinem Direktor Karl Emanuel Klitzsch, der auch für die *Neue Zeitschrift für Musik* schrieb. Allein dies ließ befürchten, dass die Repräsentanten der neudeutschen Schule versuchen würden, sich des Erbes Schumanns zu bemächtigen. Zudem versuchte der Brendel wohlgesonnene Vater von Clara, Friedrich Wieck, sie zu beeinflussen, als er sie mahnte, sie solle also zum gegebenen Zeitpunkt auf jeden Fall »in Zwickau sein, um wahrscheinlich an der verdienten Gedenktafel vollständiges Versöhnungsfest mit der Weimarischen Rasselschule, mit Tausig, H. v. Bulow [*sic*], Draeseke, Brendel, Raff, u. Bronsard, Liszt us.w. zu feiern«.[474]

Clara und Johannes ahnten, dass an der Sache etwas faul war. Ein vollständiges Versöhnungsfest? Sie beschlossen, den Veranstaltungen fernzubleiben. Nach ihren einschlägigen Erfahrungen mit der

Journaille Brendelscher Prägung verlegten sie sich darauf, sich nicht instrumentalisieren zu lassen und symbolreiche Veranstaltungen ihrer Gegner zu boykottieren. Clara teilte Anfang Mai – noch vor dem Eklat mit der Presseerklärung ihrer Freunde – dem Musikverein mit, sie müsse »selbst eine Betheiligung bei der vorgeschlagenen Feier dankend ablehnen, da es mir unmöglich wäre bei einem Anlaß mitwirkend vor das Publicum zu treten, der meine Empfindungen so heftig erschüttern müßte. Aber auch in künstlerischer Beziehung würde das Zusammenwirken und Feiern mit ›Koryphäen der Weimar'schen Schule‹, deren Betheiligung sie mir officiel mittheilen, dem Geiste meines Mannes zu sehr widersprechen, der seine Abneigung und Mißbilligung eben dieser Schule oft und nachträglich ausgesprochen hat, als daß ich einen Zweifel darüber haben könnte.«[475]

Mit ihrer Entscheidung sollte Clara Recht behalten. Sie hielt sich über ihren Freundeskreis auf dem Laufenden. »Ich dachte viel zu Dir hin und ging am Abend in die *Genoveva*«, schrieb ihr die Sängerin Livia Frege. »Wie tief hat mich die Musik bewegt. Wie klar und voller Ströme von Melodien ist sie!« Und dann bestätigte sie Claras Befürchtungen: »In Zwickau hat man das Relief Deines Mannes mit einem Marsch von Liszt enthüllt.«[476] Derartigen Peinlichkeiten wollte sie mit ihrer Anwesenheit nicht auch noch den Segen geben.

Es hat sie gewiss erfreut, dass Brendel von dem Affront ihres Fernbleibens getroffen war. Dies zeigt seine verärgerte Reaktion in der *Neuen Zeitschrift für Musik*. Nachdem im Leitartikel zum wiederholten Male eine »Gesammtausgabe der Liszt'schen Lieder« angepriesen wurde, folgten in dem Kommentar zur »Schumannfeier« Lobhudeleien für die Durchführung dank der »umsichtigen und energischen Thätigkeit des Dr. Klitzsch« sowie »der Einwohner und des steigenden Wohlstandes derselben«. Es sei »guter Wille gegen alle« vorhanden gewesen, den einige doch zu missachten wagten: »Wenn Etwas einen Schatten auf die sonst ungetrübte Feier werfen konnte, so war es die Wahrnehmung, daß einige specielle Freunde und Verehrer Schumann's nicht gekommen waren«, giftete Brendel. »Es giebt aber jetzt einen kleinen Kreis von Schumann-Verehrern, die den Cultus desselben als ihr Privateigenthum in Besitz nehmen zu wollen scheinen, und jede Schattirung der Richtung und Anschauungsweise sogleich desavouiren möchten. Die unzweifelhafte bis zur Krankhaftigkeit gesteigerte Einseitigkeit, welche darin liegt, springt sofort in die Augen, und kein Unbefangener wird dieser Fraction beipflichten wenn sie die Räume des Kunsttempels für so beschränkt hält, um nur für sich selbst und Schumann darin Raum zu erblicken.« Dass es ihm letzten Endes gar nicht um Schumann ging, sondern um Propaganda in eigener Sache, verrät der Satz, die Bestrebungen seien »ein Beleg für das, was erreicht werden kann, wenn man die von uns vertretenen Grundsätze praktisch ins Leben einführt«; dadurch »nehmen die Zwickauer Concerte eine Höhe ein, die in Geist und Kunstanschauung diejenigen der meisten großen Städte weit überragt«. Da Clara Schumann nichts beitragen wollte, ersetzte man sie durch einige Liszt-Schülerinnen, darunter auch »Frl. v. Sabinin«, die von Clara entwöhnte Elevin, die durch »Feinheit, Eleganz und geistige Belebung« zum Gelingen beitrug.[477]

Einige Formulierungen verdeutlichen, dass es mit »umsichtiger und energischer Tätigkeit« gepaart mit »gutem Willen« allein nicht getan war – der »steigende Wohlstand« der Einwohner war ein wesentlicher Faktor, um ein Kunstideal zu etablieren. Diesbezüglich pflegten die neudeutschen Kreise Kontakte und sollten in den kommenden Jahren weitere Asse aus dem Ärmel ziehen.

Clara und Johannes hingegen nutzen ihre finanziellen Mittel, um Zeit für die Editionen von ihnen wertvoller Musik einzusetzen und Manuskripte zu sammeln. Brahms' Leidenschaft dafür wurde geweckt, als ihm Avé-Lallemant im Dezember 1854 mit der 1779 erschienen Partitur von Glucks Oper *Alceste* »einen herrlichen Schatz!« schenkte. Johannes übersäte seine Schreiben an Clara mit Rufzeichen, wenn es um Kostbarkeiten aus seiner Bibliothek ging. »Ich habe eine Handschrift von Beethoven!!«, triumphierte er einmal. »Eine Abschrift der *letzten* As dur-Sonate (110), mit Korrekturen und Titel von Seiner Eigenen Hand!«[478] Autographen von Haydn, Mozart und anderen Größen kamen hinzu. Selbstverständlich wünschten Clara und Johannes auch, dass diese Musik wieder zu erleben war. Dabei verließen sie sich aber – ob im Rheinland, Großbritannien oder dem Habsburgerreich – auf bereits etablierte Strukturen eines sich zunehmend professionalisierenden Konzertwesens.

Schönes und Gutes

Als Johannes Brahms im Herbst 1862 erstmals Wien erkundete, lernte er einen acht Jahre älteren Mann kennen, der als Komponist nur dilettierte, aber als Musikästhet und Autor zu Großem fähig war: Eduard Hanslick. Clara kannte ihn seit 1846, als sie mit Robert in der Hauptstadt des Habsburgerreichs gastiert hatte. »Der Besuch war sehr mäßig, der Applaus kühl und augenscheinlich nur für Clara gespendet«, erinnerte sich Hanslick. »Das Klavierkonzert und die Symphonie fanden nur wenig Anklang.« Nach dem Konzert waren er und zwei weitere Bewunderer der Musik Schumanns noch beisammen, aber »die Minuten verflossen in einem unbehaglichen Stillschweigen, da jeder von uns gedrückt war von der lauen Aufnahme dieses so herrlichen Musikabends«. Die Pianistin schien dies mehr aufzuregen als den Komponisten. »Clara brach zuerst das Schweigen, indem sie über die Kälte und Undankbarkeit des Publikums bitter klagte«, berichtete Hanslick. »Was wir andern auch Beschwichtigendes zu sagen vermochten, es steigerte nur ihren lauten Mißmut. Da sprach Schumann die uns unvergeßlichen Worte: ›Beruhige Dich, liebe Clara; in zehn Jahren ist das alles anders!‹«[479] Dies sollte in gewisser Hinsicht zwar eintreten, aber mit der Akzeptanz der Musik Schumanns dauerte es länger. Hanslick trug wesentlich dazu bei, ihr Anerkennung zu verschaffen. Gegenüber Johannes äußerte Clara, für sie sei er »ein famoser Beurteiler und hat Courage!«.[480] Johannes seinerseits äußerte bei näherer Bekanntschaft gegenüber Clara: »Ich halte nun Hanslick für einen ganz ausnahmsweis ›guten‹ Menschen, ich meine aber, Du müßtest die Empfindung und den Glauben haben, wenn Du seine Erzählung liest.«[481] Während die Gazetten »nur irgend pikante Schnurrpfeifereien« in den Vordergrund stellen und »ein ungedruckter Schmarrn« ihnen wichtiger ist »als das Beste – über das sie doch nichts zu sagen wissen«, meinte Brahms anlässlich des Erscheinens der Autobiografie des Schriftstellers, so sei es »schön und erfreulich, wenn ein gescheiter Mann aus seinem Leben erzählt – wie jetzt Hanslick«, der »mit ganzem Herzen« bei der Sache ist.[482]

Neben Joachim und später Widmann wurde Eduard Hanslick zu einem der wichtigsten Freunde. Er war jemand, der es verstand, seine musikästhetischen Grundsätze auch klar zu Papier zu bringen. Johannes arbeitete lieber in seiner Kompositionswerft an Trios, Sextetten und Vokalwerken und überließ es anderen, Grundsätzliches vom Stapel zu lassen. Er und Clara verstanden sich nicht darauf, Literarisches zu Papier zu bringen. Aber man konnte auf diesem Gebiet Verstärkung brauchen, da die Organisationsstrukturen der neudeutschen Zirkel zunehmend stabiler wurden. Während der fünftägigen zweiten Tonkünstlerversammlung Anfang August 1861 in Weimar wurden von über 700 Gründungsmitgliedern die

Statuten des neu gegründeten Allgemeinen Deutschen Tonkünstlervereins verabschiedet. In dieser Zeit stellte Richard Wagner den Text zu seiner geplanten Oper *Die Meistersinger von Nürnberg* fertig. Bis er die Gelegenheit fand, die Musik zu vollenden, las er mit sächselndem Tonfall bei mehreren Gelegenheiten seine Dichtung öffentlich vor. Bei einer Veranstaltung in Wien soll Hanslick die Versammlung vorzeitig verlassen haben. Die Figur des Sixtus Beckmesser, die Wagner ursprünglich sogar Veit Hanslich nennen wollte, war in ihrer letzten Ausformung nicht nur auf ihn gemünzt, sondern zudem eine Judenkarikatur. Hanslick war wie Joseph Joachim ein jüdischer Bürger, der sich hatte taufen lassen. Ihm dürfte aufgefallen sein, dass Beckmesser durch die im Libretto vorgegebene Bewegungsart des »Knicken und Nicken« und die Art und Weise zu sprechen und zu singen als Judenimitation intendiert wurde. Zeitweilig klingt er wie in Wagners Text zum »Judentum in der Musik« beschrieben und zudem ist im dritten Akt seine Version des Preislieds eine Kritik an der auch von Franz Brendel immer wieder verurteilten nachahmenden künstlerischen Impotenz. Laut Wagner ist das Singen der Juden »in höchster Leidenschaft erregte Rede«, die nie Sympathie wecken kann – der Stil jenes »Sinn und Geist verwirrenden Gegurgels, Gejodels und Geplappers« dient neben Beckmesser auch zur Charakterisierung von Figuren wie Alberich und Mime. Brendel mag geschmunzelt haben, wenn sein Gesinnungsgenosse schrieb, dass beim Juden »alles, was in seiner äußeren Erscheinung und seiner Sprache uns abstoßend berührte«, in »seinem Gesange auf uns endlich davonjagend« wirkt. Schon im zweiten Akt trägt Beckmesser ein nächtliches Ständchen laut Spielanweisung »mit grösster Anstrengung, schreiend und atemlos hastig« vor; schließlich wird der Meistersinger Beckmesser zum Dieb des Liedes eines hochtalentierten Aspiranten und entstellt es auf der Festwiese, wobei sein Vortrag »verzweiflungsvoll und ingrimmig« ist. Dadurch wird er zur Personifizierung des von Wagner in seinen theoretischen Schriften geschilderten Zerrbilds eines Juden, »der an sich unfähig ist, weder durch seine äußere Erscheinung, noch durch seine Sprache, am allerwenigsten aber durch seinen Gesang, sich uns künstlerisch kundzugeben«. Denn »steigert der Jude seine Sprechweise« so wie Beckmesser, gerät alles zu »lächerlich wirkender Leidenschaftlichkeit« und sein Gesang wird »uns damit geradesweges unausstehlich«.[483] Das Vorgehen passte zur Strategie vermeintlich progressiver Zirkel einer neuen Zeit, ihre Gegner auf entwürdigende

Weise bloßzustellen. Dass die Grundsatzaussagen aus Wagners *Judentum in der Musik* in den *Meistersingern von Nürnberg* eine szenische Konkretisierung der beschriebenen Zustände erfuhr, war den jüdischen Opernbesuchern in Wien klar, die bei einer Aufführung während Beckmessers Ständchen im zweiten Akt protestierten.[484] Cosima Wagner, die zweite Ehefrau des Komponisten, hielt für diesen Abend triumphierend in ihrem Tagebuch fest: »Jedoch vollständiger Sieg des Deutschen.«[485] In Hannover kam es während einer Aufführung zu einer spontanen Parteinahme für die Sache der Neudeutschen, als Hans Sachs zur neuen Kunst des jungen Ritters bemerkt: »Nur ist's nicht leicht zu behalten, / und das ärgert uns're Alten« – diese Szene, so die Presse, »erntete sogar wahrhaft demonstrativen Applaus«.[486]

In den einflussreichen Publikationen der Neudeutschen und ihrer Nachfolger mutierte Eduard Hanslick zu einem uneinsichtigen Pedanten, der es wie ›Neubahn, die Pantoffelmänner und sonstiges Pack‹ wagte, die Erkenntnisse von Meistern wie Brendel, Liszt und Wagner zu leugnen. Stattdessen verbreiteten Hanslick, Krethi und Plethi völlig überholte – »konservative« – Ansichten von Musik als »tönend bewegter Form«. Einfach lächerlich! Um Hanslick zu einem parteiischen, bornierten Kritikaster zu degradieren, wurden seine Positionen – wie auch die von Brahms – nur als Kontrast zu Wagner dargestellt und seine Schriften vielfach entstellt. Allein das Unterschlagen von zwei Buchstaben verengte die Wahrnehmung: Hanslick hatte 1854 in der Erstveröffentlichung seiner in Leipzig publizierten 104-seitigen Erörterung *Vom Musikalisch-Schönen – Ein Beitrag zur Revision der Ästhetik der Tonkunst*, die Mehrzahl verwendet, als er mit eigener Hervorhebung schrieb: »*Tönend bewegte Formen* sind einzig und allein Inhalt und Gegenstand der Musik«.[487] Damit hatte er eine erheblich weitere Spannweite im Blick als lediglich eine einzige mögliche Form.

Clara und Johannes konnten dem Theoretisieren grundsätzlich wenig abgewinnen. »Sein Buch, *Vom musikalisch Schönen*, wofür Sahr schwärmt, wollte ich lesen, fand aber gleich beim Durchsehen so viel Dummes, daß ich's ließ«, teilte er der Freundin mit.[488] Allerdings zeigt die gute Beziehung der beiden zu Hanslick, dass sie ihn als geistreichen Autor und Gesprächspartner schätzten. Zudem stand ihnen seine Haltung näher als die der neudeutschen Kreise. Auch Hanslick kritisierte schon in den 1850er-Jahren den propagandistischen Feldzug für Liszts sinfonische Dichtungen. Er sah darin eine »falsche Methode«, da der Ungar einerseits postulierte, er habe sich bemüht, in diesen Werken »durch genaue Anzeichnungen meine Intentionen zu verdeutlichen«, anderseits aber mit eigenen Hervorhebungen einräumte, »dass Manches, ja, *sogar das Wesentlichste*, sich nicht zu Papier bringen läßt«. Er kam zu Recht zu der Schlussfolgerung: »Ich überlasse es dem musikkundigen Leser, zu entscheiden, in wie fern man es noch mit Tonwerken zu thun habe, wo das ›Wesentliche‹ desselben sich nicht in Noten wiedergeben lässt.«[489]

Für Eduard Hanslick bestand Musik zunächst einmal »aus Tonreihen, Tonformen« und diese haben »keinen andern Inhalt als sich selbst«.[490] Dem hätten auch Clara und Johannes nicht widersprochen. Bei genauerer Betrachtung hatte Hanslick ein äußerst flexibles theoretisches Gedankengebäude entwickelt, das er in weiteren Auflagen ergänzte, verfeinerte und präzisierte – allein bis zum Ende des Jahrhunderts erschienen nach der Erstausgabe von 1854 noch neun weitere Auflagen. »Man hat mir eine vollständige ›Polemik‹ gegen Alles, was Gefühl ist, aufgedichtet«, sagte er vier Jahre später im Vorwort zu der zweiten Auflage, »während jeder unbefangene und aufmerksame Leser doch unschwer erkennt, daß ich nur gegen die falsche Einmischung der Gefühle in die Wissenschaft protestire«. Seine Haltung lautete: »Ich theile vollkommen die Ansicht, daß der letzte Werth des Schönen immer auf unmittelbarer Evidenz des Gefühls beruhen wird. Aber ebenso fest halte ich an der Ueberzeugung, daß man aus all den üblichen Appellationen an das Gefühl nicht ein einziges musikalisches Gesetz ableiten kann.«[491] Als Pianistin bzw. Dirigent waren Clara und Johannes Praktiker, für die die Schönheit eines Kunstwerks immer eine emotionale Komponente besaß. Allerdings wussten sie auch, dass sich die Qualität einer Aufführung daran erkennen ließ, dass das Publikum ins Schwitzen geriet, nicht die Interpreten. Ihr Freund Eduard Hanslick – Kulturschriftsteller, Rezensent, Musikästhetiker, der gelegentlich auch komponierte, geistreicher und humorvoller Gesprächspartner, Kenner der aktuellen Geschehnisse und Theoretiker – war zwar einer der brillantesten Köpfe der Musikgeschichte, aber der Theorie im Konzertsaal Leben einzuhauchen, sollte in den kommenden Jahren ihre Aufgabe werden.

4 Unheiliges, Leidenschaft, Trost (1862–1869)

Fluchtpunkt im Schwarzwald · Wenn es nicht gar so weit voneinander wäre · Der Unfehlbarkeits-Wahn · Treuer Künstlersinn · Zauber der Poesie · Zischen, Zorn und Enthusiasmus

Musik ist nun einmal meine Luft und Leben![492]
Clara Schumann

… der ganze Mensch soll musikalisch sein, soll Musik atmen.[493]
Johannes Brahms

Fluchtpunkt im Schwarzwald

Clara Schumann und Johannes Brahms brauchten dringend Ruhe und Stabilität in ihrem Leben. Ortsveränderungen waren angesagt. Für die nächste Dekade wurde Baden-Baden zum Fluchtpunkt. Als Clara im Herbst 1862 für sich und ihre Kinder, die mittlerweile zwischen 8 und 21 Jahre alt waren, auf Anraten ihrer Freundin Pauline Viardot-García ein Haus in Lichtental bei Baden-Baden erwarb, gönnte Johannes sich gerade seinen ersten Aufenthalt in Wien. Sooft er konnte, suchte er in den folgenden Jahren die Region Baden zumeist für längere Zeit auf, um Clara und ihrer Familie nahe zu sein. Die Stadt bot ideale Bedingungen für Kulturschaffende. Zwar war der idyllisch am Rande des Schwarzwalds gelegene Ort, dessen Doppelname sich Anfang des 19. Jahrhunderts durchsetzte, lange bevor er 1931 offiziell wurde, »nur eine ganz kleine Stadt, alle Handelsartikel werden hier eingeführt, sehr wenig allhier erzeugt«, wie sich die Gesangsstudentin Aglaja Orgeni erinnerte, aber »man sieht also nirgend Arbeit und Tätigkeit, dafür einen ungeheuren Luxus, enfin une vie d'oisive jouissance« und zudem »sieht man nirgend Armut und Elend«.[494] Mitte des 19. Jahrhunderts entwickelte sich Baden-Baden zu einem Magneten für die Aristokratie sowie den Geistes- und Geldadel. »Auf allen freien Höhen wie in den heimlichen umhuschten Talwinkeln Baden-Badens sieht man fort und fort neue Villen und Chalets entstehen, die sich russische und englische, deutsche und französische Familien, Künstler und reiche oder hochgestellte Private dort behufs bleibenden Aufenthalts errichten«, berichtete der Schriftsteller Ludwig Pietsch 1864 in der *Vossischen Zeitung*.[495] Baden-Baden wurde zunehmend zum Synonym für einen Kulturplaneten mit einer eigenen Umlaufbahn. Dort fanden Johannes und Clara Erholung und Inspiration in einem Umfeld, in dem, ohne mit der Wimper zu zucken, Höchstbeträge für Klavierstunden gezahlt wurden.

Clara war begeistert von ihrem Quartier in der Lichtentaler Allee Nr. 14 (heute die Hauptstr. 8), das sie im Mai 1863 bezog, um »den Sommer dort mit den Kindern zusammen sein zu können«, wie sie Johannes schrieb. »Ich habe dort der Vorteile viele, Menschen und Natur, und brauche die Menschen doch nur zu sehen, wenn's mich darnach verlangt, denn mein Häuschen liegt still, hinter der Oos, aber mit der Aussicht auf die große schöne Allee.«[496]

In diese Idylle zog sich »Frau Schumann« zurück. Der Sängerin Aglaja Orgeni erschien sie – »sauf le profond respect, den man vor allem der Künstlerin zollen muß« – als »eine einfach scheinende Frau, in allem und jedem solid und tüchtig, gerade und offen«. Auch Claras Kinder beeindruckten die junge Sopranistin. »Die Mädchen Schumann, Marie, Elise, Julchen und dann noch eine kleine Eugenie, sind ganz treffliche Wesen; die beiden älteren tüchtige, häusliche, wohlerzogene Mädchen, dabei auch ganz hübsch; Elise von einer Offenheit und Natürlichkeit, die mir sehr zusagt, Julchen ist eine der reizendsten kleinen Blondinen, die ich je sah«, erinnerte sie sich. »Man kann sie nicht schön nennen, dazu sind die Züge zu hart und eckig und sie selbst zu mager und unfertig – aber die Augen so blau, so schwärmerisch, die geben ein eigenes Zauberlicht dem ganzen Gesichtchen, Julchen ist eine reizende Erscheinung, doch liegt wie ein Schleier etwas, ich möchte sagen Krankhaftes über ihr, auf den ersten Blick vielleicht vom Vater Schwermut des Gemüts.«[497]

Für ein reiches Kulturangebot sorgten Soireen, das Kurhaus mit seinem guten Orchester und das Musikangebot der nur 40 Kilometer entfernten großherzoglichen Residenzstadt Karlsruhe war auch nicht weit. Dort leitete der befreundete Hermann Levi acht Jahre lang das Hoforchester. In diesem Umfeld fand Clara es »reizend gemüthlich, dazu unser ganzer Hausstand jetzt mal so recht nach meinem Sinn geordnet«.[498] Aglaja Orgeni spürte bei ihr »eine reizende Häuslichkeit« und zeigte sich von der privaten Seite der Pianistin beeindruckt. »Die Frau ist wie ein Fels, so fest und unerschütterlich steht sie da«, notierte sie. »Diese Schmerzen, dieser Kummer, die Sorgen bei solch großer Familie und diese Tätigkeit in der Kunst und im Hause! Sie empfing mit der ihr eigenen enggedrängten Freundlichkeit, wenig Worten und einem kräftigen Händedruck.«[499]

Aglaja Orgeni lernte bei ihr auch Johannes Brahms kennen, der sie als Sängerin gewiss schätzte. Noch viele Jahre später freute er sich, wenn er sie in Wien wiedersah und Clara Schumann von der weiteren Entwicklung berichten konnte, als in einem Konzert eine junge Frau »ganz vortrefflich sang« – immerhin war sie ja bereits eine »Schülerin von Frl. Orgeni, die ich bei der Gelegenheit einmal wieder sah«.[500] Brahms sang selbst mitunter gern – besonders kräftig, so Heuberger, »die Studentenlieder, die er aus seiner Jugendzeit aufs Genaueste kannte und liebte« –, aber er hatte eine »total gebrochene rauhe Stimme«. Er pflegte zu erzählen, er habe »als Knabe eine sehr schöne Sopranstimme« gehabt, »sang aber dann in der Mutationszeit zu viel, so daß sein Organ später förmlich verkümmerte«.[501] Bei einer Tonaufnahme vom Dezember 1889 ist nicht, wie oft behauptet wurde, seine Stimme zu hören; er wird lediglich als Pianist angekündigt. Wie der Schweizer Joseph Victor Widmann berichtete, tat es ihm leid, dass »die an ihre allemannische Mundart gewöhnten Schweizerkinder sein Norddeutsch nicht so recht verstanden und daher nicht immer so zutraulich mit ihm plauderten, wie er es wohl gewünscht hätte«.[502] Claras Stimme »war sanft und wohltönend«, wie Eugenie überlieferte. »Ein leises Anstoßen mit der Zunge gefiel uns Kindern außerordentlich, und ein Anflug von sächsischem Dialekt gab Anlaß zu manchen Neckereien, so wenn die Mama ›Gohannes‹ statt ›Johannes‹ sagte.«[503] Für Aglaja Orgeni waren Leute wie Clara und ihre Kinder indes »Norddeutsche«, deren Tonfall der in Österreich-Ungarn als Anna Maria von Görger St. Jörgen geborenen Künstlerin nicht behagte. »Das Schwäbische ist Musik für mein Ohr gegen das harte Gemisch von Preußisch und Sächsisch-Deutsch«, meinte sie.[504]

Die Beziehung zur Herkunftsregion blieb für Clara und Johannes vorerst erhalten. Clara zog es hin und wieder in sächsische Gefilde, wo ja auch noch ein Teil ihrer Familie lebte. Und Johannes packte immer mal wieder die Sehnsucht nach Hamburg.

Wenn es nicht gar so weit voneinander wäre

Für Johannes Brahms war Anfang der 1860er-Jahre noch offen, ob er sich in Norddeutschland oder im Zentrum der Habsburger-Monarchie etablieren sollte. Er hielt lange nach Möglichkeiten Ausschau, sich als Musiker dauerhaft in seiner Heimatstadt Hamburg niederlassen zu können. Dennoch blieb er flexibel für andere Möglichkeiten und wandte sich auch ganz anderen Sprachregion zu. Mit langen Wandertouren im Sommer 1862, bei denen er das Nahetal, die Pfalz und den Schwarzwald erkundete (mit einem Besuch bei Anton Rubinstein in Baden-Baden), entspannte er sich, bevor er sich einen lang gehegten Wunsch erfüllte – endlich wollte er den Geburtsort bzw. die Wahlheimat von Künstlern wie Schubert, Haydn, Mozart und Beethoven erleben: Wien.

»Was werden die Wiener über Den jubeln!«, hatte Clara einmal an Johannes über eine Konzertreise von Joachim geschrieben und ihn ermutigt: »Wärest Du nur auch einmal erst dort!«[505] Die Vorbereitungen für die Reise Mitte September 1862 begannen schon Monate zuvor. Clara schrieb ihm eingeschnappt bereits Anfang Mai: »Neulich hörte ich auch, Du gehest im Herbst mit Joachim nach Wien? Warum erfahre ich dies durch Andere, lieber Johannes? Weißt Du nicht mehr, wie mir Alles, was Dich betrifft, so nahe geht?«[506]

Clara Schumann und Joseph Joachim standen ihm mit ihren Erfahrungen zur Seite. Immerhin hatte er ja schon beide mit seinem Können beeindruckt – warum sollte er nicht auch die Wiener überzeugen? Und tatsächlich fand Johannes rasch Anschluss. »Wie es Dir in Wien gefallen würde, das wußte ich vorher«, schrieb ihm Clara sechs Wochen nach seiner Ankunft. »Du wirst nun wohl Lewinsky, dem ich ja genug von Dir erzählt, aufgesucht, vielleicht schon liebgewonnen haben.«[507]

Sie vermittelte ihm normalsterbliche und blaublütige Klavierschülerinnen – besonders talentiert war ein Fräulein von Asten, eine von drei begabten Töchtern von Ludovica Ritter Schmuttermayer v. Asten (nur echter Adel darf sich das »v.« erlauben). Clara, die während ihrer Wien-Besuche oft bei der Familie Quartier bezogen hatte, unterschlug – ähnlich respektlos wie Johannes – in der

Korrespondenz allerdings den Adelszusatz: »Julie Asten wird wohl nun auch schon bei Dir studieren«, schrieb sie Johannes, »und Du wirst Dich gern ihrer angenommen haben. Grüße sie; schreiben kann ich ihr jetzt unmöglich, ich bin furchtbar beschäftigt, schon seit 6 Wochen eigentlich so sehr, daß ich es kaum durchmache! Den Rat, den sie wünschte, kannst Du ihr auch geben, ebenso gut als ich.«[508]

Während Clara bei ihren Tourneen auf vertrauten Pfaden wandelte, betrat Johannes Neuland. In Wien fand er ein seit dem 18. Jahrhundert bestens organisiertes Kulturleben vor. Als Vorläufer einer sozialen Unterstützung für Künstler hatte man dort schon 1771 eine »Tonkünstlersozietät« gegründet, die Konzerte durchführte, deren Gewinn an notleidende Mitglieder, Witwen und Waisen ging. Bereits ein halbes Jahrhundert bevor Johannes Brahms in Wien eintraf, war die »Gesellschaft der Musikfreunde« zur Förderung der Musikaktivitäten ins Leben gerufen worden; wenige Jahre später fand sie ab 1870 im neu erbauten Musikvereinsgebäude eine dauerhafte Heimstätte. Selbst wenn Johannes den Komponisten Otto Nicolai nicht sonderlich schätzte, so hatte dieser als Erster Kapellmeister der Wiener Hofoper mit dem Orchester 1842 die Philharmonischen Konzerte im k. k. Hoftheater am Kärntnertor initiiert und damit die Vorläufer der Wiener Philharmoniker eingeführt. An der Hofoper im Kärtnertortheater war unter anderem 1823 Carl Maria von Webers *Euryanthe* uraufgeführt worden – zwei Jahre nach der Dialog-Oper *Der Freischütz* nun mit einem durchkomponierten Musikdrama ein weiterer Meilenstein in der Entwicklung der deutschen Oper. Als Brahms zum ersten Mal nach Wien kam, hatte man gerade mit dem Bau des Gebäudes der neuen Staatsoper im Stil der Neorenaissance begonnen. Erst etliche Jahre später konnte das Haus Ende Mai 1869 mit Mozarts *Don Giovanni* eröffnet werden. Allmählich wurde bei der öffentlichen Beleuchtung Gas durch Petroleum ersetzt. Im Sommer 1873 konnten auf der Weltausstellung in Wien Gleichstrom-Bogenlampen vorgestellt werden; dennoch dauerte es bis zu den 1880er-Jahren, als zunächst probeweise elektrische Lampen im Volksgarten, auf dem Graben, einem Teil des Stephansplatzes und hernach in öffentlichen Gebäuden installiert wurden. Sollte Brahms zur Orientierung den Stadtplan von 1858 zur Hand genommen haben, hätte er darauf noch das dem ausgehenden Mittelalter verhaftete Stadtkonzept erkennen können. Auf dieser Karte war die Lage der Stadtmauern sowie rings um die Innere Stadt die des freien Festungsvorfelds bei den Vorstädten deutlich dargestellt. Aber fünf Jahre vor seiner Ankunft hatte Kaiser Franz Joseph I. kurz vor Weihnachten 1857 die Entscheidung zur »Auflassung der Umwallung und Fortifikationen der inneren Stadt, so wie der Gräben um dieselbe« verkündet[509] – kurzum, Brahms kam in eine der lebendigsten und kulturell aktivsten Städte der Welt! Er erlebte bis zu seinem Lebensende mit, wie die Metropole an der Donau aufblühte: Die über fünf Kilometer lange Ringstraße wurde als Repräsentationsboulevard konzipiert, gesäumt von Palästen, Theatern und Prunkbauten, denen der an klassischen Vorbildern orientierte, populäre Stil des Historismus etwas Beeindruckendes, ja geradezu Majestätisches verlieh.

Anfang der 1860er-Jahre lebte gut eine halbe Million Menschen in Wien; bis zum Ende des 19. Jahrhunderts stieg die Zahl rasant auf über 1,5 Millionen. Kein Wunder, dass sich auch der Eindruck von zunehmender Enge und Gehetztwerden breitmachte. Die Neurasthenie, das Burn-out der damaligen Zeit, und psychische Belastungen nahmen zu. Schon im Oktober 1886 hielt ein gewisser Sigmund Freud die ersten Vorträge über »männliche Hysterie«. Aber Johannes Brahms erkannte, dass der Ort ein unglaubliches Potenzial hatte. Wien war angesagt: Die Stadt bot zahllose Anregungen und nicht zuletzt pulsierte hier das Musikleben.

Mitte November 1862 trat Johannes erstmals bei einem Konzert in Wien auf. Seine Partner waren die Mitglieder des Hellmesberger-Quartetts, die ihn bei seinem Klavierquartett in g-Moll op. 25 unterstützten. Als Pianist fand er bald Anerkennung. Er musste nur noch dezent darauf hinweisen, dass er auch gerne dirigierte: Als er einmal im Kreis der Familie von Asten erwähnte, dass er in Wien seinen Hamburger Frauenchor vermisse, sorgten Julie und ihre beiden Schwestern dafür, dass sich ein kleiner Chor von jungen Damen zu regelmäßigen Gesangsübungen unter seiner Leitung traf. Über diese Chormitglieder ergaben sich neue Verbindungen.

Allerdings brachen zur gleichen Zeit wichtige Kontakte nach Hamburg ab. Wie bedeutsam diese Entwicklungen für ihn waren, konnte nur Clara verstehen. Johannes schickte ihr einen Brief, den er in Wien von Avé-Lallemant erhalten hatte – »Er ist mir ein viel traurigeres Ereigniß als Du denkst und vielleicht begreiflich findest«, meinte er – und schüttete ihr sein Herz aus: »Der Inhalt dieses Briefes und sein Dasein überhaupt ganz unter uns und besonders nicht für Avé, Stockhausen und die Eltern.« Bis jetzt hatte ihm seine

»Vaterstadt«, der er sich nach wie vor eng verbunden fühlte, eine Heimstatt geboten. Sie war eine der wichtigsten Anlaufstellen in seinem Leben und die Menschen dort kannten ihn als zuverlässigen, herausragenden Musiker. Dementsprechend deutete er zarte Hinweise als Versprechen, dass ihm dort eines Tages ein einflussreicher Posten in Aussicht gestellt werde. »Nun mußt Du wissen, daß diesen Herbst schon die Sing-Academie ernstlich daran dachte einen 2ten Dirigenten zu nehmen«, erzählte er Clara in seinem Schreiben aus Wien. »Da war nur die Rede von Deppe und mir. Gerade vor meiner Abreise hierher frug man privatim bei mir an, ob ich etwa geneigt sei.« Zu seinem großen Verdruss erfuhr Johannes dann allerdings, dass man ihm den Künstler vorgezogen hatte, mit dem er vielfach auf der Bühne stand und der einer der bedeutendsten Interpreten seiner Lieder war: den Bariton Julius Stockhausen. Johannes grollte, dass ihn »dieser feindliche Freund« von sich stoße. Ihn ärgerte, wie »mein freundlicher Feind auf so honigsüße Weise mir das Gift zu trinken gibt«, ätzte er gegenüber Clara. »Auf der einen Seite von der Zukunft, die mir blüht, spricht, und auf der anderen, dies schon vergessend, sich auf die Zukunft ohne mich freut.«[510]

Johannes lamentierte in Wortkaskaden von biblischen Dimensionen, ja er variierte sogar Zeilen aus dem Hebräerbrief von der fehlenden ›bleibenden Statt‹ (Kapitel 13, Vers 14), die er später noch vertonen sollte: »Wie selten findet sich für Unser einen eine bleibende Stätte, wie gern hätte ich sie in der Vaterstadt gefunden. Jetzt, hier, wo mich so viel Schönes erfreut, empfinde ich doch und würde es immer empfinden, daß ich fremd bin, und keine Ruhe habe. Du hast die Sache gewiß schon erfahren und auch vielleicht an mich dabei gedacht, aber es ist Dir wohl nicht erschienen, als ob mir so großes Weh geschähe. Doch braucht's nur eines Fingerzeiges, daß Du siehst wie viel mir entflieht. Konnte ich hier nicht hoffen, wo soll ich's? wo mag und kann ich's? Du hast an Deinem Mann erlebt und weißt es überhaupt, daß sie uns am liebsten ganz los lassen und allein in der leeren Weite herumfliegen lassen. Und doch möchte man gebunden sein und erwerben was das Leben zum Leben macht und ängstigt sich vor der Einsamkeit. Thätigkeit im regen Verein mit andern und im lebendigen Verkehr Familienglück, wer ist so wenig Mensch, daß er die Sehnsucht danach nicht empfindet?«[511]

Langfristig konnte er diese bittere Erfahrung nur durch grundlegende Veränderungen in sein Leben integrieren. Er musste irgendwann einmal so weit wie möglich fortziehen. »Deine Idee, Dir eine

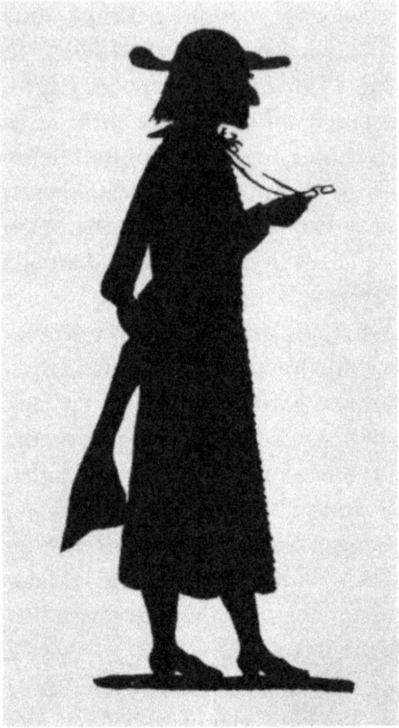

Historische Darstellung eines vertrauten Anblicks ab Mitte der 1860er Jahre: Franz Liszt als vatikantreuer konservativer Kleriker (Schattenbild von W. Schulze).

feste Wohnung in Wien zu nehmen, finde ich sehr gut, tue es doch ja«, sollte ihn Clara fünf Jahre später ermutigen, denn »Wien ist nun doch 'mal, bei allen Mängeln, der beste Ort für den Künstler«. Und im gleichen Brief bewies sie wenige Zeilen später, wie solidarisch sie sich mit Johannes zeigte, als er nach dem Rückzug Stockhausens von der Leitung der Philharmonischen Konzerte und der Singakademie in Hamburg wieder übergangen wurde: »Ich sollte heute in Hamburg spielen, hatte aber meine Gründe, abzuschlagen – zu Dir gesagt, die Infamie gegen Dich und Grädener lag mir in den Gliedern, so daß ich es jetzt gerade nicht mochte.«[512]

Der Unfehlbarkeits-Wahn

In den folgenden Jahren zog es Clara nach ihrem Tourneemarathon, der vom Herbst bis zum Frühling dauerte, an Weihnachten und im Sommer immer zu ihrem behaglichen Domizil in Lichtental bei

Baden-Baden. Johannes hingegen machte immer häufiger in Wien Station. Leipzig erschien ihnen mittlerweile als verbrannte Erde; dort residierte Franz Brendel und zog sich eine Schar gleichgesinnter Schreiberlinge heran. Der einst steckbrieflich gesuchte Dresdner Revolutionär Richard Wagner, dem Liszt seinerzeit mit einem falschen Pass zur Flucht nach Zürich verholfen hatte, war zwar schon 1858 nach neun Jahren aus dem Exil zurückgekehrt, pendelte aber vorerst mittellos von Ort zu Ort. Seine »biblische Szene für mehrfache Männerchöre und Orchester«, *Das Liebesmahl der Apostel*, mit seinem eigenen Text 1843 in der Dresdner Frauenkirche uraufgeführt, erfreute sich nach wie vor großer Beliebtheit und es schien, als ob sie im Schlusschor die Ideologie für Franz Liszt vorgab: »Seht die Beherrscherin der Welt, seht Rom! / Dort wird dem Worte Macht.«

Nachdem Liszt jahrelang im Kulturjahrmarkt der Eitelkeiten den Ton angegeben hatte, zog es ihn zu jener Stätte, um die Clara und Johannes als Protestanten einen großen Bogen machten: den Vatikan. Zuvörderst verließ er im August 1861 Weimar, um in Rom seine Fürstin, Carolyne von Sayn-Wittgenstein, zu ehelichen. In umständlichen Prozeduren hatten in mehreren Instanzen die Kardinalskonferenz und Papst Pius IX. einer Scheidung und Neuvermählung seiner Lebensgefährtin zugestimmt. Allerdings intervenierten polnische Angehörige ihrer Familie und so wurde nichts aus der zu Liszts 50. Geburtstag am 22. Oktober geplanten Hochzeit. Als die Kurie erneut ihre Akten prüfen wollte, hatte die Fürstin die Nase voll. Doch anstatt die katholische Bigotterie zu verdammen, wandte sich Liszt von der Frau, mit der er vierzehn Jahre seines Lebens verbracht hatte, ab und Mutter Kirche zu. »Mein Hang zum Katholizismus rührt von meiner Kindheit her«, äußerte er in einem Brief, »und ist ein bleibendes und mich beherrschendes Gefühl geworden.«[513] Lebenslang umnebelte den von Nervosität, Magenverstimmungen, Fieberanfällen und Koliken geplagten Liszt Vorstellungen eines zuweilen wahnhaften Gemischs aus Mystik, Theologie und Esoterik. Schon »le petit Liszt«, wie man das Wunderkind in Paris nannte,[514] wirbelte wie in Trance auf den Tasten, um seine Zuhörer in eine solche zu versetzen. Verständlicherweise fühlte sich die Mensch gewordene Perfektion im Vatikan wie später in Bayreuth wohl in Kreisen, die ihre Haltungen und Entscheidungen für unfehlbar hielten. Abgesehen von wenigen Unterbrechungen wohnte er bis 1870 zuweilen im Vatikan, dann wieder in einem Kloster in Rom, wandte sich dem Studium der Theologie zu, unterzog sich 1865 der

Tonsur, durchlief die niederen Weihen zum Oratorier, Lektor, Exorzisten, Akolythen und wurde Abbé. Dies berechtigte ihn, fortan den römischen Kragen zu tragen. Bernhard Scholz besuchte seinerzeit Rom und berichtete, »der Gesang der päpstlichen Kapelle, den schon Mendelssohn nicht sonderlich hoch bewertete, hatte sich seit dessen Tagen entschieden noch verschlechtert« und was man zu hören bekam »war nicht erfreulich, die Stimme des alten Kastraten Mustafa sogar abscheulich meckernd«. Bei einer musikalischen Soiree lief ihm auch der »Abbate Franz Liszt« über den Weg, »wie immer, liebenswürdig, besonders gegen die Damen«, stets »verbindlich lächelnd«. Der Freund von Clara und Johannes beobachtete, wie Liszt bei einer Aufführung von Quartetten sich neben eine Gräfin hockte, um »ihr bei einer Stelle, die sich so recht brav und philiströs kontrapunktisch anließ, wie erfüllt von einer größten Hochachtung zuzuflüstern: ›Ah, une fugue!‹«.[515]

Liszts klerikale Karriere wäre undenkbar gewesen, hätte er die Gesinnung des Papstes nicht geteilt. Dieser hatte sich erstmals im Juli 1863 sogar höchstpersönlich mehrfach mit ihm getroffen, musiziert, diskutiert, möglicherweise gebetet und ihm einen Ring und einen Schmuckstein mit einem Madonnenbild geschenkt. Im Gegenzug revanchierte sich Liszt mit seinem Papst-Hymnus »Pio IX«, den er auch in sein lateinisches Oratorium *Christus* integrierte. Liszt ein Abbild der ›Gottesgebärerin‹ zu schenken, ließ ihn gleichsam zum Verbündeten werden: Im Alleingang hatte Pius IX. 1854 die Bulle *Ineffabilis Deus* (Der unaussprechliche Gott) durchgepeitscht, die den verdeutlichenden Untertitel »Zur Erklärung des Dogmas der Unbefleckten Empfängnis« trägt. Das Ungeheuerliche war, dass den Papst zum ersten Mal eine bislang erforderliche »Glaubensnot« und ein »consensus ecclesiae« – die Zustimmung der Bischöfe und der Gesamtkirche – nicht interessierte, sondern er allein das Dogma verkündete. Der fanatische Marienverehrer war inmitten der Kämpfe um ein einheitliches Italien zuversichtlich, eine »so einzigartige Ehrung wie die Proklamation des Dogmas werde die Gottesmutter bewegen«, ihm zu Hilfe zu eilen und »den Bestand des Kirchenstaats« zu sichern.[516]

Was Liszt nicht aus dem Vatikan vertrieb, hätte Clara Schumann und Johannes Brahms mit Grausen erfüllt. Clara erschien der Katholizismus wie Rituale von Bewohnern eines anderen Planeten. An Italien, wohin es später einige ihrer Kinder ziehen sollte, missfiel ihr vor allem »die andere Religion«.[517] Sie war eine durchaus gottgläubige Protestantin; Johannes hingegen brachte immer wieder seine Zweifel zum Ausdruck. Als Heuberger eines »abends mit Brahms über verschiedene Konfessionen gesprochen« hatte, gelangte er zu der Erkenntnis: »Er mag gar keine, am wenigsten die katholische. ›Papst und Zölibat sind ein paar Sachen, über die ich nicht hinwegkommen kann.‹«[518] Brahms eigene *Marienlieder* op. 22 entstanden aus seiner Begeisterung für Volksgut als Chorbearbeitungen nach eigenem Bekunden »in der Weise der alten deutschen Kirchen- und Volkslieder«.[519] Nie hätte er geglaubt, dass jemand im Zeitalter der wissenschaftlichen Erforschung der Natur ernsthaft annehmen könnte, Maria sei bei der Zeugung Jesu unbefleckt geblieben und sogar selbst unbefleckt im Leib ihrer eigenen Mutter empfangen worden, wodurch sie von der ›Erbsünde‹ – der Schande aller anderen Sterblichen – befreit wurde. Wie Widmann berichtete, erzählte Brahms mitunter auch in Briefen Witze wie: »Sie fragen das kleine Mädchen: ›Nun, liebes Kind, wer war denn Moses' Mutter?‹, Schülerin: ›Das war die Prinzeß, die Tochter des Königs Pharao.‹, Sie: ›Mein Kind, die fand ihn ja im Schilf!‹; Schülerin: ›– – Sagt sie! –‹«.[520]

Menschen, die mit wachen Sinnen durchs Leben gingen wie Clara Schumann oder eifrige Zeitungsleser wie Johannes Brahms, konnte unmöglich der Skandalfall »Mortara« entgangen sein. Dieser wirft ein bezeichnendes Licht auf die Überzeugungen jener Zirkel, mit denen Liszt in Rom paktierte. Da Papst Pius IX. mit Sicherheit Liszts Ansichten über die »Israeliten« aus *Des Bohémiens et de leur musique en Hongrie* zugetragen worden waren, konnte man im Vatikan davon ausgehen, einen Gleichgesinnten in den eigenen Reihen willkommen zu heißen. Das Los des jüdischen Kindes Edgardo Mortara aus Bologna folgte einer gängigen katholischen Praxis: Bei einer wohlhabenden jüdischen Familie kümmerte sich ein katholisches Kindermädchen um das sechste Kind. Als dieses mit gut einem Jahr schwer erkrankte, sorgte es sich um das Seelenheil des Kleinen und spendete heimlich die Nottaufe. In dieser kritischen Situation war der jungen Frau wahrscheinlich nicht klar, dass damit nach dem Kirchenrecht eine zwingende Verpflichtung zur christlichen Erziehung eines Getauften entstand. Das Kind überlebte, aber noch wusste niemand, was geschehen war. Als sie schon längst nicht mehr bei den Mortaras angestellt war, erzählte das Kindermädchen sechs Jahre später arglos jemandem von seiner frommen Tat und seinen Gewissensbissen. Diese Information wurde dem Inquisitor von Bologna zugetragen und der setzte eine Maschinerie in Gang, die den kleinen Jungen aus den Händen der als ›Gottesmörder‹ betrachteten Juden entreißen sollte. Die für »jüdische Fragen« zuständige Kongregation für die Glaubenslehre ordnete an, den kleinen Edgardo unverzüglich aus dem verderblichen Einfluss seiner Eltern zu befreien und unter christliche Obhut zu stellen. Da Bologna seinerzeit zum Kirchenstaat gehörte, hatte die päpstliche Polizei unmittelbaren Zugriff und vollzog im Juni 1858 den von Papst Pius IX. abgesegneten Beschluss. Die Eltern durften das entführte Kind noch einmal kurz besuchen, dann wurde jeder Kontakt unterbunden. Das in einem Katechumenenhaus indoktrinierte Kind wurde Mitglied der Augustiner-Chorherren vom Lateran und ließ sich später sogar zum Priester weihen.

Papsttreu und antisemitisch wie er war, hatte Liszt anscheinend keine Probleme mit der Ideologie des Vatikans. Diese Geisteshaltung brachte die entsprechenden künstlerischen Hauptprodukte hervor: 1862 vollendete Liszt seine Kantate *Die Legende von der heiligen Elisabeth*, 1866/67 schrieb er eine Ungarische Krönungsmesse, 1867 stellte er das Oratorium *Christus* fertig und 1869 ein Requiem.

Mit dem Requiem setzte er Robert Schumann etwas entgegen; das weit über zweieinhalb Stunden dauernde Christus-Stück stach auch Mendelssohn aus, dessen *Christus* ein verkümmertes Fragment geblieben war, und mit der Legende einer katholischen Heiligen wollte er gezielt eines der erfolgreichsten Oratorien aller Zeiten in den Schatten stellen, das von einem Künstler mit jüdischen Wurzeln komponiert worden war (Mendelssohn) und einen jüdischen Propheten in den Mittelpunkt stellte (Elias).

Clara hatte nach wie vor Werke von Mendelssohn im Repertoire und engagierte sich für Aufführungen von Roberts Stücken; Johannes wählte für Vertonungen vorzugsweise Texte aus dem Alten Testament, dessen Grundlage der Tanach, die Hebräische Bibel der Juden ist. Liszt hingegen war wie Brendel und Wagner an den ›Heiligen Schriften‹ der neudeutschen Schule interessiert. Vom Vatikan konnte man lernen, wie die Dogmatisierung – nach den Worten des Pariser Erzbischofs – zum »Indiz für eine neue Phase der Kirche« wurde.[521] Liszts Musik huldigte den Dogmen und Wagner veröffentlichte nicht nur eigene ›Enzykliken‹ wie *Das Judentum in der Musik* (1850 und 1869), *Über Staat und Religion* (1864), *Religion und Kunst* (1880), *Heldentum und Christentum* (1881) nebst *Das Bühnenweihfestspiel in Bayreuth* (1882). Auch seine musikalischen Werke thematisierten unter anderem immer noch lebendige christliche Klischees wie jenes vom ›ewigen Juden‹, dessen ›Heimatlosigkeit‹ eine Strafe für den ›Messiasmord‹ ist. An Stelle der Konzile organisierte man »Tonkünstlerversammlungen«, die zu Liszts Lebzeiten an unterschiedlichen Orten – zumeist in Weimar – abgehalten wurden.[522]

Besonders beeindruckend dürfte für die neudeutschen Heerführer und den später hinzukommenden Anton Bruckner gewesen sein, mit welchem Nachdruck Papst Pius IX. 1864 die Enzyklika *Quanta cura* (Mit welcher Sorge) vorstellte, die er als Ergänzung zum Mariendogma genau zehn Jahre später auch an einem 8. Dezember veröffentlichte. Er sorgte sich um Tendenzen zur Trennung von Kirche und Staat sowie der Einführung einer allgemeinen Religionsfreiheit. Mit dieser Publikation wurde parallel ein »Verzeichnis der Irrtümer der Zeit« vorgestellt, der »Syllabus errorum«. Darin verurteilten Papst Pius IX. und der Vatikan unter anderem Pantheismus, Liberalismus, Rationalismus, Sozialismus, liberale Kleriker-Vereine sowie Irrtümer über die Kirche, die Sittengesetze, die Ehe und die staatliche Herrschaft des römischen Papstes. Liszt ließ sich davon ebenso wenig in die Flucht schlagen wie von der in jenen Jahren in einem Dogma festgeschriebenen Unfehlbarkeit des Papstes in Glaubensfragen. Schließlich waren auch die ›Päpste‹ der neudeutschen Schule unanfechtbar in ihrem eigenen Herrschaftsbereich.

So wie Wagner einmal »im heftigen Scherz« sagte, »es sollten alle Juden in einer Aufführung des *Nathan* verbrennen«,[523] imaginierte Liszt sogar eine Art akustische ›Ketzerverbrennung‹ der Gegner, als er Brendel schrieb, er stelle sich vor, wie im Kolosseum von Rom das Orchester von Sondershausen den Feinden zusetzt »mit den verwünschten Schlaginstrumenten in einer Arcade – unsere Gönner Rietz, Taubert und mehrere Grossmäuler der Kritik dicht daneben (oder im Aquarium!) – der Vorstand des deutschen Musik-Vereins auf dem ›Pulvinare‹ ruhend, und die Mitglieder rings umher auf weichen Kissen gebettet und an den reservirten Plätzen der Subsellia prangend, wie ehemals die Senatoren und Gesandten!«.[524]

Treuer Künstlersinn

Clara Schumann und Johannes Brahms konzentrierten sich derweil auf ihre Arbeit und das Privatleben. Während Johannes zunehmend an Wien Gefallen fand, zog Clara ihre Bahnen durch Konzertsäle, Kurorte und die neu aufgebaute Heimat bei Baden-Baden. Wie seinerzeit im Bürgertum durchaus üblich, wurden ihre Kinder mittlerweile in Ausbildungsinstituten versorgt: Um Marie, Elise und Julie kümmerten sich eine Pension und die Großmutter in Berlin; Ludwig und Ferdinand lernten in Jena bei der angesehenen Stoyschen Erziehungsanstalt und anschließend im Knabeninstitut des Dr. Breusing in Bonn; während die Jüngsten, Eugenie und Felix, bei einer Vertrauensperson in Düsseldorf oder in Claras Umfeld blieben. Alle schlugen sich mit unterschiedlichen Begabungen in den jeweiligen Schulen und Pensionaten wacker durch und ihre berufstätige Mutter verwendete einen guten Teil ihrer Korrespondenz darauf, auf ihre unterschiedlichen Kalamitäten und Anliegen einzugehen.

Anfang der 1860er-Jahre intensivierte Clara ihre Bekanntschaft mit dem Musiker Theodor Kirchner, den sie bereits 1837 in Leipzig kennengelernt hatte. Er war nur vier Jahre jünger als sie und stammte ebenfalls aus Sachsen. Kirchner kaprizierte sich auf die kleinen Formen wie Kunstlied und Kammermusik, wobei er in erster Linie Klaviermusik produzierte, die Johannes, Clara und auch ihre Schwester Marie Wieck zuweilen aufführten. Kirchner entbrannte für Clara, während Johannes für ihn nach eigenem Bekunden »ein kurioser Kauz« blieb: »Im Grunde liebenswürdig und tüchtig, dann wieder schroff und rücksichtslos im höchsten Grad – oft knabenhaft lustig, dann wieder ernsthaft und weise, wie ein alter Meister.« Kurzum: Man müsse ihn eben nehmen, »wie er ist«.[525]

Was den Freunden klar war, erkannte auch die Presse: Über den Komponisten aus dem Erzgebirge wurde in die Berichterstattung zuweilen eine Wendung wie das »im Schumann'schen Styl gehaltene Clavierstück von Kirchner« eingeflochten.[526] Hinzu kam, dass er auch äußerlich Claras verstorbenem Mann ähnelte, was der Freundin Livia Frege bei einem Konzert in Zwickau auffiel: »Vor mir saß Kirchner aus Winterthur, der mich ganz merkwürdig an Deinen verklärten Robert erinnerte.«[527] Der Musiker nutzte dies, indem er versuchte, Clara mit klingenden Avancen zu betören. So fantasierte er einmal auf der Königin der Instrumente – wenn auch »nicht immer orgelmäßig, aber doch sehr wohlthuend«, wie Clara im Tagebuch notierte – und »verflocht das Abendlied (von Hegar auf der Geige gespielt) und die Mondnacht (von Stockhausen gesungen) hinein, was mich wahrhaft freudig überraschte«.[528] Als sie bei einem Aufenthalt im Kanton Bern längere Zeit miteinander verbrachten, erwärmte sich Clara für ihn. »Ich habe eine schöne Zeit in der Schweiz verlebt, viel mit Kirchner musicirt, was mir doch große Freude macht«, schrieb sie an Joseph

Joachim. »Man muß sich an sein Wesen erst gewöhnen, dann aber gewinnt man ihn lieber – er ist eine durch u. durch musikalische Natur, und ein geistreicher Mensch.«[529] Clara ließ eine Liaison zu, denn »es passirt Einem so selten, daß Einem Menschen bei längerem Verkehre immer lieber werden!«.[530]

Bald jedoch wurde ihr die Affäre unangenehm. »Die Beantwortung Ihres letzten Briefes liegt mir schwerer auf der Seele, als Sie es denken mögen; immer und immer muß ich daran denken, was daraus werden soll, wenn Sie so fort schwärmen, wie Sie es in Ihren Briefen thuen?«, schrieb sie Kirchner Ende 1862. »Sie sagen Selbst, Sie fühlen, daß Sie über das Maß der Freundschaft hinaus gehen, aber, wo soll das hin? ein unnatürliches Verhältniß kann nicht bestehen, eine solche Schwärmerei nicht dauern, am allerwenigsten für eine Frau in meinem Alter.« Clara war bereit, alles zu tun, »was in meinen Kräften steht, Ihnen zu nützen, Sie froher zu sehen«, ja, »was Freundschaft nur geben kann, das werden Sie immer durch mich haben, aber bitte, lassen Sie das ›Du‹«. Sie mahnte ihn, dass es seine »Phantasie ist, die mich wie mit einem Glorienschein umgiebt – ich habe treuen Künstlersinn und ein treues Herz, nichts mehr«.[531]

Kirchner hielten oft Niedergeschlagenheit und Geldsorgen vom effektiven Arbeiten ab. Während Kollegen, darunter auch Brahms, ihn mit Geld und Empfehlungen unterstützten, erstellte die praktisch orientierte Clara Finanzpläne: »Recht froh bin ich doch, daß Sie gleich so viel Stunden in Zürich bekommen haben und habe mir neulich 'mal ausgerechnet, daß Sie bei einiger Sparsamkeit sich in 2–3 Jahren schuldenfrei machen können; die Stunden tragen Ihnen *nur 8 Monate* gerechnet an 4000 Francs; dazu kommt noch manches Unvorhergesehene z. B. Concerte mit Stockhausen, kurz ich habe den besten Muth für Sie und mache manch schöne Pläne.«[532] Mit der Zeit verzweifelte sie allerdings daran, dass der erste Platz, den Kirchner in Orten wie Wiesbaden oder Baden-Baden aufsuchte, das Spielkasino war. »Nicht länger kann ich diese Zeilen zurückhalten, denn immer klarer empfinde ich ihre Notwendigkeit und zwar, ehe wir uns wieder sehen. Es kann zwischen uns so nicht bleiben wie es ist, denn Ihre Handlungsweise gegen mich entspricht dem vertraulichen Verhältnisse, wie es seit einem Jahre bestand, durchaus nicht.«[533] Da sie wusste, dass Johannes und Levi Umgang mit Kirchner pflegten, gab sie im Sommer 1865 die Order aus, dass beide ihr Kirchner nie mehr ins Haus bringen sollten, denn er sei »ein zu großer L…«.[534]

Während sie dem Künstler Kirchner immer wieder Mut zusprach – wie sie es einst von ihrem besten Freund gelernt hatte –, gestand sie Johannes gegenüber, Kirchners neueste Klavierpräludien »enthalten meiner Ansicht nach viel Schönes, aber häufig gar zu sehr auf die Spitze getrieben harmonisch, nicht natürlich fließend genug, und oft zu klein in der Form für die breite Anlage. Einige aber sind reizend. Schade ist's, daß er sich nicht an Größeres macht. Ich habe ihm wieder sehr zugeredet – ich kann gar nicht gut zusehen, wie solch eine musicalische Natur so untergeht im Dämmern«.[535] Die letzten dreizehn Jahre seines acht Jahrzehnte währenden Lebens verbrachte Kirchner, mittlerweile schwer erkrankt, in Hamburg. Fast zwanzig Jahre nach ihrer Beziehung vertraute Clara ihrem Tagebuch an, sie habe sich »einmal überwunden die alten Briefe von Kirchner durchzulesen«. Sie erschrak über sich selbst. »Könnte ich doch diese Freundschaft ganz aus meinem Leben streichen«, schrieb sie, »denn ich gab das Beste meines Herzens einem Menschen, den ich wähnte durch diese Freundschaft vom Untergang zu retten«, aber trotzdem besaß er einen »Character, der durch Verwöhnung von allen Seiten verdorben« war. »Es war eine sehr traurige Erfahrung, die ich machte!«, gestand sie sich ein. »Ich habe viel dadurch gelitten und nur Trost in dem Bewußtsein gefunden, daß ich das Beste gewollt habe.«[536] Johannes hingegen mochte mitunter launisch sein, aber damit konnte sie genau so gut leben wie mit dem Wetter. Enttäuscht hat er sie nie.

Zauber der Poesie

Obwohl sich Johannes und Clara aufgrund der zunehmenden räumlichen Entfernung seltener treffen konnten, standen sie sich emotional stets nahe. »Ich muß doch recht dem Himmel danken, daß er mir jetzt in meinem großen Unglück solchen Freund geschickt«, wusste Clara stets ungeachtet aller Widerstände, Krankheit und Rückschläge, und sie versicherte Johannes, er sei für sie jemand, »der mich geistig nur erhebt, mit mir den teuren geliebten Mann verehrt und mit mir fühlt, was ich leide«.[537] Johannes vertraute ihr blind und schickte im April 1865 an sie den Teil eines geplanten Werks für Solisten, Chor und Orchester »in flüchtigem Klavierauszug«,[538] verbunden mit der Bitte, dass »Du Joachim nicht das Chorstück zeigst«.[539] Das Projekt eines Requiems in deutscher Sprache gärte

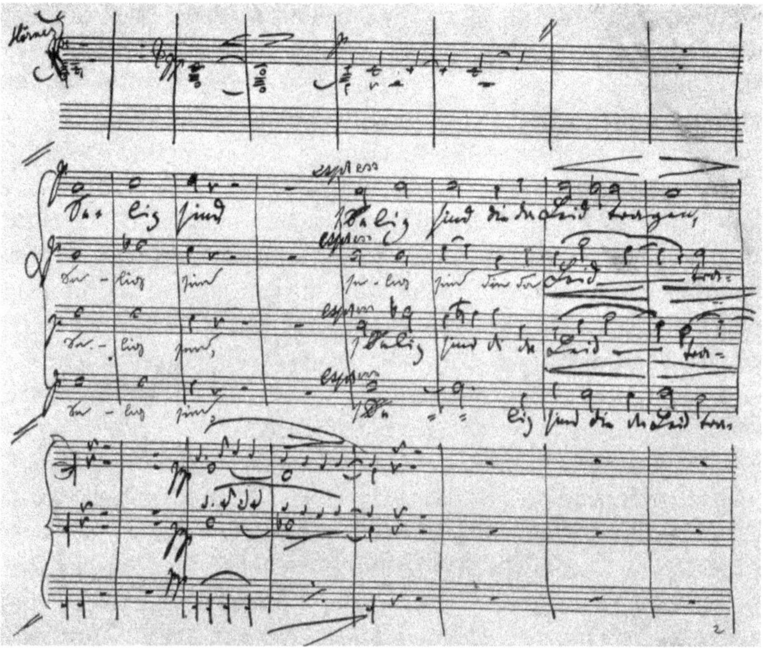

Notenhandschrift von Brahms aus dem Jahr 1866: »Selig sind, die da Leid tragen« aus »Ein deutsches Requiem«.

seit 1857 in Brahms, nahm nur allmählich Gestalt an und fand seine endgültige Ausprägung erst durch Erlebnisse, die bis zur Uraufführung der letzten Fassung zwölf Jahre später hinzukamen. Ausgangspunkt war indes der Ausdruck der Wertschätzung gegenüber Robert und Clara Schumann. Es ist nicht überliefert, wie lange und wie intensiv Johannes mit Clara nach Roberts Tod über dessen geplante, aber nie zur Ausführung gebrachten Werke gesprochen hatte. Aber die Vermutung liegt nahe, dass das Requiem, das Brahms im Sinn hatte, ein Pendant zu Roberts Opus 148 werden sollte, bei dem der Protestant Schumann den modifizierten lateinischen Text der katholischen Totenmesse verwendete. Erst im März des Vorjahres war das Stück posthum unter den nachgelassenen Werken veröffentlicht und im November 1864 in der Domkirche in Königsberg uraufgeführt worden. Zwanzig Jahre nach Vollendung seines *Deutschen Requiems* erkannte Brahms deutlich, wie er unbewusst das Schaffen von Claras verstorbenem Mann fortsetzte. »Eben lese ich in einem

Kalbeckschen (übrigens sehr schönen) Aufsatz, daß Dein Mann sich den Titel ›Deutsches Requiem‹ notiert hatte!!«, schrieb er Ende 1888 an Clara. »Das ist mir ganz neu und unerwartet, und Du wirst es wohl auch nicht wissen, hast wenigstens dessen nie erwähnt!?«[540]

Schumann war gewiss der Ausgangspunkt von Brahms' Projekt. Allerdings legt die lange Entstehungszeit nahe, dass er weitaus mehr im Sinn hatte, als lediglich eine Erinnerung an den Freund aufs Notenpapier zu bringen. An den Komponistenkollegen Carl Reinthaler, der wesentlich an der Einstudierung zur Erstaufführung mitgewirkt hatte, schrieb er: »Was den Text betrifft, will ich bekennen, daß ich recht gern auch das ›Deutsch‹ fortließe und einfach den ›Menschen‹ setzte, auch mit allem Wissen und Willen Stellen wie z. B. Evang. Joh. Kap. 3 Vers 16 entbehrte.« Aber er wollte »meinen ehrwürdigen Dichtern« die Quellenangabe nicht versagen.[541] Johannes verwendete die Luther-Übersetzung des Alten und Neuen Testaments, womit er Clara beeindruckte. Jedoch nahm er die Texte nicht wie ein Theologe als ›Wort Gottes‹, sondern als Literatur. Am wenigsten konnte er das »Hohe Lied« ausstehen. Er habe es »nie gemocht«, versicherte er Heuberger. »Nur einzelne Teile finde er sehr schön. Als Ganzes aber nicht!«, berichtete dieser. »Brahms besprach bei jedem der biblischen Lieder auch den Text genau«, meinte sein Kollege einmal über Erörterungen zu den *Vier ernsten Gesängen* op. 121. »Bei den Stellen ›hätte ich auch den Glauben, schenkte ich alle meine Habe den Armen, ließ ich meinen Leib brennen‹, sagte er: ›Das alles ist, wie vieles in der Bibel, echt heidnisch, aber echt menschlich. Der Glaube allein ist nichts, alles herschenken ist auch nichts, den Leib als Märtyrer verbrennen lassen ist auch nichts, nur die Liebe!‹«[542]

So wie er Clara einst bei ihren Depressionen zur Seite gestanden hatte, vertonte er für sie nun Trost- und Erbauungsliteratur. Auch Clara sprach in Bezug auf die für das *Deutsche Requiem* ausgewählten Texte vom »Zauber der Poesie«.[543] Es ging ihm nicht wie im katholischen, lateinischen Requiem um den Tag des Jüngsten Gerichts und die Unterwerfung unter die Gnade eines Allmächtigen, sondern für ihn zählte der leidende Mensch, der Zuspruch braucht. Und dies war Clara und nicht Joseph Joachim, Albert Dietrich, Otto Grimm oder irgendein anderer seiner Freunde.

Auch wenn er selbst nicht gläubig war, Clara war es. Die Verse aus Psalm 84 in dem Chor, den er ihr geschickt hatte – »Wie lieblich sind deine Wohnungen, Herr Zebaoth! … Wohl denen, die in deinem Hause wohnen; die loben dich immerdar« – sollten ihr aus dem Herzen sprechen, nicht ihm. Clara und Johannes kamen mit ihren unterschiedlichen Weltauffassungen gut zurecht, aber der Katholik Antonín Dvořák zeigte sich entsetzt. »Johannes Brahms, ein so großer Mann, eine so große Seele – und doch glaubt er an nichts!«, kommentierte er verständnislos.[544] Brahms hingegen akzeptierte, dass der Böhme täglich in der Bibel las. »Ich finde das gar nicht komisch«, meinte er. »Ein so fleißiger Mensch wie Dvořák hat gar keine Zeit, in Zweifel zu geraten, sondern bleibt zeitlebens dabei, was ihm in den Knabenjahren gelehrt wurde.«[545]

In der Zeit, als Johannes das Projekt von »einer Art deutschem Requiem«, wie er es Clara gegenüber nannte,[546] ernsthaft vorantrieb, stand ihr gerade wieder eine große Englandtournee bevor. Wie so oft werden beide die zu besprechenden komplexen Einzelheiten auf eine günstige Gelegenheit verschoben haben, um sich »bald alles mündlich erzählen« zu können, wie Clara meinte, »ach, wie freue ich mich auf so manche gemütliche Stunde, die wir haben werden!«.[547]

Johannes versorgte sie vorab mit Hinweisen, über die sie nachsinnen konnte. Zu Beginn des geplanten Werks singe »ein Chor in Fdur ohne Geigen, aber mit Harfe und anderen Schönheiten begleitet«.[548] Dann zitierte er ihr den Text, den er für die Einleitung ausgewählt hatte und der mit den Worten beginnt: »Selig sind, die da Leid tragen, denn sie sollen getröstet werden.« Wendungen wie: »Die mit Tränen säen, werden mit Freuden ernten. Sie gehen hin und weinen und tragen edlen Samen, und kommen mit Freuden und bringen ihre Garben« könnte Johannes durchaus als literarisches Sinnbild gesehen haben für Claras Wirken als Künstlerin. Wie oft trat sie vor das Publikum, obwohl sie voller Sorge um ihren Mann und ihre Kinder war; wie oft erfreute sie andere Menschen trotz Roberts Erkrankung und ihres Trauerjahrs; wie häufig spielte sie schwerste Werke trotz kaum erträglicher Schmerzen in den Gliedern; immer wieder schenkte sie anderen Genuss in Konzerten, obgleich sie unter quälenden Selbstzweifeln litt, ja, zahllose Auftritte wurden »ein zu starker Contrast mit meinem Inneren!«[549]

Johannes zitierte in seinem Brief auch fast wörtlich den Text des zweiten Teils seines *Deutschen Requiems*, »Denn alles Fleisch ist wie Gras und alle Herrlichkeit des Menschen wie des Grases Blumen. Das Gras ist verdorret und die Blume abgefallen.« Er fügte den Zusatz »etc.« an, wahrscheinlich weil er sich sicher war, dass Clara die Bibelstellen kannte. Und er stellte damit in Aussicht, dass er wie beim übersandten Chor eine tröstliche Wendung finden könne, die dann in der Endfassung lautete: »Die Erlöseten des Herrn werden wieder kommen, … Freude und Wonne werden sie ergreifen und Schmerz und Seufzen wird weg müssen.«

Clara wird die Botschaft verstanden haben, die Johannes ihr damit zukommen ließ. Er hatte ihr während der schlimmsten depressiven Zusammenbrüche zur Seite gestanden. Nun war er im Begriff ihr einen klingenden Mutspender zukommen zu lassen, den sie nie vergessen würde. »Ein deutscher Text kann dir doch so gut gefallen wie der gewohnte lateinische?«, meinte Johannes. »Ich hoffe sehr, eine Art Ganzes zusammenzubringen, und wünsche Mut und Lust einmal zu behalten.«[550] Das Werk war auch für ihn eine psychische Herausforderung. Dies war kein Requiem zum Gedenken der Toten, es war ein Werk, um für Menschen, insbesondere für »ein ganz besonders ›nettes Menschenkind‹«,[551] Hoffnung zu vermitteln. Zuletzt dachte Brahms dabei an sich: Zwar verstarb seine Mutter Johanna Henrike Christiane Brahms im Februar 1865, aber erst kurz nachdem eine sechsteilige Fassung von *Ein deutsches Requiem* am Karfreitag 1868 im Bremer Dom unter seiner Leitung uraufgeführt worden war, entwarf er im Mai noch einen zusätzlichen Satz, der als fünfter Abschnitt mit Sopransolo und Chor eingefügt wurde: »Ihr habt nun Traurigkeit; aber ich will euch wieder sehen.« Der Satz »Ich will euch trösten, wie Einen seine Mutter tröstet« legt eine Erinnerung an die eigene Mutter nahe. Da jedoch Clara sich seit Jahresbeginn unentwegt um ihre schwer erkrankte Tochter Julie sorgte und sie Johannes im März 1868 klagte, »das arme Mutterherz kommt keinen Augenblick zur Ruhe«,[552] kann sich der Satz genauso gut auf Claras aktuelle Sorgen beziehen. Im Juni 1868 bedankte sie sich ausdrücklich für »Deine ›Traurigkeit‹«, jenem »schönen erquickenden« neuen Abschnitt des *Deutschen Requiems*. Sie ließ den Freund wissen, dass sie »das Stück wundervoll finde, sowohl in der Stimmung, als der kunstvollen Ausführung« und betonte: »Es freut mich, daß es im Requiem nicht fehlt und mir in meinem nicht!«[553]

Nicht zuletzt legen auch kleine musikalische Details nahe, dass Johannes mit diesem Werk Clara eine Freude machen wollte. Für die Introduktion findet sich der ausdrückliche Hinweis »mit Ausdruck« – eine Maxime, die für beide zur wichtigsten ihrer musikalischen Ästhetik gehörte. Zudem sparte Brahms nicht mit Vortragsanweisungen wie »legato«, »espressivo«, und »dolce«, wobei der Beginn noch eine besondere dunkle Grundfärbung dadurch erhält, dass keine Violinen verwendet werden. Die Zeile »Der Gerechten Seelen sind in Gottes Hand und keine Qual rühret sie an« am Schluss des dritten Abschnitts ist über 36 Takte als Fuge ausgeführt, die vom Orgelpunkt D gestützt wird. Damit bewies Johannes der Leipzigerin Clara, was er vor allem vom ehemaligen Leipziger Thomaskantor Bach gelernt hatte und welche Tasten er bedienen musste, um ihr Herz zu gewinnen. Noch ein Vierteljahrhundert später, als er ihr einzelne Nummern aus seinen Klavierstücken op. 118 und op. 119 schickte, ließ er sie zu der Rhapsodie op. 119, Nr. 4 wissen: »Der Orgelpunkt im *Es*dur-Stück war natürlich die Stelle, wo ich auf Dein vergnügtes Gesicht rechnete. Ich kenne Deine alte Schwäche für Orgelpunkte!«[554]

Seine jahrelange, mühevolle Arbeit am *Deutschen Requiem* verfehlte die Wirkung nicht. Das Werk sei »ein ganz gewaltiges Stück, ergreift den ganzen Menschen in einer Weise wie wenig anderes«, schrieb ihm Clara. »Der tiefe Ernst, vereint mit allem Zauber der Poesie, wirkt wunderbar, erschütternd und besänftigend.«[555]

Zischen, Zorn und Enthusiasmus

Auch ein Werk wie Brahms' *Deutsches Requiem* wurde zum Konfliktfall im Krieg der Avantgarden. Als der Komponist Ende 1867 die ersten drei Teile öffentlich in Wien ausprobierte, fand sich – wie Joseph Joachim seiner Frau berichtete – »einiges zischendes Gesindel«, aber es »konnte doch den Sieg nicht erringen«. Die größere Anzahl der Menschen im Publikum »hörte mit Theilnahme zu — eine kompakte kleine Partei mit Weihe und *Enthusiasmus*«. Joachim erlebte, dass Brahms »laut gerufen« wurde, und »der Beifall hielt an, obwohl er 5 Minuten lang brauchte, um vom Saal über die Treppe in's Orchester zu kommen«.[556]

Aus dem Blickwinkel von Liszt hatte das Werk einen geradezu säkularen Charakter, da es wesentlicher Teile einer traditionellen Totenmesse entbehrte und die Landessprache verwendete. Einem solchen Frevel konnte er nur mit wahrlich hochstehender Kunst begegnen. Liszt selbst webte seit 1866 an der Partitur zu seinem Oratorium *Christus*. Gesungen wurde selbstverständlich im Kirchenlatein, das bei der eucharistischen Liturgie der römisch-katholischen Messe in Deutschland noch bis in die 1960er-Jahre üblich war. Schon das Motto huldigte dem Prinzip einer obersten Führung: »Veritatem autem facientes in caritate«, dem Beginn des 15. Verses im 4. Kapitel des Epheser-Briefs, in dem es heißt: »Lasst uns aber wahrhaftig sein in der Liebe und wachsen in allen Stücken zu dem hin, der das Haupt ist, Christus.« Liszts Opus ist Weihnachtsoratorium, Seligpreisung und Passionsgeschichte in einem – ein Monumentalwerk, das er bewusst gegen Brahms' Bibeltextvertonungen stellte, die ein Glauben und Huldigen nicht erforderlich machten. In der Rezension einer Münchener Zeitung erkannte man damals bereits zu Recht: »Brahms hat sich vielmehr seinen Stoff, eine kirchliche musikalische Todtenfeier, ganz frei gestaltet, und was er darin geschaffen hat, steht sogar in gewissem Sinn im völligen Gegensatze zu jenem katholischen Cultusakt.«[557]

Nach Voraufführungen einzelner Teile wurde Liszts Werk 1870 durch die Erstausgabe der Orchesterpartitur in Leipzig in Musikerkreisen bekannt. Zur ersten vollständigen Aufführung von *Christus* kam es im Mai 1873 unter Leitung des Komponisten in der Stadtkirche in Weimar – passenderweise kurz vor der Richtfestfeier einer Kultstätte der neudeutschen Schule, dem Festspielhaus in Bayreuth. Liszts Oratorium war indes eher ein Rückschritt verglichen mit Beethovens *Christus am Ölberge*, das Anfang des Jahrhunderts Maßstäbe gesetzt hatte, weil darin Jesus Christus als aktiv handelnde Person dargestellt wurde. Clara dürfte bei ihren zahlreichen Englandreisen mitbekommen haben, dass das Stück dort als *The Mount of Olives* ungemein beliebt war, aber in unterschiedlichen Übersetzungen kursierte, weil vielen die Profanisierung Jesu zu weit ging. Dennoch kam in London im gleichen Jahr wie Liszts Oratorium in Weimar mit *The Light of the World* ein neues Werk heraus, bei dem ein Komponist wagte, mit seiner lebendigen Darstellung von Jesus als Mensch und Gottessohn einen unerforschten Pfad zu betreten. Der Engländer Arthur Sullivan – von 1858 bis 1861 der erste Ausländer, der mit dem neuen Mendelssohn-Stipendium am Leipziger Konservatorium studiert hatte – schrieb ein bahnbrechendes, in der Landessprache gesungenes sakrales Drama, keine hagiographische Verklärung wie in Spohrs *Des Heilands letzte Stunden*, Stainers *The Crucifixion* oder Liszts *Christus*. Das Werk des Ungarn bot lediglich lateinisch vorgetragene Bekenntnismusik und Versatzstücke aus der Bibel, wobei Worte Jesu nicht in einen stringenten Handlungskontext eingebunden sind, wie etwa das »Pater noster« und das »Tu es Petrus« mit Chor und Orgel bzw. Orchester oder – auf Latein – »Selig sind die Armen im Geiste« und »Mein Vater, wenn es möglich ist, so gehe dieser Kelch an mir vorüber« für Bariton, Chor und Orgel bzw. Orchester. Der Ungar predigte, der Engländer erzählte. *Christus* wirkte wie ein zu Marmor erstarrtes Monument, verglichen mit dem eine vitale, opernhafte Darstellung erfordernden Passionsspiel bei Sullivan. Liszts in einem salbungsvollen Gestus verharrendes Werk ist ein Gottesdienst von gut 2 Stunden und 40 Minuten und damit etwa eine Viertelstunde länger als Sullivans konzertantes Bibeldrama sowie etwa so lang wie die gesamte Sakralmusik von Brahms. Die auf Mendelssohn aufbauende Avantgarde konnte der zeitgenössischen Musik aus Weimar und Leipzig intellektuell durchaus weit voraus sein.

Als Dirigent engagierte sich Sullivan in England für die Musik von Robert Schumann und Johannes Brahms. Zusammen mit Kollegen versuchte er – wenn auch vergeblich – Brahms dazu zu bewegen, eine Sinfonie für Konzerte in London zu schreiben. Er führte unter anderem dessen dritte Sinfonie sowie das *Deutsche Requiem* auf und bot das Violinkonzert mit Joseph Joachim als Solisten. Nur eine Erkrankung führte zu einer der wenigen Absagen in der Karriere von Clara Schumann, die in London schon als Solistin bei Roberts Klavierkonzert angekündigt war. Clara unterstützte alle Bestrebungen, die Musik ihrer Liebsten bekannter zu machen, obwohl sie meinte, den Engländern sei »bei aller Liebhaberei« ein »tiefes Eindringen« nicht möglich.[558] Dass trotzdem Brahms' *Deutsches Requiem* fast druckfrisch in einer Klavierfassung so bald wie möglich in England vorgestellt wurde, bereitete ihr eine besondere Genugtuung. Mitbeteiligt war ein hochbetagter Pionier der britischen Musikkultur und grandioser Pianist, Cipriani Potter, der in jungen Jahren noch Haydn, Beethoven und Rossini kennengelernt hatte. »Einen prächtigen [*sic*] Künstler fand ich nicht mehr«, erinnerte sich Clara, »dieser war wohl derjenige, der mein Streben in der Kunst am besten erkannte.«[559]

5 Balsam und Gift (1869–1872)

Heirat in der Fremde · Der Kampf geht weiter · Provokationen und Konfrontationen · Die einen weinen, die anderen lachen · Wo wohnt Leben, Hoffnung und Glück?

Ich hätte nie geglaubt, daß ich Ausländer so lieb gewinnen könnte.[560]
Clara Schumann

Du lebst ein selten schönes und reiches Leben, aber den Ernst des Lebens kennst Du auch wie selten einer.[561]
Johannes Brahms

Heirat in die Fremde

»Manche Leute lernen es nie Kinder ihrem Alter gemäß behandeln«, notierte Clara Schumann im Juni 1870 im Tagebuch. Ihr Erziehungsideal bestand darin, ihrem Nachwuchs die bestmögliche Förderung zukommen zu lassen, Unheil von ihm fernzuhalten und ihn auf die Unabhängigkeit vorzubereiten: »Die Kinder treten in ein Freundschaftsverhältniß zu den Eltern, wenn sie selbständig werden, was dann wunderschön ist. In solchem stehe ich zu Marie und finde das höchste Mutterglück darin. Später hoffe ich auch an Eugenie eine solche Freundin zu gewinnen.« Vorerst hielt Clara die 18-Jährige für »noch zu jung«, aber sie bereitete ihr »die innigste Freude, sie hat sich sehr zu ihrem Vortheil in diesem Jahr verändert«.[562] Claras Vorstellungen bildeten sich heraus in einer Zeit, in der Mädchenhandel zur finanziellen Versorgung von Familien keine Seltenheit war, wobei Kinder und junge Frauen ins Ausland bis hin zur Neuen Welt verkauft wurden, wie man bereits in Publikationen Mitte des 19. Jahrhunderts lesen konnte.[563] Das Bürgertum, dem Clara und

Johannes angehörten, mochte eine kleine Schicht in Deutschland bilden, aber sie war wesentlich, um die Gesellschaft, die Politik und die Gesetzgebung zu humanisieren. Für viele Menschen lieferte die Kunst den entscheidenden geistigen Treibstoff dafür.

Ihre Jungen brachten Clara mitunter der Verzweiflung nah. Künstlerisches Talent und den Ehrgeiz, es zu nutzen, erkannte sie vornehmlich bei ihren Töchtern. Marie und Elise waren mit Mitte zwanzig in der Lage, sich als Klavierlehrerinnen eine Existenz aufzubauen. Für Clara war dies eine höchst respektable Vollzeittätigkeit: »Gott segne das liebe Kind und gebe ihr Kraft zu ihrem Berufe«, äußerte sie gegenüber einer Freundin, als Elise sich im Herbst 1865 als Musiklehrerin in Frankfurt niedergelassen hatte. Marie stand ihr weiterhin bei Tourneen zur Seite und nahm ihr zuweilen auch Klavierschüler ab. Hingegen besaß der 22-jährige Ludwig viel guten Willen, aber keinerlei Begabung.

Eines der größten Sorgenkinder Claras war in diesen Jahren ihre dritte Tochter Julie. Sie war im Frühjahr 1845 noch in Dresden zur Welt gekommen und wurde ob ihrer »angeborenen Lieblichkeit«, wie ihre Schwester Eugenie es nannte, allgemein geschätzt, ja, sie war »ein Mädchen, an das man, wie Brahms einmal an die Mutter schrieb, ›wohl nicht ohne einige Schwärmerei‹ denken konnte«.[564] Obwohl Julie ihre Mutter auch schon auf Konzertreisen begleitet hatte, war sie – wie Clara Schumann ihrer Freundin Pauline Viardot-García mitteilte – »zu zart um diese Anstrengungen auszuhalten, und bekam in Folge dessen eine förmliche nervöse Abspannung, wobei sie Wochen lang im Bett zubrachte«.[565] Julie war längst nicht so robust wie ihre beiden älteren Schwestern. »Schwere Sorgen« bereitete sie Clara schon als Jugendliche, »für deren Kräftigung ich diesen Sommer Alles thun muß, was ich kann«.[566] Gute Erinnerungen hatte die entspannungserfahrene Frau Schumann an Kurorte wie Karlsbad, Bad Kreuznach, Schwalbach und Bad Münster am Stein, aber auch Bergluft und wärmere Gefilde im Süden Europas erachtete man als gesundheitsförderlich. Da Clara immer wieder Julies »Husten große Sorge« bereitete, schickte man sie Anfang 1863 nach Nizza.[567] »Die Aerzte stimmen Alle darin überein«, konnte Johannes in Claras Berichterstattung lesen, »daß der Husten ein nervöser, Brust und Lunge ganz gesund, und von den Nerven und Neigung zu Bleichsucht die anderen Beschwerden herrühren«. Doch ein zusätzlicher Hinweis auf »Anfälle von Starrkrampf, wo sie dann einige Stunden unbeweglich liegt«, ließ nichts Gutes ahnen.[568] Der

Zustand besserte sich über die Jahre hinweg nicht. »Julie jammert Einen förmlich anzusehen, so elend sieht sie aus«, vertraute Clara im Sommer 1867 ihrem Tagebuch an,[569] und so versuchte man es mit Erholungsaufenthalten in Divonne-les-Bains. Dort lernte Julie im Spätsommer 1868 den vierzehn Jahre älteren Grafen Vittorio Amadeo Radicati di Marmorito aus Passerano bei Turin kennen. Schon nach siebenwöchigem Beisammensein machte der Witwer und Vater von zwei Kindern ihr kurz vor seiner Abreise einen Heiratsantrag. Zwar war Julie mit 23 Jahren schon volljährig, aber die Einwilligung der Eltern gehörte noch immer zum guten Ton. Clara kamen vor allem Bedenken wegen des Standesunterschieds und den damals kaum kompatiblen Konfessionen. »Ich habe ihr alle meine Zweifel mitgetheilt«, vertraute sie ihrem Tagebuch an, »doch mehr *mir* zur Beruhigung, denn Liebe läßt sich nicht abschrecken; das weiß ich ja aus meinem eigenen Leben! Selten hat wohl jemand mehr Hindernisse zu besiegen gehabt, als mein theurer Robert und ich!«[570] Als Clara schließlich im Sommer des Folgejahres Marmoritos formelle Anfrage wegen Julie erhielt, sandte sie ihm ihr Jawort und fügte zu ihrer Tagebuchnotiz sogleich an: »Das Herz blutete mir aber dabei, das weiß Gott.«[571]

Brahms nicht minder. Ob er wirklich ernsthaft in die zwölf Jahre jüngere Julie verliebt war, wie oft behauptet wurde, erscheint zweifelhaft, weil er sich generell gern von hübschen Frauen umgeben sah und für so viele entflammte, dass sein Freund Joseph Victor Widmann sogar ein Scherzgedicht schrieb, »Die Mehlspeis'«, in dem er dem »Meister« die Worte in den Mund legte: »…wenn's was Süßes / Schon sein soll, warum wär's nicht mal ein Kuß?«.[572] Aber dass er sich nach den Erfahrungen in Göttingen in das Abenteuer einer Heirat stürzen wollte, erscheint höchst unwahrscheinlich – schon gar nicht, wenn Clara seine Schwiegermutter geworden wäre! »Levi sagte mir vor ein paar Tagen, daß Johannes Julie ganz schwärmerisch lieb habe«, teilte sie ihrer Düsseldorfer Vertrauten Rosalie Leser mit. Allerdings besteht ein gewaltiger Unterschied zwischen ›verliebt sein‹ und ›lieb haben‹. Auch Julies Schwester Eugenie fiel auf, dass Brahms »für Julie schwärmte«, seit sie »als sechzehnjähriges Mädchen die Mutter auf einer Konzertreise nach Hamburg begleitete«, ja, »seine Bewunderung steigerte sich in dem Maße, als Julie sich immer reizender entwickelte, und gerade in dem Sommer 1869, wo sie verlobt war und von hinreißender Fröhlichkeit übersprudelte, sah ich Brahms' Augen oft in hellem Leuchten an ihr hangen«. Dies legt eher die Vermutung nahe, dass Brahms an Julies Freude Anteil nahm. »Wie nahe seine Gefühle der tiefen Leidenschaft einer wahren Liebe kamen, das wage ich nicht zu entscheiden«, meinte Eugenie. »Vielleicht schloß die anmutig liebenswürdige Gelassenheit, mit der Julie ihm stets begegnete, von vorne herein eine ernste Annäherung aus.«[573]

Dass sich Brahms um Julie Sorgen machte, dürfte sicher sein. »Johannes war von dem Augenblick an, wo ich ihm Mittheilung von Juliens Verlobung machte, wie umgewandelt«, schrieb Clara nach Düsseldorf, »ganz wieder in der alten Laune, jedoch überwand er es nach etwa 14 Tagen, und zuletzt war es wieder besser; aber er spricht fast gar nicht mit Julie, während er sie vorher stets suchte mit Worten und Blicken.«[574] Eugenie charakterisierte ihre Mutter als einen Menschen, der »Veränderung nicht begriff«, denn »ihr Denken und Fühlen bewegte sich in so graden, einfachen und klaren Linien, daß sie für verwickeltere Vorgänge in der menschlichen Seele kein Verständnis« besaß.[575] Brahms hingegen verfügte über eine scharfe Beobachtungsgabe. Er muss auch wahrgenommen haben, was Eugenie als Julies »sanfte Schwermut« beschrieb, die ihre nach außen getragene Lebensfreude »leicht verschleierte«. Offen blieb, ob diese »Schatten« nun einer »Vorahnung«, einer »Erinnerung an das in der Kindheit Erlebte«, den »langen Trennungen von der angebeteten Mutter, den zärtlich geliebten Geschwistern«, dem »Leben unter Fremden« oder der »Folge einer immer schwankenden Gesundheit« zuzuschreiben waren.[576] Dabei ließ Eugenie in diesem Zusammenhang einen schwerwiegenden Faktor unerwähnt, der die Familie in jenen Tagen ebenfalls sehr belastete: Die Erkrankung des Ältesten, Ludwig, der ihrer Beschreibung nach »nicht wie seine jüngeren Brüder hoch und schlank gewachsen, sondern von breiter, gedrungener Gestalt« war. Als sie alt genug wurde, um ihren Bruder nach längerer Abwesenheit »zum erstenmal mit den Augen der Erwachsenen« wahrzunehmen, erschrak sie: »Das Herz krampfte sich mir zusammen, als ich diesen Blick sah, und so jung ich war, so erfaßte ich doch vorahnend die ganze Tragik seines Geschickes.« Zwar war sein Körper »auffallend kräftig entwickelt«, aber »sein Geist hatte nicht Schritt gehalten; schon seit den Kinderjahren war er in der Entwicklung zurückgeblieben«. Er wäre gerne Musiker geworden, jedoch war ihm, wie wohl nicht nur Eugenie einsah, »trotz großer Liebe zur Musik, alle Begabung versagt«.[577] Mit Ludwig wiederholten sich die traumatischen Erfahrungen der 1850er-Jahre – lichte

Momente wechselten mit wochenlangen Erkrankungen. »Man hatte es mir verheimlicht, was ein Glück war, denn ich hätte nicht gewußt, was anfangen«, schrieb Clara an Johannes. »Du kannst Dir denken, wie mir zu Muthe ist. Ich habe Hübner gebeten, mit einigen Ärzten zu konsultiren, und für mich zu handeln – das kann in diesem Falle nur ein Mann. Es wird schließlich nicht anders werden, als daß ich Ludwig in eine Anstalt bringen muß, denn so allein fortleben kann er nicht, folgen aber thut er Niemandem.« Zum Entsetzen aller zeichnete sich eine nicht zu vermeidende Konsequenz ab. »Das größte Leid durch höchst traurige Nachrichten von Elise, die Ludwig in Dresden besucht aber in höchst hoffnungslosem Zustande gefunden«, vermerkte Clara im Tagebuch. »Sein Zustand wird schlimmer und schlimmer.«[578] Clara schockierte insbesondere die Parallelität der Ereignisse: »Es ist doch grausam vom Schicksal, mir zwei Mal solch 'ne Prüfung aufzuerlegen; ich habe mir aber fest vorgenommen, es innerlich so ruhig zu tragen, wie es für eine Mutter nur möglich ist!«[579]

Ob es sich bei dieser zweiten »Prüfung« wie einst bei Robert um die Folgen einer Syphilis-Infektion oder, wie seinerzeit vermutet, eine Rückenmarkserkrankung handelte, lässt sich im Nachhinein nicht mehr herausfinden. Fest stand, dass für Ludwig keine Hilfe möglich war. Vom Wahn umnebelt, dumpf brütend, schwadronierend und brabbelnd verbrachte er die letzten fast dreißig Jahre seines Lebens in der 1829 eingerichteten »Landesanstalt für unheilbar Geisteskranke« auf dem zwischen Leipzig und seiner Geburtsstadt Dresden gelegenen Schloss Colditz, wo er am 9. Januar 1899 verstarb. Die Anstalt beherbergte bis zu 400 Patienten und verfolgte mit ihrer Betreuung ohne Zwangsmaßnahmen einen ähnlichen Ansatz wie seinerzeit die Nervenheilanstalt bei Bonn, die Robert Schumann aufgenommen hatte. Ludwigs ein Jahr jüngerer Bruder Ferdinand, der als Bankkaufmann in Gera am nächsten lebte, wurde zum wichtigsten Verbindungsglied und hielt die Familie auf dem Laufenden. Clara, die an ihren Depressionen nach Roberts Tod fast zerbrochen wäre, zwang sich dazu, sich dem Leben zuzuwenden. »Ich fühle zu mächtig in mir, daß ich den Andern noch zu leben habe«, schrieb sie Johannes, »und das Glück, was mir noch auf Erden blieb, wiegt schließlich doch die Leiden auf – es bleibt mir doch noch viel Gutes.«[580]

Dazu gehörte die bevorstehende Hochzeit, die auf deutschem Boden stattfinden sollte. Johannes Brahms wurde sogar Trauzeuge bei Julies Heirat mit dem Grafen Vittorio Amadeo Radicati di Marmorito, die am 22. September 1869 in der St. Bonifatius-Kirche in Lichtental bei Baden-Baden stattfand. Clara war verwundert, dass Johannes im Sommer bei seinem Aufenthalt im Schwarzwald trotzdem schlecht gelaunt war. Der gemeinsame Freund Albert Dietrich meinte einmal zu ihr, »daß bei längerem Zusammensein auch Befreundetsten die Charactereigenthümlichkeiten der Einzelnen manchmal schärfer hervortreten als sonst, ist ebenso natürlich wie Wolkenbildung bei verschiedenen gleichzeitigen Luftströmungen«.[581]

In dieser Zeit war Johannes oft mit den Gedanken ganz woanders. Er befasste sich intensiv mit Goethes Texten zur *Harzreise im Winter.* Diese Dichtung markierte für den Autor einst eine allmähliche Abkehr von den frühen Werken seiner ›Werther-Phase‹ hin zu existenziellen Fragen wie »Was ist der Mensch dass du sein gedenckst« – eine Zeile aus dem achten Psalm, die Goethe in seinem Tagebuch notierte.[582] Brahms war ein wissbegieriger Leser und unter seiner am Ende gut eintausend Bände umfassenden Bibliothek befanden sich natürlich auch eine Goethe-Ausgabe und -Biographie. Ob er im Alter von 36 Jahren – wie einst Goethe es in seinen Briefen an Charlotte von Stein formulierte – zu der Erkenntnis gelangt war, das »Ziel meines Verlangens« sei, voller Demut in der »Hingebenheit von Augenblick zu Augenblick« die »vollste Erfüllung meiner Hoffnungen« zu sehen?[583]

Diesen Künstler, der sich mit den komplexesten Texten seiner Epoche auseinandersetze, bedrängte derweil sein Verleger Simrock, der Vaterfreuden entgegensah, mehr Musik für eine rosarote Weltsicht zu liefern. Er piesackte Brahms, er solle ihm aus gegebenem Anlass etwas Ähnliches wie sein Wiegenlied »Guten Abend, gut' Nacht« schicken – jenes Erfolgsstück, das Johannes im Juli 1868 aus Vergnügen »zu allzeit fröhlichem Gebrauch« für ein ehemaliges Mitglied seines Hamburger Frauenchors geschrieben hatte. Zu Auftragsarbeiten ließ sich Brahms indes nicht gerne nötigen. »Wie geht es Ihrer lieben Frau?«, flachste er aus Baden-Baden in einem Schreiben an Simrock. »Ich will ihr aber lieber das schönste Liebeslied schreiben als das Gewünschte. Hier habe ich ein Brautlied geschrieben für die Schumannsche Gräfin – aber mit Ingrimm schreibe ich derlei – mit Zorn! Wie soll's da werden!«[584]

Die *Rhapsodie für eine Altstimme, Männerchor und Orchester* op. 53 als »Brautlied« zu bezeichnen, entsprach dem Humor von

Brahms. Er eignete das neue Werk auch Julie zu. Allerdings wurde es erst einen Monat nach der Hochzeit im kleinen Rahmen bei einer privaten Aufführung in Karlsruhe geboten. Zuvor hatte er es Clara unter vier Augen vorgestellt. Das frisch getraute Paar war gerade abgereist und zurück blieb laut Eugenie eine »tiefe, tiefe Stille«. Mit den Worten »Regenwetter setzte ein; Marie und ich saßen abends im Eßzimmer in trauriger Stimmung«, beschrieb sie die Atmosphäre daheim. »Da schellte es, und wir hörten Brahms zu unserer Mutter hinübergehen, und bald ertönten wunderbare, tiefernste, erschütternde Klänge. Wir lauschten – dann hörten wir Brahms fortgehen, und gleich darauf kam unsere Mutter zu uns herüber in tiefer Erregung. Brahms hatte ihr die Rhapsodie vorgespielt.«[585]

Acht Jahre zuvor hatte er Julie mit Freuden sein Opus 23, die Klavier-Variationen über ein Thema ihres Vaters, gewidmet. Der Druck, als muntere Komponiermaschine für freudige Anlässe herhalten zu müssen, verursachte zu Recht Ingrimm und Zorn. Mit einer Zueignung als nachträglichem Hochzeitsgeschenk des Trauzeugen musste sich Julie mit dem zufriedengeben, was ihn gerade beschäftigte. Und darin erfasste er die gesamte Situation, die Clara zu schaffen machte: Der Umzug der kränklichen Julie in ein Land, dem ihre Mutter wenig abgewinnen konnte, Felix' Fragilität und die schwere Belastung der Familie durch Ludwigs geistige Zerrüttung. Zusätzlich ahnte Johannes sicher auch die Gefahren der Verbindung von Claras Tochter: Er hatte genug Lebenserfahrung, um zu wissen, worauf es in adeligen und ›gut katholischen‹ Kreisen ankam: Julie war zwar chronisch krank, aber gebärfähig. Sie reiste nicht nach Italien, um dort umsorgt zu werden, vielmehr zu einem Ort, an dem – wie Eugenie es blumig umschrieb – »zwei mutterlose Mädchen ihrer Liebe entgegenharrten«.[586] Johannes dürfte klar gewesen sein, dass Julie die noch fehlenden männlichen Nachkommen liefern sollte. Dabei war im 19. Jahrhundert jede Geburt mit einem hohen Risiko verbunden, denn jede sechste Mutter starb am Kindbettfieber, ganz zu schweigen von der anstrengenden Schwangerschaft und sonstigen denkbaren Komplikationen. Würde die kränkliche Julie dies alles durchstehen? Die Zeilen »Ach, wer heilet die Schmerzen / dess, dem Balsam zu Gift ward?« hatte Goethe in seiner *Harzreise* einst auf den gemütskranken Gelehrten Friedrich Victor Lebrecht Plessing bezogen. Julie aber konnte weder der Balsam zahlreicher Erholungsreisen noch die Plaisier durch Natur und Kunst heilen – Clara klagte Johannes mehr als einmal, sie »konnte sie aber nicht mitnehmen, weil sie sich nicht so kräftig fühlte, um hier viel laufen zu können«.[587] Claras Beobachtung: »Alles, was sie an geistigen Freuden genoß, genoß sie verkümmert durch die körperlichen Schmerzen«, verdeutlich die Parallelen zu Goethes Versen.

Die in der *Alt-Rhapsodie* aufgeworfene Frage, wer denjenigen zu heilen vermag, »der sich Menschenhass aus der Fülle der Liebe trank«, legt einen Bezug zu Ludwig nahe. Immer eindringlicher wird das Wort »Menschenhass« mehrfach wiederholt, aber schließlich kontrastiert Brahms das nahezu wahnhafte Lamentieren mit dem im Pianissimo sanft »mezza voce« einsetzenden Männerchor, der wie bereits das *Deutsche Requiem* Trost vermittelt. Verständlich, dass Clara darauf mit »tiefer Erregung« reagierte.

Claras Gefährtin Pauline Viardot-García war die Solistin bei der offiziellen Uraufführung der *Alt-Rhapsodie* Anfang März 1870 in Jena, wo der Brahms- und Schumann-Freund Ernst Naumann das örtliche Orchester und den Akademischen Gesangverein leitete. Bereits im Januar desselben Jahres hatte Simrock jenes Stück publiziert, das Brahms für eines seiner besten Werke hielt.

Der Kampf geht weiter

Am 27. November 1868 erschien die *Neue Zeitschrift für Musik* mit einem fettgedruckten Trauerrand auf der Titelseite. Als ob ein Staatsoberhaupt verstorben sei, wurde mit großer Aufmachung mitgeteilt, dass »nach längerem Leiden ein sanfter Tod« den leitenden Redakteur Franz Brendel zwei Tage zuvor am »Vorabende seines 57sten Geburtstages, zu einem besseren Leben« abberufen habe.[588] Drei Wochen später würdigte man seine »reiche gedeihliche Wirksamkeit« ausführlich in einem Leitartikel.[589] Brendels Nachfolger wurde der Verleger Christian Friedrich Kahnt in Leipzig, der neben der Zeitschrift auch Werke von Liszt herausgab. In der ersten Ausgabe des nächsten Jahres kündigte er an, dass er und seine Mitarbeiter bei der *Neuen Zeitschrift für Musik* »mit aller Entschiedenheit gesonnen sind, dieselbe den bisher adoptirten Grundsätzen gemäß in gleichem Geiste weiterzuführen«.[590] Dieser »Geist« beabsichtigte nicht allein, nur Berichterstattung über das Musikleben zu bieten. Wie der Folgebeitrag von Rudolf Bensey zeigte, sah man »die Musik als Gegenstand der Erziehung« und wollte auf eine Umgestaltung der Gesellschaft einwirken.[591] Dementsprechend stellte man Brahms als einen Komponisten dar, der »einem principienlosen *Dolce far niente* huldigt«.[592] Liszt hingegen wurde in etlichen größeren und kleinen Beiträgen gewürdigt und Richard Wagner konnte sein Traktat »Über das Dirigieren« als Mehrteiler publizieren.[593] Es war eine passende Ergänzung zu seiner Polemik gegen die Juden, weil es sich dabei nicht um ein Lehrwerk für Orchesterleiter handelt, sondern um ein Pamphlet gegen ihm missliebige Musiker. Betrachtet man seine Publikationen wie »Was ist deutsch?«, »Heldentum und Christentum« oder »Religion und Kunst« als Bayreuther Enzykliken, so ist »Über das Dirigieren« Wagners Syllabus der Zeitirrtümer. Parallel dazu wurde die Hetze gegen den »hebräischen Kunstgeschmack« und »das unwillkürlich Abstoßende, welches die Persönlichkeit und das Wesen der Juden für uns hat«[594] fortgesetzt mit der Wiederveröffentlichung von *Das Judentum in der Musik* bei der Leipziger Verlagsbuchhandlung von J. J. Weber. In einem Zusatz führte Wagner im Jahr nach dem Tod eines seiner wichtigsten Kombattanten weiter aus: »Heute noch ist es mir fast unbegreiflich, wie mein nun kürzlich verstorbener Freund Franz Brendel, der Herausgeber jener Zeitschrift, es über sich vermocht hat, die Veröffentlichung dieses Artikels zu wagen: jedenfalls war der so ernstlich gesinnte, nur die Sache in das Auge fassende, durchaus redliche und biedere Mann gar nicht der Meinung gewesen, hiermit etwas Anderes zu thun als eben, der Erörterung einer die Geschichte der Musik betreffenden, sehr beachtenswerthen Frage den unerläßlich gebührenden Raum gestattet zu haben. Dagegen belehrt ihn nun der Erfolg, mit wem er es zu thun hatte. – Leipzig, an dessen Conservatorium für Musik Brendel als Professor angestellt war, hatte in Folge der langjährigen Wirksamkeit des dort mit Recht und nach Verdienst geehrten Mendelssohn die eigentliche musikalische Judentaufe erhalten: wie ein Berichterstatter sich einmal beklagte, waren blonde Musiker dort zu immer größeren Seltenheit geworden, und der sonst durch seine Universität und seinen bedeutenden Buchhandel in allem deutschen Wesen so regsam sich auszeichnende Ort verlernte im Betreff der Musik sogar die natürlichsten Sympathien jedes, sonst deutschen Städten so willig anhaftenden Lokalpatriotismus'; er ward ausschließlich Judenmusikweltstadt.« Wie Wagner in der gleichen Publikation anmerkte, vermochte es Brendel gegen den »Sturm, welcher [...] bis zur Bedrohung seiner bürgerlichen Existenz« anschwoll, nur »mit Mühe« zu erreichen, dass dank »seiner Festigkeit und ruhig sich bethätigenden Ueberzeugung, [...] man ihn in seiner Stellung am Conservatorium belassen mußte«.[595] Wenn die Reihen fest geschlossen bleiben, lässt sich der Kampf erfolgreich fortsetzen.

Der von Clara und Johannes geschätzte Schriftsteller Gustav Freytag war entsetzt über Wagners Publikation. »Wir halten aber gegenwärtig einen ernsten Angriff auf das jüdische Wesen unter uns nach keiner Richtung für zeitgemäß, nicht in Politik, nicht in Gesellschaft, nicht in Wissenschaft und Kunst«, schrieb er in dem Magazin *Die Grenzboten*, »denn auf allen diesen Gebieten sind unsere Mitbürger israelitischen Glaubens werte Bundesgenossen nach guten Zielen.«[596] Mittlerweile war die neudeutsche Schule aber bestens vernetzt. Selbst wenn man mit Brendel den ersten Propheten zu Grabe getragen hatte, galt es immer noch, einen Komponistenmessias zu etablieren. Die Versammlungen des Allgemeinen deutschen Musikvereins 1869 und 1870 wurden in den eigenen Hochburgen Leipzig und Weimar anberaumt, bevor man sich in andere Regionen wie Magdeburg, Kassel, Halle, Altenburg, Hannover, Erfurt, Wiesbaden, Baden-Baden, Karlsruhe und Zürich ausdehnte. Das zentrale Publikationsorgan der Bewegung, die *Neue Zeitschrift für Musik*, wies in seiner ausführlichen Berichterstattung in einem Leitartikel darauf hin, dass die Teilnehmer überaus zahlreich erschienen waren, »namentlich aus Norddeutschland« und »besonders Berlin hatte ein nicht unbedeutendes Kontingent gestellt«.[597]

Die Anhänger anderer Ausrichtungen fanden sich eher im Rheinland, in Süddeutschland und in Österreich. Denen gelte »der seichte Schwulst Schumann's mit dem unsäglichen Inhalte Beethoven's als Ein und dasselbe«, lästerte Richard Wagner, sodass dann »der richtig vorgetragene Schumann mit dem schlecht vorgetragenen Beethoven allerdings ganz erträglich zu einander gehalten werden können. Hiermit gerathen diese sonderbaren Wächter der musikalischen Keuschheit zu unserer großen klassischen Musik in die Stellung von Eunuchen im großherrlichen Harem.« Wer aber kann die »herrliche deutsche Musik« erhalten? »Ganz für sich betrachtet, ist an diesen Musikern nicht viel auszusetzen; die meisten unter ihnen komponiren ganz gut«, meinte Wagner im süffisanten Ton der Neudeutschen. »Herr Johannes Brahms war so freundlich, mir einmal ein Stück mit ernsten Variationen von sich vorzuspielen, das mich ganz vortrefflich dünkte. Ich hörte ihn auch in einem Konzerte anderweitige Kompositionen auf dem Klavier spielen, was mich nun allerdings weniger erfreute; sogar mußte es mir impertinent erscheinen, daß von der Umgebung dieses Herren aus Liszt

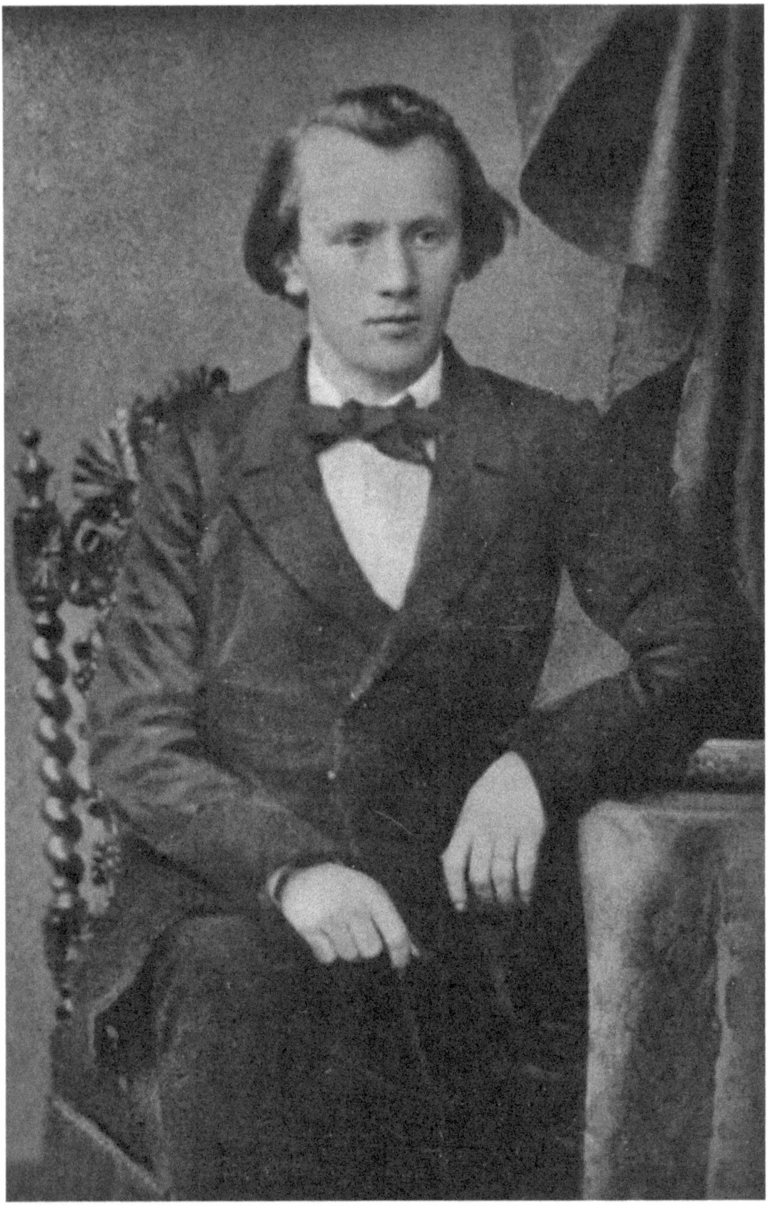

Brahms 1858 in Göttingen beim Fotografen: Um Karriere zu machen, brauchte er keinen imposanten Bart. Erst Ende 1878 legte er sich diese Zierde zu, denn er meinte, »mit rasiertem Kinn wird man entweder für einen Schauspieler oder einen Pfaffen gehalten«.

und seiner Schule ›allerdings eine außerordentliche Technik‹, aber auch nichts weiter, zugesprochen wurde, während ich die Technik des Herrn Brahms, dessen Vortrag mich seiner Sprödigkeit und Hölzernheit wegen sehr peinlich berührte, so gern etwas mit dem Oele jener Schule befeuchtet gewünscht hätte, welches dann doch nicht der Tastatur selbst zu entfließen scheint, sondern jedenfalls auf einem ätherischen Gebiete, als dem der bloßen ›Technik‹, gewonnen wird.«[598] Die Mühe, über Clara Schumann Tinte zu vergießen und sich die Finger zu beschmutzen, machte sich Wagner erst gar nicht. Clara musste miterleben, dass sein Gedankengut auch zunehmend England infiltrierte. »Die neueste Schrift Wagner's hat, wie man sich denken kann, Furore gemacht«, hieß es in einer Meldung der *Neuen Zeitschrift für Musik*, »die *Musical World* hat von der Feder des Hrn. Bridgeman eine gelungene englische Übersetzung gebracht, und so hat denn das *Judenthum in der Musik*, d. h. die Schrift, in vielen, auch maßgebenden Kreisen Würdigung und Beifall gefunden, weil eben, abgesehen von kleinen Excedenzen, die einmal in der Individualität Wagner's gegründet sind, ein gut Theil Wahrheit darin steckt.«[599]

Auch wenn man sich bei der Begriffswahl »die Schrift« noch den Zusatz »die Heilige Schrift« versagte, so wurde Wagners Grundsatzerklärung endgültig zur zentralen Einstellungsbekundung der neudeutschen Bewegung. Ob Clara und Johannes bereits ahnten, welche Probleme auf sie und ihre Freunde zukamen?

Provokationen und Konfrontationen

Auf ihren beruflichen und privaten Reisen kamen Clara und Johannes weit in Europa herum. Überall sammelten sie bereichernde Erfahrungen, auch wenn sie ein Zentrum für ihr Leben brauchten. Clara fühlte sich in Deutschland am wohlsten, obwohl es für sie als Staat ein halbes Jahrhundert lang nicht existierte. »Aber das alte deutsche Herz schlägt viel zu kräftig, als daß ich lange (länger als die Pflicht erfordert) im fremden Lande aushielte«, schrieb sie Johannes einmal, »und überdies birgt ja Deutschland Alles, was mir theuer ist.« Doch da sie Französisch und Englisch gelernt hatte, machte sie im nächsten Satz deutlich, dass sie auch mit anderen Kulturen gut zurechtkam: »Aber, undankbar will ich nicht sein gegen die Engländer, die mich wieder so liebevoll aufgenommen – das ganze

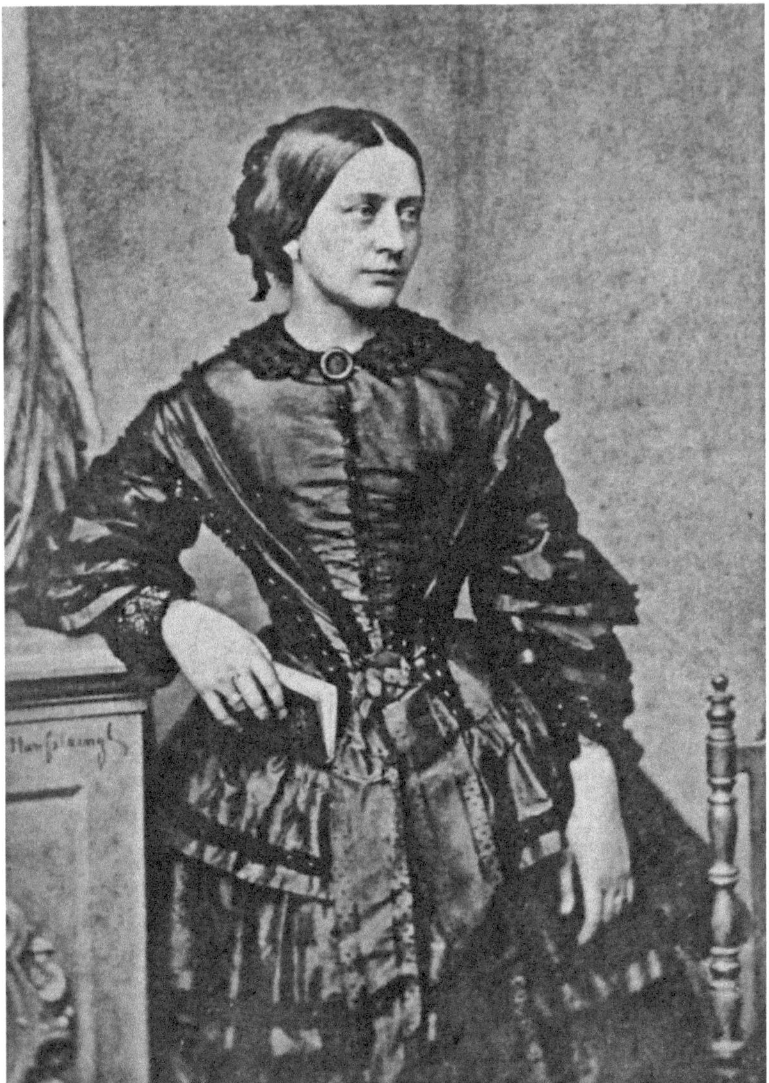

Immer ein Buch griffbereit: Die Literatur gehörte zu den wichtigsten gemeinsamen Interessen von Clara und Johannes. Clara Schumann im Alter von 38 Jahren.

Publicum, kann ich sagen.«[600] Während in der Politik zunehmendes Misstrauen und Säbelrasseln die Atmosphäre vergiftete, notierte die Sächsin, der Menschen und nicht Ideologien am Herzen lagen, in ihrem Tagebuch: »Ich hätte nie geglaubt, daß ich Ausländer so lieb gewinnen könnte.«[601] Während der Norddeutsche Brahms sich österreichische Wendungen nie wirklich zu eigen machte, streute Clara immer wieder Anglizismen in ihren Briefen ein, sprach von Stätten, die sie als gemütlich empfand, von ihrem »home«,[602] und formulierte sogar einmal in ihrem Tagebuch, man hätte »viel Trouble«.[603] Zudem stellte sie klar, von guten Freunden wolle man nicht nur die »compliments of the season (wie die Engländer sagen)« hören.[604] Johannes war ihre Schwärmerei gewohnt. »Ich bin also, wie Du siehst, wieder in meinem geliebten Deutschland, habe dennoch London mit schwerem Herzen verlassen, weil ich mir liebe Freunde dort gewonnen, (wo ich auch im Anfang einige Wochen wohnte) und mit dem Publicum stehe ich mich auch beinah wie mit Freunden«, erzählte sie ihm. »Ich bin nie aufgetreten, wo ich nicht die wärmste Sympathie des ganzen Publicums empfunden hätte und das ist denn doch für den Künstler außerordentlich wohlthuend. Es war nicht ganz leicht einen ›Punkt‹ zu machen, aber ich halte immer an meiner Ueberzeugung, daß ein solches Leben, wie das des Künstlers in London, nur eine Zeit lang ohne äußeren und inneren Schaden angeht und so setze ich mir immer ein bestimmtes Maaß.«[605]

Für beide zählte auch Wien zu Deutschland. Warum auch nicht, stand doch im Flickenteppich der deutschsprachigen Staaten das Herzogtum Holstein mittlerweile unter österreichischer Verwaltung. Es war nicht nur ihre Privatmeinung, wenn Clara an Johannes schrieb, er lebe »in einer der größten Städte Deutschlands«, wo ihm »die schönsten Mittel zu Gebote stehen«.[606] Als jedoch das bevorstand, worauf beide seit Jahrzehnten gehofft hatten – nämlich ein vereintes Deutschland ohne Grenzkontrollen mit einheitlicher Währung und einer für das ganze Land gültigen Zeitangabe –, verlegte Johannes seinen Hauptwohnsitz endgültig ins Ausland.

Schon vor dem 19. Jahrhundert gehörte es zu den gängigen Erfahrungen, dass so gut wie nie Grenzen neu gezogen und Staatsformen verändert wurden, ohne dass zuvor Blut geflossen war. Noch 1806, als die Truppen Napoleon Bonapartes Europa verwüsteten und den preußischen Truppen schwere Niederlagen beibrachten, wurde in Berlin der Erlass angeschlagen: »Der König hat eine Bataille verloren. Ruhe ist die erste Bürgerpflicht!«[607] Man erkannte aber bald, dass sich unter den Menschen nur durch eine royale Proklamation, die »An mein Volk« gerichtet war, der erforderliche Widerstand mobilisieren ließ. Clara und Johannes wuchsen in einer Zeit auf, in der sich Auseinandersetzungen zwischen Staaten von Kabinettskriegen hin zu Volkskriegen entwickelten. Die entstehenden Massengesellschaften bildeten nicht nur einen Resonanzboden für gesellschaftliche, politische und kulturelle Veränderungen, sondern auch für die Modernisierung der Armeen. Clara und Johannes stammten mit Sachsen und Norddeutschland aus Regionen, in denen Verwandte und Freunde Zeugen folgenreicher Schlachten waren. Über ein halbes Jahrhundert nach den Napoleonischen Kriegen bildete der Wunsch nach einer nationalen Einheit eine starke Motivation, in den Kampf zu ziehen. Anlässe boten von außen drohende Einschränkungen wie die Novemberverfassung, mit der Dänemark Schleswig noch stärker an sich binden wollte. Zu der komplizierten Gemengelage gehörte, dass Österreich einen Verwaltungsanspruch besaß, der dänische König zugleich Herzog der Herzogtümer Schleswig, Holstein sowie Sachsen-Lauenburg war und Holstein nebst Lauenburg zu den Mitgliedsstaaten des Deutschen Bundes gehörten. Nachdem durch den Deutsch-Dänischen Krieg 1864 die Herzogtümer Schleswig, Holstein und Lauenburg an die beiden deutschen Großmächte abgetreten worden waren, kam es zwischen diesen zu Uneinigkeiten über eine deutsche Staatsbildung. Diplomatische Lösungen und die Möglichkeit, einen von Preußen angeregten Bundesstaat zu schaffen, scheiterten. In der entscheidenden Schlacht bei Königgrätz, gut hundert Kilometer östlich von Prag, kamen im Juli 1866 an einem einzigen Tag so viele Menschen um wie im gesamten Deutsch-Dänischen Krieg – jeweils knapp 8000, wobei die Verlierer etwa drei Mal so viele Opfer zu beklagen hatten. Das Ergebnis war aber lediglich ein lockerer Verbund süddeutscher Staaten und nördlich des Mains der Norddeutsche Bund als Bundesstaat unter preußischer Führung, aber ohne offene Grenzen, einheitliche Zeitzonen oder Währungen.

Dennoch beäugte Kaiser Napoleon III. von Frankreich voller Misstrauen die Entwicklungen in seiner unmittelbaren Nachbarschaft. Bonapartes Neffe war 1852 durch einen Staatsstreich an die Macht gekommen und kaschierte innenpolitische Schwierigkeiten mit einem aggressiven Militarismus in der Gesellschaft und außenpolitischem Expansionismus. Die deutsche Kleinstaaterei war ganz in seinem Sinne, weniger dass die Spanier nach einer Militärrevolte 1870 den Prinzen Leopold aus der katholischen Linie der

Hohenzollern auserkoren hatten, den vakanten Thron zu besetzen. Bismarck, seinerzeit noch Ministerpräsident Preußens und Bundeskanzler des Norddeutschen Bundes, brauchte nur abzuwarten und vorbereitet zu sein.

Im idyllischen Bad Ems, wo Clara Konzerte gab und dessen Umgebung Johannes durchwanderte, wurde in dem schwelenden Konflikt Feuer an die Lunte gelegt. Hier weilten viele gekrönte Häupter zur Erholung, darunter Anfang Juli 1870 der preußische König Wilhelm. Und dort suchte ihn der französische Botschafter auf, der ihn dazu bewegen konnte, seine Billigung der Kandidatur Leopolds zurückzuziehen, damit dieser auf die spanische Königswürde verzichte. Zu allem Überfluss drängten die Franzosen noch auf eine Garantieerklärung des Preußenkönigs, dass man nie mehr wagen werde, den spanischen Thron zu beanspruchen. Nach den diplomatischen Regeln der Epoche stellte dies eine ungebührliche Provokation dar. Claras Tochter Eugenie erinnerte sich lebhaft daran, welch eine Respektsperson der spätere Kaiser Wilhelm I. war. »Von Kindheit an war mir die Gestalt des Kaisers, auf dem jenseitigen Ufer der kleinen Oos wandelnd, während wir in der heimeligen Laube beim Frühstück saßen, im Tiergarten reitend, Unter den Linden fahrend, lieb und vertraut gewesen«, erzählte sie. »Ich lebte des festen Glaubens und habe ihn noch, ich sei einst während der Spanne von zwei bis drei Sekunden der Mittelpunkt des Daseins für ihn gewesen. Ich war in Ems zur Kur, hatte eines Morgens meinen Brunnen getrunken und machte den pflichtschuldigen Spaziergang in den Anlagen. Auf einen ganz einsamen Weg geraten, sehe ich plötzlich von weitem den Kaiser mit einigen Herren gerade auf mich zukommen. Der Schrecken fuhr mir in alle Glieder, ein Ausweichen war unmöglich, ich mußte voran, an ihm vorbei. Er kam näher, ich trat zur Seite, und es kam der Augenblick gebührender Verneigung. Wie gebannt hing mein Auge an seinen Zügen. Er grüßte – grüßte ritterlich, gütig, landesväterlich – wahrhaft königlich. Mit einem einzigen eindringlichen Blick schien er meine ganze Persönlichkeit in sich aufzunehmen. Ja, ich fühlte es, in diesem kurzen Augenblick dachte er an nichts als an das eine kleine Landeskind; er gehörte mir ganz und gar an. Nie habe ich diesen Blick vergessen und ihn nur bei bedeutenden Menschen, die sich im Vollbesitz ihrer Kraft der Anforderung jedes Augenblickes ganz hinzugeben vermögen, wiedergefunden.«[608]

Wie sie werden die meisten Deutschen Verständnis dafür gehabt haben, dass es niemandem zustehe, einer solchen Persönlichkeit

Vorschriften zu machen. Kaum war Bismarck durch ein Telegramm, die sogenannte ›Emser Depesche‹, über die Forderungen von der anderen Seite des Rheins unterrichtet, destillierte er aus den Informationen eine Pressemitteilung, die andeutete, der französische Botschafter mache dem preußischen Monarchen Vorschriften. Der Skandal wurde zum Tagesgespräch. Die französische Presse hetzte die Menschen auf, die in den Straßen von Paris in Sprechchören den Krieg forderten. Aus ihrer Sicht hatten sich die renitenten Leute östlich des Rheins mit der stärksten zentraleuropäischen Macht angelegt. Nur eine Woche später geriet Clara auf der Rückreise von einem Konzert in Bad Kreuznach in den Wirbel der Ereignisse. »Die Verwirrung auf den Bahnhöfen gestern war unglaublich, wie eine Völkerflucht ist das; Alles reist fort nach Haus!«, teilte sie Rosalie Leser mit. »Die gute Elise wird heute meine Schrift kaum lesen können, denn ich bin furchtbar erregt über Alles, was wir jetzt erleben müssen.«[609]

Aufgrund des drohenden Krieges lief die Mobilmachung auf vollen Touren. Claras Lebensmittelpunkt lag in der Nähe der Grenze – gut 40 Kilometer Luftlinie von Straßburg entfernt, war sie nicht die Einzige, die in Angst und Schrecken versetzt war. Wie viele andere Bürger blieb sie vor Ort, weil man zu Recht fürchtete, französische Truppen könnten wie im 17. und 18. Jahrhundert über Süddeutschland herfallen, selbst leerstehende Häuser aufbrechen und für Einquartierungen nutzen, um sie dann verwüstet und geplündert zurückzulassen. »Hätten wir das Haus nicht, so flüchtete ich, jedoch so müssen wir bleiben und dieses schützen so viel wir können«, klagte Clara.[610]

Der 37-jährige Johannes besuchte währenddessen gerade die ersten beiden Teile von Wagners Tetralogie *Der Ring des Nibelungen* am Königlichen Hof- und Nationaltheater zu München. Ungeachtet des Vetos des Komponisten hatte König Ludwig II. angeordnet, im September 1869 und im Juni 1870 *Das Rheingold* und *Die Walküre* unabhängig von einem Gesamtzyklus zur Uraufführung zu bringen. Die sich überschlagenden Ereignisse drängten die neuen künstlerischen Erfahrungen in den Hintergrund. Es sei dahingestellt, ob der im aktiven Kampf völlig unerfahrene Brahms nicht eher den Stammtischhelden mimte, als er gegenüber einem Freund, mit dem er auf Rügen zum sechsten Jahrestag der französischen Kriegserklärung eine Flasche Champagner leerte, behauptete: »Ich war so begeistert, daß ich fest entschlossen war, nach der ersten großen

Niederlage der Deutschen als Freiwilliger mitzuziehen, und hatte die feste Überzeugung, auch meinen alten Vater dort zu treffen. Nun, Gottlob, daß es anders gekommen ist.«[611] Aber er setzte alles daran, Clara zu Hilfe zu eilen. »Johannes schreibt uns heute, er wolle uns zum Schutze hierher kommen, was uns sehr freut«, notierte Clara in ihren privaten Aufzeichnungen, zwei Tage nachdem Frankreich Preußen am 19. Juli 1870 den Krieg erklärt hatte.[612] Sie zeigte sich fest entschlossen, zusammen mit den Nachbarn und ihren Kindern auszuharren. »Nur wenn die Algerier kommen, dann lassen wir Alles im Stich, denn diese sollen wie die wilden Thiere sein«, schrieb sie einer Freundin.[613] Weder kamen die Algerier noch Johannes in diesem Sommer nach Baden-Baden. Zivilisten wurden nicht mehr mit den Zügen befördert und auf den Militärtransporten war kein Platz zu ergattern. Clara war enttäuscht, musste sich aber in das Unvermeidliche fügen, wenn auch, wie sie ihm schrieb, »immer ängstlich, weil wir ganz ohne männlichen Schutz sind«.[614]

Neue Sorgen kamen hinzu, als ihr Sohn Ferdinand eingezogen wurde, der wenige Tage zuvor erst 21 Jahre alt geworden war. »Ferdinand mußte aus dem Geschäft und zum Militär, um, wie er mir versichert in 4 Wochen auszurücken«, teilte sie Johannes mit, »er mußte in die Caserne ziehen und wird jetzt einexercirt.«[615] »Doch«, so ließ sie Rosalie Leser wissen, »man darf in solcher Zeit nicht an sein Kind denken, wo ganz Deutschland sich um seine Söhne ängstigt.«[616]

Die Deutschen hatten gute Vorarbeiten geleistet. Die französische Berufsarmee und ihre Kriegsmaschinerie kamen nur schwerfällig in Gang, während die Wehrpflichtigen in den süddeutschen Ländern sich im Verteidigungsfall schon seit den 1860er-Jahren auf Zusagen der Unterstützung durch den Norddeutschen Bund verlassen konnten. Die mittlerweile hervorragende Infrastruktur der Eisenbahn, die Clara und Johannes in relativ kurzer Zeit von einem kulturellen Ereignis zum nächsten katapultiert hatte, erwies sich nun als äußerst effektiv, um umfangreiche Truppenbewegungen zu koordinieren. Innerhalb kurzer Zeit standen 300 000 Soldaten an der badischen Grenze bereit. »So eben schreibt Ferdinand daß er gestern Abend nach Metz ausgerückt ist – Sie können denken wie erschreckt ich bin und welche innere Kämpfe wird es jetzt geben«, berichtete Clara Rosalie Leser. »Ich werde alle Seelenkraft aufwenden das unruhig klopfende Herz festzuhalten. Möge der Himmel ihn und uns gnädig schützen!«[617]

Daheim konnte Clara den Kanonendonner von Straßburg vernehmen. »Gestern Abend 8 Uhr fing die Beschießung Straßburgs an und dauerte die ganze Nacht, wir hörten es und da mußte man sich in's Bett legen, während draußen wieder ein neues Blutbad begann«, schrieb sie der Freundin[618] und dem Tagebuch vertraute sie an: »Die Geschütze, die heute auf Straßburg feuern, sind furchtbar, es dröhnt förmlich durch die Luft bis zu uns her«.[619] Sie versuchte an der Heimatfront, die Opfer zu unterstützen. »Seit 2 Tagen machen wir wollene Binden – die Tochter von Frau Kann [der Nachbarin] schickt heute Abend 500 St. in's Lager nach Mundolsheim«, erzählte Clara. »Das Schießen auf Straßburg dauert noch immer, man sagt, heute wollen sie es stürmen. Ach wie schrecklich wird wieder dies Blutbad sein ...«[620]

Da der anderweitig beschäftigte französische Verteidigungsminister zugleich der Generalstabschef war, gab es jenseits der Grenze niemanden, der einen Überblick über die gesamte Front hatte. Moltke hingegen verstand es, seine Truppen virtuos zu dirigieren und effektiv einzusetzen. »Wie das Alles organisirt ist«, staunte Clara, die gerade in dieser Zeit gerne »'mal in Berlin einen Blick in die Frauenvereinssäle« geworfen hätte, denn »das muß bewunderungswürdig sein, überhaupt muß man Respect haben wie in Preußen Alles bis in das Kleinste bedacht ist und Alles wie an der Schnur geht.«[621]

Den Franzosen fehlte seit langem die Kampferfahrung, während die preußischen Armeen in den zurückliegenden Jahren mehrfach gefochten und gewonnen hatten. Als bei der Schlacht von Sedan die französischen Truppen kapitulierten und Kaiser Napoleon III. in Gefangenschaft geriet, war die Auseinandersetzung nach traditionellen Vorstellungen entschieden. Doch das fanatisierte Volk akzeptierte die Niederlage nicht, ersetzte kurzerhand die Monarchie durch eine Republik und rief eine »provisorische Regierung der nationalen Verteidigung« ins Leben, die den Krieg zu Lasten der Bevölkerung unnötig in die Länge zog.[622]

Clara wirkte mit bei Wohltätigkeitskonzerten des »Haupt-Unterstützungs-Vereins für die Familien der zur Fahne Einberufenen«, von dem sie unter anderem im Namen der Gräfin Bismarck ein Dankeschreiben dafür erhielt, dass sie an der »musicalischen Aufführung sich zu betheiligen die hohe Güte gehabt« hätte. Durch »jene Kunstleistungen« habe sie »zu der Abhülfe dringender Noth von Angehörigen tapferster Vertheidiger des Vaterlandes in reichstem Maße beigetragen«.[623] Ihre Hauptsorge galt allerdings, wie bei Tausenden anderer Mütter, dem eigenen Sohn. »Bis jetzt hatten wir stets gute Nachrichten vom Ferdinand«, schrieb sie Johannes, »jedoch sind die Strapazen, die er auszuhalten hat, enorm, und von großem Glücke können wir sagen, kehrt er uns unversehrt zurück.«[624]

Er kehrte zurück. Lebendig zwar, doch mit 22 Jahren gesundheitlich schon so ruiniert, dass er zwanzig Jahre darauf an den Spätfolgen des Kriegs starb. Viele sahen jedoch ihre Kinder niemals wieder, weil in Frankreich mehr als zehn Mal so viele Menschen starben wie bei den Kriegen gegen Dänemark und Österreich. 140 000 Franzosen und 45 000 Deutsche kamen westlich des Rheins um. Ferdinand gehörte zu den über 200 000 Männern, die auf die eine oder andere Art für den Rest ihres Lebens verkrüppelt oder körperlich schwer beeinträchtigt blieben. Mit billigen Importpastillen und -pulvern gegen Schmerzen ruinierte der gelernte Bankangestellte sich noch den Rest von Gesundheit. Auf der letzten Seite ihres Tagebuchs notierte Clara diesmal: »Ein schweres Jahr ging zu Ende! Was wird uns das nächste bringen? Ein einiges Deutschland? Man hofft es, – Viele wohl, deren Söhne gefallen, suchen in dieser Hoffnung einen Trost! Die armen Eltern alle!«[625]

Die einen weinen, die anderen lachen

Die entscheidenden Augenblicke der Reichsgründung Anfang 1871 verlebten die Freunde fernab vom Geschehen. Von Wien aus begab sich Johannes erst wieder im März auf eine Konzerttournee, die ihn unter anderem nach Berlin und Hamburg führte; Clara trat auf dem Weg nach England bei einem Konzert in Köln auf und erhielt am Tag der Kaiserproklamation in Versailles am 18. Januar 1871 die Ehrenmitgliedschaft des Kölner Tonkünstlervereins. In Großbritannien genossen sie und Marie wieder das Beisammensein mit den Burnands, »die uns mit der größten Herzlichkeit empfingen«, wie sie Johannes schrieb, ja, »von solch 'ner Gastfreundschaft haben wir in Deutschland doch keinen Begriff«. Allerdings machte ihr zu schaffen, dass diesmal viele sportlich eingestellte Briten »ihre Sympathie dem schwachen Theile, also den Franzosen zuwenden«. Dazu erläuterte sie Johannes, dass die vermeintlich »anti-deutsche Gesinnung der Engländer« kein Neid darauf sei, »daß wir Deutschen uns auch mal groß gezeigt«, sondern wie ihr »hiesige Deutsche« versicherten, »nur das Mitleid«.[626]

Jeweils auf ihre eigene Weise hatten Clara und Johannes ein gespaltenes Verhältnis zu den Entwicklungen. Beide zeigten sich äußerst distanziert gegenüber einem Hurragedröhn, wie es beispielsweise in dem zur Siegesparade der zurückgekehrten Truppen in Frankfurt an der Oder uraufgeführten Marsch »Preußens Gloria« von Musikdirektor Johann Gottfried Piefke zum Ausdruck kam. Weite Verbreitung fand diese Gebrauchsmusik erst später, als sie 1898 publiziert wurde. Unverzüglich im Druck erschienen hingegen die aus gegebenem Anlass erwarteten Werke von Johannes Brahms und Richard Wagner. In Gesprächen mit Johannes wird Clara die Eindrücke geteilt haben, die im Tagebuch überliefert sind. »Der Kaiser hat sich von Metz, ehe die Schlacht begann fortgemacht«, notierte sie über Napoleon III. »Er wird schon kaum mehr als Kaiser in Frankreich angesehen und hat schon furchtbare Demüthigungen erfahren. Er verdient es, aber ich kann mich doch des Mitleids nicht erwehren, vielmehr aber noch für die armen französischen Soldaten, die doch so gut wie die Unseren Gut und Blut für ihr Vaterland geben.«[627] Ihr Resümee lautete: »Jeder neue Sieg bringt bei der Freude so viel Schmerz auch, daß einem das Weinen näher steht als Jubeln.«[628] Johannes dürfte ähnlich gedacht haben. Er hegte keinerlei Vorbehalte und genoss weiterhin vornehmlich französische Zigaretten. Obwohl die elsässischen Départements an das Kaiserreich abgetreten werden mussten, schrieb er bei passender Gelegenheit seinem Verleger Fritz Simrock, mit dem er sich in Ischl treffen wollte: »Könnten Sie mir einen rechten Gefallen tun, wenn Sie in Bern einige Päckchen Koporal in die Tasche steckten! Aber echt französischen – keinen Straßburger. Sie kennen wohl meine kleinen blauen Päckchen?«[629]

Johannes hatte mit Clara eine kluge, patriotische Ratgeberin an seiner Seite; Richard Wagner mit Cosima eine fanatische antisemitische Nationalistin. Während Wagner in seinem *Kaisermarsch* und dem dazugehörigen selbstverfassten Text zum abschließenden Volkschor »Heil dem Kaiser!« deftiges Prunkgerassel ertönen ließ, blieb Johannes' Reaktion genauso zwiegespalten wie die Claras. Dem Philosophen Josef Popper-Lynkeus missfielen Wagners »Lieblosigkeit und Rücksichtslosigkeit«, wobei, so der Gelehrte, »seine literarische Behandlung der von der deutschen Armee im Jahre 1871 belagerten und hungernden Pariser« ihn besonders charakterisiere und zeige, »zu welcher tiefen Stufe der Gesittung einseitiges Nationalitätsgefühl« führen kann.[630] Wagner gab in seinem Marsch für Orchester und Chor kaisertreu die Tempoanweisung »Allegro maestoso« vor; Johannes reichte es eine Nummer kleiner mit »lebhaft und feierlich«. Als der Krieg im Mai 1871 offiziell mit dem Frieden von Frankfurt beendet wurde, widmete er sein *Triumphlied* für Baritonsolo, Chor und Orchester dem »Deutschen Kaiser Wilhelm I. ehrfurchtsvoll«. Der Text indes ist Lichtjahre entfernt von Wagners Lobhudeleien wie »Heil seinen Ahnen! / Seinen Fahnen! / Die Dich führten, die wir trugen, / Als mit Dir wir Frankreich schlugen!« Im Gegensatz dazu wählte Johannes Brahms für seine dreisätzige Kantate biblische Verse aus dem 19. Kapitel der Offenbarung des Johannes. Auch wenn die genaue Autorenschaft dieser neutestamentlichen Texte umstritten ist, so stammten die Verfasser auf jeden Fall aus dem Umfeld des Judenchristentums. Auf subtile Weise zeigte Claras Freund, dass Juden zum deutschen Reich dazugehören – Wagners hämische Bemerkungen über den Text zeigen, dass diese Botschaft angekommen war – und dass über dem neuen Kaiser Wilhelm noch eine höhere Instanz – »ein König aller Könige, und ein Herr aller Herren« – steht, nämlich Gott: Für den literarisch geschulten Patrioten Johannes Brahms ein Sinnbild für über der Tagespolitik stehende ethische Normen. Auch das von Johannes geschätzte und nach sechsjähriger Bauzeit im September 1883 vorgestellte Niederwalddenkmal bei Rüdesheim präsentierte die Germania als eine Symbolfigur, die die Krone erhebt, aber das Schwert gesenkt hält. Was großspurige Nationalisten zu leisten vermochten, zeigten die auf vier Seiten in der *Neuen Zeitschrift für Musik* zur einer »Sedan-Jubelfeier« angekündigten Titel wie »*Erinnerung an die ruhmreichen Kriegsjahre 1870/71 – Grosses patriotisches Tongemälde* (mit Männerchören und lebenden Bildern ad. Lib.)« von Carl Berni, »Die Erd' vom Vaterland«, eine Ballade für Bariton oder Bass mit Klavier von Albert Ellmenreich, »*Von der Heimath bis Paris! – Patriot. Militär. Fantasie-Tongemälde* für Orchester« von E. Winterberg, oder »›Herrlich auferstanden bist du, Deutsches Reich‹ (Gedicht von Jul. Wolff) für vierstimmigen Männerchor« von Edwin Schultz. Sogar Beethovens »Germania, wie stehst du jetzt im Glanze da!«, der Schlussgesang aus dem Singspiel *Die gute Nachricht* von Georg Friedrich Treitschke – einem entfernten Verwandten des Historikers Heinrich von Treitschke – wurde als »Jubelfestgesang« wieder ausgegraben.[631] Auch dieses Stück entstand nach einem Sieg über die Franzosen, nämlich als man Napoleon I. nach seinen Verwüstungszügen durch Europa besiegt hatte.

Thematisch und literarisch steht das *Triumphlied* von Johannes Brahms in einer Reihe mit seinen großen Goethe-, Hölderlin- und Schiller-Vertonungen wie *Rinaldo*, *Schicksalslied* und *Nänie*. Mit Werken wie diesen stellte er klar, dass im Gegensatz zu Wagner für ihn Kunst keine Religion war, sondern Philosophie. Brahms' Kompositionen darf man nicht isoliert betrachten. Der Freund und Biograf Max Kalbeck erwähnte des Öfteren, dass manche der Werke »als Zwillingspaar das Licht erblickten«.[632] Und selbst wenn Stücke nicht in unmittelbarer zeitlicher Aufeinanderfolge entstanden, stellte jede neue umfangreichere Komposition eine Behauptung auf, die zum gegebenen Zeitpunkt einer Ergänzung bedurfte.

Als Clara und Johannes Jugendliche waren, prägten Philosophen wie Hegel und Schelling die intellektuellen Auseinandersetzungen; später kamen Schopenhauer und Nietzsche hinzu. Diese Gedankenwelt trug wesentlich zum Erfassen und Verstehen des Daseins bei. Während die Protestantin Clara privat weiterhin einem frommen Gebaren anhing, bot die Philosophie Johannes eine sinnvolle und angemessene Alternative zur Religion, da sie ihm Ritus und Ideologie ersparte. In seiner umfangreichen Bibliothek fanden sich zahlreiche Bände von Herder, Plutarch sowie Schopenhauer und Bücher wie David Friedrich Strauß' *Voltaire*, Ludwig Noirés *Die Lehre Kants und der Ursprung der Vernunft*, Friedrich von Sallets *Die Atheisten und Gottlosen unserer Zeit* und Friederike Kempners *Auszüge aus den berühmtesten Philosophen von Plato bis auf unsere Zeit*. In Brahms' Ausgabe von Nietzsches *Zur Genealogie der Moral* gab es einen eingeklebten Hinweis: »Im Auftrage des Herrn Verfassers hochachtungsvoll überreicht von C. G. Naumann, Leipzig; Prof. Dr. Nietzsche, Nizza (France)«.[633] Aus bibliophiler Leidenschaft sammelte Johannes Bibelausgaben – darunter eine französische, eine italienische und eine deutsche von 1655 –, so wie er auch eine Ausgabe des Koran und Bücher über andere Mythologien verschiedener Völker besaß.

Bereits in der Epoche von Clara Schumann und Johannes Brahms war die intellektuelle Auseinandersetzung häufig auf eine scharfe Konfrontation hin angelegt. In ihrer sich über vier Jahrzehnte in Variationen entwickelnden Freundschaft lernten beide allerdings, dass wechselseitiges Verstehen, Erkennen, Umkreisen, Fernrücken und Annähern, Dissens und Kompromiss dazugehören. Clara und Johannes praktizierten längst Goethes Beobachtung, dass »das Geeinte zu entzweien, das Entzweite zu einigen« nun einmal »das

Leben der Natur« sei.[634] Insbesondere ab Mitte des 19. Jahrhunderts entwickelten sich parallel philosophische Konzepte, die Ideen nahelegten, zwischenmenschliche und gesellschaftliche Gegensätze auszubalancieren. Diese fanden in deutschsprachigen Ländern erst später Aufmerksamkeit. In der 1843 erschienenen Studie *Enten – Eller*, die erst 1885 in deutscher Übersetzung als *Entweder – Oder* ins Kulturgut einging, stellte der Däne Søren Kierkegaard mit der ästhetischen und der ethischen Lebensanschauung zwei scheinbar gegensätzliche Existenzformen einander gegenüber, wobei es ihm aber um das »Gleichgewicht zwischen dem Ästhetischen und dem Ethischen in der Herausarbeitung der Persönlichkeit« ging.[635] Später entwickelte der in Wien geborene Philosoph Martin Buber zusätzlich die Erkenntnis, »es gibt kein Ich an sich«, denn der Mensch existiert nur in Beziehung zum Anderen. Da die Welt »dem Menschen zwiefältig« ist, sind Grundworte »nicht Einzelworte, sondern Wortpaare«, meinte Buber. »Das eine Grundwort ist das Wortpaar Ich-Du« und »das andre Grundwort ist das Wortpaar Ich-Es«.[636]

Das Werk von Brahms ist durchdrungen vom Dualitätsprinzip. Das offenkundigste Beispiel bieten die beiden Konzertouvertüren Opus 80 und 81, die *Akademische Festouvertüre* und die *Tragische Ouvertüre*. Mit »die eine lacht, die andere weint« brachte Johannes in Anspielung auf die beiden Symbolmasken des antiken Schauspiels die Charaktereigenschaften auf einen kurzen Nenner. Und Clara teilte er von den Proben mit: »Ich glaube wohl, daß Dir beide Stücke gefallen möchten! Das kannst Du aber glauben, daß ich nicht den Takt dazu schlage, ohne an Dich zu denken, das doppelte Pläsier hätte ich, wenn Du zuhörtest.«[637]

Innerhalb weniger Jahre entstanden jeweils zwei Orchesterserenaden, zwei Streichquintette, zwei Streichsextette, zwei Gigues, zwei Sarabanden, zwei »Präludien und Fugen für Orgel«, zwei Rhapsodien sowie zwei Sonaten für Klavier und Klarinette, zudem die ersten beiden und die letzten beiden Sinfonien; ferner in größeren zeitlichen Abständen die beiden Klavierkonzerte, Trios für Holzbläser (Horn, Klarinette) mit Streichern, und es gab auch Skizzen zu einem zweiten Violinkonzert. Ein ying-yang-artiges Wechselspiel findet sich zuweilen auch in der Musik, etwa beim hin- und herpendelnden Einleitungsmotiv der 4. Sinfonie, dem Geben und Nehmen von Violine und Cello im Doppelkonzert oder in den dialoghaften Strukturen in manchen Liedern. Nicht zuletzt fließen die harmonischen Manifestationen der beiden markanten

Tuttischläge des Orchesters zum Auftakt der *Tragischen Ouvertüre* ein in die Verarbeitung dieses Ausgangsmaterials. Die Freude, die im Opus 55, dem *Triumphlied*, zum Ausdruck kommt, wird wie in Claras Briefen relativiert durch das in derselben Phase entstandene Opus 54, dem *Schicksalslied*. Mit ihm nahm Brahms Anteil am menschlichen Leid: »Es schwinden, es fallen / Die leidenden Menschen / Blindlings von einer / Stunde zur andern, / Wie Wasser von Klippe / Zu Klippe geworfen, / Jahrlang in's Ungewisse hinab«, heißt es in dem von ihm gewählten Hölderlin-Text. Ob Brahms sich bewusst für dieses Gedicht mit der Wendung »es *fallen* die leidenden Menschen« entschied? Immerhin wurde dieser Begriff auch für das Sterben von Soldaten auf dem Schlachtfeld verwendet, für die sich Clara »des Mitleids nicht erwehren« konnte, wobei sie »die armen französischen Soldaten« mit einbezog. Mit diesem Werk sprach er ihr aus der Seele. »Johannes machte mir große Freude durch eine neue Composition *Schicksalslied* von Hölderlin«, vertraute Clara dem Tagebuch an, »ein wunderschönes Stück für Chor und Orchester.«[638]

Auch beim *Schicksalslied* und dem *Triumphlied* weint das eine und lacht das andere. Die Kontraste der Musik spiegeln Pole der Persönlichkeit des Komponisten. Clara liebte die Harmonie, Johannes war der personifizierte Widerspruch.

Wo wohnt Leben, Hoffnung und Glück?

Clara und Johannes begrüßten die Staatsgründung, weil endlich zusammenfand, was zusammengehörte. Über Jahrzehnte hinweg hatten beide kriegerische Auseinandersetzungen in deutschsprachigen Ländern erlebt, Passkontrollen an den Grenzen der Herzog- und Königtümer, uneinheitliche Währungen, andere Zeitrechnungen nach oft nur wenigen Kilometern, unterschiedliche Gesetzesregelungen, abweichende Längenmaße und vieles mehr, was das Leben unnötig erschwerte. Dass nun nach Jahrzehnten mit der Vereinigung der Kleinstaaten zu einem gemeinsamen Reich die kulturelle Verbundenheit in eine staatliche mündete, erschien den meisten als der Beginn einer neuen, vielversprechenden Ära. Ihre Arbeit, so hofften Clara und Johannes, könnte dazu einen wesentlichen Beitrag leisten. »Es ist eine durchaus falsche unstaatsmännische Auffassung, die Kunst als einen bloßen Luxusartikel zu betrachten«, schrieb einst der Kultusminister Heinrich von Mühler. »Die Kunst ist vielmehr als Lehr- und Bildungsmittel für die Nation von größter Bedeutung.«[639]

Wohin sich Deutschland und das Verhältnis zu seinen europäischen Nachbarn nach der Staatsgründung entwickeln würde, war keine deterministisch unausweichliche Konsequenz, sondern eine Frage der Willens- und Entscheidungsfreiheit. In Claras späterem Wohnort Frankfurt wusste man noch, dass dort 1850 ein Friedenskongress stattgefunden hatte, bei dem Überlegungen zu einem überstaatlichen Schiedsgericht und Grundlagen eines allgemeinen Völkerrechts erörtert wurden. In den USA, Großbritannien und der Schweiz waren schon wenige Jahre, nachdem man den Terror erfolgreich bekämpft hatte, den Napoleon Bonaparte über Europa brachte, die ersten Friedensgesellschaften gegründet worden. 1867 folgte in Paris die Internationale Friedensliga und 1869 die erste pazifistische Gruppe in deutschsprachigen Gebieten. Bertha von Suttner brachte 1889 ihr Buch *Die Waffen nieder* heraus und zwei Jahre später konnten sich Pazifisten bei einer Weltfriedenskonferenz in Rom austauschen. Im Folgejahr, als einer der Hauptideologen des theoretischen Rassenantisemitismus, Houston Stewart Chamberlain, als erste von mehreren Publikationen sein Buch *Das Drama Richard Wagners: Eine Anregung* in Wien veröffentlichte, war Bertha von Suttner am gleichen Ort an der Gründung der Deutschen Friedensgesellschaft beteiligt. Diese zählte schon bald über 2000 Mitglieder – eine der Mitgliederversammlungen fand 1897 sogar in Brahms' Heimatstadt Hamburg statt. In das Besucheralbum Bertha von Suttners hatte Johannes die ersten Takte des dritten Lieds aus seinem Zyklus *Die schöne Magelone* eingetragen mit den Zeilen »Sind es Schmerzen, sind es Freuden«. Das Lied spielt darauf an, dass es selbst in scheinbar ausweglosen Situationen Hoffnung geben kann, da es in Tiecks Text weiter heißt: »Alle alten Wünsche scheiden, / Tausend neue Blumen blühn. / Durch die Dämmerung der Tränen / Seh' ich ferne Sonnen stehn, […] Dennoch kömmt kein Wunsch mir wieder, / Zukunft ist von Hoffnung leer. […] Ach, nur im Licht von ihrem Blick / Wohnt Leben und Hoffnung und Glück!«

Nicht in allen deutschen Landstrichen waren die Menschen glücklich darüber, dass man sich in vielen Bereichen der Führung Preußens zu unterstellen hatte. Aber in dem ersten föderalen deutschen Staat mit einer Bundesverfassung mussten die unterschiedlichen Parteien lernen, was für eine Demokratie am wichtigsten war:

Kompromisse finden. Auf dem Weg zu einer modernen Demokratie vollzogen sich Reformen langsam, aber stetig und waren, wie seinerzeit in den europäischen Staaten üblich, ›von oben‹ verordnet. Schon immer hatte man gehofft, dass eines Tages in den deutschen Kleinstaaten Grenzen weichen werden. Mit den Worten »Was zwanzig Jahre der Inhalt alles Wünschens und Strebens gewesen, das ist nun in so unendlich herrlicher Weise erfüllt!«, sprach der nationalliberale Historiker Heinrich von Sybel vielen aus der Seele.[640]

Clara liebäugelte damit, das Badische hinter sich zu lassen und wieder in die Nähe von Verwandten und Freunden nach Berlin zu ziehen. Die Vorbehalte blieben allerdings. »Ich denke aber für die Zukunft viel an Berlin, das nun doch mal der Sammelplatz der bedeutendsten Künstlerkräfte wird«, notierte sie im Tagebuch. »Wehte nur dort eine etwas wärmere erquickendere Luft für das Herz!«[641]

Die Reaktion von Johannes war eindeutig: Anstatt sich in das neue Reich der Hohenzollern zu begeben, ließ er sich im Dezember 1871 endgültig dauerhaft in Wien, dem Zentrum der Habsburgermonarchie, nieder.

6 Im Dienste des Dramas (1872–1878)

Zwischen Zukunftssicherung und Unabhängigkeit · Schmerzvolle Erfahrungen · Scharfe Frontlinien · Das neue Heiligtum · Getrennte Wege · Eine künstlerische Notwendigkeit · Klangethik und Zerschlagungsästhetik · Das neue liebliche Ungeheuer

> *Ich habe eine solche Angst vor Überschätzung der Talente seiner Kinder, daß ich vielleicht manchmal zu viel verlange von ihnen.*[642]
> Clara Schumann

> *Für Dich empfinde ich weit inniger, weit liebevoller; kein Gedanke geht zu Dir, der Dich nicht ganz umfaßt und alle Deine Sorgen denkt.*[643]
> Johannes Brahms

Zwischen Zukunftssicherung und Unabhängigkeit

»Mein erster Brief im neuen Jahr mit der ersten deutschen Reichspostmarke ist an Dich, lieber Johannes«, schrieb Clara pünktlich am 1. Januar 1872.[644] Eigentlich hätte sie sich schon früher bei ihm melden wollen. Allerdings beschäftigte sie zu sehr ein Angebot von Joseph Joachim aus Berlin, der sie in seiner neuen Position als Gründungsrektor der Königlich Akademischen Hochschule für ausübende Tonkunst, der späteren Musikhochschule Berlin, als Dozentin gewinnen wollte. »Da kamen nun von verschiedenen Seiten, vor allem aber von Marien die Vorstellungen, daß ich solch eine Sicherstellung für meine Zukunft doch nicht unbedingt von der Hand weisen solle«, schilderte sie Johannes die Lage. Clara wusste, was sie wert war und stellte entsprechende Forderungen. Sie räumte indes nur Johannes gegenüber ein, sie müsse ihm »doch gestehen, daß ich hoffe, man geht nicht darauf ein«.[645] Ihre an

Joseph Joachim gerichteten Hauptbedingungen waren 4000 Taler Jahresgehalt »lebenslänglich« mit »Urlaub der 5 Monate *Februar, März, Juli, August*, und *September*«. Zudem wollte sie die Stelle nicht vor dem 1. Oktober 1872 antreten. »Die Wahl der Schüler meiner Classe müßte mir freistehen«, verlangte sie, sowie »völlige Freiheit in meiner *öffentlichen* Wirksamkeit als ausübende Künstlerin, also der Annahme von Engagements auswärts sowie in Berlin selbst, (natürlich vorausgesetzt, daß dadurch keine Stunden in der Hochschule ausfallen, nur hie und da 'mal verlegt werden) sowie auch der Annahme anderer Schüler als der der Hochschule, auch, vorkommenden Falles, extra Privat-Stunden an Solche«.[646] Clara war sich darüber im Klaren, dass sie eine Sonderbehandlung beanspruchte. »Sollten Sie meine Forderungen sehr hoch finden – ich gebe zu, daß sie es sind – so gebe ich Ihnen zu erwägen, daß ich 52 Jahre alt bin, wo man einen gänzlich neuen Lebenslauf mit der größten Selbstüberwindung nur beginnt«, gab sie zu bedenken. »10 Jahre früher wäre es ein viel Leichteres für mich gewesen, schon weil man einen ganz andern Lebensmuth hat in dem Alter als in meinem, und namentlich wenn man eine so anstrengende Thätigkeit hinter sich hat, wie ich die letzten 18 Jahre.« Zwar gefiel ihr der Gedanke, zusammen mit Joachim an einer Hochschule zu arbeiten, aber sie plagten Bedenken, ob man »neben einander unbeschadet unserer alten Freundschaft wirken« könne, denn, so mahnte Clara: »Sie begreifen, daß in meinem Alter von Unterordnung nicht mehr die Rede sein könnte, so dankbar ich auch Rathschläge von Ihnen stets annehmen würde, wie dies ja bisher immer der Fall war.«[647]

An Johannes schrieb sie, es sei ihr im »Leben selten etwas so schwer geworden als diesen Brief abzusenden«. Zuweilen machte sich die große Distanz zwischen den Wohnorten negativ bemerkbar. »Hätte ich doch 'mal ein Stündchen mit Dir darüber sprechen können!«, bedauerte sie. Zugleich ermunterte sie Johannes aber auch, für seine Belange mehr Ansprüche geltend zu machen. Er könne sich als Komponist seines Werts bewusst sein und müsse nicht jede Anfrage, wie beispielsweise vom Düsseldorfer Musikfest, auch noch widerspruchslos annehmen. »Sei konsequent, Dein Werk nicht zur Aufführung herzugeben, wenn man Dich nicht auffordert, es selbst zu dirigieren«, riet sie bezüglich einer Anfrage, das *Triumphlied* im Rheinland vorzustellen. »Es ist zu wichtig, daß Du selbst dabei seiest, denn es wird dem Ganzen eine besondere Weihe noch geben, und es wird ganz anders aufgeführt werden; bist Du nicht da, so wird die Sache mit flüchtigen Proben abgetan, was man Dir gegenüber nicht wagen darf.«[648] Kaum jemand hatte die Partituren von Johannes so verinnerlicht wie er selbst. Er leitete Aufführungen, wie Heuberger beobachtete, »tatsächlich immer auswendig und legte sich nur irgend eine Partitur hin, ›… damit es nicht kokett aussieht‹, wie er sagte.« Auch Hans Richter dirigierte zumeist auswendig, was Johannes Brahms jedoch kritisch sah, denn er wiederholte stets die gleichen Werke. »Ja, Mendelssohn, der leistete etwas!«, staunte Johannes. »Er studierte die *Matthäus-Passion* dem Chor auswendig ein, das heißt was! Aber die Beethoven-Sinfonien; das können wir alle! Bei Haydn nimmt Richter immer die Partitur!«[649]

Letztendlich wurde aus der angedachten Aufführung des *Triumphlieds* in Düsseldorf ebenso wenig wie aus Claras Anstellung an der Berliner Musikhochschule. Was sie trotz aller Vorbehalte schließlich doch zu einem Umzug bewog, mit dem sie alle Erinnerungen hinter sich lassen konnte, waren Freunde und Verwandte in der Reichshauptstadt. Eine sinnvolle Option konnte die Tätigkeit an einer Musikhochschule langfristig dennoch sein. Neben ihren Gelenkschmerzen machten sich allmählich auch Hörprobleme bemerkbar. Sie deuteten sich bereits an, als sie im September 1862 Johannes mitteilte, in Luzern sei eine »prachtvolle neue Orgel« eingeweiht worden mit einem neuen Register, »welches die menschliche Stimme nachahmt, das entzückt Alle«, nur für Claras Ohren erschien es »so schwach, daß ich es mit größter Anstrengung mitunter nur höre«.[650] Fast neun Jahre später sah sie sich wochenlang nicht imstande, an Johannes zu schreiben, weil sie, wie sie ihn dann im Vertrauen wissen ließ, »von einem recht peinlichen Leiden« geplagt gewesen war. »Eine Erkältung hatte sich mir auf die Ohren geworfen, so daß ich Sprechen nur in meiner nächsten Nähe verstand, jedes eigene Wort mir im Kopfe förmlich dröhnte und das Schrecklichste, alle Töne im Discant zu hoch hörte, und alle nach dem Basse zu gehenden Harmonien mir im Kopfe ganz verwirrt klangen. Das versetzte mich in eine so trübe Stimmung, daß ich förmlich in meiner Thatkraft wie gelähmt war.«[651] Claras rege Reisetätigkeit bei jeder Witterung war gesundheitlich für sie alles andere als vorteilhaft. Mehr als einmal verkühlte sie sich, und vor allem die Fahrt Anfang Januar 1871 zu Auftritten nach Breslau wurde »die kälteste Reise, die ich noch je gemacht«. Obgleich sie bejubelt wurde, da sie »sehr frisch« gespielt hatte, verschärften solche Strapazen auf Dauer ihre Probleme.[652] Als Clara 1872 ihr Neujahrsschreiben an Johannes verfasste, unterbrach sie den Erzählfluss, um ihm mitzuteilen, dass sie »eigentlich gar nicht schreiben« dürfe wegen ihrer Armprobleme und »auch jetzt arges Reißen« fühle.[653] »Ich leide furchtbar an Rheumatismus in den Arm- und Fingermuskeln, so daß ich mit wahrer Angst von einem Engagement zum anderen blicke«, ließ sie ihn wissen.[654]

Es verging indes kaum ein Tag, an dem Clara nicht Klavier spielte. Setzte sie einen Tag aus, merkte nur sie selber einen Qualitätsunterschied; hätte sie mehrere Tage darauf verzichtet, hätten es die Kollegen gemerkt. War ihr auf ärztliches Anraten vorübergehend das Spielen untersagt, lauerte sie nur darauf, wieder hingebungsvoll in die Tasten greifen zu können. Ihre Schmerzen waren Folge ihres Berufs und der damaligen Technik. Ein in der ersten Hälfte des 19. Jahrhunderts gebautes Pianoforte zu spielen, war körperlich erheblich anstrengender als die später entwickelten moderneren Instrumente. Clara musste zudem mit den Klavieren vorliebnehmen, die ihr die Veranstalter auf ihren Tourneestationen zur Verfügung stellten. »Die schwere Spielart und hohe Stimmung des Instruments macht mir wieder zu schaffen«, lautete eine Klage während einer Tournee. »Die vergangenen Tage übte ich immer bei Broadwoods. – Neulich hat Scharwenka auf Blüthner gespielt, vorm Jahr Barth auf Bechstein, was Broadwoods viel geschadet hat. Ich könnte mich nicht entschließen Broadwoods das anzuthun, daß ich einen Steinweg mitbrächte, ach und wie glücklich wäre ich doch hätte ich Einen, anstatt daß ich mich auf Broadwood abquälen muß.«[655] Auch Johannes kannte diese Probleme. »Sei doch so gut, Dich in Köln oder wo zu erkundigen, ob man uns nicht einen Bechstein oder Steinway schickt«, bat er den Dirigenten Julius Otto Grimm. »Transportkosten will ich gerne zahlen. Aber auf einem irgend bedenklichen oder fraglichen Instrument spiele ich nicht wieder.«[656]

Wie lange würde sie noch auftreten können? Wie ernst Claras Problem war, zeigte ein Hinweis zu neuer Musik des Freundes: »Ganz halten es nun freilich meine Finger nicht aus«, schrieb sie, denn an einer bestimmten Stelle »erlahme ich stets, und führt dann meine Rechte beinah krampfhaft dazu«. Johannes sandte Clara einen freundschaftlichen musikalischen Gruß, indem er ihr »eine wundervolle Ueberraschung« bereitete mit einer Bachschen Chaconne, die nur für die linke Hand gesetzt war und Clara »großes Plaisir« bereitete. »So etwas bringst auch nur Du fertig, wie so merkwürdig ist mir dabei, daß die Wirkung des Klanges so ganz Einem die der Geige vergegenwärtigt! Wie kamst Du nur darauf, das ist mir so wunderbar.«[657]

Johannes verlegte Ende Dezember 1871 sein Wirken als Pianist, Komponist und Dirigent mit seinem Einzug in die Wohnung in der Karlsgasse Nr. 4 endgültig nach Wien. Dort war ihm im November das Amt des artistischen Direktors der Gesellschaft der Musikfreunde angetragen worden. Mit Blick auf die Karlskirche lebte er bis zu seinem Dahinscheiden ganz in der Nähe der zwei Jahre zuvor fertiggestellten Staatsoper und des Anfang Januar 1870 mit einem Festkonzert im Goldenen Saal eröffneten Hauses des Wiener Musikvereins. Zu seinem Lieblingslokal »Zum Roten Igel« musste er allerdings mehr als doppelt so weit laufen.

Obwohl Clara und Johannes nun etwa 700 Kilometer voneinander entfernt lebten, riss der Kontakt nie ab, und beim Wiedersehen nach langer Zeit war es stets, als ob man sich erst am Vortag voneinander verabschiedet hätte. Ungeachtet mancher Meinungsverschiedenheiten und Launenhaftigkeit, wie sie unter Freunden normal sind, blieben beide füreinander stets »Deine alte Clara« und »Dein Johannes«. Sie gratulierten sich regelmäßig zu den Geburtstagen, sandten Weihnachts- und Neujahrsgrüße und trafen sich, sooft es möglich war. »Liebe Clara, im September sieht man, was 13 für eine Glückszahl ist, und wie ungerecht sie verleumdet wird!«, schrieb Johannes über das Datum ihres Wiegenfestes[658] und bedauerte, dass er nicht so oft anwesend sein konnte, wie er wollte. »Wenn nicht alles und alle, die ich sehen will oder muß, gar so weit voneinander wären«, klagte er dann.[659]

Schmerzvolle Erfahrungen

Die Familie von Clara Schumann lebte mittlerweile noch weiter über Europa verstreut als die von Johannes Brahms. Als engste Vertraute hatten beide mehr oder weniger nur noch einander. Die Mutter von Johannes, Christiane, war 1865 verstorben, sein Vater Johann Jakob 1872. Seine Stiefmutter Karoline war 1883 nach Pinneberg gezogen. Nur seine Schwester Elise und sein Bruder Friedrich wohnten noch in Hamburg. Claras Mutter, Mariane Bargiel, verstarb 1872 und ihr Vater Friedrich Wieck 1873. Zu ihrer Stiefmutter besaß sie keinen Bezug; nur zu ihren Halbgeschwistern Marie Wieck und Woldemar

Bargiel pflegte sie noch näheren Kontakt. Die Hauptrolle spielten die eigene Familie und der engere Freundeskreis.

Weiterhin hatte Clara mehr Grund, an ihren Mädchen Gefallen zu finden, als an den Jungen. Ludwig (1872 wurde er 24 Jahre alt) befand sich in Colditz in einer Anstalt, Ferdinand (23) wurde von der Armee durch die Lande gescheucht und Felix (18) trante ziel- und antriebslos vor sich hin. Die Mädchen spielten alle ausgezeichnet Klavier und waren in der Lage, in der Blütezeit der bürgerlichen Hausmusik zu unterrichten. Die Nachfrage stieg: Hatte der Verleger Carl August Klemm um 1830 etwa 14 000 Musikstücke in seinem Angebot, waren es 1858 bereits 57 000 Werke, die vornehmlich für Amateure gedacht waren.[660] Auf professionellem Gebiet war Marie, die zeitlebens unverheiratet blieb, seit den 1860er-Jahren die rechte Hand ihrer Mutter – »Ihr hatte sie es zu verdanken, daß sie ungestört ihrem Berufe leben konnte«, kommentierte Eugenie das Verhältnis, denn »nie nahten sich ihr die so lästigen Anforderungen des täglichen Lebens, sie bei der Ausübung ihrer Kunst aus allen Himmeln reißend. Ihr konnte sie getrost alles überlassen, mit ihr wurde alles und jedes beraten, alle Pläne mit ihr gemacht.«[661]

Elise Schumann hingegen versuchte, ihren eigenen Weg zu gehen. Auf eine Bühnenlaufbahn verzichtete sie – »Einmal, und nicht wieder«, sagte sie nach einem gemeinsamen Auftritt mit ihrer Mutter.[662] Elise ließ sich aber als Klavierpädagogin in Frankfurt am Main nieder, von wo aus sie im November 1872 als Gesellschafterin nach Büdesheim wechselte. Ende 1877 heiratete sie den Kaufmann Louis Sommerhoff, mit dem sie für fünfeinhalb Jahre in die USA zog. Da Clara es lieber sah, dass ihre Kinder einen traditionellen Beruf erlernten, bedeutete es eine Ausnahme, dass sie der jüngsten Tochter, Eugenie, mit Anfang 20 gestattete, an der neu gegründeten Königlichen Hochschule für Musik in Berlin ab 1869 bei Ernst Rudorff Klavier und bei Julius Stockhausen Gesang zu studieren. Dort lernte sie »Fillu«, so der Spitzname der Konzertsängerin Marie Fillunger aus Wien, kennen und lieben. Clara tolerierte die lesbische Beziehung und ließ beide für einige Jahre bei sich wohnen, als ab 1878 Frankfurt die neue Wahlheimat wurde. Allerdings kam es durch die räumliche Nähe immer wieder zu Konflikten, weil Marie Fillunger Clara persönlich einfach unsympathisch war. Eugenie schilderte Fillu als »ein Wesen ganz anderer Art«, voll »Mutterwitz«, beseelt durch »echt österreichische Gemütlichkeit, dito etwas Leichtsinn« und »unbekümmert um die Meinung der Welt, jedem

Einfluss unzugänglich, alles, was norddeutsche Kultur war, energisch ablehnend«.[663] Trotzdem unterstützte Clara Eugenies Geliebte und vermittelte ihr auch in Großbritannien Kontakte bis in royale Kreise hinein. Johannes schätzte, wie sich die Sopranistin dort auch in England für seine Werke einsetzte.

Während Eugenie und Marie die Mutter beim Unterrichten unterstützten, war die gesundheitlich angeschlagene Julie selbst noch mit Mitte 20 stets ein Sorgenkind. Durch ihre Heirat hatte sie für die 1870er-Jahre eine neue Phase für Claras Familienleben eingeleitet, da diese bald mehrfach Großmutter wurde. Langfristig stellten nur wenige der Enkelinnen und Enkel eine Bereicherung für Clara dar, einer sollte für ihre dritte Tochter sogar den Tod bringen. Mittlerweile lebte Julie auf dem Schloss Passerano ihres Grafen Vittorio Radicati di Marmorito bei Turin. Dort gebar sie in nur zwei Jahren zwei Stammhalter. Clara war entsetzt über Julies Zustand, als die Tochter im August und September 1872 mit ihrem Mann und den beiden Kindern nach Baden-Baden kam. Bei dem Wiedersehen nach endlos erscheinenden Monaten machte Julie einen »furchtbaren Eindruck« auf sie. »Wie von einer schweren Krankheit erstanden, so erschien sie mir«, notierte Clara im Tagebuch. »Wir sahen ihre Leiden sich steigern von Tag zu Tag und konnten nichts thun, kein Arzt konnte ihr helfen, sie hatte ihren zarten Körper ganz aufgerieben, in all' den Sorgen für Haus und Kinder.«[664]

Ende September reiste Julie nach Paris weiter. »Die letzten Tage im September waren furchtbar – mir blutete immerfort das Herz«, notierte Clara. »Julie drängte fort nach Paris zu Frau Schlumberger, die ihr versprochen hatte, mit ihr nach dem Süden zu gehen – dort hoffte sie Linderung oder Genesung … Wir sprachen so oft mit ihr, ob sie nicht ruhig in unserem Hause den Winter über bleiben wolle, ihre Niederkunft da abwarten, aber ihr Sinn stand nach dem Süden.«[665] Sechs Wochen später kam es in der französischen Hauptstadt zur Katastrophe. Zu dieser Zeit hatte sich Clara gerade für einen Auftritt in Heidelberg bei einer Tante von Hermann Levi einquartiert. Am Morgen des Konzerttags brachte ein Telegrammbote die entsetzliche Nachricht: Im Alter von nur 27 Jahren war Julie am Tag zuvor während ihrer dritten Schwangerschaft in Paris verstorben.

Claras Art, Traumata zu verarbeiten, bestand darin, ihren ganzen Ernst und alle Energie in die Musik zu legen. Sie trat auf. Niemand im Saal ahnte an diesem Abend, dass man Claras ganz privatem

Gedenkkonzert für Julie beiwohnte. Da auch andere Mitwirkende von ihrer Beteiligung abhängig waren, wodurch das Programm laut Clara »nicht ohne große Verlegenheit abzuändern« war, sagte sie keinem etwas. »Niemand – auch Frau Joachim nicht – ich fand es besser, sie nicht zu erregen – wußte davon«, berichtete sie Rosalie Leser später.[666]

Am Abend desselben Tages leitete Johannes sein erstes Konzert als künstlerischer Leiter der Gesellschaft der Musikfreunde in Wien. Das Programm enthielt überwiegend geistliche Musik des 15. bis 18. Jahrhunderts sowie als für Wien neuestes Stück Schuberts C-Dur-Sinfonie nach dem *Grand Duo* op. 140. Bereits in Hannover hatte Brahms Joseph Joachim zu einer Instrumentalversion inspiriert, die Johannes in den 1870er-Jahren nun selbst mehrfach aufführte. Bei der Veröffentlichung 1873 widmete Joachim seine Bearbeitung Clara Schumann. Mit Johannes konnte sich Clara im Dezember persönlich austauschen, als sie Wien besuchte. Es ist mehr als wahrscheinlich, dass man dabei unter vier Augen intensiv über die Ereignisse um Julie gesprochen hat. Johannes blieb weiterhin ihr engster Vertrauter, da »Dir niemand mehr anhänglich und ergeben sein kann als ich«, wie er ihr auch noch einmal brieflich versicherte.[667]

Der befreunde Psychologieprofessor Moritz Lazarus, Mitbegründer der Forschungsdisziplin Völkerpsychologie, meinte in einem Brief an Clara, ihr stehe »die herrliche Kunst« auch in Krisenmomenten »als Helferin, einzig in ihrer Art, zur Seite«, indem sie ihr »gestattet, auch schweigend die innerste Sehnsucht nach Trost in ergreifenden Tönen auszuhauchen«. Clara hatte mehr als einmal bewiesen, dass für sie – im Gegensatz zu Liszt – nicht die Pose, sondern das Ethos wesentlich war. Auch negative Lebenserfahrungen trugen dazu bei, künstlerisch zu reifen. »Ich begreife es wohl, daß Ihre Kinder – wie uns Ihr lieber Ferdinand erzählte – meinten, sie hätten Sie nie so wunderbar spielen hören, als in den jüngsten Concerten in Wien«, konstatierte Lazarus.[668] Ihrem Halbbruder Woldemar Bargiel schrieb Clara, so schwer die Zeit auch sei, »aber die Kunst war mir ja stets die treueste Gefährtin, und so auch jetzt; sie löst den Seelenschmerz in Wehmuth«.[669]

Zum italienischen Zweig der Familie, von dem es noch heute Nachkommen gibt, riss der Kontakt nicht vollends ab. Dennoch bedeuteten für Clara Besuche des Schwiegersohns, der beiden Jungen und der Mädchen aus erster Ehe »schwere Tage«, wie sie notierte.

»Der Kleine hat große Aehnlichkeit mit seiner Mutter«, bemerkte sie anlässlich eines Treffens in der Schweiz. »Welch eine erhitzte Phantasie hat der Junge, welch sinniges Gemüth – ein merkwürdiges Abbild, auch innerlich, seiner Mutter.« Die große Entfernung zur Heimat der Gäste erschien Clara wie eine beinahe unüberbrückbare Kluft. »Am 30. reisten sie ab. Mein letzter Blick fiel auf den lieblichen Kleinen, mehr schmerzvoll als freudig«, meinte sie. »Es ist doch gar so hart, wenn Einem Kinder, die Einem so nahe stehen, so entzogen sind durch das ferne Land, die fremde Sprache, die andere Religion.«[670]

Im Gegensatz zu etlichen Menschen in ihrem Freundeskreis konnte sie sich immerhin darüber freuen, dass ihr zweitältester Sohn den Krieg überlebt hatte. »Ferdinand machte den Einzug mit«, vermerkte sie über die Parade der Truppen Mitte Juni 1871 in Berlin, »unendlich froh war ich, als ich Nachricht von ihm hatte, daß er auch diesen Tag glücklich überstanden, denn die Strapaze bei übergroßer Hitze soll ganz unbeschreiblich gewesen sein.«[671] Die inneren und äußeren Wunden quälten Ferdinand indes bis an sein Lebensende. Um Schmerzen zu lindern, hatte er sich angewöhnt, starke Medikamente zu nehmen. Die Kriegserfahrungen, das Abdriften seines Vaters und seines Bruders Ludwig in den Irrsinn und der frühe Tod von Geschwistern trugen dazu bei, dass er sich immer wieder zu Linderung versprechenden Substanzen flüchtete. Selbst seine Arbeit als Bankangestellter und die Zuneigung seiner ein Jahr jüngeren Frau Antonie Deutsch, die er 1873 mit nur 24 Jahren heiratete, vermochten ihm keinen Halt zu geben. Clara missbilligte die Eheschließung, da sie in die Entwicklungen nicht mit einbezogen worden war. Von den sieben Enkelkindern, die zwischen 1874 und 1884 geboren wurden, verstand sich Clara mit dem ältesten, Julie – von ihr »Julchen genannt« – besonders gut. Die anderen Enkel wahrten aufgrund der angespannten Situation zu Antonie eher Distanz, obwohl Clara die Familie zeit ihres Lebens unterstützte.

Von Elises vier Kindern mit dem Kaufmann Louis Sommerhoff kamen zwei Söhne in den USA, eine mit nur fünf Jahren verstorbene Tochter in Zürich und ein weiterer Sohn nahe Frankfurt zur Welt. Ab Mitte der 1880er-Jahre wurde der Kontakt zu Clara Schumann wieder enger. Elise half sogar, ihr neue Kompositionen, die Johannes Brahms geschickt hatte, vorzuspielen, als Clara unter zu starken Schmerzen im Arm litt. Johannes verstand sich bestens mit Claras Nachwuchs. »Wir Kinder liebten an Brahms seine jugendfrische

Männlichkeit, sein urdeutsches Wesen, seine Wahrhaftigkeit und Zuverlässigkeit, die Klarheit seines Geistes, der die Dinge so hell sah und sehen ließ, vor allem aber liebten wir an ihm seine Liebe zu unsrer Mutter«, formulierte es Eugenie. »An was ich auch im Leben zu zweifeln gelernt habe, nie hätte ich an Brahms' unverbrüchlicher Treue gezweifelt.«[672]

Seinen Geschenken merke man immer an, dass »er nicht schenke, um zu schenken, sondern um den andern eine Freude zu machen, wobei er natürlich deren Neigung und Geschmack in Betracht ziehen mußte«.[673] Das schätzten sie unter anderem an ihm und verziehen ihm seine Neckereien leichter als die Mutter. Sie erkannten, dass er gegen »oberflächliche Neugier« unnachsichtig war, denn »vermutete er solche bei dem Frager, so speiste er ihn mit zweideutiger Antwort, oder mit einem Witz, oft in kränkender Weise, ab. Trotzdem er Menschen liebte, ja suchte, wehrte er sich gegen sie, wenn sie *ihn* suchten. Er gab gerne, aber Ansprüche, Erwartungen stieß er zurück.«[674]

Eugenie fiel auf, dass er stets für Clara Partei ergriff. »Bezeichnend für das Verhältnis war auch, daß Brahms sich wohl selbst Unfreundlichkeiten gegen unsre Mutter gestattete, es aber nie zuließ, sogar nicht von uns, wenn man sie angriff«, erzählte sie. »Einmal waren wir alle zusammen im Eßzimmer. Mama war durch einen Besuch abgerufen worden. Da sagte eine von uns: ›Mama hat doch nicht einen einzigen Fehler.‹ ›Doch‹, erwiderte eine andre, ›sie hat einen Fehler: wenn ich ihr etwas vorstelle, so gibt sie mir recht; stellt ihr dann eine von euch dieselbe Sache vor, so gibt sie der recht.‹ Da wandte sich Brahms zu der, die zuletzt gesprochen hatte, mit den Worten: ›Sie übersehen dabei ganz, daß dieser Fehler auch nur wieder eine größere Tugend ist; Ihre Mutter ist so bescheiden, daß sie sogar Ihnen gegenüber nicht unbedingt auf ihrer Meinung beharrt.‹« Wie vertraut familiär die Verbindungen waren, verrät auch Eugenies Bemerkung: »Ich sah Brahms so gerne an, wenn er: ›Ihre Mutter‹ sagte. Sein Auge leuchtete dann so blau, so rein und innig.«[675]

Als Eugenie ihre Erinnerungen 1925 veröffentlichte, sprach sie sicherlich auch im Sinne von Marie und Elise, als sie feststellte: »Nach unsres Vaters Ausscheiden aus dem Leben war es Brahms, dem sie die höchste Freude verdankte, die ihr als Musikerin noch werden konnte, die, den schaffenden Künstler auf Schritt und Tritt zu begleiten. Schon als Kind war solche Freude ihr täglich Brot gewesen; an den Schöpfungen Chopins und Schumanns war sie groß geworden, an der Hand des Einzigen in die Werkstätten Bachs und Beethovens eingedrungen. Und nun war es Brahms, mit dem sie weiterwandelte, an dessen Werken sich die Schwingen ihrer Seele immer und immer wieder Kraft zum Weiterfliegen holten. Sie fragte mich einmal, ob ich wohl begreifen könne, was es heiße, von Kindheit an einen Freund gehabt zu haben, der ihr im täglichen, stündlichen Verkehr künstlerische Anregung höchster, edelster Art gleich kostbaren Perlen auf den Weg gestreut habe, ob ich begreifen könne, daß sie ohne solche Anregung nicht hätte weiterleben können.«[676]

Scharfe Frontlinien

Auch eine kritische Weltsicht verbindet: Johannes konnte sarkastisch und bissig sein wie Voltaire und Clara zuweilen eine Giftspritze wie Annette von Droste-Hülshoff. In beiden Fällen realisierte sich eine Chance für die deutsche Oper nicht: Der von Italien begeisterte Brahms zog nie wie Giuseppe Verdi Vorlagen von Voltaire zur Vertonung in Erwägung und Robert Schumann konnte Mitte der 1840er-Jahre mit seiner Anfrage nach einem Opernlibretto kein Interesse bei einer der bedeutendsten deutschen Autorinnen seiner Epoche wecken. Die musikkundige Freifrau von Droste zu Hülshoff hatte Clara Wieck bzw. Schumann in einem Konzert erlebt; Robert brachte sie höchstens mit einigen Klavierstücken in Verbindung, sah in ihm aber keinen ernst zu nehmenden Komponisten.

Anders als die musikalische Harmonie schätzende Clara war der zu stärkeren Extremen neigende Johannes der Oper eher zugetan. Aufgrund ihrer Prinzipientreue konnte sie mit dem wüsten Austoben ungezügelter Leidenschaften auf der Bühne nicht viel anfangen. Johannes sah vieles entspannter als sie. Er wusste, dass in den privatesten Gemächern eines Serails keine Mozart-Arien intoniert wurden und kannte Hamburger Kneipen und Wiener Bordelle von innen. Mozart ließ Clara sich noch gefallen, Roberts Opernversuch mit *Genoveva* allemal, aber bei Erfolgskomponisten wie Verdi oder Meyerbeer streikte sie wegen der verwegenen Themen und bei dem zunehmend zur Ikone der Modernen stilisierten Wagner wegen der protzigen Musik. In den 1830er-Jahren entwarf sie noch dem Geschmack der Zeit entsprechend die mittlerweile verschollenen »Variationen über ein Thema aus *Hans Heiling*« nach einer Oper von Marschner und ihr Opus 8, die »Variations de Concert pour le Piano-forte sur la Cavatine du *Pirate* de Bellini«. Empört zeigte sie sich indes über Meyerbeers Oper *Die Hugenotten*, in der ein Luther-Choral wie eine kämpferische Hymne angestimmt wird. Wie es sich geziemte, schrieb die Protestantin Clara zwei Jahre nach der Uraufführung dann 1838 respektvoll ein »Albumblatt über ›Ein feste Burg ist unser Gott‹«. Führte sie ein »Gespräch mit Johannes über Wagner«, war sie »betrübt darüber«, denn »er spricht nicht darüber, wie er denkt, so muß ich es wenigstens glauben«, hielt sie im Tagebuch fest.[677] Johannes hatte zwar mit dem ›Konzept Wagner‹ als Ganzes seine Probleme, aber kompositionstechnischen Details konnte er durchaus etwas abgewinnen. Wahrscheinlich wurde es ihm auf Dauer zu mühsam, sich mit Claras pauschal ablehnender Haltung auseinanderzusetzen. Den neuesten Opern von Engelbert Humperdinck und Hermann Goetz zeigte er sich durchaus zugetan – vor allem, wenn er sie auf der Bühne erlebte und nicht nur den Klavierauszug durchging. Clara hingegen urteilte erbarmungslos: »Im Theater *Die bezähmte Widerspenstige* von Götz. Große Enttäuschung! Ich hatte eine wenn auch nicht originelle, aber hübsche, fließende Musik erwartet und fand eine so entschiedene Wagner-Richtung, daß ich ganz entrüstet war … Das also ist unsere deutsche Kunst, in der unsere musikalische Jugend künftig wandeln soll!«[678]

Brahms war milder und differenzierter im Urteil. Die Oper interessierte ihn, ja, der Schriftsteller und Vertraute Joseph Victor Widmann meinte, dass Brahms »jahrelang mit dem Gedanken an eine Oper liebäugelte« und dieses Genre zumindest in einer Hinsicht »seinem künstlerischen Temperamente würde entsprochen haben«, und zwar der »nach dramatischem Ausdruck ringende[n] Leidenschaftlichkeit seiner Natur«.[679] Allerdings genügten alle Ansätze, die sich ihm in diese Richtung boten, nicht seinem Perfektionsanspruch. Er schätzte manche Vorbilder, auch wenn er sich ihrer Schwächen bewusst war. So demonstrierte er Widmann eines Tages »das Vaudevilleartige im ersten Akt des *Fidelio*-Librettos«, erinnerte sich der Autor, »das meistens für ein sehr gutes Textbuch gehalten wird«.[680] Gegenüber Clara schwärmte Johannes von Beethovens *Fidelio*, er habe sich »das herrliche Werk« in einer guten Aufführung in Wien gleich mehrfach angesehen. »Ich hätte nicht gedacht, alle 3 Abende zuzuhören, aber ich habe keinen Takt versäumt«, ließ er sie wissen und das Stück »mit immer steigender Luft förmlich eingesogen«.[681]

Die Brahmsschen Vorstellungen von Operndramaturgie waren in Deutschland noch bis Mitte des 19. Jahrhunderts aktuell und sehr lebendig in der französischen Opéra-comique, einer Gattung mit dramatischen oder heiteren Handlungen mit Musiknummern und Dialogen. Johannes hatte Clara zu Weihnachten 1882 den Klavierauszug zu Bizets *Carmen* geschenkt, die im März 1875 als Opéra-comique in Paris herausgekommen war. Schon im Oktober wurde sie an der Wiener Hofoper mit von Ernest Guiraud nachkomponierten Rezitativen vorgestellt, wobei der Intendant sich für eine Mischform mit originalen Dialogpassagen und gesungenen Rezitativen entschieden hatte. Johannes genoss die Produktion in zwanzig Aufführungen und schwärmte auch von Bizets Einakter *Diamileh*, den er in Berlin gesehen hatte. Claras Reaktion blieb mäßig temperiert, aber immerhin vertraute sie ihrem Tagebuch zu Bizet an, sie freue sich »an der reizenden Musik und seinen Instrumentationen«.[682]

Lange bevor Autoren wie etwa Nietzsche die Oper *Carmen* als einen Gegenpol zum Wagnerschen Kosmos stilisierten, erkannten Komponisten das Besondere an den frischen Impulsen. Das Neudeutsche, die dogmatische Avantgarde, verlangte nach einem unendlichen melodischen Strom. Die ästhetisch-ethische Avantgarde um Brahms nutzte flexibel die Möglichkeiten, nach Bedarf gesprochene Dialoge, in sich geschlossene Musiknummern und umfangreiche, zusammenhängende Szenenkomplexe einzusetzen. Freunde und Mitstreiter von Clara und Johannes brachten von den 1860er- bis in die 1880er-Jahre zahlreiche Opern heraus: Albert Dietrich beeindruckte mit England-Bezügen in *Robin Hood* und der Märchenoper *Das Sonntagskind*, während Bernhard Scholz' *Golo* – nach dem auch von Robert Schumann genutzten Genoveva-Stoff – es auf mehrere Inszenierungen in Nürnberg und Frankfurt brachte. Zum meistgespielten deutschen Musikdrama im 19. Jahrhundert wurde indes die 1868 in Dresden uraufgeführte Oper *Der Haideschacht* von Franz von Holstein. Brahms wusste, dass es Alternativen zum Wagnerschen Konzept gab, als er mit Widmann über die ideale Gestaltung einer Oper debattierte. Ihm schien »das Durchkomponieren der ganzen dramatischen Unterlage unnötig, ja schädlich und unkünstlerisch«. Er meinte, »nur die Höhepunkte und diejenigen Stellen der Handlung, bei denen die Musik ihrem Wesen nach wirklich etwas zu sagen finde, sollten in Töne gesetzt werden«.[683] Thematisch reizten Brahms Sujets wie Shakespeares »Zähmung der Widerspenstigen«, aber »ganz modern gemacht – sagen wir amerikanisch – eine stolze Milliardärstochter und ein recht ungehobelter Deutscher, der sie unterkriegt«, wie er einem Besucher verriet,[684] oder »die Gozzischen Zauberpossen und Märchenkomödien, unter ihnen besonders: *König Hirsch* und *Der Rabe*«, wie Widmann erfuhr.[685] Der Schriftsteller zeigte sich beeindruckt. Jedoch gelang es ihm nicht, ein zufriedenstellendes Textbuch daraus zu destillieren. Wagner traute Brahms keine Oper zu. »Die Liebeslieder-Walzer des heiligen Johannes, so albern sich schon der Titel ausnimmt, könnten noch in die Kategorie der Uebungen der unteren Grade gesetzt werden«, lästerte er, »die inbrünstige Sehnsucht nach der ›Oper‹ jedoch, in welcher schließlich alle religiöse Andacht der Enthaltsamen sich verliert, zeichnet unverkennbar die höheren und höchsten Grade aus. Könnte es hier ein einziges Mal zu einer wirklich glücklichen Umarmung der ›Oper‹ kommen, so stünde zu vermuthen, daß die ganze Schule gesprengt wäre.«[686]

Es ist nicht klar, wie groß Clara Schumanns Anteil gewesen sein mag, der Johannes Brahms bewog, letztendlich in seinen Opera 33 und 50 musikdramatische Sonderformen zu wählen. Ihr Mann Robert hatte einst Geschichten wie *Der Rose Pilgerfahrt* und *Das Paradies und die Peri* als eine Art Kantate gestaltet und der geschätzte Franz Schubert thematisch zusammenhängende Liederzyklen entworfen. Obwohl die Opusziffern von Brahms' *Die schöne Magelone* und *Rinaldo* weit auseinanderliegen und Aufführungen völlig andere Anforderungen an die Interpreten stellen, entstanden beide Werke in den 1860er-Jahren und sind verbunden durch inhaltliche Zusammenhänge. Beide spielen in der Welt der Ritter: Mit der Liebesgeschichte der schönen Magelone und des Grafen Peter von Provence sowie den Abenteuern des Kreuzfahrers Rinaldo, der sich dem Bann einer Zauberin entziehen will, wählte Brahms Erfolgsgeschichten seiner Epoche. Musiker, die sich bis Mitte des 19. Jahrhunderts mit dem Faust-Stoff oder Dantes *Göttlicher Komödie* auseinandersetzten, galten vielen eher als literarisch verstiegen. Bezeichnend ist ein Erlebnis von Kleist, der in Würzburg eine Leihbibliothek besuchte und vergeblich nach Büchern von Schiller, Goethe oder Wieland Ausschau hielt. Wenn die nicht gewünscht werden, welche Bücher bietet man denn stattdessen an, fragte er, und erhielt zur Antwort: »Rittergeschichten, lauter Rittergeschichten, rechts die Rittergeschichten *mit* Gespenstern, linke *ohne* Gespenster, nach Belieben.«[687] Der Buchhändler Ludwig Christian Kehr gab mit seiner Selbstbiographie seinerzeit einen lehrsamen Erfahrungsbericht darüber heraus, dass er mit seiner Leihbibliothek »glaubte den Geschmack leiten zu können«, was aber misslang, denn – so lautete sein Stoßseufzer – »man wollte nur Romane lesen, besonders Ritterromane«.[688] Im Handel wurden – mit hohen Auflagen von bis zu 4000 Exemplaren – Schillers *Der Geisterseher* besser abgesetzt als seine historischen Abhandlungen und Dramen. Für Goethe dürfte *Faust* finanziell eine Enttäuschung gewesen sein verglichen mit dem Erfolg von *Werther* und *Götz von Berlichingen mit der eisernen Hand.* Robert Schumann und Johannes Brahms nahmen also mit ihren Stoffen Rücksicht auf die Erwartungshaltung des Publikums.

Stand auch die Ritterzeit des Hochmittelalters der Gegenwart von Clara und Johannes fern, so vermittelte seine Themenwahl viel vom Weltbild des Komponisten. Im Zentrum von *Die schöne Magelone* steht die »Âventiure«, der mittelhochdeutsche Begriff für »Zufall, Geschick« – so bezeichnet ja das lateinische Wort »adventura« bereits »das, was geschehen wird bzw. soll«. Dabei muss der Protagonist einer Heldenreise nicht einem willkürlichen Zufall ausgeliefert bleiben, sondern er kann versuchen, der Willkür einen Sinn abzuringen, indem er die Âventiure aus eigenem Antrieb sucht, um sich an ihr zu bewähren.

In Ludwig Tiecks 1797 erschienener Version der *Liebesgeschichte der schönen Magelone und des Grafen Peter von Provence* nimmt Peter zahlreiche Herausforderungen auf sich, um die von ihm getrennte Geliebte Magelone wiederzufinden. Clara, Johannes und ihre Freunde hatten im Kampf mit der Hetze der Neudeutschen viele Hydraköpfe abzuschlagen. Und so heißt es zu Beginn gleich: »Keinen hat es noch gereut, / Der das Roß bestiegen«. Was in alter Zeit noch das tapfere Einstehen für andere bis zum Tod mit einschloss, wurde im 19. Jahrhundert zu Zivilcourage. Bürger engagierten sich für politische Rechte und traten für das Wohlergehen der Gesellschaft oder einzelner Gruppierungen ein. Joseph Joachim vertrat in der Affäre Grün eine solidarische Haltung, Clara unterstützte Wohltätigkeitsveranstaltungen sowie Joachim in Konzerten, Johannes setzte sich für Clara ein, spendete viel Geld zur Unterstützung Bedürftiger und stellte sich öffentlich der neudeutschen Schule entgegen. Von Âventiuren kann man noch im Alter zehren, lehrt *Die schöne Magelone*, denn dann zeigt man der nächsten Generation seine Wunden, die »der Tapferkeit Lohn« seien. Nach dem Rückschlag 1860 mit der publizistischen Stellungnahme zu den neudeutschen Machenschaften, beschäftigte Brahms der Magelone-Stoff fast das ganze Jahrzehnt. Das thematisch richtungweisende erste Lied erklang bereits am 4. April 1862 in Hamburg bei einem Konzert mit Stockhausen und Brahms.

In der Emotionalität des 19. Jahrhunderts wurzelt das Sentiment der Gegenwart. Sehnsucht, Liebe, Bekümmernis, Sorgen, Leiden, Sonnenstrahlen und Lebensfreuden gehörten seit dem Minnegesang alter Zeiten zum Themenrepertoire – lediglich das musikalische Klanggewand wechselte. Das Ausdrucksspektrum von Brahms mit der dramatischen Gesangsrolle und dem mit orchestraler Mannigfaltigkeit ausgestalteten Klavierpart ließ *Die schöne Magelone* zu einer Art Miniaturoper werden, die hochemotional, nie aber sentimental war. Brahms hegte »wie Madame Schumann eine Abneigung gegen Sentimentalität«, beobachtete Adelina de Lara.[689] Der Komponist meinte, dass die Musik seiner »Romanzen aus L. Tieck's *Magelone* op. 33« auch für sich stehen könne. Zur Verdeutlichung entwarf er aber auch eine Fassung mit verbindenden Texten zu den fünfzehn Liedern. Zwar war Brahms an verschiedenen Darbietungen von Auszügen beteiligt, den gesamten Zyklus erlebte er indes nicht, da das letzte Lied erst am 7. Oktober 1897 erstmals öffentlich vorgestellt wurde. Der Klavierpart des ganzen Opus 33 ist so schwierig, dass nur Künstler vom Kaliber einer Clara Schumann ihn hätten bewältigen können. Die intellektuell anspruchsvolle Solistenpartie erfordert ein solches Übermaß an Ausdauer, Konzentrationsfähigkeit, großen Gesangsbögen, differenzierter Textausgestaltung, Klangfarben und -schattierungen, dass dies seinerzeit nur einer bewältigen konnte: der Bariton Julius Stockhausen. Bei seinen Fähigkeiten konnte sich Brahms darauf verlassen, dass er der Synthese aus Lied und Oper gewachsen war. Stockhausen hatte auch als Erster ab den 1850er-Jahren Schuberts *Die schöne Müllerin* und *Die Winterreise* zusammen mit Clara Schumann und Brahms zyklisch vorgetragen. Deshalb ist ihm *Die schöne Magelone* auch gewidmet.

Nicht minder anspruchsvoll gestaltete Johannes Brahms die Titelrolle in der Kantate *Rinaldo*, die ihn fünf Jahre lang beschäftigte. Er stellte etwa die gleichen Anforderungen wie Meyerbeer an seine Tenöre – und Brahms hatte seinerzeit ausreichend Gelegenheit in seiner Heimatstadt oder in Wien dessen Opern auf der Bühne zu erleben: Meyerbeers *Le prophète* kam ein Jahr nach der Pariser Uraufführung sogar 1850 in Hamburg in deutscher Erstaufführung heraus, übersetzt von Ludwig Rellstab, dessen Texte Brahms ebenfalls vertonte. Der Solist der *Rinaldo*-Uraufführung, Gustav Walter, hatte unter anderem die gewichtigen Tenorpartien von Meyerbeers *Die Hugenotten* und *Die Afrikanerin* im Repertoire, aber auch die von Verdis *Der Troubadour* und *Ein Maskenball* sowie Wagners *Lohengrin* und *Die Meistersinger von Nürnberg*.

Die Vorlage zur Kantate *Rinaldo* boten Goethes 1811 entstandene Verse für eine Vertonung von Peter von Winter. Diese lehnten sich an den 16. Gesang der 1574 vollendeten Dichtung *Das befreite Jerusalem* von Torquato Tasso an. Die etwa 40-minütige Szene um den Kreuzritter Rinaldo, der seiner Liebe zur Zauberin Armida entsagen will, wirkt wie der letzte Akt einer großen Oper. Goethes Dichtung vermittelt das Bild der Lösung von der beengenden Bindung an eine Frau. Es wird zuweilen in einen autobiographischen Zusammenhang gerückt, da Brahms sich ja von Agathe von Siebold gelöst hatte und in den 1860er-Jahren auch nicht dem Charme der Sängerin Ottilie Hauer und seiner Klavierschülerin Elisabet von Stockhausen erlag, die später Heinrich von Herzogenberg heiratete. Ein instrumental und vokal so subtil angelegtes Werk wie *Rinaldo* ging weit über derart einseitige Bezüge hinaus. In flammender musikalischer Rede ringt die Titelfigur um Selbsterkenntnis, kämpft gegen ihre Zweifel an und schafft am Schluss den Aufbruch in ein neues Leben. Bei der Uraufführung von *Rinaldo* leitete Brahms am 28. Februar 1869 selbst das Hofopernorchester und den Akademischen Gesangverein im Großen Redoutensaal der Wiener Hofburg. Wie einst Robert Schumann bei seinen *Faust-Szenen* vertraute auch er darauf, dass sein Publikum die literarischen Vorlagen kannte und inhaltliche Sprünge oder Handlungshintergründe durch Vorwissen zu ergänzen wusste. Seine Befähigung zur Bühnendramatik hatte Brahms mit der Kantate und dem Romanzen-Zyklus bewiesen. Er nutzte sie indes ausschließlich im Kosmos von nicht-szenischen Vokalwerken. Anstatt über Pamphlete glaubten Johannes und Clara den Konflikt mit der neudeutschen Schule über Noten austragen zu können. Dabei mutete Brahms dem Publikum zu, aus der Sowohl-als-auch-Dialektik seiner Werke selbst eine Synthese zu bilden; Liszt und Wagner hingegen strebten nach eindeutigen Aussagen.

Das neue Heiligtum

Nach einer Aufführung in Karlsruhe notierte Clara in ihrem Tagebuch, Johannes' *Triumphlied* sei »wohl das Tiefste und Großartigste was in dem Genre der Kirchenmusik seit Bach geschaffen worden ist«, denn es habe »eine tief ergreifende Wirkung auf Musiker und

Musikkenner«. In Anbetracht der Einschränkungen »mit kleinem Chor und Orchester« gelang dem Dirigenten Levi »trotz der mangelnden Kraft durch Massen« eine Aufführung, bei der das Publikum »mindestens Respect« hatte.[690] Mehr als Respekt hatte der musikbegeisterte Philosophieprofessor Friedrich Nietzsche. Im Basler Münster lauschte er einer Aufführung des *Triumphlieds*, das nach Aussagen seiner Schwester auf ihn »einen großen Eindruck machte«. Als langjähriger Gefolgsmann zeigte er daraufhin die Partitur Richard Wagner, »wie ich damals glaubte ahnungslos, dass Wagner dies vielleicht falsch auffassen könnte«, meinte die Schwester.[691]

»Unser Freund N. bringt das *Triumphlied* von Brahms«, lautete der süffisante Eintrag von Cosima in ihrem Tagebuch: »R. lacht laut auf, daß Musik auf das Wort ›Gerechtigkeit‹ gemacht würde«, ja, »großer Schrecken über die Dürftigkeit dieser uns selbst von Freund Nietzsche gerühmten Komposition, Händel, Mendelssohn und Schumann in Leder gewickelt.«[692] Noch einige Jahre später höhnte Wagner, er »kenne berühmte Komponisten«, die »bei Konzert-Maskeraden heute in der Larve des Bänkelsänger's *(an allen meinen Leiden!)* morgen mit der Halleluja-Perücke Händel's, ein anderes Mal als jüdischen Csardas-Aufspieler« auftreten und die man dann wieder als die »grundgediegenen Symphonisten« antreffen könne.[693] Nietzsche zeigte sich verstimmt. »Der Tyrann läßt keine andere Individualität gelten als die seinige und die seiner Vertrauten«, notierte er in seinen Aufzeichnungen. »Die Gefahr für Wagner ist groß, wenn er Brahms usw. nicht gelten läßt.«[694]

Dem Berufsdenker war nicht klar, dass es allerspätestens seit den 1870er-Jahren nicht mehr allein um Musik ging. Nachdem Liszt in den 1850er-Jahren hochherrschaftliches Protektorat in Weimar genossen hatte und 1861 im Vatikan mit offenen Armen aufgenommen wurde, dämmerte den neudeutschen Kreisen, dass sie noch mehr erreichen konnten, als Anfang Mai 1864 der noch nicht ganz 19-jährige König Ludwig II. von Bayern den fast 51-jährigen mittellosen Musikus Richard Wagner zu sich rief, um den Entwicklungen eine neue Dynamik zu geben.

Anstatt im Nachzug der öffentlichen Erklärung und der Spottorgien der 1860er-Jahre zu einer differenzierten Einschätzung zu finden, verschärften sich in den 1870er-Jahren die Positionen. Insbesondere die Kreise um Wagner, Liszt und den bis 1868 aktiven Brendel strebten danach, ihre Haltung einzubetonieren, was man durchaus wörtlich nehmen kann: Bereits Ende der 1830er-Jahre soll Richard

Wagner während seiner Kapellmeisterzeit in Riga erste Gedanken an ein eigenes Festspielhaus gehegt haben. Aber er brauchte Geduld und einen langen Atem. In Briefen an Franz Liszt nahm 1851 seine Vorstellung eines Bühnenfestspiels konkretere Gestalt an. Ein Dauergesprächsthema im Kulturleben des neuen Reichs wurden allmählich die Vorbereitungen zu Richard Wagners Plänen in der fränkischen Kleinstadt Bayreuth, die neben Großbrauereien und einem charmant-winzigen markgräflichen Opernhaus bald eine neue Attraktion beherbergen sollte: Ein monumentales Gebäude für exklusives Musiktheater, das einzig und allein dem Œuvre des Lieblingskomponisten von Ludwig II. vorbehalten sein sollte. Unterstützung kam nicht nur aus Deutschland. Auch in Wien wurden Vereine gegründet, um die neudeutsche Bewegung und die Finanzierung des Festspielhauses zu unterstützen. »Im großen Musikvereinssaal fand ein Wagner-Konzert statt«, berichtete Hanslick über eine Benefizveranstaltung, »dessen Ertrag als moderner Peterspfennig in die Kasse des Bayreuther Zukunftstheaters fließt.«[695] Anfang Februar 1872 gründete man in Bayreuth den Verwaltungsrat der geplanten Festspiele und schon am 22. Mai 1872 erfolgte die Grundsteinlegung. An diesem Tag regnete es in Oberfranken in Strömen, aber wahrscheinlich nahmen die Vertreter der neudeutschen Schule dies nur als Ansporn, dass man – wie einst – nicht nur Joseph Geiger, Hans Neubahn, der Pantoffelfrau sowie Krethi und Plethi trotzen würde, sondern auch Himmel und Hölle. Zur Feier des Tages dirigierte Wagner in Bayreuths Markgräflichem Opernhaus seinen *Kaisermarsch* und die 9. Sinfonie von Ludwig van Beethoven. Man wollte selbst »Götterfunken« versprühen und »feuertrunken, Himmlische, dein Heiligtum« – das im Entstehen begriffene Festspielhaus – betreten. Ursprünglich war dieser Text von Schiller jedoch für eine Freimaurerloge in Dresden verfasst worden, für die alle Menschen »Brüder« werden sollten. Den jüdischen Musiker Joseph Joachim achtete Wagner als Dirigenten. Jedoch dürfte es Joachim zu einseitig gewesen sein, wie Wagner lediglich ein ›heroisches‹ Beethoven-Bild zu pflegen. Mit seinen eigenen Orchestern widmete sich Joachim auch den frühen Sinfonien und engagierte sich mit seinem Kammerensemble insbesondere für die späten Streichquartette Beethovens. Damit trug er wesentlich dazu bei, dass dieses von vielen gemiedene Repertoire erhalten blieb.

Wagner indes stand der Sinn nach Größerem. »Sie glauben meiner Verheißung, den Deutschen ein ihnen eigenes Theater zu gründen, und geben mir die Mittel«, pries Wagner seine »Freunde und werten Gönner« in einer zu diesem Anlass gehaltenen Rede, die im selben Jahr noch als Sonderdruck erschien. »Viel lag mir wieder mal Wagner im Sinn, der jetzt wieder die Blätter füllt, die Gemüther beschäftigt«, notierte Clara im Tagebuch. »Es fand die Grundsteinlegung des Bayreuther Theaters statt, wo alle größten Kunstnotabilitäten sich vereinigten, außer Johannes und Joachim.«[696] Clara und Johannes mussten dem Treiben in Franken etwas entgegensetzen.

Mit Hermann Levi, der zunehmend in Wagners Bannkreis geriet, gab es vermehrt Sticheleien. Clara kam natürlich zu Ohren, dass der »Meister« den jüdischen Dirigenten – nachdem man sich im Dezember 1871 bei Veranstaltungen in Mannheim kennenlernte – zum Abschied einen Kuss auf die Wange gedrückt hatte. »Der Kuß von W. auf Ihre Linke wird hoffentlich wieder verblichen sein, bis ich komme!!!«, schrieb sie ihm.[697] Levi nahm es mit Humor. »Ihren Nasenstüber wegen des Kusses bescheinige ich empfangen und eingesteckt zu haben«, schrieb er Clara. »Solange Wagner allein steht ist es begreiflich und berechtigt, daß ihm alle Welt zujauchzt; denn wie man auch von ihm denken mag – daß es ihm heilig und ernst um die Sache ist, daß er sich die höchsten Ziele setzt und mit eminenter Begabung und rastloser Energie denselben nachstrebt, das darf man nicht leugnen.«[698]

Die Freunde vermochten nicht in Einklang zu bringen, dass Levi sich als Sohn einer jüdischen Mutter und eines Reformrabbiners mit Wagner einließ. Hermann Levi zeigte sich nicht sonderlich fromm. Er hatte seine Mutter und Stiefmutter schon als Kleinkind verloren und schwelgte von Jugend an in der Musik. In seiner liberalen Erziehung hatte ihn geprägt, dass sein Vater in der Region Gießen Deutsch als Gebetssprache in Synagogen durchsetzte und als »Großherzoglich hessischer Rabbiner« in Brahms' Geburtsjahr sogar die 39-seitige Schrift *Beweis der Zuverlässigkeit des deutschen Choralgesanges mit Orgelbegleitung bei dem sabbathlichen Gottesdienste der Juden: ein Beitrag zur jüdischen Liturgie* veröffentlichte. Sein Sohn Hermann spielte schon als Kind für die Gemeinde die Orgel und schrieb später auch Sakralmusik. Dies war keineswegs allein auf jüdische Musiker beschränkt; auch Franz Schubert vertonte einst auf Wunsch eines Wiener Synagogalkantors den 92. Psalm in hebräischer Sprache. Nie änderte Hermann Levi – wie einst sein Bruder – seinen Namen, obwohl aus einem Gespräch mit einem Rabbiner eine Äußerung überliefert ist, dass es einem Rabbi nicht das Geringste antun würde, Levi zu heißen, seine Position jedoch mit einem Namen wie Werner weitaus günstiger ausschauen würde.[699] Für Brahms' finanzielle Transaktionen empfahl Levi die Zusammenarbeit mit seinem sechs Jahre älteren Bruder, Samuel, der einen ganz anderen Weg eingeschlagen hatte. Samuel Wilhelm Levi hatte zunächst in Paris bei Auber ein Musikstudium abgeschlossen, wonach er einige Spielzeiten in Nürnberg und Köln als Bassist an den Opernhäusern wirkte. Hierfür wählte er bereits den Namen Wilhelm Lindeck. Als er 1866 heiratete, gab er auf Wunsch seiner katholischen Frau die Bühnenlaufbahn auf und orientierte sich beruflich um. Er konvertierte für sie zum Christentum und machte als Wilhelm Stephan Lindeck eine Karriere als Bankier in Mannheim, der Geburtsstadt seiner Mutter. Zu seinen wichtigsten Aufgabenbereichen gehörte die Finanzierung der aufstrebenden Industrie, insbesondere der Badischen Anilin- und Sodafabrik, sodass er sich eher nebenbei ab 1872 für zehn Jahre um die Bankgeschäfte von Brahms kümmerte. Sein Bruder Hermann Levi befasste sich mit der Arbeit, die Brahms Geld einbrachte: Er setzte sich mit Verve für seine neuesten Werke ein – wie etwa die Karlsruher Erstaufführungen des d-Moll-Klavierkonzerts mit dem Komponisten am Flügel sowie des *Deutschen Requiems* – und wurde Brahms' wichtigster Ratgeber bei der endgültigen Ausgestaltung des *Schicksalslieds*. Levi hoffte in dem Norddeutschen einen Künstler gefunden zu haben, der auf dem Gebiet der deutschen Oper Wagner ein würdiges Werk zur Seite stellen könnte. »Wie es freilich mit ihm werden wird, wenn ein mal ein Musiker wie Johannes ihm auf demselben Gebiete begegnet, das weiß ich nicht«, meinte Levi gegenüber Clara. »Gegenwärtig bin ich mit einem Operntext für ihn beschäftigt, habe heute Allgeyer zwei Acte vorgelesen, der ganz entzückt war. Nur der 3. macht mir noch Sorgen. (NB.! Nicht ich bin der Dichter, sondern ein Freund von mir, ich rate und helfe nur) Allgeyer meint, und ich vertraue seinem Urtheil, Brahms würde sicher zugreifen. Von dem Inhalt darf ich noch nichts verraten.«[700]

Mit Werken wie *Rinaldo*, *Die Schöne Magelone* sowie dem *Schicksals-* und *Triumphlied* hatte Brahms seinen musikdramatischen Instinkt bewiesen sowie mit dem *Deutschen Requiem* die Fähigkeit, umfangreiche komplexe Strukturen auszugestalten. Konsequenterweise spielte die Oper durchaus eine Rolle bei seinen Planungen: Sein Lieblingsprojekt war eine Vertonung von Carlo Gozzis 1762 uraufgeführter Tragikomödie *Il Re Cervo, König Hirsch*. Brahms hatte sich Gozzis Gesamtwerk für seine Bibliothek zugelegt und verstand, dass der Italiener mit seinen »fiabe teatrali«, den Märchentheaterstücken – die später unter anderem Prokofjew und Henze als Vorlage dienten – seine individuelle Variante des Gesamtkunstwerks mit einer Form des totalen Theaters schaffen wollte. Dabei ging die volkstümliche Commedia dell'arte mit dem hohen Drama eine Symbiose ein. Allerdings machte Johannes das gleiche Problem zu schaffen wie Mendelssohn und Schumann vor ihm: Im Gegensatz zum Opernland Italien gab es in Deutschland keine professionellen Librettisten und die ausgezeichneten deutschsprachigen Bühnenautoren waren nicht unbedingt die geeigneten Verfasser von Operntextbüchern. Einer der herausragenden deutschen Operndramatiker des 19. Jahrhunderts, Heinrich Marschner, fand bei der Textbuchgestaltung Unterstützung von Theaterpraktikern wie Sängern und Schauspielern, während Opernkomponisten wie Lortzing und Wagner ihre Texte gleich selbst schrieben. Johannes besuchte zwar gerne Schauspiel- und Opernaufführungen, allerdings hielt er sich von der Theaterwelt zumeist fern. Als Dirigent stand ihm das Orchesterpodium näher als der Orchestergraben. Und als jemand, der von sich selbst behauptete: »Ich schreibe keine Briefe, ich beantworte sie«,[701] war er kaum geeignet, seine eigenen Bühnenfassungen zusammenzustellen. Die Oper *König Hirsch* von Brahms, im Idealfall möglicherweise gefolgt von Vertonungen Gozzischer Stoffe wie *Die Liebe zu den drei Orangen* und *Turandot*, blieb ein schöner Traum. Opern entstehen meistens als Gemeinschaftsprojekte im Wechselspiel mit Librettisten, Sängern und Dirigenten; Sinfonien sind in der Regel Monolithen, über die letztendlich nur der Komponist die Kontrolle hat und Alleinverantwortung ausübt. Als Bülow scherzhaft unter ein Bild von Brahms und sich die Worte »Legislative« (für den Komponisten) und »Exekutive« (für den Dirigenten) setzte, verdeutliche er anschaulich das Verhältnis zueinander. Langfristig erschien es Johannes sinnvoller, im Bereich der Orchestermusik Unverwechselbares zu schaffen, als auf dem Gebiet der Oper Versuchsballons zu starten.

In ihrer kritischen Haltung gegenüber Wagner blieben sich Clara und Johannes stets einig. Als Clara Anfang 1871 bei einem Konzert in Breslau den Walkürenritt hörte, hielt sie ihn »wegen seines höchst phantastischen Gepräges« für durchaus interessant,[702] insgesamt diagnostizierte sie aber: »Dieser Wagner-Enthusiasmus kommt mir vor wie eine Krankheit, die die Länder überzieht und die Besten mit fortrafft.«[703]

Getrennte Wege

Clara und Johannes mieden direkte Kontakte und Auseinandersetzungen mit den neu entstehenden Bayreuther Zirkeln. Man ging sich vorzugsweise aus dem Weg und verfolgte konsequent die eigene Linie, indem man an einem Archiv des kulturellen Gedächtnisses arbeitete. Es wirkte ausgesprochen idealistisch, wie beide immer wieder versuchten, sich mit guten, überragenden und noch besseren Editionen, Kompositionen und Interpretationen dem Wirken der Neudeutschen entgegenzustemmen. Während in Bayreuth die Vorbereitungen für die vom 13. bis 17. August 1876 erstmals durchgeführten Wagner-Festspiele liefen, bereitete Johannes zusammen mit Otto Dessoff die Uraufführung seiner ersten Sinfonie für Karlsruhe vor.

Clara erholte sich wie im Vorjahr in Gesellschaft von Marie, Eugenie und Felix in dem kleinen Örtchen Klosters im schweizerischen Graubünden. Dass das »Wagner-Fest« in ganz Deutschland »viel Bewegung« hervorrief, verfolgte sie in den Zeitungen aufmerksam. »Wenige sind es, die sich dem die Sinne berückenden Einflusse zu entziehen wissen«, bedauerte sie im Tagebuch. »Ich bin von Herzen froh und dankbar, daß ich keine Verpflichtung hatte, diesen Aufführungen … beizuwohnen.«[704] Einen Künstler wie Joseph Joachim sah sie auf ihrer Seite und verkrachte sich mit dem Basler Musikdirektor, den sie im Urlaub oft traf. »Ich hatte mit Volckland einen Disput wegen Joachim«, notierte sie in ihren Aufzeichnungen. »Er fand, dieser hätte müssen nach Bayreuth gehen, während ich behaupte, daß er mit seiner Gesinnung und als Director seiner Schule, als leuchtendes Vorbild für Ausübung des wahrhaft Schönen und Edlen in der Musik es nicht thun durfte.«[705]

Hingegen begab sich der gemeinsame Freund Hermann Levi auf den Weg nach Bayreuth – er war wohl einer von denen, die Clara in ihrem Tagebuch mit ihrem Stoßseufzer bedachte, »ja sogar finden Musikverständige *musikalische* Schönheiten« dort, und unverzüglich mahnte, »sie täuschen sich aber, sie werden erst so betäubt und verwirrt, daß ihnen dann, kommt mal wirklich ein musikalisch etwas einfacherer Satz, dieser wie eine Oase in der Wüste erscheint«.[706] Und Johannes ahnte bereits früh, dass ihn dies eines Tages auslaugen würde. »Ihr Bruder ist wohl schon in Baireuth?«, schrieb er an seinen Bankier Wilhelm Lindeck. »Ich fürchte nur, er macht sich durch einen längeren Aufenthalt dort ein Helgoland oder so etwas gar zu nöthig.«[707]

Anders als Joseph Joachim, der sich Anfang der 1850er-Jahre von Liszt ab- und den Kreisen um Schumann zugewandt hatte, wagte sich Hermann Levi freiwillig in die Höhle der Löwen. Er war zwanzig Jahre jünger als Clara, aber von Johannes trennten ihn nur sechs Jahre. Dementsprechend blieb er bei ihr stets beim respektvollen Sie, während er sich mit Johannes duzte. Anfangs stimmte man bei musikalischen Kritikpunkten an Wagner zuweilen überein. »An die Götteropern kann ich mich nicht recht gewöhnen!«, meinte Johannes, dem besonders am Schluss von *Siegfried* das Duett von Brünnhilde mit dem Titelhelden missfiel. »Dies ist das schwächste Stück der ganzen Oper. Diese gräulichen Bässe! Als die Oper neu war, schimpfte auch Levi gräßlich darüber!«[708] Allerdings änderte dieser im Laufe der Zeit seine Meinung. Levi ging 1872 von Karlsruhe nach München, um dort Generalmusikdirektor und Hofkapellmeister am Königlichen Hof- und Nationaltheater zu werden. In diesem Jahr trat er der ›Zwanglosen Gesellschaft München‹ bei, einem Herrenklub für kulturell Interessierte, deren Zwanglosigkeit darin bestand, dass bei den regelmäßigen Treffen akademische Ränge oder Adelstitel keine Rolle spielten. Politik und Religion waren als Debattierthemen nicht gestattet, sodass Levi einen Vorgeschmack auf den Zugang zu den gehobenen Kreisen der Gesellschaft bekam und sich ganz der Kunst widmen konnte. Dieses Ausblenden und Vermeiden kritischer Aspekte übertrug er auf sein Verhältnis zu Wagner. Während Joseph Joachim meinte, »bis auf die Instrumentation ist viel Dilettantisches und übermäßig Manierirtes« in Wagners Kompositionen,[709] schwärmte Hermann Levi für die Musik des Sachsen. Dem Frühwerk stand er kritisch gegenüber und als er 1871 auf Geheiß des Karlsruher Hofes zur Saisoneröffnung Wagners *Rienzi* leiten musste, klagte er noch, dass sein »musikhungeriges Gemüth gerade mit solchem Scheusal anfangen muß, ist ein rechtes Verhängnis«.[710] Erschien ihm *Tristan und Isolde* anfangs noch schwer ergründlich, so fesselten ihn die neuesten Musikdramen Wagners zusehends, nachdem er 1874 das Werk in München erstmals selbst einstudiert hatte und sich für die Spielzeit 1878 Wagners *Ring des Nibelungen* vornahm. Johannes mochte zugestehen, dass es bei Wagner rein musikalisch viel Anregendes gab. Aber ideologisch fand er ihn vollkommen inakzeptabel. Als er Levi Anfang 1875 in München besuchte, muss es zu einer heftigen Auseinandersetzung darüber gekommen sein. »Wie wirst Du Dich zu Wagner stellen?«, mahnte Levi in einem Brief kurz zuvor an.[711] Einige Zeit später kam er noch einmal auf die Aussprache zurück, in der ihn einige Äußerungen von Brahms »tief geschmerzt« hätten. Johannes verabscheute den Antisemitismus, Levi nahm ihn hin wie schlechtes Wetter: »Ich will nicht noch einmal darauf zurückkommen, nur das Eine möchte ich Dir zu bedenken geben: daß ich nun einmal mein Leben einer Sache geweiht habe, welche ich hoch halten muß.«[712] Spätestens zu diesem Zeitpunkt konnten Clara und Johannes erkennen, dass sich der alte Freund Levi ihnen zunehmend entfremdete. »Ich habe in das allgemeine Geheul von Wagners Narrheit und bedenklichem Charakter nie einstimmen können«, lautete Levis Standpunkt gegenüber Brahms. »Du wirst Dich erinnern, daß ich s. Z. [seinerzeit] selbst die Juden-Broschüre insofern vertheidigte, als ich sie von ernsthaftester künstlerischer Gesinnung dictiert glaube und sogar die constatirten Thatsachen zugebe, wenn auch nicht ihre Prämissen und Consequenzen.«[713] Musiker wie Hiller und andere kamen Levi »mit ihren souveränen ›Abfertigungen‹« hingegen »recht kleinlich und abgeschmackt vor«[714] – letzten Endes dürfte er von Claras und Johannes' Bedenken Ähnliches gehalten haben. »Ich kann es nicht hindern, daß meine Ansichten für paradox und meine Gesinnung (gegenüber meiner Vergangenheit) für Felonie [Treubruch] gehalten werden«, schrieb Levi an Clara Schumann. »Und doch ist es, meine ich, nicht so schwer, einen Unterschied zwischen Dramatiker und Musiker zu statuiren.«[715] Möglicherweise war Levi auch enttäuscht, dass Brahms sich nicht mit ganzem Herzen der Oper zuwandte. Clara erschien die »Wagnerei« wie »eine schwere Krankheit, der Sie verfallen sind mit Leib und Seele«, ließ sie den Dirigenten wissen.[716] Levi rechtfertigte sich, indem er für sich das Beste aus allen möglichen Welten zusammensuchte. »Brahms ist als Musiker gewiß ebenso erhaben über Wagner, als Mozart es war über Gluck. Aber hat deshalb nicht Gluck doch eine Stellung neben Mozart?«, schrieb er Clara einmal. »Wagner selbst hält sich nicht für einen Musiker im Sinne unserer Klassiker. Ich finde alle seine Instrumentalcompositionen langweilig und armselig; wenn mir ein Schüler das bei Schott erschienene Albumblatt in die Stunde brächte, so würde ich ihn zur Thüre hinausbecomplimentiren. Aber wenn bei Wagner die Musik im Dienste des Dramas steht, so bringt er Wirkungen hervor, wie Keiner vor ihm.«[717] Dass Wagner über den anhänglichen Juden spottete und ihn drängte, sich taufen zu lassen, ertrug er dafür. Hermann Levi vollzog diesen Schritt nie; in seiner Heirats- und Sterbeurkunde ist »konfessionslos« eingetragen.[718] Die jüdischen Deutschen bildeten genauso wenig eine einheitliche Gruppe wie die neudeutschen Kreise und die klassisch ausgerichtete Avantgarde um Schumann und Brahms. Anders als der Wagner-Bewunderer Salomon Jadassohn, der keine unmittelbaren Kontakte zu Bayreuth pflegte, nahm Levi noch zahllose Beleidigungen hin, die ihn trotzdem nicht aus seinem Orbit um Wagner zum Absturz brachten.

Das Verhältnis von Clara und Johannes zu Hermann Levi war indes stark getrübt. Wagner zu respektieren mochte noch angehen, ihn aktiv zu unterstützen, erschien unmöglich. Clara besuchte im Juli 1880 lieber das nur alle zehn Jahre ausgerichtete Spektakel der Passionsspiele in Oberammergau. Aus Prinzip dachten beide nicht daran, die Uraufführung des ersten, von Hans Richter dirigierten Gesamtzyklus von *Der Ring des Nibelungen* und die Einweihung des Festspielhauses mit ihrer Anwesenheit zu beehren. Sie konnten gewiss sein, dass sich der Sohn des Domkapellmeisters aus Raab, dem heutigen ungarischen Győr, jede erdenkliche Mühe geben würde, während er bei Werken von Brahms zumeist schlampig zuwege ging. Als Brahms einmal den schlecht vorbereiteten Maestro bei Proben zu seiner ersten Sinfonie erlebte, meinte er entnervt: »Schließlich sagte ich gar nichts mehr, sondern lachte bloß, wenn's einmal recht durcheinander ging. Wenn man nicht studieren will, so soll man derlei liegen lassen. – Ich habe ja nicht ersucht um die Aufführung. Zum mindesten ist das ganze Betragen inkollegial.«[719]

Was sollte man also in Oberfranken? In und um das Bayreuther Festspielhaus tummelte sich ohnehin genug Prominenz, nicht zuletzt die Führungselite des Deutschen Reiches, allen voran Kaiser Wilhelm I., der allerdings nach *Rheingold* und *Walküre* wieder abreiste. Den Reichstag repräsentierten einige Parlamentarier, darunter Sozialdemokraten – möglicherweise um den Untergang der kapitalistischen Obrigkeitswelt in der *Götterdämmerung* zu genießen. Noch kamen keine Vertreter der katholisch ausgerichteten Zentrumspartei – die Religionen von heute sind die Mythologien von morgen und noch war ihr Gott in Bayreuth nicht an der Reihe. Musiker- und Malerprominenz erschienen wie Bruckner, Tschaikowskij, Levi und von Menzel. Brahms' Weggefährte Eduard Hanslick nahm ebenfalls die lange Reise auf sich, obwohl keine Pressekarten zur Verfügung gestellt wurden. In äußerst genauen Analysen von Ambiente, Dichtung, Musik und Aufführung in der *Neuen Freien Presse* zeigte er sich beeindruckt von dem Theaterbau, der für ihn »zu den interessantesten und belehrendsten Sehenswürdigkeiten« gehörte und mit der eine gute Sicht ermöglichenden, einem Amphitheater gleichen Gestaltung eine »sinnreiche Neuheit der inneren Einrichtung« bot. Am *Ring des Nibelungen* rühmte Hanslick »den außerordentlich geschickten Aufbau der Handlung«, kam aber zu dem Schluss, dass die »stammelnden und stotternden Stabreime« ohne Musik, nicht gesungen, sondern gesprochen, nur »eine mit Ärgerniß gemischte Heiterkeit erregen« würden. Hinsichtlich der Musik Wagners meinte er, man könne »den *Tannhäuser* für eine der schönsten Opern und trotzdem die *Nibelungen* für das gerade Gegentheil halten«, denn »selbst die *Meistersinger*, in welchen die geschlossene Gesangsmelodie seltener, aber dafür in einigen Pracht-Exemplaren auftritt (Preislied, Quartett, Chöre im letzten Act), erscheinen daneben als ein musikalisch reizvolles und gemeinfaßliches Werk«. Im *Ring des Nibelungen* missfiel Hanslick hingegen, dass hier »das Messer nicht an überlebte Formen, sondern an die lebendige Wurzel der dramatischen Musik gelegt ist«. Die Tetralogie bezeichnete er als »ein für sich allein dastehendes Unicum«, das »als solches, als ein geistreiches, für den Musiker unerschöpflich lehrreiches Experiment« letztlich »seine bleibende Bedeutung« haben werde.[720] Während Clara Schumann Wagners Musik vom Auftakt bis zum Schlussakkord verdammte, teilte Brahms das differenziertere Urteil von Hanslick. Die Freunde dürften vorerst auf die abschließende Einschätzung des Musikästhetikers vertraut haben: »Mit der nunmehr vollständigen Ausführung des Bayreuther Programms ist die Musik der Zukunft eine Musik der Gegenwart geworden. Aeußerlich wenigstens und für den Augenblick. Auf kunstgeschichtliche Weissagungen läßt der Kritiker sich ebenso ungern ein, als ernsthafte Astronomen auf das Wetterprophezeien; so viel jedoch hat uns jetzt die größte Wahrscheinlichkeit: daß der Styl von Wagner's *Nibelungen* nicht die Musik der Zukunft sein wird, sondern höchstens eine von vielen.«[721]

»Was man auch sagen möge«, befand Liszt, »Bayreuth ist jetzt der Brennpunkt der Kunst in Deutschland.«[722] Allerdings schien eine Wiederholung des Spektakels vorerst unwahrscheinlich: Kapitalismuskritik wie im *Ring des Nibelungen* ließ sich ohne Kapital nicht realisieren – ein erschreckendes Defizit von rund 150 000 Mark sowie mehr als 200 000 Mark Kredit der Bayerischen Staatskasse nebst sonstiger privater Schulden Wagners brachten den Komponisten zu Überlegungen, das Festspielhaus notfalls an das Deutsche Reich zu verkaufen oder dem bayerischen Hoftheater in München als Dependance zu unterstellen. Während Wagner sich mit seinem

Œuvre den Regierungseliten weiterhin als staatsrelevant andiente, stellten Clara und Johannes den ästhetischen Wert ihrer Kunst in den Vordergrund. Politische Ambitionen verfolgten sie nie.

Es gab einen fundamentalen Unterschied zwischen den markantesten Ausprägungen der zeitgenössischen Musik: Liszt und Wagner wollten die Gesellschaft verändern und prägen; Clara und Johannes hingegen die Kultur bereichern. Liszt und Wagner ging es um eine religiös-völkische Identität; Clara und Johannes um eine kulturelle Identität. Christliche Heiligenlegenden und Nibelungenmythen sahen viele als staatstragend an; hingegen wirkten textlose Notenfolgen in Sinfonien und ›Gerechtigkeits-Geschwurbel‹, das Wagner im *Triumphlied* missfiel, wie geheime Zeichen jüdischer Weltverschwörer. Liszt und Wagner entzückten Klerus und Politiker; die Protestanten aus Leipzig und Hamburg gewannen die Anerkennung der Intellektuellen: Clara steuerte mittelfristig auf eine Position an einer Musikhochschule zu und Johannes winkten Ehrendoktorwürden im In- und Ausland. Liszt und Wagner verkehrten mit Päpsten und Königen; die Pianistin und der Komponist zumeist mit ihresgleichen, liberalen Bürgern und Vertretern der niederen Aristokratie. Von den Orten, die mit Clara und Johannes in Verbindung stehen, sind unscheinbare, zumeist Kulturliebhabern bekannte Häuser geblieben. In den Bayreuther Domizilen von Liszt und Wagner gingen und gehen Fürsten, Kaiser, Diktatoren, Kanzler und Präsidenten ein und aus.

Clara und Johannes erkannten keineswegs immer deutlich, wo die Front verlief. Das aasig-freundliche Getue der Neudeutschen konnte aber nicht darüber hinwegtäuschen, dass eine Versöhnung längst nicht mehr möglich war.

Eine künstlerische Notwendigkeit

Ab Mitte Oktober 1876 weilte Clara in Baden-Baden als Gast ihrer früheren Nachbarin. Dort traf sie auch Johannes wieder, der sich im Zuge der Vorbereitungen zur Uraufführung seiner Sinfonie zunächst sehr zugeknöpft gab. »Johannes besucht mich fleißig, aber ich höre nichts von ihm und wage nicht zu fragen, da er neulich eine Anfrage meinerseits abwehrte«, notierte Clara im Tagebuch. Dies war in der angespannten Vorbereitungsphase zur Premiere nur allzu verständlich, denn in der Korrespondenz mit dem neuen leitenden

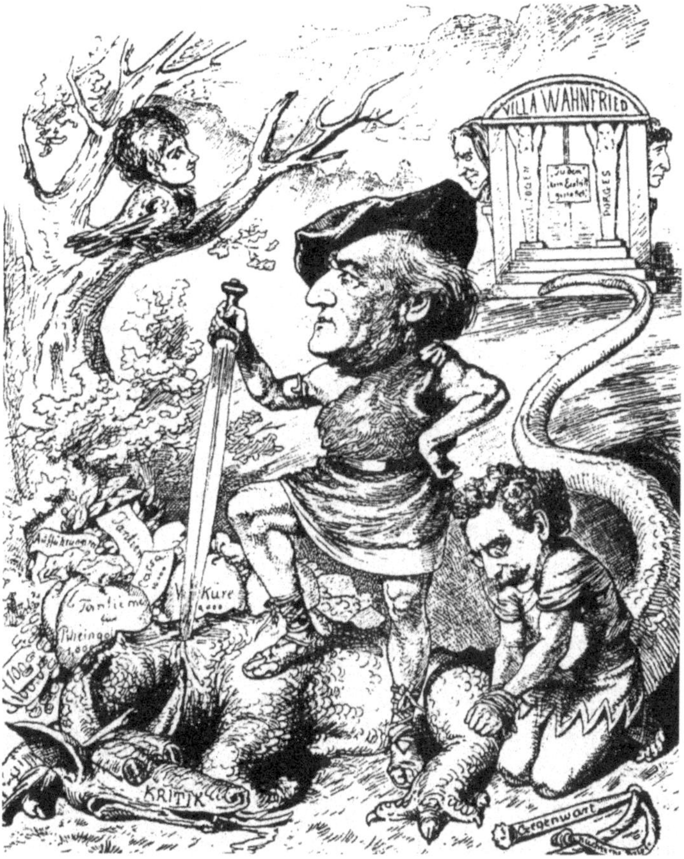

Karikatur von C. von Grimm in der Zeitschrift »Schalk« (Leipzig 1879): »Siegfried-Wagner hebt den ›Schatz‹ der Nibelungen.« Die Unterzeile lautet: »Da lieg auch du – dunkler Wurm! / Den gleißenden Hort heb' ich hurtig.« In Gestalt des Helden Siegfried hat Richard Wagner den Drachen der Kritik erlegt. Symbolisch wird der Journalist Paul Lindau gefangen gehalten, der es gewagt hatte, mit seinen »Nüchternen Briefen aus Bayreuth« 1876 Wagner zu kritisieren. Neben ihm liegt die Peitsche der »Gegenwart« parat. Hinter dem Drachen finden sich die Geldsäcke mit den Aufführungstantiemen für »Das Rheingold« und »Die Walküre«, die bereits vor den ersten Bayreuther Festspielen uraufgeführt wurden. Bei der Villa Wahnfried im Hintergrund dienen die Wagner-Apologeten Hans von Wolzogen und Heinrich Porges als Karyatiden; aus den Seitenfenstern schauen Franz Liszt und Cosima Wagner heraus. An der Pforte ist ein Schild angebracht: »›Juden‹ kein Eintritt gestattet!«

Dirigenten der Karlsruher Hofoper, Otto Dessoff, besprach er, ob die Sinfonie »gewaltsam gekürzt« werden muss.[723] Dabei ging der Komponist dem Maestro mitunter zu weit. Beim Adagio »wird es wohl kein Mensch merken, so rund und vollendet ist es in der Form«, meinte Dessoff, aber »beim Intermezzo hätte ich wohl gewünscht, daß Sie den Schluß nicht gar so sehr gekürzt hätten«, denn »der Grund dieses übertriebenen Laconismus« leuchtete ihm nicht recht ein.[724] Johannes achtete den erfahrenen Orchesterleiter: Er kam wie Clara aus Leipzig, wo Johannes ihn 1853 kennenlernte, und hatte in seinen fünfzehn Jahren an der Wiener Hofoper die Philharmoniker zu einem Eliteensemble geformt. Aber gegenüber dieser Autorität sorgte Johannes Brahms auch dafür, dass »keiner der so kostbaren Takte von früher« wegfiel.[725] Die Anspannung war enorm, denn wie ein Rezensent der ersten Aufführung konstatierte, war »nach mehr als zwanzigjähriger Componistenthätigkeit« diese erste Sinfonie »eine künstlerische Nothwendigkeit« und »je länger er damit gezögert hätte, desto gesteigerter war die Erwartung«.[726]

Fünf Wochen vor der Premiere im 40 Kilometer entfernten Karlsruhe durfte Clara einen vorzeitigen Eindruck erhalten von dem sinfonischen Erstling, der ihren Freund seit der ersten Begegnung umtrieb: »Johannes spielte mir zwei Symphoniesätze vor, was mich enorm interessirt hat – ich warte noch auf die zwei andern Sätze um mir ein Urtheil festzustellen. Großartig sind die zwei (1. und letzter Satz), schwungvoll, geistreich, durch und durch; nur wollen mir die Melodien nicht reich genug erscheinen, doch ich muß eben das Ganze hören!«[727]

Wie Clara schon früher selbst erkannt hatte, bereitete ihr das Erfassen ganzer Partituren Schwierigkeiten. Auch am Klavier konnte sie Sinfonien nur unzureichend nachvollziehen. »Den 10. spielte mir Johannes seine ganze Symphonie vor; ich kann nicht verhehlen, daß ich betrübt, niedergeschlagen war, denn sie will mir anderen seiner Sachen als F-moll-Quintett, Sextetten, Clavierquartetten nicht gleichbedeutend erscheinen«, hielt sie im Oktober die ersten Eindrücke im Tagebuch fest. »Es fehlt mir der Melodien-Schwung, so geistreich auch sonst die Arbeit ist. Ich kämpfe viel, ob ich ihm das sagen sollte, aber ich muß sie doch erst mal vollständig vom Orchester hören.«[728] Die Gelegenheit, die Uraufführung am 4. November 1876 in dem im Stadtzentrum gelegenen Gebäude der Museumsgesellschaft Karlsruhe unter Leitung von Otto Dessoff zu erleben, verpasste Clara, weil sie sich auf eine Konzerttournee begeben hatte, die sie nach Barmen, Hamburg, Hannover, Leipzig und Breslau führte. Erst Anfang Januar reiste sie eigens für Darbietungen nach Leipzig und besuchte die Generalprobe und eine Aufführung. »Die Symphonie wunderbar großartig, ganz überwältigend!«, schwärmte Clara in einem Brief an Johannes unter dem Eindruck des mitreißenden Orchesterklangs. »Besonders der letzte Satz mit seiner genialen Introduction packte mich ganz merkwürdig, die Introduction so düster, wahrhaft erschütternd klärt sich dann so nach und nach bis zu dem sonnigen Motiv des letzten Satzes, bei dem sich das Herz einem förmlich erweitert, wie Frühlingsluft nach langen trüben Tagen erquickt. Im ersten Satz finde ich das zweite Motiv nicht reich genug – es fehlt ihm nach meinem Gefühl an Schwung … Ueber das Adagio würde ich mir noch kein Urtheil zutrauen, ehe ich es nicht noch einige Male gehört. Der dritte Satz ist ein kleines Bijou, zart und anmuthig bis auf eine Stelle in der Mitte, die mir trocken erscheint. Im Ganzen ist das Werk aber ein Großes und man kann nicht dankbar genug für solch eine neue Schöpfung sein.«[729]

Nur drei Tage nach der Uraufführung hatte Brahms mit Erlaubnis von Kapellmeister Ernst Frank seine Sinfonie selbst bei einem Konzert in Mannheim geleitet, einer Wagner-Hochburg, wo 1871 Emil Heckel als Musikalienhändler und Gründer einer Konzertvereinigung den ersten Richard-Wagner-Verband gegründet hatte (Gesellschaften für Schumann und Brahms formierten sich erst lange nach dem Tod von Clara und Johannes). Darüber hinaus gehörte Heckel dem Bayreuther Verwaltungsrat an und nutzte seinen Einfluss, für die Sache zu werben und daheim Druck auf das Hoftheaterkomitee auszuüben. Der Dirigent Hans von Bülow versprach ihm dabei Unterstützung, denn in einem »Hauptstandort süddeutschen Musiklebens« müsse man »ein klassisches, deutsches Repertoir« bieten, »ungestört durch ›welschen Tand‹«.[730] Als man sich des Kapellmeisters Vinzenz Lachner endlich entledigen konnte, wurde Ernst Frank zum Nachfolger berufen. »Denn ein Jude zieht immer den anderen nach«, schrieb Heckel an Wagner. »Da wir den Juden stürzten, war natürlich die hiesige Judenschaft gegen uns mit den Alten, und so konnten wir noch nicht durchdringen. Thut aber nichts, es wird immer energisch weiter gewirkt.«[731]

Der Opernkomponist und Dirigent Frank war ein Freund von Johannes Brahms, was Heckel ein Dorn im Auge war. Er nannte ihn verächtlich den »heiligen Johannes«,[732] und als Brahms sich vorübergehend in Ziegelhausen bei Heidelberg niederließ, höhnte der Wagner-Prophet, »so werden wir hier öfters Gelegenheit haben, den Apostel zu sehen« und mahnte im nächsten Satz: »Frank wird vielleicht dadurch immer kecker – zum Beweis sende ich Ihnen hiermit eine Brochüre, wo Sie auf Seite 10 einen sehr liebenswürdigen Ausfall dieses Heuchlers finden werden.«[733] Kaum sei man Lachner losgeworden, habe der als Abschiedspräsent »nun zur Rache einen noch grösseren Intriganten auf den Stuhl gesetzt«, schrieb er im Jahr der Mannheimer Aufführung von Brahms' sinfonischem Frühwerk. Frank hielt sich am liebsten aus den Streitigkeiten heraus und wollte einfach nur als Musiker sein Bestes geben. »So sind die Deutschen stets gewesen, immer müssen sie vergleichen und streiten, statt einfach zu empfinden und zu genießen. Komisch!«, schrieb er an Brahms.[734]

Weitere Aufführungen der ersten Sinfonie folgten am 15. November in München – wo der mit Brahms noch nicht vollends entzweite Hermann Levi für das Hoforchester zuständig war –, am 17. Dezember 1876 in Wien sowie im folgenden Jahr am 18. Januar in Leipzig, am 23. Januar in Breslau und am 8. März 1877 im englischen Cambridge. Hermann Levi zeigte sich maßlos begeistert von Brahms' Fähigkeiten als Orchesterleiter und ließ Clara wissen, »als Dirigenten habe ich Brahms wieder bewundert, und in den Proben manches von ihm gelernt«.[735] Clara umriss in ihrem Tagebuch, welcher außerordentlichen Merkmale es bedürfe, eine Brahms-Sinfonie zum Leben zu erwecken. Für sie war es »ganz begeisternd, wie er das Orchester anfeuerte, es mit sich fortriß wie in einen Strudel, dann wieder mit sicherer Hand auf den klaren Spiegel des Stromes brachte – eine Kunstleistung seltenster Art.«[736]

Die »Erste« selber wurde in den Wagner-affinen Kreisen zumeist kühl aufgenommen. »Die Aufführung der Sinfonie war ganz vortrefflich«, berichtete Hermann Levi Clara von der Uraufführung in Karlsruhe. »Der letzte Satz ist wohl das Größte, was er bisher auf instrumentalem Gebiete geschaffen; nächst ihm steht mir der erste Satz. Aber gegen die beiden Mittelsätze habe ich meine Bedenken; so schön sie an sich sind, so scheinen sie mir doch eher in eine Serenade oder Suite zu passen als in eine sonst so groß angelegte Sinfonie.«[737]

Hans von Bülow gab einen Kommentar von sich, der eine fast noch lästigere Bürde darstellte als einst Robert Schumanns gutgemeinter Aufsatz über Brahms. Für Bülow war – neben Haydn, Mozart, Liszt und Wagner – Beethoven der Größte. So wie jemand, der einen Hammer hat und dementsprechend überall nur Nägel sieht, fiel

Bülow nichts Besseres ein, als Brahms' sinfonischem Erstling das Etikett »Beethovens Zehnte« zu verpassen. Die Zuschreibung war nicht als Kompliment gemeint, hieß es doch – unter Anspielung auf den Komponisten Max Bruch – in dem Text aus dem Jahr 1877 im Zusammenhang: »Erst seit meiner Kenntniß der zehnten Symphonie, alias der ersten Symphonie von Johannes Brahms, also erst seit sechs Wochen, bin ich so unzugänglich und hart gegen Bruch-Stücke und dergleichen geworden. Ich nenne sie die zehnte, nicht, als ob sie nach der ›neunten‹ zu rangiren wäre; ich würde sie eher zwischen die zweite und die ›Eroica‹ stellen, ähnlich wie ich behaupte, daß unter der ersten (Cdur) nicht die von Beethoven, sondern die von Mozart componirte, unter dem Namen Jupiter bekannte, zu verstehen sei.«[738] Bülows Schubladendenken erfasste oberflächliche Einflüsse auf Brahms' Sinfonie, die keineswegs prägend waren. Beethoven nachzuahmen, wollte Johannes eher vermeiden, deswegen feilte er über zwei Dekaden an seinem ersten sinfonischen Werk. Zu oft glaubte er, es nicht schaffen zu können. »Du hast keinen Begriff davon, wie es unsereinem zu Mute ist, wenn er immer so einen Riesen (Beethoven) hinter sich marschieren hört«, klagte er einmal Hermann Levi.[739] Er wollte nicht in den Abgrund gerissen werden, in dem die vergessenen Nachahmer Beethovens endeten. Um dem zu entgehen, benötigte er einen anderen Kompass – und den fand er in Robert Schumann und Franz Schubert. In der Zeit, in der Brahms Wien erstmals erkundete, entdeckte man den gut dreißig Jahre zuvor verstorbenen Beethoven-Zeitgenossen Schubert wieder neu. Mendelssohn, der zuverlässige Freund der Schumanns, hatte bereits im März 1839 posthum die Große Sinfonie in C-Dur im Leipziger Gewandhaus uraufgeführt. Im Dezember 1860 dirigierte Johann von Herbeck im großen Redoutensaal der Wiener Hofburg die ersten beiden Sätze der 4. Sinfonie Schuberts, den dritten Satz der Sechsten und das Finale der Dritten. Fünf Jahre später stellte Herbeck an gleicher Stelle erstmals die erhaltenen Sätze der Sinfonie in h-Moll vor mit einem Orchester, das laut Programmzettel »61 Violinen und Violen, 12 Celli, 10 Contrabässe, Holzblasinstrumente doppelt, zusammen: 109 Instrumentalisten« umfasste.[740] Die beiden fertiggestellten Sätze wurden abgerundet durch das »Presto vivace«-Finale aus der dritten Sinfonie. »Wir müssen uns mit zwei Sätzen zufrieden geben, die, von Herbeck zu neuem Leben erweckt, auch neues Leben in unsere Concertsäle brachten«, konstatierte nach der Uraufführung Eduard Hanslick. Johannes und Clara dürften sicher geschmunzelt haben, über seine kessen Bemerkungen gegen die neudeutsche Schule. »Bezaubernd ist die Klangschönheit der beiden Sätze«, fuhr Hanslick fort. »Mit einigen Horngängen, hie und da einem kurzen Clarinett- oder Oboesolo auf der einfachsten, natürlichsten Orchester-Grundlage gewinnt Schubert Klangwirkungen, die kein Raffinement der Wagner'schen Instrumentirung erreicht.«[741]

So wie die h-Moll-Sinfonie für Schubert den Beginn einer neuen Phase seiner künstlerischen Laufbahn, ja, der sinfonischen Entwicklung überhaupt bedeutete – die sein früher Tod aufgrund einer Syphilis-Erkrankung abrupt beendete –, trat auch Johannes mit seiner ersten Sinfonie in ein neues Entwicklungsstadium ein. Und Clara half ihm dabei. Schuberts Anregungen boten eine Gegenposition zu Liszt und den Seinen. Robert hatte einst von der Großen C-Dur-Sinfonie geschwärmt und sich von dem »novellistischen Charakter, der sie durchweht«, inspirieren lassen. In einem Artikel meinte er, diese »Symphonie hat denn unter uns gewirkt, wie nach den Beethoven'schen keine noch«. Wesentlich erschien ihm das »Neue der Instrumentation, die Weite und Breite der Form, der reizende Wechsel des Gefühllebens«. All diese Bestandteile finden sich auch in der ersten Sinfonie von Brahms – wie bei Schubert, hätte Robert auch hier von der »eigenthümlichen Behandlung der Instrumente« sprechen können, die wie die »Masse des Orchesters« ziemlich »oft wie Menschenstimmen und Chor durcheinandersprechen«.[742] Und indem Brahms im letzten Satz eine Erinnerung an die Chorsinfonie aufblitzen ließ – im Allegro-Thema des Finales klingt die zweite Hälfte des Freudethemas an –, setzte er sich nicht in Bezug zu Beethoven, sondern zu Schubert, der im letzten Satz seiner Großen C-Dur-Sinfonie zu Beginn der Durchführung zunächst in der Klarinette auch die »Ode an die Freude« zitierte. »Der wahre Nachfolger Beethovens ist nicht Mendelssohn«, äußerte Brahms einmal, »auch nicht Schumann, sondern Schubert. Es ist unglaublich, was für Musik in dessen Liedern steckt. Kein Komponist versteht wie er richtig zu deklamieren.«[743]

Und auch in der Sinfonik traf Schubert für Johannes den richtigen Ton. Wenn Clara einst geklagt hatte, ihr wollten »die Melodien nicht reich genug erscheinen«, so mag es daran gelegen haben, dass sie Schwierigkeiten hatte, den expandierenden Kosmos der sich entwickelnden Brahmsschen Sinfonik zu entwirren. Doch langfristig muss ihr klar geworden sein, dass gerade in ihr ein Gegengewicht zu Bayreuth und dem Unfehlbarkeitsanspruch der neudeutschen Schule entstehen konnte. Hanslick hatte sogar geschrieben: »Die neue Symphonie von Brahms ist ein Besitz, auf den die Nation stolz sein kann.«[744] Wurde ihr in Deutschland je der Stolz entgegengebracht, den Brahms in Wien für Haydn, Mozart, Beethoven und Schubert, ja, letztlich auch für sein eigenes Œuvre spüren konnte?

In der Anfangsphase ihrer Karriere in den späten 1830er-Jahren hatte Clara noch Schubert-Liederbearbeitungen von Liszt im Repertoire. Ab 1862 aber begleitete sie die Schubert-Renaissance, indem sie Lieder, Impromptus, Moments musicaux, Fantasien, Sonaten, Klaviertrios und das »Forellenquintett« in ihre Konzertprogramme integrierte. Eine bezeichnende Anspielung in einer Rezension zur ersten Sinfonie von Brahms lautete, das Werk »ist eine Novität, die wohl eine Winterreise werth ist« und dass in ihm »ein poetischer Inhalt zum musikalischen Ausdruck kommt«.[745]

Die Sinfonie, die Johannes Clara einst am Klavier vorgestellt hatte und die in den ersten Aufführungen erklang, unterschied sich in Details von der Fassung, die man bei späteren Konzertaufführungen zu hören bekam. Clara wusste, dass sie behutsam vorgehen musste, aber Johannes hatte in musikalischen Dingen oft um ihren Rat gebeten. »Was ich über die Symphonie sagen wollte getraue ich mir eigentlich nicht so recht schriftlich, es ist solch ein Unterschied ob man etwas spricht oder schreibt«, begann sie vorsichtig. »In Einem bist Du meinem Wunsche unbewußt entgegen gekommen, mit der Umänderung des Adagio. Zwischen dem 1sten und letzten Satze bedarf der Geist nach meiner Empfindung etwas Ruhe, eines Gesanges, wenigstens am Anfange ohne die kunstvolle Umkleidung, die Einen zu keinem recht klaren Bewußtsein der eigentlichen Melodie kommen läßt. Im dritten Satz war mir immer der Schluß nicht ganz befriedigend, gar so kurz. Darf ich nun noch etwas über den letzten Satz, oder vielmehr über den allerletzten Schluß (Presto) sagen, so ist es das, daß mir musicalisch das Presto gegen die höchste Begeisterung vorher abfällt. Mir liegt in dem Presto die Steigerung mehr in der äußeren als inneren Bewegung; es kommt mir das Presto nicht wie herausgewachsen aus dem Ganzen vor, sondern als brillanter Schluß hinzugefügt.«[746]

Die überarbeitete Fassung der ersten Sinfonie erklang erstmals 1877 in Hannover und erschien im Herbst desselben Jahres im Druck. Wagner und Liszt hatten den gewichtigsten Teil ihres Œuvres fast vollendet; Brahms stand erneut an einem Anfang.

Klangethik und Zerschlagungsästhetik

Viel schlimmer als an Beethoven gemessen zu werden, war die Bürde, parallel zu den neuen Tendenzen in der Musik Größen wie Schubert, Mendelssohn und Schumann ersetzen zu müssen. Erst jetzt wurde deutlich, welch katastrophale Verluste das Musikleben innerhalb von einem Vierteljahrhundert zu verzeichnen hatte: Schuberts Tod 1828 im Alter von 31 Jahren, Mendelssohns unerwartetes Dahinscheiden 1847 mit 38 Jahren und Schumanns Verstummen Anfang 1854 mit 44 Jahren brachten eine wesentliche Entwicklungslinie zum Erliegen, zumal man mit Robert Schumann auch eines einflussreichen Musikliteraten entbehren musste. Auch wenn die Lebenserwartung im Deutschland des 19. Jahrhunderts statistisch gesehen für Männer nur bei 35,6 Jahren und für Frauen bei 38,4 Jahren lag, war sie in bürgerlichen Kreisen üblicherweise weit über dem Durchschnitt.[747] Wären alle so alt geworden wie Johannes, hätte Schubert bis 1851 wirken können, Mendelssohn bis 1873 und Schumann bis 1874; wären sie so alt geworden wie Clara, hätte Schubert bis 1864 Sinfonien und Opern schreiben können, Mendelssohn bis 1886 (dem Todesjahr von Liszt) und Robert Schumann bis 1887 (womit er Wagner um vier Jahre überlebt hätte). Die gelichteten Reihen der ästhetisch-ethischen Avantgarde bedeuteten schwere Verluste für Clara, Johannes und ihre Anliegen. Wozu es führte, wenn – wie Clara es formulierte – in den unterschiedlichsten Orten die Anhänger der neudeutschen Schule anfangen »Wurzel dort zu schlagen«,[748] zeigte sich in etlichen feindseligen Rezensionen zur ersten Sinfonie deutlich. Beethoven nachzufolgen galt als Nachahmerei, sodass Brahms sich der Auffassung eines Rezensenten zufolge »mit dem bescheidenen Ruhme eines bedeutenden Epigonenwerkes begnügen« müsse.[749] In seinen theoretischen Schriften vertrat Richard Wagner die Ansicht, damit sich in der Instrumentalmusik der »starre Ausdruck« brechen lässt, müsse man »seine melodische und rhythmische Form wirklich in Stücke zerschlagen«. Erst dadurch gelänge es, dass instrumentale Kompositionen »nach rein musikalischem Ermessen zu neuen, unendlich mannigfaltigen Formen verschmolzen« werden können. »Mozart«, eröffnete Wagner seine Argumentation, »begann in seinen symphonischen Werken noch mit der ganzen Melodie, die er, wie zum Spiele, kontrapunktisch in immer kleinere Theile zerlegte, Beethoven's eigentümlichstes Schaffen begann mit diesen zerlegten Stücken, aus denen er vor unseren Augen immer reichere und stolzere Gebäude errichtet; Berlioz aber erfreute sich an der krausen Verwirrung, zu der er jene Stücke immer bunter durch einander schüttelte, und die ungeheuer komplizierte Maschine, den Kaleidoskop, worin er die bunten Steine nach Belieben durch einander rüttelte.«[750]

Über Brahms lästerte Richard Wagner nur. Seine getreue Cosima hielt in ihrem Tagebuch lakonisch ein »Gespräch über Herrn Brahms« und »dessen schädlichen muckerischen Einfluss auf den gebildeten Bürgerstand« fest.[751] Für die Vertreter der neudeutschen Schule galten allein das Wagnersche Musikdrama und Liszts programmatische Sinfonik als die wahren Nachfolger von Beethovens Neunter, der Chorsinfonie. Unter der Perspektive des Hinter-sich-lassens, Überwindens und des Öffnens unerkundeter zukünftiger historischer Räume stand der Aspekt des Fortschritts im Vordergrund. Hanslick meinte, man dürfte die künstlerische Ausgestaltung und den Aussagegehalt ästhetischer Schöpfungen nicht außer Acht lassen. Er stellte eine Verbindung zu Beethovens Sinfonik unter einem anderen Blickwinkel her. »Man hat als einen Hauptcharakterzug das ethische Element in Beethovens Musik hervorgehoben, welche stets überzeugen, nicht blos erfreuen will«, schrieb er in seiner Besprechung der Wiener Erstaufführung von Brahms' Sinfonie im Dezember 1876, vier Monate nach den ersten Bayreuther Festspielen. »Diesen strengen, ethischen Charakter von Beethovens Musik, welche selbst im Frohsinn und Muthwillen einen ernsten Geist, eine dem Ewigen zugewendete Seele verräth, finden wir sehr entscheidend auch in Brahms.«[752] Auch andernorts konstatierte man, dass die erste Sinfonie mit »tragischen Accenten« aufgewartet hat, »wohin er aber nunmehr in seiner zweiten Symphonie, die sicher kommen muss, sich wenden wird, sind wir nach den Eindrücken, die seine erste auf uns gemacht hat, um so gespannter zu erfahren«.[753]

Das neue liebliche Ungeheuer

Eine der liebsten Freizeitbeschäftigungen von Clara und Johannes war spazieren zu gehen oder zu wandern. Da die Städte zu ihrer Zeit noch nicht so dicht bebaut waren, war der Weg zu Wiesen, Feldern und Bäumen nicht allzu weit. Geräusche der Natur gehörten zu ihren prägendsten Erfahrungen. So wie ein Wiener Literat die Eindrücke der damaligen Zeit schilderte, könnte man auch die ständig wechselnden akustischen Impressionen beschreiben, die eine Brahms-Sinfonie bietet. »Man horchte auf die Stimmen der Vögel, die in den Kronen der Bäume saßen wie in den sinnvoll verschlungenen Kapitalen eines Domes«, hieß es in den Erinnerungen. »Man horchte und horchte. Bald redete der Wald wie eine Orgel, dann fing er zu ticken an wie eine Uhr, dann ging er mit dumpfem Schritt, dann fing er leise und verdächtig zu pfeifen an, dann brach er in ein Hohngelächter aus, in ein lawinenartiges Sausen und Brausen und schließlich in ein Gebrüll, als ob er voll reißender Bestien steckte.«[754] Johannes wusste, dass er wie einst Schubert und Claras Mann, für jede neue Sinfonie eine andere Klangrede, andere blubbernde, schmeichelnde, pochende, kichernde, greinende, johlende und jubilierende Instrumentalwirkungen ersinnen musste. Seine Neugier hinsichtlich der physikalisch-medizinischen Zusammenhänge von Klangwirkungen befriedigte sein gelehrter Freundeskreis, mit dem er auch Italien bereiste, wie etwa der Physiker Franz Serafin Exner und der Arzt Theodor Billroth aus Wien sowie Johannes Barbieri, Professor für Photographie am Photographischen Institut der ETH Zürich. Über Hanslick dürfte Brahms auch mit Helmholtz' *Lehre von den Tonempfindungen als physiologische Grundlage für die Theorie der Musik* vertraut gewesen sein. In seiner Bibliothek besaß er Ernst Brückes *Über die Wahrnehmung der Geräusche* und Billroths in mehrfachen Auflagen erschienene Texte über die Wirkung der Musik und anderer Künste auf die Sinne und den Organismus, die später in der von Hanslick herausgegebenen »Nachgelassenen Schrift« *Wer ist musikalisch?* zusammengefasst wurden.

Innerhalb kürzester Zeit begann Brahms während seines Sommerurlaubs 1877 in inspirierender Umgebung in Portschach am Wörther See in Kärnten – wo später auch Alban Berg, Gustav Mahler und Hugo Wolf Anregungen suchten –, Eindrücke für seine zweite Sinfonie zu Papier zu bringen, die er in Baden-Baden vollendete. Clara nahm lebhaften Anteil an dem neuen Werk. »Johannes kam heute Abend und spielte mir den ersten Satz seiner zweiten Symphonie D-dur vor, der mich hoch entzückte«, notierte sie im Tagebuch. »Ich finde ihn in der Erfindung bedeutender als den ersten Satz der ersten Symphonie … Auch vom letzten hörte ich einen Theil und bin ganz voller Freude darüber. Mit dieser Symphonie wird er auch beim Publicum durchschlagenderen Erfolg haben als mit der ersten, so sehr diese auch die Musiker hinreißt durch ihre Genialität und wunderbare Arbeit.«[755]

Das »neue liebliche Ungeheuer«, wie Brahms die zweite Sinfonie nannte,[756] war in seiner Vielschichtigkeit kaum in einer für das private Kennenlernen erstellten Pianofortefassung einzufangen. Der Klavierauszug für vier Hände traf pünktlich zum Weihnachtsfest 1877 bei Clara in Berlin ein. »Leider war es aber so schwer zu lesen, daß ich Niemanden fand, der es ordentlich mit mir spielen konnte«, hielt sie im Tagebuch fest. »Und dennoch war ich über vieles schon ganz entzückt.«[757] Brahms' Verleger Fritz Simrock ließ den Komponisten kurz nach den Festtagen wissen, dass er bei einem Besuch festgestellt habe, wie man im Hause Schumann noch immer mit der schwierigen Klavierfassung der Partitur zu kämpfen hatte. Die Noten »fand ich am zweiten Feiertag bei Frau Schumann«, schrieb er, »(Hofkapellmeister) Radecke plagte sich mit ihr; und man konnte schon soviel hören, um das Werk herrlich zu finden«.[758]

Clara musste bald feststellen, dass die vermeintlich zugänglichste seiner Orchesterkompositionen durchaus hintergründig war. Johannes selbst machte dazu überspitzt formulierte Andeutungen, wie er habe »noch nie was so Trauriges, Molliges geschrieben«. In Briefen an seinen Verleger Simrock wies er darauf hin, man solle die »Partitur mit Trauerrand drucken« und die »Musiker sollten schwarze Armbinden tragen« bei den Aufführungen.[759] Dies war zwar nicht der Fall, als das Werk bereits Ende 1877 unter der Leitung von Hans Richter in Wien uraufgeführt wurde, dennoch kann man Brahms' Hinweise bezüglich der eher schwungvollen Sinfonie nicht vollends ignorieren. Überraschenderweise finden sich ungewöhnliche Posaunenstellen bereits im ersten Satz. Normalerweise verwendete Brahms die Posaunen eher klassisch, beispielsweise, wenn ihr sonorer Klang in der ersten Sinfonie schlussendlich im Finale zum Einsatz kommt. Doch in der zweiten Sinfonie unterbrechen sie bereits kurz nach Beginn eine von den ersten Geigen und Celli »dolce«, zart, auszuführende Passage. Posaunenrufe tauchen im ersten Satz, dem längsten des Werks, noch öfter auf und führten 1879 zu einem Disput mit Vincenz Lachner: »Warum werfen Sie in die idyllische heitere Stimmung, mit der sich der erste Satz einführt, die grollende Pauke, die düstern lugubren Töne der Posaune und Tuba?« Brahms entgegnete, dass er sich »sehr gewünscht« habe, »in jenem ersten Satz ohne Posaunen auszukommen«, jedoch sei er »ein schwer melancholischer Mensch«.[760]

Dies wusste Clara, aber die subtilen instrumentalen Details ließen sich für sie anhand eines Klavierauszugs nicht nachverfolgen. Sie erkannte gewiss, wie melodisch und beschwingt Brahms' Zweite zuweilen wirkte. Kein Wunder, denn man findet Zitate aus Frühlings- und Wiegenliedern wie etwa »Guten Abend, gut' Nacht« aus op. 49 im lyrischen Seitenthema sowie in der Coda am Schluss eine Anspielung auf das Lied »Es liebt sich so lieblich im Lenze«, op. 71, Nr. 1. All diese volkstümlichen Elemente geben der Sinfonie etwas Pastorales, zumal Brahms ja auch ein Naturfreund und begeisterter Wanderer war, was der Sinfonie ihren mitunter entspannt schlendernden Rhythmus verleiht. Aber Brahms selbst hatte stets zu bedenken gegeben, man solle das jeweilige Umfeld der Werke mit in Betracht ziehen. Im selben Sommer des Jahres 1877 komponierte er auch die Motette »Warum ist das Licht gegeben dem Mühseligen«, op. 74, die er als »eine kleine Abhandlung über das ›große Warum‹« bezeichnete, ja, erst sie werfe »den nöthigen Schlagschatten auf die heitre Symphonie u. erklärt vielleicht jene Pauken u. Posaunen«.[761] Dementsprechend bietet die zweite Sinfonie eher eine gebrochene Idylle, bei der Kontrastwirkungen dominieren und immer wieder dramatische Ausbrüche neben dem eingängigen Fluss der Musik den Grübler Brahms erkennen lassen. Clara kannte seine Vokalwerke und die Zusammenhänge waren ihr sicherlich bewusst, als sie in einem Brief an den Dirigenten Hermann Levi auf den »ganz elegischen Charakter« des ersten Satzes hinwies.[762]

Kaum jemand dürfte damals ein tieferes Verständnis für seine Musik gehabt haben als sie. Mit dem Dirigenten der Uraufführung, Hans Richter, war Brahms zumeist unzufrieden. »Als meine *Tragische Ouvertüre* gemacht und sanft abgelehnt wurde, kam einige Wochen später die *Akademische Festouvertüre* dran«, erzählte Brahms. »Ich kam zur Probe. Hans Richter und alle anderen waren wenig freundlich und animiert, es wurde liederlich geprobt. Da wurde ich wild, ging zu Richter und sagte ihm vernehmlich: ›Sie sollten nichts spielen, was Ihnen unangenehm ist, oder nicht gefällt. Leben Sie wohl!‹ Später erfuhr ich, daß Richter ganz ›begossen‹ war, daß daraufhin fleißig studiert wurde und als die Ouvertüre gefiel, war wieder heller Sonnenschein.«[763]

Es war gar nicht so einfach, einen geeigneten Dirigenten zu finden, der sich bemühte, die Besonderheiten einer Brahms-Sinfonie zu verstehen. Korrektes Durchexerzieren der gedruckten Noten reicht nicht. Die Sätze seiner Sinfonien stehen nicht beziehungslos nebeneinander, sondern beinhalten subtile Querverbindungen und streben stets auf ein eindrucksvolles Finale zu. Um ein solch substanzreiches Werk mit Leben zu erfüllen, waren die epischen Dirigenten der Wagnerschen und Brucknerschen Tonkolosse kaum geeignet, da sie keine Geduld für Feinheiten und Spontaneität hatten. Als Einheit stiftendes Element der zweiten Sinfonie dient ein Kernmotiv: Fast alle Themen sind aus dem Pendelmotiv des Beginns abgeleitet, das zunächst in Celli und Kontrabässen erklingt. Man vernimmt es unter anderem auch in der Mitte des zweiten Satzes und in den ruhigeren Passagen des vierten Satzes beim Triolenthema. Im Finale entfacht Brahms einen orchestralen Orkan, der die ausgewogene Synthese von Balance, Form und Emotion spektakulär abrundet. Nicht nur bei Brahms' Klavierspiel findet sich – wie Schumann es einst formuliert hatte – ein aus der Tradition heraustretendes Spiel, sondern auch bei den Instrumentalwerken »ein Orchester von wehklagenden und laut jubelnden Stimmen«. Letzten Endes war Brahms selbst dafür der beste Interpret. Aber was sollte aus seiner Musik werden, wenn sich kein anderer geeigneter Dirigent fand?

Glücklicherweise übertrumpfte die Qualität der Musik von Brahms' zweiter Sinfonie Richters Schlampigkeit. Unverzüglich informierte Johannes Clara mit einem Telegramm, dass die Sinfonie in Wien gut aufgenommen wurde. Und Clara gratulierte postwendend. Wehmut beschlich sie, dass sie nicht dabei sein konnte, aber sie freute sich: »Welch schöner Jahresabschluß für Dich und mich mit!«[764] Oft vermisste sie die Nähe zu Johannes und klagte dann wohl mehr als einmal: »Wäre doch das Wien nicht so weit – *wie gern* käme ich 'mal.«[765]

7 Neue Bastionen, neue Konflikte (1878–1882)

Haarige Angelegenheiten · Widerstand gegen Pedal-Gerassel und unedle Kunst · Exorzismus und Weihe · Viel Lärm um Nationales · Sinfonische Konkurrenz · Neue Musik zum Lächeln · Fundamentalismus gegen Humanität

Die Menschheit muß ja mit der Zeit gesunden an dem Wahren, Herrlichen, das Brahms auf dem Wege seiner Vorgänger fortschreitend schafft.[766]
Clara Schumann

Gäbe es eine ›Antipfaffenpartei‹ – das hätte noch Sinn! Aber Antisemitismus ist Wahnsinn![767]
Johannes Brahms

Haarige Angelegenheiten

Lediglich einen einzigen Vorteil hatte es für Johannes, dass er Clara nicht mehr so oft begegnete: Er konnte sich Ende 1878 endlich einen Bart wachsen lassen! Zwei Anläufe hatte er bereits unternommen, aber noch Mitte der 1860er-Jahre hatte sie bereits die ersten Ansätze zunichtegemacht. »Die Feinheit seines Gesichts ist ganz verloren dadurch«, kommentierte Clara entsetzt.[768] Möglicherweise hing sein Bestreben, sich eine Zierde um Mund und Kinn zuzulegen, damit zusammen, sich auch äußerlich von Wagner, Liszt, Bruckner und ihresgleichen abzugrenzen. »Mit rasiertem Kinn wird man entweder für einen Schauspieler oder einen Pfaffen gehalten«, sagte er.[769] Im Freundeskreis von Brahms waren bei Billroth, Hanslick, Heuberger, Joachim oder Widmann mächtige Bärte durchaus üblich. »Das Fehlen eines Bartes ist üblicherweise ein Zeichen für physische

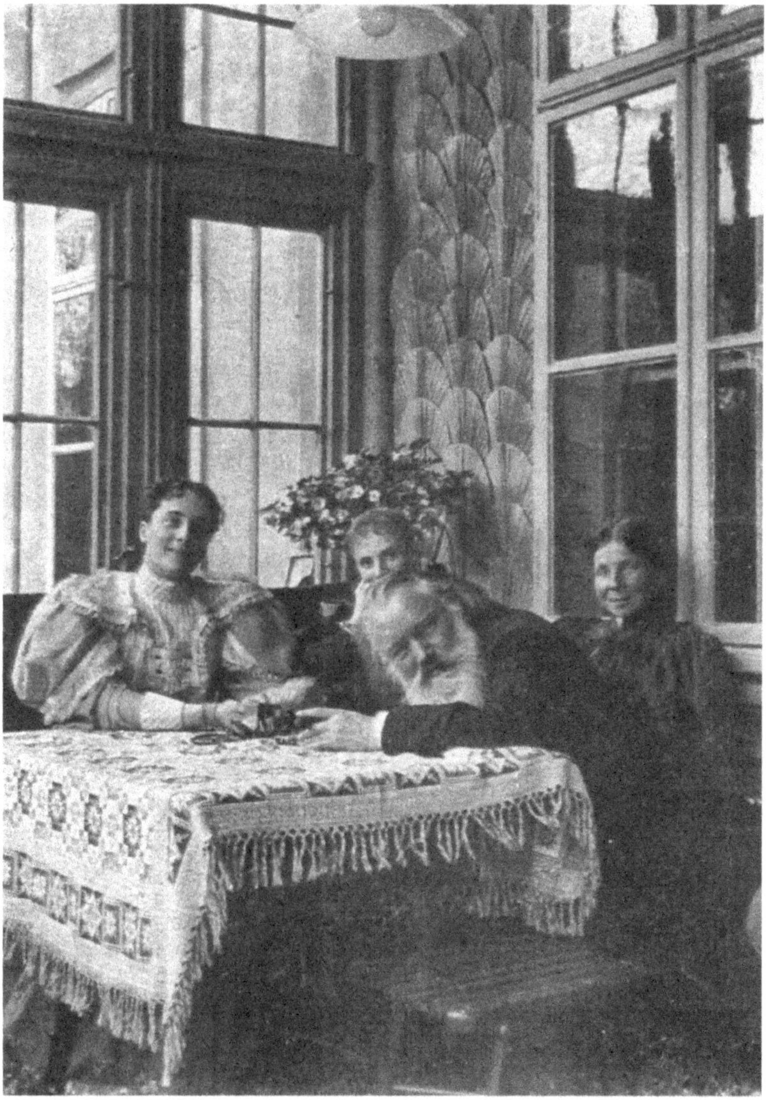

Nicht nur als junger Mann immer zu Späßen aufgelegt: Ein Foto von Maria Fellinger zeigt Brahms auf der Veranda des Arenberg-Palais in Wien am 3. Mai 1896 mit Clärchen Franz, Anna Franz und Marie Baumayer.

und moralische Schwäche«, meinte Thomas S. Gowing, der 1854 das Bändchen *Die Philosophie der Bärte* verfasste – zum Zeitvertreib zwar, aber es spiegelt eine durchaus verbreitete Haltung. Johannes war stolz auf seinen Schmuck und schickte Clara im Dezember 1880 ein Bild mit dem Kommentar. »Liebe Clara, inliegendes ist das Neueste vom Jahr, der schöne Bart ist jetzt zum drittenmal photographiert, und mir scheint, das Gesicht lächelt, weil es Euch zum Fest gratulieren darf.«[770]

Ob Brahms noch seine Platen-Vertonung im vierten Lied seines Liederzyklus op. 32 im Sinne hatte? »Der Strom, der neben mir verrauschte, wo ist er nun?«, fragt das lyrische Ich. »Und jener Mensch, der ich gewesen, und den ich längst / Mit einem andern ich vertauschte, wo ist er nun?« In dem Vierteljahrhundert seit er Clara kannte, hatte sich viel verändert. Mittlerweile konnte man sich etablieren, das Auskommen war gesichert, aber es wurde klar: Ihre Familie war zerstört und er würde nie eine eigene haben. Johannes hatte die Bindungsangst um eine private Stabilität gebracht, Clara verwandtschaftliche Disposition und gesellschaftliche Entwicklungen um ein Leben in Frieden und Geborgenheit. Etliche ihrer Nachkommen waren tot, geistesgestört oder drogensüchtig. Felix war das Letzte ihrer Kinder, das sie zu Grabe tragen musste. Er war im Herbst 1878 todkrank nach Deutschland zurückgekehrt, um im Kreis seiner Familie zu sterben. Seine Ziellosigkeit und seine Tuberkulose beunruhigten Clara. »Felix hatte eben Talent zu vielem, in keiner Sache aber außerordentliche Begabung«, stellte sie in einem Brief an Johannes resigniert fest.[771] In einer Familie mit vielen Talenten gab er den Möchtegernkünstler. »Langes Gespräch mit Johannes über Felixens dichterische Begabung«, notierte sie im Tagebuch, »die Johannes nicht abspricht, aber den Weg, den er mit den Mysterien betreten hat, nicht billigt.«[772] Johannes hatte keinen Sinn für esoterisches Salbadern, aber aus den Gedichten seines Patenkindes, von denen Eugenie einige für ihn abschrieb, wählte er drei für eine Vertonung aus: »Meine Liebe ist grün wie der Fliederbusch«, »Wenn um den Holunder der Abendwind kost« (op. 63, Nr. 5 und 6) sowie »Es brausen der Liebe Wogen« (op. 86, Nr. 5).

Während Johannes dem Schwerkranken mit seiner Musik ein Denkmal setzte, konnte es Clara nur durch ihre Interpretationen. Am Vorabend der Nacht, in der bei Felix der Todeskampf einsetzte, musste sie bei einem der Frankfurter Museumskonzerte auftreten. Wie Jahre zuvor für Julie, konnte sie ihm nur ein perfektes Konzert widmen. »Mein Herz blutete, als ich Felix gute Nacht sagte, ins Concert gehend«, bekannte sie im Tagebuch. »Der Contrast war so schrecklich! ich sah das ganze Concert hindurch nur ihn, seine abgemagerte Gestalt, seinen erloschenen Blick, ach und seine Athemnoth – es war entsetzlich! und dennoch spielte ich ganz glücklich, ohne auch nur eine verunglückte Note!«[773]

Die Verbindung mit Johannes, der sie durch so viel bedrückende Lebensphasen hindurch begleitet hatte, blieb für sie eine verlässliche Konstante. »Du weißt, wie's mich freut, Dir im Geiste immer folgen zu können«, schrieb ihm Clara, der es immer schwerer fiel, Briefe zu Papier zu bringen, denn »der Arm mahnt sehr«.[774] Johannes plagte kein Rheumatismus, aber er klagte: »Mein Arm erlaubte mir nun noch lange das Schreiben, aber die Zeit fehlt.«[775] Die reproduzierende Künstlerin musste aufgrund ihrer körperlichen Beeinträchtigungen zunehmend kürzertreten, da sie »eine Woche zwischen den Konzerten Ruhezeit« brauchte.[776] Brahms reiste noch gerne als produzierender Künstler, Pianist, Dirigent und Berater bei Aufführungen seiner Werke, genoss seine Urlaubstouren nach Italien, kehrte aber auch ohne Bedauern wieder zurück, denn er meinte, »das Bummeln erträgt man nicht gut länger«.[777] Der Wille zum Tatendrang war vorhanden. Aber was konnte man einem Monument wie dem Festspielhaus in Bayreuth entgegensetzen?

Widerstand gegen Pedal-Gerassel und unedle Kunst

Da die Vertreter der neudeutschen Schule ihren ›Vatikan‹ in Bayreuth hatten und ihren *L'Osservatore Romano* in der *Neuen Zeitschrift für Musik*, mussten Clara und Johannes entsprechende Pendants finden. Dafür boten sich in den kommenden Jahren ein Frankfurter Konservatorium, ein Wiener Archiv und eine thüringische Kulturhochburg an.

Nachdem sich Clara 1871 noch nicht dazu durchringen konnte, sich dauerhaft an das Konservatorium in Berlin zu binden, zögerte sie zunächst auch, als Anfragen aus Frankfurt kamen. »Ich möchte noch mal 20 Jahre jünger sein, um noch recht viel spielen zu können, so wie ich es jetzt thue, besser als früher«, klagte sie im Tagebuch. »Gäbe es doch mehr Neues, das ist recht eine Entbehrung für mich. Ich studire so gern Neues, das regt mich so an, verjüngt mich.«[778] Allmählich wurde sie unsicher, wie lange sie bei ihren anhaltenden gesundheitlichen Beeinträchtigungen noch anstrengende Konzertreisen durchhalten konnte. War sie bei ihren früheren elf Tourneen nach Großbritannien, die sie innerhalb von 17 Jahren bis 1873 unternommen hatte, auf der ganzen Insel bis nach Manchester, Liverpool, Glasgow und Edinburgh herumgereist, so beschränkten sich die acht Konzertreisen zwischen 1876 und 1888 auf London. Warum sollte sie ihre Erfahrungen nicht an die nächste Generation weitergeben? Sie hatte ohnehin schon etliche Klaviereleven aus Großbritannien und Deutschland, wobei sie selbstverständlich ausschließlich konzerttaugliche Aspiranten ausbildete.

In Frankfurt waren mittlerweile die Planungen zur Gründung eines Konservatoriums weit gediehen. Der musikbegeisterte, wohlhabende Rechtsgelehrte Joseph Hoch hatte 1874 ein durch Erbschaft erworbenes Vermögen im Wert von einer Million Goldmark für eine Stiftung hinterlassen, um ein Institut für »die Förderung der Musik in jeder Weise und die unentgeltliche Unterweisung unvermögender musikalischer Talente in allen Zweigen der Tonkunst« zu ermöglichen.[779] Seine Witwe, die Freiin Ottilie von Sodenstern, überlebte ihn um 48 Jahre und konnte sich noch daran erfreuen, wie die fähigsten Künstler aus ganz Deutschland umworben wurden, am Erfolg des Konservatoriums mitzuwirken.

Als Clara im Februar 1878 zu einem Konzert in Frankfurt gastierte, endete ihr Aufenthalt »noch mit einer großen Aufregung« für sie, wie sie dem Tagebuch anvertraute. Dass sie sich in Berlin nicht wohlfühlte, hatte sich in Künstlerkreisen herumgesprochen. »Unter uns gesagt, wir bleiben hier nicht, ziehen jedenfalls wieder fort«, hatte sie Johannes schon drei Jahre zuvor geschrieben. »Marie stimmt mit mir, auch sie sehnt sich förmlich hier fort.«[780] Und so redeten ihr Honoratioren der hessischen Stadt »ganz furchtbar zu«, den Lehrkörper des neuen Konservatoriums zu unterstützen und sich vor Ort niederzulassen. »Ich hatte ja nie an Frankfurt gedacht, und doch manche Gründe *dafür* leuchteten mir wohl ein«, grübelte sie. »Ich käme dem Rhein wieder nah, wäre so recht im Mittelpunkt von Deutschland, Rhein, Schwarzwald, Schweiz, Bayern alles nahe! Die Stadt künstlerisch manches bietend, das herrliche Museums-Orchester, das Theater einen ganz neuen Aufschwung unter Otto Devrient in Aussicht stellend, die Stadt nicht zu groß, Alles viel leichter zu erreichen als von Berlin, die nächste Umgegend schön, der Wald eine halbe Stunde per Eisenbahn, kurz viele Annehmlichkeiten!«[781]

Nicht zuletzt bot sich für Clara Schumann in Frankfurt die Gelegenheit, dass sie dem von ihr stets scharf kritisierten Treiben des modernen Kulturlebens etwas entgegensetzen konnte, sei es dem »Rubinstein-Schwindel«[782] oder dem Lisztschen »Pedal-Gerassel«.[783] »Ich empfinde für das jetzige Kunsttreiben nur Widerwillen – Verständniß habe ich wirklich nicht dafür«, äußerte sie gegenüber Johannes. »Ein Glück, daß noch Einer da ist, wie Du! Das Aechte allein behält über Alles sein Recht, und die Zukunft wird uns dies lehren, eigentlich thut es doch schon die Gegenwart, wenn auch nicht in der Allgemeinheit.«[784] Diese begeisterte sich ihrer Ansicht nach lediglich für spektakulären Firlefanz und großspuriges Gebaren. »Solch ein Spiel gefällt nun den Leuten, die junge Generation ahmt es nach und wo bleibt das schöne Clavierspiel?«, monierte sie. »Wer bemüht sich nun dem Clavier einen edlen Klang abzugewinnen, wer macht es sich zur Aufgabe den Intentionen der Componisten gerecht zu werden? Wer characterisirt? wo ist die Pietät, die die Compositionen getreu so giebt, wie sie gedacht sind?«[785] Nun konnte sie durch systematisches Unterrichten an einer Hochschule ihre Vorstellungen einer neuen Generation vermitteln. Große Bedenken bereitete ihr, dass der Komponist Joachim Raff als Direktor des Hoch'schen Konservatoriums vorgesehen war. Würde sie mit ihm auskommen, obwohl er ihr »als Musiker durchaus unsympathisch« war? Nicht nur brachte sie Raff aus den 1850er-Jahren immer noch in Verbindung mit den Liszt-Kreisen, erst 1871 hatte der Leipziger Verlag C. F. W. Siegel seine zwanzig Jahre zuvor entstandenen »Drei Duo's für Pianoforte und Violine über Motive aus Richard Wagner's Opern« veröffentlicht. Dabei hatte sich Raff schon seit zwei Dekaden mit seinem Buch *Die Wagnerfrage* und seinen eigenen Kompositionen im Bereich der Kammermusik und Sinfonik von der neudeutschen Schule distanziert, um einen eigenen Weg einzuschlagen. Vieles in Wagners Musik »ist den Componisten der Gegenwart, die sich hierin leider zum größeren Theile sehr banal geben, aufs Nachdrücklichste zu empfehlen«, schrieb er einst bezogen auf die aktuelle Oper *Lohengrin*. Allerdings ist auch so manches »rein aus der Natur des scenischen Vorganges geschaffen, und von diesem ganz und gar unzertrennlich«. Auch werfe er unter Bezugnahme auf Meyerbeers *Les Huguenots* Wagner »nicht gern Reminiscenzen vor, sowie ich auch in einigen anderen Dingen die möglichste Discretion gegen ihn beobachte; aber diese Ideenassociation ist denn doch ein wenig zu auffallend«. Hier zeige sich bei Wagner »denn bald die

Kahlheit der Ideen, zu sagen die Seichtigkeit des Homophonisten, der hier auch den von ihm bis zum Ekel verbrauchten Effect, eine plane Melodie unter ›schwirrende‹ Geigenfiguren zu legen, so craß wie möglich ausbeutet«. Er lasse sich »Nichts weismachen«, meinte Raff schon fast zwanzig Jahre bevor Clara ihn persönlich kennenlernte, »und wenn ich die Schilderung eines geräuschvollen Festes in Wahrheit einmal hören will, so gehe ich doch lieber zu Berlioz und lasse mir das ›Fest der Capulet‹ vorspielen«. Seiner Ansicht nach sei Wagner »zu rathen, daß er wenigstens da, wo er mit symphonischen Prätensionen auftritt, seinen homophonen Styl zu Hause lasse«.[786]

Clara musste zugeben: »Ich sah Raff zum ersten male, er hat etwas Offenes«, allerdings bereitete ihr auch etwas »Derbes« Unbehagen, das sie »nicht sehr einnehmend« fand. »Auf spätere Erkundigungen hörte ich dies bestätigen, zugleich aber immer seinen rechtlichen [*sic*] Character loben«, notierte sie im Tagebuch.[787] Da Raff ihr versicherte, sie »solle mit der Schule nichts weiter zu thun haben, als ich selbst wünsche, es solle überhaupt von einer Herrschaft, wie an der Hochschule, keine Rede sein«, ja, sie könne ihre Stunden in ihrer Wohnung geben und man wolle »Alles nach meinem Wunsche einrichten«,[788] wurde ihr das Angebot allmählich sympathischer.

Selbstverständlich beriet sie sich mit Johannes. Als er ihr etliche Jahre zuvor einmal nahegelegt hatte, im Hinblick auf ihre Gesundheit kürzerzutreten, war sie empört. Auch diesmal redete er ihr »unbedingt zu«, wodurch Clara nun jedoch »sehr beruhigt« war, wie sie notierte. »Raffs Richtung gehe mich nichts weiter an«, meinte Johannes zu ihr, dennoch dachte sie »natürlich unaufhörlich darüber nach«.[789]

Eine weitere Zäsur war fällig. Während Johannes sich in Wien etabliert hatte und Ehrendoktorwürden sammelte, plante Clara, deren 50-jähriges Bühnenjubiläum nahte, mit 59 Jahren die Festanstellung am Dr. Hoch'schen Konservatorium anzunehmen. »So wäre denn dem Anscheine nach dieser Würfel gefallen«, meinte sie. Clara wirkte erstaunt und erleichtert, dass ihre Forderungen auf keinen Widerstand stießen. »Ich schrieb darauf einige Hauptbedingungen und erhielt sofort die Antwort, daß das Comité unbedingt auf Alles eingehe was ich wünsche«, teilte sie Johannes aus Berlin mit und ließ ihn zugleich wissen, dass Raff zu ihr kommen werde, um »die Sache vollständig zu ordnen«. Hinsichtlich einiger Details, fragte sie Johannes um Rat: »Ich verpflichtete mich zu 1½ Stunde täglich verlangte 4 Monat Urlaub, die Freiheit im Winter kürzere Reisen zu machen, ohne Urlaub zu nehmen, natürlich unbeschadet der Schüler, – die Stunden in meinem Hause, Gehalt 2000 Thl. – Findest Du das gut so?«[790] Ein Taler entsprach etwa drei Mark und somit fiel dieses Einkommen nur etwas geringer aus als das von Kollegen in leitender Stellung: Der Frankfurter Konservatoriumsdirektor Raff »hatte M 7000 mit Aussicht auf Steigerung bis zu 8000«, Scholz war man später »zur Gewährung eines Gehalts von M. 10 000 per annum erbötig«,[791] und in Leipzig erhielt Salomon Jadassohn gegen Ende seines Lebens am Konservatorium eine Gehaltserhöhung auf 9000 Mark;[792] Clara Schumanns Hochschul-Einkommen war sogar mehr als drei Mal so hoch wie der Verdienst einer Arbeiterfamilie, wenn jedes Familienmitglied Beiträge leistete.[793]

Zudem äußerte Clara auch den Wunsch, »einen Unterlehrer oder -lehrerin, zu haben, die in meinem Sinne unterrichtet zur Nachhülfe«, und bat Johannes: »Sollte Dir irgend etwas Wichtiges für mich bei Aufstellung des Contractes einfallen, so, bitte, schreibe es mir. Daß mir bei der ganzen Sache nicht leicht zu Muthe ist, kannst Du Dir denken.«[794] Schließlich wurde Marie zu ihrer Unterstützung engagiert, nicht aber Eugenie, die ebenfalls in Claras Haus lebte. »Ich finde, sie haben recht, es ist nicht hübsch die ganze Familie Schumann an der Schule«, meinte sie gegenüber Johannes.[795] Immerhin legte der zurückhaltende Raff als Direktor auch Wert darauf, dass seine eigenen Kompositionen nicht an der Hochschule gespielt wurden.

Claras Dienstbeginn im Oktober 1878 fiel zusammen mit ihrem 50-jährigen Künstlerjubiläum. Sie war noch damit beschäftigt, ihr neu bezogenes »hübsches Haus, frei gelegen« in der Myliusstraße 32 einzurichten,[796] als sie spürte, dass »viel Geheimißvolles« um sie herum vorging, wie sie Johannes schrieb. »Eines weiß ich nun, daß ich hier im Conservatorium gefeiert werden soll – könnte ich mich ohne unfreundlich zu erscheinen, was meinem dankbaren Gemüth doch fremd wäre, verkriechen! Ich habe solch ein Schamgefühl, schauderhaft.«[797]

Letzten Endes wurde der 20. Oktober, ein Sonntag, dennoch ein »unvergeßlicher Tag«, wie Clara im Tagebuch festhielt. »Es waren heute 50 Jahr, daß ich im Gewandhaus zu Leipzig zum ersten Male öffentlich gespielt – man hatte dies hier erfahren und Raff im Conservatorium eine reizende Feier veranstaltet. Er holte mich ab, und als ich dort ankam, wurde ich von den Schülerinnen der Schule mit Blumen, die sie mir auf den Weg streuten, empfangen. Raff führte mich auf meinen Platz, einen bekränzten Sessel, hielt eine herzliche Anrede an mich und überreichte mir einen Lorbeerkranz. Hierauf begann eine kleine musikalische Matinee, welche nur aus Compositionen von mir bestand, von den Lehrern der Schule ausgeführt. Es war eine große Ueberraschung für mich.« Am Ende des Tages war sie »ganz gerührt von dieser zarten Aufmerksamkeit«.[798]

Als offiziell angestellte Klavierpädagogin bewies Clara in den kommenden Jahren einmal mehr ein sicheres Urteilsvermögen. Auf ihrem Niveau befasste sie sich nur mit dem vielversprechendsten Nachwuchs. Trotzdem gab es Monate, da »brachte fast jeder Tag eine hoffnungsvolle Mutter oder Vater mit Tochter, die geprüft sein wollten, was mich nicht nur äußerlich, sondern auch innerlich angriff, denn, die Meisten mußte ich abweisen und das kostet dann immer Thränen«, ließ sie Johannes wissen.[799] Als ihr aber am Rande einer Englandtournee »ein junger Mensch von 16 Jahren« namens Eugène d'Albert Musik ihres Mannes vortrug, erkannte sie zu Recht unmittelbar, dass er »vortrefflich unterrichtet« worden war und »ein großer Pianist« werden wird – »Er componirt auch ganz hübsch«, notierte sie im Tagebuch. »Ich versprach ihm eine Stunde für die *Symphonischen Etüden* Abends.«[800]

Exorzismus und Weihe

Komponisten, deren Produkte Clara und Johannes weniger ansprechend fanden, hatten mittlerweile ganz andere Verbreitungsmöglichkeiten entwickelt. Als zusätzliches Propagandaorgan traten neben die *Neue Zeitschrift für Musik* die im Verlag des Bayreuther Patronatsvereins monatlich publizierten *Bayreuther Blätter*. Zunächst erschienen sie »unter Mitwirkung Richard Wagner's redigirt von H. v. Wolzogen« und wurden nach Wagners Ableben allein von Hans von Wolzogen herausgegeben. Schon im ersten Jahrgang widmeten sich ab dem April 1878 etliche Beiträge Wagners *Parsifal* – ein Stück, das schon nicht mehr bloß als »Oper«, sondern als »Bühnenweihfestspiel« angekündigt wurde. Wagner hatte von Liszt gelernt. Sein Schwiegervater stand seiner oftmals zu polternden Vorgehensweise zuweilen distanziert gegenüber. Er meinte anlässlich der Buchpublikation von dem, so Liszt, »alten Artikel über das Hebräertum« sei er »weit davon entfernt seinen Fehler einzugestehen«, stattdessen »verschlimmert er ihn durch einen Vorspruch und ein Nachwort«.[801] Viel gekonnter waren der einst Versöhnung säuselnde, Vereinnahmung meinende und Ausgrenzung praktizierende Franz Brendel sowie der mit frömmelndem Lächeln die Praktiken des Vatikans billigende Abbé Liszt vorgegangen. Wagner erkannte, dass gespielte Arglosigkeit und religiös-weihevolles Gebaren seinem Bayreuth-Projekt gut standen. Die Uraufführung von *Parsifal* war vorgesehen bei den zweiten, für 1882 geplanten Festspielen. Zuvor musste aber nicht nur für die Wagnerschen Bühnenwerke Überzeugungsarbeit geleistet, sondern der Feind noch vollends in den Boden gerammt werden. Im August 1879 wurde mit Wagners Segen Robert Schumann an den Pranger gestellt. Auf zwölf Seiten führte man die Dürftigkeit seiner Erfindungskraft auch mit etlichen Notenbeispielen vor. »Der richtige Schumannianer lässt sich von der einmal gefassten Affektion auch nicht durch die, mit solchen Ausbrüchen von Schwulst und Bombast abwechselnden, offenbaren Gemeinplätze und greifbaren Trivialitäten abbringen«, meinte der Autor maliziös, dem nicht nur die »so überaus wässerige Lieder-ohne-Worte-Cantilene des Larghetto in der B-dur-Symphonie« missfiel.[802] Zwischen den Zeilen schimmert der Hinweis auf impotente jüdische Komponiererei mit, denn als *Lieder ohne Worte* lagen Editionen von Mendelssohns Klavierstücken Opus 19, 30, 38, 53, 62, 67, 85 und 102 aufgeschlagen auf den meisten Klavieren in bürgerlichen Haushalten. Die in Bonn erschienene Erstausgabe von seinem Opus 62 hatte Mendelssohn 1844 »Frau Dr. Clara Schumann geb. Wieck« gewidmet. Nachdem Franz Brendel 1850 in der *Neuen Zeitschrift für Musik* mit der Publikation von den Artikeln zum »Judentum in der Musik« die Hetze auf den kurz zuvor Verstorbenen eröffnet hatte, setzten Wagner und Wolzogen den Feldzug im Geiste der neudeutschen Schule fort. Jetzt ging es Claras Mann an den Kragen. Neben seinen unzulänglichen Orchesterkompositionen ließe auch der Fingersatz seiner Klavierstücke zu wünschen übrig, ja, man müsse »sofort mit Entsetzen gewahr werden, wie hinter jenem Figurenschwalle sich nur hohle Phrasen verbergen, die noch dazu immer paarweise auftreten und so ihr eigenes Echo machen!« Auch wenn die *Bayreuther Blätter* nur in einer Auflage von etwa 1500 Exemplaren kursierten, war Clara so gut vernetzt, dass ihr die Schmähschrift nicht entgangen sein konnte. »Wir haben somit gefunden«, lautete das Resümee, »dass selbst auf diesem äusserlichsten Gebiete unserer Kunst es Schumann nicht gegeben war, naiv und wahr zu sein, und wir schliessen mit dem Wunsche, dass möglichst Viele und möglichst bald sich dem Umgange und dem Einflusse eines Autors entziehen möchten, welcher nach dem Ausgeführten nicht anders als schädigend und verbildend auf Geschmack und Gefühl wirken kann.« Den Fackelträgern der neudeutschen Kreise war nämlich daran gelegen, Geschmack und Gefühl »rein und unverdorben zu erhalten«, da man »einer neuen Offenbarung des wahren Kunstgeistes entgegenhoffen« könne.[803] Hatte Wagner einst phantasiert, »es sollten alle Juden in einer Aufführung des *Nathan* verbrennen«,[804] so spielte man nun darauf an, Schumanns Geschreibsel den Flammen zu übergeben: »Fast möchte man es hier ein wenig mit dem Khalifen Omar I. halten, welcher die alexandrinische Bibliothek dem Feuer überantwortet haben soll, sagend, dass die in ihr enthaltenen Werke, falls sie mit dem Koran übereinstimmend wären, als überflüssig, im entgegengesetzten Falle aber gar als *schädlich* angesehen werden müssten.«[805]

Seltsamerweise kamen diese Hasstiraden gegen den Protestanten Schumann nicht von einem völkisch gesinnten Katholiken, sondern von einem hochgebildeten Juden, der in ganz Europa herumgekommen war. Joseph Rubinstein hatte 1847 im Zarenreich das Licht der Welt erblickt, kurz bevor Wagner aus politischen Gründen ins Ausland floh. Seit seinem elften Lebensjahr lebte Rubinstein in Wien, wo er erfolgreich als Klaviervirtuose reüssierte. Er wurde von der Großfürstin Helene von Russland, die gerade in Salzburg residierte, als Kammerpianist in die Mozart-Stadt berufen und schloss im weit entfernten Sankt Petersburg durch den Musikkritiker Alexander Serow erstmals Bekanntschaft mit der Musik Richard Wagners. Unverzüglich war er in Bann geschlagen. In einem Brief schrieb Joseph Rubinstein dem Komponisten, die Zeit des Studiums seiner Werke, sei »die glücklichste meines Lebens«. Gegenüber Nietzsche äußerte Cosima, man habe »einen seltsamen Brief von einem, der Erlösung durch die Teilnehmung an Bayreuth sucht« erhalten. Da sich Joseph Rubinstein als Sohn wohlhabender Eltern vorstellte, war er willkommen. Er wurde bei den Vorbereitungen der ersten Bayreuther Festspiele eingespannt, um die Partitur der *Götterdämmerung* zu kopieren. Einen Monat vor der Premiere kam es zu einem Eklat. Wagner wollte sich bei Rubinstein bedanken. »Er fängt sehr freundlich an«, erzählte der Dirigent Felix Mottl, »und sagt dann ungefähr: Wenn wir uns seither nicht viel menschlich näher kamen, so liegt das nicht an mir, sondern an Ihnen. Sie sind eben von einer fremden, uns nicht näher stehenden Rasse.«[806] Joseph Rubinstein war empört und nach einer heftigen verbalen Auseinandersetzung verließ er Bayreuth. Zwei Jahre später kehrte er reumütig zurück, entschuldigte sich und diente sich als Wagners Hauspianist an, der auch bei den Vorbereitungen für *Parsifal* mitwirkte. Kurz bevor der junge Joseph Rubinstein die Nähe Wagners gesucht hatte, war er wegen psychischer Probleme in Behandlung; ein Jahr nach Wagners Tod beging er Selbstmord.

Ein anderer Künstler, der anscheinend »Erlösung« durch sein Mitwirken im Wagner-Umfeld suchte, war Hermann Levi. Diesem musste allein durch die Publikation der revidierten Fassung von *Das Judentum in der Musik* im Jahr 1869, die Vorkommnisse um Joseph Rubinstein und die Verlautbarungen in den *Bayreuther Blättern* klar gewesen sein, auf wen und auf was er sich einließ. Aber wer kann schon widerstehen, wenn er glaubt, dass er unentbehrlich wird?

Nachdem Wagner das Vertrauen von Bülow missbraucht hatte, wodurch er ihn vergraulte, und Hans Richter nun vorwiegend in England aktiv war, mussten sich die Kreise um den ›Meister‹ einen neuen Stardirigenten suchen. Mochte Brahms die Klavier- und Orchesterliteratur bereichern, in Bayreuth sollte die Opernwelt aus den Angeln gehoben werden. Bildete der Reichstag in Berlin das politische Zentrum, so musste mit der Villa Wahnfried und dem Festspielhaus der kulturelle Mittelpunkt des Landes geschaffen werden.

Hermann Levi wurde zum Mann der Stunde. Er fühlte sich bereit für die großen Aufgaben, und er sollte Bayreuth bis zu seiner Pensionierung überleben, auch wenn er sich dabei gesundheitlich ruinierte. Als Sohn eines Rabbiners war er mit Kulthandlungen aufgewachsen, hatte die Sabbat-Feiern in der Reformgemeinde mit seinem Orgelspiel begleitet und selbst nachdem er das Entwerfen von Musik zugunsten der Orchesterleitung aufgegeben hatte, schrieb er – wenn ihn nach eigenem Bekunden der »Kompositionsteufel« heimsuchte, wie er Clara Schumann anvertraute[807] – zu besonderen Anlässen noch Chasanut, synagogale Gebetsgesänge, und Festmusik zur Einweihung der Mannheimer Synagoge. Er hatte sich dem Religiösen entfremdet, brauchte aber dennoch eine höhere Instanz, zu der er aufschauen konnte.

Levi sah als Dirigent seine Hauptaufgabe darin, sich ganz in den Dienst großer Komponisten zu stellen, sei es als Übersetzer der Libretti zu Opern von Mozart, Gluck, Cherubini und Berlioz oder als Dirigent der Werke von Brahms und Wagner. Er vermochte in seinen Übersetzungen die deutsche Sprache in Klang zu verwandeln und dem originalen Notentext so weit wie möglich anzupassen sowie in Aufführungen hochkomplexe Partituren so zum Sprechen zu bringen, dass sie vielen Menschen etwas sagten. Wagner beeindruckte er vor allem, indem er ihn unter bestimmten Umständen nicht dirigierte: Als der Großherzog von Baden 1868 die Einstudierung von Wagners Oper *Die Meistersinger von Nürnberg* in Karlsruhe anordnete, versuchte Levi, Kontakt mit dem Komponisten aufzunehmen. Dieser lehnte es zunächst allerdings ab, den jungen Dirigenten zu unterstützen, zumal das Werk ja bereits erfolgreich aufgeführt sei. Immerhin muss Levis Leistung für die Intendanz der Münchener Hofoper eindrucksvoll genug gewesen sein, um ihn dann zwei Jahre später nach Bayern zu bestellen, damit er die Uraufführung von *Die Walküre* übernahm. Für dieses noch nie erklungene Werk fragte Levi abermals beim Komponisten um Beratung an. Als Wagner erneut ablehnte, sagte Levi sein Mitwirken ab. Wie sollte er eine vollkommen neuartige Partitur einer fast vierstündigen Oper angemessen realisieren, wenn er bei der Tempowahl, der Abstimmung mit den Gesangssolisten und seiner Ausdeutung des Klangbilds nicht auf die Wünsche des Komponisten eingehen konnte? Es war eine weise Entscheidung, denn als ihn Wagner dann im nächsten Jahr in Mannheim endlich persönlich kennenlernte, erkannte er die Wertschätzung, die Levi seinen Musikdramen entgegenbrachte. Hermann Levi, ab 1872 leitender Dirigent des Münchener Hoftheaters, wurde ein aufmerksamer Beobachter bei der Einstudierung der Erstaufführung des gesamten Zyklus von *Der Ring des Nibelungen* in Bayreuth, um die Tetralogie dann selbst 1878 in München zu bieten. Der mittlerweile profilierteste Wagner-Dirigent in Deutschland hatte in München ein exquisites Orchester geformt. Dort konnte er sich wohlfühlen, denn Ludwig II. erwies sich als ein ausgesprochen toleranter Monarch. Richard Wagner musste zähneknirschend einsehen, dass er vom bayerischen Hof abhängig war: Um für die geplanten zweiten Bayreuther Festspiele, bei denen 1882 nur *Parsifal* sechzehn Mal gespielt werden sollte, das fabelhafte Münchener Orchester zu bekommen, hatte er dessen Chefdirigenten Levi zu akzeptieren. »Daß Sie, geliebter Freund, keinen Unterschied zwischen Christen und Juden bei der Aufführung Ihres großen, heiligen Werkes machen, ist sehr gut«, schrieb ihm der naive König, »nichts ist widerlicher, unerquicklicher, als solche Streitigkeiten; die Menschen sind ja im Grunde doch alle Brüder, trotz der confessionellen

Unterschiede.«[808] Wagner hatte wohl den Eindruck, die Botschaft seines *Parsifal* sei missverstanden worden, und wenn er das Orchester nur mit einem Juden als Leiter bekommen konnte, so wollte er wenigstens seinen Standpunkt grundsätzlich klarstellen. »Der ich mit mehreren dieser Leute freundlich mitleidvoll und teilnehmend verkehre, konnte dies doch nur auf die Erklärung hin ermöglichen, daß ich die jüdische Race für den geborenen Feind der reinen Menschheit und alles Edlen in ihr halte: daß namentlich wir Deutschen an ihnen zugrunde gehen werden, ist gewiß, und vielleicht bin ich der letzte Deutsche, der sich gegen den bereits alles beherrschenden Judaismus als künstlerischer Mensch aufrechtzuerhalten wusste«, schrieb er seinem König.[809] Levi hatte wenig mitzureden, denn er war Hofbeamter und insofern oblag es seiner Pflicht, das zu dirigieren, was der König zu hören wünschte. Sein einziges Aufbegehren bestand in seiner Reaktion auf einen verleumderischen Brief: Wagner konfrontierte Levi mit einem Schreiben, in dem behauptet wurde, er habe ein Verhältnis mit Cosima. Levi entgegnete nichts und bereitete seine Abreise vor. Mit Clara Schumann und Johannes Brahms tauschte er sich über seine Probleme mit den Weimarer und Bayreuther Zirkeln aus: »Die Bande, die sich Wagnerianer nennt, die neben einem Wagner einen genialen Schwindler wie Liszt auf ihren Schild hebt, ist mir ebenso ekelhaft, als mir die principiellen Gegner unbegreiflich sind«, schrieb Levi an Clara und deutete an, dass ihm ihre Position wie auch die von Johannes nicht willkommen war.[810] Er wartete auf Gesten des Entgegenkommens und hatte zumindest Wagner genug schockiert, der seinen besten Interpreten zu verlieren drohte. Ohne den Ausnahmedirigenten Levi und sein Münchener Orchester wären die Uraufführung des *Parsifal* und die weiteren Darbietungen nicht zu realisieren gewesen. Richard Wagner blieb nichts anderes übrig, als klein beizugeben. Die Schleimspur wurde immer länger und die Peitschenhiebe umso gröber. »Verlieren Sie nichts von Ihrem Glauben, aber gewinnen Sie auch einen starken Muth dazu«, beschwichtigte er Levi. »Vielleicht – giebt's eine grosse Wendung für Ihr Leben – für alle Fälle aber – sind Sie mein *Parsifal*-Dirigent.«[811] Die »große Wendung« im Sinne Wagners wäre die Taufe gewesen. So wie *Die Meistersinger von Nürnberg* die Oper zu Wagners Publikation *Das Judentum in der Musik* wurde, war der von Wagner als »Bühnenweihfestspiel« bezeichnete *Parsifal* das Pendant zu seiner Schrift *Religion und Kunst*. Wagner meinte, »daß da, wo die Religion künstlich wird, der Kunst es vorbehalten sei, den Kern der

Religion zu retten, indem sie die mythischen Symbole, welche die erstere im eigentlichen Sinne als wahr geglaubt wissen will, ihrem sinnbildlichen Werte nach erfaßt, um durch ideale Darstellung derselben die in ihnen verborgene tiefe Wahrheit erkennen zu lassen«.[812] Die Schlussformel des *Parsifal*: »Erlösung dem Erlöser« meinte nicht nur die Befreiung Christi von seinen jüdischen Ursprüngen, sondern auch, dass sich alle Juden von ihren Wurzeln lossagen sollten. Levi war dies vollkommen klar. »Vor mir liegt das Textbuch von *Parsifal*«, schrieb er einem Freund. »Meine Meinung über den Text halte ich aus guten Gründen zurück. Bedenklich ist mir die äusserst christliche Tendenz; es wird mir Nichts übrig bleiben, als mich taufen zu lassen, wenn ich es hier einstudiren werde.«[813] Darbietungen in dem mit »hier« gemeinten München blieben Levi erspart, weil Wagner die Komposition im Hinblick auf die akustischen Gegebenheiten des Festspielhauses mit seinem abgedeckten Orchestergraben konzipiert hatte und das Werk nirgendwo anders aufgeführt wissen wollte. Clara Schumann hätte *Parsifal* überhaupt nicht und Johannes Brahms ihn nur dort sehen wollen. »Sowas muß ein Fest sein und bleiben«, meinte er. »Eine Oper für den gewöhnlichen Bedarf ist das nicht. Dazu gehört der Rahmen, den Richard Wagner dafür bestimmte.«[814] Ob beide meinten, dass das Werk in der fränkischen Provinz am wenigsten Schaden anrichten konnte? Dort konnte zumindest Levi Wagner am ehesten Widerstand entgegensetzen. Cosima beobachtete, wie Richard Wagner mit dem nur ihm eigenen Taktgefühl Levi mitteilte, er könne *Parsifal* dirigieren, aber »vorher nehmen wir einen Akt mit Ihnen vor«: »Ich möchte, es gelänge mir, die Formel dafür zu finden, daß Sie sich ganz unter uns als zu uns gehörig empfinden«. Die Reaktion auf diese Aufforderung, sich taufen zu lassen, war eindeutig: »Das umschleierte Gesicht unseres Freundes läßt R. davon abbrechen«, bemerkte Cosima in ihren Aufzeichnungen.[815]

Levi vermochte hochkomplexe Partituren in Klang zu verwandeln, besaß aber keinerlei Gespür für kulturgeschichtliche und -politische Zusammenhänge, ja, er wollte sie auch nicht wahrnehmen. »Was mit mir werden soll, wenn ich dem *Parsifal* auch noch von einer anderen Seite als der künstlerischen nahe treten würde, ist mir nicht klar«, schrieb er Cosima Wagner und blendete diese Facetten vollständig aus. Damit nahm er in Kauf, dass Clara und Johannes zunehmend auf Distanz zu ihm gingen. Sie durchschauten längst, dass es in Bayreuth nicht allein um die Kunst ging. Als im Sommer

1882 der Versucher noch einmal in Gestalt Bülows an Brahms herantrat, der ihn zu einem Besuch von *Parsifal* animieren wollte, winkte dieser ab. »Daß ich aber mit Bayreuth so gar nicht zum Entschluß kommen kann, ist doch wohl ein Zeichen, daß das ›Ja‹ nicht heraus will«, schrieb er. »Ich brauche kaum zu sagen, daß ich die Wagnerianer fürchte, und daß diese mir die Freude am besten Wagner verderben könnten. Ich weiß noch nicht, was ich tue, und ob ich nicht meinen Bart benutze, mit dem ich noch immer so hübsch anonym herumlaufe.«[816] Was hätte er auch in Bayreuth gewollt? Ein Sinfoniker wie er wäre nie auf die Idee gekommen, ein Orchester in einen Kasten zu sperren. Auch wenn alle möglichen Leute die Akustik priesen und damit eine selbsterfüllende Prophezeiung schufen – sie war keineswegs von jedem Platz aus ideal. Und eine Klangverschmelzung – wie sie Wagner für Gesang und Instrumentalklang durch einen abgedeckten Orchestergraben anstrebte – war auch in guten Opernhäusern und Konzertsälen zu erzielen. In einem Brief an Hermann Levi erzählte Clara dem Bayreuth-Enthusiasten, dass sie gerade zusammen mit Johannes bei einem Hamburger Konzert die zweite Sinfonie erlebt hatte, die »wie in Düsseldorf die Krone des Festes« war. Man verlebte »einige sehr gemüthliche Stunden zusammen«, wobei er ihr mit Joachim das Violinkonzert vorstellte. »Sie können sich wohl denken«, betonte Clara gegenüber Levi ausdrücklich, »daß es ein Concert ist, wo sich das Orchester mit dem Spieler ganz und gar verschmilzt, die Stimmung in dem Satze ist der in der zweiten Symphonie sehr ähnlich, auch D-dur.«[817]

Letzten Endes gingen weder Clara noch Johannes jemals nach Bayreuth. Obwohl Levi mehrfach versuchte, von seinen Verpflichtungen entbunden zu werden, blieb er bis zu seiner Pensionierung als Münchener Hofkapellmeister bis 1894 regelmäßig der Dirigent für *Parsifal.* Er ignorierte hochehrenwerte Haltungen, wie sie beispielsweise der Philosoph Josef Popper-Lynkeus 1886 mit den Worten zusammenfasste: »Wo immer von einer ›Judenfrage‹ gesprochen wird, wo immer sich Menschen ›Antisemiten‹ nennen, da müssen sich sofort alle Juden, ohne Ausnahme, solidarisch fühlen.«[818] Levi ertrug Cosima Wagners jähzornigen Judenhass, den nagenden Neid von Richard Strauss, die infamen Intrigen von Kollegen und vieles mehr. Zunehmend spürte er gesundheitliche Beeinträchtigungen, die Folgen des psychischen Drucks waren, und ihn 1888 sogar nötigten, Dirigate in Bayreuth abzusagen. In späten Jahren war er ein schwerkranker Mann. Sein Verhältnis zu einem der wichtigsten

Vertreter der neudeutschen Schule erinnert an den von Wagners Werk begeisterten jüdischen Bankier in Paris, der daheim eine Büste seines Komponistenheroen hatte, der ein Galgenseil um den Hals gelegt und ein Lorbeerkranz aufs Haupt gesetzt war.

Während Levis Kontakt zu Johannes Brahms im Februar 1878 endete, schrieb er sich noch hin und wieder Briefe mit Clara Schumann. Gegen Ende seines Lebens kam Johannes eine merkwürdige Idee: Unter seinen letzten Werken fanden sich elf Choralpräludien für Orgel, ein Instrument, mit dem er sich bisher kaum befasst hatte. Sie entstanden im Sommer 1896 in Ischl, wo er sie einigen Freunden vorspielte, aber nicht an seinen Verleger sandte. Der achte Choral, »Es ist ein Ros' entsprungen«, geht zurück auf eine Melodie von Michael Praetorius, die Clara ganz besonders schätzte. Der Text nimmt Bezug auf das Alte Testament, das Buch Jesaja Kapitel 11, Vers 1. Hermann hatte Johannes und Clara bestimmt einmal erzählt, wie er als kleiner Junge in Gießen in der Synagoge die Orgel spielte. Diese Musik hatte ihn zeitlebens fasziniert. Selbst Cosima Wagner gegenüber gestand er, dass er sich dagegen wehre, dass ihm *Parsifal* »noch von einer anderen Seite als der künstlerischen« zu nahe trete, so »wie ich auch an offenstehenden Kirchentüren festen Schrittes vorbeigehe, obgleich, oder vielmehr, weil es mich unwiderstehlich hineinzieht«.[819] Johannes wusste: Auch andere Choralpräludien hatten jüdische Hintergründe wie das auf dem Buch der Offenbarung basierende »O wie selig seid ihr doch, ihr Frommen« oder »O Welt, ich muss dich lassen« nach einer Melodie von Heinrich Isaac. Da diese Choralvorspiele erst im April 1902 bei einem Konzert des Wiener Tonkünstlervereins öffentlich aufgeführt und im gleichen Monat veröffentlicht wurden, kamen sie für Levi zu spät. Er verstarb 1900 und wie auch Clara erlebte er diese Erinnerung an die gemeinsamen Tage der Freundschaft nicht mehr.

Viel Lärm um Nationales

Für Wagner dürfte es insgeheim ein Triumph gewesen sein, dass sich ausgerechnet ein jüdischer Intellektueller ihm unterwarf, der wie die vom »reinen Tor« Parsifal bekehrte Kundry im dritten Akt von *Parsifal* nur »dienen …, dienen« wollte. Brahms vertraute Levis Bruder, der Bankier geworden war; Wagner diffamierte in seiner Schrift »Über das Dirigieren« jüdische Künstler als Bankiers der Musik.

»Wie nun aber z. B. den Juden unser Gewerkwesen fremd geblieben ist, so wuchsen auch unsere neueren Musikdirigenten nicht aus dem musikalischen Handwerkerstande auf, der ihnen, schon der strengen wirklichen Arbeit wegen, widerwärtig war«, schrieb Wagner in der *Neuen Zeitschrift für Musik.* »Dagegen pflanzte sich dieser neue Dirigent sogleich auf der Spitze des musikalischen Innungswesens, etwa wie der Banquier auf unsere gegenwärtige Societät, auf. Hierfür mußte er sofort Eines mitbringen, was dem von unten auf gedienten Musiker eben abging, oder von ihm doch nur äußerst schwer, und selten genügend zu gewinnen war: wie der Banquier das Capital, so brachte er die Gebildetheit mit. Ich sage: Gebildetheit, nicht Bildung; denn wer diese warhaft [*sic*, wahrhaft] besitzt, über den ist nicht zu spotten, er ist Allen überlegen. Der Besitzer der Gebildetheit aber läßt über sich reden.«[820] Der von ihm und Brendel geprägte Jargon machte Schule. In treuer Nachfolge Franz Brendels war man stets »allen drohenden Missverständnissen trotzend«[821] auf der Hut und verwendete Formulierungen wie jene von der »Gemeinschaft der Auserwählten«.[822] Man sprach vom »geschickten Juden«, vom »undeutschen Barbaren« und wie jener es verstand, die wohlgesinnten Deutschen »mit seinen ungemeinen Fähigkeiten auf das Vorzüglichste auszunutzen«.[823] Mit einem »Wollen wir hoffen?« betitelten Artikel beruhigte Wagner die Treu-Neudeutschen. »Glücklicherweise kommen mir da meine werthen Freunde zur Hilfe, welche gegenwärtig in unseren *Blättern* über jene meine bedenklichen Schriften mit eben so viel Kenntniss als Wohlwollen sich verbreiten«, lobte er eine bis heute wirksame Strategie. »Es wird ihnen leicht fallen, Irrthümer über mich zu zerstreuen, welche seiner Zeit Polizeiräthe und sich für beleidigt haltende Hoftheater-Intendanten befangen halten konnten.«[824] Immerwährend fanden sich in den *Bayreuther Blättern* Sticheleien gegen die »Genossenschaft der gediegenen Akademiker«, die »an die Spitze dieses wichtigen Heerlagers des guten Geschmackes« stehen. Die Konzertprogramme, die »seine Zuhörerschaft zu gutiren hat«, umfasse »nur Händel, Haydn, Mozart, bis zu einem gewissen Punkte Beethoven, daneben etwa als Spezialität noch Bach, sowie die vorsichtig ausgesuchten neueren ›Nachfolger Beethovens‹, der ›zarte‹ Mendelssohn, der ›edele‹ Schumann, und neuerdings auch der ›tiefsinnige‹ Brahms, nebst einigen schülerhaften Talenten von der nämlichen ›Farbe‹, werden da geduldet«. Da Wagner dem kommerziell erfolgreichen Brahms an anderer Stelle die Bildung absprach, betrachtete er ihn auch nur als einen weiteren ›Musik-Juden‹. Werde einmal etwas Neues zu Gehör gebracht, hocken alle da, »starr und stumm, rühren keine Hand und öffnen den Mund nur zu einem bedauernden Seufzer: ›Welch eine formlose, lärmende moderne Musik! Wie kommt dergleichen in unseren keuschen Kreis?‹«[825] Wagner selbst meinte herablassend, er hätte sich »in keiner Weise anheischig gemacht«, jemals das Komponieren zu lehren, »da ich dies von denjenigen Nachfolgern Beethoven's, welche Brahms'sche Symphonien komponiren, sehr gut besorgt wissen darf«.[826]

Die Strategie Franz Brendels wurde weiterverfolgt, sich zum Opfer zu stilisieren und höfliche Angebote zu machen. Wenn Wagner um die Jahreswende 1882/83 die *Bayreuther Blätter* statt eines Mitteilungsorgans des Patronatsvereins zu einer »Zeitschrift zur Verständigung über die Möglichkeiten einer deutschen Kultur« umbenannte, spielte er auf Brendels Titelwahl »Zur Anbahnung einer Verständigung« an. Man fand Mitarbeiter wie Wilhelm Alexander Freund, der als Professor aus Breslau angekündigt wurde, und sich bereits im Juli 1878 in einem Leitartikel über »die erziehliche Kraft der Kunst, insbesondere der Musik« ausließ, denn: »Blicke in das sogenannte ›Kulturleben‹ unserer Zeit bisweilen zu werfen ist zwar widerwärtig, doch aber nothwendig«. Es gehe darum, die »Kunst des Genius« zu erfassen und »aller Entartung« entgegenzuwirken. Letzten Endes bestand das Ziel darin, mit der »höchsten Hoffnung auf den Gewinn der schönsten Zukunft« die Gesellschaft grundlegend zu verändern. Dafür bedürfe es einer »Schule, nicht unfreier Kinder, sondern selbstbewusster Männer«, denn »das wäre die Schule, die wir anstreben, die Schule zur Ermöglichung wirklich kunstwürdiger, reiner, vollkommener Darbietungen der grossen ergreifenden Schöpfungen unserer Meister auf das – hierdurch dem Schlechten immer mehr entwöhnte und zur vollen Empfindung für das lebendig Echte und Edele neubefähigte – Volk. Im Besitze einer solchen Schule für die Reinigung und Veredelung der lebendigen Kunst könnten wir uns sicherlich im Besitze auch einer Zukunft hoffen, welche für den Geist des Volkes auch eine gereinigte und veredelte Kultur bedeuten würde, in welcher aber freilich jene akademischen Institute zur Absperrung der abstrakten Kunst vom wirklichen Leben nicht mehr existiren könnten.«[827]

Die vermeintlichen ›Akademiker‹ wie Clara Schumann und Johannes Brahms lebten in gemütlich eingerichteten, großbürgerlichen Wohnungen. Wagner umwaberte auf Schritt und Tritt etwas

Mystisches. Er hatte sich 1874 am Rande des Bayreuther Hofgartens in einer geräumigen Villa niedergelassen, von der er meinte, dass dort sein »Wähnen Frieden fand«, wie eine Gravur am Gebäude verrät; letztlich ging der Name des Baus, »Wahnfried«, aber auf den Ortsnamen eines hessischen Dorfes zurück. Das Brendel-Substitut Hans von Wolzogen zog 1878 in die nahe gelegene Schillerstraße, um dem Dunstkreis des ›Meisters‹ nahe zu sein. Nachdem man in den *Bayreuther Blättern* seine Häme über Schumann ausgegossen hatte, stand Brahms ganz oben auf der ›Schwarzen Liste‹. Über ihn herzuziehen war Chefsache und Wagner übernahm dies im Juli 1879 in seinem Leitartikel »Ueber das Dichten und Komponiren« höchstpersönlich. »Die Musik ist das Witzloseste was man sich denken kann, und doch wird jetzt fast nur noch witzig komponirt«, meinte Wagner wohl auch im Hinblick auf Brahms, der seit Ende der 1860er-Jahre neben seiner schwungvollen zweiten Sinfonie und der humorvollen *Akademischen Festouvertüre* unter anderem Walzer, Romanzen, Liebeslieder, Capriccios sowie Händel- und Haydn-Variationen herausgebracht hatte. »Ich vermuthe, diess geschieht unseren Litteraten zu Liebe«, schrieb Wagner weiter, »namentlich auch Herrn Paul Lindau zu Gefallen, welcher, wie man mir sagt, von aller Kunst immer nur amüsirt sein will, weil er sich sonst langweilt.«[828] Der mit Brahms befreundete Schriftsteller Paul Lindau, dessen Eltern vom Judentum zum Protestantismus konvertiert waren, konstatierte einmal, der Norddeutsche habe die Hauptstadt des Deutschen Reiches schon lange nicht mehr betreten, denn »er scheint sich eben in dem lustigen Wien wohler zu fühlen«.[829]

Wagner vertrat im Gegensatz zu Clara und Johannes keineswegs die Auffassung, Musik sei zum Vergnügen da, denn er predigte, »gerade unsere amüsante Musik« sei »das Allerlangweiligste«. Mit Beethovens 7. Sinfonie »in dem Bereiche erhabener Extase« ein »Dionysosfest« feiern, mag ja noch angehen, aber alles andere ist »Maskerade«. Und dann zielte Wagner unmittelbar auf Brahms: »Macht Witz, auch ihr Musiker; verkleidet euch, und steckt eine Maske vor! Komponirt, komponirt, wenn euch eben auch gar nichts einfällt! Wozu heisst es *komponiren* – zusammenstellen – wenn auch noch Erfindung dazu nöthig sein sollte? Aber, je langweiliger ihr seid, desto abstechender wählt die Maske: das amüsirt wieder! Ich kenne berühmte Komponisten, die ihr bei Konzert-Maskeraden heute in der Larve des Bänkelsänger's *(an allen meinen Leiden!)* morgen mit der Halleluja-Perücke Händel's, ein anderes Mal als jüdischen

Czardas-Aufspieler, und dann wieder als grundgediegenen Symphonisten in eine Numero Zehn verkleidet antreffen könnt.«[830]

Mochte in dem von den *Bayreuther Blättern* vermittelten Bild Robert Schumann mit der mittelmäßigen Nachahmerei vergeblichen jüdischen Kunstbemühens geschlagen sein, so ließ sich Brahms auch des Vergehens jüdischer Imitiererei bezichtigen: »In dem bezeichneten Maskenspiele kann man Mendelssohn noch nicht als inbegriffen aufführen«, schrieb Wagner. »Er sprach nicht immer aufrichtig und wich gern aus: aber er log nicht. Als man ihn fragte, was er von Berlioz' Musik halte, antwortete er: *ein Jeder komponirt so gut er kann.*« Und dann mit Bezug auf Brahms: »Mendelssohn's grosses Wort: *Jeder komponirt so gut er kann* – gilt als weise Norm, welche im Grunde auch nie überschritten wird. Die Schuld beginnt erst dann, wann man besser komponiren will, als man kann; da diess nicht füglich angeht, so verstellt man sich wenigstens so, als könnte man es: diess ist die Maske.«[831]

Sinfonische Konkurrenz

Die Vertreter der selbsternannten Avantgarde fanden auch im Bereich der Sinfonik ihren neudeutschen Messias, den sie als Gegengewicht aufbauen konnten. Es war ein Mann, der sich Wagner selbst andiente, um in seinem Sinne an einem anderen Teil der Front zu kämpfen. Dieser für den sächselnden Bayreuther ›Meister‹ einen fast unverständlichen Dialekt nuschelnde Österreicher – ein gewisser Anton Bruckner – war in seiner Jugend ein fescher Bursche mit keckem Schnauzbart gewesen. Glatt rasiert hatte er es nun bereits zum Orgelvirtuosen gebracht – der wie Clara auch in Frankreich und England gastierte – und war in Linz geachtet als Organist der Ignatiuskirche, heute als Alter Dom bekannt, und der ebenfalls katholischen Stadtpfarrkirche Mariä Himmelfahrt, was ihn in Anbetracht der Marienaufwertung von Papst Pius IX. mit Stolz erfüllt haben dürfte. Bruckner lernte Richard Wagners Musik erst kennen, als er bereits Ende dreißig war und *Tannhäuser* in der oberösterreichischen Stadt erlebte. Anfang der 1860er-Jahre nahm er gerade weiterführenden Kompositionsunterricht bei dem zuständigen Kapellmeister Otto Kitzler, der ihn anhand der Musik von Berlioz, Mendelssohn, Schumann, Liszt und Wagner unterwies. In dieser Zeit wurde Linz durch die neue Westbahn, die sogenannte

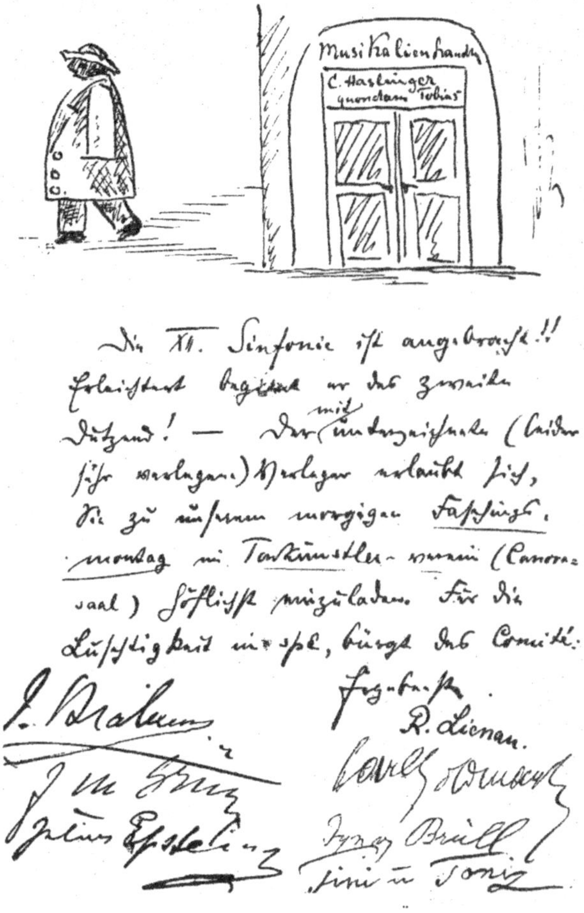

Einladung des Tonkünstlervereins in Wien zum Faschingsmontag: Die Karikatur stammt von dem Musikverleger Robert Heinrich Lienau, der in Wien das Sortiment des Schwesternhauses Haslinger betreute, das unter anderem die Werke Beethoven herausgab. Anton Bruckner verlässt gerade das Verlagsgebäude: »Die XII. Sinfonie ist angebracht!! Erleichtert beginnt er das zweite Dutzend!«
Unterzeichnet vom Komitee:

J. Brahms	*R. Lienau*
J. M. Grün	*Carl Goldmark*
Julius Epstein	*Ignaz Brüll*
	Tini u Tony (Frau und Herr Anton Door)

»Kaiserin Elisabeth-Bahn«, zu einem wichtigen Knotenpunkt auf der Strecke von Wien nach Salzburg und auch Passau, was Bruckners Radius enorm erweiterte, um neueste Kompositionen in Konzerten kennenzulernen. Plagte sich Brahms jahrelang damit herum, seine sinfonischen Ideen zu bündeln und zu einem Werk aus einem Guss zu verschmelzen, begann Bruckner nach seiner Fortbildung eine Sinfonie nach der anderen zu schreiben. Wenn Brahms ein Werk der Öffentlichkeit vorstellte, waren alle Vorarbeiten vernichtet und vergessen, sodass nur noch eine sauber geschliffene Endfassung übrigblieb. Tauchten bei Bruckner irgendwelche Bedenken oder Beanstandungen auf, überarbeitete er eine Sinfonie bis zu zwei oder drei Mal und hinterließ am Ende mehrere, in Details abweichende Fassungen des gleichen Stücks. Allen gemeinsam war eine überdimensionale Länge von bis zu einer Stunde und mehr. »Wir müssen bescheiden gestehen, daß wir seine gigantische Symphonie nicht verstanden haben«, gab Eduard Hanslick in einer Rezension zu. Clara und Johannes dürften zustimmend genickt haben. Richard Wagner hingegen verstand, als ihn der zunehmend rundlicher gewordene Österreicher im September 1873 noch auf den Baustellen in Bayreuth aufsuchte und ihm seine dritte Sinfonie verehrte. In deren Erstfassung flocht er nicht ohne Hintersinn etliche Anklänge an Motive aus Wagners Opern *Die Walküre*, *Tristan und Isolde*, *Die Meistersinger von Nürnberg* und *Tannhäuser* ein. In der handschriftlichen Widmung auf der Partitur erwies er sich als ähnlich unterwürfig wie Joseph Rubinstein und Hermann Levi: »Symfonie in Dmoll / Sr. Hochwohlgeborenen / Herrn / Richard Wagner / dem unerreichbaren / weltberühmten und / erhabenen Meister / der Dicht- und Tonkunst / in tiefster Ehrfurcht / gewidmet von / Anton Bruckner.«

Hanslick hingegen kapitulierte und meinte hinter den »poetischen Intentionen« verberge sich »vielleicht eine Vision, wie Beethovens Neunte mit Wagners Walküre Freundschaft schließt und endlich unter die Hufe ihrer Pferde gerät«.[832] Diesen Eindruck hatten zumeist auch Dirigenten und Orchester, die Bruckners frühe Ergüsse ablehnten. Noch bevor er Brahms' erste Sinfonie in Karlsruhe uraufführte, testete Otto Dessoff im Sommer 1874 Bruckners Dritte in einer Durchspielprobe und entschied sich, die Finger davon zu lassen; wie übrigens auch Hans Richter, dem Wagner die Partitur ans Herz gelegt hatte.

Clara lernte Bruckners Musik erst spät in Konzerten kennen und schilderte dem besten Freund gleich ihre Eindrücke. »Neues giebt es

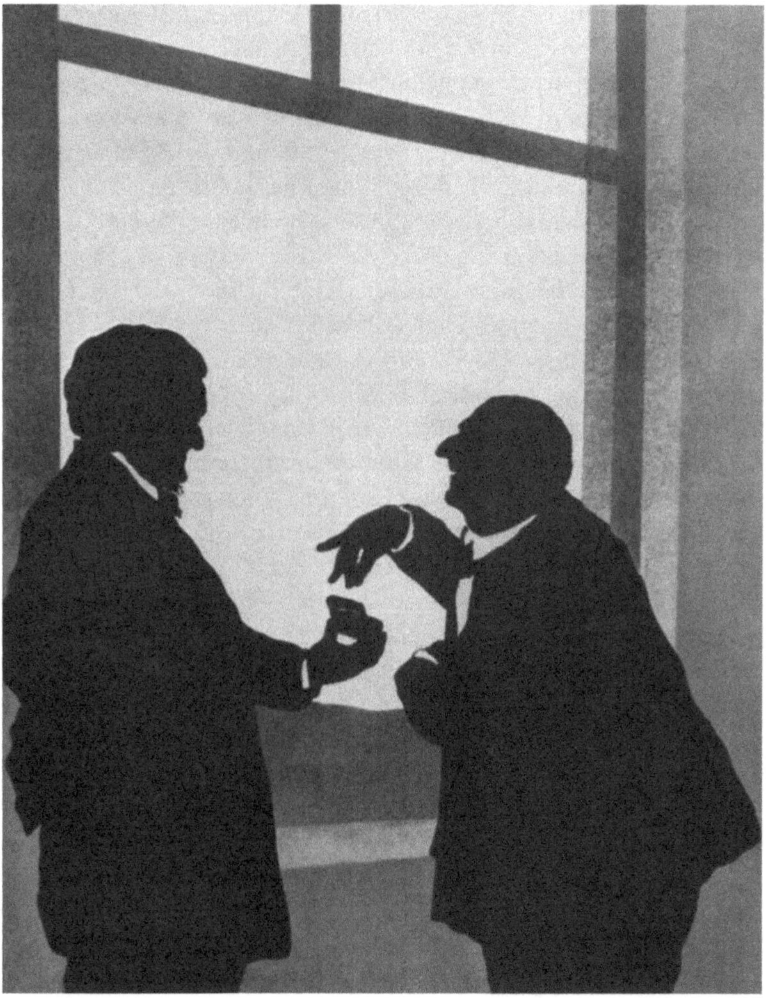

Richard Wagner nimmt sich die Zeit für ein Gespräch mit seinem Verehrer Anton Bruckner (Schattenbild von Otto Böhler). Bruckners Biograf Ernst Décsey meinte, Böhlers »Bildchen hat Wirklichkeitsluft« (»Bruckner – Versuch eines Lebens«, 2. Aufl., Stuttgart/Berlin 1922, S. 63).

nichts von hier zu erzählen«, schrieb sie Johannes Mitte Dezember 1885 aus Frankfurt, »höchstens daß ich neulich die phänomenale Symphonie von Bruckner gehört und mich wahrhaft erleichtert fühle, daß ich nun weiß woran ich bin. Das ist ja ein greuliches Stück, nichts wie Fetzen aneinander gereiht und viel Bombast; dazu noch von unverschämter Länge.«[833] Johannes prägte dafür den Ausdruck von den »symphonischen Riesenschlangen«.[834]

»Die Aufnahme war ein Durchfall«, schilderte Clara den Konzertabend, aber die mutmaßlichen Hintergründe, die sie nennt, werfen ein bezeichnendes Licht auf die Programmpolitik bezüglich einer neuen Sinfonie. »Die Wagner-Anhänger, die ja auch Bruckners sind, sagten, Müller habe sie absichtlich zugrunde gerichtet«, erfuhr Johannes. »Das ist abscheulich, denn jeder Unparteiische mußte sich wundern, mit welcher Geduld er sie einstudiert, und wie gut sie ging. Er hatte auch eine dreistündige Extraprobe dazu gehalten.«[835] Im gleichen Konzert erklang noch das fünfte Klavierkonzert von Beethoven, das allerdings ebenfalls den Unmut des Publikums erregte, weil der indisponierte Pianist nicht die Erwartungen erfüllte. Bei seiner eigenen Sinfonik musste Brahms erleben, dass ihr von den Dirigenten mitunter nicht die gebührende Aufmerksamkeit entgegengebracht wurde. Manipulationen waren möglich, aber was in der einen Stadt Begeisterungsstürme entfachte, mochte in einer anderen missfallen. »Sie irren wenn Sie glauben, daß an dem Mißerfolg der Brahms'schen Sinfonie die Zukünftler Schuld sind!«, schrieb Herrmann Levi einmal an Clara Schumann aus München. »Im Gegentheil. Im Concertsaal giebt es bei uns keine Zukunft. In den 6 Jahren, da ich die Concerte dirigire habe ich *einmal* ein Liszt'sches Stück gemacht *(Mazeppa)* und dem ist es gerade so gegangen, wie der Sinfonie. Es ist lediglich die Partei der Philister, Rheinberger- und Lachner-ianer – wenn man hier von ›ianern‹ überhaupt sprechen kann. Die Zukunfts-Partei hat hier nicht ein einziges Blatt trotzdem wurde die Sinfonie in allen Besprechungen heruntergemacht, und mit einer Leidenschaft die einer besseren Sache würdig wäre; noch jetzt bekomme ich täglich anonyme Briefe mit Drohungen!«[836]

Wie Brahms hatte Bruckner durch seine Übersiedelung nach Wien weiter künstlerisch Fuß fassen können. Da er am Konservatorium und der Universität Lehraufträge für Musiktheorie hatte, stellte Bruckner mit der »Fünften« seine Gelehrsamkeit unter Beweis und schuf durch die verwickelte Kontrapunktik, vielschichtige Polyphonie sowie komplizierte Themenentwicklung und -verarbeitung eine der komplexesten Sinfonien des 19. Jahrhunderts. Bruckner strebte wie seine Anhänger stets nach Höherem; Brahms nahm zumeist eine zurückhaltende Beobachterposition ein. Als er einmal mit dem Journalisten Gustav Schönaich, der sich für beide Komponisten erwärmte, in einem Konzert die dritte Sinfonie von Bruckner erlebte, sah man, wie Teile des Publikums das Weite suchten. Alsbald »begann Schönaich auf den ›Plebs‹ zu schimpfen«, erzählte Heuberger. »Brahms besänftigte ihn mit den Worten: ›Bitte beschimpfen Sie Ihre eigene Mutter und Schwester doch nicht.‹ Die beiden Damen waren nämlich auch aufgestanden und fortgegangen.«[837]

Mit der Musik Bruckners, der fünf Jahre jünger war als Clara und neun Jahre älter als Johannes, konnten beide wenig anfangen. »Wenn man Dvořák nachsagt, er komme vor lauter einzelnen Einfällen nicht dazu, etwas Großes, Zusammenfassendes zu leisten, so trifft dies zu«, meinte Brahms einmal. »Bei Bruckner aber nicht, der bietet ja ohnedies so wenig!«[838] Das Konfliktpotenzial lag nicht darin, dass beide auf eine völlig unterschiedliche Art komponierten, sondern betraf die grundsätzliche Haltung zur Welt. Bruckner war zutiefst gläubig, Brahms war es nicht. Johannes Brahms erwies sich immer wieder als Genussmensch, der die Natur, die Wissenschaft, die Literatur, das Theater, die Musik und gutes Essen in höchstem Maße schätzte. Als er nach einem Besuch bei Clara nach Schloss Altenstein weitergereist war, der Sommerresidenz der Meininger Herzöge, ließ er die Freundin wissen, »die Frankfurter Schlemmerei« gehe dort »so fort!«: »Jeden Tag Champagner und was sonst für Herrlichkeiten.«[839] Bruckner hingegen blieb ein Asket, der sich allein an Musik und Religion ergötzte, sich aber sonst keinerlei Vergnügen gönnte. Dies wurde ebenso prägend für seine Kunst, wie Brahms' Lebenserfahrung für die seine. Mit jedem seiner traurigen und heiteren Töne umfing Brahms die Welt mit offenen Armen und verkündete: Genießt das Leben! Bruckner hingegen unterdrückte die angestaute Energie, die in seinen Scherzi zum Ausdruck kommt, und verwies in Gebetshaltung mit zahllosen Phrasen seiner Sinfonik stets nach oben auf eine höhere Instanz. Das wachsende Zutrauen des gottergebenen Oberösterreichers in seine eigenen Fähigkeiten als Komponist belegt, wie er bei den Widmungen seiner Sinfonien »in tiefster Ehrfurcht« nach und nach in der Hierarchie aufstieg. Die dritte Sinfonie war noch seinem von ihm bewunderten Komponistenkollegen Richard Wagner gewidmet, die nächste Constantin Prinz zu Hohenlohe-Schillingsfürst, dann folgten der

Kultusminister Karl Edler von Stredmayr (Nr. 5), der Philosophieprofessor Ritter von Oelzelt-Nevin und seine Gattin Amy, geborene Edle von Wieser (Nr. 6), König Ludwig II. von Bayern (Nr. 7), der Kaiser von Österreich (Nr. 8) und schließlich der liebe Gott (Nr. 9). Brahms konnte mit Bruckners religiöser Verzückung nichts anfangen. In einem Brief an Elisabet von Herzogenberg kommentierte er nur: »Alles hat seine Grenzen. Bruckner liegt jenseits, über seine Sachen kann man nicht hin und her, kann man gar nicht reden. Über den Menschen auch nicht. Er ist ein armer verrückter Mensch, den die Pfaffen von St. Florian auf dem Gewissen haben. Ich weiß nicht, ob Sie eine Ahnung davon haben, was es heißt, seine Jugend bei den Pfaffen verlebt zu haben? Ich könnte davon und von Bruckner erzählen.«[840] 1837 war der 12-jährige Anton Bruckner als Sängerknabe ins Stift St. Florian in der Nähe seines Heimatorts Ansfelden gekommen. Selbst Gustav Mahler, der als zum Christentum konvertierter Jude Bruckner durchaus würdigte und aufführte, meinte, er sei »ein einfältiger Mensch – halb Genie, halb Trottel«.[841]

Clara und Johannes zollten der mit alpinem Gigantismus aufragenden Sinfonik des Oberösterreichers Respekt, konnten aber seine Ästhetik nicht teilen. Als Bruckner zum 70. Geburtstag unter anderem die Ehrenmitgliedschaft der Gesellschaft der Musikfreunde verliehen werden sollte, zeigte sich Brahms verärgert über die seiner Meinung nach für diesen Anlass zu lieblos und flapsig verfasste Adresse des Tonkünstlervereins. »So was soll doch anständig und ernsthaft gemacht sein!«, schimpfte er und nahm den Schriftführer des Vereins ins Gebet. »Ich sagte ihm, ›sind Sie dazu da, solche Witze zu machen?‹ und machte selbst allerlei Korrekturen im Text. Ich brachte die Studenten hinein, Bruckners Beliebtheit usw. Ich mag gewiß nicht durch dick und dünn mit Bruckner gehen, aber er ist doch ein Kerl, der's verflucht ernst meint, und da gebührt Achtung. Ich mag sicherlich nicht alles von Goldmark, aber den tiefsten Respekt wollte ich ihm dennoch nicht versagen!«[842]

Allerdings stimmte Brahms das Getue der »Philister« um Bruckner »höchst verdrießlich«, wie er Elisabet von Herzogenberg wissen ließ. »Sonst benutzen ihn die Wagnerianer und anderes Gesindel als Popanz, d. h. sie treiben Schindluder mit ihm, wenn seine Symphonien vierhändig gespielt werden usw. Ach, von so häßlichen Dingen soll man mit Ihnen gar nicht reden!«[843] Und Clara schrieb er mit spöttelndem Unterton in Anspielung auf manch ambitionierte Kompositionsversuche: »Wie die Götter mit uns Menschen umgehen, bleibt ewig ein schauerliches Räthsel. Daß sie Dich aber mit häßlicher Musik plagen, ist doch gar zu sinnlos. ›Von andrer Sünde weißt Du nicht‹, und um sie, die Götter, und um sie, die holde Kunst, hast Du's doch wahrlich nicht verdient! Wie Vielen in unserer Zeit wäre eine Wollust, was Dir unerträgliche Pein ist!«[844]

Strebten Wagner und Liszt ein neues Deutschland als judenfreie Kulturnation an, so ergänzte sie Bruckner um eine spirituelle Dimension, mit der er ganz im Sinne der aktuellen päpstlichen Enzyklika und des »Syllabus errorum« jedweder Säkularisierung, allem Liberalen und jeglichen Einsichten der Aufklärung entgegenwirkte. In der zweiten Hälfte des 19. Jahrhunderts bildete der Erzkatholik Anton Bruckner ein Musterbeispiel für jemanden, der ehern an einer fundamentalistischen Ausprägung seines Glaubens festhielt. Dabei bereicherten bereits neue wissenschaftliche Erkenntnisse das Leben. Zudem tosten im Denken etlicher aufgeklärter Menschen die für viele verstörenden religionskritischen, historisch-rationalen Analysen von Ludwig Feuerbach, David Friedrich Strauß sowie Ernest Renan. Anton Bruckner wurde indes ein unbeirrbarer Anhänger von Franz Joseph Rudigier, dem katholischen Bischof der Diözese Linz, wo Bruckner einst die Domorgel spielte. Bischof Rudigier widersetzte sich – ganz im Sinne der antiliberalen Politik des Vatikans – den vom Staat herbeigeführten Beschränkungen der kirchlichen Macht und kämpfte gegen die Zivilehe, gegen staatliche Schulaufsicht und gegen die Anerkennung nicht-katholischer Glaubensgemeinschaften. Als das Kirchenoberhaupt im September 1868 in einem Hirtenbrief zur Opposition gegen neue staatliche Schul- und Ehegesetze aufrief, wurde er im Sommer 1869 wegen »des Verbrechens der Störung der öffentlichen Ruhe« zu zwei Wochen Festungshaft verurteilt. Sein Bewunderer Bruckner schrieb ihm kurz nach der Entlassung, er wünsche ihm »Kraft und Ausdauer in schweren Kämpfen«.[845] Bruckner entwarf nicht nur sakrale Chormusik und Messen, auch in Sinfonien finden sich Anklänge, die auf etwas Überweltliches, Religiöses verweisen. In seinen neun von ihm bezifferten Sinfonien spannte er ein weites Netz von Motiven und Anspielungen. Es gibt Ausführungsvorschriften wie »misterioso« oder »feierlich« sowie Anklänge an die eigene Kirchenmusik und an die Sakralmusik anderer Komponisten. Dies kann man auch als Bruckners Beitrag betrachten zu der Auseinandersetzung darum, welchen Einfluss das Religiöse im alltäglichen Leben haben soll. Beispielsweise wenn im ersten Satz der dritten Sinfonie ein Choralthema auftaucht, das in der Partitur als »Choral marcato« bezeichnet wird. Verwendete Brahms gelegentlich einen Choral, so war es eine Art Klangchiffre für Trost und Versöhnung. Bruckners Choräle sind weihevoll und werden spirituell gestützt durch Selbstzitate wie aus dem »Miserere« seiner d-Moll-Messe oder aus der 2. Sinfonie, wo es wiederum ein Zitat ist, denn es stammt aus Haydns *Die letzten sieben Worte unseres Erlösers*. Anspielungen auf das sogenannte »Tonische Kreuzsymbol« aus Liszts »Graner Festmesse« im langsamen Satz der Dritten stehen neben einem Zitat aus dem eigenen *Te Deum* im Adagio der parallel entstandenen siebten Sinfonie, wenn es heißt: »Non confundar in aeternum«, In Ewigkeit werde ich nicht zuschanden. In die weltliche Kunstform der Sinfonie integrierte Bruckner damit seinen Kommentar zum Kulturkampf zwischen Staat und Papst.

Anders als Liszt und Wagner hinterließ Bruckner keine Oratorien und Opern. In seinen Vokalkompositionen dominiert Lateinisch-Sakrales; darunter auch eine Begleitung für drei Posaunen zu Franz Josef Aumanns Vertonung von »Tenebrae«, das die traditionellen Worte »Tenebrae factae sunt, dum crucifixissent Jesum Judaei« enthält: »Es war Finsternis, als die Juden Jesus kreuzigten«, womit auf das verbreitete Vorurteil von den Juden als Christusmördern angespielt wird. Bruckners Kirchenmusik machte auf Brahms nach eigenem Bekunden »keinen rechten Eindruck«, denn: »Es ist so nichts Menschliches darin! Lauter Äußerlichkeiten!«[846] In seiner Sakralmusik vertonte Bruckner streng katholisch fast ausschließlich lateinische Texte. Im Gegensatz zu dieser Obrigkeitsfrömmigkeit der Gebildeten, behandelte Johannes seine eigenen Motetten und Geistlichen Lieder als Literaturvertonungen vornehmlich in deutscher Sprache, was auch eher Claras Geschmack entsprach.

Zu einer Zeit, als Kollegen misstrauisch zur Kenntnis nahmen, dass Brahms im Sommerurlaub regelmäßig Abstecher nach Ischl unternahm – wo zahlreiche jüdische Künstler verkehrten –, soll sich Bruckner darum gesorgt haben, dass eines Tages ein jüdischer Musiker sein *Te Deum* dirigieren könnte, das er doch dem lieben Gott gewidmet hatte. Sein Idol Wagner gab sich diesbezüglich weniger zimperlich: Er war Gott und befand selber darüber, wer Jude war und wer nicht.

Brahms ließ Bruckner gewähren. Nur als diesem 1891 von der Wiener Universität eine Ehrendoktorwürde zuerkannt wurde, fand er das doch zu viel des Guten und seine eigenen Auszeichnungen entwertet. »Ob man jemanden als Künstler überschätzt, das ist eine

Sache für sich«, kommentierte er. »Aber daß man einen total ungebildeten Menschen zum Doktor macht, das ist eigentlich ziemlich stark. Schon vor Jahren war es geplant, da widerriet Hanslick. Nun wurde es aber doch durchgesetzt. Ich war das Versuchskaninchen für den Musikdoktor und jetzt wird das so allgemein! Hegar, Reinecke, Jadassohn, Munzinger, etc. – lauter Doktoren!«[847]

Neue Musik zum Lächeln

Als Johannes Clara im März 1879 den ersten von etlichen Besuchen in Frankfurt abstattete, war er selbst gerade zum Ehrendoktor der Universität in Breslau ernannt worden. Sie war natürlich auch eine der Ersten, der er im Oktober 1881 sein neues Klavierkonzert vorstellte, das als Gegenstück zum d-Moll-Konzert zwanzig Jahre zuvor nun in B-Dur stand. Wenige Monate später schon konnte er bei einem Konzert in Frankfurt seine *Akademische Festouvertüre* dirigieren, die er für die Ehrung in Breslau geschrieben hatte, und sein Opus 83 selbst spielen. Er hatte sich drei Jahre Zeit gelassen und die Arbeit mehrfach unterbrochen. Die gehobene Laune, in der Johannes das zweite Klavierkonzert gestaltete, hing nicht zuletzt mit seinen beiden inspirierenden Reisen in den Süden zusammen: Er vollendete das Werk erst kurz nach der Rückkehr von seiner zweiten Exkursion nach Italien, jenem Sehnsuchtsort, zu dem er Clara immer wieder lockte. Dass Frankfurt zu einer der frühen Stationen gehörte, wo er das Werk präsentierte, freute ihn besonders, nachdem die Uraufführung in Budapest mit Sándor Erkel am Dirigentenpult bereits gut aufgenommen worden war. Leider konnte der Widmungsträger nicht anwesend sein: Sein früherer Lehrer Eduard Marxsen war bereits 75 Jahre alt und verzichtete auf die beschwerliche Reise in die von Hamburg über tausend Kilometer entfernte ungarische Metropole. Ihm demonstrierte Brahms mit diesem Werk, welch grandiose, facettenreiche, revolutionäre Musik er mittlerweile gestalten konnte. Wie Bruckner im Bereich der Sinfonik stieß Brahms hier in völlig neue Dimensionen vor: Das Werk übertrumpfte hinsichtlich der Länge alles Vorangegangene, denn es dauert – je nach Wahl der Tempi – um die fünfzig Minuten. Es bot kammermusikalische Innigkeit, zuweilen rasant wechselnde Stimmungen, Humor und Dramatik und erschien trotzdem wie aus einem Guss. Indem er an zweiter Stelle ein Scherzo einfügte, schlug Brahms mit vier, statt der bei Klavierkonzerten üblichen drei Sätze, ein neues Kapitel in der Geschichte der Gattung auf. Dem Freund Theodor Billroth gegenüber, der »ihn darüber interpelliert« habe, erläuterte Brahms nach Überlieferung des Chirurgie-Professors sein Vorgehen und »sagte, der erste Satz schiene ihm gar zu simpel, er brauche vor dem ebenfalls einfachen Andante etwas kräftig Leidenschaftliches«.[848] Simpel ist nicht ein Takt aus Brahms' Klavierwerken, schließlich betrachtete er das Klavier als sein eigentliches Hauptinstrument.

Etliche Details legen nahe, dass Johannes letztendlich über all die Jahre Clara im Sinn hatte. Zu bedauerlich, dass ihre Körperkräfte es ihr nicht mehr erlaubten, ein solch anstrengendes Opus zu bewältigen. Wäre sie – wie sie es sich zuweilen wünschte – zwanzig Jahre jünger gewesen und hätte einen leichter zu spielenden Steinway-Flügel gehabt, sie hätte sich mit Verve auf diese Herausforderung gestürzt. Es gibt keine Korrespondenz zwischen den beiden, die die Einzelheiten der Entstehung nachvollziehen lassen. Aber es gibt eine biografische Wahrscheinlichkeit. Und dafür bedarf es nicht allzu viel Fantasie, um sich vorzustellen, über was sich Clara und Johannes des Abends unterhalten haben mögen: Ältere und neue Literatur, Nettes über Freunde, Gehässigkeiten gegen Feinde, aktuelle Projekte, Träume, Hoffnungen, Wünsche sowie Musik, Musik, Musik. Das Hornsignal zu Beginn des B-Dur-Klavierkonzerts erinnert sowohl an den Auftakt zur Großen C-Dur-Sinfonie des von beiden hochgeschätzten Franz Schubert, als auch an den letzten Satz von Johannes' erster Sinfonie, der mit dem Hornruf einen Gruß an Clara enthält. Das Vertrauensverhältnis war so groß, dass Clara ihrem Streitgenossen gewiss schon in einer frühen Phase der Freundschaft ihre eigenen Kompositionen gezeigt hatte. Darunter befand sich auch das jugendliche Klavierkonzert in a-Moll, das nie als gedruckte Partitur erschienen war. Wie damals üblich gab nach einer Überarbeitung im Anschluss an die Uraufführung 1837 der Leipziger Verlag Hofmeister nur den Klavierpart und die Orchesterstimmen heraus. Robert hatte ihr dabei geholfen, das Konzert zu instrumentieren. Bei ihr waren die einzelnen Sätze mit den Anweisungen »maestoso«, »con grazia« und schlicht »non troppo« versehen. Parallel dazu griff Johannes das »Allegro non troppo« ihres Finalsatzes auf und knüpft mit dem ersten Satz seines Opus 83 daran an. Im zweiten Satz demonstriert er ihr seine Leidenschaft mit einem »Allegro appassionato« und im vierten, dem Schlusssatz, Eleganz und Zärtlichkeit im »Allegretto grazioso«. Der langsame Satz indes wirkt wie ein Pendant zu dem entsprechenden Teil aus Claras Klavierkonzert – auch bei Brahms gibt es ein Zwiegespräch von Klavier- und Cello-Solo. Imaginär am Klavier: Clara (obwohl sie aus gesundheitlichen Gründen das zweite Konzert nie öffentlich spielte); während das Cello den Komponisten selbst symbolisiert (der diese Instrumentalchiffre auch für das Joachim zugedachte Doppelkonzert für Violine und Cello einsetzte). Die stärksten Bindeglieder zwischen beiden waren die Musik und das Leben. Schon fast dreißig Jahre zuvor hatte Clara einsehen müssen, dass ihre Klavier-Variationen über ein Thema von Robert Schumann nicht an ein entsprechendes Werk von Johannes heranreichten. Dieser griff nun – wie schon mit der Bezeichnung zum ersten Satz – ihre Ausgangsidee auf und verwandelte ein Duo für Klavier- und Cello-Solo im Rahmen eines sinfonisch angelegten Klavierkonzerts in etwas Magisches. Bei ihm dümpeln die beiden Instrumente nicht vor sich hin, sondern begeben sich in Sphären poetischer Abenteuer. Brahms erzählt mitunter in Tönen, indem er Anspielungen auf zwei Lieder einbaut: Das Cello zitiert in leicht variierter Form »Immer leiser wird mein Schlummer« und eine Melodie aus dem Lied »Todessehnen«, die zu den Worten »Hör es, Vater in der Höhe, aus der Fremde fleht dein Kind« erklingt. Mit Letzterem erinnerte er an die schwere Zeit mit Claras Depressionen, in der er ihr zur Seite stand, und Ersteres könnte auf die Anekdote anspielen, die er ihr sicher zum Besten gab, dass er einst bei Liszts Klavierspiel eingeschlafen war. Die Gesamtanlage als sinfonisches Werk mit Klavier weckte gemeinsame Erinnerungen an die Entstehungsjahre des ersten Klavierkonzerts, während der Johannes zwischen Sinfonik und Solokonzert schwankte. Es lockt geradezu, lässig zu vermuten, dass er in zahlreiche seiner Kompositionen Anspielungen eingebaut hat, die nur Clara verstand. Wenn Johannes ihr im Begleitbrief zu seinen Klavierstücken schrieb, er stelle sich vor, »wie Du dabei lächelst«, so gibt es sicher noch genügend andere Stellen, die einen privaten Hintergrund haben. Es mögen Anspielungen auf gemeinsame Gespräche, Lektüre, Erlebnisse sein, mitunter so marginal und intim, dass sie für beide Erinnerungen beinhalteten, die sich nicht mehr nachvollziehen lassen. Johannes wusste, wie viel er der Freundschaft mit Clara zu verdanken hatte. Nicht ohne Grund schrieb er ihr einmal, er müsste »von Rechts wegen zu meinen besten Melodien schreiben: Eigentlich von Cl. Sch!«.[849]

In einem Brief an die befreundete Elisabet von Herzogenberg vom Juli 1881 zeigte sich der skurrile Humor von Johannes Brahms, als er einen Koloss von einem Klavierkonzert mit den Worten ankündigte: »Erzählen will ich, daß ich ein ganz ein kleines Klavierkonzert geschrieben habe, mit einem ganz einem kleinen zarten Scherzo [*sic*]. Es geht aus dem B-Dur – ich muß leider fürchten, diese, sonst gute Milch gebende Euter zu oft und stark in Anspruch genommen zu haben.«[850] Man kann ihm nicht widersprechen: Seit seinem ersten Klavierkonzert von 1859, dem Opus 15 in d-Moll, verwendete Brahms B-Dur für das erste Streichsextett, die *Händel-Variationen*, die *Haydn-Variationen* sowie das dritte Streichquartett. Selbst im zweiten Klavierkonzert bildet es nicht nur die Haupttonart, noch zwei weitere der insgesamt vier Sätze sind darin zu Hause. Nur beim »Allegro appassionato« des 2. Satzes wandelt er durch sein d-Moll auf den Pfaden des ersten Konzerts. Die ungarischen Anspielungen im abschließenden Rondo, die zuweilen an die *Ungarischen Tänze* erinnern, kann man durchaus als eine Reverenz an den Ort der Uraufführung betrachten.

Im Detail wie in den großen Strukturen war Brahms stets auf ausreichende Kontraste bedacht. Clara erkannte gewiss, dass die beiden Klavierkonzerte, die im Abstand von 22 Jahren entstanden, unterschiedliche Facetten seiner Persönlichkeit spiegelten: Das erste geriet nach dem Tod des Freundes Robert Schumann zu einer expressiven, privaten Stellungnahme mit einem tragischen Duktus, während Brahms 1881 das Opus 83 ausschweifend gestaltete. Ungeachtet einer jeweils großen Vielfalt an thematischen Gedanken stand sparsam eingesetztem musikalischem Material im Frühwerk später ein weitgriffiger, epischer Klangkosmos gegenüber. Verbindende Elemente waren die umfangreiche Anlage und die Emotionalität der Werke, die den Interpreten mehr abverlangte als lediglich Virtuosität. Johannes hielt möglicherweise Frauen für die sensibleren Interpreten. »Ich habe in der Übereilung ein schönes großes Klavierkonzert geschrieben und nicht vorher bedacht, ob sich denn eine Frau findet, die deshalb ihrem Mann davonläuft!«, schrieb Johannes Brahms im Juli 1881 der Pianistin Emma Engelmann. »Nun sitze ich da – das Kind im Schoß und niemand ist, der es säugt oder spielt.«[851]

Also musste er sich vorerst selbst darum kümmern. Dafür brauchte er allerdings geeignete Dirigenten mit einem Orchester. Der erste Probedurchlauf des zweiten Klavierkonzerts erfolgte mit Bülows Meininger Hofkapelle, aber die Uraufführung überließ Brahms vertrauensvoll dem musikalischen Leiter der Budapester Oper und Philharmoniker, Sándor Erkel, dem jüngsten Sohn des Komponisten

Ferenc Erkel. In Ungarn zündete das Werk ebenso wie die *Akademische Festouvertüre* und die erste Sinfonie, für die sich der Komponist nach der Pause vom Klavierhocker auf das Dirigentenpult schwang. »Heute ist Brahms schon völlig Mode geworden«, hieß es in einer Besprechung.[852] Als er zwei Jahre später eigene Werke bei den Budapester Philharmonikern dirigierte, meinte ein Rezensent, dass »das Urteil des Publikums für Brahms entschieden günstig sei, denn dieses Publikum sei unbeeinflußt und wisse nichts von dem Kampf, der in Deutschland um Brahms tobe«.[853] Ein Kampf, der ihn und Clara schon um manche angenehmen Kontakte gebracht hatte. Nachdem zunächst Hermann Levi den Freundeskreis verlassen hatte, ging in jener Zeit auch Joseph Joachim eigene Wege. Er nahm Johannes übel, dass sich dieser bei der bevorstehenden Scheidung von seiner Frau Amalie auf deren Seite geschlagen hatte. Musste er ihr ausgerechnet noch seine *Zwei Gesänge für eine Altstimme mit Bratsche und Klavier* op. 91 widmen? Dabei hatte Brahms mit den Stücken eine Brücke bauen wollen, da Joachim auch Viola spielte und in dieser höchst ungewöhnlichen Besetzung die sonore Altstimme seiner Frau hätte begleiten können. Ließen ihn die alten Weggefährten im Stich, musste er sich neue suchen. Mit der Gegenseite machte Hans von Bülow schmerzvolle Erfahrungen, als ihn Liszts Tochter Cosima verließ. Hatte sie Ehebruch begangen, so beging er Prinzipienbruch. Er war mittlerweile Kapellmeister der Hofkapelle in Meiningen und bat Brahms, bei Gelegenheit vorbeizuschauen. Im Oktober 1881 war es so weit. Johannes logierte im selben Hotel wie Bülow und lockte mit seiner Anwesenheit sogar Herzog Georg II. von Jagdexkursionen zurück in seine Residenz, um den berühmten Gast kennenzulernen. Eigentlich wollte Brahms nur die Klangwirkung seines neuen Konzerts ausprobieren, brachte Bülow aber damit ungeahnt in Verlegenheit. »Meister Br. hat uns viel Ehre erwiesen, aber auch empfindlich im Arbeiten gestört«, schrieb der Dirigent an den Konzertdirektor Hermann Wolff, mit dem er Tourneen des Orchesters plante. »Die zweite Woche des Monats mußte seinen Werken ausschließlich gewidmet werden (3/4 der Kapelle verbummelt, 2/4 neu, grün, undiszipliniert), um Meiningen nicht in seinen Ohren zu blamieren; die dritte Woche verweilte er hier, jeden Tag war er in der Probe, spielte und dirigierte, dreimal dem Herzog vormusizierend. Das war nicht zu ändern; ich hatte ihm in optimistischem Taumel (Februar – Wien) die Besuchseinladung gemacht, konnte ihm keine uns besser gelegene Zeit bestimmen, sondern mußte seine Stellung respektieren. – Er schien sich zu gefallen, sprach sich – mit abwechselnd scharfen Sarkasmen – häufig nicht bloß lobend, sondern sogar entzückt aus, dinierte dreimal bei Hofe, empfing Komturkreuz, was ihm ebenfalls zu behagen schien: wie er sich anderwärts äußert, fürchte ich beinahe zu hören, denn ich halte ihn an Genie, wie an ›Herz‹, R. W. [Richard Wagner] ebenbürtig.«[854]

Kalbeck berichtete, Bülow habe ihm 1881 anlässlich eines Besuchs in Wien ins Album geschrieben: »Mit Bach, Beethoven und Brahms denkt für das eventuelle letzte Viertel seines Lebens reichlich auszukommen – Hans v. Bülow, Zukunftsmusiker a. D. Wien, 23. Februar 1881.«[855] (Hinter dem Namen Brahms war ein Sternchen eingefügt mit dem Zusatz: »* Caetera – farcimentum« – dies meinte im Küchenlatein scherzhaft: »alle Übrigen sind mir wurscht«. Bülow kannte wahrscheinlich Moritz Buschs 1878 publiziertes Buch *Graf Bismarck und seine Leute während des Krieges mit Frankreich: Nach Tagebuchblättern*, dem zufolge der Reichskanzler auf die Frage, ob man Wilhelm I. zukünftig nun als »deutschen König«, »Kaiser von Deutschland« oder »Kaiser der Deutschen« bezeichne, gesagt haben soll: »Nescio quid mihi magis farcimentum esset«, »Ich weiß nicht, was mir mehr wurscht wäre.«) Letztendlich sah Bülow Brahms als rückständig an. Als der Maestro zwischen 1880 und 1885 freie Hand in der Programmgestaltung der Konzerte des Meininger Hoforchesters hatte, führte er lediglich 31-mal Sinfonien von Brahms auf, hingegen 198-mal Sinfonien von Beethoven.

Wie Richard Heuberger berichtete, nervte Brahms, dass Bülow zu viel an den angekündigten Programmen ändere und ihm kurz vor Konzertbeginn immer noch neue Einfälle im Kopf schwirrten. »So schlug Bülow Brahms einmal vor, sie mögen vor dem Konzert nicht bestimmen, welcher von ihnen ein Klavierkonzert von Brahms spielen und welcher es dirigieren werde«, erzählte Heuberger. »Erst auf dem Podium sollte dies ausgemacht werden. So sei auch seine Idee aufzufassen, das B-Dur-Konzert ohne Dirigenten zu spielen. Aufregung vor dem Publikum ist Bülow angenehm, ja fast ein Bedürfnis, während Brahms in solchen Fällen Ruhe liebt und diese auch besitzt, wie er sagt.«[856] Sosehr sich Bülow ins Zeug legte, Brahms überkamen immer wieder Bedenken bei seiner Orchesterleitung. »Bülows Dirigieren ist immer auf den Effekt berechnet«, äußerte er einmal gegenüber einem Bekannten. »Sobald eine neue musikalische Phrase einsetzt, läßt er eine kleine Pause machen und wechselt auch gern ein wenig das Tempo. Ich habe mir das in meinen Symphonien ernstlich verbeten; wenn ich es haben wollte, würde ich es hinschreiben.«[857] Clara hatte in Leipzig schon die pianistische Ausbildung des jungen Hans begleitet und sah sein Wirken äußerst kritisch. Sogar in Russland lief er ihr während einer ihrer Tourneen über den Weg, wo sie Bülows Klavierspiel »ausgehalten« habe. »Der hat hier zwei Concerte gegeben, wo er sich eine Güte gethan in Liszt«, schrieb sie Johannes aus Moskau. »Das gefiel nun doch den Leuten nicht und er hatte hier und in Petersburg schlecht besuchte Concerte. Doch, bitte, unter uns dies, ich will es nicht verbreiten.«[858] Für sie war der dirigierende Pianist nur eine gut geölte Interpretationsmaschine ohne Seele. »Das sind die Früchte des Liszt'schen Virtuosenthums«, konstatierte Clara. »Die Fehler ahmen sie nach, die Genialität fehlt ihnen. Vor Liszt wurde gespielt, nach Liszt gehauen und gesäuselt! Er hat den Verfall des Clavierspiels auf dem Gewissen.«[859]

Fundamentalismus gegen Humanität

»In Deutschland gibt es eine beträchtliche Anzahl von eigenthümlichen Menschen, die die sogenannte Richard Wagner'sche Spezies der Antisemiten begründen«, schrieb der Philosoph Josef Popper-Lynkeus in seiner 1886 zunächst anonym veröffentlichten und 1925 wieder aufgelegten Schrift *Fürst Bismarck und der Antisemitismus*.[860] Sie erschien zu einem Zeitpunkt, als der unter Intellektuellen immer gesellschaftsfähiger werdende moderne Antisemitismus zunehmend hohe politische Ebenen infiltrierte. Die achtzig Jahre später irreführend als »Berliner« Antisemitismusstreit bezeichnete, auf die Jahre 1879 bis 1881 verengte Debatte, betraf nur einen von vielen Brandherden, die auch in anderen Orten Deutschlands von Bonn bis Breslau und Kempten bis Königsberg schwelten. Neben diesem seinerzeit »Treitschkestreit« genannten Konflikt gab es etliche Auseinandersetzungen, die seit 1875 im jungen Kaiserreich ganz allmählich die Atmosphäre belasteten. In gewisser Hinsicht spiegelte sich der Konflikt, der Clara, Johannes und Levi die Freundschaft kostete, nun auf einer höheren Ebene. Damit die Anliegen der »Wagner'schen Spezies« auf fruchtbaren Boden fielen, bedurfte es geeigneter gesellschaftspolitischer Entwicklungen. Johannes beobachtete, dass sich auch in Wien das Klima veränderte; Clara ihrerseits fühlte sich zunehmend unbehaglich in Berlin und war froh, in Frankfurt einen toleranteren Ort gefunden zu haben.

Um dem von Papst Pius IX. inspirierten fundamentalistischen Katholizismus etwas entgegenzusetzen, verschärfte der von Clara und Johannes geschätzte Reichskanzler Bismarck ab Dezember 1871 die Gesetzgebung: Hatte in den 1860er-Jahren der antiliberale »Syllabus der Zeitirrtümer« und das radikal-konservative Konzil im Vatikan dem politischen Katholizismus zu fast dämonischem Selbstvertrauen verholfen, so änderte das Deutsche Reich nun die Gesetzbücher dahingehend, dass priesterliche Verlautbarungen nicht den »öffentlichen Frieden« gefährden durften, die Jesuiten in Deutschland keine Dependancen eröffnen konnten und nur noch Pflegeorden zugelassen wurden sowie lediglich die auf dem Standesamt vorgenommene Eheschließung rechtlich gültig war. Zudem wurde die Katholische Abteilung im preußischen Kultusministerium aufgelöst, der Kirche die staatlichen Zuwendungen entzogen und die geistliche Schulaufsicht durch eine staatliche ersetzt. Claras Haltung hierzu ist unklar, während Johannes den Kurs befürwortet haben dürfte, zumal er in seiner Bibliothek mehrere Publikationen des kirchenkritischen, liberalen Pädagogen Gustav Wendt besaß. Der Publizist Rudolf Meyer hingegen griff Bismarcks Politik gegen die kirchliche Einflussnahme an und beklagte, »der Kanzler – gehört den Juden und Gründern«.[861] Sein Kollege Constantin Frantz meinte dazu mokant: »Welch ein Vergnügen jetzt dieser Kulturkampf für die Juden ist.«[862] Der Vatikan empfahl, die weltlichen Gesetze zu ignorieren. Im letzten Viertel des 19. Jahrhunderts äußerte der Bamberger Theologe Josef Müller die Ansicht, es gehe darum, »ob der Katholizismus noch fähig ist Kulturträger zu sein« und der Würzburger Kirchenhistoriker Hermann Schell kämpfte gegen jene, die »zu Nutznießern der außerkirchlichen Wissenschaft« werden.[863] Der Konflikt spitzte sich zu und die Parteien im Reichstag verhinderten eine klare Trennung von Staat und Kirche. Bismarck sah sich genötigt, faule Kompromisse einzugehen und ließ sich sogar zu Äußerungen hinreißen, es sei die »Fürsorge (für die Arbeiterclassen)« immerhin »eine der höchsten Aufgaben jedes Gemeinwesens, welches auf den sittlichen Fundamenten des christlichen Volkslebens steht«.[864] Damit schienen alle jüdischen Bürger ausgeschlossen – Menschen, die sich in der Kultur und Wirtschaft und im Krieg für ihr Deutschland eingesetzt hatten. Durch das weitgehende Scheitern im Kulturkampf – in dem es in erster Linie um die Souveränität des weltlichen Staates in rechtlichen, edukativen und politischen Aspekten gegenüber den Einflüssen organisierter religiöser Gruppierungen ging – gewannen fundamentalistische Kräfte sofort die Oberhand. »Daher kömmt es auch, daß die giftigsten Judenhaß-Pamphlete vom Bonifaciusverein in dem frommen katholischen Paderborn und andererseits in Berlin herausgegeben werden«, beklagte der Philosoph Josef Popper-Lynkeus, während der Berliner Hof- und Domprediger Adolf Stoecker auf einer antisemitischen Wahlversammlung posaunte: »Alle haben hier Zutritt, wenn sie sonst nur unsere Brüder sind.«[865] Wagners *Parsifal* wies den Weg, wie einfach die Sache war: »Vorher nehmen wir einen Akt mit Ihnen vor«, hatte der Komponist zu Levi gesagt, damit er »sich ganz unter uns als zu uns gehörig empfinden« kann. Clara konnte nur den Kopf darüber schütteln und Johannes dürfte seinerzeit bei der Begegnung mit Levi in München mächtig in Rage geraten sein, was bei ihm ansonsten kaum vorkam.

»Wir möchten den Sturm der Entrüstung sehen, welche Alldeutschland durchbrausen würde, wenn zufällig ein jüdischer Componist auch nur die Hälfte von dem sich erlaubt hätte, was der Dichter des *Parsifal* sich herausnimmt«, schrieb ihr Freund Max Kalbeck im August 1882 in der *Wiener Zeitung*.[866] Besonders treffend brachte Josef Popper-Lynkeus vier Jahre später das Dilemma mit den vielfach der Zentrumspartei anhängenden, dem Vatikan ergebenen »eigenthümlichen Menschen, die die sogenannte Richard Wagner'sche Spezies der Antisemiten bilden« auf den Punkt:

»Wir sehen da begeisterte Jünglinge und zarte Frauen, verzückt von der – wirklich tiefsinnigen – Kunst Richard Wagner's; sie empfinden sehr tief den hohen ethischen Gehalt in dessen *Parsifal*, so tief, wie man nur eine idealste Religion empfinden kann; nicht wenig wehe ist es ihnen um's Herz, daß in dem Stück ein *Schwan* getödtet wird, und es herrscht große Liebe, theoretisch ausgesprochene und praktisch lärmende Liebe zu allen Thieren, zu Pflanzennahrung, kurz Zartheit und Idealismus nach hundert Seiten.

Und nun sehe man sich die Schriften der Wagnerianer an, beachte den Ton ihrer Polemik überhaupt, speziell den tiefen Haß und die Verachtung, die sie gegen die Juden hegen und cultiviren. Nicht eine einzige Andeutung in allen ihren, doch so viele Gegenstände, Himmel, Erde und Hölle betreffenden Aufsätzen und Brochuren, daß sie sich mit den Ungerechtigkeiten und Brutalitäten des Antisemitismus nicht befreunden können, oder daß sie dagegen protestiren; im Gegentheile, sie schüren das Feuer nur immer mehr, und Jene, die vor lauter Liebe zu den Thieren zerfließen, würden Mord an jüdischen Menschen mit aller Ruhe gewähren lassen, ja wohl noch viel mehr als das; ein, der Wagnerrichtung sehr nahe Stehender drückte einmal seine Gesinnung in einer Gesellschaft offen darin aus, daß er den Wunsch äußerte: ›Man sollte alle Juden bei lebendigem Leibe das Gehirn herausnehmen.‹

Die Anhänger der Wagner'schen Kunst- und Geistesrichtung sind daher im hohen Grade geeignet, als Typus, eigentlich als Quintessenz der neudeutschen (oder neugermanischen) Entwicklung auf das rascheste Jemandem, der die Details derselben nicht verfolgte, einen klaren Ueberblick zu gewähren.«[867]

Wer mag noch an einen Zufall glauben, dass Abbé Liszt im Fahrwasser der aufblühenden Wagnerschen Ideologie ausgerechnet in diesen Jahren sein Buch über die *Zigeuner und ihre Musik in Ungarn* mit seinen antisemitischen Äußerungen neu herausbrachte. Seine Musik fand trotzdem in Wien zunehmend Bewunderer. »Durch Liszt'schen Schwindel u. Katzenjammer brauche ich m. Abneigung gegen Conzerte nicht zu verstärken, die ist ohnedes [*sic*] genügend u. nur zu üppig ausgebildet«, kommentierte Brahms in einem Brief an Julius Stockhausen.[868] Wagner lernte gerade den ehemaligen Diplomaten Graf Joseph Arthur de Gobineau kennen und begeisterte sich für dessen Buch *Versuch über die Ungleichheit der Menschenrassen*, in dem der Franzose die arische Überlegenheit pries. Auch für den neuen Papst Leo XIII. waren »Christen für den Kampf geboren« (laut »Sapientiae christianae«); kein Wunder, dass er sich gleich im April 1878 in seiner Antrittsenzyklika über die »Teufel der Gesellschaft« ausließ und in seinem politischen Kreuzzug die Welt mit insgesamt 86 Enzykliken überzog, darunter allein sieben zur Marienverehrung.

Im Folgejahr hob der Berliner Historiker Heinrich von Treitschke die Debatte auf die Gelehrtenebene. In der Novemberausgabe der *Preußischen Jahrbücher* ließ er sich als Herausgeber in seinem Leitartikel »Unsere Aussichten« mit einem großen Rundumschlag aus über die internationale Lage und die Gefahren, die Deutschland drohen könnten. Auf den letzten fünf von siebzehneinhalb Seiten ging er darauf ein, es sei »keine leere Redensart, wenn man heute von einer deutschen Judenfrage spricht«. Der Reichstagsabgeordnete und Lehrstuhlinhaber für Geschichte konstatierte, dass sich ja auch Männer wie Mendelssohn, »in denen wir die edlen und guten Züge deutschen Geistes verehren«, sich hatten taufen lassen und dementsprechend verlangte er von den Juden, »sie sollen Deutsche werden, sich schlicht und recht als Deutsche fühlen«, denn »wir wollen nicht, daß auf die Jahrtausende germanischer Gesinnung ein Zeitalter deutsch-jüdischer Mischcultur folge«.[869]

Der Geist, den Brendel, Liszt und Wagner fast dreißig Jahre zuvor aus der Flasche gelassen hatten, trieb nun in den höchsten Ebenen sein Unwesen. »Wir lachen darüber«, notierte Cosima über den Erfolg Wagners und der neudeutschen Bewegung, »daß wirklich, wie es scheint, sein Aufsatz über die Juden den Anfang dieses Kampfes gemacht hat.«[870]

Johannes Brahms veröffentlichte im Juni 1894 beim Verlag Simrock in Berlin in sieben Heften seine für Klavier und Gesangsstimme gesetzten und von Clara hochgeschätzten *49 Deutschen Volkslieder*. Das neunte Lied, »Es war eine schöne Jüdin« (WoO 33, Nr. 9), erzählt von einer jungen Frau, die von einem Schreiber das Angebot bekommt, er werde sie zur Gattin nehmen, sobald sie getauft ist. Ihre Antwort lautet: Ehe sie sich taufen lasse, bringe sie sich lieber um. Dementsprechend lauten die letzten Zeilen: »›Gut' Nacht, mein Vater und Mutter, wie auch mein stolzer Bruder, ihr seht mich nimmermehr! / Die Sonne ist untergegangen im tiefen, tiefen Meer.‹« Die Spielanweisung »Herzlich und warm erzählend« verweist auf die empathische Anteilnahme am Schicksal des Mädchens. Durch die Freundschaft mit den Mendelssohns, Joachim, Hanslick und Levi wussten Clara und Johannes um die Zumutung, die an sie herangetragen wurde.

Hingegen war für Heinrich von Treitschke seine Haltung förderlich, als er 1881 als nationalliberaler Abgeordneter wieder in den Reichstag gewählt werden wollte. »Die Pfarrer sind«, frohlockte er, »alle auf meiner Seite.«[871] Als Treitschke 1895 zum Mitglied der Akademie der Wissenschaften ernannt wurde, trat einer seiner schärfsten Kritiker aus, der Geschichtsschreiber Theodor Mommsen. Dieser gehörte bereits fünf Jahre zuvor zu den Gründungsmitgliedern des »Vereins zur Abwehr des Antisemitismus«, von dem 1891 auch eine gleichnamige Gruppierung in Österreich initiiert wurde. »Treitschke ist für mich der rechte Ausdruck der sittlichen Verrohung, die unsere Civilisation in Frage stellt«, äußerte Mommsen in einem Brief.[872] Auch wenn sich in den Vereinen bis zu 20 000 Mitglieder zur »Abwehr des Antisemitismus« bekannten, gewannen die zunächst in Kreisen der Kultur und der Religionen verbreiteten antiliberalen, antisemitischen Haltungen unter Kaiser Wilhelm II. zunehmend Einfluss auf die Politik. Erst durch seine Regentschaft entwickelte sich in Deutschland das, was Theodor Mommsen mit dem Begriff vom »pseudokonstitutionellen Absolutismus« anprangerte.[873] Diese neudeutsche Zivilisation hatte in Richard Wagner einen Heilsbringer gefunden. Wie einst *Die Meistersinger von Nürnberg* zu *Das Judentum in der Musik*, lieferte nun *Parsifal* das Kunstwerk zum Thema. »Die Juden scheinen die Gefahren, die die antisemitische Bewegung für sie birgt, zu unterschätzen«, meinte Josef Popper-Lynkeus und formulierte im Gegensatz zu Wagners rassistischem Heilsmysterium sein Ideal: »Keine Unschuldigen verletzen, jede Individualität als solche achten, das physische Wohl und die geistige Freiheit aller Menschen zu erhöhen suchen und auf die immer größere Verbreitung und Erstarkung dieser Bestrebungen und Gefühle hinarbeiten – das ist *Humanität*.«[874]

Vor allem die Entwicklungen in den 1890er-Jahren beunruhigten Clara Schumann und Johannes Brahms. »Der Meister war ganz entsetzt über die Tatsache, daß bei den offiziellen Stellen der Stadt Wien die Antisemiten die Oberhand bekommen hatten«, berichtete Heuberger und zitierte Brahms mit den Worten: »Habe ich Ihnen nicht schon vor Jahren gesagt, daß es so kommen wird? Sie haben mich damals ausgelacht und alle anderen auch. Jetzt ist es da und damit auch die Pfaffenwirtschaft. Gäbe es eine ›Antipfaffenpartei‹ – das hätte noch Sinn! Aber Antisemitismus ist Wahnsinn!«[875]

Für Clara und Johannes stand fest, wenn jüdische Bürger für ihr Land 1864, 1866 und 1870/71 in den Krieg gezogen waren, standen ihnen auch gleiche Rechte und Anerkennung zu. »Über die gegenwärtige Judenhetze in Wien sagte Brahms: ›Darüber mag ich gar nicht reden, so erbärmlich kommt mir das vor! Daß man den immerwährenden Nachschub galizischer Juden nach Wien hindert, dafür wäre ich, aber alles andere ist eine Gemeinheit!‹«[876] Galizien, ein heute in der Westukraine und in Südpolen gelegener historischer Landstrich, war von 1867 bis 1918 Kronland im österreichischen Teil des Kaiserreichs Österreich-Ungarn. Die Bevölkerung war zumeist arm, und Brahms, der selbst aus einfachen Verhältnissen kam, setzte sich in erster Linie dafür ein, dass man sich zuerst um die Armen in der eigenen Stadt kümmern und erst dann anderen in Notfällen vor Ort helfen sollte. Ein bezeichnendes Beispiel bot der Streit um ein Wohltätigkeitskonzert der mit Brahms befreundeten italienischen Mezzosopranistin Alice Laura Barbi. Die Künstlerin wollte ursprünglich nur für die Armen von Wien singen und zeigte sich sehr verärgert, als sie erfuhr, dass der Ertrag auf einmal für die

Überlebenden eines schweren Erdbebens im fast 400 Kilometer entfernten Laibach, dem heutigen Ljubljana, bestimmt sein und zudem noch etwas für den Kapellenbau im fast 100 Kilometer entfernten Kurort Semmering abgezweigt werden sollte. Sie hatte Verständnis dafür, die von der Naturkatastrophe geschädigten Menschen zu unterstützen, war aber entsetzt, als nach dem Konzert die Damen des Veranstaltungskomitees zu ihr kamen, um ihr mitzuteilen, dass man die Hälfte der Erdbebenhilfe nun doch lieber den Ursulinerinnen und den Karmeliterinnen zukommen lassen wolle. »Ganz gemeine Lumperei!«, schimpfte Johannes. »Für die Armen von Wien zu singen, erlaubte die Fürstin Windischgrätz nicht, weil es dann den Liberalen zugute gekommen wäre.«[877]

Noch einmal gab es Versuche, Johannes Brahms nach Bayreuth zu locken. »Bülow, der im August mit seiner Braut hingeht, will mich verführen oder fragt mich vielmehr, ob ich mich anschließen will«, schrieb er an Hanslick.[878] Dann buchte Johannes aber doch lieber sein Urlaubsquartier in Ischl.

Clara stellte zu ihrem großen Missvergnügen fest, dass sie Wagner auch in Frankfurt nicht entgehen konnte. »Hier gibt es jetzt viel Wagnerei – *Rheingold*, *Walküre*«, schrieb sie Johannes. »Einmal werde ich es mir wohl auch anthun müssen, schon Dessoffs wegen.«[879] Sie sah sich sogar mehrere Aufführungen an, um sich mit der Musik näher vertraut zu machen. »9. Mai. *Walküre*, in der mich Manches interessirt hat, aber doch die Langeweile vorwiegend war«, notierte sie später in ihren Aufzeichnungen über den Gehalt des Werks. »Die Götter interessiren Einen gar nicht, sind alles solche Lumpen, dieser Wotan der dümmste Kerl.« Die Musik ließ sich indes nicht mit einem einmaligen Hören erfassen, sodass Clara noch einen zweiten Versuch wagte. »Die Musiker sprechen immer viel von der interessanten Instrumentation – ich will es mir anthun, die Opern noch einmal zu hören und dann besonders darauf achten«, vertraute sie ihrem Tagebuch an. »16. Mai. Ging ich nochmal ins *Rheingold* um auf die Instrumentation zu achten. Ich fand einige schöne Klangwirkungen, die sich aber immer wiederholen. […] 18. Mai noch einmal *Walküre*. Ich wollte mal mehr noch auf die Musik achten und fand wirklich im ersten Act einige schön klingende Perioden, aber auch viele Anklänge an Mendelssohn – Schumann – Marschner. Sonst fand ich Alles, wie früher.« Allerdings nicht ganz. Als Clara nur eine Woche nach den Wagner-Opern Mendelssohns Schauspielmusik zu Sophokles' Tragödie *Antigone* erlebte, die vierzig Jahre zuvor zu einer Inszenierung von Ludwig Tieck entstanden war, erschrak sie. Sie zeigte sich »enttäuscht von der Musik, die ich viele Jahre nicht gehört und gänzlich vergessen hatte«, denn »sie paßt zu diesem großartigen Sujet gar nicht« und wunderte sich: »Daß Mendelssohn solch einen Mißgriff machen konnte ist mir doch räthselhaft.«[880] Über die Jahrzehnte hatte sich der Sinn fürs Dramatische gewandelt – auch in den Opern neuerer Zeit wurde allmählich eine härtere Gangart eingelegt und die Dosis an akustischer Brutalität erhöht.

Johannes hingegen enttäuschte sie nie. Wahrscheinlich amüsierte man sich privat über Feinheiten, auf die Max Kalbeck später in seiner Brahms-Biografie hinwies. Im mit »Allegro con spirito« überschriebenen Finale der zweiten Sinfonie »wird die Wirklichkeit durch den Standpunkt des Komponisten sublimiert«. Das Hauptthema erinnere in den Wiederholungen an die »Imitation des Dudelsackes«, meinte der Freund. »In ihrem ersten Abschnitt (a) enthält sie zugleich ein über die ganze Welt verbreitetes Glockenmotiv, das als solches auch in der Durchführung erscheint, freilich nicht mit dem handgreiflichen Bimbambombum der Theaterglocken à la *Parsifal*, sondern pp in langgezogenen leisen, vom Winde hergewehten Tönen der Tenorposaune«. Und auch das Lachen eines »frivolen Pfaffen«, den Brahms in einem Brief aus Ischl erwähnte, vermeinte man »im Gewühl des Tutti zu vernehmen; sein Hahaha klingt aus den *sforzati* der das Geistliche mit dem Allzuweltlichen, die Kirchenglocken mit dem Kuhschwof [Tanz beim Erntefest] verbindenden, sonderbar harmonisierten Dudelsackmelodie deutlich heraus«.[881] Brahms hatte Kalbeck in einem Schreiben aus Ischl erzählt, was der »alte, höchst lustige und frivole Pfaffe« von sich gab: »Sein Lachen hörte man über den See (buchstäblich) und seine sehr schlimmen Witze bis Wien.«[882]

Clara wirkte mitunter erschöpft, sodass sie selten den nötigen Kampfgeist aufbrachte. »Warum soll ich die paar Jahre meines Lebens nicht noch genießen, künstlerisch und im Zusammenleben mit einigen lieben Freunden«, schrieb sie Johannes. »Wäre nur das Wien nicht so weit, ich entschlösse mich schnell, aber die Entfernung vom Mittelpunct Deutschlands ist so groß!«[883] Während Johannes sich zuweilen in den Zynismus rettete, schien Clara ihrem Idealismus nie zu entsagen. »Die Menschheit«, so hoffte Clara, »muß ja mit der Zeit gesunden an dem Wahren, Herrlichen, das Brahms auf dem Wege seiner Vorgänger fortschreitend schafft.«[884]

8 Eine intellektuelle Utopie (1882–1886)

Neue Bauten für die Kunst · Kulturpolitiker gegen Glaubenshelden · Die Anführer sterben, die Bewegung lebt weiter · Eine neue Moderne · Spaltung, Reformen und neue Tendenzen · Die sinfonische Tetralogie

> *Habe ich gefehlt, so mußt Du es meinem Dusel anrechnen.*[885]
> Clara Schumann

> *Freunden gegenüber bin ich mir nur eines Fehlers bewußt: Ungeschicklichkeit im Umgang.«*[886]
> Johannes Brahms

Neue Bauten für die Kultur

»Es ist doch eine große Genugthuung jetzt ihn so anerkannt zu sehen«, notierte Clara Schumann Ende 1881 über Johannes Brahms in ihrem Tagebuch. »Was nun die Leute jetzt über ihn sagen und schreiben, habe ich schon vor 25 Jahren gewußt und erkannt! und Robert hat es damals ja schon Alles vorausgesagt!«[887] Zwar war lange Zeit nicht abzusehen, ob die gegen die Brendel-Kreise gerichteten Prophezeiungen eintreffen würden, doch zusätzliche Unterstützung wie die von Musikliteraten auf dem Niveau von Eduard Hanslick oder Carl Grädener trugen zur Anerkennung bei. Grädener, selbst Komponist von zwei Opern und drei Sinfonien, unterschied in seinen Hanslick gewidmeten *Gesammelten Aufsätzen* zwischen drei Gruppen von Komponisten: Zu den ersten beiden gehörten für ihn die »Epigonen«, die eine Haltung des »Bis hierher und nicht weiter« vertraten, sowie die »Jung-Romantiker«, die sich »geistreich« gebärden und für die alles vor ihnen Geschaffene nur »historisch, monumental« ist. »Die ersteren haben meistens kein Genie und desto mehr gelernt«, schrieb Grädener. »Die Letzteren überlassen Alles dem Instinkt und gehen, wenn dieses sie nicht richtig leitet, in der Irre.« Brahms gehörte für ihn einer anderen Liga an: »Eine dritte Klasse – und dazu zählen ohne Ausnahme unsere Koryphäen – fängt genau da an, wo die Vergangenheit aufhört, lässt in deren Spuren vorerst das eigene Talent erstarken und baut nie sprungweise, sondern stets organisch weiter.«[888] Als Grädener im Juni 1883 in Hamburg mit 71 Jahren verstarb, verloren Clara und Johannes einen klugen Mitstreiter im Norden Deutschlands. Glücklicherweise hatte sich Claras Entscheidung, sich im Hessischen zentral zu positionieren, als strategisch geschickt erwiesen. »Ich glaube sicher, daß Sie sich in einer Stadt mittlerer Größe viel behaglicher fühlen werden als in Berlin«, schrieb ihr Hermann Levi aus München. »Unser Enthusiasmus vom Jahre 70 hat sich doch gar rasch gekühlt, und wir sehen, daß es nicht wohl gelingen wird, aus Berlin einen Mittelpunkt geistigen und künstlerischen Lebens zu machen; in Politicis mag Berlin nach wie vor tonangebend bleiben, aber in der Kunst sind wir Deutsche einmal Particularisten.«[889]

Clara verstand ihn und bereute ihre Entscheidung, nach Frankfurt gezogen zu sein, keine Sekunde. Das seit 1869 geplante Opernhaus, die heutige Alte Oper, war nach siebenjähriger Bauzeit 1880 fertiggestellt worden. Das 2000 Menschen fassende Gebäude war neben dem Saalbau einer der wichtigsten Veranstaltungsräume für Opernaufführungen, Sinfonie- und Kammerkonzerte des Museumsvereins und des Cäcilienvereins. Sein kulturpolitisches Engagement brachte den Oberbürgermeister Daniel Heinrich Mumm wegen der hohen Kosten zwar um seine Wiederwahl, aber wie so oft erkannten die wenig vorausschauenden Bürger später, was sie dem weitsichtigen Kommunalpolitiker zu verdanken hatten: Das im Oktober 1880 mit Mozarts *Don Giovanni* – in deutscher Übersetzung von Hermann Levi – eröffnete Opernhaus war eines der modernsten Theater seiner Zeit und entwickelte sich zu einem Wahrzeichen und Symbol für das gestiegene Selbstbewusstsein der Bürgerschaft gegen die preußische Dominanz im Deutschen Reich. Hinsichtlich des Kulturangebots hatte sich Clara gegenüber der Hauptstadt eindeutig verbessert. »Beim Betreten des strahlenden Treppenhauses«, so der damalige Intendant, »sah Kaiser Wilhelm [I.], lange stehenbleibend, in die Höhe und sagte zu mir: ›Das könnte ich mir in Berlin nicht erlauben.‹«[890] Clara vermochte Erfahrungen mit kulturell inkompetenten Politikern gewiss nachzuvollziehen. »Wären wir nun in Wien«, hatte sie Johannes Jahre zuvor noch aus Berlin geschrieben, »so genössen wir so Manches während wir hier – fast nichts haben.«[891]

In Deutschland bot Frankfurt eine der besten Alternativen zu der österreichischen Metropole. Der erste Chefdirigent der Frankfurter Oper wurde Otto Dessoff, der bereits die Wiener Philharmoniker zu einem Spitzenensemble geformt und Brahms' erste Sinfonie in Karlsruhe uraufgeführt hatte. Clara konnte froh sein, hochwertige Aufführungen vor Ort erleben zu können, denn zu reisen fiel ihr zunehmend schwerer. »Ach ja, lieber Johannes, wie gern käme ich die nächsten Tage, aber das Reisen im Winter hat für mich jetzt doch seine Schwierigkeiten, besonders wegen des Risikos für meinen Rheumatismus, ich muß mich deshalb auf die Reisen, die meine künstlerischen Verpflichtungen erheischen, beschränken«, schrieb sie. »Aber es thut mir hier sehr sehr leid, schmerzt mich wahrhaft, denn, wird auch der Körper mit dem Alter schwächer, meine Begeisterung für Deine Bestrebungen und Schöpfungen wird es nie.«[892]

Kulturpolitiker gegen Glaubenshelden

Für Clara, Johannes und ihre Freunde sowie die Bewunderer der neudeutschen Schule begann allmählich das Jahrzehnt, in dem ihr Handeln politische Konsequenzen zeitigte. In seiner *Parsifal*-Besprechung für die *Wiener Zeitung* hatte Max Kalbeck konstatiert: »Der moderne Glaubensheld ist zu der Einsicht gekommen, daß das 19. Jahrhundert keinen christlich-semitischen Heiland mehr gebrauchen kann, sondern einen christlich-germanischen Erlöser dringend erheische, und die Herren Antisemiten von Reichs wegen mögen sich bei Wagner für diesen blonden Christus bedanken.«[893]

Anders als in dem von einer zweckorientierten Politik dominierten Berlin entwickelte sich in Mitteldeutschland ein Modell, das zum Ideal eines ganzen Landes hätte werden können. Der Bereich des ehemaligen Herzogtums Sachsen-Meiningen mauserte sich zum Musterbeispiel eines Kulturstaats. Dort entstand erstmals ein Gemeinwesen auf deutschem Boden, in dem ein Regent auf der Grundlage von Kultur ethische Normen für die Politik entwickelte. Es handelte sich nur um einen kleinen Landstrich, der jedoch Aufmerksamkeit in ganz Europa fand.

Herzog Georg II. von Sachsen-Meiningen begriff, dass die Kultur für ein verständnisvolles, vorausschauendes politisches Handeln wesentlich ist. Nur sie bietet vielschichtige geistige Anregung und inspiriert zu durchdachten, ethisch-philosophisch begründbaren Einschätzungen. Verantwortungsbewussten Politikern galt Kunst als eine wesentliche Aufgabe des Staates, denn sie ist für die »ideale Volksbildung so wichtig, weil sie die Empfindung veredelt und auf das Große, Ewige hinleitet«, wie der Philosoph Moriz Philipp Carrière 1861 im sechsten Band des *Deutschen Staatswörterbuches* schrieb. »Die beste Sorge des Staates für die Kunst ist, wenn er durch sie dem öffentlichen Leben ein sinnvoll wohlgefälliges Gepräge, seinen Ideen einen entsprechenden Ausdruck gibt.«[894] Die Errichtung von Bibliotheken und Denkmälern, der Bau von Kunstgalerien, Museen, Theatern und Konzertsälen sowie die Förderung von Künstlerinnen und Künstlern war im 19. Jahrhundert eine folgenreiche Maxime. Daraus entwickelte sich ein Bildungsangebot, das darauf abzielte, sich durch Anstrengung aus seiner selbstverschuldeten Unmündigkeit zu lösen. Clara und Johannes hatten viel Mut und Energie investiert, um sich von abhängigen jungen Menschen aus eingeschränkten Verhältnissen zu belesenen, selbstständigen Persönlichkeiten zu entwickeln, die Verbindungen in intellektuelle und adelige Kreise pflegten. Einst bot Robert Schumann in Leipzig Liszt Paroli mit der Feststellung: »Wir haben hier auch unsere Aristokratie, nämlich einhundertfünfzig Buchhandlungen, fünfzig Druckereien und dreißig Journale«[895] – sein Ethos verpflichtete.

Zuvörderst unterstützte Georg II. das Theater. Er hatte in Bonn und Leipzig standesgemäß Geschichte und Jura studiert sowie im Militär gedient, aber seine wahre Leidenschaft gehörte der Auseinandersetzung mit der Kunst. Zwar gestand er, die Leute hätten es »immer scheußlich gefunden«, wenn er sich »in Farben versuchte«, aber der Historienmaler Wilhelm von Kaulbach meinte: »Schade, daß sie ein kleiner Fürst sind, Sie hätten ein großer Maler werden können.«[896] Seine kulturelle Bildung nutzte ihm, als er 1866 nach dem Tod seines Vaters die Regierungsgeschäfte übernehmen musste. Nach dem Tod seiner ersten beiden adeligen Frauen heiratete er 1873 die 13 Jahre jüngere Schauspielerin Ellen Franz, mit der er schon seit 1868 verbunden war und die er noch vor der Hochzeit kurzerhand zur Helene Freifrau von Heldburg erhob. Zwar galt sie vielen trotzdem nicht als standesgemäß, war aber die perfekte Expertin für die Anliegen des Landesoberhaupts. Sie gab ihre Bühnenkarriere auf, wirkte aber zusammen mit ihrem Mann im Hintergrund daran mit, außergewöhnliche künstlerische Darbietungen auf die Bühne zu bringen. Anders als in Leipzig, Weimar oder Bayreuth stand nicht ein Dogma, sondern die Vermittlung von »humanitas« im weitesten Sinne im Fokus. Georg II. vertrat den Standpunkt, seine »Untertanen müssen Recht bekommen, wenn sie Recht haben, und sollte ich selbst die Gegenpartei sein«.[897] Die Wirklichkeitssimulation in der Kunst konnte hierbei einen wichtigen Kompass bieten. In Bühnendramen spielen juristische Aspekte eine wichtige Rolle. Durch sie setzte man sich auf anschauliche Weise mit Fragen von Würde, Gerechtigkeit und angemessenem Handeln auseinander. Angeregt von der Kunst, verstieß Georg II. mehr als einmal gegen weit verbreitete Normen. So stimmte der Herzog einer Gesetzesreform zu, die besagte, nur eine »Abstufung der Geldstrafe nach der Vermögenslage ist allein gerecht«.[898] Seine allgemeine Haltung zu der üblicherweise bei Hochverrat und Mord verhängten Todesstrafe ist zwar nicht überliefert, aber in den meisten Fällen begnadigte er die Delinquenten zu lebenslanger Zuchthausstrafe oder unter der Auflage, nach Amerika auszuwandern. Nur in einem einzigen Fall wurde nach 31-jähriger Regentschaft eine Hinrichtung vollzogen, wahrscheinlich weil kurz zuvor in Bayern ein entflohener Mörder erneut jemanden umgebracht hatte, ein Vorgang, der – wie ein preußischer Gesandter vermutete – »auf den Herzog großen Eindruck gemacht zu haben« schien.[899]

Konsequent ging Georg II. auch gegen Intoleranz und eine daraus resultierende Benachteiligung vor. »Angesichts der Versuche, der Verirrung des Antisemitismus auch bei uns Eingang zu verschaffen, können die Israeliten Meiningens auf mich zählen«, war der Standpunkt von Georg II. entgegen denen, die im Geiste von Bayreuth die Ideologie im ganzen Reich auf eine politische Ebene heben wollten.[900]

In Sachsen-Meiningen wurde die Kultur zur geistigen Grundlage politischen Handelns. In der Reichshauptstadt Berlin hatte man – narkotisiert durch falsch verstandene liberale Toleranz und aus politischem Kalkül – vor dem Einfluss des Vatikans kapituliert. Damit und durch neudeutsche Ideale schadete man letztlich der jungen Demokratie, da antiliberale Tendenzen zunehmend an Einfluss gewannen. Wer die Kultur lediglich als Unterhaltung betrachtet, ist unfähig zu vorausschauendem und universalem Denken. Für Georg II. war Kultur die einzig mögliche Überlebensstrategie zur Humanisierung der modernen Welt. Mit seinen Dekorationsentwürfen und der Personenführung gelangen spektakuläre Inszenierungen der Dramen von Schiller, Shakespeare, Grillparzer und Kleist. Bahnbrechend wurden die Arrangements von Massenszenen und die stimmungsvolle Bühnenbildgestaltung, für die man auf die bislang übliche Zentralperspektive verzichtete. Durch die fließenden, technisch perfekten Szenenwechsel bei offener Bühne sowie den Umgang mit dem Text, bei dem die Gattin des Herzogs die Mimen schulte, entwickelte man ein eindrucksvolles Illusionstheater. Ein Beobachter stellte fest, dass »die wechselnde Wirkung von Angst und Komik« auf die Zuschauer stets »einen eigenartigen Reiz auszuüben« schien.[901] Bei Gastspielen in Berlin, Hamburg, München, Wien, Amsterdam, London, Stockholm, Moskau und Sankt Petersburg erregte das Theater Meiningen regelmäßig Aufsehen.

Auch die Musik verstand das Regentenpaar zu würdigen. Die Meininger Hofkapelle war musikhistorisch nicht minder bedeutend als die Mannheimer Schule zu Mozarts Zeiten im 18. Jahrhundert. Die Blütezeit der kurpfälzischen Hofkapelle erstreckte sich von 1743 bis 1778 nur über 35 Jahre. Die Meininger Hofkapelle setzte zwischen 1867 und dem Beginn des Ersten Weltkriegs über 47 Jahre lang Maßstäbe. Das herausragende Orchester stellte auf Wunsch Richard Wagners nicht nur den größten Teil der Instrumentalisten für die Uraufführung von *Der Ring des Nibelungen* bei den Festspielen im gut 160 Kilometer entfernten Bayreuth, sondern wurde auch für seine Brahms-Interpretationen gefeiert.

Das Herzogtum, dem nach der Reichsgründung eingeschränkte Souveränitätsrechte blieben, war kulturell neutraler Boden. Hier erklangen, wenn auch nicht unbedingt in denselben Konzertveranstaltungen, Kompositionen der unterschiedlichsten Ausrichtungen. Beispielsweise leitete Liszt beim fünften Treffen des Allgemeinen Deutschen Musikvereins 1867 unter anderem Hans von Bülows *Nirwana*, ein »symphonisches Stimmungsbild für Orchester«, Szenen aus Opern von Felix Draeseke und Hector Berlioz sowie seine eigene *Bergsinfonie* »Ce qu'on entend sur la montagne«. Es gab aber auch Konzerte mit Werken aus der Zeit von Palestrina und Bach, der Wiener Klassik, Beethoven nebst Schubert und nicht zuletzt sollte die Meininger Hofkapelle 1885 die letzte Sinfonie von Brahms zur Uraufführung bringen. Das Orchester gelangte durch Gastspielreisen sogar zu internationalem Ruhm in einer Zeit, in der sich ab den 1880er-Jahren laut Zeitungsberichten allmählich auch »Konzerte ohne Tabakqualm« durchsetzten.[902]

Das Meininger Modell schuf Maßstäbe für die moderne Konzertkultur. Als Anfang Oktober 1880 Hans von Bülow die Leitung des Eliteorchesters übernahm, begann man, seine exemplarischen Darbietungen auf Tourneen durch Deutschland und als Kulturbotschafter seines Landes durch die Schweiz, Böhmen, die Niederlande, Dänemark und England vorzustellen. »Ein ganzes Orchester, das auf Reisen geht, nicht mit Tanzmusik, sondern mit den größten symphonischen Werken, ist jedenfalls eine neue Erscheinung«, befand Hanslick, »ein unserer Eisenbahn-Epoche vorbehaltenes Unicum.«[903] Johannes Brahms war zunächst von Bülow nach Meiningen gelockt worden, um dort sein zweites Klavierkonzert auszuprobieren und später vor Ort und auf Tourneen vorzustellen. Während Clara stets damit haderte, wenn ein Kuratorium in irgendeiner deutschen Stadt einen ihr missliebigen Kapellmeister inthronisieren wollte, gar »einen will, der Liszt, Rubinstein, kurz, die moderne Richtung vertritt!!!«,[904] wahrte man im Gegensatz zu ihr in Meiningen stets Unvoreingenommenheit. Brahms wurde ein gern gesehener Gast bei Georg II. und seiner Frau, die bekundeten, dass seine Musik bei ihnen »höchste Begeisterung hervorrief«.[905] Von 1881 bis 1896 kam er insgesamt fünfzehn Mal als Gast nach Meiningen, durfte aber auch die Herzogsvilla am Comer See nutzen. Er zeigte sich nicht mehr so respektlos wie in Detmold und hatte offenkundig dazugelernt. Als er Georg II. seinen *Gesang der Parzen* für Chor und Orchester op. 89 widmen wollte, fragte er höflichst an, ob die Dedikation der Komposition »aus Goethe's *Iphigenia* für welche ich diese Auszeichnung erbitte und von welcher ich gerne hoffte, sie möge solcher Gunst nicht ganz unwürdig sein«, auch genehm sei.[906] Zwar wurde aus der regelmäßig verwendeten »Gnädigster Herzog, Euer Hoheit«-Anrede in den Briefen zumeist nur »E. H.«, aber mitunter formulierte Brahms auch so, als ob er literarisch verschraubt einen Bückling macht, wenn es etwa hieß: »Verzeihen E. H. das ungebührlich lange Geschwätz u. empfehlen mich gütigst der hochverehrten Frau Baronin angelegentlich.«[907] Mit der Zeit wurde man immer vertrauter und man kann sich gut einen hemdsärmeligen Johannes salopp auf den Schreibtisch gestützt vorstellen, als er nach ehrerbietiger »Euer Hoheit, gnädigster Herzog«-Anbiederei schrieb: »Verzeihen Euer Hoheit wenn ich dazu in der linken Hand eine Cigarette halte.«[908] Man sah ihm so manches nach.

Sehr gerne hätte das Herzogspaar auch Auftritte von Clara Schumann erlebt. Der Herzog und die Freifrau trafen sie öfter in

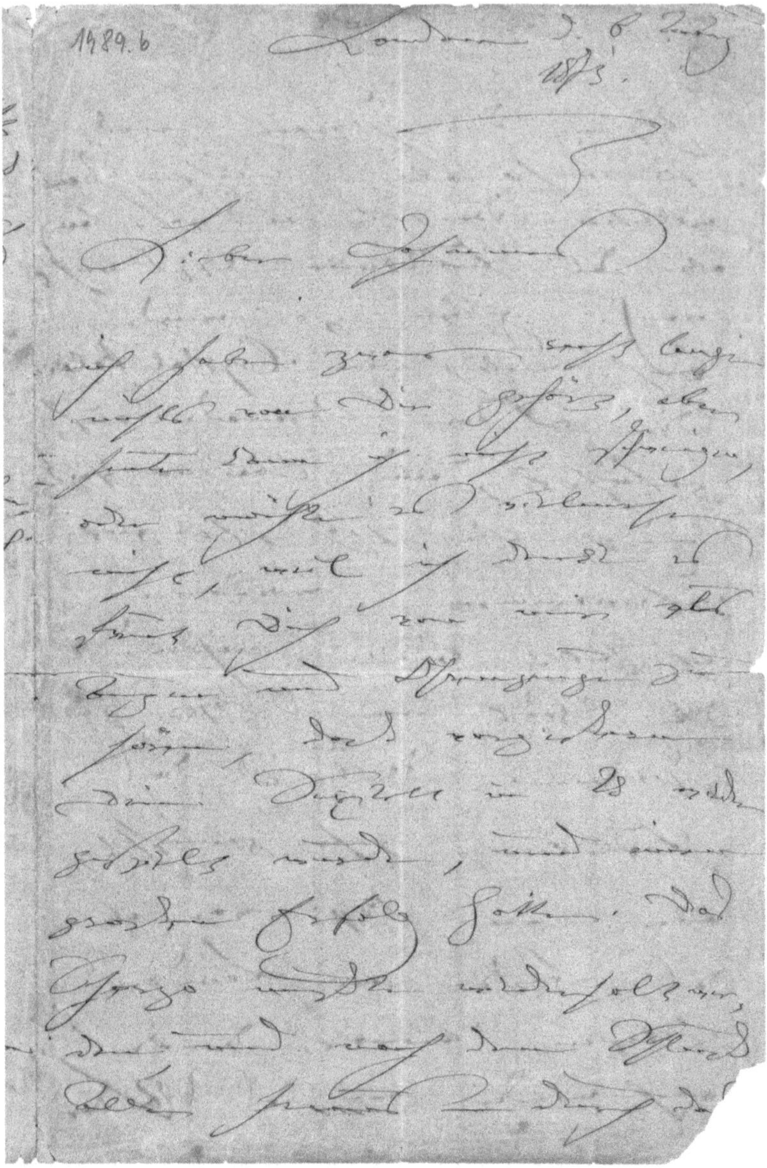

Clara erzählt Johannes in einem Brief vom 6. März 1873 aus London von ihrer Englandtournee: »Ich habe zwar recht lange nichts von Dir gehört, aber heute kann ich nicht schweigen, oder möchte es vielmehr nicht, weil ich denke, es freut Dich, von mir als Augen- und Ohrenzeuge zu hören, daß gestern Dein Sextett in B wieder gespielt wurde und

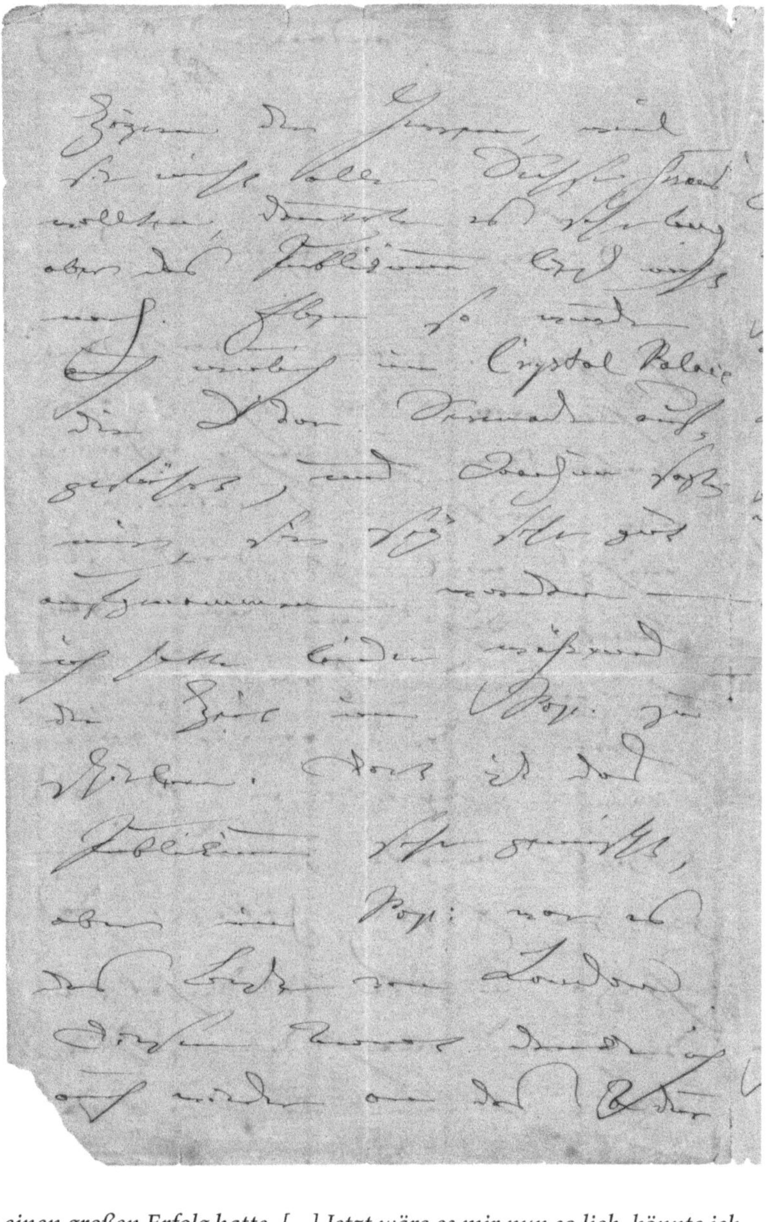

einen großen Erfolg hatte. […] Jetzt wäre es mir nun so lieb, könnte ich die Händel-Variationen spielen, aber üben kann ich jetzt gar nicht, bin froh, wenn ich die Konzerte bezwinge, denn die Schmerzen in Händen und Armen nehmen so zu, daß ich oft in größter Sorge lebe.«

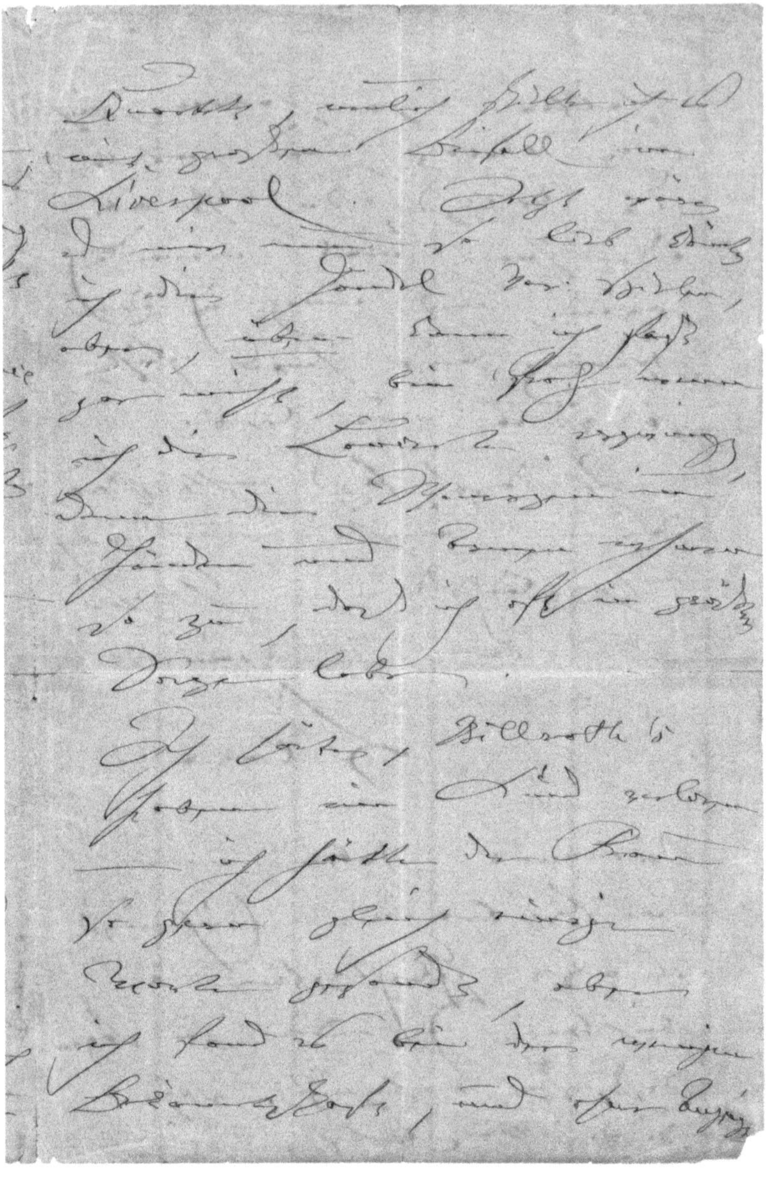

Seite 3 vom Brief 6. März 1873

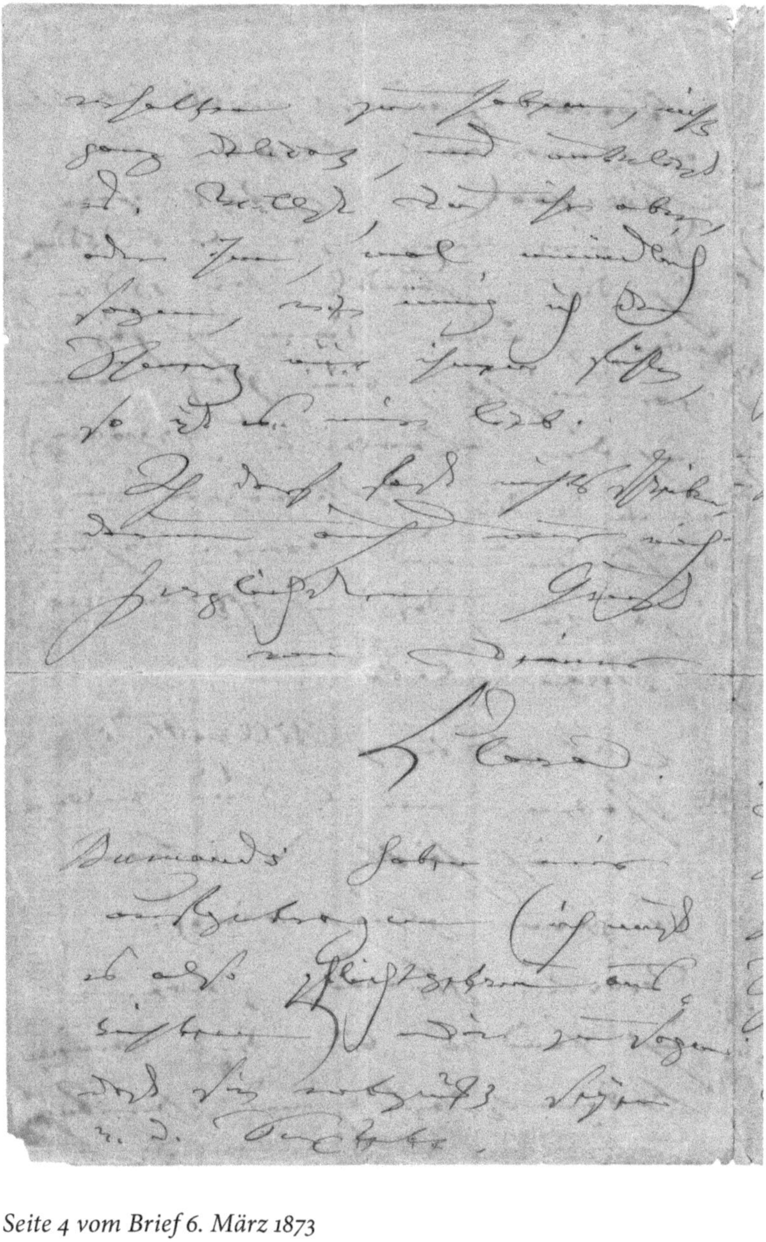

Seite 4 vom Brief 6. März 1873

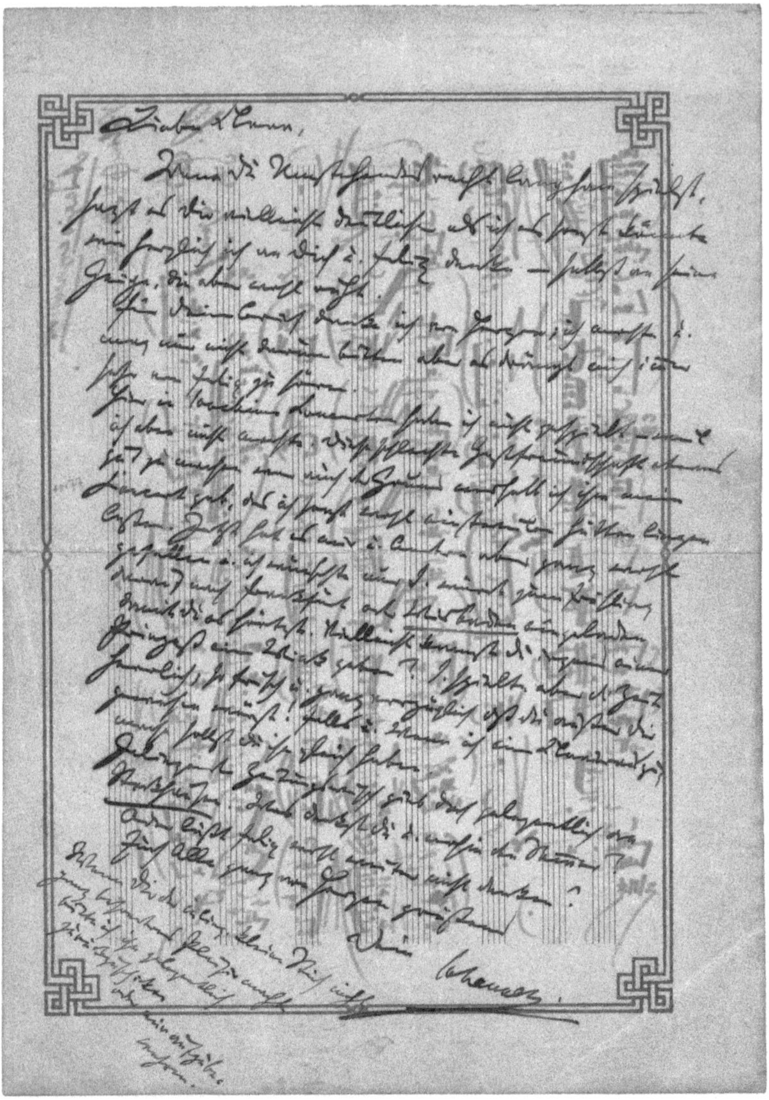

Johannes schickte Clara aus Wien im Februar 1879 ein Notenblatt mit dem Adagio seiner ersten Violinsonate op. 78. In dem Brief auf der Rückseite schrieb er ihr: »Liebe Clara, wenn Du Umstehendes recht langsam spielst, sagt es Dir vielleicht deutlicher als ich es sonst könnte wie herzlich ich an Dich u. Felix denke – selbst an seine Geige, die aber wohl ruht. Für Deinen Brief danke ich von Herzen; ich mochte u. mag nur nicht darum bitten aber es drängt mich im̄er sehr von Felix

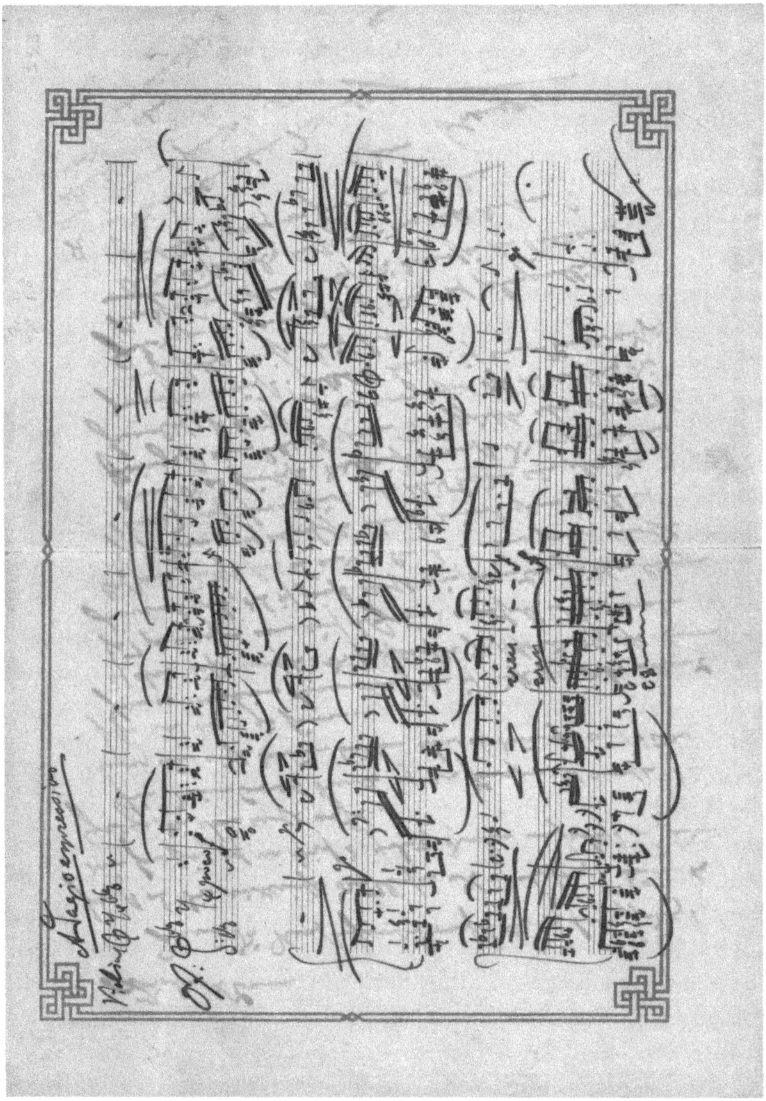

zu hören.« Die Stimmung des zweiten Satzes nimmt Bezug auf das Leiden des unheilbar Lungenkranken. Felix starb am 16. Februar 1879 in Frankfurt. In der Druckfassung ist der Satz mit »Adagio« überschrieben, auf der Briefrückseite mit »Adagio espressivo«.

Berchtesgaden oder anderen mondänen Refugien. Da Clara ihre Gastspielreisen aber zunehmend reduzierte, ergaben sich nie Auftritte in Meiningen. Johannes und Clara passten gut zum Geist des Kulturlands Sachsen-Meiningen. Da der Herzog 1870/71 wie Claras Sohn Ferdinand am Krieg gegen Frankreich teilgenommen hatte, ist es durchaus denkbar, dass man sich darüber ausgetauscht hat. Clara mag von ihren Sorgen und ihrer Angst erzählt haben, als man das Kriegsgetöse vom nahe gelegenen Straßburg hörte. Georg II. wusste, was sie meinte. Von ihm sind Bilder überliefert, in denen er im Gegensatz zu der offiziellen Historienmalerei keine heroisierende Darstellung des Kriegs bietet. Vielmehr zeigte sich in den Details einer Reiterschlacht das Leiden von Mensch und Tier auf den Schlachtfeldern. Dieses Mitgefühl verband ihn mit Clara und Johannes. Ihm dürfte aufgefallen sein, dass im zweiten Satz der vierten Sinfonie die Klarinette eine prominente Rolle spielt: Dies war zum einen eine Reverenz an den phänomenalen Soloklarinettisten der Hofkapelle, Richard Mühlfeld, zum anderen kann man es aber auch als eine Bezugnahme auf das wichtigste Instrument traditioneller jüdischer Klezmerensembles sehen, die Johannes aus Wien kannte.

Ständig versuchte Johannes mit Engelszungen, Clara in das ehemalige kleine Herzogtum zu locken. »Namentlich nach Meiningen hätte ich Dich zum Mitgenuß hinwünschen mögen«, schrieb er vergnügt.[909] »An Dein Kommen nach Meiningen glaube ich ja leider nicht«, hieß es ein andermal, »sonst wäre recht verlockend und gar maßgebend für Dich, daß J. [Joachim] sehr gern dabei wäre. Jedenfalls werde ich Dir immer sofort mittheilen, wann etwas darüber geplant oder beschlossen wird.«[910] Wenn ein Wiedersehen mit Joseph Joachim nicht attraktiv genug war, versuchte er es mit eigens für Clara ersonnener Wohlfühlmusik. »Dir verdanke ich mehr Melodien als Du mir Passagen und derlei nehmen kannst«, schrieb er ihr dann. »Und dabei muß ich wieder denken, wie schade es doch ist, daß ich nicht hoffen kann, Du mögest Deine neuesten Adagios in Meiningen anhören!«[911]

Ab Anfang der 1880er-Jahre hielt sich Clara mit Auftritten zunehmend zurück. Ihre Schmerzen in Arm und Hand linderten sich erst, wenn sie sich zu einer »Morphium-Einspritzung entschloß, die meinen Leiden einen milderen Charakter gebracht hat«.[912] Ihr Radius schränkte sich Jahr um Jahr ein. Immerhin versuchte Johannes seine Reisen nach Meiningen sooft es ging mit Abstechern nach Frankfurt zu verbinden. »Morgen kommt Brahms für ein paar Tage«, ließ

Clara aufgeregt Rosalie Leser wissen. »Alle kommen sie von Meiningen, wo ein großes Musikfest war und wo Brahms große Triumphe gefeiert hat. Ich konnte nicht hingehen wegen meines Kopfleidens, es hätte mich auch wohl zu sehr angegriffen, ich kann solche Feste nicht mehr mitmachen.«[913]

Im Frühjahr 1895 merkte sie, dass ihr die Zeit davonlief. Sie wurde weniger mobil und ihr Gehör spielte ihr immer öfter einen Streich. »Den 20. reiste Brahms ab nach Meiningen, wo er wieder schönen Musiktagen entgegen ging, Mustervorstellungen des *Fidelio* – ach, könnte ich so etwas noch einmal im Leben hören!«[914] Ihre Neigung zu Depressionen drohte durch das Ausgeschlossensein wieder überhandzunehmen. Letzten Endes kam sie nie nach Meiningen.

Die Anführer sterben, die Bewegung lebt weiter

In den Jahren, die die letzten beiden Sinfonien flankierten, starben Wagner und Liszt. Clara und Johannes nahmen beide Vorkommnisse respektvoll erschüttert zur Kenntnis.

Schon seit Längerem peinigten Richard Wagner Brustbeklemmungen. Für das Jahr 1883 konnte er die nächsten Veranstaltungen in Bayreuth noch mit konzipieren, allerdings erlebte er die dritten Festspiele nicht mehr. Während des Winters zog er mit seiner Entourage nach Venedig, wo er am 13. Februar 1883 im Alter von fast siebzig Jahren einem Herzinfarkt, möglicherweise sogar einem Reinfarkt, erlag. Kurz zuvor hatte ihn Liszt noch besucht, mit dem er seit Jahrzehnten verbunden war, seit er ihm aus Paris geschrieben hatte, dass es ihn gelüste, »etwas künstlerischen Terrorismus auszuüben«, ja, »komm hierher und führe die große Jagd an; wir wollen schießen, daß links und rechts die Hasen liegen bleiben sollen«.[915] Beides hatten sie erreicht. Überlebende gab es trotzdem.

»14. Februar. Telegramm, welches Wagners Tod meldet – das ist ein Ereigniß«, notierte Clara schon einen Tag danach in ihrem Tagebuch.[916] »Lieber Levi«, schrieb sie zehn Tage später nach München, »es drängt mich, Ihnen ein Wort der Theilnahme zu senden. Gehen wir auch leider, was Wagner betrifft, auseinander, so weiß ich doch, was Er Ihnen war, und fühle herzlich mit Ihnen das Leid, das Sie betroffen. Ich höre, Sie haben Wagner noch in Venedig besucht, das wird Ihnen jetzt ein tröstlicher Gedanke sein. Möchten Sie an dem Verlust nicht zu schwer tragen, Ihre Thätigkeit, die Kunst, wird

Ihnen gewiß treue Helferin sein. Sagen Sie mir bald einmal ein Wort, wie es Ihnen geht. Es verlangt danach aufrichtig. Ihre altergebene Clara Schumann.«[917] Johannes hielt sich mit Äußerungen zurück. »Als Richard Wagner starb, war mein erstes Gefühl, einen schönen Kranz für sein Grab nach Bayreuth zu senden«, sagte er Freunden zufolge. »Denken Sie, selbst *das* ist mir falsch ausgelegt worden, als Hohn, Spott oder dergl. Es ist wunderbar, wie weit die Taktlosigkeit und Verblendung der Menschen gehen kann.«[918]

Korrespondenz zum Tod von Wagner ist zwischen Clara und Johannes nicht überliefert. Da man über Verstorbene nur Gutes sagen soll, wurde ein denkbarer schriftlicher Austausch aller Wahrscheinlichkeit nach vernichtet. Mit Sicherheit wird die neue Situation in ihren persönlichen Gesprächen eine Rolle gespielt haben. Die Bayreuther Karawane ließ sich durch sie ohnehin nicht aufhalten. Sie zog weiter mit Cosima Wagner, Hans von Wolzogen und Houston Stewart Chamberlain an der Spitze. Schon 1884 und 1886 fanden die nächsten Festspiele statt. In einer Hinsicht war man fortschrittlich: Mit Cosima hatte Bayreuth eine erste Päpstin an der Spitze. Die Gegenseite hielt mit: Im Freundeskreis von Clara und Johannes etablierte sich mit dem Roeger-Soldat-Quartett das erste Streichquartett, das nur von Frauen gebildet wurde, und Johannes förderte die mit beiden befreundete famose Geigerin Marie Soldat, die als erste Frau sein Violinkonzert interpretierte. Nicht zuletzt dirigierte mit der Engländerin Mary Wurm 1887 eine Clara Schumann-Schülerin als erste Frau die Berliner Philharmoniker. Schließlich gründete sie in den 1890er Jahren in Berlin den »Neuen ersten deutschen Frauen-Streichorchester-Verein«, der professionellen Musikerinnen sichere Anstellungen mit festen Honoraren ermöglichen sollte.[919]

Die einstige Nemesis von Clara und Johannes wurde im Sommer 1886 Ehrengast in Bayreuth: Cosima Wagner hatte ihren Vater eingeladen, da er der gemeinsamen Sache förderlich sein konnte. Franz Liszt war merklich gealtert, seit er fünf Jahre zuvor auf der Treppe seiner Weimarer Wohnung gestürzt war. Ursache des Unfalls war vermutlich ein leichter Schlaganfall. Trost suchte er danach in Rom, wo man seinen 70. Geburtstag gebührend feierte. Der Graue Star hatte seine Augenschwäche erheblich verschlimmert, als ihn seine Tochter Cosima bat, die Aufführungen von *Tristan und Isolde* und *Parsifal* zu beehren, um durch seine Präsenz neue Geldgeber anzulocken. Mittlerweile führte Tochter Cosima bei Wagners Opern selbst Regie. Durch ihre Nähe zum Schöpfer galt sie als die Inkarnation von Werktreue. Liszt war es gewohnt, als Repräsentationsfigur aufzutreten, und diesen Dienst war er dem verblichenen Streitgenossen und seiner Tochter schuldig. Im Priestergewand ließ er sich im Festspielhaus beim Besuch der Aufführungen bestaunen. Dann kam der Zusammenbruch: Lungenentzündung, Delirium und am Ende wohl ein weiterer Infarkt. Er soll noch einmal deutlich »Tristan!« gestöhnt haben, den Namen des Titelhelden jener Oper, die am Abend im Festspielhaus gegeben wurde.[920] Kurz darauf verstarb er. Als neue Sakralmusik spielte bei der Totenmesse in der Schlosskirche Anton Bruckner Motive aus Wagners *Parsifal* auf der Orgel.

»Gestern am 31. Juli starb Liszt in Bayreuth – wieder ein immerhin seltener Mensch zu Grabe getragen!«, begann Claras persönlicher Nachruf in ihrem Tagebuch. »Wie ist es Einem leid, daß man Diesen nicht so mit vollem Herzen betrauern kann. Der viele Flitter um ihn herum verdunkelt Einem das Bild des Künstlers und Menschen. Ein eminenter Clavier-Virtuos war er, aber ein gefährliches Vorbild als Solcher für die Jugend. Fast alle auftauchenden Spieler imitirten ihn, aber es fehlte ihnen der Geist, das Genie, die Anmuth und so erstanden nur einige große reine Techniker und viele Zerrbilder … Dann war Liszt ein schlechter Komponist – auch hierin für viele verderblich, doch dies nicht so nachhaltig, weil seinen Compositionen alle von oben genannten Eigenschaften, die er als Virtuos besitzt, fehlen; sie sind trivial, langweilig und sicher werden sie mit seinem Hinscheiden bald ganz aus der Welt schwinden. Er hat die Leute durch seine Liebenswürdigkeit und Virtuosität immer bestochen und so haben sie seine Werke aufgeführt. Als junger Mann war er höchst fesselnd, später aber mischte sich in sein geistvolles anmuthiges Wesen so viel Koketterie, daß es mir oft widerwärtig war.«[921] Genau wie Johannes wird sie keine Tränen vergossen haben.

Clara hatte in den letzten Jahren nur noch einmal Kontakt zu Liszt aufgenommen – 28 Jahre nach dem Tod ihres Mannes. »Geehrter Herr«, begann sie distanziert, »mit einer Bitte wende ich mich an Sie. Wir haben seit einiger Zeit begonnen Briefe meines Mannes, sowie solcher an ihn, zu ordnen. Ich weiß, daß Sie im Besitz mancher Briefe sein müssen, und habe die große Bitte an Sie, mir dieselben für kurze Zeit zur Abschrift überlassen zu wollen. Ich brauche wohl kaum zu erwähnen, daß Sie die Briefe unversehrt zurück erhalten würden. Hieran knüpft sich nun aber noch eine Anfrage, ob Sie nämlich gestatten würden, daß wir bei der Herausgabe auch einige Briefe von Ihnen, teilweise, oder ganz, benutzten. – In der Hoffnung, keine Fehlbitte zu tuen, zeichne ich mich in alter verehrender Gesinnung. Ihre ergebene Clara Schumann.«[922]

Liszt schrieb auf die Rückseite ihres Briefes: »Hochverehrte Frau, Zu meinem Bedauern kann ich mit den erwähnten Briefen Ihres hohen Gemahls Robert Schumann nicht dienen. Mein langes Wanderleben, was nicht ganz beendigt ist, verhinderte mich, zu sammeln. So ward manches Werthvolle verloren. hochachtungsvoll getreu ergebenst F. Liszt«.[923]

Vielmehr dürfte ihm die Korrespondenz mit einem Robert Schumann zu unwichtig gewesen sein, um sie – wie manch anderes, das ab den 1890er-Jahren in einer achtbändigen Briefedition erschien – zu archivieren. Sicherlich hätte er auch kaum mit der Wimper gezuckt, wenn ein in seinen Augen irrelevantes Autograph wie das der gerade aktuellen dritten Sinfonie von Brahms verbrannt wäre. Die Welt der Schumanns und des Hanseaten war nicht die seine. Dass es sich dabei nicht nur im Schaffen von Johannes um eine der ungewöhnlichsten Sinfonien ihrer Zeit handelte, tangierte seine Kreise nicht. Das Opus 90 in F-Dur war schumannesk melodisch, unheroisch, erinnerte zuweilen an die Serenaden und obgleich es von instrumentalen Spannungen durchzogen war, verebbte es ohne jedes Pathos in einem stillen Ausklingen – eine ungewöhnliche instrumentale Architektonik als Kontrapunkt zu Bruckners gigantischen Sinfoniekathedralen.

Die Hauptbasilika des neudeutschen Vatikans, das Bayreuther Festspielhaus, konsolidierte sich in den kommenden Jahren. Nicht ohne Grund sprach Franz bzw. Ferenc Liszt von der neudeutschen Schule als »la petite Église«, der »kleinen Kirche«.[924] Clara und Johannes beobachteten von Ferne, dass von 1888 bis 1897 sieben weitere Festspiele mit Aufführungen der Wagnerschen Werke stattfanden. Und in Wien hatte man immer noch den wackeren Bruckner, der unverdrossen eine sinfonische Riesenschlange nach der anderen hegte und pflegte.

Eine neue Moderne

In einer Zeit, in der sogar liberale Kräfte den fundamentalistischen Katholizismus dabei unterstützten, sich gegen die Befreiungsversuche der Regierung vor religiöser Einflussnahme zu schützen, mussten Clara und Johannes erleben, wie die mit zahlreichen sakralen

Bezugnahmen durchsetzte Sinfonik Bruckners Anerkennung fand. Namhafte Wagner-Dirigenten standen Pate. In ihrer dritten Fassung gewann die vierte Sinfonie im Februar 1881 Respekt, als Hans Richter sie mit den Wiener Philharmonikern vorstellte. Wenig später galt es, ein Jahr nach Wagners Ableben, ein Vakuum zu füllen, was Arthur Nikisch in Leipzig mit der siebten Sinfonie gelang. »Nach Wagners Tode nämlich brauchte jetzt natürlicherweise seine Partei einen Papst, und sie hatten keinen Besseren als Bruckner«, kommentierte Brahms.[925] Bruckners Sinfonik barg das Potenzial, dass auch Opernverächter, die die Ideologien von Liszt und Wagner teilten, sich von seinen Musikmonumenten in höhere Sphären erheben lassen konnten. Wenn man einen jüdischen Musiker *Parsifal* dirigieren ließ, dann durfte er auch katholische Sinfonik präsentieren: In München verhalf Hermann Levi Bruckners siebter Sinfonie endgültig zur Anerkennung. Levi, den die allzu großen Ähnlichkeiten dieser vielen Instrumentalgiganten störten, beriet Bruckner sogar bei der Umarbeitung seiner achten Sinfonie, mit der Hans Richter dann in Wien noch mehr Anhänger für die Sache sammelte.

Johannes meinte, es gehe bei diesem Komponisten »wenigstens zunächst, gar nicht um die Werke«, sondern nur darum, einen neuen Heros aufzubauen. Dementsprechend betrachtete er Bruckner als »einen Schwindel, der in ein bis zwei Jahren tot und vergessen sein wird«.[926]

Hingegen begeisterte er sich für die neueste Sinfonik von Antonín Dvořák und Robert Fuchs, die er auch seinem Verleger Simrock ans Herz legte. Die ersten Erfolge von Elgar und Sibelius ereigneten sich unterhalb des Radars der deutschen Musikpresse. Aktuelle Opern von Bizet, Smetana und Verdi beeindruckten Brahms. Auch mit Goldmark und Johann Strauß verstand er sich prächtig, selbst wenn er nicht alles von ihnen goutierte. Hingegen fand er laut Heuberger fast alles von Richard Strauss »schauderhaft«.[927] Gustav Mahler schätzte er vor allem als Dirigent, während er ihn nach Kenntnisnahme der zweiten Sinfonie, die 1895 uraufgeführt und im Klavierauszug veröffentlicht wurde, als »König der Umstürzler« bezeichnet haben soll.[928] Dennoch wirkte Brahms aus Hochachtung vor seinem Können mit darauf ein, dass Mahler 1897 zum leitenden Kapellmeister der Wiener Hofoper berufen wurde. Die gesellschaftlichen Probleme, die Mahler auf sich zukommen sah, löste er damit, dass er noch in Hamburg, zwei Monate vor der Vertragsunterzeichnung in Wien, zusammen mit seinen beiden Schwestern zum Katholizismus konvertierte.

Spaltung, Reformen und neue Tendenzen

Elf Monate nach dem Dahinscheiden von Franz Liszt wurde das Tonkünstlerfest des »Allgemeinen deutschen Musikvereins« vom 26. bis zum 29. Juni 1887 in Köln gefeiert. Wie die Zukunft übermorgen schon wieder zum Gestern wird, belegt der Umstand, dass sich ohne Brendel, Liszt und Wagner das Profil der Tonkünstlerversammlungen allmählich wandelte. So manche fanden bedenklich, das Treffen in dem als konservativ betrachteten Rheinland stattfinden zu lassen. Bereits zwei Jahre zuvor befürchteten die Anhänger der neudeutschen Schule, dass sich ihr Musikverein in eine unliebsame Richtung entwickeln könnte und gründeten 1885 den Liszt-Verein, der auch eigene Konzertreihen veranstaltete. Schon wenige Jahre nach Aufnahme der Arbeit konnte in den eigenen Publikationen postuliert werden, »die Bedeutung des Vereins liegt längst nicht mehr in einer rein localen Wirksamkeit«, sondern könne »anderweitig das Verdienst in Anspruch nehmen, auf die Gestaltung des deutschen Concertwesens im Allgemeinen einen bedeutenden Einfluss ausgeübt zu haben«.[929]

Der einst von Franz Brendel initiierte Allgemeine deutsche Musikverein verzeichnete 1862 schon 202 Musikerinnen und Musiker, von denen 37 im Ausland lebten; 16 Jahre später waren es mit 693 schon mehr als drei Mal so viel Mitglieder. Damit war er die etablierteste Interessenvertretung von Musikern in Mitteleuropa. Dennoch hatte sich Johannes Brahms der Vereinigung gegenüber immer sehr zurückhaltend verhalten, von Clara Schumann ganz zu schweigen. Der befreundete Dirigent Franz Wüllner konnte ihn überreden, zunächst als Ausschussmitglied einen Beitrag zu leisten. Clara machte es nichts aus, für nachtragend gehalten zu werden; Johannes zeigte sich zumeist großmütiger. Seine Hauptbedenken waren indes, man könne ihm nachsagen, er habe bloß darauf gelauert, bis nach Brendel nun auch Wagner und Liszt endlich mit dem Unendlichen fusionierten. Wüllner beruhigte ihn, indem er selbst die Leitung eines Festkonzerts mit dem *Triumphlied* und dem Violinkonzert übernahm und Johannes zunächst lediglich als Pianist in seinem c-Moll-Trio mitwirkte. »Auf die Musikwirtschaft freue ich mich nicht«, ließ er Bülow wissen, »aber auf die Rheinreise und die vielen schönen und lieben Stationen sollte und möchte ich mich freuen – wenn's nicht gar so viele wären – und die Keller gar so kühl und schön!«[930]

Die Wiederbegegnung mit einem der prächtigsten und von Clara und ihm heißgeliebten Landstriche Deutschlands erleichterte es, Johannes zum Jahrestreffen des Verbands zu locken. Schon ab 1861 gab es zu den Tonkünstlerversammlungen Programmbücher, in denen die Leitlinien zum Ausdruck gebracht wurden. Da es in den öffentlichen Konzerten vor allem darum ging, »bedeutende, wenig gehörte Tonwerke neuerer Componisten, vorzugsweise von Vereinsmitgliedern« zu bieten,[931] blieb ihm, um Einfluss nehmen zu können, langfristig nichts anderes übrig, als der Gruppierung beizutreten. Dass seine Werke zwischen 1859 bis zu Liszts Tod 1886 bei den Tonkünstlerversammlungen auch ohne seine Vereinszugehörigkeit häufig aufgeführt wurden, lag vor allem daran, dass man ihn zur Mitwirkung verführen wollte. Er war nun einmal ein zu bedeutender zeitgenössischer Komponist, an dem man einfach nicht vorbeikam. Aus dem gleichen Grund brachte man auch kleinere Stücke des verstorbenen Robert Schumann zu Gehör, aber selbstverständlich ohne Claras Mitwirkung. Besonders präsent waren von Brahms jene Kompositionen, die nur wenig Musiker beanspruchten wie das erste Streichquartett op. 51 und das Streichsextett op. 36; seine großen Orchesterwerke spielten hingegen keine Rolle. Liszt, der nur 9 von 23 Versammlungen fernbleiben musste, überragte die Aufführungszahlen aller anderen Musiker um ein Vielfaches; Johann Sebastian Bach wurde viele Male gewürdigt, ansonsten dominierten Namen wie Berlioz und Wagner – dessen aufwändige Opern allerdings nicht geboten werden konnten – sowie mit kleineren Instrumental- und Vokalwerken Raff, Lassen und Cornelius.[932]

Nachdem Johannes sich 1887 dem Allgemeinen deutschen Musikverein angeschlossen hatte, spielte man auch größere Orchesterwerke von ihm und wählte ihn in den Vorstand. Damit machte er sich Tendenzen in der Gruppierung zunutze, die schon seit Gründung des Deutschen Reichs 1871 anregten, dass man sich langfristig »dem Charakter der rheinischen Musikfeste zu nähern« habe.[933] Immer wieder stritten die Mitglieder um Spaltung oder Reform, doch ungeachtet aller Widrigkeiten bestand der Verein bis 1937.

Clara engagierte sich nach wie vor auf ihre Weise für konzeptionell klug durchdachte Programme. Vieles, was Kollegen boten, erschien ihr obskur. »Heute giebt Rubinstein in Bonn für das Beethovenhaus einen Beethoven-Abend mit 4 Sonaten«, vermerkte sie im Tagebuch. »Ich möchte wohl wissen, was Mendelssohn und Robert dazu gesagt hätten? Mir erscheint es unkünstlerisch. Zu einer Sonate von Beethoven braucht man doch seine ganze Seele, aber kann man vier Sonaten hinter einander mit ganzer Seele spielen?«[934]

Die Seele der neudeutschen Kreise erleuchtete mittlerweile ganz andere Zirkel an der Spitze des Landes. Dabei kam man dem Ziel, neben dem Kunstwerk auch den »Menschen der Zukunft« zu erschaffen, näher.[935] Brendel, Liszt und Wagner konnten indes nicht mehr miterleben, wie ihre Saat aufging: Bei der Reichstagswahl im Februar 1887 wurde im Wahlkreis Kassel mit dem Marburger Bibliothekar Otto Boeckel der erste bekennende Antisemit in den Reichstag gewählt. Der Schriftsteller Rudolf Baumbach, der in Meiningen verstarb, fand harsche Worte gegen geistige Brandstifter wie Brendel, Liszt, Wagner und ihresgleichen: »Der Antisemitismus ist die Modekrankheit des geistigen Pöbels.«[936]

Clara hatte als Frau im 19. Jahrhundert keine Möglichkeit zu wählen und ob Johannes sich an Urnengängen beteiligte, ist nicht überliefert. Die Volksvertreter trafen ihre Entscheidungen indes nicht völlig unbeeinflusst. »Die wirkliche Verantwortlichkeit, das ist jene öffentliche Meinung«, mahnte bereits 1867 der Parlamentarier Heinrich von Sybel, denn »keine Regierung hat in den modernen Verhältnissen Bestand, die auf die Dauer vor dem Anspruch *dieses* Gerichts nicht besteht«.[937] Clara und Johannes besaßen einen weiten Horizont, mit dem sie kaum auf Agitatoren hereingefallen wären. Die umfangreiche Bibliothek von Johannes Brahms ist erhalten geblieben: In ihr gehörten neben einer üppig ausgestatten Musikaliensammlung vor allem Reiseführer und Literatur zu den wichtigsten Bestandteilen. Brahms besaß Gesamtausgaben oder umfangreiche Einzelveröffentlichungen von namhaften und weniger bekannten deutschen Autoren, aber auch von Klassikern der europäischen Literatur.[938] Johannes war zudem versiert in Lyrik aller Art und konnte bei sich in Gedichtausgaben zahlreicher deutschsprachiger Poeten sowie in Übersetzungen orientalischer und europäischer Dichtung von England bis Russland schmökern. Dennoch mag es nicht überraschen, dass er hellauf begeistert war, als er die imposante Bibliothek des Herzogs von Meiningen durchstöbern konnte.

Die sinfonische Tetralogie

In der intellektuellen Hochburg Meiningen fand Johannes Brahms in der Hofkapelle jenes Orchester, das in Deutschland am besten geeignet war, den besonderen Anforderungen seines Werks gerecht zu werden. Er hielt lange hinterm Berg, bevor er ein neues Projekt jemandem zeigte. »Du schriebst mir von Gesangssachen, die ich aber noch nicht sah, und viel höre ich von einer IV. Symphonie«, hakte Clara bei ihm nach. Johannes war sich bewusst, dass hohe Erwartungen in ihn gesetzt wurden und er äußerte, er sei »gar nicht begierig, eine schlechte Nr. 4 zu schreiben«.[939]

Manchen erschienen die einzelnen Sätze der neuen Sinfonie zu disparat. Der erste ist ein aus kleinsten Melodiepartikeln mit pointillistischen Klangtupfern voller Simultankontraste gestaltetes Tongebilde, der zweite Satz der elegische Hauch eines »Andante moderato«, das Scherzo im dritten erinnerte mit seinem – für Brahms höchst ungewöhnlichen – Triangelgeklirre zu Beginn und am Schluss an einen böhmischen Springtanz, der seinen Kollegen Dvořák entzückt haben dürfte, und im Finale scheinen nach und nach alle die orchestralen Klanggewalten zurückhaltenden Dämme zu brechen. Dreißig Jahre nach den frühen Ideen für die erste Sinfonie endete Brahms' sinfonische Tetralogie wie sie begonnen hatte: Mit dramatischer Musik und erbarmungslosen Paukenschlägen. Hatten die ersten drei Sinfonien jeweils noch einen individuellen, in sich geschlossenen Charakter, so mussten die Menschen jeden Satz der vierten Sinfonie – wie auch das Leben – nehmen wie's kommt.

Clara verstand seine Absichten hinter der neuen Sinfonie. »Eine schöne Stunde hat sie mir geschaffen und mich ganz gefangen genommen durch Farbenreichtum und ihre Schönheit sonst«, schrieb sie an Johannes, nachdem sie sich mit dem Klavierauszug vertraut gemacht hatte. »Kaum weiß ich, welchem Satz ich den Vorzug geben soll: dem ersten träumerischen mit seiner herrlichen Durchführung und den wunderbaren Ruhepunkten, dabei der sanft wogenden inneren Bewegung – (es ist, als läge man im Frühling unter blühenden Bäumen, und Freude und Leid zöge durch Gemüt) oder den letzten so großartig aufgebauten mit seiner ungeheuren Mannigfaltigkeit, und trotz der vielen großen Arbeit so voll tiefer Leidenschaft, die in der Mitte so wunderbar besänftigt, dann aber wieder mit neuer Gewalt auftritt!«[940] Obgleich Johannes in seiner vierten Sinfonie eher schlichte Motive verwendete, die er umso kunstvoller verarbeitete, hatte Clara nicht den Eindruck, ein abstraktes Tongebilde vor sich zu haben. Sie schwärmte, »wie träumt man in dem romantischen Adagio«, und das Scherzo, das Wagner-Dirigenten wie Mottl und Nachfolger gleichen Schlags dröhnen ließen wie ein Ballett für Elefanten, war Clara im Gegensatz zu solchen Fehlinterpretationen »jetzt lieber geworden durch seine reizvolle Luftigkeit«.[941]

Wie stets war die Freundin in Frankfurt niemand, der Johannes nur Honig um seinen immer länger und grauer werdenden Bart schmierte. »Könnte ich mit Dir darüber sprechen, die Partitur vor uns!«, meinte Clara, die es als eine der wenigen Vertrauten wagen konnte, auch kritische Worte einzuflechten. So empfand sie im lebhaften dritten Satz und in der Durchführung des Adagios manche Längen, ging aber auch auf Details ein. »Soll ich etwas nennen, was mir nicht ganz behagt, so ist es im ersten Satz das zweite Motiv, das so eigensinnig und so gar nicht sich anschmiegend an das Vorhergehende«, schrieb sie ihm, »während sonst doch gerade bei Dir immer Eines aus dem Andern sich so wunderbar schön entfaltet. Es ist, als ob Du plötzlich bereutest, sehr liebenswürdig gewesen zu sein.«[942] Diesen Charakterzug kannte sie an ihm. Als Johannes das Werk im Februar 1886 in Frankfurt leitete, war er in den Tagen so angespannt und konzentriert, dass sie nach seiner Weiterreise nach Dresden ins Tagebuch eintrug: »Er war nach seiner Art liebenswürdig gewesen, aber kein Wort persönlicher Theilnahme in all den Tagen, nie eine Frage nach etwas mich näher Angehendem.«[943]

Johannes ließ sich ausgiebig Zeit, um nach dem Abschluss der Kompositionsarbeit, der von ihm geleiteten Uraufführung im Oktober 1885 in Meiningen und einer anschließenden Tournee durch Deutschland und die Niederlande noch an Details zu feilen, bevor das Werk ein Jahr später im Oktober 1886 im Druck erschien. Bei Aufführungen zeigte sich Clara enttäuscht von der Reaktion des Publikums. Obgleich sie bekannte, sie habe »vieles verloren durch mein schlechtes Gehör«, hatte sie alles »sehr genossen« und zeigte sich »besonders vom Adagio und 4. Satz erfüllt«. Sie beeindruckte »die ganz geniale Bearbeitung, in der immer das Kräftige mit dem Zarten wechselt«. Der Schlusssatz ergriff sie beim Besuch einer Probe derart, dass sie sich »nur durch Thränen Erleichterung verschaffen« konnte.[944] Hingegen stellte sie durch Beobachtung fest: »Die Symphonie zündete wohl kaum bei den Laien – die Kenner waren ganz erwärmt, aber das Publicum kühl.« Clara glaubte, »diese Symphonie ist die schwerste für das Publicum«.[945] Aber Brahms komponierte nicht, damit das Publikum es sich in seiner Musik bequem machen konnte – er wollte geistige Anregungen insbesondere durch seine Vokalmusik und die sinfonische Tetralogie bieten. Wie inspirierend seine Musik auch auf andere Künste wirkte, zeigten ihm Gemälde, die er wenige Jahre später mit seiner Textauswahl und seiner Musik tatsächlich anregte. »Mir ist eine ganz ungemein große Freude geworden durch eine ›Brahms-Fantasie‹ des Malers Max Klinger«, ließ er Clara wissen, »und ich möchte, Du hättest Deinen gehörigen Teil daran. Das sind nämlich 41 Zeichnungen und Radierungen, denen Lieder von mir und schließlich das *Schicksalslied* zugrunde liegen. Aber es sind nicht Illustrationen im gewöhnlichen Sinne, sondern ganz herrliche, wundervolle Fantasien über meine Texte.« Johannes freute sich schon darauf, bei nächster Gelegenheit die Illustrationen mitzubringen, »weil ich dann Dein Erklärer sein und mich Deines Entzückens freuen könnte«.[946] Die Kunst Klingers verband Clara und Johannes: Ihm widmete er später die im Gedenken Claras entstandenen *Vier ernsten Gesänge*. Aber war mit dem Tod von Wagner und Liszt die Notwendigkeit abhandengekommen, sich jemandem mit gehaltvollen Sinfonien entgegenzustellen? Die Ruhe war für kurze Zeit trügerisch.

9 Das Erbe der Poesie (1887–1891)

Versöhnungsmusik · Besorgniserregende Wende · Wenn's richtig kracht, ist's ordentlich · Verborgene Schönheit entdecken · Ein kulturelles Vermächtnis · Letzte Beifallsstürme

> *So komme ich denn zu dem Schlusse, daß, da ich Dich für einen so guten Menschen halte, wie Du bist, und Dich so lieb habe, wie Du wünschest, ich Dir verspreche, mich unbesonnen an Dich zu wenden, sobald die Sorgen wirklich ernstlich an mich herantreten.*[947]
> Clara Schumann

> *Gehn wir an die Oos und Ischl spazieren und denken an Palermo.*[948]
> Johannes Brahms

Versöhnungsmusik

Während für Wagner und Liszt die Spaltung zum Programm gehörte, schrieb Brahms versöhnende Musik. Nachdem die Wunden, die der Bruch mit Levi geschlagen hatte, nicht mehr zu heilen waren, verstand es Johannes, sich wieder dem nach seiner Ehescheidung entfremdeten alten Kumpan Joseph Joachim anzunähern. Im Sommer 1887 entwarf er in Thun im Berner Oberland in entspannter Atmosphäre ein Konzert für Geige, Cello und Orchester – mit der Opuszahl 102 versehen sollte es im Folgejahr als sein letztes großes Instrumentalwerk veröffentlicht werden. »Aber mache Dich auf einen kleinen Schreck gefasst!«, schrieb Brahms an Joachim aus dem Urlaub. »Ich konnte derzeit den Einfällen zu einem Konzert für Violine und Violoncello nicht widerstehen, so sehr ich es mir auch immer wieder auszureden versuchte. Nun ist mir alles Mögliche bei der Sache gleichgültig, bis auf die Frage, wie Du Dich dazu verhalten möchtest. Vor allem aber bitte ich in aller Herzlichkeit und Freundlichkeit, daß Du Dich nicht im geringsten genierst. Wenn Du mir eine Karte schickst, auf der einfach steht: ›ich verzichte‹, so weiß ich mir selbst alles Weitere und genug zu sagen. Sonst fangen meine Fragen an: Willst Du eine Probe davon sehen?«[949]

Joseph Joachim wollte. Der Groll, den die Scheidung mit sich gebracht hatte, war mittlerweile verflogen. Und es waren noch zu viele Erinnerungen lebendig an alles, was er gemeinsam mit Johannes und Clara durchgestanden hatte. Für seine Kinder war Johannes als »Onkel Brahms«[950] ein gern gesehener Gast gewesen – ob sich Frau Schumann ein »Tante Clara« gefallen ließ, verraten die Quellen nicht, aber in Anbetracht der Verbundenheit ist es wahrscheinlich. Mittlerweile feierte Joachims geschiedene Frau Amalie Weiß, die immer wieder auch mit Clara und Johannes aufgetreten war, unter ihrem Künstlernamen auch in den USA Erfolge, wo man staunte, wie sie mit ihrer bemerkenswert klangvollen Stimme und ihrem Ausdruck »Methode oder Stil vergessen lässt, sodass man einzig und allein die Dichtung und die Musik, mit der sie verschmolzen ist, wahrnimmt«.[951] So stellten sich Clara und Johannes die idealen Liedinterpreten vor.

Joseph Joachim akzeptierte das musikalische Friedensangebot und interpretierte das Doppelkonzert zusammen mit dem Cellisten Robert Hausmann nicht nur bei der Uraufführung im Oktober in Köln, sondern auch bei etlichen anderen Gelegenheiten. Clara, die sogar beim ersten Probedurchspiel in Baden-Baden zugegen war, konnte sich mit der Instrumentalkombination des »Duo-Concerts«, wie sie es nannte, nie anfreunden. »Ich habe nun das Concert oft gehört, daß ich für mich ein Urtheil feststellen kann«, meinte sie im Tagebuch. »Mir scheint die Idee Cello und Violine als Soloinstrumente zusammen keine ganz glückliche«, da das Werk »für die Instrumente auch nicht brillant ist«. Zugegeben, »als Composition ist es höchst interessant, geistvoll«, allerdings fand sich für Claras Geschmack »nirgends ein so frischer warmer Zug als in Vielen andern seiner Sachen«. Auch wenn die beiden Solisten es spielten »wie es wohl schöner kaum möglich wäre«, beobachtete sie: »Der Beifall des Publicums war getheilt« und meinte, sie glaube »nicht daß das Concert eine Zukunft hat«.[952] In seinem Verhältnis zu Joachim bedeutete sein Opus 102 für Johannes eine Hinkunft, wie man einst in Österreich zu sagen pflegte – anders als bei Levi hatte er mit dem Geiger für die Zukunft eine akzeptable neue Basis gefunden.

Besorgniserregende Wende

»In welch ereignisvoller Zeit leben wir jetzt, und wie sehr wird unser Herz beteiligt!«, schrieb Clara an Johannes aus London in einem Nachsatz zu ihrem Brief vom 21. März 1888.[953] Zwölf Tage zuvor war Wilhelm Friedrich Ludwig von Preußen aus dem Haus Hohenzollern, als Wilhelm I. ab 1871 der erste deutsche Kaiser, im Alten Palais Unter den Linden verstorben und eine Woche später im Mausoleum im Schlosspark Charlottenburg beigesetzt worden. Sein Nachfolger, Friedrich III., schien ein geeigneter Garant für gute Beziehungen mit Großbritannien und anderen europäischen Ländern zu sein, da er durch seine Frau verwandtschaftliche Beziehungen bis zum Zarenhof besaß. Er hatte 1851 in London bei der ersten Weltausstellung die älteste Tochter der englischen Königin Victoria kennengelernt. Die durch ihre Eltern fließend Deutsch sprechende englische Prinzessin Victoria, genannt »Vicky«, wurde an der Seite ihres Mannes 1888 Königin von Preußen und Deutsche Kaiserin.

Während Clara und Johannes sich in Anbetracht ihrer Erfolge und Anerkennung entspannt zurücklehnen konnten, bestand mit Victoria und Friedrich für wenige Monate die Aussicht auf eine inspirierende Wechselbeziehung an der Spitze des Landes wie einst bei Königin Victoria und ihrem Prinzgemahl Albert. Vicky besaß einen weiten Horizont und bekundete, sie fühle, dass »ich jetzt ebenso stolz bin, Preußin zu sein wie Engländerin«.[954] Doch nach nur 99 Tagen der Regentschaft verstarb Friedrich III. im Juni mit 57 Jahren an Kehlkopfkrebs. Erneut fasste man die Erinnerung in Marmor: Der Kaiser wurde zunächst in der Sakristei der Potsdamer Friedenskirche und im Oktober 1890 in einem eigens errichteten Mausoleum beigesetzt. Als ob Vicky ahnte, dass die Aussichten auf eine liberale Entwicklung der Politik dahin waren, zog sie sich fern vom preußischen Hof nach Kronberg im Taunus zurück. »Der Tod des Kaisers hat mich bewegt«, schrieb Nietzsche an einen Freund, »zuletzt war er ein kleines Schimmerlicht von *freiem* Gedanken, die letzte Hoffnung für Deutschland.«[955]

Ein Jahr nach der Kaiserkrönung stand Clara kurz davor, sich selbst nur noch ihrem Privatleben zu widmen. Ihr 70. Geburtstag bedeutete ihr eine »wehmüthige Freude«, denn »viel Liebe umgiebt mich, wie viele aber vermissen wir!« Zudem vertraute sie ihrem Tagebuch an: »Als Künstlerin in das Greisenalter zu treten ist auch nicht leicht!«[956] Sie verbrachte diesen besonderen Tag in Baden-Baden mit ihren Kindern und konnte sich über Anerkennung aus dem ganzen Land nicht beklagen. Nicht nur »Briefe kamen massenhaft«, wie sie auflistete. Aus Frankfurt erschien Bernhard Scholz als Bote des Konservatoriums »mit einem riesigen wunderbaren Blumenkorb, den kaum ein Mensch zu tragen vermochte«. Der Kaiser sandte die große goldene Medaille für Kunst. Ihr Halbbruder Woldemar besuchte sie »mit einem riesigen Lorbeerstrauß«. Ununterbrochen wurden Telegramme und Bouquets überbracht, darunter auch Grüße von der Kaiserin, der badischen Großherzogin, Anna v. Hessen sowie Vicky, die sich unter dem Namen ihres verstorbenen Mannes als »Kaiserin Friedrich« zurückgezogen hatte. Besonders die guten Wünsche liebgewonnener Freunde und Wegbegleiter ergriffen Clara. »Ich war tief gerührt, so vergegenwärtigten sich mir die liebsten alten Freunde in so lieber herzlichster Weise und machten mir gleich den Anfang des Tages zu einem Feste«, hielt sie in ihren Erinnerungen fest.[957]

Johannes konnte zu diesem besonderen Anlass nicht bei ihr sein, weil ihm selbst ein einzigartiger Tag bevorstand: Am 14. September 1889 wurde ihm in Hamburg der Ehrenbürgerbrief seiner Heimatstadt überreicht. Anschließend reiste er unverzüglich über Rüdesheim in den Süden, um mit Clara zusammen ihren Ehrentag nachzufeiern. Sie sehnte sich danach, dass »der Himmel« sie die Zuneigung ihrer Liebsten »noch einige Jahre genießen lassen möchte, nicht in Siechthum, sondern mit der Genußfähigkeit, wie sie mein Herz noch hat«.[958]

Anders als ihr bereiteten dem vierzehn Jahre jüngeren Johannes solche Überlegungen noch kein Kopfzerbrechen. Besorgniserregender erschien die politische Entwicklung: Vickys Sohn, Friedrich Wilhelm Viktor Albert von Preußen, der als Wilhelm II. im Alter von 29 Jahren im Juni 1888 den Kaiserthron bestieg, war ausgesprochen langlebig. Im Krönungsjahr von Wilhelm II. erschien passend zum 20. Todestag von Franz Brendel in Leipzig der Band *Gesammelte Aufsätze zur Geschichte und Kritik der neuen Musik*. Das Buch bot für eine neue Generation Verlautbarungen im Geiste der neudeutschen Schule und – so Hanslick in seinen Erinnerungen – »Brendels phrasenhafte ›Vorlesungen‹«.[959] Im Folgejahr brachte Brahms drei Motetten als sein Opus 110 heraus, die wie sein Kommentar zu den Entwicklungen anmuten: »Ich aber bin elend« mit Versen jüdischer Dichter des Psalms 69 und des 34. Kapitels im Buch Exodus, »Ach, arme Welt, du trügest mich« nach mittelalterlichen Kirchenliedern und »Wenn wir in höchsten Nöten« auf einen Text des frühneuzeitlichen Humanisten

Paul Eber. Für Musik zu offiziellen Anlässen konnte er sich nicht begeistern. Zu einer »Internationalen Ausstellung für Musik und Theaterwesen«, zu der Bruckner die Kantate *Der 150. Psalm* komponierte, schlug Brahms – so Heuberger – bezüglich einer Festkantate »allen Ernstes vor, den Donauwalzer für gemischten Chor zu setzen und einen schönen poetischen Text zu unterlegen«.[960] Brahms dachte dabei vielleicht an seine guten Erfahrungen mit seinem Hamburger Frauenchor, die die Klangfarbenschattierungen für die »Schönen blauen Donau« von Johann Strauß (Sohn) sicher bereichert hätten, war dieses Stück doch gut zwanzig Jahre zuvor zunächst mit dem Wiener Männergesang-Verein uraufgeführt worden. Johannes machte sich auch über das Opus »Sang an Aegir« lustig, das Kaiser Wilhelm II. höchstselbst gereimt, vertont und 1894 »zum Besten des Baues der Kaiser Wilhelm-Gedächtnisskirche« herausgegeben hatte. Klaus Groth schickte ihm aus Kiel einen Zeitungsausschnitt, der verkündete, »durch eine Verfügung des Kultusministeriums sind nach derselben Quelle die höheren Lehranstalten angewiesen worden, des Kaisers ›Sang an Aegir‹ zum Gegenstand einer Besprechung zu machen«.[961] Heuberger erzählte, Brahms »griff immer nach der Speisekarte und sagte: ›Lassen Sie sich Sang an Aegir (›Kaiserschmarrn‹) machen.‹« Zudem hatte er stets die neuesten ›Aegir-Witze‹ parat wie: »Aegieren ist leichter als regieren« oder »Deutschland ist der musikalischste Staat: der Kaiser komponiert, die Minister gehen flöten.«[962] So belanglos das Stück künstlerisch auch sein mochte, zeigte es doch, was im Kopf des jungen Kaisers vor sich ging: »O Aegir, Herr der Fluten / Dem Nix und Neck sich beugt, / In Morgensonneglute / Die Heldenschar sich neigt.« Seine Majestät wartete ganz im Wagnerschen Stil mit den allerliebsten Alliterationen auf: »In grimmer Fehd' wir fahren [...] Führ' uns in Feindesland. [...] Wenn in dem wilden Horste / Sich Brünn und Brünne drängt, / Den Feind, vom Stahl getroffen, / Die Schildesmaid umfängt, / Dann töne hin zum Meere / Mit Schwert und Schildesklang, / Dir, hoher Gott zu Ehre, / Wie Sturmwind unser Sang.« Brahms hingegen veröffentlichte zu jener Zeit als Opus 112 *Zigeunerlieder* und als Opus 113 *Dreizehn Canons für Frauenstimmen.*

In Bayreuth frohlockte man. »Auf Prinz Wilhelm bauen wir ganze Paläste von Hoffnungen«, schrieb Hermann Levi im Sinne der Wagnerianer an seinen Vater, denn der »Enthusiasmus des Prinzen Wilhelm für die Sache« konnte umso förderlicher sein, sobald er als Kaiser das Sagen hatte.[963]

Wenn's richtig kracht, ist's ordentlich

Clara und Johannes trachteten nicht danach, sich mit der Staatsmacht zu verbünden. Sie wahrten kritische Distanz und engagierten sich vielmehr dafür, ihr kulturelles Erbe in angemessenen Interpretationen zu vermitteln. Im Jahr 1886 übernahm der Dirigent Fritz Steinbach für 17 Jahre das Orchester in Meiningen als Hofkapellmeister, das zuvor Hans von Bülow zu einem der besten Klangkörper in den deutschsprachigen Ländern geformt hatte. Wie Clara es an sich selbst als Pianistin erfahren hatte, gab technische Perfektion die Freiheit, sich der angemessenen Ausdeutung der inhaltlichen Substanz einer Komposition zu widmen. Dafür, dass die Deutungen der Meininger Hofkapelle unter Steinbachs Leitung von London bis Sankt Petersburg europaweit Schule machten, sorgten auf Tourneen Hunderte von Aufführungen in über achtzig Städten. Fritz Steinbach stammte aus dem Main-Tauber-Kreis und hatte den 22 Jahre älteren Brahms bereits 1875 als einer der Sommergäste in dessen Domizil in Heidelberg-Ziegelhausen kennengelernt. Nun bekam er freie Hand, um sich in Meiningen für seine Kompositionen einzusetzen.

Wie begeistert Brahms von Steinbachs Interpretationen war, belegen Dankesschreiben. »Sie müssen es alle Tage empfunden haben, was Sie mir und allen, die Ihr herrliches Fest mitfeierten, für eine ganz ungemeine Freude gemacht haben«, ließ er einmal seinen »lieben Freund« Steinbach wissen.[964] Doch nicht nur wenn seine eigenen Werke angesetzt waren, fesselten ihn Fritz Steinbachs Konzerte. »Wie hier musiziert wird«, schwärmte er Freunden vor, »davon habt Ihr keine Idee. Die Chöre, das Orchester, und der unübertreffliche Steinbach – das alles ist einzig. Ihr hättet schon früher kommen sollen – nun, heute abend ist noch die Generalprobe zur *Matthäus-Passion*, morgen früh die zur *Missa solemnis*. Geht ja dazu hin und versäumt keine Note: so was kriegt Ihr in Euerm ganzen Leben nicht wieder zu hören!«[965]

Mit keinem anderen Dirigenten arbeitete Brahms so eng zusammen wie mit Fritz Steinbach. Man traf sich in Wien, Frankfurt, Ischl, Zürich und wo sich sonst noch die Wege kreuzten. Für den Komponisten stand Steinbach noch über dem zu vielseitigen Dessoff, dem zu einseitigen Levi, dem selbstgefälligen Bülow und dem zu nachlässig agierenden Hans Richter (Ernst Frank verstarb mit nur 42 Jahren schon im August 1889). Bei Leuten wie ihnen musste Brahms zumeist mühsam seine Vorstellungen durchsetzen. Selbst wenn Richter im Dezember 1883 in Wien seine dritte Sinfonie zur Uraufführung gebracht haben mochte, wusste er, dass es mehr aus Pflicht, denn aus Neigung geschah. Richard Heuberger schilderte eine bezeichnende Episode: Als er einmal bei Brahms vorbeischaute, fand er ihn »gerade damit beschäftigt, Hans Richter die neue Symphonie Nr. 3 aus dem Manuskript vorzuspielen«. Nach kurzer Begrüßung meinte er, Brahms solle ruhig weiterspielen, aber dieser erwiderte »in lustigem Ton«: »Aber Richter ist ja nur froh, wenn ich aufhöre«, und kommentierte nach dem dritten Satz spitz: »Jetzt kommt noch ein grauslicher Schlußsatz.«[966] Besonders schaurig für Richter dürfte daran gewesen sein, dass diese Sinfonie ohne eine im Fortissimo auftrumpfende Apotheose zart im Pianissimo aushaucht. Zwar lobte Richter Brahms bei öffentlichen Banketten und faselte, das Champagnerglas schwenkend, etwas von »Meister Brahms' ›Eroica‹, sie lebe!«,[967] war aber nur halbherzig bei der Sache. Brahms zeigte sich entrüstet darüber, dass Richter in Wien Liszts Musik bevorzugte und seine 4. Sinfonie erst nach einem überlangen Konzert einem erschöpften Publikum am Schluss bot. »Für *Mazeppa* fand er schon den besten Platz!«, grollte der Komponist. »Freilich kennt er *Mazeppa* auch! Nun, es gehört schon sehr viel gutes Gemüt dazu, um da nicht an übel wollen zu glauben!«[968]

Fritz Steinbach war ein Mann von einem ganz anderen Kaliber. »Der liebe Kapellmeister«, wie Johannes ihn gegenüber Clara nannte,[969] erfasste Brahms' Intentionen erheblich besser. Wenn Johannes die von ihm vorbereitete Meininger Hofkapelle nicht selbst leitete, konnte er sich auf den Freund verlassen. Mehr als einmal versicherte er ihm, »wie herzlich dankbar« er war, ja, »weder schriftlich, noch mündlich kommt man dazu, sich über so Ausserordentliches« voll und ganz auszusprechen.[970] Clara erlebte das Meininger Orchester unter Fritz Steinbachs Leitung im März 1886 bei einem Gastspiel in Frankfurt – jenem Ort, an dem in späten Jahren viele enge Freunde und Wegbegleiter zusammenfanden. 1883 wurde Bernhard Scholz nach Raffs Tod zum Direktor des Hoch'schen Konservatoriums in Frankfurt am Main ernannt. Julius Stockhausen unterrichtete Gesang und auf die Empfehlung von Johannes Brahms hin lehrte Steinbach ab 1886 als Kollege von Clara Schumann kurzzeitig Komposition und Kontrapunktik.

Den Interpretationsstil von Brahms und Steinbach überlieferte der Dirigent Walter Blume in seinen Beobachtungen während der Proben zu den Sinfonien von Brahms.[971] An vielen Orten ärgerte

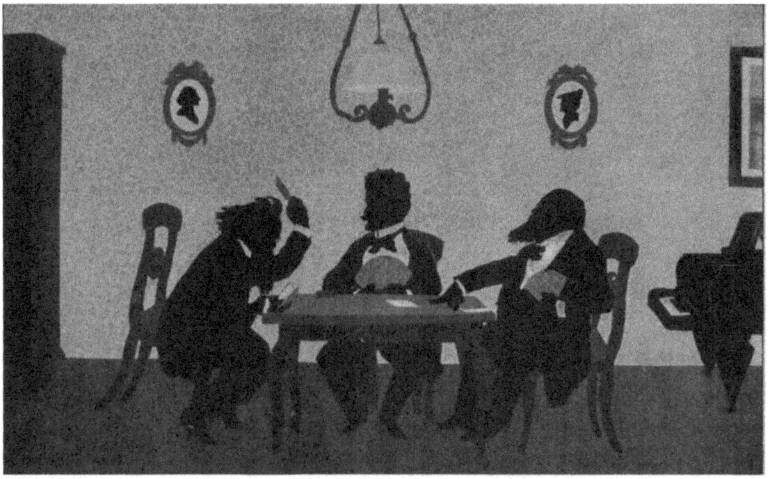

Wer hat die Trümpfe in der Hand? Brahms hält es kaum auf dem Stuhl, wenn er mit Johann Strauß und Hans Richter Karten spielt. An der Wand blicken Portraits von Liszt und Wagner herab (historische Bildpostkarte mit einem Schattenbild von Otto Böhler).

sich Brahms, seine Werke würden »recht schlecht, unverstanden und poesielos« abgeliefert und dann brauche es niemanden zu wundern »wenn sie vom ›grüblerischen Brahms‹ sprechen«, klagte der Komponist, »so total unverstanden war alles!«[972] Ihm missfiel, wenn seine vitalen Kompositionen »wieder lahm heruntergespielt« wurden, und er betonte überzeugt: »Der letzte Satz der 4. Symphonie, wenn er ordentlich einstudiert ist – *wie* der kracht!«[973] Ebenso wie Brahms war Fritz Steinbach intuitiv in der Lage, es krachen zu lassen. Seine Aufführungen seien ein »Hymnus an Energie und Kraft«, hieß es in *Le Mercure Musicale*.[974] Mit den mustergültigen Darbietungen der Meininger Hofkapelle entwickelte sich eine Interpretationstradition, die den Weg für eine angemessene Brahms-Interpretation wies. Zwar erlebte Fritz Steinbach noch die Zeit, in der die ersten Orchesteraufnahmen in akzeptabler Tonqualität hergestellt werden konnten, allerdings sind von ihm selbst keine Einspielungen überliefert. Es gibt indes historische Aufnahmen von Künstlern, die Konzerte mit der Meininger Hofkapelle besuchten, die von Brahms oder Steinbach geleitet wurden. Auffallend war für sie der drängende Elan der Darbietung und die elastische Tempogestaltung. Abgesehen von Steinbach schätzte Brahms besonders die Interpretationen von Arthur Nikisch und Felix Weingartner. »Nikisch ist ein ungemein begabter Dirigent«, schilderte er Clara seine Eindrücke von einem Konzert aus Leipzig. »Bei Sachen, für die er sich begeistert (wozu meine Symphonien gehören), macht er seine Sache vortrefflich. Neulich die 4., man kann sie nicht besser hören!«[975] Und nach einer erfolgreichen Wiener Aufführung der zweiten Sinfonie erhob er sich in seinem Stammlokal, dem »Roten Igel«, für den Dirigenten Weingartner von seinem Platz und begrüßte ihn mit den Worten: »Ich freue mich wie sich mein Stück in Ihrem Kopfe gespiegelt hat.«[976] Der Dessoff-Schüler Nikisch produzierte 1913 mit den Berliner Philharmonikern mit einer Interpretation der Fünften von Beethoven die erste Gesamtaufnahme einer Sinfonie, die den Schwung ahnen lässt, mit dem er Orchesterwerke präsentierte. Felix Weingartner hatte unter anderem bei Carl Reinecke studiert. Seine zwischen 1938 und 1940 mit dem London Philharmonic und dem London Symphony Orchestra entstandenen Mitschnitte von Brahms' Sinfonien zeigen indes auch, dass er abgesehen von seiner bevorzugten Zweiten zu den anderen weniger Zugang fand. Adrian Boult war ein schärferer Beobachter von Steinbachs Ansatz und brachte seine Tradition nach Claras hochgeschätztem Großbritannien. Für ihn gab es jene, die »ein Orchester hypnotisierten, wie Mr. Nikisch« und »Männer, die den Takt schlugen, wie Dr. Richter«, der damit »ein absolut gleichmäßiges Tempo produzierte, manchmal ununterbrochen vom Anfang bis zum Schluss eines sinfonischen Satzes«. Verglichen mit dem eher minimalistischen Stil von Richter und Weingartner war Fritz Steinbachs Dirigierweise viel anschaulicher, erinnerte sich Boult, da dieser bei Brahms »richtig aus sich herausging« und sich in dieser Musik »sehr frei auszudrücken« verstand.[977] Da sich Haltungen im Laufe der Jahrzehnte auch verändern können, zählen für die Überlieferung grundsätzliche Ansatzpunkte mehr als Details. Eine ideale Brahms-Interpretation bedarf einer »vollkommen klaren und wohlgeordneten Konzeption«, wie es anhand eines Steinbach-Konzerts ein Rezensent von *Musical America* beschrieb, der dieses auch mit anderen Interpreten vergleichen konnte, die wie etwa Weingartner ebenfalls in New York auftraten. Steinbach erfasse das Werk »mit Wärme und poetischer Empfindung« und bringe »die melodische Linie mit wahrhaftiger Wertschätzung« zur Geltung. »Das Modellieren der Phrasen war plastisch«, hieß es weiter, und Steinbach »zögerte nicht, in ihnen Akzente zu setzen, indem er unablässig das Tempo modifizierte und gekonnte Nuancen aller Art hervorhob«. Insgesamt sei die Interpretation voller »Leben und Tatkraft«.[978] Und ein Münchener Rezensent pries bei Steinbachs Brahms-Deutungen »die große Ausdrucksgewalt der Kantilene, die abgetönte Dynamik, die absolut plastische Phrasierung und das so seltene, natürliche Rubato«.[979]

Auch Nikisch und Weingartner mochten davon etwas vermittelt haben. Beide Dirigenten hatten auch Liszt und Wagner im Repertoire, widmeten sich ihnen und Bruckner aber nicht mit einer Ausschließlichkeit wie Karl Muck oder Felix Mottl. Diese folgten eher der würdevollen Behäbigkeit eines Hans Richter, der zumindest noch in den Ecksätzen das Tempo anzog. Die Unterschiede waren eklatant, wenn ein Wagner-Verehrer wie Mottl gelegentlich mal den Taktstock zu einer Brahms-Sinfonie schwang. Ein übermäßiges Tempo rubato, Zerdehnungen und pathetisches Überbetonen fallen weniger ins Gewicht bei den epischen Dimensionen von Bruckner oder Wagner; aber Brahms' dichtes sinfonisches Gewebe wirkt dadurch wie von Motten zerfressen. Musiker wie Furtwängler und Celibidache zementierten ein pompöses Brahms-Bild. Im Gegensatz dazu lebt der Ansatz von Brahms und Steinbach in den Interpretationen von Roger Norrington, Markus Poschner, Charles Mackerras und Thomas Dausgaard weiter. Brahms schwebte ein Ideal vor, bei dem »der leidenschaftliche oder ruhige Ausdruck herauskommt, den ich will« und »je weiter man davon abgeht, je unkünstlerischer finde ich den Vortrag«, wie er einmal an Joachim schrieb.[980]

Verborgene Schönheiten entdecken

War Johannes bei seinem Vermächtnis auf geeignete Dirigenten und Orchester angewiesen, hatte Clara es sozusagen selbst in der Hand. »Sie brachte uns zumeist dadurch etwas bei, indem sie selbst spielte«, erinnerte sich Adelina de Lara. »Sobald ihr eine Phrase oder vielleicht zwei Takte nicht gefielen, gab sie ihrem Schüler oder ihrer Schülerin ein Zeichen, sich zu erheben, nahm selbst am Klavier Platz und demonstrierte, wie man diese Passage spielen sollte und das genügte vollkommen.«[981]

Angeblich soll Liszt Hunderte von Klaviereleven gehabt, ja, gar den Gruppenunterricht erfunden haben. Allerdings hatte Johannes einst in Weimar festgestellt, dass viele wahrscheinlich nur Speichellecker oder Hofschranzen waren, die sich dessen rühmen wollten, wenigstens einmal im Dunstkreis des Klaviermessias gewandelt zu sein. Clara wollte keine Lobhudeleien, sondern Leistung. Möglicherweise hatte sie aus den Erfahrungen mit Johannes und Florence May gelernt, die Jahre zuvor gewünscht hatte, »das Geistige« bei Brahms und »das Technische« bei Frau Schumann zu lernen. Mittlerweile hatte sie sich vom Wunderkind über das erstaunliche Fräulein Wieck und die Elite-Interpretin Clara Schumann hin zur Philosophin am Klavier entwickelt, die ihr Instrument perfekt kontrollierte und dadurch grenzenlose Freiheit zum Nachdenken über die Musik gewann. Nun fühlte sie sich selbst in der Lage, Inhalte zu vermitteln, während ihre Tochter Marie sich um die nötige Fingerfertigkeit der Aspiranten und Aspirantinnen kümmern konnte. In Vorbereitungskursen mit bis zu drei Teilnehmenden erfuhren diese, dass sie teilweise umlernen mussten, beispielweise hinsichtlich der Handhaltung. Mochten sie auch noch so virtuos die Skalen herauf- und herunterrattern sowie Akkorde klangvoll hämmern können, nun wurde erwartet, dass alles »nicht mechanisch gespielt werden sollte, sondern mit einem schönen Legato-Anschlag«.[982] Mancher Nachwuchs hing bis zu einem Jahr in der Warteschleife dieser Einführungsseminare fest, die Hochtalentierten durchliefen sie in nur wenigen Wochen. Gefühle von »Bewunderung, Neid, Verzweiflung, Hoffnung und Glückseligkeit« überkamen die Mitwirkenden. Erst nach einer Phase »harten Studiums bei Fräulein Marie erlebte man die große Freude, zugelassen zu werden zur ersten Stunde mit Frau Doktor, wie man sie zu nennen pflegte«.[983]

Das Ideal, das vermittelt wurde, war das Legatospiel. »Mir wurde gesagt, dass mein Anschlag nicht rund, nicht warm genug sei; wobei ich bis dahin Wärme nie mit etwas anderem als einer Melodie in Verbindung gebracht hatte«, erzählte Mathilde Verne, »und ganz gewiss hatte mir niemand jemals gesagt, dass ein gewaltiger Unterschied darin besteht, ob der Ton durch das Anschlagen oder das Drücken der Tasten erzeugt wird. Für mich war das eine Offenbarung.«[984]

Clara vermittelte ihr Repertoire und ihre Interpretationstechnik an eine junge Generation von Pianisten und Pianistinnen, indem sie viele durch ihre Leistungen beeindruckte. »Das Spiel von Madame Schumann bekundet eine große Wärme der Empfindung und die Wertschätzung absoluter Schönheit durch eine wahre Poetin, so dass unter ihren Händen nichts jemals barsch oder hässlich klingt«, erinnerte sich Franklin Taylor. Er war einer der vielen, die ihre interpretatorischen Ansätze auch in andere Länder trugen, lehrte er doch später Klavier am Royal College of Music in London und publizierte den Ratgeber *Progressive Studies for Piano and Technique and Expression in Pianoforte Playing.* Allein Clara mit einem bestimmten Stück zuzuhören, vermittelte ihm zufolge »ein Bewusstsein dafür, dass es Schönheiten verborgen hält, die zuvor unentdeckt geblieben waren«. Sie lehrte durch ihre Vorbildfunktion einen Vortragsstil mit einer »klangprächtigen, kraftvollen« Tongebung, bei der sie »selbst bei den lautesten Passagen mit dem Druck der Finger und nicht durch Hämmern« Wirkung erzielte. Beim Passagenspiel blieben »die Finger nah bei den Tasten und drückten sie, anstatt sie anzuschlagen; während Akkorde aus dem Handgelenk gegriffen und nicht mit Hieben aus dem Ellbogen geschlagen wurden«.[985] Rein technisch gesehen gründete ihr Zugang auf den Instruktionen ihres Vaters Friedrich Wieck. Allerdings erfüllte Clara die Musik mit Leben, da sie durch den engen Kontakt mit einigen der bedeutendsten Komponisten ihrer Epoche tiefere Einblicke in das Wesen von Balladen, Rhapsodien, Sonaten und Klavierkonzerten besaß.

Auch der von ihr ausgebildete Nachwuchs empfand es immer wieder als eine Bereicherung, wenn er durch sie mit den wahren Könnern in Kontakt kam. Johannes war einer der häufigsten Gäste und er wirkte stets bereitwillig bei Kammermusikveranstaltungen mit. Als Musterbeispiel eines produzierenden Künstlers war er Clara besonders willkommen. So durften die Studierenden etwa miterleben, wie er seine Violinsonate in d-Moll op. 108 probte und interpretierte. »Er spielte sie, wie ich sie mir gedacht hatte, nur das Adagio langsamer«, notierte Clara im Tagebuch. »Ich dachte wieder einmal so recht dankbar des Himmels, daß er der Welt mitten in das Wagner-Delirium so eine kräftige gesunde Gestalt gesandt, die für den Moment diesem die Waage hält, und bald überwiegen muß.«[986]

Clara erwartete und bot eine umfassende künstlerische und kulturelle Bildung. Sie erachtete höchstens drei Stunden Üben am Klavier für ausreichend, erwartete aber auch die Mitwirkung bei Orchester-, Kammer- und Hauskonzerten. Als geistige Anregung vermittelte sie günstige Eintrittskarten für Opern und Sinfoniekonzerte. Benehmen, Haltung und Tanz lehrte eine Ballerina vom Opernhaus, damit man laut Adelina de Lara bei Auftritten möglichst »graziös das Konzertpodium betritt und es wieder verlässt«.[987] Damit wirkte sie ganz im Sinne des Hoch'schen Konservatoriums, denn die dortigen »Zöglinge sollen mit dem Besten, für alle Zeiten Mustergültigen, genährt werden«, meinte Scholz.[988]

Unter den namhaften reproduzierenden Künstlern, die die Studierenden kennenlernten, zählte Joseph Joachim zu den häufigsten Besuchern. Damit bescherte Clara den ihr Anvertrauten »Augenblicke von reinstem Vergnügen und Freude«, wenn sie miterleben konnten, wie sie mit Joseph Joachim Sonaten interpretierte. Brahms hingegen hielt der von ihr geschulte Nachwuchs für einen »erschreckend schlechten Pianisten«, wie Marie Fromm berichtete. Während Clara – wie immer – »perfekt« war, machte sich mittlerweile seine mangelnde Übung bemerkbar. Dass die Künstler, zu denen man aufblickte, auch zu manchem Schabernack bereit waren, belegt die Beobachtung, dass es »amüsant« war, Brahms »dabei zu beobachten, wie er Haydns *Kindersinfonie* dirigierte, bei der wir Mädchen verschiedene Instrumente übernahmen und Madame Schumann und ihre Tochter am Klavier mitwirkten«.[989] Die siebenteilige Komposition, deren Urheber nicht eindeutig belegt ist, hieß ursprünglich *Berchtoldsgaden-Musik* und nutzt typische Kinderinstrumente aus dem Berchtesgadener Land – es dürfte wahrlich ein Haydnspaß gewesen sein zu erleben, wie einige der berühmtesten Musiker aller Zeiten mit den jungen Leuten auf Orgelhenne, Kuckuck, Wachtel, Trompete, Trommel, Ratsche und Cymbelstern harmonisch rumorten. Dieses private Vergnügen war auch international bekannt, denn Clara wirkte auch in England bei solch speziellen Konzerten mit. Über Aufführungen solchen häuslichen Wahnsinns in der Villa Wahnfried ist nichts überliefert.

Ein kulturelles Vermächtnis

Eine wesentliche Facette, die Clara Schumann der nächsten Generation nahebrachte, war das Ideal der Werktreue. Sie ließ durchaus künstlerische Freiheiten zu, diese durften sich aber nicht über die Intentionen der Komponisten hinwegsetzen. Eigenmächtige Verzierungen, zerdehnte Ritardandi oder Effekte durch überbetonte Akzentuierungen erschienen ihr als ein Übel im zeitgenössischen Konzertbetrieb. Von Robert Schumann konnte sie aus unmittelbarer Erfahrung darauf hinweisen, dass seine Stücke nicht mit überzogener Hast interpretiert werden sollten. Da sie acht Jahre alt war, als Beethoven verstarb, kannte sie noch viele Menschen, die ihn erlebt

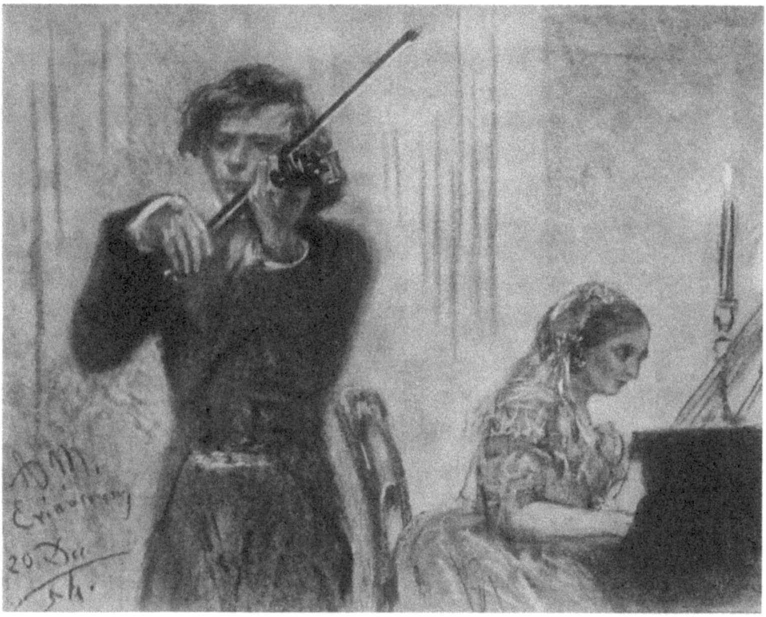

Ihr ganzes Leben lang war Joseph Joachim ein souveräner Konzertpartner für Clara Schumann. Aber im Gegensatz zu Johannes blieb sie mit ihm stets beim förmlichen »Sie«. (Pastellzeichnung von Adolph von Menzel, das 27 x 33 cm große Original ging verloren.)

hatten. Es ist naheliegend, dass sie sich mit ihnen über Beethovens Art, das Pianoforte zu spielen, ausgetauscht hat. Bei Beethovens C-Dur-Sonate Opus 53 meinte sie, die von einem Herausgeber selbst eingefügten Tempobezeichnungen verfälschten das Werk. »So hat er zum Beispiel über dem zweiten Thema des ersten Satzes eine langsamere Metronombezeichnung angebracht«, erklärte sie ihrer jüngsten Tochter. »Ich halte das für ganz falsch. Wenn ich diesen Satz spiele und du säßest mit dem Metronom dabei, so würdest du wahrscheinlich finden, daß ich in dem zweiten Thema etwas langsamer geworden bin. Das liegt in dem Charakter der beiden Themen, darf aber nie wie eine Tempoveränderung klingen und als solche vom Spieler oder Zuhörer empfunden werden; sie muß durch allmählich ruhiger werdendes Spielen der vorhergehenden Takte so vorbereitet werden, daß sie selbstverständlich wird und den Lauf des Stückes nicht aufhält.« Clara war überzeugt, »man muß immer vermitteln, nie zerstückeln; zusammenfassen, nicht zerreißen«, denn »wo Beethoven eine Tempoveränderung wünscht, hat er sie stets vorgeschrieben«.[990]

Für Clara stand nie das Ego des Interpreten im Vordergrund, sondern ausschließlich ohne Wenn und Aber immer nur der Komponist und die Komposition. Aus ihrer Jugendzeit war Clara mit dem Typus von Klavieren vertraut, die Beethoven noch genutzt hatte. Sie hatte bei der Entwicklung der Bautechniken unter anderem mitverfolgt, wie die Rahmen und Saiten von Klavieren zunehmend verstärkt wurden, wie die Hammerköpfe statt Leder einen Filzbelag erhielten, wie gefederte Repetierschenkel eine schnellere Anschlagfolge ermöglichten und wie die Klaviatur von etwa fünf Oktaven im 18. Jahrhundert während ihrer langen Karriere auf siebeneinhalb Oktaven erweitert wurde. Und ihr war auch bewusst, dass ihr Komponisten-Idol Mozart besondere Instrumente und eine individuelle Behandlungsweise erforderte. Sie gehörte zu den wenigen Spitzenpianisten, die sich im 19. Jahrhundert überhaupt für Mozarts Klavierkonzerte engagierten und sie dadurch für das Konzertrepertoire über eine Phase hinwegretteten bis sie wieder mehr Beachtung fanden. Allerdings erkannte Clara auch ihre Grenzen und weigerte sich, Perlen vor die Säue zu werfen, wenn sie den Eindruck hatte, Mozart werde nicht der gebührende Respekt entgegengebracht. Als sie ablehnte, bei einem Jubiläumskonzert der philharmonischen Gesellschaft in Hamburg Mozart zu interpretieren, kam es zu einem heftigen Disput mit dem Hamburger Musikwissenschaftler Theodor Avé-Lallemant, einer Koryphäe, der Tschaikowskij seine 5. Sinfonie widmete. »Sie haben mich sehr verletzt in dem, was Sie mir wegen Mozart sagen, und möchte ich fast glauben, Sie hätten ganz und gar meinen Standpunct als Künstlerin vergessen«, schrieb die erboste Clara, der einst ein Rezensent der *Signale für die musikalische Welt* bescheinigt hatte, sie interpretiere Mozart »mit classischer Ruhe, gewissenhafter Pietät, vollendeter Rundung und wunderbar schöner Nuancirung«.[991] Sie hatte allen Grund, Avé-Lallemant die Leviten zu lesen: »Ich soll die Schönheit der Mozart'schen Concerte nicht kennen? ich [*sic*] die ich seit 20 Jahren fast die Einzige bin, die Mozart'sche Concerte noch gespielt! Viele Male früher das D-moll, auch öfter das C-moll, ich die ich schwärmte für das A-dur und G-dur-Concert!!! Nein, lieber Avé, das mußten Sie mir nicht sagen! Ich sollte mich *schämen* ein Mozart'sches Concert zu spielen! Sie hätten mir wohl kaum etwas ehrenrührigeres sagen können. Nun aber genug und zur Sache! – … Die Hauptsache sagte ich Ihnen noch nicht, den Grund meiner Weigerung. Die Behandlungsweise des Claviers von Mozart ist nicht unserer Zeit gemäß und *leider* das Publicum nicht mehr im Stande, ein solches Concert zu würdigen. An einem Festtage wie der Ihrige [*sic*] spielt man aber doch gern Etwas, wofür auch das Publicum empfänglich ist: ob es Erinnerungsfest oder Musikfest heißt ist ja gleich, es ist *eben ein Fest*. Als Beweis für meinen Grund kann ich Ihnen anführen, daß Joachim hier Pfingsten das Viottische für mich (1te u. 2te Satz) reizende Concert himmlisch spielte, die Leute dann aber sagten, es sei schade daß er ein solches Kinderconcert gespielt habe, und, das waren *Musikverständige* und *Musiker*. Verstehen Sie mich aber nicht falsch, es würde mich so etwas nicht abhalten in einem Ihrer gewöhnlichen Concerte Mozart zu spielen, *ich spreche hier immer nur von dieser Ausnahms-Gelegenheit.*«[992]

Dieses Ethos, dass allein das Kunstwerk zählt – auch wenn es bei bestimmten Gelegenheiten davor geschützt werden muss, überstrapaziert oder missbraucht zu werden –, vermittelte Clara auch ihren Schülerinnen und Schülern. Viele begannen ihre Laufbahn parallel zum Beginn der Phonographen- und Grammophon-Ära. Johannes schien sich mehr dafür zu begeistern als Clara. »Wir leben jetzt hier unter dem Zeichen des Phonographen, und ich hatte Gelegenheit, ihn oft und behaglich zu hören«, schrieb er ihr aus Wien. »Du wirst genug über das neue Wunder gelesen haben oder es Dir beschreiben lassen; es ist wieder, als ob man ein Märchen erlebe.«[993] An diesem konnte er sogar teilhaben: Nachdem Edisons Mitarbeiter Theodor Wangemann die Stimme von Bismarck aufgezeichnet hatte, suchte er in Wien auch Kaiser Franz Joseph I. auf, der allerdings nicht aufgenommen werden wollte. Bei dieser Gelegenheit kam es jedoch zu einer Begegnung mit Brahms, der den ersten seiner *Ungarischen Tänze* und eine Fantasie über die Mazurka »Die Libelle« von Johann Strauß vortrug. Wangemann, nicht wie mitunter vermutet Brahms selbst, sprach dazu die Ansage: »Dezember 1889. Haus von Herrn Doktor Fellinger, bei Herrn Doktor Brahms, Johannes Brahms.« Der zittrig knisternde historische Mitschnitt vermittelt von Brahms' pianistischen Fähigkeiten etwa so viel wie eine Schwarz-Weiß-Fotografie von der Farbenpracht eines Gemäldes, aufgenommen in einem abgedunkelten Raum bei Dämmerung. Clara und Johannes legten höchsten Wert auf Ausdrucks- und Klangnuancen, wie wenige Jahre später ihr Gedankenaustausch zum »Harfen-Klavier« zeigte. Es sah aus wie eine an ein Piano befestigte Harfe, deren Saiten durch eine Klaviatur mittels Stiften angerissen werden. Dieses Zwitterwesen sollte die Spielbarkeit von Harfen vereinfachen, überzeugte aber nicht jeden. »An die Poesie des Tones wird hier wohl kaum gedacht«, urteilte Clara, »aber Kraft wird doch verlangt, und diese hat ja das Instrument auch nicht.« Letzten Endes äußerten sich beide froh darüber, dass die Orchester in ihren Wohnorten das Instrument nicht anschafften und, wie Clara meinte, »die Leute guten Geschmack zeigen«.[994]

Von allen, die bei ihr studierten, erwartete sie einen subtilen Anschlag, einen rhythmisch ausgefeilten Vortrag, zartes Legatospiel, ein sorgfältiges Beachten der dynamischen Angaben in der Partitur und ein durchdachtes Ausgestalten der Gesamtanlage eines Stücks, das auf Respekt vor dem Kunstwerk gründet. Die Pianistin Fanny Davies spielte das Klavierkonzert von Robert Schumann im Juni 1928 ein, als die Aufnahmetechnik bereits erhebliche Fortschritte gemacht hatte. Sie durfte Clara noch bei Proben und Aufführungen dieses Werks erleben. Dabei zeigte sie sich fasziniert von der Lebendigkeit des Vortrags und der »großen Bedeutung, die Akzentsetzungen erhielten, obgleich keineswegs überakzentuiert wurde«. Nicht minder beeindrucke Davies die Transparenz des Spiels in den komplexesten Verästelungen der Partitur sowie das Vermitteln der jeweiligen Hauptgedanken, die je nach Situation leidenschaftlich, sehnsüchtig oder würdevoll ausfielen. Die Technik war nur Mittel zum Zweck, um »den Zuhörenden jede einzelne Schattierung« des Gehalts der Komposition zu vermitteln.[995] Dafür war die Gesamtwirkung entscheidend und Fanny Davies staunte darüber, dass Clara während der Probe sogar einmal das Podium verließ, um von der Mitte des Saals aus den Orchesterklang in sich aufzunehmen. Wie auch andere Schülerinnen versuchte Davies keineswegs, ihre Lehrerin zu imitieren, sondern die von ihr erworbenen Kenntnisse und die Freude am Musizieren durch die damit gewonnene Souveränität in eine lebendige Interpretation umzusetzen. Von Adelina de Lara ist eine Einspielung von Robert Schumanns Klavierzyklus *Carnaval* op. 9 aus den 1950er-Jahren überliefert. Sie konnte sich präzise an Claras Anmerkungen zu den einzelnen Teilen hinsichtlich des Tempos und der Stimmungen erinnern. »Manches werde bei Schumann zu langsam gespielt«, berichtete de Lara, aber Clara verdeutlichte ihr, dass beispielsweise eine Tempovorgabe wie »moderato« bei »Pierrot« nur verhindern sollte, das Stück überhastet anzugehen, dabei müsse es »leuchtend und verschmitzt« klingen.[996] Da sowohl Adelina de Lara als auch Carl Friedberg und Ilona Eibenschütz Schumanns Fis-Dur-Romanze op. 28, Nr. 2 einspielten, wird deutlich, dass jedes Mitglied aus der Familie der Clara Schumann-Eleven individuelle Nuancen einbrachte: de Laras Vortrag wirkte drängend und impulsiv; Friedberg wählte langsamere Tempi, die er für eine Vielzahl von Ausdrucksnuancen nutzte und durch das perlende Spiel der Eibenschütz erhielt die Musik fast etwas Impressionistisches. Alle wahrten Claras spieltechnisches Ideal und ihre Überzeugung, flexibel Bilder und Empfindungen in Klang umzusetzen. Hierin war sie mit Johannes einer Meinung, dessen Werke auch in einigen Einspielungen ihrer Schülerinnen überliefert sind. Clara war überzeugt, dass man erst durch Erfahrung zu einer reifen Interpretation gelangt. Während Johannes im Laufe der Jahre mehr dirigierte, als am Klavier zu üben, und dementsprechend immer nachlässiger wurde, wünschte sich Clara, ihr Robert könnte sie jetzt erleben, denn »so hat er seine Sachen von mir noch nie gehört, wie ich sie jetzt spiele«, notierte sie im Tagebuch. »Das macht mich oft schrecklich traurig.«[997]

Letzte Beifallsstürme

Ihr Gehör, der für Clara wichtigste Sinn, ließ sie immer öfter im Stich. Auch wenn die Schmerzen in den Armen sie bis zum Wahnsinn peinigten, überwand sie diese mit schierer Willenskraft und konnte immer noch die Tasten unter ihren Fingern spüren. Sprechen brauchte sie nicht, denn ihre Musik sprach für sich selbst; auch erblindet hätte sie noch auftreten können – eine ihrer besten Freundinnen, Rosalie Leser, war blind. Aber taub? Sie war keine Perkussionistin, die barfuß die Töne hätte erspüren können. Sie war eine Poetin am Klavier, die allmählich kaum noch ein Fortissimo wahrnehmen konnte.

Ihre Hörprobleme waren ihr erstmals Anfang der 1860er-Jahre aufgefallen. Zunächst noch unscheinbar, als ob es nur eine vorübergehende Beeinträchtigung wegen einer Erkältung sei, hatte sie ihnen kaum Beachtung geschenkt. Allerdings wurden Klagen wegen der Ohren allmählich eine Konstante in den Tagebüchern und der Korrespondenz mit Johannes. Im Sommer 1890 reiste sie nicht mehr zum Niederrheinischen Musikfest nach Bonn, denn – so vertraute sie Johannes an – sie konnte »so viel Musik, von der ich den größten Teil nicht höre, nicht mehr aushalten«.[998] Claras Gehör baute wahrscheinlich durch Folgen einer Influenza, die vorher in Briefen vielfach erwähnt wurden, zunehmend ab. »Auf wie vieles muß ich verzichten, seit 5 Monaten höre ich keinen Ton Musik mehr«, schrieb Clara an Johannes dann.[999] Und als sie 1892 in Frankfurt Joseph Joachim mit seinem Streichquartett erlebte, klagte sie gegenüber dem Freund in Wien, es sei »ein sehr mühevolles Unternehmen« von ihr gewesen, denn sie »hörte doch nur stellenweise«.[1000] Zwei Monate später peinigte sie »das fortwährende Dröhnen in meinem Kopfe«.[1001] Sie wohnte zwar einem Beethoven-Fest in Basel bei, bekannte Johannes aber: »… freilich gehört fast nichts, aber doch den großartigen Eindruck des Ganzen im Münster gehabt, der sich nicht verwischt.«[1002] Auch das Durchspielen von neuen Kompositionen bereitete ihr zunehmend Probleme, denn »mit meinem traurigen Kopfleiden muß ich mir alles, was schnellen Harmoniewechsel enthält, also z. B. alle Durchführungen, die mir ganz neu sind, erst ganz langsam vorspielen«.[1003] Als sie sich nach langer Zeit wieder in ein Orchesterkonzert wagt, um »die D-dur-Symphonie von Brahms hören!«, diagnostiziert sie im Tagebuch: »Ach es war vergebens! Nichts habe ich gehört als ein Forte, alles falsch und vom Piano nichts!«[1004] »Unser großer Bruckner wäre selig, Deine verhaßten Klänge im Ohr zu haben«, scherzte Johannes, »wir kriegten sie dann Sonntags als Symphonie zu hören, und Heyse und Levi schrieben preisende Epistel!«[1005]

Johannes hatte ihr von dem phänomenalen Meininger Soloklarinettisten Richard Mühlfeld vorgeschwärmt, den – so riet sie ihm – man »noch ganz besonders in Gold einfassen« müsse. Sie bedauerte, dass sie Musik kaum »anders als nur im Geiste hören« konnte.[1006] Im November 1894 ersann Johannes für eine Stippvisite ein besonderes Geschenk für Clara. Auf dem Weg nach Meiningen besuchte er sie zusammen mit Richard Mühlfeld und probte bei ihr die Klarinettensonate op. 120. Clara konnte die Notenseiten umblättern und inmitten des Klangs ganz unmittelbar am musikalischen Geschehen teilhaben.

Am 12. März 1891 gab Clara Schumann ihr letztes öffentliches Konzert. Die Umstände waren fast symbolisch für ihre über ein halbes Jahrhundert währende Karriere: Sie trat – hochprofessionell wie immer – trotz widriger Umstände auf, interpretierte Musik eines Menschen, der ihr viel bedeutete und genoss es, leidenschaftlich in die Tasten zu greifen. »Gestern habe ich eine große Freude gehabt!«, schrieb sie einer Freundin am nächsten Tag. »Ich spielte trotz einer starken Erkältung in einer Trio-Soirée von Kwast mit diesem die Var. für 2 Claviere über ein Thema von Haydn von Brahms, die einen solchen Beifallssturm erregten, daß wir sie *ganz* wiederholen mußten. Sie sind aber auch zu herrlich, und wieder mußte ich staunen vor solcher Kunst und solcher Genialität.«[1007] An Johannes wird sie einen vergleichbaren Brief geschickt haben, denn er freute sich besonders darüber, dass sie die Menschen dazu gebracht hatte, ein Da capo seiner Musik erleben zu wollen. »Daß Du meine Haydn-Var. gespielt, daß sie bis zum d. c. gefallen und am allerschönsten: daß sie Dir so an's Herz gegangen – das mußte ich gleich öfter hintereinander mit Wonne lesen«, antwortete er ihr zwei Tage später aus Meiningen. Und er vergaß nicht zu ergänzen: »Du bist hier ein für allemal auf das allerherzlichste eingeladen und kannst kommen wann und wie lange Du willst.«[1008] Doch Clara fühlte sich für lange Reisen und viel Musik nicht mehr stark genug.

10 Das teuer bezahlte schöne Glück (1891–1897)

Leidenschaft statt Mätzchen · Es wird immer leerer · Das letzte Duell · Finale Plaudereien · Der trauernde Genius · Eine interessante Krankheit

> *Von den Kindern soll ich Dir sagen, wie auch sie Deine Freundschaft für mich tief empfinden, und so nimm denn dreier dankbarer Herzen wärmste Grüße.*[1009]
> Clara Schumann

> *Jetzt beneide ich Dich um Dein Tagebuch – mich erinnert nicht die kleinste Notiz an einen bestimmten Tag und was er etwa bedeutete oder brachte.*[1010]
> Johannes Brahms

Leidenschaft statt Mätzchen

Wie in den ersten Jahren nach dem Kennenlernen war es, als ob Johannes nur Werke für sich und Clara schreiben würde. Seine wichtigsten Kompositionen der 1890er-Jahre wurden Klavierstücke – mal solistisch, mal in Kombination mit der Violine oder der menschlichen Stimme. Alles, was ihnen etwas bedeutete, war vereint: Die Reminiszenzen an gemeinsames Singen, an das Musizieren in trauter Zweisamkeit und an Joseph Joachim, den der Weg öfter nach Frankfurt führte als nach Wien. Mitunter schien es, als ob Johannes seine Klavierstücke, die schließlich als Opus 116, 117, 118 und 119 veröffentlicht wurden, nur schrieb und nach und nach an Clara schickte, um sie bei Laune zu halten und ihr neue künstlerische Anregungen zu geben. »Es ist gar so verlockend Dir eine kleine Freude machen zu können«, kündigte Johannes sein Opus 119 für

Clara an, »und da ich nun grade ein kleines Stück habe, das wenigstens für Deine Finger paßt, so schreibe ich es Dir zierlichst ab.«[1011]

Gegen ihre körperlichen Beeinträchtigungen war die Musik von Johannes die beste Medizin. Clara zeigte sich begeistert. »Sie sind mir der einzige musikalische Genuß jetzt«, schrieb sie ihm,[1012] ja, ein »Labsal für die Seele«.[1013] Die Werke waren wie für Clara geschaffen. Mitunter erscheinen die *Fantasien für Pianoforte* (op. 116), die *Drei Intermezzi* (op. 117), die *Sechs Stücke für Klavier* (op. 118) und die *Vier Klavierstücke* (op. 119) wie private, intime Briefe, um gemeinsam auf ein bewegtes Leben zurückzuschauen. Johannes hatte seit der Klavierfassung seiner *Neuen Liebeslieder* (op. 65a) 1874 und zweier Romanzen (op. 79) 1879 über zehn Jahre lang keine Werke für Soloklavier mehr geschrieben. Um die Zeit als sich 1893 das Kennenlernen mit den Schumanns zum 40. Mal jährte, besann er sich wieder auf alte Tugenden. »Es ist die schönste Erinnerung meines Lebens, diesen beiden herrlichen Menschen nahegestanden zu haben, sie so gut gekannt zu haben«, erzählte er Heuberger. »Und Frau Schumann ist heute noch so frisch, so jungfräulich wie nur je. Empfänglicher wie nur irgendjemand! Ich sende ihr immer meine Arbeiten im Manuskript ein, sie lernt alles zuerst kennen, und da sehe ich dann wie sie alles enthusiastisch aufnimmt, bis auf's letzte Nötchen. Wie sie dann schwärmt und sich derlei dutzendmal auswendig vorspielt!«[1014]

Die »Nötchen« bieten emotionale Achterbahnfahrten, die zärtlich »Andante teneramente« (op. 118, Nr. 2), entschlossen »Allegro risoluto« (op. 119, Nr. 4), seufzend »Andante, largo e mesto« (op. 118, Nr. 6), aufbrausend »Presto energico« (op. 116, Nr. 1), empfindsam »Andante con grazia ed intimissimo sentimento« (op. 116, Nr. 5) oder humorvoll »Grazioso e giocoso« (op. 119, Nr. 3) daherkommen. Johannes kannte Clara gut genug, um bei den vielseitigen Vortragsbezeichnungen nicht auch ihr einfühlsames Wesen im Sinn zu haben. So verwies ein *Damen Conversations Lexikon* jener Zeit bei »mesto« darauf, dies bedeute »betrübt, traurig, beim Vortrage in der Musik jene Stimmung stiller Resignation, die auf ihre eigenen Seufzer lauscht und in gleichmäßig schleichendem Trübsinn fortträumt«.[1015] Dass auch Frauen bei Vorgaben wie »risoluto« oder »energico« durchaus aus sich herausgehen sollten, belegen die Hinweise zum Tempo in der Musik: »Die richtige und doch nicht ängstliche und zu strenggebundene Durchführung des T. mit Geschmack, Sicherheit, seinem Gefühle und elastischem Vortrage verlangt nächst eigenem Kunstsinne viel und lange Erfahrung.«[1016] Vielleicht wollte Johannes

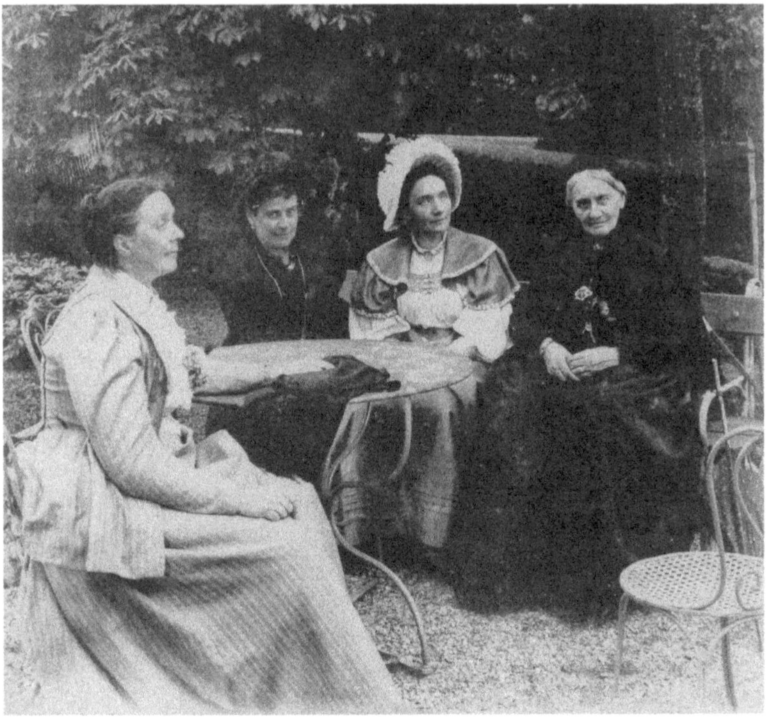

Damen bei der Konversation in den 1890er-Jahren (v. l. n. r.): Marie Schumann, eine Besucherin, Eugenie Schumann und Clara Schumann.

Clara sogar ermuntern, einmal wieder selbst etwas zu komponieren, als er ihr vorschwärmte: »Das weitaus beste Musik-Lexikon ist das von Koch – neu bearbeitet und herausgegeben von Arrey von Dommer (Heidelberg 1865).« Es sei »ein ganz vortreffliches Buch«,[1017] das hauptsächlich Fachinformationen bot – Heinrich Christoph Koch war auch der angesehene Herausgeber von *Versuch einer Anleitung zur Composition* –, und lediglich Marie legte er Hugo Riemanns Musikenzyklopädie ans Herz, da sie Biografien enthielt.

Die sechs Klavierstücke op. 118 waren explizit Clara gewidmet. Sie erschienen 1893 zum Jubiläum des Kennenlernens und vereinen vier Intermezzi, eine Ballade und eine Romanze. Clara Schumann, wohl auch heimliche Muse der anderen Klavierstücke, trug in ihr Tagebuch ein, all diese neuen Werke seien »eine wahre Quelle von Genuß, Alles, Poesie, Leidenschaft, Schwärmerei, Innigkeit, voll der wunderbarsten Klangeffekte«. Johannes kannte sie nur zu gut und ahnte, wie sie schwärmen würde: »In diesen Stücken fühle ich endlich wieder musikalisches Leben in meine Seele ziehen und spiele wieder mit wahrer Hingebung.«[1018]

Auch bei seinem Opus 119, vier Charakterstücken für Klavier, hatte Johannes Clara vor Augen. Uraufgeführt wurden sie im Januar 1894 in der Londoner St. James Hall von ihrer Schülerin Ilona Eibenschütz, die auch Brahms bestens kannte. Clara beschränkte sich auf Hauskonzerte daheim. Joseph Joachim spielte mit Freunden bei ihr »ein Quartett von Robert und dann mit mir Deine 3. Sonate«, schrieb sie Johannes. »Da war ein reiner Genuß, wie er einem selten wird. In dem ersten Satze hatte ich immer das Gefühl bei dem Wogen der Harmonien ineinander, als schwebe ich in den Wolken. Ich liebe diese Sonate unbeschreiblich, jeden Satz! – Wer weiß, ob es nicht das letztemal war, daß ich spielte!«[1019] Als Johannes sich dann vorstellte, welche Frühlingsausflüge sie wohl unternehmen würde, ließ er sie wissen: »Ich möchte dann (wie bei der Sonate) Dir nachschwärmen.«[1020]

Clara empfing nicht nur Anregungen und Trost durch die Musik von Robert und Johannes. Besondere Genugtuung brachte ihr die zunehmende Anerkennung der Kompositionen. »Daß ich noch erleben durfte, wie mein Mann immer mehr Anhänger findet: das war doch eine große Freude, die gewiß selten der Frau eines großen Mannes zu Theil wird«, berichtete sie Rosalie Leser von einer Erfahrung, die sie sicher auch mit Johannes teilte. »Sie wissen ich bekomme aus Paris immer Tantièmen jährlich für Roberts in Frankreich aufgeführte Werke. Das fing an mit 3–400 Francs. Vorm Jahr (seit 3 Jahren schon) waren es an 1000 Francs, dies Jahr 1500 Francs. Dies ist doch ein schlagender Beweis trotz Wagner, Berlioz, Liszt etc.«[1021] Allerdings musste sie auch erleben, dass nun schon wieder eine neue Generation ihrer Gegner Stellung bezog. »Du hast wohl gehört, daß der Siegfried Wagner das nächste Opernhauskonzert dirigiert!!!«, teilte sie Johannes entsetzt mit. »Da muß nun ein geschultes Orchester unter der Direktion eines gänzlich ungeschulten Dirigenten spielen, weil er der Sohn Wagners ist. Die Stücke hat er sich nun ein Jahr lang in Heidelberg einbläuen lassen, und tritt hier damit auf.« Sie ersparte sich das Konzert und verbrachte den Abend lieber bei der Familie Stockhausens. Marie besuchte den Auftritt und berichtete, so Clara, er »soll es so weit ordentlich, mit allen üblichen Mätzchen gemacht haben«, allerdings sei der erste

Konzertteil langweilig gewesen und »auch das Publikum sei kalt geblieben, habe dann aber im 2. Teil Rottenberg sehr warm empfangen«.[1022]

Johannes empfahl Clara, die sich immer noch leicht echauffierte, sich zur Entspannung mit der Publikation von den Erinnerungen namhafter Leute zu befassen als Erbauungslektüre, denn es sei stets »schön und erfreulich, wenn ein gescheiter Mann aus seinem Leben erzählt – wie jetzt Hanslick«.[1023] Eine andere Lieblingslektüre Claras, die viel von Johannes' literarischen Kenntnissen und Kontakten profitierte, wurden die Publikationen von Joseph Victor Widmann, insbesondere die *Touristennovellen* mit seinen »schnurrigsten Reiseerinnerungen«.[1024] Darin bot »Ein Wunder des heiligen Liszt« eine beißende Satire auf das frömmlerische Gebaren eines Erzfeindes – »Ja, ist denn der Abbate und fabelhafte Klavierspieler Liszt schon heilig gesprochen worden?«, hebt die Erzählung an –; und »Herrn Quendels Goethesche Harzreise in den Odenwald« war durchzogen von liebevollen Anspielungen auf Brahms und seinen Freundeskreis.

Es wird immer leerer

Das Alter brachte es mit sich, zu erleben, dass viele Menschen, die man liebgewonnen hatte, nach und nach verstarben. Ihr Tod weckte schöne Erinnerungen, aber auch verdrängte, wie etwa beim Dahinscheiden von Brahms' Schwester Elise im Juni 1892. »Als im vorigen Jahr in Hamburg meine Schwester starb, fand ich alle meine Jugendbriefe vor«, erzählte er Heuberger. »Unter anderem allerlei Briefe aus Weimar, wo ich bei Liszt wohnte, über Liszt und die ganze weimarische Wirtschaft. Ich hatte gar nicht mehr gewußt, wie genau ich meinen Eltern über all dies geschrieben hatte. Nun habe ich alles vertilgt. Von mir soll man nichts finden.«[1025] Clara erlebte immer wieder ein Wechselbad der Gefühle. Mal frohlockte sie in ihren Briefen an Johannes: »Jeder Tag bringt Unerwartetes«,[1026] dann wiederum bedauerte sie: »Es wird immer leerer um einen.«[1027] Zu den verlorenen Weggefährten gehörten unter anderem Raff, Deichmann, Spitta, Billroth, Rosalie Leser und Otto Dessoff. »Man spricht hier ernstlich von Mottl als Nachfolger Dessofs [*sic*]– traurige Aussicht!«, klagte Clara gegenüber Johannes. »Dann wird's wohl bald keinen Mozart und Beethoven mehr geben.«[1028]

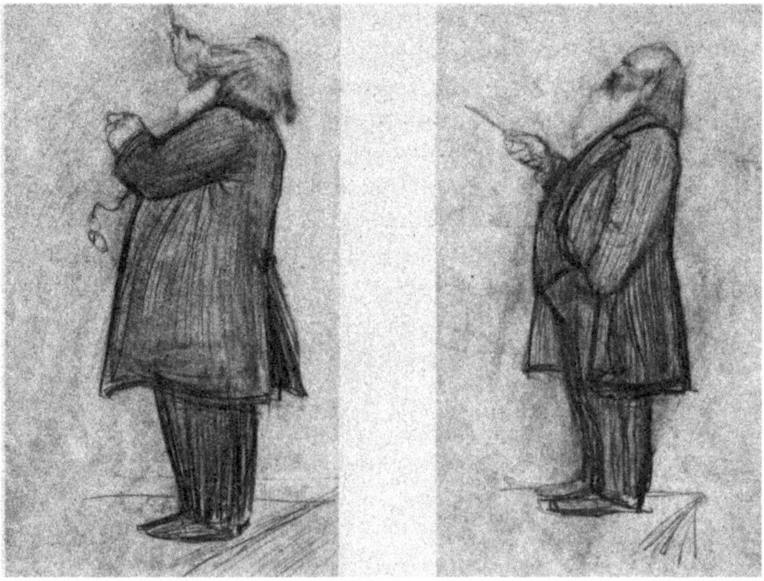

Brahms dirigiert 1893 in Frankfurt am Main (Zeichnung von Willy von Beckerath).

Auf Brahms' gewichtige Empfehlung hin wurde dann aber Ludwig Rottenberg nach Frankfurt engagiert, der sich über drei Jahrzehnte lang bewährte. Als Anfang 1896 Claras Schwiegersohn Louis Sommerhoff einen Schlaganfall erlitt und ihre Tochter Elise einen schwerkranken Mann und drei Kinder zu versorgen hatte, durchlitt Clara noch einmal ihre traumatischen Erfahrungen früherer Jahre. Elise hatte zwar ein Auskommen, da ihr Gatte als Kaufmann sein Kapital gut angelegt hatte, aber sie brauchte moralische Unterstützung. Johannes nahm sich lange Zeit für einen seiner einfühlsamsten Briefe an Clara: »Es ist ein schönes Glück Familie zu haben, in enger Verbindung mit Menschen zu leben, die uns nicht allein durch die Bande des Blutes angehören, sondern uns auch sonst und an sich lieb und theuer sind. Dies schöne Glück hast Du in einem langen Leben und in reichem Maße genossen. Aber mit wie viel Sorge, wie viel Schmerz es oft und theuer bezahlt wird, auch das hast Du und in ebenso reichem Maße erfahren und erfährst es leider immer noch. Man mag wohl in solchen Momenten bisweilen vergessen, daß man ein Bestes mit solchen Schmerzen bezahlt. Du würdest doch nicht tauschen mögen mit einem Einsamen, der sie nicht mehr erfahren kann?«[1029]

Clara war zunehmend auf einen Rollstuhl angewiesen und benötigte beim Sommerurlaub in der Schweiz stets fremde Hilfe. »Den 30. gingen wir zum Frühstück nach Unspunnen, um mal die Morgenluft zu genießen«, notierte sie im Tagebuch. »Ich fuhr im Einspänner hin und ließ mich zurück rollen. Wir blieben da … von 8½ – 12 Uhr. Marie und Eugenie tummelten sich im Walde und ich sah auf Unspunnen, das ich so sehr liebe.«[1030] Ungeachtet mancher Einschränkungen spürte sie »immer noch zu viel Leben in mir«, schrieb sie Johannes und bekannte im nächsten Halbsatz zugleich, sie sei »doch oft so müde des Lebens!«.[1031]

Obwohl man fern voneinander lebte, blieben Clara und Johannes im Geiste stets miteinander verbunden. »In Gedanken mache ich viel Eure Konferenzen und Beratungen am Frühstückstisch mit«, schrieb ihr Johannes aus Wien.[1032] »Wenn ich Dir schreibe, habe ich immer in Gedanken ein wenig das Pläsier, mit Euch am Frühstückstisch zu sitzen. Aber es ist wirklich nur ›ein wenig‹, plaudern ist besser als kritzeln.«[1033] Obwohl Johannes sich wohlfühlte inmitten seiner Bücher, genoss er immer wieder gerne die Zusammenkünfte mit seinem Wiener Freundeskreis. »Mir ist der Gedanke doch lieb, daß Du den Abend bei Fellingers zubringst, lieber, als daß Du allein in Deiner Stube sitzest«, meinte Clara.[1034] Sie verfolgte stets, ob die Werke von Johannes in den unterschiedlichsten Regionen Anklang fanden. »Du hast wieder so herrliche Aufnahme gehabt – ich habe alles mit dem alten treuen Herzen verfolgt«, schrieb sie ihm, »das weißt Du, wenn ich auch schwieg.«[1035]

Das letzte Duell

Carl Reinecke sollte schon um die Jahrhundertwende beklagen, dass »der Geschmack und selbst das Empfinden der Menschen mit der eilenden Zeit sich überraschend schnell wandelt«, dass »der Nachruhm« und die Anerkennung nicht dem »in der Gegenwart hochberühmten Musiker, welche ausschließlich als Capellmeister fungiren«, sondern höchstens noch »dem schaffenden Künstler zu Theil werden« kann.[1036] Allerdings rümpften manche Vertreter der jungen Generation eher die Nase über Musiker wie ihn oder Brahms. »Die Symphonie überhaupt ist, so scheint es, in einem

Uebergangsstadium begriffen, in dem die alte Form schon zu verbraucht, die neue aber noch nicht gefunden ist«, lautete Ende 1896 eine Einschätzung in der Presse.[1037] Mit der Phrase von den »alten Formen« lebte die von den neudeutschen Kreisen propagierte Polemik wieder auf. Johannes Brahms, einst als kühner Kunstrecke in glänzender Rüstung selbst als das »bahnbrechende Genie« gepriesen, gehörte mittlerweile zum Alteisen. »Die Kunst, ohne Einfälle zu komponieren, hat entschieden in Brahms ihren würdigsten Vertreter gefunden«, mokierte sich Hugo Wolf.[1038] Sogar seine Liedvertonungen schienen nicht mehr gut genug. »Nach der Aufführung mit Richter und Brahms über die Wagnerianer gesprochen«, erinnerte sich Heuberger, »besonders über Hugo Wolf debattiert, den die Wagnerianer jetzt als großen Lyriker preisen, als Erfinder des ›symphonischen Liedes‹, während Schubert, Schumann und Brahms nur Lieder ›wie mit Guitarrebegleitung‹ geschrieben hätten.«[1039] Als Brahms im Oktober 1895 zusammen mit Joseph Joachim in Zürich an der Feier zur Eröffnung der Tonhalle teilnahm, bei der er sein *Triumphlied* selbst dirigierte, richtete er im großen Konzertsaal seinen Blick nach oben und entdeckte im Deckengemälde des Tessiner Malers Antonio Barzaghi-Cattaneo eine Art Komponistenhimmel, in dem er hinter Beethoven zu sehen war neben Wagner, Haydn, Mozart, Bach und anderen verblichenen Größen. »Ich bin doch noch unter den Lebenden«, soll er gesagt habe. Vorsorglich behandelten ihn seine Zeitgenossen schon, als ob er seinem umfangreichen Werk keine neuen Überraschungen mehr hinzufügen würde.

Die kulturellen Sphären entwickelten sich immer weiter auseinander. In Bayreuth waren mittlerweile auch *Tristan und Isolde* (1886), *Die Meistersinger von Nürnberg* (1888), *Tannhäuser* (1891) und *Lohengrin* (1894) zum ersten Mal gegeben worden. Für 1896 war – zwanzig Jahre nach der Uraufführung – die zweite Gesamtaufführung von *Der Ring des Nibelungen* geplant, diesmal in der Inszenierung von Cosima Wagner. Sie hatte bei allen Werken Regie geführt bis auf die *Meistersinger*, die sie dem Tenor August Harlacher überließ. Im Jahr 1895 pausierten die Wagner-Festspiele zur finanziellen Regeneration.

Fritz Steinbach nutzte diese Lücke, um die öffentliche Aufmerksamkeit auf das erste Meiningische Landesmusikfest zu richten, das vom 27. bis zum 29. September 1895 unter dem Protektorat Seiner Hoheit des Herzogs Georg von Sachsen-Meiningen stattfand. Johannes wirkte bei Kammermusikveranstaltungen selbst mit und auch Joseph Joachim kam mit seinem international renommierten

Joachim-Quartett. Nur Clara vermisste man wieder. »Meine Melancholie war heute schrecklich!«, klagte sie in ihrem Tagebuch. »Ein Brief von Brahms, der mir vom bevorstehenden Musikfest in Meiningen und von seinem lustigen Musikleben in Ischl schrieb, hatte mich so trübe gestimmt – ich muß ja ... auf alle Musik resigniren. Nach Meiningen ginge ich nun doch gar zu gern.«[1040]

Sie versäumte damit ein Großereignis, mit dem Fritz Steinbach den Bayreuther Festspielen und dem neudeutschen Geiste den Wert humanistischer Bildung und traditionsbewusster Musikkultur entgegenstellte. Als Spiritus Rector konzipierte er Festspiele, die ganz im Sinne von Clara und Johannes die Poesie und Leidenschaft der Tonkunst lebendig hielten, indem sie alte Werke mit den ersten Annäherungsversuchen an eine historisch informierte Aufführungspraxis vorstellten und allerneueste Kompositionen boten. »Besonders in der überaus geistvoll ausgeübten Fähigkeit, das Zeitmaß elastisch zu handhaben, in der Art und Weise, den Flexionen des Ausdrucks die starre Unbeugsamkeit des Tempos zu opfern, zeigt sich Steinbach als modern empfindender Musiker von weitem geistigen Horizont«, hieß es im *Meininger Tageblatt*.[1041] In der *Neuen Zeitschrift für Musik* ignorierte man die Meininger Veranstaltungen und publizierte in den ersten Oktober-Ausgaben lieber Leitartikel zu Themen wie »Der ethische Gehalt des *Parsifal*« und über den in Wagners Fußspuren wandelnden Musiker Felix von Weingarten, der in seinem neuesten Buch *Die Lehre von der Wiedergeburt und das musikalische Drama. Nebst Entwurf eines Mysteriums: Die Erlösung* auf nur 142 Seiten alle Rätsel des Daseins löste. Hingegen widmeten sich die *Signale für die musikalische Welt* dem »Bach-Beethoven-Brahms-Fest«, dem man einen »anregenden, künstlerisch hochbefriedigenden Verlauf« bescheinigte. Für Steinbach und Georg II. rankte sich alles um die Musik der Gegenwart: Das Schaffen von Johannes Brahms stand im Zentrum, umrahmt von Bachs *Matthäus-Passion* und Beethovens *Missa solemnis*. Die Programme gliederten sich in zwei Kammermusikveranstaltungen und ein Orchesterkonzert im Herzoglichen Hoftheater sowie zwei Sakralkonzerte in der Marienkirche. Neben drei Beethoven-Streichquartetten wurden »die neueste Clavier-Klarinetten-Sonate, das Clarinetten-Quintett und Gdur-Streichquintett von Brahms geboten«, hieß es in den *Signalen für die musikalische Welt*, und im Sinfoniekonzert ein Bach-Konzert in B-Dur für Bratschen, Gamben und Celli, Beethovens fünftes Klavierkonzert mit Claras Favoriten Eugen d'Albert, Brahms' Doppelkonzert mit

Joachim und Hausmann, seine *Händel-Variationen* für Klavier, drei Quartette für vier Solostimmen mit Klavierbegleitung und die erste Sinfonie. Bei den Veranstaltungen »besonders gefeiert sah sich das Joachim'sche Quartett, D'Albert und Brahms, der dem Feste nicht nur als Zuhörer beiwohnte, sondern auch die Clavierbegleitung in seinen Gesangsquartetten übernommen hatte«. Bei den Sakralkonzerten wurde besonders auf die sorgfältige Vorbereitung hingewiesen: »Die Besetzung des Orchesters in der *Matthäus-Passion* hielt sich genau an das Original. Außer dem Streichorchester (30 Violinen, 12 Bratschen, je 8 Violoncelle [*sic*] und Contrabässe) kamen 8 Flöten, 8 Oboen und von den vorgeschriebenen alten Instrumenten die Oboe d'amore und Oboe da caccia zur Verwendung.« Höchstwahrscheinlich ist auch, dass Steinbachs Hofkapelle sogar die Orchesterwerke von Brahms bei diesem Anlass nicht mit der kleinen Tourneebesetzung von knapp fünfzig Musikern bot, sondern mit großer Orchesterbesetzung, wie es auch in Berlin, Düsseldorf oder Wien üblich war. »Der vortrefflich studirte Chor repräsentierte die Zahl von 500 Mitwirkenden (darunter 75 Knaben)«, lobte der Rezensent der *Signale*, ja, »nicht nur die Solisten setzten für das Gelingen des Festes ihre besten Kräfte ein, auch Chor und Orchester leisteten unter Generalmusikdirector Steinbach's Leitung Hervorragendes.«[1042]

Steinbachs programmatisch durchdachte Veranstaltungen mochten als Konzept-Festival für vergleichbare Festspiele an anderen Orten stilbildend sein – auch 1899 und 1903 ehrte er Brahms mit Sonderprogrammen –, aber auf Dauer ließen sie sich in Meiningen nicht als fester Bestandteil in einen normalen Saisonalltag integrieren.

Clara Schumann und Johannes Brahms konnten zu diesem Zeitpunkt kaum noch auf die Ereignisse einwirken. Für den Staat war lediglich eine Kunst relevant, die das System stützte und bei der man nicht Gefahr lief, kritisch hinterfragt zu werden. Wenn man wie Brahms ein *Triumphlied* mit einem *Schicksalslied* in Zweifel zog, in *Nänie* einen Trauergesang gestaltete, der Leichenzüge im antiken Rom begleitete, intime Kammermusik entwarf anstatt staatstragenden Pomp nebst Germanenopern und sich nicht den Mächtigen andiente, lief man Gefahr, an Bedeutung einzubüßen. Der erste Wagner-Verband war schon 1872 gegründet worden; die frühesten Brahms-Gesellschaften etablierten sich erst einige Jahre nach dem Tod des Komponisten 1904 in Wien und 1906 in Berlin. »Das Große und Erhabene liegt eben nicht da für jeden«, hatte Clara einst konstatiert, »es gehört eben auch wieder ein tiefer unverdorbener Sinn dazu, es zu erfassen.«[1043] Was für sie einst Liebe auf den ersten Ton war, erschloss sich einfacher strukturierten Gemütern späterer Generationen erst nach längerer Beschäftigung.

Selbst wenn die führende Persönlichkeit im Lande, Kaiser Wilhelm II., von Musik wenig verstand, begeisterte er sich für die »Mission des Deutschtums«, die von Bayreuth ausging.[1044] Publikationen wie Houston Stewart Chamberlains Beitrag »Richard Wagners Regenerationslehre« in den *Bayreuther Blättern* belegten 1895 nachdrücklich, dass es hier um anderes ging als nur um Musik. »Die Bewegung ist jetzt in höchster Glorie«, schrieb Nietzsche wenige Monate bevor er in die geistige Umnachtung abdriftete, »jüngst hat noch der junge deutsche Kaiser die ganze Angelegenheit als nationale Sache *ersten Ranges* bezeichnet.«[1045] Diese hätte bei Friedrich III. und Georg II. völlig anders ausgesehen, allerdings gewannen andere Ideale allmählich die Oberhand. Als im Sommer 1896 die elften Wagner-Festspiele in Bayreuth stattfanden, war Clara bereits tot und Johannes ernsthaft erkrankt. Mochte Steinbach mit seinen Meininger Festspielen auch qualitativ auf einer Ebene mit Bayreuth sein – ihnen fehlte der ideologische Überbau. Sie umspannten eine gewaltige Musiktradition von mehreren Jahrhunderten bis zur Gegenwart – aber das »Wir wollen hübsch musizieren«, das Clara mit Johannes und den ihren verband, hatte es schwer gegen ein mit Pamphleten, Enzykliken, Absichtserklärungen und Traktaten überhöhtes »Da wollen wir uns denn mal recht über Musik aussprechen«.[1046] Allmählich war abzusehen: Die Kunst von Clara und Johannes würde nie die kulturpolitische Relevanz eines Wagner und Liszt erreichen. In den 1890er-Jahren begannen in Wien die Planungen für ein »Haus für Musikfeste«: In einem Mehrzweckbau sollten Kulturveranstaltungen der unterschiedlichsten Art für alle Bevölkerungsschichten geboten werden, in Verbindung mit einem nahe gelegenen Eislaufplatz, den es noch heute neben dem schließlich 1913 eingeweihten Konzerthaus gibt. Mehr als einmal hatte Clara geklagt, dass dem Publikum ihre Kunst und die von Johannes »etwas schwer begreiflich« sei.[1047] Aber Johannes hatte mit seinen unterhaltsamen Kompositionen einen Weg gezeigt, wie man für viele Menschen Anspruch und Allgemeinverständliches miteinander verbinden kann.

Auf dem Rückweg von Meiningen besuchte Johannes wieder einmal Clara in der Myliusstraße 32, wo sie seit nunmehr 17 Jahren lebte. Für ihn standen Mitte Oktober Konzerte in Zürich an. Deswegen ließ er die Freundin wissen, er möchte »nur die kurze aber schöne Freude haben, einmal wieder in Dein freundliches und frohes Gesicht zu sehen«. Er ließ sie noch wissen: »Ich fahre jedenfalls um so vergnügter nach Wien, als ich Dein Gesicht vergnügt gesehen habe.«[1048] Er hatte sich dieses Gesicht hoffentlich gut genug einprägt, denn dieser Abstecher nach Frankfurt wurde die letzte Begegnung der beiden.

Finale Plaudereien

Mittlerweile fiel Clara vieles immer schwerer. »Den 25. kam der liebe Joachim noch mal hier durch. Ich hatte gehofft, mit ihm musiciren zu können, aber ich bin zu elend und zu traurig«, notierte sie im November 1895 im Tagebuch. »So besuchte er mich noch auf ein gemüthliches Plauderstündchen, reiste Abends noch nach Berlin.« Und zum letzten großen Familienfest, das sie erleben sollte, hielt sie fest: »Weihnachtstrubel. Man hat doch mehr Anstrengung als Vergnügen.«[1049]

Ende März 1896 nahm Marie mitten in einem Gespräch mit ihrer Mutter einen veränderten Gesichtsausdruck wahr. Das Sprechen fiel ihr schwer, man diagnostizierte einen leichten Schlaganfall. Ihr Befinden schien sich in den nächsten Wochen zeitweilig zu stabilisieren. Trotzdem musste ihr Enkel Ferdinand sie Anfang Mai erstmalig an den Geburtstag von Brahms erinnern. Zittrig schrieb sie einen Gruß, der gerade noch rechtzeitig ankam. »›Das Letzte das Beste‹ ist mir nie so schön gepredigt worden als heute, da das liebste, da Dein Gruß zum siebenten kommt!«, antwortete Johannes am nächsten Tag. »Habe tausend Dank und möge Dir bald so herzlich Erfreuendes kommen – vor Allem natürlich das köstliche Gefühl der wiederkehrenden Gesundheit. Ich höre, daß Ihr die Absicht habt, nach B.-Baden zu gehen. Da bitte ich denn recht sehr, daß Du mich wissen läßt, wann und auf wie lange Ihr hinzugehen denkt. Nach B.-Baden habe ich ohnedies immer eine Art Sehnsucht, diese Gelegenheit würde ich aber gar zu gern benutzen, die alt-geliebte Landschaft – und Freundin zu sehen!«[1050]

Der Wunsch erfüllte sich nicht mehr. Schon seit April war Johannes in Alarmbereitschaft und »täglich in Versuchung nach Frankfurt zu fahren«, wie er Claras Kindern mitteilte. »Wenn Sie glauben«, las Marie, »das Schlimmste erwarten zu dürfen, gönnen Sie mir ein paar Worte, damit ich kommen kann, die lieben Augen noch offen zu sehen, mit denen für mich sich – wie viel schließt!«[1051] In der Nacht zum 10. Mai 1896 erlitt Clara einen weiteren, diesmal sehr schweren Schlaganfall und verstarb zehn Tage später am 20. Mai um 16:21 Uhr. Nur zwei Stunden später ließ die älteste Tochter Brahms ein Telegramm zukommen: »Unsere Mutter ist heute sanft entschlafen. Marie Schumann.«

Der trauernde Genius

Die Reise zur Beerdigung geriet für Johannes Brahms zu einer Irrfahrt. Vielleicht wäre auch sein ganzes Leben zu einer solchen Odyssee geworden, hätte er Clara Schumann nie kennengelernt. Das nach Wien verschickte Telegramm wurde ihm nach Ischl nachgesandt. Er erhielt es etwa eine halbe Stunde, bevor er die schlechten Neuigkeiten in der *Neuen Freien Presse* las. »Er telegraphierte nach Frankfurt, daß er am nächsten Tag um 4 Uhr dort sein werde«, fasste Heuberger die Schilderungen von Brahms zusammen, »reiste ab, verschlief aber in Wels das Umsteigen; der Schaffner hatte, trotz ausdrücklicher Vereinbarung, vergessen ihn zu wecken, so daß er bis Linz fahren, dort bis 3 Uhr früh warten und dann mit einem elenden Zug bis Frankfurt fahren mußte, wo er um 11 Uhr nachts ankam. Glücklicherweise kaufte er sich eine Zeitung, aus der er erfuhr, daß Frau Schumann bereits nach Bonn überführt worden sei und man ihn dort erwarte. Er stieg also in Frankfurt gar nicht erst aus, sondern fuhr gleich bis Bonn weiter, wo er um 5 Uhr morgens eintraf.« Johannes behauptete, einem Naturburschen wie ihm mache »derlei ja nichts« aus. »Ich wusch mich und war wieder frisch und munter, obwohl ich keine Minute geschlafen hatte, wozu die Aufregung beigetragen haben mag!« Auf dem Alten Friedhof in Bonn fand die Trauerfeier in der gleichen Kapelle statt, in der vierzig Jahre zuvor auch der Sarg ihres Mannes Robert gestanden hatte. Stockhausen leitete einige Chorgesänge, Johannes führte beim Trauerzug die Gruppe der Freunde an.

Als sie im Grab neben Robert beigesetzt wurde, fiel Johannes zum ersten Mal wirklich auf, »wie herrlich das Donndorfsche Denkmal« an der Gedenkstätte ist. »Der trauernde Genius ist sie!«, sagte er.[1052] Niemand hätte damit gerechnet, dass Johannes ihr binnen eines Jahres nachfolgen würde.

Nach der Trauerfeier verbrachte er noch die Pfingsttage in Honnef nahe dem Siebengebirge, wo er mit Freunden aus dem Rheinland bei einem kleinen privaten Musikfest Erinnerungen aufleben ließ. Ihnen stellte er einen neuen Zyklus von Liedern vor. »Sie glauben gar nicht, wie schwer es ist, diese nicht rhythmischen Bibeltexte zu komponieren!«, meinte Johannes.[1053] Nur ungern gab er zu, die Lieder »hängen wohl mit der Schumann zusammen«. Wie einst beim *Deutschen Requiem* waren die Verbindungen komplexer. »Sagen Sie es aber niemandem und bringen Sie's nicht unter die Leute, daß ich die Lieder aus dem Anlaß Schumann schrieb!«, schärfte er Heuberger ein. »Ich mag es auch nicht hören, daß ich das *Requiem* für meine Mutter geschrieben habe!«[1054] Dementsprechend gehörten auch die neuen Lieder zu jenen einfühlsamen Kompositionen, die weit über ihre Zeit hinausweisen. »Nicht gerade aus Anlaß ihres Todes habe ich sie komponiert, aber die ganze Zeit her hatte ich eben wieder recht viel über den Tod nachgedacht, dessen ich ja oft und oft Gelegenheit habe zu gedenken!«, sagte er zu Heuberger und flachste: »Ich schrieb die Lieder im Mai. Ich wollte mir zu meinem Geburtstag etwas machen.«[1055]

Dieses angebliche Geschenk für sich selbst waren die *Vier ernsten Gesänge* op. 121 auf Texte aus dem Alten Testament und dem Korintherbrief, die im Sommer 1896 von seinem Verleger Simrock veröffentlicht wurden. Anfang Juli richtete Brahms einen nicht minder ernsten Brief an Marie und Eugenie Schumann, denn offensichtlich »gehen die Gesänge Sie auch ganz eigentlich an«, ließ er Claras Töchter wissen. »Ich schrieb sie in der ersten Maiwoche; ähnliche Worte beschäftigten mich oft, schlimmere Nachrichten von Ihrer Mutter meinte ich nicht erwarten zu müssen – aber tief innen im Menschen spricht und treibt oft etwas, uns fast unbewußt, und das mag wohl bisweilen als Gedicht oder Musik ertönen. Durchspielen können Sie die Gesänge nicht, weil die Worte Ihnen jetzt zu ergreifend wären. Aber ich bitte sie als ganz eigentliches Todtenopfer für Ihre geliebte Mutter anzusehen und hinzulegen.«[1056]

Im 19. Jahrhundert war es üblich, engen Freunden Erinnerungsstücke zu hinterlassen, eine Locke, ein Amulett oder einen anderen kleinen Gegenstand. Johannes indes wünschte nichts dergleichen. »Für Ihr so freundliches Erbieten, mir ein Andenken zu überlassen, habe ich herzlichst zu danken – aber nichts zu wünschen«, schrieb er Marie. »Irgendein äußeres Zeichen der Erinnerung verlangt und wünscht wohl der Mensch, mir würde das kleinste genügen – aber ich besitze die schönsten!«[1057]

Eine interessante Krankheit

Als für ihn das Ende nahte, wollte er es nicht wahrhaben. So mancher beobachtete, wie sich die Gesichtsfarbe veränderte und der Gang schwerfälliger wurde. Heuberger war der Erste, der ihn Anfang Juli 1896 in Ischl darauf ansprach, dass »das Weiße im Auge stark gelb getrübt« sei. Da er selbst einmal an einer Gelbsucht gelitten hatte, von der er sich wieder erholte, riet der Komponistenkollege nach Schilderung einiger Beschwerden, einen Arzt zu konsultieren. »Ich bin kein Hypochonder, beobachte mich gar nicht«, sagte Brahms. »Kein Mensch hat mir gesagt, daß er mich verändert finde. Ich danke Ihnen herzlich. Sie wissen, ich mag mit den Ärzten nichts zu tun haben, aber wenn es was Ernstliches ist, so heißt's dazu schauen. Aber es ist ärgerlich ... die paar Jahre, die man noch zu leben hat ... und zum Arzt (!) gehen!«[1058]

Arztbesuche und Kuraufenthalte entwickelten sich in den folgenden Monaten fast zu einer Gewohnheit. Johannes war überzeugt, dass er sich seine Erkrankung während der Reise zur Beerdigung von Clara zugezogen habe. »Der furchtbare Ärger über das Mißlungene der Fahrt, dazu nichts essen, nichts schlafen [*sic*] und die Aufregung!«, grollte er.[1059] Zunehmend schwächer werdend, nahm Johannes seinen Zustand mit Galgenhumor. Als er mitbekam, dass seine Ärzte eifrig bezüglich seines Zustands korrespondierten und ihm einer infolgedessen einen Besuch abstattete, kommentierte er dies mit: »Ich muß eine sehr interessante Krankheit haben, die Ärzte reißen sich um mich!« Als er einmal gefragt wurde, ob er schon bald nach Wien zurückgehe, meinte er: »Ja, ich fahre! Aber nicht gleich auf den Zentralfriedhof!«[1060] Schlafstörungen peinigten ihn; das Gesündeste an ihm war sein Appetit, denn der sei »der gleiche wie immer! Fürchterlich!«.[1061]

Dennoch musste er sich schonen und von vielen liebgewonnenen Aktivitäten Abschied nehmen. »Immer wieder auf das liebevoll Gründlichste untersucht, bleiben alle Aerzte dabei, dass meine Gelbsucht nichts weiter bedeutet und nichts weiter verlangt als Geduld, gerade etwas Schwieriges für den, der nicht gewohnt ist, auf seinen Körper zu achten«, schrieb er an Fritz Steinbach.[1062]

Seine Doktoren kamen allmählich darauf, dass Brahms an unheilbarem Leberkrebs litt, von dem genauso wenig Genesung zu erhoffen war wie wenige Monate zuvor von Claras Schlaganfällen. Den Naturburschen Johannes brachten letzten Endes die unwiderstehlichen Genüsse der schmackhaften regionalen Küche, Alkohol und Tabak um. Die Naturbetrachterin Clara ruinierte ihre Gesundheit mit anstrengenden Reisen, kräftezehrenden Schwangerschaften und Bewegungsmangel, da sie einen Großteil ihres Lebens im Sitzen zubrachte: lesend, Briefe und Tagebuch schreibend, Noten kopierend und Klavier spielend.

Am 3. April 1897 war für Johannes Brahms die Zeit gekommen, einen Platz auf dem Zentralfriedhof einzunehmen: Er starb morgens um 8:30 Uhr. Die feierliche Einweihung des seit zwölf Jahren im Bau befindlichen neuen Rathauses in seiner Heimatstadt Hamburg im Oktober konnte er nicht mehr erleben. Zahlreiche Weggefährten und Mitstreiter kamen zur Beisetzung nach Wien. Auch Claras älteste Tochter, Marie Schumann, war angereist, um Abschied zu nehmen.

Allen war bewusst, dass damit eine Kulturallianz endete, die wesentlich dazu beigetragen hatte, Anhänger zu gewinnen für die kulturellen Werte eines Händel, Haydn, Mozart, Schubert, Mendelssohn und Schumann. Die Verbündeten hinterließen keine theoretischen Abhandlungen, sondern überzeugten durch praktisches Handeln und das Einwirken auf die Vertreter der kommenden Generation. Clara und Johannes verließen eine Welt, in der Entwicklungen hin zum Ersten Weltkrieg weder absehbar noch zwangsläufig waren. Sie hatten dazu beigetragen, eine Kunst zu schaffen und zu vermitteln, die nicht spaltet, sondern eint: Eine Kunst, die durch ihre Mannigfaltigkeit sowohl ein Vergnügen als auch eine Herausforderung bietet – ein Œuvre, das wertvolle Beiträge zur Humanisierung im Sinne der Philosophie und der Künste des 19. Jahrhunderts leistet. Ob Clara und Johannes je ein Liebespaar waren, ist irrelevant. Wenn sich alles erklären ließe, welche Geheimnisse blieben der Welt dann noch?

* * *

Literaturhinweise und Anmerkungen

Die Literaturhinweise zu Clara Schumann, Johannes Brahms und ihrer Zeit sowie die in den Anmerkungen genannten Bände und Artikel bieten Anregungen, das Thema weiter zu vertiefen. Die in den Anmerkungen verwendeten Ziffern bezeichnen folgende Briefsammlungen, Biografien und Monografien:

[1] Berthold Litzmann (Hrsg.), *Clara Schumann/Johannes Brahms: Briefe aus den Jahren 1853–1896*,
Band 1: *Briefe aus den Jahren 1853–1871*, Breitkopf & Härtel, Leipzig 1927,
Band 2: *Briefe aus den Jahren 1872–1896*, Breitkopf & Härtel, Leipzig 1927.

[2] Berthold Litzmann, *Clara Schumann: Ein Künstlerleben – Nach Tagebüchern und Briefen*,
Band 1: *Mädchenjahre 1819–1840*, Breitkopf & Härtel, Leipzig 1902;
Band 2: *Ehejahre 1840–1856*, Breitkopf & Härtel, 2. Auflage, Leipzig 1906;
Band 3: *Clara Schumann und ihre Freunde 1856 – 1896*, Breitkopf & Härtel, Leipzig 1908.

[3] Janina Klassen, *Clara Schumann – Musik und Öffentlichkeit*, Böhlau-Verlag, Köln/Weimar/Wien 2009.

[4] Irmgard Knechtges-Obrecht, *Clara Schumann: Ein Leben für die Musik*, Wissenschaftliche Buchgesellschaft, Darmstadt 2019.

[5] Max Kalbeck, *Johannes Brahms*, Deutsche Brahms-Gesellschaft, Wiener Verlag, Wien/Leipzig 1904–14,
Band 1 1. Halbband (1833–1856), 2. Halbband (1856–1862)
Band 2 1. Halbband (1862–1868), 2. Halbband (1868–1873)
Band 3 1. Halbband (1874–1881), 2. Halbband (1881–1885)
Band 4 1. Halbband (1886–1891), 2. Halbband (1891–1897)

[6] Kurt Hofmann (Hrsg.), *Richard Heuberger: Erinnerungen an Johannes Brahms – Tagebuchnotizen aus den Jahren 1875 bis 1897*, Verlag Hans Schneider, Tutzing 1976.

[7] Wolfgang Sandberger (Hrsg.), *Brahms-Handbuch*, Metzler/Bärenreiter, Stuttgart 2009.

Anmerkungen

1 *Mannheimer Morgen*, 5. März 2019.

2 Siehe z. B. Malte Korff, *Johannes Brahms – Leben und Werk*, Deutscher Taschenbuch Verlag, München 2008, S. 54 und 103, oder auch Jan Swafford, *Johannes Brahms – A Biography*, Random House, New York 1997, S. 136 u. a. Der Kitschtitel *Clara Schumann: Romantik als Schicksal* für die übersetzte Fassung von Nancy B. Reichs *Clara Schumann: The Artist and the Woman* wird dem Buch nicht gerecht (Rowohlt Verlag, Hamburg 1991, bzw. Cornell University Press, Ithaka/London 1985).

3 [2], Band 3, S. 100.

4 Brief vom 23. März 1888 – Herta Müller/Renate Hofmann (Hrsg.), *Johannes Brahms im Briefwechsel mit Herzog Georg II. von Sachsen-Meiningen und Helene Freifrau von Heldburg*, Verlag Hans Schneider, Tutzing 1991, S. 78.

5 Brief vom 20. Dezember 1858 – [1], Band 1, S. 233.

6 Johannes Forner, *Johannes Brahms in Leipzig: Geschichte einer Beziehung*, Edition Peters, Leipzig 1987, S. 19.

7 Frank Schneider, *Welt, was frag ich nach dir? – Politische Porträts großer Komponisten*, Reclam, Leipzig 1988, S. 200.

8 Eugen Wendler (Hrsg.), »*Das Band der ewigen Liebe*« – *Clara Schumanns Briefwechsel mit Emilie und Elise List*, Metzler, Stuttgart/Weimar 1996, S. 196.

9 Brief vom [14.] März 1855 – Andreas Moser (Hrsg.), *Johannes Brahms im Briefwechsel mit Joseph Joachim*, Band 1, Verlag der Deutschen Brahms-Gesellschaft, Berlin 1908, S. 96.

10 Brief vom 22. Oktober 1879 – [1], Band 2, S. 190.

11 Brief vom 27. August 1854 – [1], Band 1, S. 16 f.

12 Brief vom 16. November 1853 – [1], Band 1, S. 1 f.

13 [5], Band 1, 1. Halbband, S. 36.

14 Siehe Jane Vial Jaffe, *Eduard Marxsen and Johannes Brahms*, University of Chicago, Chicago 2009.

15 [5], Band 1, 1. Halbband, S. 36.

16 [7], S. 64.

17 Brief vom 2. Februar 1839 – [2], Band 1, S. 279.

18 Brief vom [Anfang] November 1854 – [1], Band 1, S. 31.

19 Doris Mundus (Hrsg.), *Carl Reinecke: Erlebnisse und Bekenntnisse – Autobiographie eines Gewandhauskapellmeisters*, Lehnstedt Verlag, Leipzig 2005, S. 42.

20 Brief vom 18. November 1862 – [1], Band 1, S. 413.

21 Ernst Burger, *Robert Schumann*, Schott, Mainz 1999, S. 104.

22 Eric Sams, »Schumann's hand injury«, in *The Musical Times* 112, Nr. 1546 (Dezember 1971), S. 1156–1159.

23 Eckart Altenmüller, »Fokale Dystonie bei Musikern: Eine Herausforderung für die Musiker-Medizin«, in: *Musikphysiologie und Musikermedizin* 3 (1996), S. 29–40.

24 Brief vom Juni 1839 – Beatrix Borchard (Hrsg.), *Clara Schumann – Ihr Leben*, Ullstein, Frankfurt a. M./Berlin 1991, S. 125.

25 Brief vom 13. Juni 1839 – Beatrix Borchard, *Clara Schumann: Ihr Leben – Eine biographische Montage*, Georg Olms Verlag, Hildesheim/Zürich/New York 2015, S. 117.

26 Brief vom 30. Januar 1839 – [2], Band 1, S. 278.

27 Brief vom 29. Oktober 1869 – Silvia Irina Zimmermann, »Die Briefe Elisabeths zu Wied an ihren Verlobten Fürst Carol I. von Rumänien (1869)«, in *Revista Arhivelor* XCII (2015) 1–2, Arhivele Nationale ale Romaniei 2015, S. 185.

28 Brief vom 20. Oktober 1869 – Silvia Irina Zimmermann, »Die Briefe Elisabeths zu Wied an ihren Verlobten Fürst Carol I. von Rumänien (1869)«, in *Revista Arhivelor* XCII (2015) 1–2, Arhivele Nationale ale Romaniei 2015, S. 182.

29 Tagebuch vom September 1851 – [2], Band 2, S. 277.

30 Adolf Wohlwill, *Aus drei Jahrhunderten der Hamburgischen Geschichte (1648–1888)*, Hamburg 1897; zitiert nach: Inge Stephan/Hans-Gerd Winter (Hrsg.), *»Heil über dir, Hammonia« – Hamburg im 19. Jahrhundert: Kultur, Geschichte, Politik*, Dölling und Galitz Verlag, Hamburg 1992, S. 22.

31 [5], Band 1, 1. Halbband, S. 69.

32 Brief vom 14. Januar 1839 – [2], Band 1, S. 270.

33 Brief vom 2. Februar 1839 – [2], Band 1, S. 279.

34 Brief vom August 1894 – [1], Band 2, S. 562.

35 Briefe vom Mai 1853 und von Ende Juni/Anfang Juli 1853 – Andreas Moser (Hrsg.), *Johannes Brahms im Briefwechsel mit Joseph Joachim*, Band 1, Verlag der Deutschen Brahms-Gesellschaft, Berlin 1908, S. 1–2.

36 Brief aus dem Jahr 1860 – Wolf Kunold (Hrsg.), *Das Niedersächsische Staatsorchester Hannover 1636 bis 1986*, Schlütersche Verlagsanstalt, Hannover 1986, S. 59.

37 [5], Band 1, 1. Halbband, S. 90.

38 Ute Bär, »›Sie wissen ja, wie gerne ich, selbst öffentlich, mit Ihnen musicire!‹ – Clara Schumann und Joseph Joachim«, in: *Die Tonkunst*, 1. Jg., Nr. 3, Juli 2007, S. 247–257.

39 Tagebuch vom Mai 1853 – [2], Band 2, S. 278.

40 Andreas Moser, *Joseph Joachim – Ein Lebensbild*, B. Behr's Verlag (E. Bock), Berlin 1898, S. 116.

41 Florence May, *Johannes Brahms – Die Geschichte seines Lebens (I. Teil)*, Matthes & Seitz, München 1983 (Originalausgabe London 1905), S. 101.

42 Joseph Joachim, »Festrede in Meiningen« vom 7. Oktober 1899, in *Meininger Tageblatt*, zitiert nach: Florence May, *Johannes Brahms – Die Geschichte seines Lebens (I. Teil)*, Matthes & Seitz, München 1983 (Originalausgabe London 1905), S. 101.

43 Brief vom 15. Juni 1853 – Andreas Moser (Hrsg.), *Johannes Brahms im Briefwechsel mit Joseph Joachim*, Band 1, Verlag der Deutschen Brahms-Gesellschaft, Berlin 1908, S. 2.

44 8. Januar 1807 in der *Wiener Zeitung für Theater, Musik und Poesie.*

45 [ohne Hrsg.], *Gesammelte Schriften von Franz Liszt, Band 3: Die Zigeuner und ihre Musik in Ungarn*, Breitkopf & Härtel, Leipzig 1910, S. 163.

46 Brief vom 22. April 1848 – Hans Rudolf Jung (Hrsg.), *Franz Liszt in seinen Briefen*, Frankfurt a. M. 1988, S. 108.

47 Wolfram Huschke, *Franz Liszt – Wirken und Wirkungen in Weimar*, Weimarer Verlagsgesellschaft, Weimar 2010, S. 55.

48 Andreas Moser, *Joseph Joachim – Ein Lebensbild*, B. Behr's Verlag (E. Bock), Berlin 1898, S. 80 f.

49 Eugenie Schumann, *Claras Kinder: Erinnerungen*, (Erstausgabe 1925), Ullstein, Berlin 1999, S. 28.

50 Andreas Moser, *Joseph Joachim – Ein Lebensbild*, B. Behr's Verlag (E. Bock), Berlin 1898, S. 80 f.

51 Ebd., S. 100 f.

52 Ebd., S. 100 f.

53 Ebd., S. 90.

54 Brief vom 18. März 1840 – Thomas Synofzik/Anja Mühlenweg/Sophia Zeil (Hrsg.), *Schumann, Robert: Schumann-Briefedition*, Serie 1, Band 7, (Februar 1840 bis Juni 1856), Verlag Christian Dohr, Köln 2015, S. 219.

55 Katja Schmidt-Wistoff (Hrsg.), *Ernst Rudorff: Aus den Tagen der Romantik: Bildnis einer deutschen Familie*, Band 3, Frankfurt a. M. 2008, S. 88.

56 Brief vom 20. Februar 1865 – [1], Band 1, S. 495.

57 Brief vom 12. März 1865 – [1], Band 1, S. 499.

58 Brief vom Oktober 1846 – Wolfram Huschke, *Musikort Weimar: Begegnungen von Luther bis Liszt*, Böhlau-Verlag, Köln/Weimar/Wien 2017, S. 229.

59 *Supplemente zu Pierer's Universal-Lexikon der Gegenwart und Vergangenheit oder neuestes encyclopädisches Wörterbuch der Wissenschaften, Künste und Gewerbe, bearbeitet von mehr als 300 Gelehrten (Zur ersten und zweiten Auflage)*, Zweiter Band: Deutschland, Verlag H. A. Pierer, Altenburg 1851, S. 3.

60 Tagebuch vom 4. Oktober 1876 – [2], Band 3, S. 340.

61 Brief vom Juli 1856 – Andreas Moser (Hrsg.), *Johannes Brahms im Briefwechsel mit Joseph Joachim*, Band 1, Verlag der Deutschen Brahms-Gesellschaft, Berlin 1908, S. 155 f.

62 Andreas Moser, *Joseph Joachim – Ein Lebensbild*, B. Behr's Verlag (E. Bock), Berlin 1898, S. 95 f.

63 Brief vom 7. Dezember 1853 – Andreas Moser (Hrsg.), *Johannes Brahms im Briefwechsel mit Joseph Joachim*, Band 1, Verlag der Deutschen Brahms-Gesellschaft, Berlin 1908, S. 18.

64 [2], Band 2, S. 279.

65 Brief vom 9. Dezember 1855 – Johannes Joachim/Andreas Moser (Hrsg.), *Briefe von und an Joseph Joachim*, Band 1 (1842–1857), Verlag Julius Bard, Berlin 1911, S. 297 f.

66 Andreas Moser, *Joseph Joachim – Ein Lebensbild*, B. Behr's Verlag (E. Bock), Berlin 1898, S. 96.

67 Richard Wagner, »Über das Dirigieren«, in: *Neue Zeitschrift für Musik*, 37. Jg., Bd. 66, Nr. 4, 2. Januar 1870, S. 36.

68 Doris Mundus (Hrsg.), *Alfred Richter: Aus Leipzigs musikalischer Glanzzeit – Erinnerungen eines Musikers*, Lehmstedt Verlag, Leipzig 2004, S. 257.

69 William Mason, *Memories of a Musical Life*, New York 1901, S. 127 f.

70 Ebd., S. 129 f.

71 Renate und Kurt Hofmann, *Über Brahms – Von Musikern, Dichtern und Liebhabern: Eine Anthologie*, Philipp Reclam jun., Stuttgart 1997, S. 185.

72 Florence May, *Johannes Brahms – Die Geschichte seines Lebens (I. Teil)*, Matthes & Seitz, München 1983 (Originalausgabe London 1905), S. 105.

73 Brief vom 7. August 1859 – Andreas Moser (Hrsg.), *Johannes Brahms im Briefwechsel mit Joseph Joachim*, Band 1, Verlag der Deutschen Brahms-Gesellschaft, Berlin 1908, S. 243 f.

74 Nancy B. Reich, *Clara Schumann: Romantik als Schicksal – Eine Biographie*, Rowohlt Verlag, Hamburg 1993, S. 279 f.

75 [2], Band 2, S. 275.

76 Olga Lossewa, »Marfa Sabinina und ihre Erinnerungen an Clara und Robert Schumann«, in Gerd Nauhaus (Hrsg.), *Schumann-Studien 6*, Studio-Verlag, Sinzig 1997, S. 205.

77 [6], S. 71.

78 Olga Lossewa, »Marfa Sabinina und ihre Erinnerungen an Clara und Robert Schumann«, in Gerd Nauhaus (Hrsg.), *Schumann-Studien 6*, Studio-Verlag, Sinzig 1997, S. 205.

79 Ebd., S. 203.

80 Ebd., S. 204.

81 [6], S. 149.

82 Olga Lossewa, »Marfa Sabinina und ihre Erinnerungen an Clara und Robert Schumann«, in Gerd Nauhaus (Hrsg.), *Schumann-Studien 6*, Studio-Verlag, Sinzig 1997, S. 204.

83 [2], Band 2, S. 279.

84 Olga Lossewa, »Marfa Sabinina und ihre Erinnerungen an Clara und Robert Schumann«, in Gerd Nauhaus (Hrsg.), *Schumann-Studien 6*, Studio-Verlag, Sinzig 1997, S. 203.

85 Puschkin, *Eugen Onegin*, Zweites Kapitel, Vers VI.

86 [2], Band 2, S. 259.

87 Heinrich Heine, *Deutschland: Ein Wintermärchen*, Hamburg, 1844, Caput VII.

88 Siehe [5], Band 1, 1. Halbband, S. 144.

89 E. T. A. Hoffmann, »Kreisleriana [Zweiter Theil] – Kapitel 7: Johannes Kreislers Lehrbrief«, in *Fantasiestücke in Callot's Manier (Zweiter Theil)*, 1814–19.

90 Brief vom 23. September 1854 – Peter Schmitz, *Johannes Brahms und der Leipziger Musikverlag Breitkopf & Härtel*, V&R unipress, Göttingen 2009, S. 107.

91 François-Auguste Mignet, *Histoire de la Révolution française, depuis 1789 jusqu'en 1814*, Band 1, Aug. Wahlen et Compe., Brüssel 1824, S. 252.

92 Arnold Hauser, *Sozialgeschichte der Kunst und Literatur*, Verlag C.H. Beck, München 1973, S. 759 f.

93 E. T. A. Hoffmann, »Kreisleriana [Erster Theil] – Nro. 1 – 6«, in *Fantasiestücke in Callot's Manier (Erster Theil)*, 1814–19.

94 Peter Gay, *Bürger und Bohème – Kunstkriege des 19. Jahrhunderts*, Verlag C. H. Beck, München 1998, S. 54.

95 Tagebuch vom 29. Juni 1857 – [2], Band 3, S. 21.

96 Brief vom 20. Dezember 1858 – [1], Band 1, S. 238.

97 Brief vom 23. August 1843 – Max Burckhardt (Hrsg.), *Jacob Burckhardt: Briefe, Band 2 (1843–1846)*, Stuttgart 1949, S. 42.

98 Natasha Loges/Katy Hamilton, *Brahms in the Home and the Concert Hall: Between Private and Public Performance*, Cambridge University Press, Cambridge 2014, S. 23.

99 Thomas Mann, *Tonio Kröger*, Berlin 1913, 9. Kapitel.

100 Hans Rudolf Vaget, *Seelenzauber – Thomas Mann und die Musik*, S. Fischer, Frankfurt a. M. 2006, S. 65.

101 Wilhelm Joseph von Wasielewski, *Aus siebzig Jahren – Lebenserinnerungen*, Deutsche Verlagsanstalt, Stuttgart/Berlin 1897, S. 143 f.

102 [5], Band 1, 1. Halbband, S. 108.

103 Tagebuch vom 1. Juni 1850 – [2], Band 2, S. 112.

104 Tagebuch vom Oktober 1853 – [2], Band 2, S. 280.

105 Tagebuch vom Oktober 1853 – [2], Band 2, S. 280 f.

106 Tagebuch vom Oktober 1853 – [2], Band 2, S. 281.

107 Robert Schumann, »Neue Bahnen«, in *Neue Zeitschrift für Musik*, 20. Jg., Bd. 39, Nr. 18, 28. Oktober 1853, S. 185.

108 Tagebuch vom Oktober 1853 – [2], Band 2, S. 282.

109 [5], Band 1, 1. Halbband, S. 129.

110 [2], Band 2, S. 282.

111 Eugenie Schumann, *Claras Kinder: Erinnerungen*, (Erstausgabe 1925), Ullstein, Berlin 1999, S. 14.

112 [6], S. 161.

113 Tagebuch vom 1. Juni 1850 – [2], Band 2, S. 280 f.

114 »Zur Eröffnung des Jahrganges 1835«, in *Neue Zeitschrift für Musik*, Jg. 2, Bd. 2, Nr. 1, 2. Januar 1835, S. 3.

115 Cathleen Köckritz, *Friedrich Wieck – Studien zur Biographie und zur Klavierpädagogik*, Georg Olms Verlag, Hildesheim/Zürich 2007, S. 272.

116 Zitiert nach: Thomas Synofzik, »Robert Schumann, Franz Brendel und das Leipziger Tonkünstlerfest 1859«, in: Thomas Synofzik/Ute Scholz (Hrsg.), *Schumann und die Neudeutschen* (*Schumann-Studien 12*), Verlag Königshausen & Neumann, Würzburg 2021, S. 280.

117 Richard Wagner, »Das Judenthum in der Musik«, in: *Neue Zeitschrift für Musik*, 17. Jg., Bd. 33, Nr. 19, 3. September 1850 (S. 101–107) und Nr. 20, 9. September 1850 (S. 109–112).

118 Robert Schumann, »Neue Bahnen«, in *Neue Zeitschrift für Musik*, 20. Jg., Bd. 39, Nr. 18, 28. Oktober 1853, S. 185 f.

119 Richard Pohl [Pseudonym: »Hoplit«], »Briefe aus Carlsruhe«, in *Neue Zeitschrift für Musik*, 20. Jg., Bd. 39, Nr. 18, 28. Oktober 1853, S. 187.

120 Brief vom 3. April 1857 – La Mara (Ida Marie Lipsius, Hrsg.), *Franz Liszts Briefe – Achter Band: 1823—1886 (Neue Folge zu Band I und II)*, Breitkopf & Härtel, Leipzig 1905, S. 134.

121 [2], Band 2, S. 325.

122 [5], Band 1, 1. Halbband, S. 33.

123 Robert Schumann/Friedrich Wieck/Julius Knorr (Hrsg.), »Diese Zeitschrift liefert«, in *Neue Leipziger Zeitschrift für Musik*, 1. Jg., Nr. 1, 3. April 1834, S. 1–2.

124 Rat der Stadt Zwickau/Abteilung Kultur (Hrsg.), *Schumann Studien (Band 5)*, Zwickau 1996, S. 184.

125 September 1874 – Deutsche Brahms-Gesellschaft/Wilhelm Engelmann (Hrsg.), *Johannes Brahms im Briefwechsel mit Th. Wilhelm Engelmann*, Band 13, Breitkopf & Härtel, Leipzig 1918, S. 11.

126 Andreas Otte/Konrad Wink (Hrsg.), *Kerners Krankheiten großer Musiker: Die Neubearbeitung*, Schattauer, Stuttgart 2008, S. 217 f.

127 Stephen Heller (Hrsg.), *Briefe an Robert Schumann*, Verlag Peter Lang, Frankfurt a. M. 1988, S. 47.

128 Andreas Moser, *Joseph Joachim – Ein Lebensbild*, B. Behr's Verlag (E. Bock), Berlin 1898, S. 92.

129 Carl Reinecke, *»und manche liebe Schatten steigen auf« – Gedenkblätter an berühmte Musiker*, Verlag der Gebrüder Reinecke, Leipzig 1900, S. 98.

130 Bernhard Scholz, *Verklungene Weisen – Erinnerungen*, Verlag von Jos. Scholz, Mainz 1911, S. 285.

131 Ebd., S. 285.

132 [6], S. 94.

133 Andreas Moser, *Joseph Joachim – Ein Lebensbild*, B. Behr's Verlag (E. Bock), Berlin 1898, S. 90.

134 Paula Rehberg, *Liszt – Die Geschichte seines Lebens*, Schaffens und Wirkens, Wilhelm Goldmann Verlag, München 1978, S. 212.

135 Andreas Moser, *Joseph Joachim – Ein Lebensbild*, B. Behr's Verlag (E. Bock), Berlin 1898, S. 92.

136 Tagebuch vom 1. September 1851 – [2], Band 2, S. 263.

137 Olga Lossewa, »Marfa Sabinina und ihre Erinnerungen an Clara und Robert Schumann«, in Gerd Nauhaus (Hrsg.), *Schumann-Studien 6*, Studio-Verlag, Sinzig 1997, S. 203.

138 Tagebuch vom 1. September 1851 – [2], Band 2, S. 263 f.

139 Gerd Nauhaus (Hrsg.), *Robert Schumann: Tagebücher Bd.III/2 – Haushaltbücher 1847–1856*, Leipzig 1982, S. 637.

140 [5], Band 1, 1. Halbband, Deutsche Brahms-Gesellschaft, Wiener Verlag, Wien/Leipzig 1904, S. 41.

141 Bernhard R. Appel (Hrsg.), *Robert Schumann in Endenich (1854–1856): Krankenakten, Briefzeugnisse und zeitgenössische Berichte (Schumann-Forschungen Band 11)*, Schott Verlag, Mainz 2006, S. 23.

142 [2], Band 2, S. 300.

143 Beatrix Borchard (Hrsg.), *Clara Schumann – Ihr Leben*, Ullstein, Frankfurt a. M./Berlin 1991, S. 245 f.

144 [2], Band 2, S. 301.

145 [2], Band 2, S. 300.

146 Brief vom 26. Mai 1856 – Kurt Stephenson (Hrsg.), *Johannes Brahms in seiner Familie*, Dr. Ernst Hauswedell & Co., Hamburg 1973, S. 67.

147 Brief vom 25. April 1856 – Andreas Moser (Hrsg.), *Johannes Brahms im Briefwechsel mit Joseph Joachim*, Band 1, Verlag der Deutschen Brahms-Gesellschaft, Berlin 1908, S. 130.

148 Bernhard R. Appel (Hrsg.), *Robert Schumann in Endenich (1854–1856): Krankenakten, Briefzeugnisse und zeitgenössische Berichte (Schumann-Forschungen Band 11)*, Schott Verlag, Mainz 2006, S. 24.

149 [2], Band 2, S. 323.

150 Bernhard R. Appel (Hrsg.), *Robert Schumann in Endenich (1854–1856): Krankenakten, Briefzeugnisse und zeitgenössische Berichte (Schumann-Forschungen Band 11)*, Schott Verlag, Mainz 2006, S. 18 f.

151 Ebd., S. 446.

152 Brief vom 2. Dezember 1854 – Andreas Moser (Hrsg.), *Johannes Brahms im Briefwechsel mit Joseph Joachim*, Band 1, Verlag der Deutschen Brahms-Gesellschaft, Berlin 1908, S. 73.

153 Brief vom 26. Januar 1855 – Ebd., S. 83.

154 Brief von Mitte Juli 1856 – Ebd., S. 153.

155 Brief vom 25. April 1856 – Ebd., S. 131.

156 [6], S. 83.

157 Das jahrzehntelange Mutmaßen und Moralisieren sollte eigentlich spätestens seit 2006 ein Ende haben, als die Krankenakten und historische Hintergründe sorgfältig publiziert wurden [Bernhard R. Appel (Hrsg.), *Robert Schumann in Endenich (1854–1856): Krankenakten, Briefzeugnisse und zeitgenössische Berichte* (Schumann-Forschungen Band 11), Schott Verlag, Mainz 2006]. Um nur einige von vielen Beispielen dieser für Clara Schumann und Johannes Brahms rufschädigenden Hetze zu nennen: Knapp dreißig Jahre nach dem Tod der Beteiligten setzte ein Enkel von Clara – Ferdinands Sohn Alfred Schumann – unter dem Pseudonym »Titus Frazeni« ein angeblich nach Hörensagen im Familienkreis kolportiertes Gerücht in die Welt, indem er in der 1926 privat veröffentlichten Schrift *Johannes Brahms, der Vater von Felix Schumann* die Behauptung aufstellte, die 34-jährige Clara und der 20-jährige Johannes wären, kaum dass sie sich kennengelernt hatten, mit nichts Wichtigerem beschäftigt gewesen, als den Beischlaf vollziehend durch die Betten zu turnen. Im Jahr 1990 stürzte sich die ansonsten sehr auf Wissenschaftlichkeit bedachte Eva Weissweiler darauf und strickte aus dem Tratsch eine Kolportagebiographie, wie beide Robert Schumann in eine Anstalt abgeschoben hätten, um freie Bahn für ihre Liaison zu haben (Eva Weissweiler, *Clara Schumann: eine Biographie*, Hoffmann & Campe, Hamburg 1990, S. 288 ff.). In der Romanbiografie von Dieter Kühn mutiert Clara zum herzlosen Monster: »Nein, *sie wollte nicht* nach Endenich fahren.« (Kursivsetzung von Kühn, in Dieter Kühn, *Clara Schumann, Klavier*, Fischer Taschenbuch Verlag, erweiterte Neufassung, Frankfurt a. M. 1998, S. 407.) Noch 2014 war für Matthias Kornemann »Schumanns Blick auf Brahms« sogar »ein homoerotisch-schwärmender« und Clara Schumann diejenige, »die ihren Mann nicht mehr sehen wollte« – als es darum ging »das Verdämmern etwas weniger unerträglich« zu machen, »versagte Clara Schumann, und Brahms versagte wohl auch«. Unter diesem Blickwinkel wird eine Feststellung wie »Als er stirbt, sitzt sie mit Brahms im Restaurant beim Mittagessen« zur Anklage [Matthias Kornemann, *Johannes Brahms*, Ellert & Richter Verlag (Reihe ›Hamburger Köpfe‹), Hamburg 2014, S. 81, 107, 120, 104]. Schumann starb erst um etwa 16:00 Uhr, insofern kann von einem Mittagessen keine Rede sein. Die Fakten zeigen: Clara Schumann war bereits schwanger, als Brahms nach Düsseldorf kam. Clara wurde von Anfang an ein von ihr erhoffter Besuch in Endenich aus medizinischen Gründen verwehrt. Was auch immer Clara und Johannes unternommen hätten – Robert Schumanns Erkrankung war zu weit fortgeschritten, um ihm noch helfen zu können. Auf Konzertreise zu gehen, war für Clara in diesem Lebensabschnitt die einzige Möglichkeit, Geld zu verdienen. Für ein intimes Verhältnis von Clara und Johannes gibt es keine Belege. Dass beide später Teile ihrer Korrespondenz vernichteten, beweist gar nichts, denn diese werden auch interne finanzielle Dinge, private Äußerungen über noch lebende andere Personen oder Ähnliches beinhaltet haben. Wenn Clara in einem Brief vom April 1864 über Bülow als Pianisten herzieht und Johannes mahnt: »Doch, bitte, unter uns dies, ich will es nicht verbreiten«, kann man nur erahnen, was die beiden sonst noch alles

an Spitzen gegen Zeitgenossen ausgetauscht haben mögen ([2], Band 3, S. 154).

158 [2], Band 2, S. 416.

159 Dieter Lohmeier (Hrsg.), *Johannes Brahms – Klaus Groth: Briefe der Freundschaft*, Verlag Boyens & Co., Heide 1997, S. 16.

160 [2], Band 2, S. 416.

161 [2], Band 2, S. 416.

162 Brief vom 5. Mai 1888 – [1], Band 2, S. 384.

163 Brief vom 19. Oktober 1888 – [1], Band 2, S. 362.

164 Tagebuch vom 1. August 1856 – [2], Band 3, S. 9.

165 Siehe Elisabeth Schmiedel/Joachim Draheim, *Eine Musikerfamilie im 19. Jahrhundert: Marianne Bargiel, Clara Schumann, Woldemar Bargiel in Briefen und Dokumenten*, 2 Bände, Musikverlag Katzbichler, München/Salzburg 2007.

166 Brief vom 1. September 1856 – [2], Band 3, S. 11.

167 Ute Frevert/Heinz-Gerhard Haupt (Hrsg.), *Der Mensch des 19. Jahrhunderts*, Magnus-Verlag, Essen 2004, S. 176 ff.

168 Tagebuch vom 1. August 1856 – [2], Band 3, S. 9.

169 Tagebuch vom September 1856 – [2], Band 3, S. 12.

170 Brief vom 15. November 1857 – [2], Band 3, S. 26.

171 Brief vom 11. September 1860 – [2], Band 3, S. 84.

172 Brief vom 26. Januar 1858 – [2], Band 3, S. 31.

173 Cathleen Köckritz, *Friedrich Wieck – Studien zur Biographie und zur Klavierpädagogik*, Georg Olms Verlag, Hildesheim/Zürich 2007, S. 194.

174 Brief vom 10. Dezember 1872 – [2], Band 3, S. 281.

175 Brief vom 20. Dezember 1866 – [2], Band 3, S. 197.

176 Brief vom 23. Juni 1864 – [1], Band 1, S. 456.

177 [1], Band 1, S. 27.

178 Brief vom 31. Mai 1856 – [1], Band 2, S. 188.

179 Peter Gay, *Die Macht des Herzens – Das 19. Jahrhundert und die Erforschung des Ich*, Verlag C. H. Beck, München 1999, S. 394.

180 Ebd., S. 394.

181 Brief vom 29. März 1859 – [1], Band 1, S. 252.

182 [6], S. 60.

183 Brief vom 22. Dezember 1864 – [1], Band 1, S. 485.

184 Brief vom 31. Mai 1856 – [1], Band 2, S. 188.

185 Brief vom 9. Juli 1878 – [1], Band 2, S. 146.

186 Brief vom 26. September 1861 – [1], Band 1, S. 379.

187 Brief vom 9. Juli 1878 – [1], Band 2, S. 146 und 149.

188 Brief vom 26. Oktober 1876 und 12. Februar 1877 – [1], Band 2, S. 79 und 94.

189 Brief vom 21. November 1861– [1], Band 1, S. 385.
190 Brief vom 1. Juli 1858– [1], Band 1, S. 223.
191 Brief vom Neujahrstag 1857– [1], Band 1, S. 200.
192 Brief vom 11. Oktober 1861 – [2], Band 3, S. 109.
193 Brief vom 13. Februar 1861 – [2], Band 3, S. 99.
194 Brief vom 19. März 1868 – [2], Band 3, S. 217.
195 Brief vom 10. Dezember 1872 – [2], Band 3, S. 281.
196 Brief vom 25. Mai 1857 – [2], Band 3, S. 17 f.
197 Brief vom 28. September 1856 – [2], Band 3, S. 12.
198 Brief vom 9. Dezember 1858 – [2], Band 3, S. 44.
199 Brief vom 21. August 1857 – [2], Band 3, S. 21.
200 Brief vom 6. Oktober 1857 – [2], Band 3, S. 23.
201 Brief vom 25. Mai 1857 – [2], Band 3, S. 17 f.
202 Brief vom 5. Februar 1860 – [1], Band 1, S. 297.
203 Brief vom 28. Oktober 1856 – [1], Band 2, S. 193 f.
204 Albert Dietrich, *Erinnerungen an Johannes Brahms*, Verlag von Otto Wigand, Leipzig 1898, S. 26.
205 Brief vom 11. Oktober 1857 – [2], Band 3, S. 204.
206 Brief vom 11. Oktober 1857 – [2], Band 3, S. 205.
207 Brief vom 11. Oktober 1857 – [1], Band 2, S. 204.
208 Brief vom 23. August 1856 – [2], Band 3, S. 9 f.
209 Brief vom 1. September 1856 – [2], Band 3, S. 10.
210 Brief vom 23. August 1856 – [2], Band 3, S. 10.
211 Brief vom 23. August 1856 – [2], Band 3, S. 10.
212 Eugenie Schumann, *Claras Kinder: Erinnerungen*, (Erstausgabe 1925), Ullstein, Berlin 1999, S. 187.
213 Ebd., S. 187 f.
214 Ebd., S. 188 und 191
215 Joseph Victor Widmann, *Johannes Brahms in Erinnerungen*, Verlag von Gebrüder Paetel, Berlin 1898, S. 21 f.
216 Ebd., S. 21.
217 Brief vom 16. Februar 1859 – [1], Band 1, S. 246.
218 Brief vom 5. Juni 1858 – [2], Band 3, S. 38.
219 Brief vom 8. Juli 1880 – [1], Band 2, S. 214.
220 Briefe vom 22. und 30. Dezember 1891 – [1], Band 2, S. 469.
221 Tagebuch vom 26. Februar 1871 – [2], Band 3, S. 255.
222 Brief vom 16. September 1860 – [1], Band 1, S. 328.
223 Brief vom 23. August 1856 – [2], Band 3, S. 9.

224 Berichten zufolge planten »sehr maßgebende Leute«, Joseph Victor Widmann anlässlich seines 70. Geburtstages für den Nobelpreis vorzuschlagen, allerdings verstarb der in Brünn geborene Schriftsteller drei Monate zuvor Anfang November 1911 in Bern. Siehe Anton Bettelheim, »Biographisches von J. V. Widmann«, in: Beilage zur *Neuen Freien Presse*, Nr. 16934, 12. November 1911, S. 31–34.

225 Peter Ackermann/Arnold Jacobshagen/Roberto Scoccimarro/Wolfram Steinbeck (Hrsg.), *Ferdinand Hiller – Komponist, Interpret, Musikvermittler (Beiträge zur rheinischen Musikgeschichte)*, Merseburger Verlag, Kassel 2014, S. 502.

226 Zitiert nach: Nancy B. Reich, »Die Lieder von Clara Schumann«, in: Martin Meyer (Hrsg.), *Brahms-Studien (Band 11)*, Hans-Schneider-Verlag, Tutzing 1997, S. 99.

227 Brief vom 19. März 1868 – [2], Band 3, S. 217.

228 Zitiert nach: Rebecca Grotjahn, *Die Sinfonie im deutschen Kulturgebiet 1850 bis 1875: ein Beitrag zur Gattungs- und Institutionengeschichte*, Studiopunkt-Verlag, Sinzig 1998, S. 130.

229 Brief vom Juni 1839 – Beatrix Borchard (Hrsg.), *Clara Schumann – Ihr Leben*, Ullstein, Frankfurt a. M./Berlin 1991, S. 125.

230 Olga Lossewa, »›Zwanzig Jahre später‹ – Clara Schumann in Petersburg und Moskau 1864«, in Gerd Nauhaus (Hrsg.), *Schumann-Studien 6*, Studio-Verlag, Sinzig 1997, S. 157.

231 Brief vom 20. Dezember 1858 – [1], Band 1, S. 233.

232 Brief vom 10. Dezember 1890 – [1], Band 2, S. 428.

233 Brief vom 8. Juni 1893 – [1], Band 2, S. 514.

234 Brief vom 3. Oktober 1867 – [2], Band 3, S. 207.

235 Brief vom 3. März 1860 – [2], Band 3, S. 71.

236 Tagebuch vom Februar 1873 – [2], Band 3, S. 287.

237 Tagebuch vom Mai 1879 – [2], Band 3, S. 400.

238 Brief vom 2. Februar 1867 – [2], Band 3, S. 203.

239 Ferdinand Schumann, »Erinnerungen an Clara Schumann – Tagebuchblätter ihres Enkels: Aus dem Tagebuch, II. Teil: 1895« – in *Neue Zeitschrift für Musik*, 84. Jg., Nr. 12, 22. März 1917, S. 93.

240 Luise Adolpha Le Beau, *Lebenserinnerungen einer Komponistin*, Verlagsbuchhandlung Emil Sommermeyer, Baden-Baden 1910, S. 50 f.

241 Brief vom 27. April 1862 – [2], Band 3, S. 121.

242 [6], S. 83.

243 Beatrix Borchard, *Clara Schumann – Musik als Lebensform*, Georg Olms Verlag, Hildesheim/Zürich/New York 2019, S. 342.

244 Tagebuch vom Januar 1864 – [2], Band 3, S. 149.

245 Olga Lossewa, »›Zwanzig Jahre später‹ – Clara Schumann in Petersburg und Moskau 1864«, in Gerd Nauhaus (Hrsg.), *Schumann-Studien 6*, Studio-Verlag, Sinzig 1997, S. 162.

246 Brief vom 5. Oktober 1856 – [2], Band 3, S. 14 f.

247 Brief vom 27. Januar 1858 – [2], Band 3, S. 13.

248 Brief vom 7. Februar 1855 – [1], Band 1, S. 76.

249 Tagebuch vom 1. Oktober 1856 – [2], Band 3, S. 12.

250 Brief vom 30. Dezember 1856 – [1], Band 1, S. 198.

251 Brief vom 4. Dezember 1856 – Andreas Moser (Hrsg.), *Johannes Brahms im Briefwechsel mit Joseph Joachim*, Band 1, Verlag der Deutschen Brahms-Gesellschaft, Berlin 1908, S. 163.

252 Brief vom 30. Juni 1857 – Ebd., S. 191.

253 Brief vom 9. November 1857 – [1], Band 1, S. 211.

254 Brief vom 1. März 1858 – Andreas Moser (Hrsg.), *Johannes Brahms im Briefwechsel mit Joseph Joachim*, Band 1, Verlag der Deutschen Brahms-Gesellschaft, Berlin 1908, S. 198.

255 Brief vom 30. März 1858 – Heinz Gärtner, *Johannes Brahms: »trüge ich nicht den Namen Kreisler«: Biografie eines Doppellebens*, Langen Müller, München 2003, S. 190.

256 Brief vom 5. August 1859 – [1], Band 1, S. 270.

257 Brief vom 23. Januar 1859 – Johannes Joachim/Andreas Moser (Hrsg.), *Briefe von und an Joseph Joachim*, Band 2 (1858–1868), Verlag Julius Bard, Berlin 1912, S. 48.

258 Brief vom 25. Januar 1859 – Andreas Moser (Hrsg.), *Johannes Brahms im Briefwechsel mit Joseph Joachim*, Band 1, Verlag der Deutschen Brahms-Gesellschaft, Berlin 1908, S. 227.

259 Brief vom 28. Januar 1859 – Ebd., S. 228.

260 Brief vom 2. Februar 1859 – [1], Band 1, S. 242.

261 *Signale für die musikalische Welt*, 17. Jg., Nr. 7, 3. Februar 1859, S. 71 f.

262 *Neue Zeitschrift für Musik*, 29. Jg., Bd. 50, Nr. 6, 4. Februar 1859, S. 74.

263 Brief vom 16. Februar 1859 – [1], Band 1, S. 244 f.

264 Brief vom 2. Februar 1859 – [1], Band 1, S. 242.

265 Brief vom 28. Januar 1859 – Andreas Moser (Hrsg.), *Johannes Brahms im Briefwechsel mit Joseph Joachim*, Band 1, Verlag der Deutschen Brahms-Gesellschaft, Berlin 1908, S. 229.

266 [5], Band 1, 2. Halbband, S. 353.

267 [5], Band 1, 2. Halbband, S. 353.

268 Brief vom 26. März 1859 – [1], Band 1, S. 250.

269 *Neue Berliner Musikzeitung*, 13. Jg., Nr. 26, 29. Juni 1859, zitiert nach: Carl Dahlhaus, *Brahms: Klavierkonzert d-Moll Opus 15*, Wilhelm Fink Verlag KG, München-Allach 1965, S. 33 f.

270 Carl Dahlhaus, *Brahms: Klavierkonzert d-Moll Opus 15*, Wilhelm Fink Verlag KG, München-Allach 1965, S. 31.

271 Brief vom 12. Dezember 1873 – [1], Band 2, S. 32.

272 Zitiert nach: Claudia de Vries, *Die Pianistin Clara Wieck-Schumann – Interpretationen im Spannungsfeld von Tradition und Individualität*, Schott, Mainz 1996, S. 212.

273 Brief vom 20. Dezember 1858 – [1], Band 1, S. 239.

274 Brief vom 12. Dezember 1873 – [1], Band 2, S. 32.

275 Brief vom 1. Januar 1857 – [2], Band 3, S. 17.

276 Brief vom 9. November 1857 – [1], Band 1, S. 210.

277 Brief vom 13. Dezember 1890 – Max Kalbeck (Hrsg.), *Johannes Brahms: Briefe an P. J. Simrock und Fritz Simrock (Band 4)*, Verlag der Deutschen Brahms-Gesellschaft, Berlin 1919, S. 37.

278 Brief vom 5. März 1856 – [1], Band 1, S. 181.

279 [5], Band 1, 1. Halbband, S. 315.

280 Brief vom 16. Juli 1859 – [1], Band 1, S. 268.

281 Brief vom 20. Dezember 1858 – [1], Band 1, S. 235.

282 Peter Gay, *Die Macht des Herzens – Das 19. Jahrhundert und die Erforschung des Ich*, Verlag C. H. Beck, München 1999, S. 400.

283 *Signale für die musikalische Welt*, 16. Jg., Nr. 45, Oktober 1858, S. 422.

284 Florence May, *Johannes Brahms – Die Geschichte seines Lebens (I. Teil)*, Matthes & Seitz, München 1983 (Originalausgabe London 1905), S. 215.

285 Ebd., S. 240.

286 Brief vom Februar 1868 – Otto Biba (Hrsg.), *Johannes Brahms: Mit dem Gedanken in Wien*, Döblinger, Wien 1984, S. 8. In dem beigefügten Faksimile des Autografs befindet sich über dem ›m‹ bei »Hummer« ein Reduplikationsstrich.

287 Brief vom 3. Juli 1859 – [1], Band 1, S. 264.

288 Brief vom 30. September 1859 – [1], Band 1, S. 281.

289 Florence May, *Johannes Brahms – Die Geschichte seines Lebens (I. Teil)*, Matthes & Seitz, München 1983 (Originalausgabe London 1905), S. 306 f.

290 Tagebuch vom 20. Mai 1860 – [2], Band 3, S. 78.

291 [5], Band 1, 1. Halbband, S. 338.

292 »Meiner liebenswürdigen Freundin, Fräulein Agathe von Siebold, auch Nachtigall genannt«. Widmung des Freiherrn Justus von Liebig auf seiner Fotografie, die er im März 1865 Agathe von Siebold schickte.

293 Brief vom 1. Juli 1858 – [2], Band 3, S. 41.

294 Eugenie Schumann, *Claras Kinder: Erinnerungen*, (Erstausgabe 1925), Ullstein, Berlin 1999, S. 13 f.

295 Richard Litterscheid, *Johannes Brahms in seinen Schriften und Briefen – Klassiker der Tonkunst in ihren Schriften und Briefen*, Bernhard Hahnfeld Verlag, Berlin 1943, S. 162.

296 Peter Gay, *Die zarte Leidenschaft – Liebe im bürgerlichen Zeitalter*, Verlag C. H. Beck, München 1987, S. 104.

297 Brief vom 18. November 1858 – [2], Band 3, S. 44.

298 Brief vom 5. Februar 1860 – [2], Band 3, S. 70.

299 Brief vom Sommer 1864 – Richard Barth (Hrsg.), *Johannes Brahms im Briefwechsel mit J. O. Grimm*, Verlag der Deutschen Brahms-Gesellschaft, Berlin 1908, S. 114.

300 [5], Band 1, 1. Halbband, S. 339.

301 Brief vom 27. September 1894 – Andreas Moser (Hrsg.), *Johannes Brahms im Briefwechsel mit Joseph Joachim*, Band 2, Verlag der Deutschen Brahms-Gesellschaft, Berlin 1908, S. 273.

302 Brief vom Neujahrsmorgen 1865 – [1], Band 1, S. 487.

303 Brief vom 7. Februar 1855 – [1], Band 1, S. 75.

304 Brief vom 26. Februar 1867 – [1], Band 1, S. 553.

305 Brief vom 22. Dezember 1866 – [1], Band 1, S. 546.

306 Brief vom 11. Januar 1867 – [1], Band 1, S. 552.

307 [5], Band 1, 1. Halbband, S. 339.

308 [6], S. 72.

309 Dietrich Fischer-Dieskau, *Johannes Brahms – Leben und Lieder*, Propyläen, Berlin 2006, S. 163.

310 [2], Band 2, S. 325.

311 Brief vom 22. Dezember 1891 – [1], Band 2, S. 468.

312 [2], Band 2, S. 324 f.

313 Tagebuch vom 20. Januar 1863 – [2], Band 3, S. 137.

314 Brief vom 9. Dezember 1858 – [2], Band 3, S. 44.

315 Brief vom April 1881 – [1], Band 2, S. 231.

316 Brief vom 24. Januar 1874 – Dieter Lohmeier (Hrsg.), *Johannes Brahms – Klaus Groth: Briefe der Freundschaft*, Verlag Boyens & Co., Heide 1997, S. 73.

317 Brief vom 12. März 1865 – [1], Band 1, S. 499.

318 Brief vom 23. April 1889 – [1], Band 2, S. 381.

319 Brief vom 5. Mai 1889 – [1], Band 2, S. 383 f.

320 Brief vom Ende April 1889 – [1], Band 2, S. 382.

321 Brief vom 29. März 1890 – [1], Band 2, S. 411.

322 Brief vom 20. Februar 1844 – [2], Band 2, S. 62.

323 [4], S. 135.

324 Franz Liszt, »Des Zigeuners Gegensatz: der Israelit«, in ders., *Die Zigeuner und ihre Musik in Ungarn*, B. Schott's Söhne, Mainz 1861, S. 13–29. Eine spätere Ausgabe mit einer ähnlichen Stoßrichtung, in der das entsprechende Kapitel »Die Israeliten« heißt, erschien 1883 bei Breitkopf & Härtel in Leipzig.

325 Brief von Julius Röntgen vom September 1870 – Jurjen Vis, *Gaudeamus – Het leven van Julius Röntgen (1855–1932): Componist en musicus*, Universiteit Utrecht, Utrecht 2007, S. 128.

326 *Signale für die musikalische Welt*, 20. Jg., Nr. 2, 3. Januar 1862, S. 21.

327 Richard Pohl, »Goethe-Mendelssohn's *Erste Walpurgisnacht* auf der Bühne«, in: *Neue Zeitschrift für Musik*, 56. Jg., Nr. 20, 16. Mai 1862, S. 165 ff.

328 *Signale für die musikalische Welt*, 20. Jg., Nr. 5, 23. Januar 1862, S. 72.

329 »Tagesgeschichte: Reisen, Concerte, Engagements«, in: *Neue Zeitschrift für Musik*, 29. Jg., Bd. 56, Nr. 5, 31. Januar 1862, S. 39.

330 Th. Rode, »Correspondenz: Leipzig«, in: *Neue Zeitschrift für Musik*, Band 57, Nr. 24, 12. Dezember 1862, S. 218 f.

331 Richard Wagner, »Über das Dirigieren«, in: *Neue Zeitschrift für Musik*, 37. Jg., Bd. 66, Nr. 3, 14. Januar 1870, S. 25.

332 Franz Liszt, »Adolf Bernhard Marx und sein Buch: *Die Musik des 19. Jahrhunderts und ihre Pflege* (1855)«, in Wolfgang Marggraf (Hrsg.), *Franz Liszt: Schriften zur Tonkunst*, Reclam, Leipzig 1981, S. 270, 268, 272.

333 Franz Liszt, »Schuberts *Alfonso und Estrella* (1854)«, in Wolfgang Marggraf (Hrsg.), *Franz Liszt: Schriften zur Tonkunst*, Reclam, Leipzig 1981, S. 174.

334 [7], S. 217.

335 Brief vom 19. November 1890 – Richard Strauss/Ludwig Thuille/Alfons Ott (Hrsg.): *Richard Strauss und Ludwig Thuille: Briefe der Freundschaft 1877–1907* (Drucke zur Münchner Musikgeschichte, Bd. 4), München 1969, S. 197.

336 [5], Band 3, 2. Halbband, S. 412.

337 Brief vom 23. Mai 1924 – [3], S. 488.

338 Brief vom 2. März 1890 – [1], Band 2, S. 407.

339 Edgar Istel, *Die Blütezeit der musikalischen Romantik in Deutschland*, Verlag B. G. Teubner, Leipzig 1909, S. 65.

340 Andreas Moser, *Joseph Joachim – Ein Lebensbild*, B. Behr's Verlag (E. Bock), Berlin 1898, S. 158.

341 Richard Wagner, »Über das Dirigieren«, in: *Neue Zeitschrift für Musik*, 37. Jg., Bd. 66, Nr. 3, 14. Januar 1870, S. 25.

342 Robert Schumann, *Gesammelte Schriften*, Band 1, Georg Wigand's Verlag, Leipzig 1854, S. 46.

343 *Berliner musikalische Zeitung*, Nr. 24, Jg. 1847. Siehe auch Wilhelm Tappert: *Wagner-Lexikon*, Leipzig 1877, S. 45.

344 Joachim Raff, *Die Wagnerfrage*, Verlag Friedrich Vieweg und Sohn, Braunschweig 1854, S. 18.

345 *Signale für die musikalische Welt*, 14. Jg., Nr. 1, Januar 1856, S. 8 f.

346 *Neue Zeitschrift für Musik*, 26. Jg., Bd. 26, Nr. 24, 10. Juni 1860, S. 265–273, hier: S. 266 f.

347 *Neue Zeitschrift für Musik*, 43. Jg., Bd. 2, Nr. 2, 6. Juli 1855, S. 13–15, und Nr. 24, 7. Dezember 1855, S. 253–255, und Nr. 25, 14. Dezember 1855, S. 261–264,

348 [DAS.], »Schumanniana Nr. 8: Die Schumann'sche Schule, IV. Johannes Brahms«, in: *Neue Zeitschrift für Musik*, 29. Jg., Bd. 56, Nr. 12, 21. März 1862, S. 94.

349 [DAS.], »Schumanniana Nr. 8: Die Schumann'sche Schule, IV. Johannes Brahms«, in: *Neue Zeitschrift für Musik*, Band 56, Nr. 16, 28. April 1862, S. 128. Die Beiträge finden sich in den Ausgaben Band 56, Nr. 12, 21. März 1862, S. 93–96; Nr. 13, 28. März 1862, S. 101–104; Nr. 14, 4. April 1862, S. 109–112; Nr. 15, 11. April 1862, S. 117–119, und Nr. 16, 18. April 1862, S. 125–128.

350 [6], S. 160.

351 Franz Brendel, »Zur Anbahnung einer Verständigung«, in: *Neue Zeitschrift für Musik*, 29. Jg., Bd. 50, Nr. 24, 10. Juni 1860, S. 265–273, hier: S. 266 f. und 271.

352 [5], Band 1, 1. Halbband, S. 114. Die 19-jährige Clara Wieck hatte diesen Flügel anlässlich ihrer überaus erfolgreichen Auftritte in Wien im Jahre 1838 von Conrad Graf als Geschenk erhalten. Dies war eine nicht unübliche Praxis – bereits Beethoven hatte aus dem Hause Érard neue Klaviere bekommen. Schon im 19. Jahrhundert begannen Hersteller damit zu werben, dass namhafte Künstler ihre Instrumente nutzten. Nach Claras Heirat mit Robert Schumann verwendete ihr Mann gerne den Graf-Flügel. Clara Schumann schenkte ihn nach seinem Tod Johannes Brahms. Dieser vermachte ihn noch zu seinen Lebzeiten der Gesellschaft der Musikfreunde, nachdem der Flügel anlässlich der Wiener Weltausstellung 1873 öffentlich gezeigt worden war. Clara Schumann spielte in den Düsseldorfer Jahren vorwiegend auf Flügeln des dortigen Klavierbauers Klems (Robert hatte ihr erst am 13. September 1853 ein solches Instrument zum Geburtstag geschenkt) und erhielt auch ein Instrument der Firma Érard gestellt. Da Robert beim ersten Treffen Brahms vermutlich an dem zumeist von ihm selbst genutzten Flügel vortragen ließ, erscheint es denkbar, dass er am 1. Oktober 1853 auf dem Graf-Flügel spielte. Heute ist das Instrument in der Neuen Hofburg zu besichtigen.

353 Eugenie Schumann, *Claras Kinder: Erinnerungen*, (Erstausgabe 1925), Ullstein, Berlin 1999, S. 232.

354 [6], S. 90.

355 Eugenie Schumann, *Claras Kinder: Erinnerungen*, (Erstausgabe 1925), Ullstein, Berlin 1999, S. 232.

356 Adelina de Lara/Clare Hoskyns Abrahall, *Finale*, Burke, London 1915, S. 55.

357 Ebd., S. 53 f.

358 Catherine Lépront, *Clara Schumann – Künstlerleben und Frauenschicksal*, Heyne, München 1991, S. 95.

359 Julius Kapp (Hrsg.), *Gesammelte Schriften von Franz Liszt, Band 4: Ausgewählte Schriften*, Breitkopf & Härtel, Leipzig 1910, S. 256 f.

360 Siehe [5], Band 1, 1. Halbband, S. 194, und Eugenie Schumann, *Claras Kinder: Erinnerungen*, (Erstausgabe 1925), Ullstein, Berlin 1999, S. 121.

361 Richard Barth (Hrsg.), *Johannes Brahms im Briefwechsel mit J. O. Grimm*, Verlag der Deutschen Brahms-Gesellschaft, Berlin 1908, S. X.

362 Tagebuch vom 18. Juni 1857 – [2], Band 3, S. 20.

363 Julius Kapp (Hrsg.), *Gesammelte Schriften von Franz Liszt, Band 4: Ausgewählte Schriften*, Breitkopf & Härtel, Leipzig 1910, S. 258 f.

364 Peter Gay, *Bürger und Bohème – Kunstkriege des 19. Jahrhunderts*, Verlag C. H. Beck, München 1998, S. 79.

365 Zitiert nach: Peter Gay, *Bürger und Bohème – Kunstkriege des 19. Jahrhunderts*, Verlag C. H. Beck, München 1998, S. 80.

366 Brief vom 18. März 1893 – [1], Band 2, S. 504.

367 Carl Krebs (Hrsg.), *Des jungen Kreislers Schatzkästlein – Aussprüche von Dichtern, Philosophen und Künstlern, zusammengetragen von Johannes Brahms*, Deutsche Brahms-Gesellschaft, Berlin 1909.

368 Ernst Förster (Hrsg.), *Jean Paul: Der Papierdrache. Zweiter Theil: Jean Paul's Letztes Werk – Kapitel 9*, Literarische Anstalt (J. Rütten.), Frankfurt a. M. 1845.

369 Brief vom 23. Dezember 1889 – [1], Band 2, S. 398.

370 Adelina de Lara/Clare Hoskyns Abrahall, *Finale*, Burke, London 1915, S. 53.

371 Brief vom 22. Dezember 1888 – [1], Band 2, S. 372.

372 Eugenie Schumann, *Claras Kinder: Erinnerungen*, (Erstausgabe 1925), Ullstein, Berlin 1999, S. 28.

373 Tagebuch vom 3. Oktober 1877 – [2], Band 3, S. 364.

374 Brief vom 18. Oktober 1863 – [1], Band 1, S. 430.

375 Tagebuch vom 7. Dezember 1857 – [2], Band 3, S. 29.

376 Eduard Hanslick, *Aus meinem Leben*, Band 2, Sechstes Buch, Allgemeiner Verlag für deutsche Literatur, Berlin 1894, S. 203.

377 Tagebuch vom 5. März 1886 – [2], Band 3, S. 475.

378 Eugenie Schumann, *Claras Kinder: Erinnerungen*, (Erstausgabe 1925), Ullstein, Berlin 1999, S. 204.

379 Tagebuch vom 8. September 1875 – [2], Band 3, S. 326.

380 Eugenie Schumann, *Claras Kinder: Erinnerungen*, (Erstausgabe 1925), Ullstein, Berlin 1999, S. 204.

381 Andrea Hammes, *Brahms gewidmet: ein Beitrag zu Systematik und Funktion der Widmung in der zweiten Hälfte des 19. Jahrhunderts*, V & R unipress, Göttingen 2015, S. 158.

382 Brief vom 15. November 1857 – [2], Band 3, S. 26.

383 Joachim Raff, »An die Redaction«, in: *Neue Zeitschrift für Musik*, 20. Jg., Bd. 38, Nr. 7, 11. Februar 1853, S. 66.

384 Brief vom 27. August 1857 – Wolfram Huschke, *Franz Liszt: Wirken und Wirkungen in Weimar*, WV Weimarer Verlagsgesellschaft, Weimar 2010, S. 167.

385 *Neue Zeitschrift für Musik*, 20. Jg., Bd. 39, Nr. 18, 28. Oktober 1853, S. 185–186.

386 Brief vom 3. März 1860 – [1], Band 1, S. 302.

387 Theodor Uhlig, »Zeitgemäße Betrachtungen«, in: *Neue Zeitschrift für Musik*, Band 32, Nr. 33, 23. April 1850 (S. 169–171), Nr. 34, 26. April 1850 (S. 173–174) und Nr. 35, 30. April 1850 (S. 177–180), sowie Band 33, Nr. 3, 9. Juli 1850 (S. 13–15); Nr. 5, 16. Juli 1850 (S. 21–22) und Nr. 7, 23. Juli 1850 (S. 29–33); und Richard Wagner, »Das Judenthum in der Musik«, in: *Neue Zeitschrift für Musik*, Band 33, Nr. 19, 3. September 1850 (S. 101–107) und Nr. 20, 9. September 1850 (S. 109–112). Siehe z. B. auch Nicholas Vazsonyi, *Richard Wagner – Self-Promotion and the Making of a Brand*, Cambridge University Press 2012.

388 Lina Ramann (Hrsg.), *Gesammelte Schriften von Franz Liszt, Band 6: Die Zigeuner und ihre Musik in Ungarn*, Kapitel 3: »Die Israeliten«, Breitkopf & Härtel, Leipzig 1883, S. 24.

389 Theodor Uhlig, »Zeitgemäße Betrachtungen«, in: *Neue Zeitschrift für Musik*, Band 32, Nr. 35, 30. April 1850, S. 177, und Band 33, Nr. 7, 23. Juli 1850, S. 30.

390 Zitiert nach: Jens Malte Fischer (Hrsg.), *Richard Wagners »Das Judentum in der Musik«*, Insel Verlag, Frankfurt a. M./Leipzig 2000, S. 150, 154, 163, 166 f.

391 [6], S. 154.

392 Brief vom 19. Juli 1860 – Matthias Wiegandt, *Vergessene Symphonik? – Studien zu Joachim Raff, Carl Reinecke und zum Problem der Epigonalität in der Musik*, Studiopunkt-Verlag, Schewe 1997, S. 49.

393 Olga Lossewa, »Marfa Sabinina und ihre Erinnerungen an Clara und Robert Schumann«, in: Gerd Nauhaus (Hrsg.), *Schumann-Studien 6*, Studio-Verlag, Sinzig 1997, S. 203.

394 Ebd., S. 211.

395 [6], S. 148.

396 Brief vom 28. Mai 1882 – [1], Band 2, S. 252.

397 Brief vom 14. Juni 1863 – [1], Band 1, S. 425.

398 Brief vom 10. März 1864 – [1], Band 1, S. 441. Am 4. April 1864 hieß es: »Von Rubinstein hörte ich gern viel; ich denke und verspreche mir vielleicht so gut mehr vom Menschen, als man es vom Komponisten tat, denn von diesem ist wohl nicht gerade mehr Größeres zu hoffen.« (Ebenda, S. 444.) Gemeint ist der russische Komponist und Pianist Anton Grigorjewitsch Rubinstein, der Bruder des Pianisten und Komponisten Nikolai Rubinstein.

399 Eugenie Schumann, *Claras Kinder: Erinnerungen*, (Erstausgabe 1925), Ullstein, Berlin 1999, S. 138.

400 Tagebuch vom 12. Dezember 1846 – [2], Band 2, S. 149.

401 Siehe Peter Gay, *Freud, Juden und andere Deutsche – Herren und Opfer in der modernen Kultur*, Deutscher Taschenbuch Verlag, München 1989, S. 193 f.

402 Friedrich Wilhelm Riemer, »XV. Juden«, in: ders., *Mittheilungen über Goethe*, Band 1, Berlin 1841, S. 427–442, zitiert nach: Annkatrin Dahm, *Der Topos der Juden: Studien zur Geschichte des Antisemitismus im deutschsprachigen Musikschrifttum*, Vandenhoeck & Ruprecht, Göttingen 2007, S. 134 f.

403 Tagebuch vom 6. Oktober 1857 – [2], Band 3, S. 24.

404 Brief vom 11. Oktober 1857 – [1], Band 1, S. 208.

405 Brief vom 21. Oktober 1854 – [1], Band 1, S. 22 f.

406 Ulrich Tadday, *Das schöne Unendliche – Ästhetik, Kritik, Geschichte der romantischen Musikanschauung*, Springer-Verlag, Heidelberg 1999, S. 204.

407 Franz Brendel, »Das Judenthum in der Musik«, in: *Neue Zeitschrift für Musik*, Band 35, Nr. 1, 4. Juli 1851, S. 5 f. Brendels Antisemitismus spielt keine Rolle in Publikationen wie Peter Ramroth, *Robert Schumann und Richard Wagner im geschichtsphilosophischen Urteil von Franz Brendel*, Frankfurt a. M. 1991; Robert Determann, *Begriff und Ästhetik der »Neudeutschen Schule«*, Baden-Baden 1989; Detlef Altenburg (Hrsg.), *Liszt und die Neudeutsche Schule*, Laaber-Verlag, Laaber 2006, oder Dominik von Roth/Ulrike Roesler (Hrsg.), *Die Neudeutsche Schule – Phänomen und Geschichte*, 3 Bände, Metzler/Bärenreiter, Berlin/Kassel 2020. Die Behauptung, Richard Wagner habe in der *Neuen Zeitschrift für Musik* »doch nur ein Schattendasein« geführt (James Deaville in der Einleitung zu Roth/Roesler, Band 3, S. XXV) stimmt ebenso wenig wie die Aussage, Franz Brendel habe lediglich die »subjektiv-poetische Art eines Robert Schumann hinter sich lassen und eine eher objektiv-wissenschaftliche Ästhetik [...] im Interesse des musikalischen Fortschritts« fördern wollen. Brendel verzichtete auch keineswegs auf »Sarkasmus, Spott oder persönliche Angriffe« (ebd., Band 3, S. XXIV f.) und die Auseinandersetzungen waren mit seinem Tod nicht beendet.

408 Richard Wagner, »Über das Dirigieren«, in: *Neue Zeitschrift für Musik*, 37. Jg., Bd. 66, Nr. 4, 2. Januar 1870, S. 36.

409 Franz Brendel, »Das Judenthum in der Musik«, in: *Neue Zeitschrift für Musik*, Band 35, Nr. 1, 4. Juli 1851, S. 6.

410 Franz Brendel, »Zeitgemäße Betrachtungen«, in: *Neue Zeitschrift für Musik*, Band 52, Nr. 3, 13. Januar 1860, S. 21; und Band 52, Nr. 11, 9. März 1860, S. 95.

411 Franz Brendel, *Die Musik der Gegenwart und die Gesammtkunst der Zukunft*, Verlag Bruno Hinze, Leipzig 1854, S. 28 f.

412 Franz Brendel, *Geschichte der Musik in Italien, Deutschland und Frankreich*, Verlag Bruno Hinze, Leipzig 1852, S. 439 f.

413 Franz Brendel, *Geschichte der Musik*, Leipzig 1852, S. 495.

414 Zitiert nach: Jens Malte Fischer (Hrsg.), *Richard Wagners »Das Judentum in der Musik«*, Insel Verlag, Frankfurt a. M./Leipzig 2000, S. 173 f.

415 Annkatrin Dahm, *Der Topos der Juden: Studien zur Geschichte des Antisemitismus im deutschsprachigen Musikschrifttum*, Vandenhoeck & Ruprecht, Göttingen 2007, S. 164.

416 Zitiert nach: Stephan Krehl, »Moritz Hauptmann – Ein Dank- und Gedenkwort«, in: *Festschrift zum 75-jährigen Bestehen des Königl. Konservatoriums der Musik zu Leipzig am 2. April 1918*, Leipzig 1918, S. 54.

417 Johann Christian Lobe, *Consonanzen und Dissonanzen*, Baumgärtner's Buchhandlung, Leipzig 1869, S. 409–411 und S. 417–449.

418 Johann Christian Lobe, »Das Gespenst der Zukunft«, in: *Fliegende Blätter für Musik*, 2 (1855–57), Nr. 7, Juni 1856, zitiert nach: Dominik von Roth/Ulrike Roesler (Hrsg.), *Die Neudeutsche Schule – Phänomen und Geschichte*, Band 2, Metzler/Bärenreiter, Berlin/Kassel 2020, S. 1183.

419 Franz Brendel, »Programmmusik«, in: *Anregungen für Kunst, Leben und Wissenschaft*, 1 (1856), Nr. 2, März/April 1856, zitiert nach: Dominik von Roth/Ulrike Roesler (Hrsg.), Die Neudeutsche Schule – Phänomen und Geschichte, Band 2, Metzler/Bärenreiter, Berlin/Kassel 2020, S. 1054.

420 Dominik von Roth/Ulrike Roesler (Hrsg.), *Die Neudeutsche Schule – Phänomen und Geschichte*, Band 2, Metzler/Bärenreiter, Berlin/Kassel 2020, S. 760.

421 Richard Wagner, »Das Kunstwerk der Zukunft«, in: ders., *Gesammelte Schriften und Dichtungen*, Band 3, Verlag von E. W. Fritzsch, Leipzig 1872, S. 74.

422 Dominik von Roth/Ulrike Roesler (Hrsg.), *Die Neudeutsche Schule – Phänomen und Geschichte*, Band 3, Metzler/Bärenreiter, Berlin/Kassel 2020, S. 1688.

423 Hector Berlioz, »Concerts de Richard Wagner: La Musique de l'avenir«, in: *Journal des Débats*, 9. Februar 1860; übersetzt als »Hector Berlioz über seine Stellung zur Zukunftsmusik«, in: *Niederrheinische Musik-Zeitung*, 8 (1860), Nr. 9, 25. Februar 1860, zitiert nach: Dominik von Roth/Ulrike Roesler (Hrsg.), *Die Neudeutsche Schule – Phänomen und Geschichte*, Band 3, Metzler/Bärenreiter, Berlin/Kassel 2020, S. 1683.

424 Dominik von Roth/Ulrike Roesler (Hrsg.), *Die Neudeutsche Schule – Phänomen und Geschichte*, Band 3, Metzler/Bärenreiter, Berlin/Kassel 2020, S. 1694.

425 Ebd., S. 1531.

426 Wilhelm Wauer, »Poetische Idee und Kunstwerk«, in: *Deutsche Musik-Zeitung*, 1 (1860), Nr. 20 (12. Mai 1860), zitiert nach: Dominik von Roth/Ulrike Roesler (Hrsg.), *Die Neudeutsche Schule – Phänomen und Geschichte*, Band 3, Metzler/Bärenreiter, Berlin/Kassel 2020, S. 1720.

427 Brief vom 2. Februar 1859 – [1], Band 1, S. 242.

428 Karl Goldmark, *Erinnerungen aus meinem Leben*, Rikola-Verlag, Wien/Berlin/Leipzig/München 1922, S. 95.

429 Brief vom 31. März 1859 – [1], Band 1, S. 255.

430 Dominik von Roth/Ulrike Roesler (Hrsg.), *Die Neudeutsche Schule – Phänomen und Geschichte*, Band 3, Metzler/Bärenreiter, Berlin/Kassel 2020, S. 1707.

431 Franz Brendel, »Zur Anbahnung einer Verständigung«, in: *Neue Zeitschrift für Musik*, 29. Jg., Bd. 50, Nr. 24, 10. Juni 1859, S. 269.

432 Richard Pohl, »Die Leipziger Tonkünstler-Versammlung«, in: *Neue Zeitschrift für Musik*, 29. Jg., Bd. 50, Nr. 26, 24. Juni 1859, S. 296.

433 Brief vom 7. August 1859 – Andreas Moser (Hrsg.), *Johannes Brahms im Briefwechsel mit Joseph Joachim*, Band 1, Verlag der Deutschen Brahms-Gesellschaft, Berlin 1908, S. 243 f.

434 Doris Mundus (Hrsg.), *Alfred Richter: Aus Leipzigs musikalischer Glanzzeit – Erinnerungen eines Musikers*, Lehmstedt Verlag, Leipzig 2004, S. 325 f.

435 Richard Wagner, »Das Judenthum in der Musik«, in: *Neue Zeitschrift für Musik*, Band 33, Nr. 20, 9. September 1850, S. 110 und 112.

436 Zitiert nach: Charlotte Moscheles (Hrsg.), *Aus Moscheles' Leben*, Band 2, Duncker & Humblot, Leipzig 1873, S. 217 f.

437 Brief vom 14. Februar 1839 – Eva Weissweiler/Susanna Ludwig (Hrsg.), *Schumann, Clara und Schumann, Robert: Briefwechsel*, Band 2 (1839), Stroemfeld/Roter Stern, Frankfurt a. M. 1987, S. 388.

438 Zitiert nach: Charlotte Moscheles (Hrsg.), *Aus Moscheles' Leben*, Band 2, Duncker & Humblot, Leipzig 1873, S. 217.

439 Dieses und die folgenden Zitate stammen aus Franz Brendel, »Das Judenthum in der Musik«, in: *Neue Zeitschrift für Musik*, Band 35, Nr. 1, 4. Juli 1851, S. 4 f.

440 Franz Brendel, *Die Musik der Gegenwart und die Gesammtkunst der Zukunft*, Verlag Bruno Hinze, Leipzig 1854, S. 40 [Hervorhebungen von Brendel].

441 Franz Brendel, »Polemisches«, in: *Neue Zeitschrift für Musik*, Nr. 24, 12. Dezember 1851, S. 253.

442 Doris Mundus (Hrsg.), *Alfred Richter: Aus Leipzigs musikalischer Glanzzeit – Erinnerungen eines Musikers*, Lehmstedt Verlag, Leipzig 2004, S. 326.

443 Brief vom 31. Januar 1860 – Andreas Moser (Hrsg.), *Johannes Brahms im Briefwechsel mit Joseph Joachim*, Band 1, Verlag der Deutschen Brahms- Gesellschaft, Berlin 1908, S. 253 f.

444 Brief vom 10. März 1860 – Ebd., S. 257 f.

445 Brief vom 19. März 1860 – Ebd., S. 259.

446 Brief vom 9. Mai 1860 – Ebd., S. 203.

447 Brief vom 23. März 1860 – Johannes Joachim/Andreas Moser (Hrsg.), *Briefe von und an Joseph Joachim*, Band 2 (1858–1868), Verlag Julius Bard, Berlin 1912, S. 83.

448 Brief vom 15. Mai 1860 – Andreas Moser (Hrsg.), *Johannes Brahms im Briefwechsel mit Joseph Joachim*, Band 1, Verlag der Deutschen Brahms-Gesellschaft, Berlin 1908, S. 278 f.

449 Brief vom 6. Mai 1860 – Richard Barth (Hrsg.), *Johannes Brahms im Briefwechsel mit J.O. Grimm*, Verlag der Deutschen Brahms-Gesellschaft, Berlin 1908, S. 95 f.

450 Briefe vom 22. Mai 1860 – Andreas Moser (Hrsg.), *Johannes Brahms im Briefwechsel mit Joseph Joachim*, Band 1, Verlag der Deutschen Brahms-Gesellschaft, Berlin 1908, S. 279.

451 Brief vom 6. Mai 1860 – Marie von Bülow (Hrsg.), *Hans von Bülow: Briefe und Schriften*, Band 4, Breitkopf & Härtel, Leipzig 1898, S. 313.

452 *Berliner Musik-Zeitung Echo*, 10 (1860), Nr. 18, 6. Mai 1860, S. 142, zitiert nach: Dominik von Roth/Ulrike Roesler (Hrsg.), *Die Neudeutsche Schule – Phänomen und Geschichte*, Band 3, Metzler/Bärenreiter, Berlin/Kassel 2020, S. 1704.

453 *Neue Zeitschrift für Musik*, 52. Jg., Bd. 1, Nr. 19, 4. Mai 1860, S. 169–170.

454 Brief vom 6. März 1870 – [1], Band 1, S. 616.

455 Brief vom 28. März 1870 – [1], Band 1, S. 617.

456 [6], S. 52, 33 f., 39, 43 und 160.

457 Brief vom 7. August 1859 – Andreas Moser (Hrsg.), *Johannes Brahms im Briefwechsel mit Joseph Joachim*, Band 1, Verlag der Deutschen Brahms-Gesellschaft, Berlin 1908, S. 244.

458 *Signale für die musikalische Welt*, 16. Jg., Nr. 42, Oktober 1858, S. 337.

459 Brief vom 11. Oktober 1857 – [1], Band 1, S. 208.

460 Georg August Griesinger, *Biographische Notizen über Joseph Haydn*, Breitkopf & Härtel, Leipzig 1810, S. 119.

461 Johann Baptist Rupprecht, »Joseph Haydns Geburtsstätte zu Rohrau«, in: *Allgemeine Theaterzeitung* (1836), S. 253.

462 Leopold Gerlach, *August Klughardt, sein Leben und seine Werke*, Verlag von Gebrüder Hug & Co., Leipzig 1902, S. 10.

463 Georg August Griesinger, *Biographische Notizen über Joseph Haydn*, Breitkopf & Härtel, Leipzig 1810, S. 117.

464 Brief vom November 1879 – [1], Band 2, S. 194.

465 Tagebuch vom 10. Oktober 1879 – [2], Band 3, S. 404.

466 [6], S. 27.

467 [5], Band 3, 2. Halbband, S. 411.

468 Brief vom 31. März 1859 – [1], *Band 1*, S. 255.

469 Brief vom 28. August 1862 – Reinhold Sietz (Hrsg.), *Aus Ferdinand Hillers Briefwechsel – Band II: 1862-1969 (Beiträge zur rheinischen Musikgeschichte)*, Arno Volk Verlag, Köln 1961, S. 19.

470 Joachim Raff, »An die Redaction«, in: *Neue Zeitschrift für Musik*, 20. Jg., Bd. 38, Nr. 7, 11. Februar 1853, S. 66.

471 Andreas Moser (Hrsg.), *Johannes Brahms im Briefwechsel mit Joseph Joachim*, Band 1, Verlag der Deutschen Brahms-Gesellschaft, Berlin 1908, S. III.

472 Matthias Winzen (Hrsg.), *Musik! – Die Entstehung eines Weltorchesters: Die Berliner Philharmoniker im 19. Jahrhundert*, Athena-Verlag, Oberhausen 2015, S. 49.

473 Brief vom 7. August 1859 – Ebd., S. 244.

474 Brief vom 24. April 1860 – von Roth/Ulrike Roesler (Hrsg.), *Die Neudeutsche Schule – Phänomen und Geschichte*, Band 2, Metzler/Bärenreiter, Berlin/Kassel 2020, S. 1737.

475 Brief vom 4. Mai 1860 – Ebd., S. 1738.

476 Tagebuch vom 23. Juni 1860 – [2], Band 3, S. 79.

477 Franz Brendel, »Die Schumannfeier in Zwickau«, in: *Neue Zeitschrift für Musik*, 52. Jg., Nr. 25, 15. Juni 1860, S. 222 ff.

478 Briefe vom 10. –12. Dezember 1854 und 4. Dezember 1855 – [1], Band 1, S. 50 und 156.

479 [2], Band 2, S. 145 f.

480 Brief vom 1. Februar 1894 – [1], Band 2, S. 542.

481 Brief vom 7. November 1893 – [1], Band 2, S. 533.

482 Brief vom 7. November 1893 – [1], Band 2, S. 533.

483 Zitiert nach: Jens Malte Fischer (Hrsg.), *Richard Wagners »Das Judentum in der Musik«*, Insel Verlag, Frankfurt a. M./Leipzig 2000, S. 152.

484 Siehe unter anderem Ludwig Pohl, »Correspondenz: Die *Meistersinger* in Wien«, in: *Neue Zeitschrift für Musik*, Jg. 37, Bd. 66, Nr. 11, 11. März 1870, S. 104.

485 Tagebuch vom 14. März 1870 – Matthias Schmidt, *Eingebildete Musik: Richard Wagner, das jüdische Wien und die Ästhetik der Moderne*, edition text + kritik, München 2019, S. 59.

486 Hermann Uhde, »Correspondenz: Die *Meistersinger* in Hannover«, in: *Neue Zeitschrift für Musik*, Jg. 37, Bd. 66, Nr. 11, 11. März 1870, S. 106.

487 Eduard Hanslick, *Vom Musikalisch-Schönen – Ein Beitrag zur Revision der Ästhetik der Tonkunst*, Verlag Rudolph Weigel, Leipzig 1854, S. 32.

488 Brief vom 15. Januar 1856 – [1], Band 1, S. 168.

489 Eduard Hanslick, *Aus dem Concertsaal: Kritiken und Schilderungen aus den letzten 20 Jahren des Wiener Musiklebens*, Verlag Wilhelm Braumüller, Wien 1870, S. 119.

490 Eduard Hanslick, *Vom Musikalisch-Schönen – Ein Beitrag zur Revision der Ästhetik der Tonkunst*, Kapitel VII: »Die Begriffe ›Inhalt‹ und ›Form‹ in der Musik‹, Verlag Rudolph Weigel, Leipzig 1854, S. 131.

491 Eduard Hanslick, *Vom Musikalisch-Schönen Ein Beitrag zur Revision der Ästhetik der Tonkunst*, 2. Auflage, Vorwort, Leipzig 1858, S. VIII.

492 Brief vom 13. Juli 1862 – [2], Band 3, S. 125.

493 Brief vom 22. Februar 1856 – [1], Band 1, S. 176.

494 Renate Hofmann/Kurt Hofmann, *Johannes Brahms in Baden-Baden*, Brahmsgesellschaft Baden-Baden e. V./Coda-Verlag, Karben 1996, S. 20.

495 Ebd., S. 18.

496 Brief vom 3. November 1862 – [1], Band 1, S. 410.

497 Renate Hofmann/Kurt Hofmann, *Johannes Brahms in Baden-Baden*, Brahmsgesellschaft Baden-Baden e. V./Coda-Verlag, Karben 1996, S. 29.

498 Brief vom 14. Juni 1863 – [1], Band 1, S. 423.

499 Renate Hofmann/Kurt Hofmann, *Johannes Brahms in Baden-Baden*, Brahmsgesellschaft Baden-Baden e. V./Coda-Verlag, Karben 1996, S. 29.

500 Brief von Anfang Februar 1895 – [1], Band 2, S. 577.

501 [6], S. 12.

502 Joseph Victor Widmann, *Johannes Brahms in Erinnerungen*, Verlag von Gebrüder Paetel, Berlin 1898, S. 29.

503 Eugenie Schumann, *Claras Kinder: Erinnerungen*, (Erstausgabe 1925), Ullstein, Berlin 1999, S. 118.

504 Renate Hofmann/Kurt Hofmann, *Johannes Brahms in Baden-Baden*, Brahmsgesellschaft Baden-Baden e. V./Coda-Verlag, Karben 1996, S. 29.

505 Brief vom 13. Februar 1861 – [1], Band 2, S. 359.

506 Brief vom 1. Mai 1862 – [1], Band 1, S. 400 f.

507 Brief vom 3. November 1862 – [1], Band 1, S. 411.

508 Brief vom 3. November 1862 – [1], Band 1, S. 411.

509 Zitiert nach: Fred Hennings, *Ringstraßen-Symphonie, 1. Satz 1857–1870, Es ist mein Wille*, Verlag Herold, Wien 1963, S. 15.

510 Brief vom 18. November 1862 – [1], Band 1, S. 413.

511 Brief vom 18. November 1862 – [1], Band 1, S. 413. Zu Beginn des in der Endfassung des *Deutschen Requiems* 6. Abschnitts heißt es: »Denn wir haben hie keine bleibende Statt, sondern die zukünftige suchen wir.«

512 Brief vom 26. April 1867 – [1], Band 1, S. 560.

513 Wolfgang Suppan (Hrsg.), *Kongress-Bericht: Europäisches Liszt-Symposion Eisenstadt 1975*, Akademische Druck- u. Verlagsanstalt, Graz 1977, S. 227.

514 Andreas Otte/Konrad Wink (Hrsg.), *Kerners Krankheiten großer Musiker: Die Neubearbeitung*, Schattauer, Stuttgart 2008, S. 262.

515 Bernhard Scholz, *Verklungene Weisen – Erinnerungen*, Verlag von Jos. Scholz, Mainz 1911, S. 172 f.

516 Hubert Wolf, *Der Unfehlbare: Pius IX. und die Erfindung des Katholizismus im 19. Jahrhundert*, C. H. Beck, München 2020, S. 201.

517 Tagebuch vom August 1875 – [2], Band 3, S. 325.

518 [6], S. 64.

519 Dietrich Fischer-Dieskau, *Johannes Brahms – Leben und Lieder*, Propyläen, Berlin 2006, S. 87.

520 Joseph Victor Widmann, *Johannes Brahms in Erinnerungen*, Verlag von Gebrüder Paetel, Berlin 1898, S. 115.

521 Hubert Wolf, *Der Unfehlbare: Pius IX. und die Erfindung des Katholizismus im 19. Jahrhundert*, C. H. Beck, München 2020, S. 212.

522 Bis zu Liszts Tod im Juli 1886 in Bayreuth fanden die Tonkünstlerversammlungen statt in Weimar (1861, 1870, 1884), Karlsruhe (1864, 1885), Dessau (1865), Meiningen (1867), Altenburg (1868, 1876), Leipzig (1869,

1873, 1883), Magdeburg (1871, 1881), Halle (1874), Hannover (1877), Erfurt (1878), Wiesbaden (1879), Baden-Baden (1880) Zürich (1882) und Sondershausen (1886).

523 Frithjof Haas, *Zwischen Wagner und Brahms: Der Dirigent Hermann Levi*, Atlantis Musikbuch-Verlag, Zürich/Mainz 1995, S. 225.

524 Brief vom 10. August 1862 – La Mara (Ida Marie Lipsius, Hrsg.), *Franz Liszts Briefe – Zweiter Band: Von Rom bis ans Ende*, Leipzig 1893, S. 18.

525 Brief vom 12. Mai 1866 – Renate Hofmann (Hrsg.), *Clara Schumanns Briefe an Theodor Kirchner*, Verlag Hans Schneider, Tutzing 1996, S. 24.

526 *Neue Züricher Zeitung*, 10. November 1871, zitiert nach: A. v. Meichsner, *Friedrich Wieck und seine beiden Töchter Clara Schumann, geb. Wieck, u. Marie Wieck*, Verlag von Heinrich Matthes, Leipzig 1875, S. 109.

527 Tagebuch vom 23. Juni 1860 – [2], Band 3, S. 79.

528 Tagebuch vom 4. September 1862 – [2], Band 3, S. 129.

529 Brief vom 14. März 1862 – Renate Hofmann (Hrsg.), *Clara Schumanns Briefe an Theodor Kirchner*, Verlag Hans Schneider, Tutzing 1996, S. 18.

530 Brief vom 28. September 1862 – Ebd., S. 18.

531 Brief vom 5. Dezember 1862 – Ebd., S. 121.

532 Brief vom 5. Dezember 1862 – Ebd., S. 122.

533 Brief vom 21. Juli 1864 – Ebd., S. 193.

534 [... Lump] – [1], Band 1, S. 513.

535 Brief vom 5. August 1859 – [1], Band 1, S. 271.

536 Tagebuch vom 19. Juni 1884 – [2], Band 3, S. 454.

537 Tagebuch vom August 1854 – [2], Band 2, S. 325.

538 Brief vom April 1865 – [1], Band 1, S. 504.

539 Brief vom 24. April 1865 – [1], Band 1, S. 505.

540 Brief vom 22. Dezember 1888 – [1], Band 2, S. 373.

541 Brief vom 9. Oktober 1867 – Wilhelm Altmann (Hrsg.), *Johannes Brahms im Briefwechsel mit Karl Reinthaler, Max Bruch, Hermann Deiters, Friedr. Heimsoeth, Karl Reinecke, Ernst Rudorff, Bernhard und Luise Scholz*, Verlag der Deutschen Brahms-Gesellschaft, Berlin 1908, S. 10.

542 [6], S. 105.

543 Brief vom 11. Januar 1867 – [1], Band 1, S. 551.

544 Jan Brachmann, *Kunst, Religion, Krise: der Fall Brahms*, Bärenreiter, Kassel 2003, S. 213.

545 [6], S. 95.

546 Brief vom April 1865 – [1], Band 1, S. 504.

547 Brief vom 19. Juni 1865 – [1], Band 1, S. 513.

548 Brief vom 24. April 1865 – [1], Band 1, S. 505.

549 Brief vom 9. Dezember 1856 – Eugen Wendler (Hrsg.), »*Das Band der ewigen Liebe*« – *Clara Schumanns Briefwechsel mit Emilie und Elise List*, Metzler, Stuttgart/Weimar 1996, S. 196.

550 Brief vom 24. April 1865 – [1], Band 1, S. 506.

551 Brahms zitierte eine von Theodor Avé-Lallemant gerne genutzte Wendung in einem Geburtstagsgruß an Clara in seinem Brief vom 11. September 1861 – [1], Band 1, S. 374.

552 Brief vom 19. März 1868 – [1], Band 1, S. 578.

553 Brief vom 24. Juni 1868 – [1], Band 1, S. 583.

554 Brief vom August 1893 – [1], Band 2, S. 526.

555 Brief vom 11. Januar 1867 – [1], Band 1, S. 551.

556 Brief vom 1. Dezember 1867 – Johannes Joachim/Andreas Moser (Hrsg.), *Briefe von und an Joseph Joachim*, Band 2 (1858–1868), Verlag Julius Bard, Berlin 1912, S. 450.

557 Zitiert nach: Robert Münster (Hrsg.), *Johannes Brahms im Briefwechsel mit Ernst Frank*, Verlag Hans Schneider, Tutzing 1995, S. 64.

558 Tagebuch vom Februar 1872 – [2], Band 3, S. 272.

559 Tagebuch vom Februar 1872 – [2], Band 3, S. 272.

560 Tagebuch vom Februar 1869 – [2], Band 3, S. 226.

561 Brief vom Juni 1891 – [1], Band 2, S. 452.

562 Tagebuch vom Juni 1870 – [2], Band 3, S. 240.

563 Siehe Theodor Kirchhoff, »Die rheinischen Hurdy Gurdys in Amerika: Noch ein Kapitel vom deutschen Menschenhandel«, in: *Die Gartenlaube*, Nr. 20, Leipzig 1865; und Holde Stubenrauch, *Hurdy-Gurdy-Girls – Von Espa in die gesamte Welt*, Druckerei Gratzfeld, Butzbach 1992.

564 Eugenie Schumann, *Claras Kinder: Erinnerungen*, (Erstausgabe 1925), Ullstein, Berlin 1999, S. 73.

565 Ebd., S. 302.

566 Brief vom 1. Juli 1862 – [2], Band 3, S. 123.

567 Brief vom 5. Mai 1863 – [1], Band 1, S. 422.

568 Brief vom 14. Juni 1863 – [1], Band 1, S. 425.

569 Tagebuch vom August 1867 – [2], Band 3, S. 206.

570 Tagebuch vom Herbst 1868 – [2], Band 3, S. 224.

571 Tagebuch vom Juni 1869 – [2], Band 3, S. 229.

572 Joseph Victor Widmann, *Johannes Brahms in Erinnerungen*, Verlag von Gebrüder Paetel, Berlin 1898, S. 179.

573 Eugenie Schumann, *Claras Kinder: Erinnerungen*, (Erstausgabe 1925), Ullstein, Berlin 1999, S. 184.

574 Brief vom August 1869 – [2], Band 3, S. 230.

575 Eugenie Schumann, *Claras Kinder: Erinnerungen*, (Erstausgabe 1925), Ullstein, Berlin 1999, S. 188.

576 Ebd., S. 73.

577 Ebd., S. 76 f.

578 Tagebuch vom Mai 1871 – [2], Band 3, S. 259.

579 Brief vom 5. Mai 1870 – [1], Band 1, S. 620 f.

580 Brief vom 5. Mai 1870 – [1], Band 1, S. 621.

581 Brief vom 18. August 1862 – [2], Band 3, S. 126.

582 Tagebuch vom 10. Dezember 1777 – *Goethe, Goethes Werke (Weimarer Ausgabe)*, III. Abteilung, Band 1, Hermann Böhlau Verlag, Weimar 1887, S. 57.

583 Brief vom 10. Dezember 1777 – Schöll (Hrsg.), *Göthe's Briefe an Frau von Stein*, 2. Auflage, Landes Industrie-Comptoir, Weimar 1857, S. 139.

584 Brief vom 28. August 1869 – Max Kalbeck (Hrsg.), *Johannes Brahms: Briefe an P. J. Simrock und Fritz Simrock (Band 4)*, Verlag der Deutschen Brahms-Gesellschaft, Berlin 1919, S. 77 f.

585 Eugenie Schumann, *Claras Kinder: Erinnerungen*, (Erstausgabe 1925), Ullstein, Berlin 1999, S. 148.

586 Ebd., S. 73 f.

587 Brief vom 6. Mai 1867 – [1], Band 1, S. 561.

588 *Neue Zeitschrift für Musik*, 35. Jg., Bd. 64, Nr. 49, 27. November 1868, S. 417.

589 *Neue Zeitschrift für Musik*, 35. Jg., Bd. 64, Nr. 52, 18. Dezember 1868, S. 449–451.

590 [Die Redaction], »Zum neuen Jahr 1869«, in: *Neue Zeitschrift für Musik*, 36. Jg., Bd. 65, Nr. 1, 1. Januar 1869, S. 1.

591 Rudolf Bensey, »Die Musik als Gegenstand der Erziehung«, in: *Neue Zeitschrift für Musik*, 36. Jg., Bd. 65, Nr. 1, 1. Januar 1869, S. 2–3.

592 [Kn.], »Joh. Brahms, Op. 46, 47, 48, 49: Lieder und Gesänge zur Pianofortebegleitung«, in: *Neue Zeitschrift für Musik*, 36. Jg., Bd. 65, Nr. 52, 24. Dezember 1869, S. 452.

593 Richard Wagner, »Über das Dirigieren«, in: *Neue Zeitschrift für Musik*, ab Band 65, Nr. 48, 26. November 1869, S. 405–408; Nr. 49, 3. Dezember 1869, S. 417–419; Nr. 50, 10. Dezember 1869, S. 425–427; Nr. 51, 17. Dezember 1869, S. 437–439; Nr. 52, 24. Dezember 1869, S. 445–447; sowie Band 66, Nr. 1, 1. Januar 1870, S. 4–8; Nr. 2, 7. Januar 1870, S. 13–16; Nr. 3, 14. Januar 1870, S. 25-27, und Nr. 4, 21. Januar 1870, S. 33–36.

594 Jens Malte Fischer (Hrsg.), *Richard Wagners »Das Judentum in der Musik«*, Insel Verlag, Frankfurt a. M./Leipzig 2000, S. 143 und 145.

595 Zitiert nach: Jens Malte Fischer (Hrsg.), *Richard Wagners »Das Judentum in der Musik«*, Insel Verlag, Frankfurt a. M./Leipzig 2000, S. 173 f.

596 Gustav Freytag, »Der Streit über das Judentum in der Musik«, in: *Die Grenzboten*, 18. Jg., Nr. 22, 1869, zitiert nach: Jens Malte Fischer (Hrsg.), *Richard Wagners »Das Judentum in der Musik«*, Insel Verlag, Frankfurt a. M./Leipzig 2000, S. 267.

597 *Neue Zeitschrift für Musik*, 36. Jg., Bd. 65, Nr. 34, 20. August 1869, S. 277.

598 Richard Wagner, »Über das Dirigieren«, in: *Neue Zeitschrift für Musik*, 37. Jg., Bd. 66, Nr. 3, 14. Januar 1870, S. 25 f.

599 *Neue Zeitschrift für Musik*, 36. Jg., Bd. 65, Nr. 34, 20. August 1869, S. 285.

600 Brief vom 5. Mai 1870 – [2], Band 3, S. 237.

601 Tagebuch vom Februar 1869 – [2], Band 3, S. 226.

602 Unter anderem im Brief vom 5. Februar 1871 – [1], Band 1, S. 637.

603 Tagebuch vom 16. August 1866 – [2], Band 3, S. 195.

604 Brief vom 1. Januar 1872 – [1], Band 2, S. 4.

605 Brief vom 28. April 1869 – [1], Band 1, S. 604 f.

606 Brief vom 28. Juni 1870 – [1], Band 1, S. 625.

607 Michael Epkenhans/Gerhard P. Groß (Hrsg.): *Das Militär und der Aufbruch in die Moderne 1860 bis 1890*, Oldenbourg-Verlag, München 2003, S. XVIII.

608 Eugenie Schumann, *Claras Kinder: Erinnerungen*, (Erstausgabe 1925), Ullstein, Berlin 1999, S. 219.

609 Brief vom 17. Juli 1870 – [2], Band 3, S. 241 f.

610 Brief vom 17. Juli 1870 – [2], Band 3, S. 242.

611 [5], Band 1I, 2. Halbband, S. 340; und George Henschel, *Personal recollections of Johannes Brahms, some of his letters to and pages from a journal kept by George Henschel*, R. G. Badger, Boston 1907, S. 43.

612 Tagebuch vom 21. Juli 1870 – [2], Band 3, S. 242.

613 Brief vom 17. Juli 1870 – [2], Band 3, S. 242.

614 Brief vom 28. Juli 1870 – [2], Band 3, S. 243.

615 Brief vom 28. Juli 1870 – [2], Band 3, S. 243.

616 Brief vom 17. Juli 1870 – [2], Band 3, S. 242.

617 Brief vom 30. August 1870 – [2], Band 3, S. 246.

618 Brief vom 25. August 1870 – [2], Band 3, S. 245.

619 Tagebuch vom 3. September 1870 – [2], Band 3, S. 247.

620 Brief vom 30. August 1870 – [2], Band 3, S. 246.

621 Brief vom 25. August 1870 – [2], Band 3, S. 245.

622 Gerd Fesser, *Sedan 1870 – Ein unheilvoller Sieg*, Schöningh Verlag, Paderborn 2019, S. 96. Siehe auch Tobias Arand, *1870/71: Die Geschichte des Deutsch-Französischen Krieges erzählt in Einzelschicksalen*, Osburg Verlag, Hamburg 2018.

623 Brief vom 7. Dezember 1870 – [2], Band 3, S. 249.

624 Brief vom 20. November 1870 – [1], Band 1, S. 630.

625 Tagebuch vom 31. Dezember 1870 – [2], Band 3, S. 250.

626 Brief vom 5. Februar 1871 – [1], Band 1, S. 636.

627 Tagebuch vom 19. August 1870 – [2], Band 3, S. 245.

628 Brief vom 25. August 1870 – [2], Band 3, S. 245.

629 Brief vom 20. August 1891 – Max Kalbeck (Hrsg.), *Johannes Brahms: Briefe an P. J. Simrock und Fritz Simrock (Band 3)*, Verlag der Deutschen Brahms-Gesellschaft, Berlin 1919, S. 50.

630 Josef Popper-Lynkeus, *Fürst Bismarck und der Antisemitismus*, Verlag von Hugo Engel, Wien 1886, S. 44.

631 *Neue Zeitschrift für Musik*, Bd. 91, Nr. 31, 31. Juli 1895, S. 353–356.

632 [5], Band III, 1. Halbband, S. 237.

633 Kurt Hofmann, *Die Bibliothek von Johannes Brahms*, Verlag der Musikalienhandlung Karl Dietrich Wagner, Hamburg 1974, S. 82.

634 Wolfgang Förster, *Klassische deutsche Philosophie: Grundlinien ihrer Entwicklung*, Verlag Peter Lang, Frankfurt a. M. 2008, S. 212.

635 Emerich Coreth/Peter Ehlen/Josef Schmidt, *Philosophie des 19. Jahrhunderts*, Verlag W. Kohlhammer, Stuttgart 2008, S. 109.

636 Gertrud Arnold, *Martin Buber – Leben und Werk im Zeichen des Dialogischen*, Frank & Timme, Berlin 2019, S. 46.

637 Brief vom Dezember 1880 – [1], Band 2, S. 226.

638 Tagebuch vom Mai 1871 – [2], Band 3, S. 259.

639 Zitiert nach: Birgit Biedermann, *Bürgerliches Mäzenatentum im 19. Jahrhundert*, Michael Imhof Verlag, Petersberg 2001, S. 59.

640 Volker Ullrich, *Die nervöse Großmacht – 1871–1918: Aufstieg und Untergang des deutschen Kaiserreichs*, Fischer-Verlag (2. Aufl.), Frankfurt a. M. 2014, S. 21.

641 Tagebuch vom 4. September 1869 – [2], Band 3, S. 231.

642 Brief vom 17. September 1873 – [1], Band 2, S. 26.

643 Brief vom 19. März 1874 – [1], Band 2, S. 45.

644 Brief vom 1. Januar 1872 – [1], Band 2, S. 1.

645 Brief vom 1. Januar 1872 – [1], Band 2, S. 1.

646 Brief vom 28. Dezember 1871 – [2], Band 3, S. 268.

647 Brief vom 28. Dezember 1871 – [2], Band 3, S. 269.

648 Brief vom 1. Januar 1872 – [1], Band 2, S. 2 f.

649 [6], S. 90.

650 Brief vom 3. September 1862 – [1], Band 1, S. 408.

651 Brief vom 10. Januar 1871 – [2], Band 3, S. 250 f.

652 Tagebuch vom Januar 1871 – [2], Band 3, S. 250.

653 Brief vom 1. Januar 1872 – [1], Band 2, S. 4.

654 Brief vom 21. Februar 1872 – [1], Band 2, S. 6.

655 Tagebuch vom 5. März 1882 – [2], Band 3, S. 425.

656 Brief vom 18. November 1881 – Richard Barth (Hrsg.), *Johannes Brahms im Briefwechsel mit J. O. Grimm*, Verlag der Deutschen Brahms-Gesellschaft, Berlin 1908, S. 144.

657 Brief vom 6. Juli 1877 – [1], Band 2, S. 112.

658 Brief vom 10. September 1895 – [1], Band 2, S. 598.

659 Brief vom Juli 1891 – [1], Band 2, S. 455.

660 Siehe Walter Salmen, *Haus- und Kammermusik: Privates Musizieren im gesellschaftlichen Wandel zwischen 1600 und 1900*, Deutscher Verlag für Musik, Leipzig 1982, S. 35.

661 Eugenie Schumann, *Claras Kinder: Erinnerungen*, (Erstausgabe 1925), Ullstein, Berlin 1999, S. 25.

662 Ebd., S. 71.

663 Eva Rieger/Rosemary Hilmar (Hrsg.), *»Mit 1000 Küssen Deine Fillu«: Briefe der Sängerin Marie Fillunger an Eugenie Schumann 1875–93*, Dittrich Verlag, Köln 2002, S. 18.

664 Tagebuch vom August–September 1872 – [2], Band 3, S. 278.

665 Tagebuch vom September 1872 – [2], Band 3, S. 278.

666 Brief vom November 1872 – [2], Band 3, S. 278.

667 Brief vom 24. Dezember 1872 – [1], Band 2, S. 14.

668 Brief vom 25. November 1872 – [2], Band 3, S. 279.

669 Brief vom 11. Dezember 1872 – [2], Band 3, S. 282.

670 Tagebuch vom August 1875 – [2], Band 3, S. 325.

671 Tagebuch vom Juni 1871 – [2], Band 3, S. 259.

672 Eugenie Schumann, *Claras Kinder: Erinnerungen*, (Erstausgabe 1925), Ullstein, Berlin 1999, S. 191.

673 Ebd., S. 183.

674 Ebd., S. 190.

675 Ebd., S. 191.

676 Ebd., S. 185.

677 Tagebuch vom 3. Oktober 1876 – [2], Band 3, S. 339.

678 Tagebuch vom 4. Oktober 1876 – [2], Band 3, S. 339 f.

679 Joseph Victor Widmann, *Johannes Brahms in Erinnerungen*, Verlag von Gebrüder Paetel, Berlin 1898, S. 36.

680 Ebd., S. 37.

681 Brief vom 10. März 1895 – [1], Band 2, S. 581.

682 Tagebuch vom 2. Januar 1883 – [2], Band 3, S. 441.

683 Joseph Victor Widmann, *Johannes Brahms in Erinnerungen*, Verlag von Gebrüder Paetel, Berlin 1898, S. 37.

684 M. A. Willner, »Brahms und die Dollarprinzessin«, in: *Nord und Süd – Eine deutsche Monatsschrift*, 32. Jg., Bd. 127, November 1908, Heft 380, S. 368.

685 Joseph Victor Widmann, *Johannes Brahms in Erinnerungen*, Verlag von Gebrüder Paetel, Berlin 1898, S. 38.

686 Richard Wagner, »Über das Dirigieren«, in: *Neue Zeitschrift für Musik*, Jg. 37, Bd. 66, Nr. 3, 14. Januar 1870, S. 26.

687 Horst Kunze (Hrsg.), *Lieblingsbücher von dazumal: Eine Blütenlese aus den erfolgreichsten Büchern von 1750–1869*, dtv, München 1973, S. 26.

688 Ludwig Christian Kehr, *Selbstbiographie von Ludwig Christian Kehr, Buchhändler in Kreuznach: Zunächst für angehende Buchhändler geschrieben*, Kreuznach 1834, S. 21 f.

689 Adelina de Lara/Clare Hoskyns Abrahall, *Finale*, Burke, London 1915, S. 50.

690 Tagebuch vom Juni 1872 – [2], Band 3, S. 276.

691 Elisabeth Förster-Nietzsche, *Wagner und Nietzsche zur Zeit ihrer Freundschaft*, München 1915, S. 202 f.

692 Tagebuch vom 6. und 8. August 1874 – Karl-Maria Guth (Hrsg.), *Cosima Wagner: Die Tagebücher in drei Bänden (Band 2: 1874–1878)*, Hofenberg, Berlin 2015, S. 56 f.

693 Richard Wagner, »Über das Dichten und Komponieren«, in: *Bayreuther Blätter*, 2. Jg., Juli 1879, S. 193 f.

694 Elisabeth Förster-Nietzsche, *Wagner und Nietzsche zur Zeit ihrer Freundschaft*, München 1915, S. 202 f.

695 Helmut Kowar, »Vereine für Neudeutsche in Wien«, in: Othmar Wessely (Hrsg.), *Bruckner, Wagner und die Neudeutschen in Österreich (Bruckner-Symposion im Rahmen des Internationalen Brucknerfestes Linz 1984)*, Linzer Verlagsgesellschaft, Linz 1986, S. 81.

696 Tagebuch vom Mai 1872 – [2], Band 3, S. 275.

697 Tagebuch vom 25. Dezember 1871 – [2], Band 3, S. 267.

698 Brief vom 27. Dezember 1871 – [2], Band 3, S. 267.

699 Josef Stern, »Hermann Levi und seine jüdische Welt«, in: Hugo Gold (Hrsg.), *Zeitschrift für die Geschichte der Juden*, 7. Jg., Nr. 1, Olamenu, Tel Aviv 1970, S. 21.

700 Brief vom 27. Dezember 1871 – [2], Band 3, S. 267.

701 Peter Russell, *Johannes Brahms und Klaus Groth – Die Biographie einer Freundschaft*, Boyens Medien GmbH, Heide 2007, S. 7.

702 Tagebuch vom Januar 1871 – [2], Band 3, S. 250.

703 Tagebuch vom Mai 1872 – [2], Band 3, S. 275.

704 Tagebuch vom August 1876 – [2], Band 3, S. 337 f.

705 Tagebuch vom August 1876 – [2], Band 3, S. 338.

706 Tagebuch vom August 1876 – [2], Band 3, S. 337 f.

707 Brief vom 1. Juli 1876 – Michael Martin/Stadtarchivs Mannheim (Hrsg.), *Briefwechsel mit dem Mannheimer Bankprokuristen Wilhelm Lindeck 1872–1882*, Heidelberger Verlagsanstalt und Druckerei GmbH, Heidelberg 1983, S. 29.

708 [6], S. 68.

709 Brief vom 14. September 1876 – Johannes Joachim/Andreas Moser (Hrsg.), *Briefe von und an Joseph Joachim*, Band 3 (1869–1907), Verlag Julius Bard, Berlin 1913, S. 168.

710 Brief vom 5. September 1871 – Dieter Steil, »»… es wird mir Nichts übrig bleiben, als mich taufen zu lassen …‹: Der Gießener Dirigent Hermann

Levi im Spannungsfeld von jüdischer Tradition und Richard Wagners germanisch-christlicher Kunstreligion«, in: *Mitteilungen des Oberhessischen Geschichtsvereins Gießen*, Nr. 97 (2012), S. 186.

711 Brief vom 21. Februar 1875 – Leopold Schmidt (Hrsg.), *Johannes Brahms im Briefwechsel mit H. Levi, F. Gernsheim sowie den Familien Hecht u. Fellinger*, Berlin 1910, S. 180.

712 Brief vom Ende April/Anfang Mai 1875 – Leopold Schmidt (Hrsg.), *Johannes Brahms im Briefwechsel mit H. Levi, F. Gernsheim sowie den Familien Hecht u. Fellinger*, Berlin 1910, S. 184.

713 Brief vom 3. Mai 1870 – Leopold Schmidt (Hrsg.), *Johannes Brahms im Briefwechsel mit H. Levi, F. Gernsheim sowie den Familien Hecht u. Fellinger*, Berlin 1910, S. 56 ff.

714 Brief vom 3. Mai 1870 – Ebd., S. 58.

715 Brief vom 3. November 1876 – Tagebuch vom August 1876 – [2], Band 3, S. 341.

716 Brief vom 4. Juni 1880 – [2], Band 3, S. 409.

717 Brief vom 3. November 1876 – Tagebuch vom August 1876 – [2], Band 3, S. 341.

718 Dieter Steil, »›... es wird mir Nichts übrig bleiben, als mich taufen zu lassen ...‹: Der Gießener Dirigent Hermann Levi im Spannungsfeld von jüdischer Tradition und Richard Wagners germanisch-christlicher Kunstreligion«, in: *Mitteilungen des Oberhessischen Geschichtsvereins Gießen*, Nr. 97 (2012), S. 180.

719 [6], S. 147.

720 Eduard Hanslick, »R. Wagner's Bühnenfestspiel in Bayreuth 1–4«, in: *Neue Freie Presse* 1876, Nr. 4298 (13. Augst 1876), 4302 (17. August 1876), 4305 (20. August 1876), 4312 (27. August 1876).

721 Ebd.

722 Werner Felix, *Franz Liszt*, Röderberg-Verlag, Frankfurt a. M. 1986, S. 181.

723 Brief vom 13. Oktober 1876 – Carl Krebs (Hrsg.), *Johannes Brahms im Briefwechsel mit Dessoff*, Band 16 (Teil 2), Deutsche Brahms-Gesellschaft, Berlin 1920, S. 146.

724 Brief vom 16. Oktober 1876 – Ebd., S. 147.

725 Brief undatiert – Ebd., S. 148.

726 *Musikalisches Wochenblatt*, 1876, in: Giselher Schubert/Constantin Floros/Christian Martin Schmidt (Hrsg.), *Johannes Brahms, die Sinfonien: Einführung, Kommentar, Analyse*, Schott, Mainz 1998, S. 31.

727 Tagebuch vom September–Oktober 1876 – [2], Band 3, S. 339.

728 Tagebuch vom September–Oktober 1876 – [2], Band 3, S. 340.

729 Tagebuch vom Januar 1877 – [2], Band 3, S. 347.

730 Brief vom 17. Juli 1872 – Anja Gillen, *Vom Feuerzauber und Gralsgesang – Emil Heckel und Richard Wagner in Mannheim*, Wellhöfer Verlag, Mannheim 2013, S. 32.

731 Brief vom 9. Juli 1872 – Ebd., S. 86.

732 Brief vom 7. September 1875 – Ebd., S. 33.

733 Brief vom 10. Mai 1875 – Ebd., S. 33.

734 Brief vom 24. Februar 1878 – Robert Münster (Hrsg.), *Johannes Brahms im Briefwechsel mit Ernst Frank*, Verlag Hans Schneider, Tutzing 1995, S. 121.

735 Brief vom 22. November 1876 – [2], Band 3, S. 340.

736 Tagebuch vom Januar 1877 – [2], Band 3, S. 347.

737 Brief vom 22. November 1876 – [2], Band 3, S. 340.

738 Hans von Bülow, *Ausgewählte Schriften 1850–1892: Briefe und Schriften*, Band 3, Leipzig 1896, S. 369.

739 [5], Band 1, 1. Halbband, S. 171 f.

740 Die Orchestergröße erreichte erst um die Jahrhundertwende solche Dimensionen. Beispielsweise hatte das Leipziger Gewandhausorchester 1839 noch 44 Musiker und steigerte sich über 72 (1881) auf 98 Musiker im Jahr 1890. Die Wiener Philharmoniker verfügten 1864 über 78 Instrumentalisten und wuchsen über 100 (1885) auf eine Besetzungsstärke von 114 (1910). Das Karlsruher Orchester verfügte 1876 bei der Uraufführung von Brahms' 1. Sinfonie über 49 Musiker, aber bei Festaufführungen hatte Brahms auch nichts gegen größere Besetzungen und leitete 1878 das Orchester der Philharmonischen Gesellschaft in Hamburg bei seiner 2. Sinfonie mit 113 Instrumentalisten. Siehe Clive Brown, *Classical and Romantic Performing Practice 1750–1900*, Oxford University Press 1999, und Daniel Koury, *Orchestral Performance Practices in the Nineteenth Century: Size, Proportions and Seating*, UMI Research Press, Ann Arbor 1986.

741 Eduard Hanslick, *Aus dem Concertsaal: Kritiken und Schilderungen aus den letzten 20 Jahren des Wiener Musiklebens*, Verlag Wilhelm Braumüller, Wien 1870, S. 350 f.

742 Robert Schumann, »Die C dur-Symphonie von Franz Schubert (1840)«, zitiert nach: ders., *Gesammelte Schriften über Musik und Musiker*, Band 2, Georg Wigand's Verlag, Leipzig 1871, S. 141.

743 [7], S. 216.

744 Eduard Hanslick, *Concerte, Componisten und Virtuosen der letzten fünfzehn Jahre: 1870–1885*, Berlin 1886, S. 168 f.

745 Zitiert nach: Joachim Draheim/Gerhard Albert Jahn (Hrsg.), *Otto Dessoff (1835–1892): ein Dirigent, Komponist und Weggefährte von Johannes Brahms*, Katzbichler Musikverlag, Unterwössen 2001, S. 137.

746 Brief vom 12. Februar 1877 – [1], Band 2, S. 93 f.

747 Statistisches Bundesamt.

748 Brief vom 31. März 1859 – [1], Band 1, S. 255.

749 *Wiener Abendpost*, 30. Dezember 1876.

750 Wagner, »Oper und Drama«, in: ders., *Gesammelte Schriften und Dichtungen*, Band 3, Verlag von E. W. Fritzsch, Leipzig 1872, S. 352.

751 Tagebuch vom 1. August 1874 – Karl-Maria Guth (Hrsg.), *Cosima Wagner: Die Tagebücher in drei Bänden (Band 2: 1874–1878)*, Hofenberg, Berlin 2015, S. 55.

752 Eduard Hanslick, *Concerte, Componisten und Virtuosen der letzten fünfzehn Jahre: 1870–1885*, Berlin 1886, S. 168 f.

753 Zitiert nach: Giselher Schubert/Constantin Floros/Christian Martin Schmidt (Hrsg.), *Johannes Brahms, die Sinfonien: Einführung, Kommentar, Analyse*, Schott, Mainz 1998, S. 31.

754 Peter Payer, *Der Klang der Großstadt: Eine Geschichte des Hörens, Wien 1850–1914*, Böhlau Verlag, Wien/Köln/Weimar 2018, S. 133.

755 Tagebuch vom September 1877 – [2], Band 3, S. 364 f.

756 Max Kalbeck (Hrsg.), *Johannes Brahms: Briefe an P. J. Simrock und Fritz Simrock (Band 2)*, Verlag der Deutschen Brahms-Gesellschaft, Berlin 1919, S. 50.

757 Tagebuch vom 23. Dezember 1877 – [2], Band 3, S. 366.

758 Kurt Stephenson (Hrsg.), *Johannes Brahms und Fritz Simrock – Weg einer Freundschaft: Briefe des Verlegers an den Komponisten*, Hamburg 1961, S. 117.

759 Max Kalbeck (Hrsg.), *Johannes Brahms: Briefe an P. J. Simrock und Fritz Simrock (Band 2)*, Verlag der Deutschen Brahms-Gesellschaft, Berlin 1919, S. 57.

760 Reinhold Brinkmann, *Johannes Brahms: die zweite Symphonie*, Edition Text + Kritik, München 1990, S. 74.

761 Wolfgang Sandberger/Christiane Wiesenfeldt (Hrsg.), *Musik und Musikforschung: Johannes Brahms im Dialog mit der Geschichte*, Bärenreiter, Kassel 2007, S. 35.

762 Alfred Ehrmann, *Johannes Brahms – Weg, Werk und Welt*, Verlag Breitkopf & Härtel, Leipzig 1933, S. 286.

763 [6], S. 20.

764 Brief vom 30. Dezember 1877 – [1], Band 2, S. 129.

765 Brief vom 4. Oktober 1884 – [1], Band 2, S. 285.

766 Tagebuch vom Januar 1889 – [2], Band 3, S. 512.

767 [6], S. 82.

768 Tagebuch vom 17. August 1866 – [2], Band 3, S. 194.

769 [5], Band 3, 2. Halbband, S. 275.

770 Brief vom Dezember 1880 – [1], Band 2, S. 226.

771 Brief vom 21. Juni 1879 – [1], Band 2, S. 173.

772 Tagebuch vom September 1877 – [2], Band 3, S. 364.

773 Tagebuch vom Februar 1879 – [2], Band 3, S. 396.

774 Brief vom 25. Januar 1878 – [1], Band 2, S. 132.

775 Brief vom Januar 1878 – [1], Band 2, S. 134.

776 Brief vom 25. Januar 1878 – [1], Band 2, S. 132.

777 Brief vom Januar 1878 – [1], Band 2, S. 134.

778 Tagebuch vom September 1877 – [2], Band 3, S. 364.

779 *Signale für die musikalische Welt*, 32. Jg., Nr. 47, Oktober 1874, S. 744.

780 Brief vom 9. Dezember 1875 – [1], Band 2, S. 64.

781 Tagebuch vom 24. Februar 1878 – [2], Band 3, S. 368 f.

782 Brief vom 6. April 1872 – [1], Band 2, S. 11.

783 Tagebuch vom 13. November 1882 – [2], Band 3, S. 438.

784 Brief vom 6. April 1872 – [1], Band 2, S. 11.

785 Tagebuch vom 13. November 1882 – [2], Band 3, S. 438.

786 Joachim Raff, *Die Wagnerfrage*, Verlag Friedrich Vieweg und Sohn, Braunschweig 1854, S. 175 und 179 ff.

787 Tagebuch vom 24. Februar 1878 – [2], Band 3, S. 369.

788 Joachim Raff, *Die Wagnerfrage*, Verlag Friedrich Vieweg und Sohn, Braunschweig 1854, S. 175 und 179 ff.

789 Tagebuch vom März 1878 – [2], Band 3, S. 369.

790 Brief vom 21. März 1878 – [1], Band 2, S. 138.

791 Zitiert nach: Peter Cahn, *Das Hoch'sche Konservatorium in Frankfurt am Main (1878–1978)*, Verlag von Waldemar Kramer, Frankfurt a. M. 1979, S. 86.

792 Beate Hiltner, *Salomon Jadassohn: Komponst, Musiktheoretiker, Pianist, Pädagoge*, Leipziger Universitätsverlag, Leipzig 1995, S. 147.

793 Siehe F. Wörishoffer, *Die sociale Lage der Fabrikarbeiter in Mannheim und dessen nächster Umgebung (hrsg. im Auftrag des Großh. Ministeriums des Innern)*, Verlag Ferdinand Thiergarten, Karlsruhe 1891, S. 248–251

794 Brief vom 21. März 1878 – [1], Band 2, S. 138.

795 Brief vom 29. Juni 1880 – [1], Band 2, S. 211.

796 Brief vom 7. Mai 1878 – [1], Band 2, S. 142.

797 Brief vom 17. Oktober 1878 – [1], Band 2, S. 155.

798 Tagebuch vom 20. Oktober 1878 – [2], Band 3, S. 387.

799 Brief vom 29. Juni 1880 – [1], Band 2, S. 211.

800 Tagebuch vom 6. März 1881 – [2], Band 3, S. 417.

801 Zitiert nach: Jens Malte Fischer (Hrsg.), *Richard Wagners »Das Judentum in der Musik«*, Insel Verlag, Frankfurt a. M./Leipzig 2000, S. 88.

802 Joseph Rubinstein, »Ueber die Schumann'sche Musik«, in: *Bayreuther Blätter*, 2. Jg., August 1879, S. 226.

803 Ebd., S. 228 f.

804 Frithjof Haas, *Zwischen Wagner und Brahms: Der Dirigent Hermann Levi*, Atlantis Musikbuch-Verlag, Zürich/Mainz 1995, S. 225.

805 Joseph Rubinstein, »Ueber die Schumann'sche Musik«, in: *Bayreuther Blätter*, 2. Jg., August 1879, S. 218.

806 Tagebuch vom 11. Juli 1876 – Willy Krienitz, »F. Mottls Tagebuchaufzeichnungen aus den Jahren 1873–1876«, in: *Neue Wagner-Forschungen*, Erste Folge, Karlsruhe 1943, S. 167–234.

807 Brief vom 23. November 1867 – Dieter Steil, »Hermann Levi – Dirigent, Übersetzer und Musiker aus Gießen«, in: *Mitteilungen des Oberhessischen Geschichtsvereins Gießen*, Nr. 99 (2014), S. 13. Siehe auch Dieter Steil (Hrsg.), *»Wie freue ich mich auf das Orchester!« – Briefe des Dirigenten Hermann Levi*, Verlag Christian Dohr, Köln 2015.

808 Brief vom 19. September 1881 – Dieter Steil, »»... es wird mir Nichts übrig bleiben, als mich taufen zu lassen ...«: Der Gießener Dirigent Hermann Levi im Spannungsfeld von jüdischer Tradition und Richard Wagners germanisch-christlicher Kunstreligion«, in: *Mitteilungen des Oberhessischen Geschichtsvereins Gießen*, Nr. 97 (2012), S. 188.

809 Brief vom 22. November 1881 – Ebd., S. 188 f.

810 Brief vom 3. November 1876 – [2], Band 3, S. 342.

811 Brief vom 1. Juli 1881 – Hans von Wolzogen, »Richard Wagners Briefe an Hermann Levi«, in: *Bayreuther Blätter*, 24. Jg., 1901, S. 31 f.

812 Richard Wagner, »Religion und Kunst«, in: ders., *Gesammelte Schriften und Dichtungen*, Band 10, Verlag von E. W. Fritzsch, Leipzig 1883, S. 275.

813 Brief vom 1. Januar 1878 – Julia Bernhardt (Hrsg.), *Der Briefwechsel zwischen Paul Heyse und Hermann Levi*, Verlag Dr. Kovač, Hamburg 2007, S. 100 f.

814 [6], S. 34.

815 Tagebuch vom 19. Januar 1881 – Karl-Maria Guth (Hrsg.), *Cosima Wagner: Die Tagebücher in drei Bänden (Band 3: 1879–1883)*, Hofenberg, Berlin 2015, S. 294.

816 [5], Band 3, 1. Halbband, S. 84.

817 Brief vom 3. Oktober 1878 – [2], Band 3, S. 386.

818 Josef Popper-Lynkeus, *Fürst Bismarck und der Antisemitismus*, Verlag von Hugo Engel, Wien 1886, S. 126.

819 Brief vom 3. September 1878 – Dieter Steil (Hrsg.), *»... unsere Kunst ist unsere Religion ...«: Der Briefwechsel Cosima Wagner – Hermann Levi*, Verlag Valentin Koerner, Baden-Baden 2018, S. 37.

820 Richard Wagner, »Über das Dirigieren«, in: *Neue Zeitschrift für Musik*, Jg. 37, Bd. 66, Nr. 2, 7. Januar 1870, S. 14 f.

821 [Die Redaktion], »Vorwort«, in: Allgemeiner Richard Wagner-Verein (Hrsg.), *Bayreuther Taschenbuch mit Kalendarium für das Jahr 1889*, 5. Jg., Ed. Bote & G. Bock, Berlin 1888, zitiert nach: Hartmut Zelinsky, *Richard Wagner – ein deutsches Thema: Eine Dokumentation zur Wirkungsgeschichte Richard Wagners 1876–1976*, Medusa-Verlag, Berlin/Wien 1983, S. 71. Dieses Kalendarium des Richard Wagner-Vereins zierte ein Bildnis von Kaiser Wilhelm II. (1859–1941).

822 Ludwig Schemann, *Richard Wagner in seinen künstlerischen Bestrebungen und seiner Bedeutung für eine nationale Kultur*, Verlag von Julius Zwißler, Wolfenbüttel 1878; zitiert nach: Hartmut Zelinsky, *Richard Wagner – ein*

deutsches Thema: Eine Dokumentation zur Wirkungsgeschichte Richard Wagners 1876–1976, Medusa-Verlag, Berlin/Wien 1983, S. 44. Ludwig Schemann (1852–1938) übersetzte Gobineaus *Essai sur l'inégalité des races humaines* (1853–55) und gründete 1894 eine deutsche Gobineau-Vereinigung.

823 *Bayreuther Blätter*, 2. Jg., 1879, S. 234, 130 und 286.

824 Richard Wagner, »Wollen wir hoffen?«, in: *Bayreuther Blätter*, 2. Jg., Mai 1879, S. 123 f.

825 Wilhelm Alexander Freund, »Blicke in's Kulturleben – Erster Vortrag: Ueber die erziehliche Kraft der Kunst, insbesondere der Musik«, in: *Bayreuther Blätter*, 2. Jg., Juli 1879, S. 207 f.

826 Richard Wagner, »Wollen wir hoffen?«, in: *Bayreuther Blätter*, 2. Jahrgang, Mai 1879, S. 127.

827 Wilhelm Alexander Freund, »Blicke in's Kulturleben – Erster Vortrag: Ueber die erziehliche Kraft der Kunst, insbesondere der Musik«, in: *Bayreuther Blätter*, 2. Jg., Juli 1879, S. 208 f.

828 Richard Wagner, »Ueber das Dichten und Komponiren«, in: *Bayreuther Blätter*, 2. Jg., Juli 1879, S. 192 f.

829 [5], Band 3, 2. Halbband, Deutsche Brahms-Gesellschaft, Berlin 1913, S. 322.

830 Richard Wagner, »Ueber das Dichten und Komponiren«, in: *Bayreuther Blätter*, 2. Jg. Juli 1879, S. 193 f.

831 Ebd., S. 194 f.

832 Hans-Joachim Hinrichsen (Hrsg.), *Bruckner-Handbuch*, Springer-Verlag, Stuttgart 2010, S. 106.

833 Brief vom 15. Dezember 1885 – [1], Band 2, S. 297.

834 Richard Specht, *Johannes Brahms – Leben und Werk eines deutschen Meisters*, Avalun-Verlag, Hellerau 1928, S. 285.

835 Brief vom 15. Dezember 1885 – [1], Band 2, S. 297.

836 Brief vom 8. April 1878 – [2], Band 3, S. 372 f.

837 [6], S. 29.

838 [6], S. 47.

839 Brief vom 17. November 1894 – [1], Band 2, S. 571.

840 12. Januar 1885 – Thomas Leibnitz, *Die Brüder Schalk und Anton Bruckner: dargestellt an den Nachlassbeständen der Musiksammlung der Österreichischen Nationalbibliothek*, H. Schneider, Wien 1988, S. 94.

841 Knud Martner (Hrsg.), *Ferdinand Pfohl: Gustav Mahler – Erinnerungen und Eindrücke aus den Hamburger Jahren*, Pfohl-Woyrsch-Gesellschaft, Hamburg 2016, S. 20.

842 [6], S. 71 f.

843 12. Januar 1885 – [5], Band 3, 2. Halbband, S. 408.

844 Brief vom 22. Februar 1893 – [1], *Band* 2, S. 501 f.

845 Oskar Loerke, *Anton Bruckner – Ein Charakterbild*, S. Fischer, Berlin 1938, S. 27.

846 [6], S. 114.

847 [6], S. 49.

848 Brief vom 29. Oktober 1881 – Georg Fischer (Hrsg.), *Briefe von Theodor Billroth*, Hahnsche Buchhandlung, Hannover/Leipzig 1897, S. 279 f.

849 Brief vom 2. Oktober 1891 – [1], Band 2, S. 463.

850 Brief vom 7. Juli 1881 – Max Kalbeck (Hrsg.), *Johannes Brahms in Briefwechsel mit Heinrich und Elisabet von Herzogenberg*, Band 1, Verlag der Deutschen Brahms-Gesellschaft, Berlin 1908, S. 154.

851 Richard Litterscheid, *Johannes Brahms in seinen Schriften und Briefen – Klassiker der Tonkunst in ihren Schriften und Briefen*, Bernhard Hahnfeld Verlag, Berlin 1943, S. 379.

852 *Pester Lloyd*, 19. Januar 1882.

853 *Egyetértés*, 3. April 1884, zitiert nach: Wolfgang Ebert, »Brahms in Ungarn – Nach der Studie ›Brahms Magyarorsagón‹ von Lajos Koch«, in: *Studien zur Musikwissenschaft*, Band 37, Wien 1986, S. 120.

854 [5], Band 3, 2. Halbband, S. 308.

855 [5], Band 3, 2. Halbband, S. 492.

856 [6], S. 25.

857 [5], Band 3, 2. Halbband, S. 495.

858 Brief vom 17./29. April 1864 – [2], Band 3, S. 155.

859 Tagebuch vom 13. November 1882 – [2], Band 3, S. 438.

860 Josef Popper-Lynkeus, *Fürst Bismarck und der Antisemitismus*, Verlag von Hugo Engel, Wien 1886, S. 150.

861 Peter George Julius Pulzer, *Die Entstehung des politischen Antisemitismus in Deutschland und Österreich 1867 bis 1914*, 2. Auflage, Vandenhoeck & Ruprecht, Göttingen 2004, S. 130.

862 Ebd., S. 127.

863 Josef Müller, *Der Reformkatholizismus, die Religion der Zukunft für die Gebildeten aller Bekenntnisse* (1899), und Herman Schell, *Der Katholicismus als Princip des Fortschritts* (1897) zitiert nach: Hansjörg Günther, *Umwege in eine achtsame Moderne: Die Großstadt im Fokus von Soziologie, Stadtkritik und deutschem Katholizismus*, Verlag Ferdinand Schöningh, Paderborn 2015, S. 193.

864 Josef Popper-Lynkeus, *Fürst Bismarck und der Antisemitismus*, Verlag von Hugo Engel, Wien 1886, S. 1.

865 Ebd., S. 101 und 149.

866 Saul Friedländer/Jörn Rüsen (Hrsg.), *Richard Wagner im Dritten Reich: Ein Schloss Elmau-Symposion*, Verlag C.H. Beck, München 2000, S. 325.

867 Josef Popper-Lynkeus, *Fürst Bismarck und der Antisemitismus*, Verlag von Hugo Engel, Wien 1886, S. 41 f.

868 Brief vom 21. Januar 1879 – Renate Hofmann (Hrsg.), *Johannes Brahms im Briefwechsel mit Julius Stockhausen*, Verlag Hans Schneider, Tutzing 1993, S. 139.

869 Heinrich von Treitschke, »Unsere Aussichten«, in: *Preußische Jahrbücher*, Band 44, Heft 5, Berlin 1879, S. 572 f.

870 Zitiert nach: Jens Malte Fischer (Hrsg.), *Richard Wagners »Das Judentum in der Musik«*, Insel Verlag, Frankfurt a. M./Leipzig 2000, S. 117.

871 Wanda Kampmann, *Deutsche und Juden – Die Geschichte der Juden in Deutschland vom Mittelalter bis zum Beginn des Ersten Weltkrieges*, Fischer Verlag, Frankfurt a. M. 1979, S. 274.

872 Jürgen Malitz, »›Auch ein Wort über unser Judenthum‹ – Theodor Mommsen und der Berliner Antisemitismusstreit«, in: Josef Wiesehöfer/Henning Börm (Hrsg.), *Theodor Mommsen. Gelehrter, Politiker und Literat*, Franz Steiner Verlag, Stuttgart 2005, S. 162.

873 Eckart Conze, *Schatten des Kaiserreichs: Die Reichsgründung von 1871 und ihr schwieriges Erbe*, dtv, München 2020, S. 107.

874 Josef Popper-Lynkeus, *Fürst Bismarck und der Antisemitismus*, Verlag von Hugo Engel, Wien 1886, S. 105 und 150.

875 [6], S. 82.

876 [6], S. 45.

877 [6], S. 82.

878 [5], Band 3, 2. Halbband, S. 345.

879 Brief vom 17. April 1882 – [1], Band 2, S. 248.

880 Tagebuch vom Mai 1882 – [2], Band 3, S. 426 f.

881 [5], Band 3, 1. Halbband, S. 173 f.

882 [5], Band 3, 1. Halbband, S. 160.

883 Brief vom 9. Dezember 1875 – [1], Band 2, S. 64.

884 Tagebuch vom Januar 1889 – [2], Band 3, S. 512.

885 Brief vom 13. Oktober 1892 – [1], Band 2, S. 480.

886 Brief vom 13. September 1892 – [1], Band 2, S. 476.

887 Tagebuch vom 17. November 1858 – [2], Band 3, S. 421.

888 Carl Grädener, *Gesammelte Aufsätze über Kunst, vorzugsweise Musik*, Verlag Hugo Pohle, Hamburg 1872, S. 143.

889 Brief vom 8. April 1878 – [2], Band 3, S. 372.

890 Waldemar Kramer (Hrsg.), *Frankfurt Chronik*, 3. Auflage, Frankfurt a. M. 1987, S. 361.

891 Brief vom 9. Dezember 1875 – [1], Band 2, S. 64.

892 Brief vom 19. November 1881 – [1], Band 2, S. 246 f.

893 Hartmut Zelinsky, *Sieg oder Untergang: Sieg und Untergang – Kaiser Wilhelm II., die Werk-Idee Richard Wagners und der »Welt-Kampf«*, Keysersche Verlagsbuchhandlung, München 1990, S. 44. Siehe auch Hartmut Zelinsky, *Richard Wagner – Ein deutsches Thema: Eine Dokumentation zur Wirkungsgeschichte Richard Wagners 1876–1976*, Medusa Verlagsgesellschaft mbH, Berlin/Wien 1983; und Marc A. Weiner, *Richard Wagner and the Anti-Semitic Imagination*, University of Nebraska Press, Lincoln/

London 1995 (dt. Fassung erschienen als *Antisemitische Fantasien: Die Musikdramen Richard Wagners*, Henschel Verlag, Berlin 2000).

894 Zitiert nach: Birgit Biedermann, *Bürgerliches Mäzenatentum im 19. Jahrhundert*, Michael Imhof Verlag, Petersberg 2001, S. 60.

895 Zitiert nach: Heinrich Eduard Jacob, *Felix Mendelssohn und seine Zeit*, Fischer-Verlag, Frankfurt a. M. 1959, S. 305.

896 Maren Goltz/Werner Greiling/Johannes Mötsch (Hrsg.), *Herzog Georg II. von Sachsen-Meiningen (1826–1914): Kultur als Behauptungsstrategie*, Böhlau-Verlag, Köln/Weimar/Wien 2015, S. 459 f.

897 Ebd., S. 132.

898 Ebd., S. 133.

899 Ebd., S. 148.

900 Ebd., S. 135.

901 Ebd., S. 320.

902 Zitiert nach: Dieter Härtwig, *Die Dresdner Philharmonie*, VEB Bibliographisches Institut, Leipzig 1985, S. 13.

903 Eduard Hanslick, *Concerte, Componisten und Virtuosen der letzten fünfzehn Jahre: 1870–1885*, Berlin 1886, S. 413.

904 Brief vom 6. Juni 1880 – [1], Band 2, S. 210.

905 Alfred Erck/Hannelore Schneider, *Georg II. von Sachsen-Meiningen – Ein Leben zwischen ererbter Macht und künstlerischer Freiheit*, Heinrich Jung-Verlagsgesellschaft mbH, Zella-Mehlis/Meiningen 1997, S. 344.

906 Brief vom 23. November 1882 – Herta Müller/Renate Hofmann (Hrsg.), *Johannes Brahms im Briefwechsel mit Herzog Georg II. von Sachsen-Meiningen und Helene Freifrau von Heldburg*, Verlag Hans Schneider, Tutzing 1991, S. 26.

907 Brief vom 1. Mai 1882 – Ebd., S. 25.

908 Brief vom 30. Dezember 1894 – Ebd., S. 134.

909 Brief von Mitte Januar 1888 – [1], Band 2, S. 334.

910 Brief vom 11. September 1891 – [1], Band 2, S. 460 f.

911 Brief vom 2. Oktober 1891 – [1], Band 2, S. 463.

912 Brief vom 28. Juli 1884 – Eugenie Schumann, *Claras Kinder: Erinnerungen*, (Erstausgabe 1925), Ullstein, Berlin 1999, S. 321.

913 Tagebuch vom 1. Oktober 1895 – [2], Band 3, S. 600 f.

914 Tagebuch vom Februar 1895 – [2], Band 3, S. 595.

915 Brief vom 5. Juni 1849 – [ohne Hrsg.], *Briefwechsel zwischen Wagner und Liszt (1841–1853)*, Band 1, Breitkopf & Härtel, Leipzig 1887, S. 22.

916 Tagebuch vom 14. Februar 1883 – [2], Band 3, S. 443.

917 Brief vom 24. Februar 1883 – [2], Band 3, S. 444.

918 Kurt Stephenson, *Johannes Brahms und die Familie von Beckerath*, Christians Verlag, Hamburg 1979, S. 46.

919 Matthias Winzen (Hrsg.), *Musik! – Die Entstehung eines Weltorchesters: Die Berliner Philharmoniker im 19. Jahrhundert*, Athena-Verlag, Oberhausen 2015, S. 51.

920 Andreas Otte/Konrad Wink (Hrsg.), *Kerners Krankheiten großer Musiker: Die Neubearbeitung*, Schattauer, Stuttgart 2008, S. 269.

921 Tagebuch vom August 1886 – [2], Band 3, S. 479.

922 Brief vom 7. Juni 1884 – Wolfgang Seibold, *Robert und Clara Schumann in ihren Beziehungen zu Franz Liszt*, Peter Lang Europäischer Verlag der Wissenschaften, Frankfurt a. M. 2005, S. 140.

923 Brief vom 22. Juli 1884 – Ebd., S. 141.

924 Dezső Legány (Hrsg.), *Franz Liszt: Unbekannte Presse und Briefe aus Wien 1822–1886*, Corvina Kiadó, Budapest/Wien 1984, S. 146.

925 Richard Specht, *Johannes Brahms – Leben und Werk eines deutschen Meisters*, Avalun-Verlag, Hellerau 1928, S. 285.

926 Ebd., S. 285.

927 [6], S. 45.

928 [6], S. 196.

929 Liszt-Verein (Hrsg.), *Liszt-Verein unter dem Protectorat Sr. Kgl. Hoheit des Grossherzogs Carl Alexander von Sachsen: Bericht über die Thätigkeit des Vereins in den ersten neun Jahren seines Bestehens*, Leipzig 1894, S. 4.

930 [5], Band 4, 1. Halbband, S. 48.

931 *ADMV-Programmbuch zur Tonkünstlerversammlung in Leipzig 1884*, zitiert nach: Detlef Altenburg (Hrsg.), *Liszt und die Neudeutsche Schule*, Laaber-Verlag, Laaber 2006, S. 224.

932 Siehe »Reihenfolge der am häufigsten aufgeführten Komponisten« in: Detlef Altenburg (Hrsg.), *Liszt und die Neudeutsche Schule*, Laaber-Verlag, Laaber 2006, S. 234 f.

933 Zitiert nach: Detlef Altenburg (Hrsg.), *Liszt und die Neudeutsche Schule*, Laaber-Verlag, Laaber 2006, S. 230.

934 Tagebuch vom 18. Februar 1893 – [2], Band 3, S. 568.

935 Richard Wagner, »Das Kunstwerk der Zukunft«, in: ders., *Gesammelte Schriften und Dichtungen*, Band 3, Verlag von E. W. Fritzsch, Leipzig 1872, S. 74.

936 [ohne Hrsg.], *Freiheit, Liebe, Menschlichkeit! Ein Manifest des Geistes von hervorragenden Zeitgenossen*, Berlin 1893, S. 20.

937 Hedwig Richter, *Demokratie – Eine deutsche Affäre*, C. H. Beck, München 2020, S. 135 f.

938 Darunter Bettina und Ludwig Achim von Arnim, Gustav Freytag, Goethe, Carlo Gozzi, die Familie Grimm, Klaus Groth, Hebbel, Heine, Wilhelm Heinse, Hölderlin, E. T. A. Hoffmann, Ibsen, Jean Paul, Max Kalbeck, Gottfried Keller, Kleist, August Kopisch, Elisabeth Kulmann, Lessing, Lichtenberg, Luther, Molière, Nestroy, August von Platen, Fritz Reuter, Friedrich Rückert, Schiller, Shakespeare, Sophokles, Lawrence Sterne, Storm, Tieck, Uhland, Mathilde Wesendonck, Joseph Victor Widmann

und Wieland. Details siehe Kurt Hofmann, *Die Bibliothek von Johannes Brahms*, Verlag der Musikalienhandlung Karl Dietrich Wagner, Hamburg 1974.

939 Brief vom 29. August 1885 – Max Kalbeck (Hrsg.), *Johannes Brahms in Briefwechsel mit Heinrich und Elisabet von Herzogenberg*, Band 2, Verlag der Deutschen Brahms-Gesellschaft, Berlin 1908, S. 74.

940 Brief vom 15. Dezember 1885 – [1], Band 2, S. 296.

941 Brief vom 15. Dezember 1885 – [1], Band 2, S. 296.

942 Brief vom 15. Dezember 1885 – [1], Band 2, S. 296.

943 Tagebuch vom 7. März 1886 – [2], Band 3, S. 476.

944 Tagebuch vom 3. März 1886 – [2], Band 3, S. 475.

945 Tagebuch vom 5. März 1886 – [2], Band 3, S. 475.

946 Brief vom 4. Januar 1894 – [1], Band 2, S. 538 f.

947 Brief vom 27. Juli 1888 – [1], Band 2, S. 355.

948 Brief vom Mai 1891 – [1], Band 2, S. 450.

949 Brief vom 24. Juli 1887 – Andreas Moser (Hrsg.), *Johannes Brahms im Briefwechsel mit Joseph Joachim*, Band 2, Verlag der Deutschen Brahms-Gesellschaft, Berlin 1908, S. 215 f.

950 Brief vom Ende August 1879 – Ebd., S. 162.

951 *The Evening Post*, 31. März 1892, zitiert nach: Beatrix Borchard, *Stimme und Geige: Amalie und Joseph Joachim – Biographie und Interpretationsgeschichte*, Böhlau, Wien 2005, S. 449.

952 Tagebuch vom November 1887 – [2], Band 3, S. 499 f.

953 Brief vom 21. Januar 1888 – [1], Band 2, S. 339.

954 Hans-Joachim Schoeps, *Der Weg ins deutsche Kaiserreich*, Ullstein Verlag, Berlin/Wien 1980, S. 145.

955 Hartmut Zelinsky, *Sieg oder Untergang: Sieg und Untergang – Kaiser Wilhelm II., die Werk-Idee Richard Wagners und der »Welt-Kampf«*, Keysersche Verlagsbuchhandlung, München 1990, S. 69.

956 Tagebuch vom 13. September 1889 – [2], Band 3, S. 515.

957 Tagebuch vom 13. September 1889 – [2], Band 3, S. 515 f.

958 Tagebuch vom 13. September 1889 – [2], Band 3, S. 516.

959 Eduard Hanslick, *Aus meinem Leben*, Band 1, Fünftes Buch, Allgemeiner Verlag für deutsche Literatur, Berlin 1894, S. 337.

960 [6], S. 50.

961 Brief vom 8. November 1894 – Dieter Lohmeier (Hrsg.), *Johannes Brahms – Klaus Groth: Briefe der Freundschaft*, Verlag Boyens & Co., Heide 1997, S. 132.

962 [6], S. 165.

963 Hartmut Zelinsky, *Sieg oder Untergang: Sieg und Untergang – Kaiser Wilhelm II., die Werk-Idee Richard Wagners und der »Welt-Kampf«*, Keysersche Verlagsbuchhandlung, München 1990, S. 20.

964 [5], Band 4, 2. Halbband, S. 409.

965 [5], Band 4, 2. Halbband, S. 410 f.

966 [6], S. 22.

967 [6], S. 24.

968 [6], S. 59.

969 Brief vom 17. November 1894 – [1], Band 2, S. 571.

970 Heinrich Reimann, *Johannes Brahms*, Verlagsgesellschaft Harmonie, Berlin 1903, S. 113.

971 Siehe Walter Blume/Michael Schwalb/Wolfgang Sandberger (Hrsg.), *Brahms in der Meininger Tradition: Seine Sinfonien und Haydn-Variationen in der Bezeichnung von Fritz Steinbach*, Georg Olms Verlag, Hildesheim 2013.

972 [6], S. 88.

973 [6], S. 58.

974 Zitiert nach: Christopher Dyment, *Conducting the Brahms Symphonies: From Brahms to Boult*, The Boydell Press, Woodbridge 2016, S. 37.

975 Briefe vom 4. Februar 1896 – [1], Band 2, S. 615.

976 Zitiert nach: Christopher Dyment, *Conducting the Brahms Symphonies: From Brahms to Boult*, The Boydell Press, Woodbridge 2016, S. 23.

977 Ebd., S. 11 und 40 f.

978 Ebd., S. 42 f.

979 Alexander Berrsche, *Trösterin Musica – Gesammelte Aufsätze und Kritiken*, Callwey-Verlag, München 1942, S. 608.

980 Brief vom 20. (?) Januar 1886 – Andreas Moser (Hrsg.), *Johannes Brahms im Briefwechsel mit Joseph Joachim*, Band 2, Verlag der Deutschen Brahms-Gesellschaft, Berlin 1908, S. 205.

981 Adelina de Lara/Clare Hoskyns Abrahall, *Finale*, Burke, London 1915, S. 43.

982 Mathilde Verne, *Chords of Remembrance*, Hutchinson, London 1936, S. 33.

983 Adelina de Lara/Clare Hoskyns Abrahall, *Finale*, Burke, London 1915, S. 42 f.

984 Mathilde Verne, *Chords of Remembrance*, Hutchinson, London 1936, S. 33.

985 Franklin Taylor, »Clara Schumann«, in: *Grove's Dictionary of Music and Musicians*, Band 3, London 1883, S. 421 ff.

986 Tagebuch vom Januar 1889 – [2], Band 3, S. 512.

987 Adelina de Lara/Clare Hoskyns Abrahall, *Finale*, Burke, London 1915, S. 46.

988 Peter Cahn, *Das Hoch'sche Konservatorium in Frankfurt am Main (1878–1978)*, Verlag von Waldemar Kramer, Frankfurt a. M. 1979, S. 101.

989 Marie Fromm, »Some Reminiscenses of my Music Studies with Clara Schumann«, in: *The Musical Times*, Juli 1932, S. 615.

990 Eugenie Schumann, *Claras Kinder: Erinnerungen*, (Erstausgabe 1925), Ullstein, Berlin 1999, S. 236 f.

991 *Signale für die musikalische Welt*, 16. Jg., Nr. 45, Oktober 1858, S. 421.

992 Brief vom 15. Juni 1878 – [2], Band 3, S. 378.

993 Brief vom November 1889 – [1], Band 2, S. 379.

994 Briefe vom 6. und 17. August 1894 – [1], Band 2, S. 560 f.

995 Zitiert nach: Claudia de Vries, *Die Pianistin Clara Wieck-Schumann – Interpretationen im Spannungsfeld von Tradition und Individualität*, Schott, Mainz 1996, S. 227.

996 Adelina de Lara/Clare Hoskyns Abrahall, *Finale*, Burke, London 1915, S. 55.

997 Tagebuch vom August 1880 – [2], Band 3, S. 412.

998 Brief vom 6. Mai 1890 – [1], Band 2, S. 413.

999 Brief vom 30. Dezember 1891 – [1], Band 2, S. 469.

1000 Brief vom 21. November 1892 – [1], Band 2, S. 489 f.

1001 Brief vom 25. Januar 1893 – [1], Band 2, S. 500.

1002 Brief vom 4. Juli 1894 – [1], Band 2, S. 555.

1003 Brief vom 19. Oktober 1894 – [1], Band 2, S. 567.

1004 Tagebuch vom 3. November 1893 – [2], Band 3, S. 573.

1005 Brief vom 22. Februar 1893 – [1], Band 2, S. 502.

1006 Brief vom 8. September 1894 – [1], Band 2, S. 563.

1007 Brief vom 13. März 1891 – [2], Band 3, S. 533.

1008 Brief vom 15. März 1890 – [1], Band 2, S. 444.

1009 Brief vom 27. Juli 1888 – [1], Band 2, S. 356.

1010 Brief vom 15. März 1889 – [1], Band 2, S. 377.

1011 Brief vom Mai 1893 – [2], Band 3, S. 570.

1012 Brief vom 25. Oktober 1893 – [1], Band 2, S. 530.

1013 Brief vom 16. Dezember 1893 – [1], Band 2, S. 535.

1014 [6], S. 83.

1015 [ohne Hrsg.], *Damen Conversations Lexikon*, Band 7, [o. O.] 1836, S. 202.

1016 [ohne Hrsg.], *Damen Conversations Lexikon*, Band 10. [o. O.] 1838, S. 64 f.

1017 Brief vom Februar 1888 – [1], Band 2, S. 336.

1018 Brief vom November 1892 – [2], Band 3, S. 563.

1019 Brief vom 1. Februar 1894 – [1], Band 2, S. 541 f.

1020 Brief vom 8. Februar 1894 – [1], Band 2, S. 545.

1021 Brief vom 29. Juli 1894 – [2], Band 3, S. 586.

1022 Briefe vom 1. und 8. Februar 1894 – [1], Band 2, S. 542 und 543.

1023 Brief vom 7. November 1893 – [1], Band 2, S. 533.

1024 Joseph Victor Widmann, *Touristennovellen*, Stuttgart 1892, S. 211.

1025 [6], S. 60.

1026 Brief vom 19. März 1894 – [1], Band 2, S. 545.

1027 Brief vom 28. Juli 1891 – [1], Band 2, S. 455.

1028 Brief vom 16. November 1892 – [1], Band 2, S. 488.

1029 Brief vom 26. Januar 1896 – [1], Band 2, S. 612.

1030 Tagebuch vom 30. August 1895 – [2], Band 3, S. 599.

1031 Brief vom 4. Juli 1894 – [1], Band 2, S. 555.

1032 Brief vom 20. (?) März 1893 – [1], Band 2, S. 505.

1033 Brief vom 7. November 1893 – [1], Band 2, S. 533.

1034 Brief vom 23. Dezember 1893 – [1], Band 2, S. 536.

1035 Brief vom 21. Januar 1896 – [1], Band 2, S. 612.

1036 Carl Reinecke, *»und manche liebe Schatten steigen auf« – Gedenkblätter an berühmte Musiker*, Verlag der Gebrüder Reinecke, Leipzig 1900, S. 99.

1037 Richard Wallaschek, »Concerte«, in: *Die Zeit*, 21. November 1896, zitiert nach: Othmar Wessely (Hrsg.), *Bruckner, Wagner und die Neudeutschen in Österreich (Bruckner-Symposion im Rahmen des Internationalen Brucknerfestes Linz 1984)*, Linzer Verlagsgesellschaft, Linz 1986, S. 77.

1038 Norbert Meurs, *Neue Bahnen?: Aspekte der Brahms-Rezeption*, Studio-Verlag, Sinzig 1996, S. 219.

1039 [6], S. 45.

1040 Tagebuch vom Februar und 24. August 1895 – [2], Band 3, S. 595 und 599.

1041 Zitiert nach: Walter Blume/Michael Schwalb/Wolfgang Sandberger (Hrsg.), *Brahms in der Meininger Tradition: Seine Sinfonien und Haydn-Variationen in der Bezeichnung von Fritz Steinbach*, Georg Olms Verlag, Hildesheim 2013, S. XII.

1042 *Signale für die musikalische Welt*, 53. Jg., Nr. 48, Oktober 1895, S. 761.

1043 Brief vom 6. April 1872 – [1], Band 2, S. 11.

1044 Zitiert nach: Hartmut Zelinsky, *Sieg oder Untergang: Sieg und Untergang – Kaiser Wilhelm II., die Werk-Idee Richard Wagners und der »Welt-Kampf«*, Keysersche Verlagsbuchhandlung, München 1990, S. 86.

1045 Ebd., S. 70.

1046 Brief vom 21. Oktober 1854 – [1], *Band 1*, S. 22 f.

1047 Tagebuch vom 8. November 1871 – [2], Band 3, S. 264.

1048 Brief vom 29. September 1895 – [1], Band 2, S. 601.

1049 Tagebuch vom 24. Dezember 1896 – [2], Band 3, S. 603.

1050 Brief vom 8. Mai 1896 – [1], Band 2, S. 619.

1051 [2], Band 3, S. 609.

1052 [6], S. 105 f.

1053 Gustav Ophüls, *Erinnerungen an Johannes Brahms*, Verlag der Deutschen Brahms-Gesellschaft, Berlin 1921, S. 45.

1054 [6], S. 105.

1055 [6], S. 105.

1056 Brief vom 7. Juli 1896 – [1], Band 2, S. 622 f.

1057 Brief vom 7. Juli 1896 – [1], Band 2, S. 623.

1058 [6], S. 108.

1059 [6], S. 109.

1060 [6], S. 111.

1061 [6], S. 111.

1062 Heinrich Reimann, *Johannes Brahms*, Verlagsgesellschaft Harmonie, Berlin 1903, S. 113.

Zeittafel

1819–1896	Clara Josephine Schumann, geb. Wieck
1833–1897	Johannes Brahms
1814–1815	Auf dem Wiener Kongress wird nach den Koalitionskriegen gegen Napoleon Bonaparte die politische Landkarte Europas neu eingeteilt.
1819	Clara Josephine Wieck wird am 13. September als Tochter von Friedrich (1785–1873) und Mariane Wieck geb. Tromlitz (1797–1872) geboren.
1825	Scheidung der Eltern am 22. Januar, nachdem sie sich im Vorjahr getrennt hatten. Clara lebt ab September bei ihrem Vater, der ihr systematischen Klavierunterricht erteilt.
1828	Claras erster Auftritt im Leipziger Gewandhaus.
1830	Die Julirevolution (Les Trois Glorieuses) führt in Frankreich zur Machtübernahme des Bürgertums in einem liberalen Königreich. Auch in anderen Ländern erhalten liberale Bewegungen Auftrieb.
1833	Johannes Brahms wird am 8. Mai in Hamburg-Neustadt, Specksgang 24, Schlüters Hof, als Sohn von Johann Jakob Brahms (1806–1872) und Johanna Henrika Christiane, geb. Nissen (1789–1865) geboren.
1834	Robert Schumann (1810–1856) gründet im April die *Neue Leipziger Zeitschrift für Musik*, die 1835 in *Neue Zeitschrift für Musik* umbenannt wird.
1840	Clara Wieck (21) heiratet am 12. September Robert Schumann (30).
1843	Brahms wird Klavier- und Kompositionsschüler des Hamburger Musikers Eduard Marxsen (1806–1887).
1844	Franz Brendel (1811–1868) übernimmt als Nachfolger von Robert Schumann die Redaktion der *Neuen Zeitschrift für Musik*.
1848	Ab März Erhebungen in den Staaten des Deutschen Bunds (Deutsche Revolution), die bis zum Juli 1849 dauern.
1850	Im Frühjahr gastiert Clara Schumann in Hamburg; Brahms besucht eine Soiree zu Ehren der Schumanns und schickt ihnen einige Jugendwerke in das Viktoria-Hotel am Jungfernstieg, die aber ungelesen wieder an den

Absender zurückgehen. Im Dezember siedelt das Ehepaar Schumann von Dresden nach Düsseldorf über, wo Robert seine Stelle als Städtischer Musikdirektor antritt. Brahms wirkt in Hamburg bei verschiedenen Konzerten mit. Brendel veröffentlicht im September unter dem Pseudonym »K. Freigedank« die Schrift »Das Judentum in der Musik« von Richard Wagner (1813–1883). Dozenten des Leipziger Konservatoriums fordern vergeblich seine Entlassung.

1852 Erstes Mittelrheinisches Musikfest. Brendel: *Geschichte der Musik.*

1853 Brahms lernt auf einer Tournee in Hannover Joseph Joachim (1831–1907) kennen und freundet sich mit ihm an. In Weimar begegnet Brahms Franz Liszt (1811–1886) und seinen Anhängern. Am 1. Oktober ist er bei Clara und Robert Schumann in Düsseldorf zu Gast und wird in ihren Kreis aufgenommen. Brahms veröffentlicht ab Dezember durch die Vermittlung der Schumanns die ersten Liederzyklen bei Breitkopf & Härtel (op. 3, op. 6). Clara Schumann: *Variationen für das Pianoforte über ein Thema von Robert Schumann* op. 20 (Robert Schumann gewidmet). Brahms: Klaviersonate Nr. 1 C-Dur op. 1.

1854 Im Februar unternimmt Robert Schumann einen Selbstmordversuch und wird auf eigenen Wunsch in die psychiatrische Klinik in Endenich bei Bonn eingewiesen. Brahms und seine Freunde unterstützen Clara Schumann und ihre Familie. Brendel: *Die Musik der Gegenwart und die Gesammtkunst der Zukunft.* Hanslick: *Vom Musikalisch-Schönen – Ein Beitrag zur Revision der Ästhetik der Tonkunst.* Brahms: Klaviersonate Nr. 2 fis-Moll op. 2, Klaviersonate Nr. 3 f-Moll op. 5, *Variationen für Klavier über ein Thema von Robert Schumann* op. 9 (beide Clara Schumann gewidmet).

1855 Brahms lernt bei den seit 1818 etablierten Niederrheinischen Musikfesten Eduard Hanslick (1825–1904) kennen. Clara Schumann: *Drei Romanzen für Pianoforte* op. 21 (Johannes Brahms gewidmet). Uraufführung von Brahms' Klaviertrio Nr. 1 H-Dur in New York.

1856 Robert Schumann stirbt am 29. Juli. Brahms und seine Schwester Elise verbringen mit Clara Schumann und einigen ihrer Kinder einen mehrwöchigen Erholungsurlaub am Vierwaldstätter See. Brahms beginnt mit der Arbeit am 1. Klavierkonzert als Umarbeitung einer geplanten Sinfonie. Clara Schumanns erste Englandtournee.

1857 Clara Schumann zieht nach Berlin. Sie begibt sich bis 1889 regelmäßig auf Konzerttourneen durch deutschsprachige Länder und ins europäische Ausland (insbesondere nach Brüssel 1861–1873, Utrecht 1853–1882, Basel 1857–1887 und London 1856–1888). Brahms gibt Konzerte, arbeitet an seinem ersten Klavierkonzert und wirkt bis 1860 in jedem Winter als Chordirigent und Pianist am Hof in Detmold. Erste Ideen zum *Deutschen Requiem*.

1858 Brahms, Clara Schumann und Joseph Joachim verbringen den Sommer in Göttingen. Brahms hat eine unglückliche Affäre mit Agathe von Siebold (1835–1909). Brahms: Serenade Nr. 1 D-Dur für großes Orchester op. 11, *Begräbnisgesang* c-Moll für Chor und Blasinstrumente, Fünf Gedichte für eine Singstimme und Klavier op. 19, Drei Duette für Sopran und Alt mit Klavier op. 20.

1859 Clara Schumanns dritte Englandtournee. Brahms gründet einen Frauenchor in Hamburg. Im Juni erste »Tonkünstlerversammlung« in Leipzig. Brahms: Serenade Nr. 2 A-Dur für kleines Orchester op. 16, Klavierkonzert Nr. 1 d-Moll op. 15.

1860 Brahms, Clara Schumann, Joachim und ihre Freunde planen eine schriftliche Stellungnahme zur Neudeutschen Schule, die im Mai durch eine Indiskretion viel zu früh veröffentlicht wird. Claras Tochter Elise (1843–1928) arbeitet als Klavierlehrerin und Gesellschafterin. Brahms: *Vier Gesänge für Frauenchor mit Begleitung von zwei Hörnern und Harfe* op. 17, Streichsextett Nr. 1 B-Dur op. 18.

1861 Clara Schumann spielt erstmals unter Brahms' Leitung das erste Klavierkonzert in ihren Konzerten, ebenso die *Händel-Variationen* op. 24. Ihre Tochter Marie (1841–1929) beginnt, sie bei der Organisation und Durchführung von Konzertreisen zu unterstützen. Bei der zweiten Tonkünstlerversammlung in Weimar initiiert Brendel die Gründung des Allgemeinen Deutschen Musikvereins, Liszt wird Präsident. Liszt: *Die Zigeuner und ihre*

Musik in Ungarn. Brahms entwirft die ersten Lieder zu seinem Zyklus *Die schöne Magelone* op. 33 (bis 1869).

1862 Im September besucht Brahms erstmals Wien und gibt dort sein erstes Konzert am 16. November. Posthume Uraufführung von Robert Schumanns *Faust-Szenen* in Köln (14 Jahre nach der Erstaufführung des dritten Teils in Dresden und fünf Jahre nach Liszts *Faust-Sinfonie* in Weimar).

1863 Clara zieht in das Haus, das sie in Lichtental bei Baden-Baden gekauft hat. Brahms wird zum Leiter der Wiener Singakademie berufen. Zu seiner großen Enttäuschung wird die vakante Dirigentenstelle der Hamburgischen Philharmonie mit Julius Stockhausen (1826–1906) besetzt. Brahms: *Zwölf Lieder und Romanzen* für Frauenchor op. 44.

1864 Deutsch-Dänischer Krieg. Papst Pius IX. (1792–1878) veröffentlicht die Enzyklika »Quanta Cura« und ein »Verzeichnis der Zeitirrtümer«. Tonkünstlerversammlung in Karlsruhe. Im Juni gibt Brahms seine Stelle als Chordirigent in Wien auf. In den folgenden Jahren verbringt er die Sommer regelmäßig an Clara Schumanns Wohnort Baden-Baden. Brahms: Klavierquintett op. 34.

1865 Brahms begibt sich wie Clara auf ausgedehnte Konzertreisen. Tonkünstlerversammlung in Dessau. Erstaufführung von Liszts Kantate *Die Legende von der Heiligen Elisabeth* in Pest. Liszt unterzieht sich der Tonsur, durchläuft die niederen Weihen zum Oratorier, Lektor, Exorzisten, Akolythen und wird Abbé. Im September erscheinen Brahms' Lieder 1–6 von Opus 33.

1866 Preußisch-Österreichischer Krieg. Brahms' Streichsextett Nr. 2 G-Dur op. 36 wird in Boston uraufgeführt. Brahms: Streichquartett op. 51 Nr. 1 c-Moll.

1867 Clara Schumann unternimmt Konzertreisen durch deutsche Städte sowie England und Schottland, Brahms durch Österreich und Ungarn. Tonkünstlerversammlung in Meiningen.

1868 Claras Sohn Felix (1854–1879) zeigt erste Symptome eines Lungenleidens. Erstaufführung der Erstfassung von Brahms' *Deutschem Requiem* op. 45 in Bremen unter Leitung des Komponisten. Tonkünstlerversammlung in Altenburg. Franz Brendel stirbt am 25. November in Leipzig und erlebt nicht mehr mit, dass die von ihm einst veröffentlichte Schrift Wagners *Das Judentum in der Musik* im Folgejahr unter eigenem Namen als Buch herausgegeben wird. Brahms' Liederzyklen op. 48 und op. 49 erscheinen.

1869 Clara Schumanns siebte Englandtournee. Nach sechsjähriger Arbeit Uraufführung von Brahms' Kantate *Rinaldo* op. 50 in Wien. Erste vollständige Aufführung des *Deutschen Requiems* in Leipzig unter der Leitung von Reinecke. Brahms veröffentlicht den ersten Teil seiner *Ungarischen Tänze* (Nr. 1–10). Im Dezember erscheinen die Lieder 7–15 von Opus 33. Tonkünstlerversammlung in Leipzig. Claras Tochter Julie (1845–1872) heiratet den italienischen Grafen Marmorito, bei Claras Sohn Ludwig (1848–1899) wird eine psychische Erkrankung diagnostiziert und er lebt ab 1871 dauerhaft in der Landesversorgungsanstalt für unheilbar Geisteskranke in Colditz. Brahms: *Rhapsodie* für eine Altstimme, Männerchor und Orchester op. 53.

1870 Deutsch-Französischer Krieg (bis 1871). Claras Sohn Ferdinand (1849–1891) wird zum Kriegsdienst einberufen; er kehrt mit chronischen gesundheitlichen Problemen von den Feldzügen zurück. Auf dem Ersten Vatikanischen Konzil wird das Dogma der Unfehlbarkeit des Papstes in Glaubens- und Sittenfragen verkündet. Tonkünstlerversammlung in Weimar. Clara Schumanns achte Englandtournee. Brahms instrumentiert einige *Liebesliederwalzer* von op. 52 und op. 65.

1871 Gründung des Deutschen Reichs. Wilhelm I. wird erster Kaiser. Bis 1887 Kulturkampf der Regierung mit der katholischen Kirche um die Lösung des Staates von religiösen Einflüssen. Der politische Antisemitismus wird im neuen Staat zunehmend zu einem Problem. Clara Schumanns neunte Englandtournee. Brahms verlegt im Dezember seinen Hauptwohnsitz endgültig nach Wien. Tonkünstlerversammlung in Magdeburg. Brahms: *Schicksalslied* op. 54 und *Triumphlied* op. 55 für Chor und Orchester.

1872 Brahms wird zum Chordirektor des Wiener Singvereins der Gesellschaft der Musikfreunde berufen.

Tonkünstlerversammlung in Zürich. Clara Schumanns zehnte Englandtournee. Brahms: Erste *Deutsche Volkslieder* für vierstimmigen Chor.

1873 Mit nur 28 Jahren stirbt Claras Tochter Julie während ihrer dritten Schwangerschaft; Claras Tochter Elise heiratet Louis Sommerhoff. Tonkünstlerversammlung in Leipzig. Uraufführung von Liszts lateinischem Oratorium *Christus* in Weimar. Clara zieht wieder nach Berlin und beginnt mit der Arbeit an der Herausgabe von Robert Schumanns Werken. Brahms wirkt erfolgreich als Pianist, Komponist und Dirigent. Brahms: Streichquartett op. 51 Nr. 2 a-Moll, *Haydn-Variationen* op. 56 (in Fassungen für Orchester und für Klavier).

1874 Tonkünstlerversammlung in Halle. Brahms: *Neun Lieder und Gesänge* op. 63 (u. a. mit Texten von Felix Schumann).

1875 Brahms: Klavierquartett Nr. 3 c-Moll op. 60, Streichquartett Nr. 3 B-Dur op. 67.

1876 Brahms: Sinfonie Nr. 1 c-Moll op. 68. Tonkünstlerversammlung in Altenburg. Erste Bayreuther Festspiele *(Der Ring des Nibelungen)*. Clara Schumanns zwölfte Englandtournee.

1877 Clara Schumanns dreizehnte Englandtournee. Bruckner leitet in Wien die Uraufführung seiner 3. Sinfonie, die er Wagner widmet. Tonkünstlerversammlung in Hannover. Brahms: *Zwei Motetten* für gemischten Chor a cappella op. 74, Sinfonie Nr. 2 D-Dur op. 73.

1878 Clara Schumann zieht nach Frankfurt am Main und übernimmt eine Professur an der Hochschule für Musik. Am 24. Oktober begeht sie ihr 50. Bühnenjubiläum. Brahms begibt sich auf seine erste Italien-Reise (weitere folgen 1881, 1882, 1884, 1887, 1888, 1889, 1890 und 1893). Er komponiert sein Violinkonzert op. 77 für Joseph Joachim. Tonkünstlerversammlung in Erfurt. Der Bayreuther Patronatsverein beginnt mit der Publikation der *Bayreuther Blätter*.

1879 Claras Sohn Felix stirbt in Frankfurt mit knapp 25 Jahren an einem Lungenleiden. Tonkünstlerversammlung in Wiesbaden.

1880 Im Mai feierliche Enthüllung des Schumann-Denkmals in Bonn. Brahms veröffentlicht den zweiten Teil seiner

Ungarischen Tänze (Nr. 11–21). Tonkünstlerversammlung in Baden-Baden. Brahms: *Akademische Festouvertüre* op. 80, *Tragische Ouvertüre* op. 81.

1881 Mit Clara als Herausgeberin erscheint die Edition von Kompositionen und Briefen Robert Schumanns. Tonkünstlerversammlung in Magdeburg. Clara Schumanns vierzehnte Englandtournee. Im Oktober probiert Brahms als Pianist mit der Hofkapelle in Meiningen unter Bülows Leitung sein Klavierkonzert Nr. 2 B-Dur op. 83 aus (bis 1896 ist Brahms 15-mal zu Gast bei Herzog Georg II. und der Hofkapelle).

1882 Clara Schumanns fünfzehnte Englandtournee. Zweite Bayreuther Festspiele *(Parsifal)*. Brahms: *Sechs Lieder* op. 86 (u. a. mit einem Text von Felix Schumann).

1883 Wagner stirbt am 13. Februar in Venedig. Tonkünstlerversammlung in Leipzig. Liszt: Neuausgabe von *Die Zigeuner und ihre Musik in Ungarn*. Brahms: Sinfonie Nr. 3 F-Dur op. 90.

1884 Clara Schumanns sechzehnte Englandtournee. Anerkennung für Bruckner durch die Uraufführung seiner 7. Sinfonie durch Nikisch in Leipzig. Tonkünstlerversammlung in Weimar. Cosima Wagner übernimmt die Leitung der dritten Bayreuther Festspiele. Brahms: *Vier Lieder* für eine Singstimme und Klavier op. 96.

1885 Gründung des Liszt-Vereins. Tonkünstlerversammlung in Karlsruhe. Brahms: *Sechs Lieder* für eine Singstimme und Klavier op. 97, Sinfonie Nr. 4 e-Moll op. 98. Konzertreise mit dem Meininger Orchester.

1886 Fritz Steinbach (1855–1916) wird Hofkapellmeister in Meiningen (bis 1903) und arbeitet eng mit Brahms zusammen. Tonkünstlerversammlung in Sondershausen. Bayreuther Festspiele. Liszt stirbt am 31. Juli in Bayreuth. Clara Schumanns siebzehnte Englandtournee.

1887 Clara Schumanns achtzehnte Englandtournee. Nach einem Zerwürfnis mit Joseph Joachim schreibt Brahms das Doppelkonzert a-Moll für Violine, Violoncello und Orchester op. 102 und versöhnt sich mit ihm. Nach Beilegung des Kulturkampfes wird mit Otto Boeckel der erste bekennende Antisemit in den Reichstag gewählt. Tonkünstlerfest des »Allgemeinen deutschen Musikvereins«

vom 26. bis zum 29. Juni 1887 in Köln, bei dem Brahms nun Mitglied wird.

1888 Kaiser Wilhelm I. verstirbt im März. Friedrich III. wird neuer Kaiser. Er stirbt im Juni und Wilhelm II. wird zum Kaiser ausgerufen. Bayreuther Festspiele. Zum 20. Todestag von Franz Brendel erscheint in Leipzig der Band *Gesammelte Aufsätze zur Geschichte und Kritik der neuen Musik*. Clara Schumanns neunzehnte und letzte Englandtournee. Brahms: Violinsonate Nr. 3 d-Moll op. 108.

1889 Brahms wird zum Ehrenbürger der Stadt Hamburg ernannt. Bayreuther Festspiele. Im Dezember wird Brahms' Klavierspiel auf Phonographen-Walze aufgenommen.

1891 Clara Schumann gibt am 12. März ihr letztes öffentliches Konzert in Frankfurt. Ihr Sohn Ferdinand stirbt mit 42 Jahre an den Spätfolgen seiner Erkrankungen während des Frankreichfeldzugs; Clara Schumann sorgt für die Witwe und den Unterhalt der vielköpfigen Familie und Enkelschar. Bayreuther Festspiele. Brahms: Trio für Klavier, Klarinette und Violoncello a-Moll op. 113, Quintett für Klarinette und Streicher op. 115.

1892 Claras Tochter Eugenie (1851–1938) lässt sich zusammen mit ihrer Lebensgefährtin, der Sängerin Marie Fillunger, in England als Klavierlehrerin nieder. Bayreuther Festspiele. Brahms: *Sieben Fantasien* für Klavier op. 116, *Drei Intermezzi* für Klavier op. 117, *Sechs Klavierstücke* op. 118 (Clara Schumann gewidmet), *Vier Klavierstücke* op. 119.

1894 Bayreuther Festspiele. Brahms: Zwei Sonaten für Klavier und Klarinette (oder Bratsche) op. 120.

1895 Erstes Meiningisches Landesmusikfest unter Steinbachs Leitung. Auf dem Rückweg von Meiningen besucht Brahms Clara Schumann in Frankfurt – es ist ihre letzte Begegnung.

1896 Letztes Auftreten von Brahms in einem Konzert am 10. Januar in Berlin, wo er mit Eugen d'Albert als Solist seine beiden Klavierkonzerte dirigiert. Am 26. März erleidet Clara Schumann einen Schlaganfall und stirbt am 20. Mai in Frankfurt. Sie wird auf dem Alten Friedhof in Bonn neben ihrem Mann Robert Schumann beigesetzt. Bayreuther Festspiele. Im Sommer erkrankt Brahms an Leberkrebs. Brahms: *Vier ernste Gesänge* op. 121.

1897 Brahms stirbt am 3. April in den Morgenstunden in seiner Wiener Wohnung. Er wird auf dem Wiener Zentralfriedhof beigesetzt.

Bildnachweis

Frontispiz: Collage von Hans-Jürgen Paasch aus Clara Schumann und Joseph Joachim. Pastellzeichnung von Adolph von Menzel. Robert-Schumann-Haus Zwickau und Johannes Brahms, 1893. Zeichnung von Willy von Beckerath. Bildarchiv Preußischer Kulturbesitz.

S. 68: Clara Schumann, aquarellierte Zeichnung von Jean-Joseph Bonaventure Laurens, 1853. Historic Images/Alamy Stock Foto.

S. 69: Robert Schumann, Zeichnung von Jean-Joseph Bonaventure Laurens, 1853. The Print Collector/Alamy Stock Foto.

S. 73: Johannes Brahms, Zeichnung von Jean-Joseph Bonaventure Laurens, 1853. Bildarchiv Preußischer Kulturbesitz.

S. 77: Die Kinder Clara Schumanns: Felix, Elise, Julie, Marie und Eugenie Schumann, 1860. Familienbesitz.

S. 95: Johannes Brahms, Sextett op. 18, Titelseite. Brahms-Institut an der Musikhochschule Lübeck.

S. 155: Franz Brendel. Bibliothek der Goethe-Universität Frankfurt a. M.

S. 190: Franz Liszt, Schattenriss. Alamy Stock Foto.

S. 199: Notenhandschrift von Brahms, *Ein Deutsches Requiem*. akg-images.

S. 216: Johannes Brahms, 1858. Brahms-Institut an der Musikhochschule Lübeck.

S. 218: Clara Schumann, 1857. Robert-Schumann-Haus Zwickau.

S. 261: Richard Wagner, Karikatur von C. von Grimm. World History Archive/Alamy Stock Foto.

S. 275: Johannes Brahms, 1896. Foto: Maria Fellinger. Österreichische Johannes Brahms-Gesellschaft, Mürzzuschlag.

S. 295: Einladung des Tonkünstlervereins Wien. Aus: Robert Schauffler, *The Unknown Brahms: His Life, Character and Work*, Dodd, Mead & Company, New York 1933.

S. 297: Bruckner und Wagner. Classic Image/Alamy Stock Foto.

S. 324–327: Brief Clara Schumann an Johannes Brahms, 1873. Brahms-Institut an der Musikhochschule Lübeck.

S. 328 f.: Brief Johannes Brahms an Clara Schumann, 1879. Brahms-Institut an der Musikhochschule Lübeck.

S. 349: Johannes Brahms, Johann Strauß, Hans Richter. Schattenriss von Otto Böhler. Archiv Meinhard Saremba.

S. 355: Clara Schumann und Joseph Joachim. Pastellzeichnung von Adolph von Menzel. Robert-Schumann-Haus Zwickau.

S. 364: Marie Schumann, eine Besucherin, Eugenie Schumann und Clara Schumann, um 1890. Robert-Schumann-Haus Zwickau.

S. 367: Johannes Brahms, 1893. Zeichnung von Willy von Beckerath. Bildarchiv Preußischer Kulturbesitz.

In Fällen, bei denen die Rechteinhaber nicht festzustellen sind, ist der Verlag bereit, nach Anforderung rechtmäßige Ansprüche abzugelten.

Danksagung

Ein Buch wie dieses ist undenkbar ohne den Rat vieler unterschiedlicher Persönlichkeiten, die mit Fachkenntnissen und gesundem Menschenverstand unschätzbar wertvolle Beiträge geleistet haben. Ganz besonders danken möchte ich denjenigen, die die Recherche unterstützt, das Manuskript gelesen und/oder mir mit ihren kritischen Anmerkungen unentbehrliche Anregungen gegeben haben. Dies sind in alphabetischer Reihenfolge: Erwin Barta, Otto Biba, Hrosvith Dahmen, Tanja Dobrick, Ronald Fuchs, Claudia Jacobs, Ann B. Kersting-Meuleman, Mandy Kirchner, Irmgard Knechtges-Obrecht, Beate Koltzenburg, Georg und Sibylle Krug, Sigrun Lüttgens, Richard B. Meyer, Gerd Nauhaus, Iris Ohlig, Angelika Stabenow, Nina Sträter, Thomas Synofzik, Ulrich Tadday, Volker Tosta, Stefan Weymar und Matthias Wiegandt. Wesentlichen Anteil an dem Entstehen dieses Buchs hatten zudem meine Agentin Aenne Glienke, der Buchgestalter Hans-Jürgen Paasch, mein Verleger Wolf-Rüdiger Osburg und mein Lektor Bernd Henninger.

Unentbehrlich waren die Editionen der Schumann- und Brahms-Gesellschaften. Nicht zu vergessen sind auch die hilfsbereiten Mitarbeiterinnen und Mitarbeiter der Mannheimer Musikbibliothek, der Bibliothek des Musikwissenschaftlichen Instituts in Heidelberg, der Universitätsbibliothek Heidelberg und der Hochschule für Jüdische Studien Heidelberg, des Brahms-Instituts an der Musikhochschule Lübeck, der Österreichischen Johannes-Brahms-Gesellschaft in Mürzzuschlag, des Robert-Schumann-Hauses in Zwickau, des Richard-Wagner-Museums in Bayreuth und der Goethe-Universität in Frankfurt a. M., die bei der Beschaffung von zum Teil schwer zugänglichen Illustrationen, Büchern und Artikeln geholfen haben. Ein Dank gebührt auch den Aktiven des Münchener Digitalisierungszentrums, des Internet Archive in San Francisco, der Deutschen und der Österreichischen Nationalbibliothek, JSTOR (Journal STORage) in New York City und dem kanadischen International Music Score Library Project (Petrucci Music Library). Am Ende des Buches gibt es kein separates Verzeichnis der gesamten verwendeten Literatur. Die wichtigsten Quellen finden sich in den Angaben zu den Briefsammlungen und Biografien sowie den Fußnoten.

Meinhard Saremba, Oktober 2021

Personenregister